浙江省统计局　国家统计局浙江调查总队·编
ZHEJIANG STATISTICS BUREAU NBS SURVEY OFFICE IN ZHEJIANG

2008

浙江统计年鉴

ZHEJIANG STATISTICAL YEARBOOK

中国统计出版社
China Statistics Press

2008年
浙江统计年鉴协办单位

（排名不分先后）

浙江省公安厅

浙江省国土资源厅

浙江省国家税务局

嘉兴市人民政府

绍兴市人民政府

萧山区人民政府

桐乡市人民政府

德清县人民政府

绍兴县人民政府

舟山市普陀区人民政府

浙江省交通投资集团有限公司

兴业银行股份有限公司杭州分行

《浙江统计年鉴—2008》编辑委员会和编辑部

Editorial Board and Editorial Department of Zhejiang Statistical Yearbook–2008

· 编者说明 ·

一、《浙江统计年鉴－2008》是一部全面反映浙江国民经济和社会发展情况的资料性年刊，本年鉴收录了浙江及各市、县 2007 年经济和社会各方面大量的统计数据，以及改革开放以来浙江主要统计数据。

二、全书内容分为 18 部分，即：1. 综合；2. 人口和从业人员；3. 固定资产投资；4. 价格；5. 人民生活；6. 农业；7. 工业和能源；8. 建筑业；9. 交通运输和邮电通信业；10. 批发、零售贸易和餐饮业；11. 对外经济贸易和旅游；12. 财政、金融和保险；13. 城市建设和生态环境；14. 教育、科技、专利、测绘和标准计量；15. 文化、体育和卫生；16. 档案、司法、社会福利和工会组织；17. 各市、县国民经济主要指标；18. 附录（企业统计情况、开发区（园区）统计情况、投入产出表及部分企业简介）。为便于读者使用，部分统计表下作了简要注释，每篇章后附有《主要统计指标解释》。

三、本年鉴对过去发表的统计资料重新予以核实，凡与本年鉴数据有出入的，以本年鉴为准。

四、本年鉴凡带续表的资料，如有注解均注在最后一张续表的下方。

五、本年鉴中符号使用说明："…"表示数据不足本表最小单位数；"#"表示其中主要项；"空格"表示该项统计指标数据不详或无该项数据。

《浙江统计年鉴》自公开出版以来，受到了社会各界的关心和支持，对年鉴编辑工作提出了许多宝贵意见，对此我们深表谢意。为进一步提高统计年鉴的编辑水平，欢迎读者继续对年鉴的不足之处给予批评和指正。

· Preface ·

Zhejiang Statistical Yearbook 2008 is an annual statistics publication, which contains very comprehensive statistics of Zhejiang's social and economic development in 2007 and selected data since China adopted the policy of reforming and opening to the outside world.

The yearbook is composed of 18 parts. 1. General Survey 2. Population and Employment 3. Investment in Fixed Assets 4. Prices 5. People's Livelihood 6. Agriculture 7. Industry and Energy 8. Construction 9. Transportation, Posts and Telecommunications 10. Wholesale and Retail Sale Trade and Catering Trade 11. Foreign Economy and Trade, Tourism 12. Public Finance, Banking and Insurance 13. City Construction and Environment 14. Education, Science, Patent, Surveying and Mapping and Standard Calculating 15. Culture, Sports and Public Health 16. Archives, Judicature, Social Welfare and Labour Union 17. Major Indicators of National Economy by City and County 18. Appendix. In addition, brief notes are placed at lower part of some tables and explanatory notes on main indicators are provided at end of each part.

The statistics in former statistical yearbook have been already checked. The data in Zhejiang statistical yearbook 2007 shall be regarded as authentic ones. The footnotes are placed at the last page, if the table is a continued one.

Notations used in this yearbook:

"…" indicates that the figure is not large enough to be measured with the smallest unit in the table. "#" indicates the major items of the total. "blank" indicates that the data not available.

Since issued openly, Previous Editions of Zhejiang Statistics Yearbook have enjoyed wide concern and support, all circles have made many valuable suggestions, we express heartfelt thanks. In order to enhance yearbook editorial level, we welcome all candid comments and criticism from our readers.

目录
CONTENTS

一、综　合
Chapter 1 GENERAL SURVEY

二、人口和从业人员
Chapter 2 POPULATION AND EMPLOYMENT

三、固定资产投资
Chapter 3 INVESTMENT IN FIXED ASSETS

四、价　格
Chapter 4 PRICES

五、人民生活
Chapter 5 PEOPLE'S LIVELIHOOD

六、农 业
Chapter 6 AGRICULTURE

七、工业和能源

Chapter 7 INDUSTRY AND ENERGY

八、建筑业
Chapter 8 CONSTRUCTION

九、交通运输和邮电通信业
Chapter 9 TRANSPORT,POSTS AND TELECOMMUNICATIONS

十、批发、零售贸易和餐饮业
Chapter 10 WHOLESALE AND RETAIL SALE TRADE AND CATERING TRADE

十一、对外经济贸易和旅游
Chapter 11 FOREIGN ECONOMY AND TRADE, TOURISM

十二、财政、金融和保险
Chapter 12 PUBLIC FINANCE, BANKING AND INSURANCE

十三、城市建设和生态环境
Chapter 13 CITY CONSTRUCTION AND ENVIRONMENT

十四、教育、科技、专利、测绘和标准计量
Chapter 14 EDUCATION,SCIENCE,PATENT,SURVEYING AND MAPPING AND STANDARD CALCULATING

十五、文化、体育和卫生
Chapter 15 CULTURE, SPORTS AND PUBLIC HEALTH

十六、档案、司法、社会福利和工会组织
Chapter 16 ARCHIVES,JUDICATURE,SOCIAL WELFARE AND LABOUR UNION

十七、各市、县国民经济主要指标
Chapter 17 MAJOR INDICATORS OF NATIONAL ECONOMY BY CITY AND COUNTY

2008

浙江统计年鉴

ZHEJIANG STATISTICAL YEARBOOK

CHAPTER 1

综　合

General Survey

1-1 国民经济和社会发展总量与速度
Main Aggregate Indicators on National Economic and Social Development and Their Related Indices

指 标		Item		1978	1990	1995
人口		**Population**				
年末总人口	（万人）	Year－end Population	（10000 persons）	3750.96	4234.91	4369.63
年末从业人员数	**（万人）**	**Year－end Employment**	**（10000 persons）**	**1794.96**	**2554.46**	**2621.47**
全省生产总值	**（亿元）**	**Gross Domestic Product**	**（100 million yuan）**	**123.72**	**904.69**	**3557.55**
第一产业		Primary Industry		47.09	225.04	549.96
第二产业		Secondary Industry		53.52	408.18	1854.52
第三产业		Tertiary Industry		23.11	271.47	1153.07
人均生产总值	**（元）**	**Per Capital GDP**	**（yuan）**	**331**	**2138**	**8149**
交通运输		**Transportation**				
旅客周转量	（亿人公里）	Turnover Volume of Passenger Traffic	（100 million passenger-km）	66.68	257.29	483.06
货物周转量	（亿吨公里）	Turnover Volume of Freight Traffic	（100 million ton-km）	164.19	400.65	874.29
全社会固定资产投资总额	**（亿元）**	**Total Investment in Fixed Assets**	**（100 million yuan）**	**23.23**	**186.96**	**1357.90**
财政收支		**Finance**				
财政总收入	（亿元）	Financial Revenue	（100 million yuan）	27.45	101.59	248.50
#地方财政收入	（亿元）	Local Financial Revenue	（100 million yuan）	27.45	101.59	116.82
财政支出	（亿元）	Financial Expenditure	（100 million yuan）	17.43	80.23	180.29

2000	2004	2005	2006	2007	指数 Indices(2007 年为以下各年%)(2007 as Percentage of the Following Years) 1978	2002	2006	1979－2007 平均年增长(%) Average Annual Growth Rate (%)	2003－2007 平均年增长(%) Average Annual Growth Rate (%)
4501.22	4577.22	4602.11	4629.4	4659.34	124.2	102.7	100.6	0.8	0.5
2726.09	**2991.95**	**3100.76**	**3172.38**	**3405.01**	**189.7**	**119.1**	**107.3**	**2.2**	**3.6**
6141.03	**11648.70**	**13437.85**	**15742.51**	**18780.44**	**3687.4**	**193.5**	**114.7**	**13.2**	**14.1**
630.98	814.10	892.83	925.1	986.02	315.0	115.1	102.3	4.0	2.9
3273.93	6250.38	7166.15	8509.57	10148.45	7892.3	202.2	115.5	16.3	15.1
2236.12	4584.22	5378.87	6307.84	7645.97	4358.8	199.6	115.4	13.9	14.8
13416	**24352**	**27703**	**31874**	**37411**	**2746.8**	**181.8**	**112.9**	**12.1**	**12.7**
606.73	795.32	848.49	929.15	1010.6	1515.6	143.0	108.8	9.8	7.4
1199.74	2701.48	3416.9	4363.71	4701.3	2863.3	290.8	107.7	12.3	23.8
2267.22	**6059.78**	**6696.25**	**7593.66**	**8420.43**	**36248.1**	**234.1**	**110.9**	**22.5**	**18.5**
658.42	1805.16	2115.36	2567.7	3239.89	11802.9	277.7	126.2	17.9	22.7
342.77	900.99	1066.60	1298.2	1649.5	6009.1	291.0	127.1	15.2	23.8
431.30	1062.94	1265.53	1471.86	1806.79	10366.4	240.9	122.8	17.4	19.2

1－1 续表 continued

指 标	Item		1978	1990	1995
贸易	**Trade**				
社会消费品零售总额（亿元）	Total Retail Sales of Consumer Goods	（100 million yuan）	46.86	353.75	1472.66
进出口总额 （亿美元）	Total Imports and Exports Value	（USD100 million）	0.70	27.73	115.12
#出口总额 （亿美元）	Total Exports Value	（USD100 million）	0.52	21.89	76.98
价格指数	**Price Indices**				
居民消费价格指数(上年＝100)	General Consumer Price Index(Preceding year＝100)			102.1	116.6
城乡居民收入	**Living Standard**				
城镇居民人均可支配收入（元）	Per Capital Disposable Income of Urban Households	（yuan）	332	1932	6221
农村居民人均纯收入 （元）	Per Capital Annual Net Income of Rural Households	（yuan）	165	1099	2966
教育和文化	**Education and Culture**				
高等学校在校学生数（万人）	Students Enrollment in Institutions of Higher Education	（10000 persons）	2.4	6.0	9.3
中等职业学校在校学生数(万人)	Students Enrollment in Specializad Secondary Schools	（10000 persons）	2.8	6.7	13.9
普通中学在校学生数（万人）	Student Enrollment in Regular Secondary Schools	（10000 persons）	214.7	169.6	210.5
小学在校学生数 （万人）	Students Enrollment in Primary Schools	（10000 persons）	501.4	372.4	353.8
报纸出版数量 （万份）	Number of Newspapers Published	（10000 copies）	24080	66865	113514
杂志出版数量 （万份）	Number of Magazines Published	（10000 copies）	393	4716	8417
图书出版数量 （万份）	Number of Books Published	（10000 copies）	12033	19596	22608

注：1. 本表价值量指标按当年价格计算，发展速度按可比价格计算。
2. 城镇居民人均可支配收入、农村居民人均纯收入发展速度均已扣除价格变动因素。

2000	2004	2005	2006	2007	指数 Indices(2007 年为以下各年%)(2007 as Percentage of the Following Years) 1978	2002	2006	1979 - 2007 平均年增长(%) Average Annual Growth Rate (%)	2003 - 2007 平均年增长(%) Average Annual Growth Rate (%)
2553.59	4055.50	4631.69	5325.35	6214.04	13260.9	196.3	116.7	18.4	14.4
278.34	852.13	1073.91	1391.47	1768.37	252624.3	421.4	127.1	31.0	33.3
194.44	581.46	768.04	1008.94	1282.96	246723.1	436.2	127.2	30.9	34.3
101.1	103.9	101.3	101.1	104.2					
9279	14546	16294	18265	20574	980.8	159.5	108.4	8.2	9.8
4254	6096	6660	7335	8265	1074.6	145.7	108.2	8.5	7.8
22.2	59.5	67.7	74.7	80.9	3341.4	197.8	108.4	12.9	14.6
14.8	12.8	12.9	11.4	10.4	371.0	84.6	91.1	4.6	-3.3
249.6	266.1	261.1	262.3	266.6	124.2	98.6	101.6	0.7	-0.3
353.8	344.3	342.4	339.4	335.5	66.9	97.6	98.8	-1.4	-0.5
173526	255639	264913	280261	291048	1208.7	137.0	103.8	9.0	6.5
8736	8925	9016	8009	8032	2056.5	97.1	100.9	11	-0.6
27014	26919	27443	27026	25656	213.2	85.0	94.9	2.6	-3.2

注:1. Figures in value terms are calculated at current price, while the indices and growth rates are calculated at comparable price.
2. The indices of per-capital Annual Disposable income of urban households and per-capital Annual net income of rural households are deducted the factor of changes in price.

1-2 国民经济社会发展结构指标
Structural Indicators on National Economic and Social Development

单位:%（%）

指　标	Item	1978	1990	1995	2000	2004	2005	2006	2007
人口	**Population**								
城乡结构	Urban and Rural Structure								
城镇	Urban	14.5	31.2	32.6	48.7	54.0	56.0	56.5	57.2
乡村	Rural	85.5	68.8	67.4	53.3	46.0	44.0	43.5	42.8
性别结构	Sexual								
男	Male	51.9	51.8	51.7	51.5	51.2	51.2	51.1	51.0
女	Female	48.1	48.2	48.3	48.5	48.8	48.8	48.9	49.0
就业	**Employment**								
产业结构	Industrial Structure								
第一产业	Primary Industry		53.2	44.0	35.6	26.1	24.5	22.6	20.1
第二产业	Secondary Industry		29.8	33.7	35.5	43.6	45.1	45.8	46.8
第三产业	Tertiary Industry		17.0	22.3	29.0	30.3	30.4	31.6	33.1
国民核算	**National Accounting**								
生产总值产业结构	Industral Structure of GDP								
第一产业	Primary Industry	38.1	24.9	15.5	10.3	7.0	6.6	5.9	5.3
第二产业	Secondary Industry	43.3	45.1	52.1	53.3	53.6	53.4	54.0	54.0
第三产业	Tertiary Industry	18.7	30.0	32.4	36.4	39.4	40.0	40.1	40.7
居民消费结构	Structure of Resident Consumption								
农村居民	Rural Consumption	75.3	58.6	45.6	39.6	31.6	28.8	27.8	26.6
城镇居民	Urban Consumption	24.7	41.4	54.4	60.4	68.4	71.2	72.2	73.4
固定资产投资结构	Structure of Total Investment in Fixed Assets								
城镇	Urban Areas		51.0	55.9	68.3	66.9	71.8	71.5	71.2
乡村	Rural Areas		49.0	44.1	31.7	33.1	28.2	28.5	28.8
财政	**Government Finance**								
财政收入结构	Strucure of Government Revenue								
中央	Central Government			53.0	47.9	43.4	49.6	49.4	49.1
地方	Local Governments			47.0	52.1	56.6	50.4	50.6	50.9
利用外资	**Utilization of Foreign Capital**								
实际利用外资结构	Structure of Foreign Capital Actually Utilized								
对外借款	Loans From Abroad		69.6	18.0	35.0	30.6	41.8	33.5	8.3
外商直接投资	Direct Investment By Foreign Entrepreneurs		29.8	81.7	64.8	68.6	55.4	61.3	72.4
外商其他投资	Other Investment By Foreign Entrepreneurs		0.5	0.3	0.2	0.8	2.8	5.2	19.3

1－2　续表1　continued　　单位:%(%)

指　标	Item	1978	1990	1995	2000	2004	2005	2006	2007
产业	**Industrial**								
农业	**Agriculture**								
农林牧渔业产值结构	Structure of Gross Output Value of Agriculture								
农业	Farming	77.4	59.4	55.5	49.3	44.5	45.8	47.0	46.1
林业	Forestry	3.0	4.7	5.8	5.2	5.9	5.8	5.7	6.0
牧业	Animal Husbandry	14.3	23.7	16.3	17.4	20.9	20.0	19.0	23.0
渔业	Fishery	5.3	12.2	22.4	28.1	27.2	26.7	26.6	23.2
工业	**Industry**								
规模以上工业总产值结构	Structure of Gross Output Value of Industry Above Designated Size								
轻工业	Light Industry	60.2	65.2	62.7	54.1	46.0	46.0	43.8	43.0
重工业	Heavy Industry	39.8	34.8	37.3	45.9	54.0	54.0	56.2	57.0
建筑业	**Construction**								
建筑业总产值结构	Structure of Gross Output Value of Construction								
国有企业	State Owned Enterprise		25.4	16.0	10.6	3.8	3.2	2.4	2.3
集体企业	Collective－owned Enterprise		74.6	79.0	28.6	3.6	2.9	2.0	1.4
港澳台商投资企业	Enterprise With Funds From Hong Kong,Macao & Taiwan				0.8	0.2	0.2	0.2	0.1
外商投资企业	Foreign Funded Enterprise				0.5	0.8	0.8	0.4	0.5
其他	Other Enterprise			5.0	59.5	91.6	92.9	95.5	95.7
交通运输业	**Transportation**								
货运量结构	Structure of Freight Traffic								
按运输方式分	By Means of Transportation								
铁路	Railways	16.7	5.1	3.1	2.6	2.5	2.3	2.3	2.3
公路	Highways	31.8	68.3	72.3	73.5	67.0	64.6	63.8	64.4
水运	Waterways	51.5	26.6	24.6	23.9	30.5	33.1	33.9	33.3

1-2 续表2 continued 单位:%(%)

指　标	Item	1978	1990	1995	2000	2004	2005	2006	2007
国内商业	**Domestic Trade**								
社会消费品零售总额构成	Composition of Retail Sales of Consumer Goods								
市	Cities	20.8	43.3	53.7	54.6	63.5	65.8	66.1	66.3
县	Counties	30.9	13.7	9.7	9.8	11.1	9.9	9.7	9.7
县以下	Below Counties	48.3	43.0	36.6	35.6	25.4	24.3	24.2	24.0
对外经济贸易	**Foreign Trade**								
出口商品结构	Structure of Exports								
初级产品	Primary Goods		26.2	18.3	10.1	5.5	5.0	4.4	3.8
工业制成品	Manufactured Goods		73.8	81.7	89.9	94.5	95.0	95.6	96.2
进口商品结构	Structure of Imports								
初级产品	Primary Goods		17.8	27.2	24.2	19.1	19.7	20.9	21.1
工业制成品	Manufactured Goods		82.2	72.8	75.8	80.9	80.3	79.1	78.9
国际旅游	**International Tourism**								
来华旅游人数结构	Structure of Tourists								
外国人	Foreigners		23.5	54.5	57.2	64.2	66.9	65.9	67.2
港澳台同胞	Hong Kong and Macao Compatriots, Taiwan Compatriots		69.0	42.1	42.8	35.8	33.1	34.1	32.8
教育、科技、文化	**Education, Science and Culture**								
教育	**Education**								
在校学生结构	Structure of Student Enrollment								
大学生	College and University Students		1.1	1.5	3.2	7.7	9.1	9.6	10.7
中学生	Secondary School Students		32.9	39.5	43.9	46.0	44.6	45.4	44.9
小学生	Primary School Students		66.0	59.0	52.9	46.3	46.3	45.0	44.4

注:工业总产值1978-1995为乡及乡以上独立核算工业企业,2000-2007年为规模以上工业企业。

The gross industrial output value from 1978 to 1995 is calculated by industrial enterprises at township level and above, and the figures from 2000 to 2007 refers to industrial enterprise above designated size.

1－2　续表 3　continued　单位:%(%)

指　标	Item	1978	1990	1995	2000	2004	2005	2006	2007
专任教师结构	Full－time Teachers By Type								
大学生	College and University Students	1.9	4.6	4.1	5.8	9.9	10.3	10.3	11.1
中学生	Secondary School Students	36.3	41.5	44.8	45.2	46.0	46.0	49.6	48.7
小学生	Primary School Students	61.8	53.9	51.1	49.0	44.1	43.7	40.1	40.2
生活	**People's Livelihood**								
城镇居民消费结构	Consumption Structure of Urban Residents								
食品	Food			47.05	39.21	36.21	33.8	32.9	34.7
衣着	Clothing			11.51	8.12	8.85	10.3	10.4	10.0
家庭设备用品及服务	Household Facilities, Articles and Services			12.12	9.43	5.61	5.0	4.6	4.7
医疗保健	Medical Services			3.72	7.71	7.79	6.8	6.4	6.1
交通和通讯	Transportation and Communications			5.81	8.88	13.34	17.1	18.7	17.6
娱乐教育、文化	Recreation, Education and Culture			8.04	13.07	15.81	15.1	14.6	15.3
居住	Residence			7.13	8.55	9.13	8.6	9.2	8.3
其他商品和服务	Others			4.64	5.05	3.26	3.3	3.2	3.3
农村居民消费结构	Consumption Structure of Rural Residents								
食品	Food			50.38	43.52	39.46	38.6	37.2	36.4
衣着	Clothing			6.60	5.17	5.55	5.9	6.3	6.2
家庭设备用品及服务	Household Facilities, Articles and Services			6.23	4.52	17.15	5.0	4.8	5.3
医疗保健	Medical Services			4.33	6.19	5.20	7.7	7.9	7.2
交通和通讯	Transportation and Communications			3.24	8.51	7.00	11.3	11.0	11.8
娱乐教育、文化	Recreation, Education and Culture			5.34	10.15	10.66	13.0	12.5	11.4
居住	Residence			18.59	17.98	12.83	16.2	18.2	19.6
其他商品和服务	Others			3.74	3.93	2.15	2.3	2.1	2.1

1－3 人均主要工农业产品产量(1978－2007年)
Per Capita Output of Major Industrial and Agricultural Products(1978－2007)

年份 Year	粮食(公斤) Grain (kg)	棉花(公斤) Cotton (kg)	油料(公斤) Oil－bearing Crops (kg)	糖料(公斤) Sugar Crops (kg)	茶叶(公斤) Tea (kg)	水果(公斤) Fruit (kg)	猪牛羊肉(公斤) Pork,Beef and Mutton (kg)	水产品(公斤) Aquatic Products (kg)
1978	393.44	1.95	5.92	17.20	1.57	3.92	11.33	23.47
1980	376.81	2.18	7.58	15.43	1.98	5.91	18.52	21.46
1985	404.18	2.03	11.02	27.43	2.32	11.12	19.10	26.13
1986	396.34	1.87	10.60	32.63	2.58	12.85	20.03	28.94
1987	387.97	1.60	9.68	26.56	2.83	17.32	18.60	30.52
1988	374.78	1.05	10.39	20.01	3.09	12.45	19.56	30.92
1989	371.01	1.00	9.14	16.74	2.81	23.57	19.67	30.84
1990	375.68	1.52	11.45	14.87	2.77	25.35	20.28	32.92
1991	386.05	1.77	10.72	16.19	2.69	31.66	20.13	35.57
1992	363.51	1.39	11.72	17.55	2.79	23.95	22.73	39.72
1993	334.03	1.35	8.97	18.43	2.84	34.63	22.74	44.02
1994	324.46	1.28	7.99	16.21	2.47	40.64	22.68	59.62
1995	328.53	1.43	11.48	15.11	2.34	49.28	23.61	73.03
1996	345.91	1.56	11.88	14.57	2.26	51.91	16.85	78.03
1997	338.58	1.08	11.08	13.61	2.31	61.07	18.44	90.61
1998	323.64	1.46	8.02	13.97	2.55	46.55	19.05	95.33
1999	312.52	0.91	12.14	15.94	2.64	62.64	19.27	99.33
2000	266.91	0.65	12.91	21.97	2.60	84.89	22.65	104.70
2001	238.47	0.70	12.91	23.49	2.67	114.54	24.67	104.83
2002	211.89	0.49	10.37	25.05	3.06	110.62	26.37	106.16
2003	178.10	0.46	9.63	27.27	2.92	125.09	26.90	106.26
2004	185.74	0.50	10.65	23.22	3.03	138.09	28.78	107.82
2005	180.45	0.47	10.90	19.55	3.14	125.59	28.34	105.12
2006	181.34	0.51	10.24	19.04	3.29	141.83	23.53	106.14
2007	172.06	0.55	9.60	18.75	3.44	150.55	24.57	91.86

1－3　**续表**　continued

年份 Year	布（米）Cloth (m)	机制纸及纸板（公斤）Machine-made Paper and Paperboard (kg)	纱（公斤）Yarn (kg)	原煤（公斤）Coal (kg)	发电量（千瓦小时）Electricity (kw. h)	成品钢材（公斤）Steel (kg)	水泥（公斤）Cement (kg)
1978	9.28	4.25	1.95	42.71	135.66	8.58	48.54
1980	12.81	5.81	2.47	37.56	213.83	15.14	59.85
1985	21.79	13.33	3.93	37.55	329.14	15.80	199.44
1986	27.73	14.62	4.31	36.46	365.89	17.01	246.43
1987	27.64	16.57	4.89	35.23	422.43	18.70	296.90
1988	30.85	17.58	5.46	34.51	458.95	17.41	316.97
1989	29.91	18.75	5.15	34.30	478.23	18.36	307.44
1990	37.09	18.60	4.77	32.45	494.23	19.27	317.39
1991	31.85	21.77	4.78	32.76	570.41	21.80	381.81
1992	30.96	18.93	5.77	33.67	674.23	27.94	460.03
1993	41.03	30.46	5.53	32.24	717.55	32.15	517.72
1994	41.92	35.70	5.44	29.88	767.05	38.53	623.49
1995	74.55	51.80	6.51	28.76	921.77	61.13	749.64
1996	36.38	49.90	6.42	27.97	1022.52	53.47	808.92
1997	84.67	60.46	7.47	26.07	1101.22	61.53	777.57
1998	23.66	35.98	6.73	20.63	1109.71	57.33	771.21
1999	27.87	55.18	7.10	18.57	1185.80	59.92	851.53
2000	36.10	63.55	7.62	16.27	1393.36	65.15	944.64
2001	51.88	82.31	8.73	15.96	1581.83	68.20	1061.36
2002	70.54	109.61	10.64	16.23	1718.67	89.41	1268.31
2003	94.13	132.36	12.62	15.27	2184.63	115.99	1568.54
2004	191.64	173.02	20.10	12.34	2637.65	182.61	1916.14
2005	182.24	178.06	21.01	9.00	2947.84	156.22	1923.76
2006	211.17	226.17	25.09	2.92	3599.85	247.76	2155.02
2007	246.56	259.57	31.43	2.65	4048.11	340.97	2263.31

1-4 平均每天主要社会经济活动
Indicators on Average Daily Social and Economic Activities

指 标	Item	1978	1990	1995	2000	2003	2004	2005	2006	2007
平均每天创造财富	**Daily Production**									
生产总值 (亿元)	Gross Domestic Product (100 million yuan)	0.34	2.48	9.75	16.82	26.59	31.91	36.82	43.13	51.45
第一产业	Primary Industry	0.13	0.62	1.51	1.73	1.97	2.23	2.45	2.53	2.70
第二产业	Secondary Industry	0.15	1.12	5.08	8.97	13.96	17.12	19.63	23.31	27.80
#工业	Industry	0.13	1.00	4.51	8.07	12.23	15.04	17.40	20.80	24.92
建筑业	Construction	0.02	0.12	0.57	0.90	1.74	2.08	2.24	2.52	2.88
第三产业	Tertiary Industry	0.06	0.74	3.16	6.13	10.66	12.56	14.74	17.28	20.95
财政收入 (亿元)	Financial Revenue (100 million yuan)	0.08	0.28	0.68	1.80	4.02	4.95	5.80	7.03	8.88
粮食 (万吨)	Grain (10000 tons)	4.02	4.35	3.92	3.28	2.17	2.29	2.23	2.42	2.20
棉花 (万吨)	Cotton (10000 tons)	0.02	0.02	0.02	0.01	0.01	0.01	0.01	0.01	0.01
油料 (万吨)	Oil - bearing Crops (10000 tons)	0.06	0.13	0.14	0.16	0.12	0.13	0.14	0.13	0.12
肉类 (万吨)	Meat (10000 tons)	0.12	0.23	0.28	0.28	0.33	0.36	0.36	0.37	0.31
水产品 (万吨)	Aquatic Products (10000 tons)	0.24	0.38	0.87	1.29	1.32	1.35	1.33	1.35	1.37
原煤 (万吨)	Coal (10000 tons)	0.44	0.38	0.34	0.2	0.19	0.15	0.11	0.04	0.03
发电量(亿千瓦小时)	Electricity (100 million kw.h)	0.14	0.57	1.10	1.71	2.72	3.30	3.71	4.55	5.17
成品钢材 (万吨)	Steel Products (10000 tons)	0.09	0.22	0.73	0.80	1.44	2.28	1.96	3.13	4.35
水泥 (万吨)	Cement (10000 tons)	0.50	3.67	8.95	11.61	19.53	23.96	24.19	27.25	28.89
每天消费量	Daily National Consumption									
最终消费 (亿元)	Final Consumption Expenditure (100 million yuan)	0.21	1.63	4.56	8.63	12.67	14.84	17.46	20.37	23.71
居民消费	Resident Consumption	0.20	1.42	3.85	6.39	9.15	10.71	12.89	15.10	17.29
#农村居民	Rural Resident	0.15	0.83	1.76	2.53	3.12	3.38	3.71	4.20	4.60

1－4　**续表**　continued

指　标	Item	1978	1990	1995	2000	2003	2004	2005	2006	2007
城镇居民	Urban Resident	0.05	0.59	2.09	3.86	6.03	7.33	9.18	10.90	12.69
政府消费	Government Consumption Expenditure	0.02	0.20	0.71	2.24	3.52	4.13	4.57	5.27	6.42
社会消费品零售总额（亿元）	Total Retail Sales of Consumer Goods (100 million yuan)	0.13	0.97	3.63	6.30	9.64	10.01	12.69	14.59	17.02
每天其他经济活动	**Other Daily Economic Activities**									
资本形成总额（亿元）	Gross Capital Formation (100 million yuan)	0.09	0.69	4.90	7.27	12.78	15.75	17.67	19.99	23.32
固定资产形成	Fixed Capital Formation	0.06	0.51	3.72	6.21	12.27	15.24	17.18	19.36	22.47
存货增加	Changes in Stock	0.03	0.18	1.18	1.06	0.50	0.51	0.49	0.63	0.85
竣工住宅面积（万平方米）	Residential Buildings Completed (10000 sq. m)		12.34	16.30	17.61	18.61	18.15	19.96	19.72	21.26
客运量（万人）	Passenger Traffic (10000 persons)	56	165	299	340	385	412	440	478	520
货运量（万吨）	Freight Traffic (10000 tons)	23	92	171	205	283	321	346	384	420
沿海主要港口货物吞吐量（万吨）	Cargo Handled at Principal Seaports (10000 tons)	2.38	11.84	30.24	53.80	88.26	111.81	131.23	151.34	170.17
邮电业务量（万元）	Business Volume of Postal and Telecommunications Services (10000 yuan)	19	241	1726	8879	13828	18552	22750	26632	36358
进出口总额（万美元）	Total Imports and Exports (USD 10000)		760	3154	7625	16828	23346	29422	38122	48448
出口总额	Exports		600	2109	5327	11398	15930	21042	27642	35150
进口总额	Imports		160	1045	2298	5430	7416	8380	10480	13299
实际利用外资额（万美元）	Foreign Capital Actually Used (USD 10000)		44.48	421.82	681.97	2076.23	2670.22	3818.70	3974.20	3923.40
每天人口变动和婚姻	**Daily Population Changes and Marriages**									
出生（人）	Births (person)	1856	1774	1494	1318	1232	1373	1490	1391	1428
死亡（人）	Deaths (person)	596	730	796	784	814	757	816	733	766
结婚（对）	Marriages (couple)		1013	979	1052	978	1094	967	1132	1043
离婚（对）	Divorces (couple)		21	37	56	88	127	143	165	184

注：本表价值量指标按当年价格计算。

The data in Value terms in the table are calculated at current price.

1－5 全省生产总值(1978－2007年)
Gross Domestic Product(1978－2007)

年份 Year	全省生产总值(亿元) Gross Domestic Product (100 million yuan)	第一产业 Primary Industry	第二产业 Secondary Industry	#工业 Industry	#建筑业 Construction	第三产业 Tertiary Industry	人均生产总值(元) Percapita GDP (yuan)
1978	123.72	47.09	53.52	46.97	6.55	23.11	331
1979	157.75	67.56	64.07	55.59	8.48	26.12	417
1980	179.92	64.61	84.07	73.71	10.36	31.24	471
1981	204.86	69.06	94.68	84.08	10.60	41.12	531
1982	234.01	84.88	98.44	87.21	11.23	50.69	599
1983	257.09	82.89	113.12	102.55	10.57	61.08	650
1984	323.25	104.40	141.48	127.91	13.57	77.37	810
1985	429.16	123.88	198.91	178.68	20.23	106.37	1067
1986	502.47	136.29	230.89	206.63	24.26	135.29	1237
1987	606.99	159.41	281.47	249.69	31.78	166.11	1478
1988	770.25	195.68	354.39	315.36	39.03	220.18	1853
1989	849.44	210.95	386.25	346.50	39.75	252.24	2023
1990	904.69	225.04	408.18	363.74	44.44	271.47	2138
1991	1089.33	245.22	494.11	438.36	55.75	350.00	2558
1992	1375.70	262.67	653.43	581.73	71.70	459.60	3212
1993	1925.91	315.97	983.96	876.26	107.70	625.98	4469
1994	2689.28	438.65	1398.12	1243.37	154.75	852.51	6201
1995	3557.55	549.96	1854.52	1645.51	209.01	1153.07	8149
1996	4188.53	594.94	2232.17	1983.90	248.27	1361.42	9552
1997	4686.11	618.90	2554.57	2285.24	269.33	1512.64	10624
1998	5052.62	609.30	2766.95	2484.97	281.97	1676.37	11394
1999	5443.92	606.31	2974.74	2679.68	295.06	1862.87	12214
2000	6141.03	630.98	3273.93	2945.70	328.23	2236.12	13416
2001	6898.34	659.78	3572.88	3181.93	390.94	2665.68	14713
2002	8003.67	685.20	4090.48	3640.84	449.64	3227.99	16978
2003	9705.02	717.85	5096.38	4462.97	633.42	3890.79	20444
2004	11648.70	814.10	6250.38	5491.33	759.05	4584.22	24352
2005	13437.85	892.83	7166.15	6349.34	816.81	5378.87	27703
2006	15742.51	925.10	8509.57	7590.57	919.00	6307.84	31874
2007	18780.44	986.02	10148.45	9095.65	1052.80	7645.97	37411

注:1. 本表按当年价格计算。2000年以后人均生产总值均按常住人口计算。
The figures in this table are calculated at current price. The per capita GDP have calculated at permanent residence since 2000.
2. 从2004年起第一产业包括农林牧渔服务业。 The Value Added of Primary Industry includes Services for Agriculture since 2004.

1-6 按新行业和构成分的全省生产总值
Gross Domestic Product by New Sector and Structure

单位:亿元(100 million yuan)

指 标	Item	2004	2005	2006	2007
全省生产总值	**Gross Domestic Product**	**11648.70**	**13437.85**	**15742.51**	**18780.44**
按行业分	**by Sector**				
第一产业(农业)	Primary Industry(Agriculture)	814.10	892.83	925.10	986.02
第二产业	Secondary Industry	6250.38	7166.15	8509.57	10148.45
工业	Industry	5491.33	6349.34	7590.57	9095.65
建筑业	Construction	759.05	816.81	919.00	1052.80
第三产业	Tertiary Industry	4584.22	5378.87	6307.85	7645.97
交通运输、仓储和邮政业	Transport, Storage and Post Services	444.65	512.94	630.94	739.44
信息传输、计算机服务和软件业	Information Transmission, Computer Services and Software	273.92	316.19	376.17	463.37
批发和零售业	Wholesale and Retail Trade	1126.07	1258.21	1435.97	1711.2
住宿和餐饮业	Hoteling and Catering Services	202.55	221.27	253.89	305.96
金融业	Finance	523.49	674.77	846.63	1122.86
房地产业	Real Estate	587.83	695.82	807.52	1004.62
租赁和商务服务业	Leasing and Commercial Services	197.44	227.58	272.92	320.64
科学研究、技术服务和地质勘查业	Scientific Research, Technic Services and Geological Prospecting	95.01	120.49	144.72	174.2
水利、环境和公共设施管理业	Water Conservancy, Environment and Public Facilities Management	52.98	62.86	67.60	78.49
居民服务和其他服务业	Resident Services and Other Services	110.06	129.53	145.45	168.74
教育	Education	338.47	402.81	462.53	531.87
卫生、社会保障和社会福利业	Health Care, Social Security and Social Welfare	179.30	213.36	237.66	275.4
文化、体育和娱乐业	Culture, Sports and Recreation	55.33	65.78	77.93	92.08
公共管理和社会组织	Public Administration and Social Organization	397.11	477.24	547.92	657.1
按构成分	**by Structure**				
劳动者报酬	Remuneration of Laborers	4691.65	5337.16	6345.74	7433.99
生产税净额	Net-taxes on Production	1728.94	1909.16	2284.55	2833.04
固定资产折旧	Depreciation of Fixed Assets	1561.26	1905.37	2191.19	2593.49
营业盈余	Operating Surplus	3666.85	4286.16	4921.03	5919.92

1-7 全省生产总值指数(1978-2007年)
Indices of Gross Domestic Product (1978-2007)

(上年=100)(preceding year=100)

年份 Year	全省生产总值 Gross Domestic Product	第一产业 Primary Industry	第二产业 Secondary Industry	#工业 Industry	#建筑业 Construction	第三产业 Tertiary Industry	人均生产总值 Percapita GDP
1978	121.9	118.7	128.6	126.5	146.4	113.5	120.2
1979	113.6	110.8	118.0	117.1	124.3	108.1	112.3
1980	116.4	97.3	132.0	133.3	123.5	112.9	115.1
1981	111.5	104.7	111.3	113.1	98.8	126.1	110.5
1982	111.4	116.5	104.9	104.9	105.7	118.1	109.9
1983	108.0	93.9	115.5	118.5	92.1	116.0	106.8
1984	121.7	119.3	124.0	124.4	120.7	120.3	120.6
1985	121.7	101.9	135.3	135.0	138.9	119.2	120.8
1986	112.1	104.0	114.0	114.2	111.2	116.8	110.9
1987	111.8	101.0	116.8	116.4	121.4	110.9	110.6
1988	111.2	99.0	116.3	117.5	104.2	109.8	109.9
1989	99.4	100.2	100.8	101.7	90.5	94.9	98.4
1990	103.9	102.7	105.2	105.4	102.3	101.4	103.1
1991	117.8	107.9	118.2	118.4	117.1	125.6	117.1
1992	119.0	100.6	125.2	126.6	113.9	123.4	118.3
1993	122.0	104.8	133.2	135.3	113.7	116.0	121.3
1994	120.0	104.4	127.5	128.0	121.4	115.8	119.2
1995	116.8	107.5	118.4	117.8	124.6	118.3	116.0
1996	112.7	104.4	115.5	115.8	112.2	111.1	112.2
1997	111.1	104.5	112.8	113.3	107.5	110.5	110.4
1998	110.2	103.2	110.8	111.1	106.2	111.7	109.6
1999	110.0	103.3	111.4	111.8	106.1	109.9	109.5
2000	111.0	104.5	111.7	112.0	108.9	111.8	108.1
2001	110.6	104.8	111.0	111.0	111.9	111.7	108.0
2002	112.6	104.5	113.4	113.6	111.5	113.7	112.0
2003	114.7	103.6	116.8	115.7	126.6	114.4	113.9
2004	114.5	103.7	116.4	117.0	111.7	114.0	113.6
2005	112.8	101.5	112.7	113.2	108.4	115.2	111.2
2006	113.9	103.2	114.3	114.6	111.6	115.2	111.9
2007	114.7	102.3	115.5	116.4	108.5	115.4	112.9

注:本表按可比价格计算。 The figures in this table are calculated at comparable price.

1-8 全省生产总值指数(1978-2007年)
Indices of Gross Domestic Product (1978-2007)

(1978年=100)(1978=100)

年份 Year	全省生产总值 Gross Domestic Product	第一产业 Primary Industry	第二产业 Secondary Industry	#工业 Industry	#建筑业 Construction	第三产业 Tertiary Industry	人均生产总值 Percapita GDP
1978	100.0	100.0	100.0	100.0	100.0	100.0	100.0
1979	113.6	110.8	118.0	117.1	124.3	108.1	112.3
1980	132.2	107.9	155.7	156.0	153.6	122.1	129.2
1981	147.4	113.0	173.4	176.5	151.8	154.0	142.8
1982	164.2	131.6	182.0	185.1	160.4	181.9	157.0
1983	177.4	123.6	210.3	219.2	147.7	211.0	167.7
1984	215.9	147.5	260.8	272.6	178.2	253.8	202.2
1985	262.8	150.3	352.9	367.9	247.6	302.6	244.3
1986	294.5	156.2	402.1	420.2	275.3	353.4	271.0
1987	329.3	157.8	469.9	489.2	334.2	392.1	299.7
1988	366.3	156.3	546.6	574.9	348.1	430.6	329.4
1989	364.1	156.7	551.2	584.8	315.2	408.5	324.1
1990	378.5	160.9	579.9	616.7	322.3	414.1	334.3
1991	446.0	173.6	685.8	730.1	377.5	520.3	391.4
1992	530.8	174.7	858.8	924.3	429.8	642.1	463.2
1993	647.7	183.1	1143.9	1250.7	488.8	744.6	561.8
1994	777.0	191.1	1458.0	1601.1	593.2	862.0	669.7
1995	907.4	205.6	1725.8	1886.5	739.2	1019.5	776.9
1996	1022.5	214.7	1993.3	2184.7	829.4	1132.7	871.6
1997	1136.1	224.3	2249.0	2475.3	891.5	1251.9	962.7
1998	1251.6	231.5	2491.0	2751.1	946.7	1398.5	1055.0
1999	1377.2	239.1	2773.8	3075.1	1004.4	1537.0	1155.0
2000	1529.2	249.9	3099.2	3442.6	1093.7	1719.0	1248.7
2001	1692.0	261.9	3441.6	3819.5	1224.1	1920.4	1348.9
2002	1905.9	273.6	3902.3	4338.9	1364.9	2183.6	1511.2
2003	2186.0	283.5	4557.4	5020.2	1728.5	2497.3	1721.2
2004	2502.5	294.1	5305.3	5872.5	1930.8	2846.4	1955.4
2005	2822.4	298.4	5979.2	6647.7	2092.8	3279.4	2174.8
2006	3214.9	308.0	6833.1	7619.8	2336.0	3777.1	2433.6
2007	3687.4	315.0	7892.3	8869.5	2534.5	4358.8	2746.8

注:本表按可比价格计算。
The figures in this table are calculated at comparable price.

1-9 全省生产总值构成(1978-2007年)
Structure of Gross Domestic Product (1978-2007)

单位:%(%)

年份 Year	生产总值 Gross Domestic Product	第一产业 Primary Industry	第二产业 Secondary Industry	#工业 Industry	#建筑业 Construction	第三产业 Tertiary Industry
1978	100	38.1	43.3	38.0	5.3	18.7
1979	100	42.8	40.6	35.2	5.4	16.6
1980	100	35.9	46.7	41.0	5.8	17.4
1981	100	33.7	46.2	41.0	5.2	20.1
1982	100	36.3	42.1	37.3	4.8	21.7
1983	100	32.2	44.0	39.9	4.1	23.8
1984	100	32.3	43.8	39.6	4.2	23.9
1985	100	28.9	46.3	41.6	4.7	24.8
1986	100	27.1	46.0	41.1	4.8	26.9
1987	100	26.3	46.4	41.1	5.2	27.4
1988	100	25.4	46.0	40.9	5.1	28.6
1989	100	24.8	45.5	40.8	4.7	29.7
1990	100	24.9	45.1	40.2	4.9	30.0
1991	100	22.5	45.4	40.2	5.1	32.1
1992	100	19.1	47.5	42.3	5.2	33.4
1993	100	16.4	51.1	45.5	5.6	32.5
1994	100	16.3	52.0	46.2	5.8	31.7
1995	100	15.5	52.1	46.3	5.9	32.4
1996	100	14.2	53.3	47.4	5.9	32.5
1997	100	13.2	54.5	48.8	5.7	32.3
1998	100	12.1	54.8	49.2	5.6	33.2
1999	100	11.1	54.6	49.2	5.4	34.2
2000	100	10.3	53.3	48.0	5.3	36.4
2001	100	9.6	51.8	46.1	5.7	38.6
2002	100	8.6	51.1	45.5	5.6	40.3
2003	100	7.4	52.5	46.0	6.5	40.1
2004	100	7.0	53.6	47.1	6.5	39.4
2005	100	6.6	53.4	47.2	6.1	40.0
2006	100	5.9	54.0	48.2	5.8	40.1
2007	100	5.3	54.0	48.4	5.6	40.7

注:1. 本表按当年价格计算。 The figures in this table are calculated at current price.

2. 从2004年起第一产业包括农林牧渔服务业。 The Value Added of Primary Industry includes Services for Agriculture since 2004.

1-10　按新行业分的第三产业增加值指数
Indices of Value - added of the Tertiary Industry by New Sector

(2004 年 = 100)(2004 = 100)

行　业	Sector	2004	2005	2006	2007
总计	**Total**	**100.0**	**115.2**	**132.7**	**152.8**
交通运输、仓储和邮政业	Transport, Storage and Post Services	100.0	113.1	131.8	153.5
信息传输、计算机服务和软件业	Information Transmission, Computer Services and Software	100.0	114.2	134.8	159.1
批发和零售业	Wholesale and Retail Trade	100.0	110.7	125.2	141.6
住宿和餐饮业	Hoteling and Catering Services	100.0	107.8	122.4	139.0
金融业	Finance	100.0	126.4	155.8	192.0
房地产业	Real Estate	100.0	116.4	132.6	151.1
租赁和商务服务业	Leasing and Commercial Services	100.0	112.6	132.3	155.3
科学研究、技术服务和地质勘查业	Scientific Research, Technic Services and Geological Prospecting	100.0	123.5	145.4	171.1
水利、环境和公共设施管理业	Water Conservancy, Environment and Public Facilities Management	100.0	117.1	124.6	132.5
居民服务和其他服务业	Resident Services and Other Services	100.0	114.9	127.0	140.4
教育	Education	100.0	117.5	133.6	151.9
卫生、社会保障和社会福利业	Health Care, Social Security and Social Welfare	100.0	118.0	129.2	141.6
文化、体育和娱乐业	Culture, Sports and Recreation	100.0	118.7	140.6	166.6
公共管理和社会组织	Public Administration and Social Organization	100.0	118.6	133.4	150.0

1-11 按支出法计算的全省生产总值
Gross Domestic Product Calculated by Expenditure Approach

单位:亿元(100 million yuan)

指 标	Item	2001	2002	2003	2004	2005	2006	2007
全省生产总值	**Gross Domestic Product Calculated with Expenditure Approach**	**6898.34**	**8003.67**	**9705.02**	**11648.70**	**13437.85**	**15742.51**	**18780.44**
最终消费	**Final Consumption**	**3579.14**	**4062.46**	**4623.26**	**5416.73**	**6373.24**	**7435.94**	**8652.34**
居民消费	Resident Consumption	2602.81	2874.66	3338.66	3909.82	4705.79	5512.66	6309.51
农村居民	Rural Resident	1012.83	1073.94	1137.44	1235.12	1354.46	1532.47	1678.23
城镇居民	Urban Resident	1589.97	1800.72	2201.22	2674.70	3351.33	3980.19	4631.28
政府消费	Government Consumption	976.33	1187.80	1284.60	1506.91	1667.45	1923.28	2342.83
资本形成总额	**Total Capital Formation**	**2891.02**	**3467.46**	**4663.83**	**5748.87**	**6448.72**	**7291.05**	**8512**
固定资本形成总额	Fixed Capital Formation	2645.40	3255.13	4479.98	5563.87	6269.16	7065.65	8201.28
存货增加	Changes in Inventories	245.62	212.33	183.85	185.00	179.56	231.4	310.72
货物和服务净出口	**Net Export**	**428.18**	**473.75**	**417.93**	**483.10**	**615.89**	**1009.52**	**1616.1**

注:本表按当年价格计算。 The figures in this table are calculated at current price.

1-12 总 产 出
Total Output

单位:亿元(100 million yuan)

指 标	Item	2001	2002	2003	2004	2005	2006	2007
总产出	**Total Output**	**23011.28**	**26536.51**	**32552.25**	**39465.06**	**45898.47**	**54624.36**	**65647.68**
第一产业	Primary Industry	1056.55	1105.32	1169.26	1332.27	1428.28	1514.56	1597.15
第二产业	Secondary Industry	17155.40	19640.70	24451.53	30009.01	34948.21	41947.49	50576.93
工业	Industry	15336.18	17541.50	21484.66	26442.03	31211.66	37654.07	45792.04
建筑业	Construction	1819.22	2099.20	2966.87	3566.98	3736.55	4293.43	4784.88
第三产业	Tertiary Industry	4799.33	5790.48	6931.46	8123.78	9521.98	11162.31	13473.61

注:1. 本表按当年价格计算。 The figures in this table are calculated at current price.
2. 从2004年起第一产业包括农林牧渔服务业。 The Output of Primary Industry includes Services for Agriculture since 2004.

1-13 居民消费水平和指数(1978-2007 年)
Resident Consumption Level and Its Indices(1978-2007)

单位:%(%)

年份 Year	居民 总消费水平 (元/人) Resident Consumption level (yuan/person)	农村居民 总消费水平 Rural Resident	城镇居民 总消费水平 Urban Resident	居民总消费 水平指数 Indices of Resident Consumption Level (1978=100)	农村居民 消费水平指数 Rural Resident	城镇居民 消费水平指数 Urban Resident
1978	193	164	410	100.0	100.0	100.0
1979	218	183	466	112.1	111.1	110.6
1980	240	198	511	120.1	119.6	111.0
1981	317	271	595	156.2	161.6	127.0
1982	354	305	630	173.4	181.4	132.0
1983	383	328	672	184.3	192.8	137.0
1984	439	369	788	206.7	213.5	154.9
1985	580	472	1063	237.6	238.7	181.4
1986	702	558	1283	270.5	266.1	206.1
1987	828	655	1492	295.2	293.4	216.1
1988	1070	829	1959	314.6	309.8	229.9
1989	1186	914	2145	293.7	285.6	215.5
1990	1227	930	2235	297.5	285.2	220.0
1991	1353	1005	2493	317.7	303.4	232.5
1992	1528	1091	2882	335.6	314.5	245.9
1993	1850	1244	3608	351.2	325.1	253.6
1994	2536	1654	4920	389.0	348.7	282.4
1995	3217	2053	6141	423.2	374.0	301.9
1996	3906	2486	7268	473.5	423.7	325.4
1997	4233	2665	7649	496.8	444.8	330.0
1998	4397	2774	7607	515.1	466.5	326.6
1999	4539	2845	7566	534.7	485.6	326.6
2000	5099	3278	8020	587.5	547.9	339.1
2001	5551	3621	8404	641.2	605.3	356.8
2002	6098	4012	8839	711.6	675.3	379.8
2003	7033	4504	9907	810.6	737.4	423.5
2004	8174	4918	11771	912.3	769.7	489.6
2005	9701	5476	14097	1058.1	848.9	568.9
2006	11161	6301	15877	1199.9	962.7	631.5
2007	12569	7077	17486	1323.5	1057.0	682.0

注:本表绝对数按当年价格计算,指数按可比价格计算。
The absolute figures in this table are calculated at current price, while the indices are calculated at comparable price.

浙/江/统/计/年/鉴

主要统计指标解释

■ 生产总值

是按市场价格计算的国内生产总值的简称。它是一个国家(地区)所有常住单位在一定时期内生产活动的最终成果。生产总值有三种表现形态,即价值形态、收入形态和产品形态。从价值形态看,它是所有常住单位在一定时期内所生产的全部货物和服务价值超过同期投入的全部非固定资产货物和服务价值的差额,即所有常住单位增加值之和;从收入形态看,它是所有常住单位在一定时期内所创造并分配给常住单位和非常住单位的初次分配收入之和;从产品形态看,它是最终使用的货物和服务减去进口货物和服务。在实际核算中,国内生产总值的三种表现形态表现为三种计算方法,即生产法、收入法和支出法。三种方法分别从不同的方面反映国内生产总值及其构成。

■ 三次产业

根据社会生产活动历史发展的顺序对产业结构的划分,产品直接取自自然界的部门称为第一产业,对初级产品进行再加工的部门称为第二产业,为生产和消费提供各种服务的部门称为第三产业。它是世界上通用的产业结构分类,但各国的划分不尽一致。我国的三次产业划分是:

第一产业:农林牧渔业(包括农业、林业、畜牧业、渔业和农林牧渔服务业)。

第二产业:包括采矿业、制造业、电力、燃气、及水的生产和供应业、建筑业。

第三产业:除第一、第二产业以外的其他各业。

■ 支出法国内生产总值

指一个国家(或地区)所有常住单位在一定时期内用于最终消费、资本形成总额,以及货物和服务的净出口总额,它反映本期生产的国内生产总值的使用构成。

■ 最终消费

指常住单位在一定时期内对于货物和服务的全部消费支出,也就是常住单位为满足物质文化和精神生活的需要,从本国经济领土和国外购买的货物和服务的支出;不包括非常住单位在本国经济领土内的消费支出。最终消费分为居民消费和政府消费。

■ 居民消费

指常住住户对货物和服务的全部最终消费指出。居民消费按市场价格计算,既按居民支付的购买者价格计算。购买者价格是购买者取得货物所支付的价格包括购买者支付的运输和商业费用。居民消费除了直接以货币形式购买货物和服务的消费之外,还包括以其他方式获得的货物和服务的消费支出既所谓的虚拟消费支出。居民虚拟消费支出包括以下几种类型:单位以实物报酬及实物转移的形式提供给劳动者的货物和服务;住户生产并由本住户消费了的货物和服务,其中的服务仅指住户的自有住房服务;金融机构提供的金融媒介服务;保险公司提供的保险服务。

■ 政府消费

指政府部门为全社会提供公共服务的消费支出和免费或以较低价格向住户提供的货物和服务的净支出前者等于政府服务的产出价值减去政府单位所获得的经营收入的价值,政府服务的产出价值等于它的经常性业务支出加上固定资产折旧;后者等于政府部门免费或以较低价格向住户提供的货物和服务的市场减去向住户收取的价值。

■ 资本形成总额

指常住单位在一定时期内获得的减去处置的固定资产加存货的变动,包括固定资本形成总额和存货增加。

■ 固定资本形成总额

指常住单位购置、转入和自产自用的固定资产,扣除固定资产的销售和转让,分有形固定资产形成总额和无形固定资产形成总额。有形固定资产形成总额包括一定时期内完成的建筑工程安装工程和设备工器具(减处置)价值,以及土地改良新增役种奶毛娱乐用牲畜和新增林木价值。无形固定资产总额包括矿藏的勘探计算机软件娱乐和文学艺术品原件等获得减处置。

主要统计指标解释

■ 存货增加

指常住单位存货实物量变动的市场价值，即期末价值减期初价值的差额。存货量增加可以是正值，也可以是负值；正值表示存货上升，负值表示存货下降。它包括生产单位购进的原材料燃料和储备物资等存货，以及生产单位生产的产成品在制品等存货等。

■ 货物和服务净出口

指货物和服务出口减货物和服务出口的差额。出口包括常住单位从非常住单位出售或无偿转让的各种货物和服务的价值；进口包括常住单位从非常住单位购买或无偿得到的各种货物和服务的价值。由于服务活动的提供与使用同时发生，因此服务的进出口业务并不发生出入境现象，一般把常住单位从国外得到的服务作为进口，非常住单位从本国得到的服务作为出口。货物的进口和出口都按离岸价格计算。

■ 劳动者报酬

指劳动者因从事生产活动所获得的全部报酬。包括劳动者获得的各种形式的工资，奖金和津贴，既包括货币形式的，也包括实物形式的；还包括劳动者所享受的公费医疗和医药卫生费上下班交通补贴和单位支付的社会保险费等。对于个体经济来说其所有者所获得的劳动报酬和经营利润不易区分，这两部分统一作为劳动者报酬处理。

■ 生产税净额

指生产税减生产补贴后的余额。生产税指政府对生产单位生产销售和从事经营活动以及因从事生产活动使用某些生产要素（如固定资产土地劳动力）所征收的各种税附加费和规费生产补贴和生产税相反指政府对生产单位的单方面收入转移，因此视为负生产税，包括政策亏损补贴粮食系统价格补贴外贸企业出口退税收入等。

■ 固定资产折旧

在一定时期内为弥补固定资产损耗按照核定的固定资产损耗率提取的固定资产折旧，或按国民经济核算统一规定的折旧率虚拟计算的固定资产折旧。它反映了固定资产在当期生产中的转移价值。各类企业和企业化管理的事业单位的固定资产折旧是指实际计提并计入成本费中的折旧费；不计提折旧的政府机关非企业化管理的事业单位和居民住房的固定资产折旧是按照统一规定的折旧率和固定资产原值计算的虚拟折旧。原则上，固定资产折旧应按固定资产的重置价值计算，但是目前我国尚不具备对全社会固定资产进行重估价的基础，所以暂时只能采用上述方法。

■ 营业盈余

指常住单位创造的增加值扣除劳动者报酬生产水净额和固定资产折旧后的余额。他相当于企业的营业利润加上生产补贴，但要扣除从利润中开支的工资和福利等。

ZHEJIANG STATISTICAL YEARBOOK

Explanatory Notes on Main Statistical Indicators

□ Gross Domestic Product(GDP)

refers to gross domestic product calculated at market prices, which is the final products of all resident units in a country (or region) during a certain period of time. Gross domestic product is expressed in three different forms, i. e. value added, income, and products respectively. The form of value added refers to the total value of all products and services produced by all resident units during a certain period of time minus total value of input of materials and services of the nature of non-fixed assets or the summation of the value added of all resident units; the form of income includes all the income created by all resident units and distributed primarily to all resident and non-resident units; the form of products refers to all final goods and services minus imports of goods and services. In the practice of national accounting, gross domestic product is calculated with three approaches, i. e. product approach, income approach, and expenditure approach respectively to reflect gross domestic product and its composition from different aspects.

□ Three Industries

Industry structure has been classified according to the historical sequence of development. Primary industry refers to extraction of natural resources; secondary industry involves processing of primary products ; and tertiary industry provides services of various kinds for production and consumption. The above classification is universal although it varies to some extent from country to country. Industry in China comprises:

Primary industry: agriculture, forestry, animal husbandry and fishery, including farming animal husbandry, fishery industry and service industry for farming, animal husbandry and fishery.

Secondary industry: mining, manufacturing, power、steam and water production and supply, construction.

Tertiary industry: all other industries not included in primary or secondary industry.

□ GDP Calculated by Expenditure Approach

refers to total expenditure on final consumption, total capital formation and net export of goods and services by resident units of a country in a certain period of time. It reflects the composition of GDP by its use.

□ Final consumption

refers to the total expenditure of resident units on final consumption of goods and services in a certain period, namely the expenditure of the resident units for perchases of good and services from domestic economic territory and abroad to meet the requirements of meterial, cultural and spritual life. It excludes the expenditure of non-resident units on consumption in the economic territory of the country. The final consumption is classified into household consumption and government consumption.

□ Households Consumption

refers to the total expenditure of resident households on the final consumption of goods and services. The households consumption is calculated at market prices, namely the purchaser's prices which the households pay; the purchaser's prices of goods are the prices the households pay when they obtain the goods including the transport and commercial expenses paid by the households. In addition to the consumption of goods and services bought by the households directly with money, the expenditure on goods and services obtained by the households in other ways, i. e. the so-called imputed expenditure on consumption, is also included in the households consumption. The imputation expenditure of the households on consumption includes the following types: (a) the goods and services privided to the households by the units in the form of payment in kind and transfer in kind; (b) the goods and services produced

EXPLANATORY NOTES ON MAIN STATISTICAL INDICATORS

and consumed by the households themselves, in which the services refer only to the services provided by the residential buildings owned by the households; (c) the services of financial intermediary provided by the financial institution; (d) the insurance services provided by the insurance companies.

□ Government Consumption

refers to the expenditure on the consumption of the public services provided by the government to the whole society and the net expenditure on the goods and services provided by the government to the households at free charge or lower prices. The former equals to the output value of the government services minus the value of operating income obtained by the government departments. (The output value of the government services equals to its current operating expenditure plus depreciation of fixed assets). The latter equals to the market value of the goods and services provided by the government free of charge or at low prices to the households minus the value received by the government from the households.

□ Total Capital Formation

refers to the fixed assets acquired minus those disposed and the change in inventory including the total fixed assets formation and the increase in inventory.

□ Total Fixed Capital Formation

refers to the value of fixed assets purchased, transferred in by the resident units and those produced and used by themselves deducting the value of fixed assets sold and transferred out. It can be classfied into total tangible assets formation and total intangible asset formation. The total tangible assets formation and total intangible assets formation. The total tangible assets formation include the value of construction projects, installation projects completed and the equipment apparatus and instruments purchasedas well as the value of land improved, the value of draught animals, breeding stock, milk, wool and recreational animals and the newly increased economic forest in a certain period. The total ingangible assets formation includes the prospecting of minerals, the acquisition of computer software, the orginals of recreational works and works of literature and arts minus the disposal of them.

□ Increase in Inventory

refers to the market value of the change in inventory, i. e. the difference of value between the beginning and the end of the period. The increase in inventory can be positive or negative. A positive value indicates the increase in inventory while a negative value indicates the decrease in stock. The inventory includes the raw materials, fuels, and reserve materials purchased by the production units as well as the inventory of finished products, semifinished products work-in-progress, ect.

□ Net Export of Goods and Services

refers to the difference of the exports of goods and services minus the imports of goods and services. The imports include the value of various goods and services sold or gratuitously transferred by the resident units to the non-resident units. The imports include the value of various goods and services purchased or gratuitously acquired by the resident units from the non-resident units. Because the provision of services and the use of them happen simultaneously, the import and export of services do not appear to have the phenomena of crossing the border of the country. The acquisition of services by the resident units from abroad is uaually treated as import while the acquisition of services by non-resident units in this country is uaually treated as export. The export and import of goods are calculated at FOB.

□ Labourer' s Remuneration

refers to the whole payment of various forms earned by the labourers from the productive activities they are engaged in. It includes wages, bonuses and allowances the labourers earned in monetary form and in kind. It also includes the free medical services provided to the labourers and the medicine expenses, traffic subsidies and social insurance free paid by the labourers' working units for them. As the individual economy is concerned, since the labourers' remuneration is not easily distingushed from the operating profit, both are treated as labourers remuneration.

EXPLANATORY NOTES ON MAIN STATISTICAL INDICATORS

□ Net Taxes on Production

refers to the residual of the taxes on production minus the subsidies on production. The taxes on production refer to the various taxes, extra charges and fees levied on the production units on their production, sail and business activities as well as on some factors of production, such as fixed assets, land and labour force, used in the production activities they are engaged in. In contrast to the taxes on production, the subsidies on production refer to the unilateral transfer of part of the government's revenue to the production units and is therefore regarded as negative taxes on production. They include sunsidies on the loss due to implementation of government policies, price subsidies to the grain institutions, foreign trade corporations' receipts from drawback, ect.

□ Depreciation of Fixed Assets

refers to the depreciation of fixed assets of a given period, drawn in accordance with the stipulated depreciation rate for purpose of compensating the wear loss of the fixed assets of the depreciation of fixed assets calculated in a fictitious way in accordance with the stipulated unified depreciation rate in the national economic accounting system. It reflects the value of transfer of the fixed assets in the production of the current period. The depreciation of fixed assets in various enterprises and institutions managed as enterprises refers to the depreciation expenses actually drawn-and calculated as part of the cost. In government agencies and institutions not managed as enterprises which do not draw the depreciation expenses, as well as for the house of residents, the depreciation of fixed assets is the imputed depreciation, which is calculated in accordance with the stipulated unified depreciation rate. In principle, the depreciation of fixed assets should bs calculated on the basis of the repurchased value of the fixed assets. However, there is no actual condition to reevaluated all the fixed assets in China. Therefore, the abovementioned methods are temporarily adopted at present.

□ Operating Surplus

refers to the balance of the value added created by the resident units deducting the laboures' remuneration, net taxes on production and the depreciation of fixed assets. It is equivalent to the business profit of the enterprises plus subsidies on production, but the wages and welfare expenses paid from the profits should be deducted.

2008

浙江统计年鉴

ZHEJIANG STATISTICAL YEARBOOK

CHAPTER 2

人口和从业人员

Population and Employment

2-1 历年总户数和总人口数(年底数)
Total Population and Households(year-end)

年份 Year	总户数 (万户) Total Households (10000 households)	总人口数 (万人) Total Population (10000 persons)	按性别分 By Sex		按农业和非农业分 By Agriculture and Non-agriculture	
			男性 Male	女性 Female	农业人口 Agriculture	非农业人员 Non-agriculture
1978	897.62	3750.96	1948.29	1802.67	3321.96	429.00
1979	905.32	3792.33	1967.40	1824.93	3332.57	459.76
1980	923.58	3826.58	1985.59	1840.99	3346.40	480.18
1981	965.92	3871.51	2007.55	1863.96	3362.04	509.47
1982	990.66	3924.32	2034.98	1889.34	3387.79	536.53
1983	1014.03	3963.10	2056.06	1907.04	3413.05	550.05
1984	1038.85	3993.09	2071.46	1921.63	3425.47	567.62
1985	1081.20	4029.56	2090.69	1938.87	3395.35	634.21
1986	1122.09	4070.07	2112.05	1958.02	3417.19	652.88
1987	1167.30	4121.19	2137.38	1983.81	3455.14	666.05
1988	1211.08	4169.85	2161.26	2008.59	3487.61	682.24
1989	1240.41	4208.88	2180.83	2028.05	3515.46	693.42
1990	1259.49	4234.91	2193.71	2041.20	3538.13	696.78
1991	1276.80	4261.37	2206.65	2054.72	3555.37	706.00
1992	1297.81	4285.91	2218.72	2067.19	3560.13	725.78
1993	1311.07	4313.30	2232.72	2080.58	3563.24	750.06
1994	1321.54	4341.20	2246.57	2094.63	3565.19	776.01
1995	1339.82	4369.63	2259.54	2110.09	3567.14	802.49
1996	1353.99	4400.09	2273.54	2126.55	3570.17	829.92
1997	1369.79	4422.28	2282.85	2139.43	3557.19	865.09
1998	1389.44	4446.86	2293.29	2153.57	3539.78	907.08
1999	1410.25	4467.46	2302.64	2164.82	3519.79	947.67
2000	1440.40	4501.22	2316.54	2184.68	3506.20	995.02
2001	1447.67	4519.84	2323.87	2195.97	3473.63	1046.21
2002	1466.19	4535.98	2330.30	2205.68	3438.76	1097.22
2003	1485.72	4551.58	2335.61	2215.97	3394.08	1157.50
2004	1509.29	4577.22	2345.26	2231.96	3353.16	1224.06
2005	1534.16	4602.11	2354.19	2247.91	3335.30	1266.81
2006	1556.53	4629.43	2364.97	2264.46	3317.26	1312.17
2007	1578.85	4659.34	2377.12	2282.22	3308.21	1351.13

注:本表资料为公安年报数。
Data in this table were taken from the annual reports of the Bureau of Public Security.

2-2 各市、县总户数和总人口数(2007 年底)
Total Households and Population by City and County(End of 2007)

地区 Region		总户数(万户) Total Households (10000 households)	总人口数(万人) Total Population (10000 persons)	按性别分 By Sex		按农业和非农业分 By Agriculture and Non-agriculture	
				男性 Male	女性 Female	农业人口 Agriculture	非农业人员 Non-agriculture
合计	**Total**	**1578.85**	**4659.34**	**2377.12**	**2282.22**	**3308.21**	**1351.13**
杭州市	**Hangzhou**	**211.99**	**672.35**	**340.50**	**331.85**	**348.60**	**323.75**
市辖区	District	124.40	419.50	211.59	207.91	150.20	269.30
上城区	Shangcheng	11.47	32.16	16.25	15.91		32.16
下城区	Xiacheng	12.11	37.92	19.46	18.45	0.01	37.91
江干区	Jianggan	10.83	43.91	22.59	21.33	3.76	40.15
拱墅区	Gongshu	9.99	31.40	16.16	15.24	1.17	30.23
西湖区	Xihu	15.42	58.20	30.09	28.11	7.72	50.48
滨江区	Binjiang	3.30	13.76	6.90	6.85	2.03	11.72
萧山区	Xiaoshan	37.69	119.47	59.05	60.42	81.36	38.11
余杭区	Yuhang	23.59	82.69	41.10	41.60	54.15	28.54
桐庐县	Tonglu	14.78	39.82	20.21	19.62	28.77	11.05
淳安县	Chunan	14.97	45.33	23.33	22.00	38.05	7.28
建德市	Jiande	17.53	51.04	26.29	24.75	38.50	12.55
富阳市	Fuyang	21.63	64.01	32.55	31.46	51.45	12.56
临安市	Linan	18.66	52.64	26.53	26.11	41.63	11.01
宁波市	**Ningbo**	**218.77**	**564.56**	**283.42**	**281.14**	**370.35**	**194.21**
市辖区	District	87.19	218.19	108.40	109.79	88.99	129.20
海曙区	Haishu	11.29	30.55	15.13	15.43	0.01	30.54
江东区	Jiangdong	10.15	26.73	13.30	13.43		26.73
江北区	Jiangbei	9.46	23.15	11.54	11.61	8.81	14.35
北仑区	Beilun	15.10	36.21	18.07	18.14	18.69	17.52
镇海区	Zhenhai	9.26	22.55	11.38	11.17	6.85	15.69
鄞州区	Yinzhou	31.95	79.00	38.98	40.02	54.62	24.37
象山县	Xiangshan	18.72	53.18	27.23	25.95	42.30	10.88
宁海县	Ninghai	21.90	59.52	30.95	28.57	50.64	8.88
余姚市	Yuyao	30.62	82.92	41.41	41.51	65.30	17.62
慈溪市	Cixi	42.31	102.72	51.00	51.72	85.46	17.26
奉化市	Fenghua	18.03	48.03	24.42	23.61	37.66	10.37
温州市	**Wenzhou**	**225.75**	**764.57**	**398.23**	**366.34**	**603.52**	**161.06**
市辖区	District	42.52	142.36	72.17	70.19	76.53	65.83
鹿城区	Lucheng	22.07	69.13	34.60	34.53	16.50	52.63
龙湾区	Longwan	8.57	32.49	16.82	15.67	26.68	5.81
瓯海区	Ouhai	11.88	40.75	20.75	20.00	33.36	7.39
洞头县	Dongtou	3.79	12.59	6.52	6.06	11.06	1.52
永嘉县	Yongjia	27.65	91.33	48.42	42.91	80.71	10.63
平阳县	Pingyang	24.34	85.40	44.63	40.77	69.47	15.93
苍南县	Cangnan	34.23	125.08	65.95	59.13	97.29	27.80

2－2 **续表1** continued

地区 Region		总户数（万户）Total Households（10000 households）	总人口数（万人）Total Population（10000 persons）	按性别分 By Sex		按农业和非农业分 By Agriculture and Non-agriculture	
				男性 Male	女性 Female	农业人口 Agriculture	非农业人员 Non-agriculture
文成县	Wencheng	12.32	36.93	19.78	17.15	33.73	3.20
泰顺县	Taishun	11.33	35.24	18.74	16.50	32.00	3.24
瑞安市	Ruian	31.73	116.05	59.68	56.37	95.47	20.58
乐清市	Yueqing	37.85	119.59	62.33	57.26	107.26	12.33
嘉兴市	**Jiaxing**	**101.75**	**336.81**	**167.38**	**169.44**	**216.46**	**120.36**
市辖区	District	26.56	81.98	40.82	41.16	43.40	38.59
南湖区	Nanhu	15.91	46.78	23.36	23.42	17.37	29.41
秀洲区	Xiuzhou	10.65	35.21	17.47	17.74	26.03	9.17
嘉善县	Jiashan	12.42	38.13	18.97	19.17	24.31	13.82
海盐县	Haiyan	11.99	36.76	18.26	18.50	24.92	11.84
海宁市	Haining	18.19	64.87	32.09	32.78	42.39	22.48
平湖市	Pinghu	14.49	48.37	23.86	24.50	30.99	17.38
桐乡市	Tongxiang	18.10	66.70	33.37	33.33	50.45	16.25
湖州市	**Huzhou**	**83.97**	**257.80**	**129.52**	**128.27**	**178.19**	**79.61**
市辖区	District	33.93	108.41	54.09	54.32	66.41	42.00
吴兴区	Wuxing	19.41	59.18	29.55	29.63	28.84	30.34
南浔区	Nanxun	14.52	49.23	24.54	24.69	37.57	11.67
德清县	Deqing	13.36	42.53	21.25	21.28	30.55	11.98
长兴县	Changxing	21.18	61.60	31.40	30.20	45.49	16.12
安吉县	Anji	15.50	45.25	22.79	22.47	35.74	9.51
绍兴市	**Shaoxing**	**161.08**	**436.24**	**219.92**	**216.32**	**299.92**	**136.32**
市辖区	District	23.48	64.99	32.11	32.87	18.17	46.81
越城区	Yuecheng	23.48	64.99	32.11	32.87	18.17	46.81
绍兴县	Shaoxing	25.51	71.05	35.12	35.93	43.35	27.70
新昌县	Xinchang	16.35	43.55	22.66	20.89	35.09	8.45
诸暨市	Zhuji	39.75	106.00	53.47	52.53	90.65	15.36
上虞市	Shangyu	28.89	77.28	38.50	38.78	54.12	23.17
嵊州市	Shengzhou	27.10	73.37	38.06	35.31	58.54	14.83
金华市	**Jinhua**	**177.79**	**459.19**	**235.68**	**223.52**	**355.88**	**103.31**
市辖区	District	36.63	92.25	46.95	45.30	60.90	31.35
婺城区	Wucheng	23.71	61.76	31.49	30.28	33.30	28.47
金东区	Jindong	12.92	30.49	15.47	15.02	27.60	2.89
武义县	Wuyi	13.00	33.33	17.24	16.09	28.20	5.13
浦江县	Pujiang	14.59	38.52	20.06	18.46	31.93	6.59
磐安县	Panan	7.97	20.84	10.88	9.96	18.05	2.79
兰溪市	Lanxi	23.08	65.82	34.41	31.41	53.43	12.40
义乌市	Yiwu	29.81	71.63	36.53	35.09	49.90	21.73
东阳市	Dongyang	31.48	80.76	40.99	39.77	66.81	13.95

2-2 **续表2** continued

地区 Region		总户数（万户）Total Households (10000 households)	总人口数（万人）Total Population (10000 persons)	按性别分 By Sex		按农业和非农业分 By Agriculture and Non-agriculture	
				男性 Male	女性 Female	农业人口 Agriculture	非农业人员 Non-agriculture
永康市	Yongkang	21.24	56.03	28.60	27.43	46.66	9.37
衢州市	**Quzhou**	**82.79**	**247.74**	**128.55**	**119.19**	**196.50**	**51.24**
市辖区	District	28.42	81.46	42.18	39.28	54.71	26.75
柯城区	Kecheng	15.35	41.43	21.16	20.27	18.71	22.72
衢江区	Qujiang	13.07	40.03	21.02	19.01	35.99	4.03
常山县	Changshan	10.11	32.58	17.08	15.50	28.36	4.22
开化县	Kaihua	10.76	34.86	18.09	16.77	30.56	4.30
龙游县	Longyou	14.10	40.17	20.65	19.52	33.79	6.38
江山市	Jiangshan	19.40	58.67	30.55	28.12	49.08	9.59
舟山市	**Zhoushan**	**36.56**	**96.69**	**48.45**	**48.24**	**61.22**	**35.48**
市辖区	District	25.36	69.45	34.94	34.51	42.22	27.23
定海区	Dinghai	14.13	37.46	18.91	18.55	21.86	15.61
普陀区	Putuo	11.23	31.99	16.03	15.96	20.36	11.63
岱山县	Daishan	8.15	19.24	9.56	9.68	14.45	4.80
嵊泗县	Shengsi	3.04	8.00	3.95	4.05	4.55	3.45
台州市	**Taizhou**	**191.99**	**569.39**	**293.25**	**276.15**	**467.51**	**101.88**
市辖区	District	49.84	151.56	76.89	74.67	121.38	30.17
椒江区	Jiaojiang	17.14	49.51	25.13	24.38	36.21	13.30
黄岩区	Huangyan	19.09	58.77	29.88	28.90	48.01	10.76
路桥区	Luqiao	13.62	43.27	21.88	21.39	37.16	6.11
玉环县	Yuhuan	14.04	40.66	20.74	19.92	21.98	18.68
三门县	Sanmen	13.11	41.86	21.96	19.89	37.41	4.45
天台县	Tiantai	19.41	56.50	29.61	26.89	46.62	9.88
仙居县	Xianju	14.94	48.44	25.28	23.16	43.60	4.84
温岭市	Wenling	42.55	116.56	59.43	57.13	97.57	18.99
临海市	Linhai	38.10	113.82	59.32	54.50	98.94	14.88
丽水市	**Lishui**	**86.42**	**253.99**	**132.23**	**121.75**	**210.06**	**43.93**
市辖区	District	14.74	38.00	19.42	18.59	25.30	12.70
莲都区	Liandu	14.74	38.00	19.42	18.59	25.30	12.70
青田县	Qingtian	15.06	48.72	25.46	23.26	40.90	7.82
缙云县	Jinyun	16.51	44.39	23.01	21.39	40.11	4.28
遂昌县	Suichang	7.53	22.97	12.06	10.90	19.21	3.75
松阳县	Songyang	8.13	23.46	12.30	11.16	20.57	2.88
云和县	Yunhe	3.51	11.14	5.83	5.31	9.11	2.03
庆元县	Qingyuan	6.76	19.95	10.37	9.59	16.72	3.23
景宁自治县	Jingning	5.36	16.97	9.05	7.92	14.02	2.95
龙泉市	Longquan	8.82	28.39	14.75	13.64	24.11	4.28

注:本表资料为公安年报数。

Data in this table were taken from the annual reports of the Bureau of Public Security.

2-3 人口自然变动情况(1978-2007年)
Population Natural Changes(1978-2007)

年份 Year	年末常住人口(万人) Total Population with Permanent Residence (10000 persons)	出生 Birth		死亡 Death		自然增长 Natural Growth	
		人数(万人) Population (10000 persons)	出生率(‰) Birth Rate (‰)	人数(万人) Population (10000 persons)	死亡率(‰) Death Rate (‰)	人数(万人) Population (10000 persons)	自然增长率(‰) Natural Growth Rate(‰)
1978		67.75	18.17	21.75	5.83	46.00	12.34
1979		67.82	17.98	22.23	5.89	45.59	12.09
1980		59.40	15.59	23.97	6.29	35.43	9.30
1981		69.00	17.93	24.12	6.27	44.89	11.66
1982		71.38	18.31	23.17	5.94	48.21	12.37
1983		62.66	15.89	25.13	6.37	37.53	9.52
1984		49.80	12.52	23.82	5.99	25.97	6.53
1985		50.59	12.61	24.25	6.05	26.34	6.56
1986		64.64	15.96	24.06	5.94	40.58	10.02
1987		69.67	17.01	28.34	6.92	41.33	10.09
1988		64.42	15.54	26.32	6.35	38.10	9.19
1989		63.68	15.20	26.85	6.41	36.83	8.79
1990	4238.00	64.75	15.33	26.65	6.31	38.10	9.02
1991	4269.50	61.59	14.48	27.18	6.39	34.41	8.09
1992	4304.40	63.10	14.72	28.17	6.57	34.93	8.15
1993	4334.80	58.79	13.61	28.42	6.58	30.37	7.03
1994	4363.70	56.67	13.24	28.25	6.64	28.42	6.60
1995	4389.00	54.52	12.66	29.07	6.75	25.45	5.91
1996	4413.00	53.21	12.09	28.96	6.58	24.25	5.51
1997	4434.80	50.47	11.41	28.66	6.48	21.81	4.93
1998	4456.20	49.57	11.15	28.14	6.33	21.43	4.82
1999	4475.40	47.51	10.64	28.36	6.35	19.15	4.29
2000	4679.91	48.09	10.30	28.63	6.13	19.46	4.17
2001	4697.27	46.14	10.02	28.78	6.25	17.39	3.77
2002	4730.76	46.19	9.98	28.65	6.19	17.54	3.79
2003	4763.46	44.96	9.66	29.70	6.38	15.26	3.28
2004	4803.48	50.12	10.71	26.95	5.76	23.16	4.95
2005	4898.00	54.37	11.10	29.78	6.08	24.59	5.02
2006	4980.00	50.78	10.29	26.75	5.42	24.03	4.87
2007	5060.00	52.11	10.38	27.96	5.57	24.15	4.81

注:本表为人口抽样调查数据。
Data in this table are obtained from the sample survey on population changes.

2-4 各市人口自然变动情况
Population Natural Changes by City

单位:‰(‰)

地区 Region		年末常住人口(万人) Total Population with Permanent Residence(10000 persons)			自然增长率 Natural Growth Rate			出生率 Birth Rate			死亡率 Death Rate		
		2005	2006	2007	2005	2006	2007	2005	2006	2007	2005	2006	2007
全　省	**Total**	**4898.0**	**4980.0**	**5060.0**	**5.02**	**4.87**	**4.81**	**11.10**	**10.29**	**10.38**	**6.08**	**5.42**	**5.57**
杭州市	Hangzhou	750.7	773.1	786.2	3.23	2.64	2.68	8.79	7.92	7.99	5.56	5.28	5.31
宁波市	Ningbo	655.9	671.6	689.5	2.08	2.49	2.94	8.12	7.86	8.48	6.04	5.37	5.54
温州市	Wenzhou	777.7	780.2	790.1	7.33	7.34	7.73	13.25	12.99	13.55	5.92	5.65	5.82
嘉兴市	Jiaxing	399.6	408.0	418.6	2.33	2.16	2.14	8.19	7.71	7.95	5.86	5.55	5.81
湖州市	Huzhou	271.8	276.7	280.0	2.56	2.43	2.53	8.52	7.93	8.09	5.96	5.50	5.56
绍兴市	Shaoxing	439.0	449.8	458.1	2.58	1.18	1.37	9.32	7.86	8.10	6.74	6.68	6.73
金华市	Jinhua	485.9	498.6	510.0	5.41	5.24	5.03	11.80	10.75	10.88	6.39	5.51	5.85
衢州市	Quzhou	219.8	221.1	222.0	5.52	4.28	4.42	10.95	10.14	10.15	5.43	5.86	5.73
舟山市	Zhoushan	102.5	102.8	103.5	1.38	-0.04	0.18	6.70	5.84	6.08	5.32	5.88	5.90
台州市	Taizhou	568.6	570.5	573.4	6.62	6.52	6.65	12.46	11.80	11.88	5.84	5.28	5.23
丽水市	Lishui	226.5	227.6	228.6	6.27	5.90	6.11	12.48	11.76	11.82	6.21	5.86	5.71

注:全省及各市均为人口抽样调查数。

Data in this table are obtained from the sample survey on population changes.

2-5 各市、县户籍人口年龄构成(2007年底)
Population by Age, City and County (End of 2007)

单位:人(person)

地区 Region		18岁以下 Age 0-18		18-35岁 Age 18-35		35-60岁 Age 35-60		60岁以上 Age 60 and over	
		人数 Population	占总人口% Percentage to Total	人数 Population	占总人口% Percentage to Total	人数 Population	占总人口% Percentage to Total	人数 Population	占总人口% Percentage to Total
全 省	**Total**	**8485408**	**18.21**	**11563513**	**24.82**	**19524014**	**41.90**	**7020463**	**15.07**
杭州市	**Hangzhou**	**1066792**	**15.87**	**1794349**	**26.69**	**2816115**	**41.88**	**1046253**	**15.56**
市辖区	District	619860	14.78	1194307	28.47	1712853	40.83	668010	15.92
上城区	Shangcheng	33554	10.43	81796	25.44	136982	42.60	69225	21.53
下城区	Xiacheng	42536	11.22	118621	31.29	147948	39.02	70055	18.48
江干区	Jianggan	51167	11.65	179311	40.83	149719	34.09	58935	13.42
拱墅区	Gongshu	34645	11.03	99257	31.61	123980	39.49	56108	17.87
西湖区	Xihu	79667	13.69	222637	38.26	202617	34.82	77049	13.24
滨江区	Binjiang	23851	17.34	49090	35.68	48448	35.22	16178	11.76
萧山区	Xiaoshan	222950	18.66	258186	21.61	525441	43.98	188144	15.75
余杭区	Yuhang	131490	15.90	185409	22.42	377718	45.68	132316	16.00
桐庐县	Tonglu	68344	17.16	93642	23.51	175483	44.06	60772	15.26
淳安县	Chunan	81117	17.89	107454	23.70	197071	43.47	67671	14.93
建德市	Jiande	92676	18.16	113830	22.30	222943	43.68	80975	15.86
富阳市	Fuyang	121659	19.01	155420	24.28	271848	42.47	91163	14.24
临安市	Linan	83136	15.79	129696	24.64	235917	44.82	77662	14.75
宁波市	**Ningbo**	**905109**	**16.03**	**1334179**	**23.63**	**2528072**	**44.78**	**878222**	**15.56**
市辖区	District	323089	14.81	561630	25.74	961523	44.07	335622	15.38
海曙区	Haishu	41970	13.74	87223	28.55	126522	41.41	49818	16.31
江东区	Jiangdong	42077	15.74	70329	26.31	117085	43.80	37802	14.14
江北区	Jiangbei	29807	12.87	67776	29.27	98099	42.37	35851	15.48
北仑区	Beilun	53547	14.79	91009	25.14	160412	44.30	57105	15.77
镇海区	Zhenhai	32669	14.49	50045	22.20	105348	46.73	37393	16.59
鄞州区	Yinzhou	123019	15.57	195248	24.72	354057	44.82	117653	14.89
象山县	Xiangshan	85400	16.06	136620	25.69	231873	43.60	77888	14.65
宁海县	Ninghai	107625	18.08	155284	26.09	250521	42.09	81763	13.74
余姚市	Yuyao	135000	16.28	169793	20.48	383889	46.30	140535	16.95
慈溪市	Cixi	175191	17.06	211175	20.56	472033	45.95	168804	16.43
奉化市	Fenghua	78804	16.41	99677	20.75	228233	47.52	73610	15.33
温州市	**Wenzhou**	**1583239**	**20.71**	**2251535**	**29.45**	**2809166**	**36.74**	**1001808**	**13.10**
市辖区	District	259871	18.25	421201	29.59	547844	38.48	194709	13.68
鹿城区	Lucheng	118402	17.13	190911	27.62	278007	40.22	103981	15.04
龙湾区	Longwan	69701	21.46	96988	29.86	120468	37.08	37702	11.61
瓯海区	Ouhai	71768	17.61	133302	32.71	149369	36.66	53026	13.01
洞头县	Dongtou	23507	18.68	37244	29.59	49078	38.99	16030	12.74
永嘉县	Yongjia	212190	23.23	269871	29.55	315722	34.57	115551	12.65
平阳县	Pingyang	172287	20.17	248143	29.06	317431	37.17	116163	13.60
苍南县	Cangnan	262619	21.00	376528	30.10	454479	36.34	157174	12.57

注:本表资料为公安年报数。 Data in this table were taken from the annual reports of the Bureau of Public Security.

2－5 续表1 continued 单位：人(person)

地区 Region		18岁以下 Age 0－18		18－35岁 Age 18－35		35－60岁 Age 35－60		60岁以上 Age 60 and over	
		人数 Population	占总人口% Percentage to Total	人数 Population	占总人口% Percentage to Total	人数 Population	占总人口% Percentage to Total	人数 Population	占总人口% Percentage to Total
文成县	Wencheng	77043	20.86	110714	29.98	127440	34.51	54114	14.65
泰顺县	Taishun	71765	20.36	106241	30.14	123207	34.96	51231	14.54
瑞安市	Ruian	234374	20.20	331934	28.60	441069	38.01	153122	13.19
乐清市	Yueqing	269583	22.54	349659	29.24	432896	36.20	143714	12.02
嘉兴市	**Jiaxing**	**572672**	**17.00**	**667575**	**19.82**	**1531547**	**45.47**	**596339**	**17.71**
市辖区	District	133947	16.34	175058	21.35	366815	44.74	144004	17.57
南湖区	Nanhu	71295	15.24	105248	22.50	208452	44.56	82776	17.70
秀洲区	Xiuzhou	62652	17.80	69810	19.83	158363	44.98	61228	17.39
嘉善县	Jiashan	63588	16.68	67011	17.57	177899	46.65	72835	19.10
海盐县	Haiyan	61448	16.71	71968	19.58	171593	46.68	62619	17.03
海宁市	Haining	107989	16.65	134546	20.74	291962	45.01	114197	17.60
平湖市	Pinghu	82742	17.11	89226	18.45	224993	46.52	86690	17.92
桐乡市	Tongxiang	122958	18.43	129766	19.46	298285	44.72	115994	17.39
湖州市	**Huzhou**	**436381**	**16.93**	**543172**	**21.07**	**1157202**	**44.89**	**441215**	**17.11**
市辖区	District	174099	16.06	219781	20.27	488740	45.08	201504	18.59
吴兴区	Wuxing	98994	16.73	133822	22.61	256973	43.42	102018	17.24
南浔区	Nanxun	75105	15.26	85959	17.46	231767	47.08	99486	20.21
德清县	Deqing	70869	16.66	86370	20.31	193906	45.60	74129	17.43
长兴县	Changxing	114189	18.54	134445	21.82	270419	43.90	96974	15.74
安吉县	Anji	77224	17.06	102576	22.67	204137	45.11	68608	15.16
绍兴市	**Shaoxing**	**797326**	**18.28**	**927933**	**21.27**	**1952826**	**44.76**	**684322**	**15.69**
市辖区	District	115659	17.80	149023	22.93	282927	43.54	102246	15.73
越城区	Yuecheng	115659	17.80	149023	22.93	282927	43.54	102246	15.73
绍兴县	Shaoxing	139981	19.70	138836	19.54	318911	44.89	112768	15.87
新昌县	Xinchang	74641	17.14	105883	24.31	188904	43.38	66040	15.17
诸暨市	Zhuji	198513	18.73	217600	20.53	479254	45.21	164663	15.53
上虞市	Shangyu	138943	17.98	157621	20.40	351645	45.50	124622	16.13
嵊州市	Shengzhou	129589	17.66	158970	21.67	331185	45.14	113983	15.53
金华市	**Jinhua**	**877032**	**19.10**	**1122940**	**24.45**	**1896468**	**41.30**	**695503**	**15.15**
市辖区	District	157359	17.06	244463	26.50	385789	41.82	134897	14.62
婺城区	Wucheng	104407	16.90	167282	27.08	256791	41.58	89167	14.44
金东区	Jindong	52952	17.37	77181	25.32	128998	42.31	45730	15.00
武义县	Wuyi	57276	17.18	76741	23.02	145422	43.63	53888	16.17
浦江县	Pujiang	79738	20.70	88380	22.94	159927	41.51	57183	14.84
磐安县	Panan	40564	19.46	48999	23.51	86759	41.63	32100	15.40
兰溪市	Lanxi	119034	18.08	147240	22.37	284224	43.18	107747	16.37
义乌市	Yiwu	151237	21.11	178235	24.88	283063	39.52	103750	14.48
东阳市	Dongyang	160188	19.84	189335	23.44	332971	41.23	125105	15.49

2-5 续表2 continued　单位:人(person)

地区 Region		18岁以下 Age 0-18		18-35岁 Age 18-35		35-60岁 Age 35-60		60岁以上 Age 60 and over	
		人数 Population	占总人口% Percentage to Total	人数 Population	占总人口% Percentage to Total	人数 Population	占总人口% Percentage to Total	人数 Population	占总人口% Percentage to Total
永康市	Yongkang	111636	19.92	149547	26.69	218313	38.96	80833	14.43
衢州市	**Quzhou**	**474809**	**19.17**	**609708**	**24.61**	**1029786**	**41.57**	**363077**	**14.66**
市辖区	District	149219	18.32	191542	23.51	346060	42.48	127736	15.68
柯城区	Kecheng	75316	18.18	97876	23.62	175579	42.38	65525	15.82
衢江区	Qujiang	73903	18.46	93666	23.40	170481	42.59	62211	15.54
常山县	Changshan	66781	20.50	92823	28.49	123083	37.77	43149	13.24
开化县	Kaihua	67541	19.38	95047	27.27	140964	40.44	45021	12.92
龙游县	Longyou	73793	18.37	90224	22.46	175339	43.65	62361	15.52
江山市	Jiangshan	117475	20.02	140072	23.87	244340	41.65	84810	14.46
舟山市	**Zhoushan**	**128761**	**13.32**	**216783**	**22.42**	**461084**	**47.69**	**160295**	**16.58**
市辖区	District	92930	13.38	162218	23.36	324987	46.80	114334	16.46
定海区	Dinghai	52141	13.92	91405	24.40	170095	45.40	60977	16.28
普陀区	Putuo	40789	12.75	70813	22.14	154892	48.43	53357	16.68
岱山县	Daishan	24381	12.67	38779	20.15	95885	49.83	33386	17.35
嵊泗县	Shengsi	11450	14.31	15786	19.73	40212	50.25	12575	15.71
台州市	**Taizhou**	**1143289**	**20.08**	**1413108**	**24.82**	**2343106**	**41.15**	**794428**	**13.95**
市辖区	District	287011	18.94	374688	24.72	629484	41.53	224368	14.80
椒江区	Jiaojiang	95591	19.31	130389	26.34	200465	40.49	68648	13.87
黄岩区	Huangyan	107075	18.22	139445	23.73	248148	42.22	93069	15.84
路桥区	Luqiao	84345	19.49	104854	24.23	180871	41.80	62651	14.48
玉环县	Yuhuan	72114	17.74	111911	27.52	166299	40.90	56280	13.84
三门县	Sanmen	84357	20.15	114503	27.36	168513	40.26	51208	12.23
天台县	Tiantai	128036	22.66	146647	25.95	217650	38.52	72696	12.87
仙居县	Xianju	119514	24.67	104361	21.54	197707	40.82	62806	12.97
温岭市	Wenling	214618	18.41	281614	24.16	495603	42.52	173748	14.91
临海市	Linhai	237639	20.88	279384	24.55	467850	41.10	153322	13.47
丽水市	**Lishui**	**499998**	**19.69**	**682231**	**26.86**	**998642**	**39.32**	**359001**	**14.13**
市辖区	District	69536	18.30	100342	26.40	156412	41.16	53753	14.14
莲都区	Liandu	69536	18.30	100342	26.40	156412	41.16	53753	14.14
青田县	Qingtian	108597	22.29	140359	28.81	169262	34.74	68977	14.16
缙云县	Jinyun	86228	19.42	117737	26.52	176435	39.74	63532	14.31
遂昌县	Suichang	40606	17.68	55807	24.30	98314	42.81	34924	15.21
松阳县	Songyang	45326	19.32	61080	26.04	96223	41.02	31927	13.61
云和县	Yunhe	20063	18.00	28830	25.87	46180	41.44	16365	14.69
庆元县	Qingyuan	42065	21.08	58047	29.10	75953	38.07	23440	11.75
景宁自治县	Jingning	32984	19.44	48746	28.73	65091	38.36	22873	13.48
龙泉市	Longquan	54593	19.23	71283	25.11	114772	40.43	43210	15.22

2-6 非农业人口变动情况
Changes of Non-agriculture Population

单位:万人(10000 persons)

项　目	Item	1995	2000	2004	2005	2006	2007
增加人口数合计	**Increased Population**	**65.08**	**110.28**	**129.45**	**110.46**	**110.58**	**101.90**
出生人口	Birth Population	5.94	11.16	10.22	10.16	10.51	12.21
非农业人口迁入	Non-agriculture Population Transfered into	31.35	47.71	56.59	55.02	55.87	55.82
农业人口转非农业人口	Population Changed into Non-agriculture	16.77	33.46	57.21	34.09	36.52	27.44
#招生	Students Recruited	6.23	7.55	7.91	7.59	4.97	3.77
招工	Workers Recruited	1.34	0.40	0.91	0.61	0.22	0.08
复员转业	Demobilized Soldiers	0.57	1.07	0.84	0.65	0.64	0.52
其他人口	Others	9.77	6.19	4.68	9.76	6.56	5.91
减少人口数合计	**Decreased Population**	**38.60**	**62.85**	**63.38**	**67.72**	**65.22**	**62.93**
死亡人口	Death Population	3.89	5.59	5.72	5.75	5.92	6.21
非农业人口迁出	Non-agriculture Population Transfered out	29.59	45.95	51.50	49.64	50.39	48.97
服兵役	Enlisting in the Army	0.31	0.54	0.42	0.44	0.44	0.44
其他人口	Others	4.81	9.87	5.56	11.44	8.10	7.30

2-7 计划生育情况
Family Planning

单位:%(%)

地　区	Region	计划生育率 Birth Rate Control				已婚育龄妇女独生子女领证率 Proportion of Only Child Certificate			
		2004	2005	2006	2007	2004	2005	2006	2007
合　计	**Total**	**95.44**	**94.82**	**94.04**	**91.37**	**22.02**	**25.01**	**26.80**	**27.99**
杭州市	Hangzhou	97.98	98.06	98.01	98.03	36.96	38.90	39.24	39.50
宁波市	Ningbo	98.17	98.12	97.78	97.85	27.59	36.33	40.27	40.71
温州市	Wenzhou	87.03	86.79	86.82	76.38	12.67	12.80	13.26	13.45
嘉兴市	Jiaxing	98.76	98.49	98.21	98.55	43.68	51.82	54.88	56.32
湖州市	Huzhou	98.38	97.88	97.76	97.64	31.42	36.14	39.19	40.17
绍兴市	Shaoxing	98.50	98.31	98.02	97.54	23.73	25.02	27.12	28.07
金华市	Jinhua	97.77	97.32	93.30	93.95	11.19	12.99	14.98	16.65
衢州市	Quzhou	97.22	96.39	95.98	95.06	11.19	15.74	18.69	19.90
舟山市	Zhoushan	99.13	99.21	98.70	98.05	22.91	30.99	34.22	36.02
台州市	Taizhou	96.00	94.48	94.48	92.59	12.36	12.19	13.70	17.36
丽水市	Lishui	93.31	92.17	91.52	91.09	8.02	9.75	10.88	13.68

2-8 从业、失业人员情况(1978-2007年,年底数)
Employed and Unemployed Persons(1978-2007,Year-end)

单位:万人(10000 persons)

年份 Year	从业人员总数 Employed Persons	职工合计 Staff and Workers	国有单位 State-owned Units	城镇集体单位 Urban Collective Owned Units	其他单位 Others	城镇私营和个体从业人员 Urban Private Enterprises and Individuals Employed Persons	乡村从业人员 Rural Employed Persons	其它从业人员 Other Employed Persons	年末城镇登记失业人员 Unemployed Persons in Urban Areas (10000 Persons)	城镇登记失业率(%) Unemployment Rate in Urban Areas
1978	1794.96	312.89	183.14	129.75		1.51	1480.56		24.4	7.2
1979	1829.90	339.91	196.78	143.13		2.00	1487.99		13.22	3.7
1980	1856.42	359.73	208.50	151.23		3.51	1493.18		10.23	2.7
1981	1954.53	397.35	223.62	155.73		4.11	1571.07		5.24	1.3
1982	2021.74	374.33	232.29	142.04		5.25	1642.16		9.27	2.4
1983	2141.16	382.75	237.68	145.07		7.61	1750.80		7.15	1.8
1984	2248.91	402.51	228.26	172.72	1.53	9.55	1836.85		4.69	1.1
1985	2318.56	426.57	240.71	183.81	2.05	12.09	1879.90		3.45	0.8
1986	2386.42	443.04	251.92	188.73	2.39	12.87	1930.51		5.5	1.2
1987	2444.73	459.65	263.46	192.97	3.22	15.69	1969.39		7.51	1.6
1988	2502.73	475.74	274.30	196.97	4.47	22.54	2004.45		7.73	1.5
1989	2522.86	470.12	274.95	189.34	5.83	27.03	2025.71		10.53	2.1
1990	2554.46	476.02	280.87	189.12	6.03	29.84	2048.60		11.24	2.2
1991	2579.36	492.81	293.41	191.09	8.31	30.98	2049.22	6.35	10.87	2
1992	2600.38	491.37	297.96	181.62	11.79	38.29	2065.04	5.68	12.97	2.4
1993	2615.89	502.36	300.59	176.12	25.65	52.54	2052.66	8.33	14.68	2.6
1994	2640.51	500.88	294.13	170.42	36.33	82.39	2024.39	32.85	16.09	2.6
1995	2621.47	498.61	294.59	161.89	42.13	96.44	2015.45	10.97	17.72	2.8
1996	2625.06	495.35	290.22	156.25	48.88	108.99	2010.21	10.51	16.22	2.6
1997	2619.66	482.26	285.05	144.53	52.68	110.27	2016.20	10.93	18.75	3
1998	2612.54	455.80	256.61	102.94	96.25	122.86	2021.56	12.32	19.96	3.3
1999	2625.17	427.45	233.15	80.21	114.09	163.34	2021.24	13.14	21.17	3.4
2000	2726.09	398.53	208.19	58.93	131.41	208.56	2106.14	12.86	21.82	3.4
2001	2796.65	372.39	185.36	41.28	145.75	236.00	2173.63	14.63	23.99	3.7
2002	2858.56	367.14	179.67	35.49	151.98	280.97	2185.87	24.58	27.73	4
2003	2918.74	373.21	170.40	30.53	172.28	349.19	2168.74	27.60	28.27	3.7
2004	2991.95	447.47	176.44	36.05	234.98	383.11	2144.28	17.09	30.14	4.1
2005	3100.76	522.93	177.93	31.17	313.83	373.22	2196.42	8.19	28.97	3.7
2006	3172.38	590.47	182.27	28.51	379.70	467.05	2094.49	20.37	29.1	3.51
2007	3405.01	641.17	185.94	27.68	427.56	630.48	2107.84	25.52	28.6	3.27

注:1978-2000年按户籍统计,2001-2007年按所在地统计。

Date in this table from 1978 to 2000 were calculated at registered residence, data were calculated at location from 2001 to 2007.

2-9 分行业从业人员总数(年末数)
Number of Employed Persons by Sector(Year - end)

单位:万人(10000 persons)

行业	Sector	城乡合计 Total 2005	2006	2007	城镇 Urban 2005	2006	2007	乡村 Rural 2005	2006	2007
总　计	**Total**	**3100.76**	**3172.38**	**3405.01**	**904.34**	**1077.89**	**1297.17**	**2196.42**	**2094.49**	**2107.84**
农、林、牧、渔业	Farming, Forestry, Animal Husbandry and Fishery	761.10	717.81	683.32	4.18	4.89	5.28	756.92	712.92	678.04
采掘业	Mining and Quarrying	7.56	7.82	4.52	2.22	2.18	2.11	5.34	5.64	2.41
制造业	Manufacturing	1139.83	1166.02	1290.51	334.94	419.84	505.61	804.89	746.18	784.9
电力、煤气及水的生产和供应业	Electricity, Gas and Water Production and Supply	12.93	13.4	14.00	10.53	11.61	12.04	2.41	1.79	1.96
建筑业	Construction	237.36	265.05	283.82	91.99	114.7	130.33	145.37	150.35	153.49
交通运输、仓储及邮政业	Transport, Storage and Post	125.17	129.31	133.98	28.04	30.31	34.26	97.13	99	99.72
信息传输、计算机服务和软件业	Information Transmission, Computer Services and Software	22.63	25.4	65.09	12.61	15.92	51.85	10.02	9.48	13.24
批发和零售业	Wholesale and Retail Sale Trade	380.11	387.05	434.36	154.89	183.24	226.62	225.22	203.81	207.74
住宿餐饮业	Hotels and Catering Services	100.47	100.61	112.41	28.88	34.52	44.31	71.59	66.09	68.1
金融业	Finance	19.10	20.25	22.40	19.10	20.25	22.40			
房地产业	Real Estate	14.88	15.86	19.37	11.41	12.91	16.40	3.47	2.95	2.97
租赁与商务服务业	Leasing and Commercial Services	33.13	42.03	47.68	27.81	36.47	42.05	5.32	5.56	5.63
科学研究、技术服务与地质勘查业	Scientific Research and Technic Services and Geological Prospecting	10.56	13.89	15.46	10.49	11.56	12.68	0.07	2.33	2.78
水利、环境和公共设施管理业	Water Conservancy, Environment and Public Facilities Management	9.04	12.71	13.49	8.97	9.13	9.89	0.07	3.58	3.6
居民服务及其他服务业	Resident Services and Other Services	83.04	85.43	90.75	26.58	30.1	34.75	56.46	55.33	56
教育	Education	59.75	66.09	67.76	55.63	57.91	59.56	4.12	8.18	8.2
卫生、社会保障和社会福利业	Health Care, Social Security and Social Welfare	25.85	42.04	41.02	24.44	25.98	27.47	1.40	16.06	13.55
文化、体育与娱乐业	Culture, Sports and Recreation	13.99	13.36	14.52	7.36	8.12	9.01	6.63	5.24	5.51
公共管理和社会组织	Public Management and Social Organization	44.26	48.25	50.56	44.26	48.25	50.56			

2-10 分所有制城镇单位从业人员总数(年末数)
Number of Urban Employed Persons by Ownership(Year - end)

单位:万人(10000 persons)

行　业	Sector	合计 Total			国有单位 State-owned Units		
		2005	2006	2007	2005	2006	2007
总　计	**Total**	**531.12**	**610.84**	**666.69**	**179.81**	**186.18**	**191.45**
农、林、牧、渔业	Farming, Forestry, Animal Husbandry and Fishery	1.83	1.68	1.58	1.66	1.51	1.42
采掘业	Mining and Quarrying	1.81	1.68	1.50	0.27	0.23	0.22
制造业	Manufacturing	203.39	245.50	284.73	7.67	5.17	4.77
电力、煤气及水的生产和供应业	Electricity, Gas and Water Production and Supply	10.07	10.98	11.03	6.70	6.77	6.86
建筑业	Construction	82.54	101.27	105.77	3.47	3.77	4.01
交通运输、仓储及邮电业	Transport, Storage and Post	19.34	19.84	20.51	11.36	11.60	11.51
信息传输、计算机服务和软件业	Information Transmission, Computer Services and Software	4.93	6.33	7.24	1.45	1.56	1.53
批发和零售业	Wholesale and Retail Sale Trade	19.24	20.29	21.00	3.26	3.16	3.01
住宿餐饮业	Hotels and Catering Services	9.83	10.78	11.41	2.37	2.31	2.22
金融业	Finance	19.10	20.25	22.40	7.70	7.35	8.06
房地产业	Real Estate	6.17	7.00	8.32	1.77	1.81	1.72
租赁与商务服务业	Leasing and Commercial Services	14.24	17.70	17.04	4.26	6.37	6.67
科学研究、技术服务与地质勘查业	Scientific Research and Technic Services and Geological Prospecting	7.42	8.38	8.91	5.47	5.85	5.91
水利、环境和公共设施管理业	Water Conservancy, Environment and Public Facilities Management	5.89	6.31	6.81	4.23	4.23	4.37
居民服务及其他服务业	Resident Services and Other Services	0.98	1.04	1.02	0.51	0.47	0.54
教育	Education	51.53	53.48	54.99	49.52	51.18	51.92
卫生、社会保障和社会福利业	Health Care, Social Security and Social Welfare	23.93	25.24	26.59	20.24	21.18	22.12
文化、体育与娱乐业	Culture, Sports and Recreation	4.61	4.83	5.30	4.26	4.46	4.83
公共管理和社会组织	Public Management and Social Organization	44.26	48.25	50.56	43.65	47.22	49.75

2-10 续表 continued 单位:万人(10000 persons)

行业	Sector	城镇集体 Urban Collective Owned Units			其它单位 Others		
		2005	2006	2007	2005	2006	2007
总计	**Total**	**30.68**	**28.97**	**28.06**	**320.63**	**395.69**	**447.19**
农、林、牧、渔业	Farming, Forestry, Animal Husbandry and Fishery	0.09	0.07	0.05	0.09	0.10	0.11
采掘业	Mining and Quarrying	0.23	0.39	0.29	1.31	1.07	0.98
制造业	Manufacturing	6.09	5.98	4.83	189.64	234.35	275.13
电力、煤气及水的生产和供应业	Electricity, Gas and Water Production and Supply	0.38	0.35	0.31	2.98	3.86	3.85
建筑业	Construction	9.77	8.44	7.86	69.31	89.06	93.91
交通运输、仓储及邮电业	Transport, Storage and Post	0.93	0.94	1.07	7.04	7.30	7.94
信息传输、计算机服务和软件业	Information Transmission, Computer Services and Software	0.04	0.07	0.07	3.44	4.7	5.64
批发和零售业	Wholesale and Retail Sale Trade	1.45	1.11	1.02	14.52	16.02	16.97
住宿餐饮业	Hotels and Catering Services	0.77	0.86	0.79	6.69	7.61	8.40
金融业	Finance	2.91	2.14	2.13	8.49	10.76	12.21
房地产业	Real Estate	0.22	0.22	0.22	4.19	4.97	6.38
租赁与商务服务业	Leasing and Commercial Services	1.60	1.93	2.45	8.38	9.39	7.92
科学研究、技术服务与地质勘查业	Scientific Research and Technic Services and Geological Prospecting	0.27	0.27	0.31	1.69	2.26	2.69
水利、环境和公共设施管理业	Water Conservancy, Environment and Public Facilities Management	1.15	1.26	1.34	0.52	0.83	1.10
居民服务及其他服务业	Resident Services and Other Services	0.20	0.23	0.19	0.27	0.34	0.29
教育	Education	0.96	0.99	1.05	1.06	1.32	2.02
卫生、社会保障和社会福利业	Health Care, Social Security and Social Welfare	3.46	3.54	3.90	0.23	0.51	0.57
文化、体育与娱乐业	Culture, Sports and Recreation	0.12	0.09	0.09	0.23	0.29	0.38
公共管理和社会组织	Public Management and Social Organization	0.06	0.09	0.07	0.54	0.94	0.73

2-11 分行业城镇单位从业人员总数(2007 年底)
Number of Urban Employed Persons by Sector(End of 2007)

单位:万人(10000 persons)

行　业	Sector	单位从业人员 Employed Persons	#在岗职工合计 Staff and Workers at Work	#专业技术人员 Specialized Technical Personnel	#女性 Female
总　计	**Total**	**666.69**	**632.67**	**146.23**	**65.07**
农、林、牧、渔业	Farming, Forestry, Animal Husbandry and Fishery	1.58	1.54	0.69	0.18
采掘业	Mining and Quarrying	1.50	1.37	0.20	0.07
制造业	Manufacturing	284.73	277.61	27.36	9.25
电力、煤气及水的生产和供应业	Electricity, Gas and Water Production and Supply	11.03	10.67	3.28	0.94
建筑业	Construction	105.77	96.78	12.79	1.93
交通运输、仓储及邮政业	Transport, Storage and Post	20.51	18.90	2.98	0.89
信息传输、计算机服务和软件业	Information Transmission, Computer Services and Software	7.24	6.07	2.84	0.88
批发和零售业	Wholesale and Retail Sale Trade	21.00	19.94	4.31	1.85
住宿餐饮业	Hotels and Catering Services	11.41	10.92	1.34	0.56
金融业	Finance	22.40	17.70	9.99	5.29
房地产业	Real Estate	8.32	7.55	2.26	0.78
租赁与商务服务业	Leasing and Commercial Services	17.04	16.28	3.23	1.16
科学研究、技术服务与地质勘查业	Scientific Research and Technic Services and Geological Prospecting	8.91	8.15	5.29	1.50
水利、环境和公共设施管理业	Water Conservancy, Environment and Public Facilities Management	6.81	6.27	0.94	0.32
居民服务及其他服务业	Resident Services and Other Services	1.02	0.94	0.13	0.06
教育	Education	54.99	53.18	44.23	24.52
卫生、社会保障和社会福利业	Health Care, Social Security and Social Welfare	26.59	25.42	19.65	13.02
文化、体育与娱乐业	Culture, Sports and Recreation	5.30	4.57	2.36	1.05
公共管理和社会组织	Public Management and Social Organization	50.56	48.81	2.35	0.83

2-11 续表 continued 单位:万人(10000 persons)

行业	Sector	#使用的农村劳动力 Rural Labourer	长期职工 Long-term Staff and Workers	其他从业人员 Others	#聘用的离退休人员 Retired and Resigned Persons Employed	#聘用的港澳台和外籍人员 Employed Persons from Hong Kong, Macao, Taiwan and Foreigner
总计	**Total**	**242.78**	**524.83**	**34.01**	**4.48**	**0.74**
农、林、牧、渔业	Farming, Forestry, Animal Husbandry and Fishery	0.15	1.46	0.04	0.01	
采掘业	Mining and Quarrying	0.53	1.28	0.13	0.01	
制造业	Manufacturing	149.36	243.57	7.12	1.36	0.61
电力、煤气及水的生产和供应业	Electricity, Gas and Water Production and Supply	0.83	10.03	0.35	0.05	
建筑业	Construction	66.70	47.90	8.99	0.23	
交通运输、仓储及邮政业	Transport, Storage and Post	2.50	17.30	1.61	0.05	
信息传输、计算机服务和软件业	Information Transmission, Computer Services and Software	0.31	5.68	1.17	0.03	0.01
批发和零售业	Wholesale and Retail Sale Trade	3.01	17.91	1.06	0.31	0.01
住宿餐饮业	Hotels and Catering Services	3.90	8.84	0.49	0.14	0.02
金融业	Finance	1.39	16.08	4.70	0.10	
房地产业	Real Estate	1.41	6.42	0.76	0.30	0.02
租赁与商务服务业	Leasing and Commercial Services	3.60	14.10	0.77	0.23	
科学研究、技术服务与地质勘查业	Scientific Research and Technic Services and Geological Prospecting	0.35	7.39	0.76	0.31	
水利、环境和公共设施管理业	Water Conservancy, Environment and Public Facilities Management	2.25	4.44	0.54	0.10	
居民服务及其他服务业	Resident Services and Other Services	0.15	0.81	0.08	0.03	
教育	Education	2.42	50.16	1.81	0.36	0.06
卫生、社会保障和社会福利业	Health Care, Social Security and Social Welfare	1.34	22.48	1.17	0.60	
文化、体育与娱乐业	Culture, Sports and Recreation	0.23	4.11	0.73	0.07	0.01
公共管理和社会组织	Public Management and Social Organization	2.34	44.86	1.75	0.20	

2－12 分行业国有单位从业人员总数(2007 年底)
Number of Urban Employed Persons in State-owned Units by Sector(End of 2007)

单位:万人(10000 persons)

行 业	Sector	单位从业人员 Employed Persons	#在岗职工合计 Staff and Workers at Work	#专业技术人员 Specialized Technical Personnel	#女性 Female
总 计	**Total**	**191.45**	**181.62**	**82.05**	**42.98**
农、林、牧、渔业	Farming, Forestry, Animal Husbandry and Fishery	1.42	1.39	0.64	0.18
采掘业	Mining and Quarrying	0.22	0.15	0.03	0.02
制造业	Manufacturing	4.77	4.68	0.84	0.26
电力、煤气及水的生产和供应业	Electricity, Gas and Water Production and Supply	6.86	6.60	2.23	0.62
建筑业	Construction	4.01	3.11	0.92	0.21
交通运输、仓储及邮政业	Transport, Storage and Post	11.51	10.25	1.72	0.52
信息传输、计算机服务和软件业	Information Transmission, Computer Services and Software	1.53	1.43	0.59	0.22
批发和零售业	Wholesale and Retail Sale Trade	3.01	2.82	0.74	0.27
住宿餐饮业	Hotels and Catering Services	2.22	2.12	0.20	0.09
金融业	Finance	8.06	7.23	4.27	2.23
房地产业	Real Estate	1.72	1.54	0.51	0.20
租赁与商务服务业	Leasing and Commercial Services	6.67	6.34	1.46	0.50
科学研究、技术服务与地质勘查业	Scientific Research and Technic Services and Geological Prospecting	5.91	5.53	3.66	1.08
水利、环境和公共设施管理业	Water Conservancy, Environment and Public Facilities Management	4.37	4.02	0.70	0.24
居民服务及其他服务业	Resident Services and Other Services	0.54	0.53	0.08	0.04
教育	Education	51.92	50.45	42.48	23.44
卫生、社会保障和社会福利业	Health Care, Social Security and Social Welfare	22.12	21.21	16.45	11.08
文化、体育与娱乐业	Culture, Sports and Recreation	4.83	4.13	2.25	1.00
公共管理和社会组织	Public Management and Social Organization	49.75	48.10	2.28	0.79

2-12 续表 continued 单位:万人(10000 persons)

行业	Sector	#使用的农村劳动力 Rural Labourer	长期职工 Long-term Staff and Workers	其他从业人员 Others	#聘用的离退休人员 Retired and Resigned Persons Employed	#聘用的港澳台和外籍人员 Employed Persons from Hong Kong, Macao, Taiwan and Foreigner
总计	**Total**	**12.55**	**165.67**	**9.83**	**1.30**	**0.05**
农、林、牧、渔业	Farming, Forestry, Animal Husbandry and Fishery	0.10	1.32	0.03	0.01	
采掘业	Mining and Quarrying	0.07	0.15	0.07		
制造业	Manufacturing	0.38	4.11	0.10	0.02	
电力、煤气及水的生产和供应业	Electricity, Gas and Water Production and Supply	0.19	6.20	0.27	0.03	
建筑业	Construction	1.54	2.28	0.89	0.02	
交通运输、仓储及邮政业	Transport, Storage and Post	1.14	9.64	1.26	0.01	
信息传输、计算机服务和软件业	Information Transmission, Computer Services and Software	0.03	1.30	0.10		
批发和零售业	Wholesale and Retail Sale Trade	0.29	2.55	0.20	0.03	
住宿餐饮业	Hotels and Catering Services	0.71	1.61	0.10	0.03	
金融业	Finance	0.13	6.44	0.84	0.02	
房地产业	Real Estate	0.20	1.32	0.18	0.04	
租赁与商务服务业	Leasing and Commercial Services	0.89	5.54	0.33	0.07	
科学研究、技术服务与地质勘查业	Scientific Research and Technic Services and Geological Prospecting	0.13	5.03	0.38	0.11	
水利、环境和公共设施管理业	Water Conservancy, Environment and Public Facilities Management	1.25	3.13	0.35	0.02	
居民服务及其他服务业	Resident Services and Other Services	0.03	0.47	0.01		
教育	Education	2.08	47.75	1.47	0.23	0.05
卫生、社会保障和社会福利业	Health Care, Social Security and Social Welfare	0.98	18.89	0.90	0.43	
文化、体育与娱乐业	Culture, Sports and Recreation	0.12	3.71	0.70	0.07	
公共管理和社会组织	Public Management and Social Organization	2.29	44.22	1.65	0.17	

2-13 分行业城镇集体单位从业人员总数(2007 年底)
Number of Urban Employed Persons in Collective Owned Units by Sector(End of 2007)

单位:万人(10000 persons)

行 业	Sector	单位从业人员 Employed Persons	#在岗职工合计 Staff and Workers at Work	#专业技术人员 Specialized Technical Personnel	#女性 Female
总 计	**Total**	**28.06**	**26.85**	**7.31**	**3.47**
农、林、牧、渔业	Farming, Forestry, Animal Husbandry and Fishery	0.05	0.05	0.03	
采掘业	Mining and Quarrying	0.29	0.29	0.02	
制造业	Manufacturing	4.83	4.76	0.39	0.12
电力、煤气及水的生产和供应业	Electricity, Gas and Water Production and Supply	0.31	0.31	0.06	0.03
建筑业	Construction	7.86	7.46	1.01	0.16
交通运输、仓储及邮政业	Transport, Storage and Post	1.07	1.02	0.08	0.03
信息传输、计算机服务和软件业	Information Transmission, Computer Services and Software	0.07	0.07	0.01	
批发和零售业	Wholesale and Retail Sale Trade	1.02	0.97	0.21	0.09
住宿餐饮业	Hotels and Catering Services	0.79	0.77	0.11	0.03
金融业	Finance	2.13	2.11	1.26	0.66
房地产业	Real Estate	0.22	0.20	0.04	0.02
租赁与商务服务业	Leasing and Commercial Services	2.45	2.35	0.24	0.08
科学研究、技术服务与地质勘查业	Scientific Research and Technic Services and Geological Prospecting	0.31	0.29	0.17	0.04
水利、环境和公共设施管理业	Water Conservancy, Environment and Public Facilities Management	1.34	1.25	0.07	0.02
居民服务及其他服务业	Resident Services and Other Services	0.19	0.18	0.01	0.01
教育	Education	1.05	0.93	0.66	0.43
卫生、社会保障和社会福利业	Health Care, Social Security and Social Welfare	3.90	3.70	2.87	1.71
文化、体育与娱乐业	Culture, Sports and Recreation	0.09	0.09	0.06	0.03
公共管理和社会组织	Public Management and Social Organization	0.07	0.06	0.01	0.01

2－13 **续表** continued 单位:万人(10000 persons)

行　　业	Sector	#使用的农村劳动力 Rural Labourer	长期职工 Long－term Staff and Workers	其他从业人员 Others	#聘用的离退休人员 Retired and Resigned Persons Employed	#聘用的港澳台和外籍人员 Employed Persons from Hong Kong, Macao, Taiwan and Foreigner
总　计	**Total**	**9.97**	**20.26**	**1.21**	**0.37**	
农、林、牧、渔业	Farming, Forestry, Animal Husbandry and Fishery	0.01	0.05			
采掘业	Mining and Quarrying	0.15	0.27			
制造业	Manufacturing	2.55	4.09	0.08	0.03	
电力、煤气及水的生产和供应业	Electricity, Gas and Water Production and Supply	0.08	0.26	0.01		
建筑业	Construction	4.76	4.30	0.40	0.02	
交通运输、仓储及邮政业	Transport, Storage and Post	0.13	0.88	0.04		
信息传输、计算机服务和软件业	Information Transmission, Computer Services and Software	0.01	0.05			
批发和零售业	Wholesale and Retail Sale Trade	0.09	0.90	0.05	0.02	
住宿餐饮业	Hotels and Catering Services	0.31	0.64	0.02	0.01	
金融业	Finance	0.13	1.93	0.02		
房地产业	Real Estate	0.02	0.16	0.02	0.01	
租赁与商务服务业	Leasing and Commercial Services	0.48	1.60	0.10	0.03	
科学研究、技术服务与地质勘查业	Scientific Research and Technic Services and Geological Prospecting	0.04	0.26	0.02	0.01	
水利、环境和公共设施管理业	Water Conservancy, Environment and Public Facilities Management	0.74	0.60	0.09	0.03	
居民服务及其他服务业	Resident Services and Other Services	0.04	0.16	0.01	0.01	
教育	Education	0.10	0.84	0.12	0.05	
卫生、社会保障和社会福利业	Health Care, Social Security and Social Welfare	0.31	3.13	0.20	0.13	
文化、体育与娱乐业	Culture, Sports and Recreation	0.01	0.09			
公共管理和社会组织	Public Management and Social Organization	0.01	0.05	0.02	0.02	

2-14 分行业其他单位从业人员总数(2007 年底)
Number of Urban Employed Persons in Other Ownership Units by Sector(End of 2007)

单位:万人(10000 persons)

行业	Sector	单位从业人员 Employed Persons	#在岗职工合计 Staff and Workers at Work	#专业技术人员 Specialized Technical Personnel	#女性 Female
总 计	**Total**	**447.19**	**424.21**	**56.86**	**18.62**
农、林、牧、渔业	Farming, Forestry, Animal Husbandry and Fishery	0.11	0.10	0.02	0.01
采掘业	Mining and Quarrying	0.98	0.93	0.15	0.05
制造业	Manufacturing	275.13	268.18	26.14	8.86
电力、煤气及水的生产和供应业	Electricity, Gas and Water Production and Supply	3.85	3.77	0.98	0.29
建筑业	Construction	93.91	86.21	10.86	1.57
交通运输、仓储及邮政业	Transport, Storage and Post	7.94	7.63	1.18	0.35
信息传输、计算机服务和软件业	Information Transmission, Computer Services and Software	5.64	4.58	2.24	0.66
批发和零售业	Wholesale and Retail Sale Trade	16.97	16.16	3.36	1.50
住宿餐饮业	Hotels and Catering Services	8.40	8.04	1.03	0.43
金融业	Finance	12.21	8.36	4.45	2.40
房地产业	Real Estate	6.38	5.81	1.72	0.57
租赁与商务服务业	Leasing and Commercial Services	7.92	7.58	1.54	0.57
科学研究、技术服务与地质勘查业	Scientific Research and Technic Services and Geological Prospecting	2.69	2.33	1.45	0.37
水利、环境和公共设施管理业	Water Conservancy, Environment and Public Facilities Management	1.10	1.00	0.16	0.06
居民服务及其他服务业	Resident Services and Other Services	0.29	0.23	0.04	0.01
教育	Education	2.02	1.80	1.09	0.65
卫生、社会保障和社会福利业	Health Care, Social Security and Social Welfare	0.57	0.50	0.33	0.23
文化、体育与娱乐业	Culture, Sports and Recreation	0.38	0.35	0.05	0.02
公共管理和社会组织	Public Management and Social Organization	0.73	0.65	0.06	0.03

2-14 续表 continued　　　　单位:万人(10000 persons)

行业	Sector	#使用的农村劳动力 Rural Labourer	长期职工 Long-term Staff and Workers	其他从业人员 Others	#聘用的离退休人员 Retired and Resigned Persons Employed	#聘用的港澳台和外籍人员 Employed Persons from Hong Kong, Macao, Taiwan and Foreigner
总　计	**Total**	**220.27**	**338.89**	**22.98**	**2.81**	**0.69**
农、林、牧、渔业	Farming, Forestry, Animal Husbandry and Fishery	0.04	0.09	0.01		
采掘业	Mining and Quarrying	0.31	0.85	0.06	0.01	
制造业	Manufacturing	146.43	235.37	6.94	1.31	0.61
电力、煤气及水的生产和供应业	Electricity, Gas and Water Production and Supply	0.56	3.58	0.08	0.02	
建筑业	Construction	60.40	41.31	7.70	0.19	
交通运输、仓储及邮政业	Transport, Storage and Post	1.23	6.78	0.31	0.04	
信息传输、计算机服务和软件业	Information Transmission, Computer Services and Software	0.26	4.33	1.06	0.02	0.01
批发和零售业	Wholesale and Retail Sale Trade	2.63	14.45	0.81	0.27	0.01
住宿餐饮业	Hotels and Catering Services	2.88	6.59	0.37	0.11	0.02
金融业	Finance	1.13	7.71	3.85	0.08	
房地产业	Real Estate	1.20	4.94	0.57	0.25	0.02
租赁与商务服务业	Leasing and Commercial Services	2.23	6.96	0.33	0.13	
科学研究、技术服务与地质勘查业	Scientific Research and Technic Services and Geological Prospecting	0.18	2.10	0.36	0.20	
水利、环境和公共设施管理业	Water Conservancy, Environment and Public Facilities Management	0.26	0.70	0.10	0.05	
居民服务及其他服务业	Resident Services and Other Services	0.08	0.19	0.06	0.02	
教育	Education	0.24	1.57	0.22	0.07	0.01
卫生、社会保障和社会福利业	Health Care, Social Security and Social Welfare	0.05	0.47	0.06	0.04	
文化、体育与娱乐业	Culture, Sports and Recreation	0.10	0.32	0.03	0.01	
公共管理和社会组织	Public Management and Social Organization	0.04	0.60	0.08	0.01	

2-15 按三次产业分的从业人员总数(年底数)
Number of Employed Persons by Type of Industry(Year-end)

年份 year	从业人员总数(万人) Total(10000 persons)			构成(以合计为100) Composition(Total = 100)		
	第一产业 Primary Industry	第二产业 Secondary Industry	第三产业 Tertiary Industry	第一产业 Primary Industry	第二产业 Secondary Industry	第三产业 Tertiary Industry
1985	1273.25	735.22	310.09	54.90	31.70	13.40
1986	1275.22	765.13	346.07	53.40	32.10	14.50
1987	1272.01	802.04	370.68	52.00	32.80	15.20
1988	1282.16	803.67	416.90	51.20	32.10	16.70
1989	1330.74	770.12	422.00	52.70	30.50	16.70
1990	1358.28	762.48	433.70	53.20	29.80	17.00
1991	1366.99	770.86	441.51	53.00	29.90	17.10
1992	1359.49	770.81	470.08	52.30	29.60	18.10
1993	1248.22	886.90	480.77	47.70	33.90	18.40
1994	1193.56	917.87	529.08	45.20	34.80	20.00
1995	1152.15	882.82	586.50	44.00	33.70	22.30
1996	1129.34	886.02	609.70	43.00	33.80	23.20
1997	1113.27	881.42	624.97	42.50	33.60	23.90
1998	1108.81	854.14	649.59	42.40	32.70	24.90
1999	1078.16	784.29	762.73	41.00	29.90	29.10
2000	969.97	966.30	789.82	35.58	35.45	28.97
2001	935.24	1009.55	851.86	33.44	36.10	30.46
2002	885.29	1070.13	903.14	30.97	37.44	31.59
2003	826.03	1201.30	891.41	28.30	41.20	30.50
2004	779.65	1304.94	907.36	26.06	43.61	30.33
2005	759.53	1397.69	943.54	24.50	45.07	30.43
2006	717.81	1452.29	1002.28	22.63	45.78	31.59
2007	683.32	1592.84	1128.85	20.07	46.78	33.15

注:按三次产业划分口径从2000年开始作调整。
The data by sector were adjusted since 2000.

2-16 按三次产业分的城镇从业人员人数(年底数)
Number of Urban Employed Persons by Type of Industry(Year - end)

年份 year	绝对数(万人) Absolute Value(10000 persons)			构成(以合计为100) Composition(Total = 100)		
	第一产业 Primary Industry	第二产业 Secondary Industry	第三产业 Tertiary Industry	第一产业 Primary Industry	第二产业 Secondary Industry	第三产业 Tertiary Industry
1985	11.23	245.45	181.98	2.60	56.00	41.50
1986	11.55	254.98	189.38	2.50	55.90	41.50
1987	11.60	256.34	198.40	2.40	55.80	41.70
1988	11.26	273.97	213.05	2.30	55.00	42.80
1989	10.76	267.93	218.46	2.20	53.90	43.90
1990	10.44	270.95	224.47	2.10	53.60	44.40
1991	10.39	284.91	234.84	2.00	53.70	44.30
1992	10.31	280.89	244.14	1.90	52.50	45.60
1993	9.06	297.13	257.04	1.60	52.80	45.60
1994	5.17	247.36	267.83	1.00	47.50	51.50
1995	5.08	243.01	281.42	1.00	45.90	53.10
1996	4.77	244.64	294.06	0.90	45.00	54.10
1997	4.72	242.85	298.45	0.80	44.50	54.70
1998	4.69	237.67	308.43	0.90	43.10	56.00
1999	4.87	231.31	328.84	0.90	40.90	58.20
2000	4.61	237.18	342.04	0.80	40.60	58.60
2001	4.03	255.90	363.09	0.60	41.10	58.30
2002	3.21	270.12	399.36	0.48	40.15	59.37
2003	3.07	314.18	432.75	0.40	41.90	57.70
2004	3.26	389.98	454.43	0.38	46.01	53.61
2005	2.95	439.68	461.71	0.33	48.62	51.05
2006	4.89	548.33	524.67	0.45	50.87	48.68
2007	5.28	650.08	641.81	0.41	50.12	49.48

2-17 分行业城镇单位职工人数(年底数)
Number of Urban Employed Persons by Sector(Year-end)

单位:万人(10000 persons)

行业	Sector	合计 Total			国有单位 State-owned Units		
		2005	2006	2007	2005	2006	2007
总计	**Total**	**522.93**	**590.47**	**641.17**	**177.93**	**182.27**	**185.94**
农、林、牧、渔业	Farming, Forestry, Animal Husbandry and Fishery	1.94	1.77	1.68	1.78	1.60	1.52
采掘业	Mining and Quarrying	2.03	2.04	1.66	0.33	0.33	0.26
制造业	Manufacturing	204.16	242.41	280.06	8.87	5.82	5.59
电力、煤气及水的生产和供应业	Electricity, Gas and Water Production and Supply	10.08	10.76	10.81	6.72	6.59	6.68
建筑业	Construction	79.50	93.40	97.27	3.48	3.27	3.24
交通运输、仓储及邮政业	Transport, Storage and Post	19.40	19.55	19.84	11.14	11.10	10.69
信息传输、计算机服务和软件业	Information Transmission, Computer Services and Software	4.58	5.31	6.20	1.45	1.47	1.47
批发和零售业	Wholesale and Retail Sale Trade	19.52	20.07	20.72	3.46	3.15	2.99
住宿餐饮业	Hotels and Catering Services	9.72	10.65	11.12	2.35	2.37	2.22
金融业	Banking	16.72	17.41	18.63	7.42	7.14	7.69
房地产业	Real Estate	5.95	6.58	7.73	1.73	1.72	1.62
租赁与商务服务业	Leasing and Commercial Services	14.49	17.56	16.86	4.32	6.64	6.79
科学研究、技术服务与地质勘查业	Scientific Research and Technic Services and Geological Prospecting	6.99	7.81	8.29	5.33	5.62	5.66
水利、环境和公共设施管理业	Water Conservancy, Environment and Public Facilities Management	5.62	5.76	6.37	4.01	3.85	4.11
居民服务及其他服务业	Resident Services and Other Services	0.96	1.01	0.94	0.49	0.46	0.53
教育	Education	50.10	52.12	53.52	48.31	50.02	50.78
卫生、社会保障和社会福利业	Health Care, Social Security and Social Welfare	23.25	24.37	25.59	19.69	20.51	21.36
文化、体育与娱乐业	Culture, Sports and Recreation	4.42	4.53	4.64	4.08	4.17	4.19
公共管理和社会组织	Public Management and Social Organization	43.50	47.38	49.25	42.98	46.45	48.54

2-17 续表 continued 单位:万人(10000 persons)

行业	Sector	城镇集体 Urban Collective Owned Units			其它单位 Others		
		2005	2006	2007	2005	2006	2007
总计	**Total**	**31.17**	**28.51**	**27.68**	**313.83**	**379.70**	**427.56**
农、林、牧、渔业	Farming, Forestry, Animal Husbandry and Fishery	0.07	0.07	0.05	0.08	0.10	0.10
采掘业	Mining and Quarrying	0.23	0.38	0.29	1.46	1.33	1.11
制造业	Manufacturing	6.25	6.11	4.86	189.05	230.47	269.61
电力、煤气及水的生产和供应业	Electricity, Gas and Water Production and Supply	0.37	0.33	0.31	2.99	3.84	3.81
建筑业	Construction	9.47	8.08	7.56	66.55	82.04	86.46
交通运输、仓储及邮政业	Transport, Storage and Post	0.97	0.99	1.09	7.29	7.46	8.06
信息传输、计算机服务和软件业	Information Transmission, Computer Services and Software	0.04	0.08	0.07	3.09	3.77	4.66
批发和零售业	Wholesale and Retail Sale Trade	1.77	1.27	1.20	14.29	15.65	16.53
住宿餐饮业	Hotels and Catering Services	0.85	0.85	0.79	6.52	7.43	8.11
金融业	Finance	3.07	2.29	2.28	6.24	7.97	8.66
房地产业	Real Estate	0.30	0.28	0.24	3.92	4.58	5.87
租赁与商务服务业	Leasing and Commercial Services	1.83	1.65	2.39	8.34	9.27	7.68
科学研究、技术服务与地质勘查业	Scientific Research and Technic Services and Geological Prospecting	0.24	0.26	0.30	1.42	1.94	2.33
水利、环境和公共设施管理业	Water Conservancy, Environment and Public Facilities Management	1.11	1.18	1.25	0.50	0.73	1.01
居民服务及其他服务业	Resident Services and Other Services	0.20	0.23	0.18	0.27	0.33	0.23
教育	Education	0.87	0.91	0.94	0.92	1.19	1.80
卫生、社会保障和社会福利业	Health Care, Social Security and Social Welfare	3.35	3.38	3.72	0.21	0.48	0.51
文化、体育与娱乐业	Culture, Sports and Recreation	0.11	0.09	0.09	0.23	0.27	0.36
公共管理和社会组织	Public Management and Social Organization	0.05	0.07	0.06	0.46	0.85	0.65

2-18 分行业城镇单位女性从业人员(年末数)
Number of Urban Female Employed Persons by Sector(Year-end)

单位:万人(10000 persons)

行 业	Sector	合计 Total			国有单位 State-owned Units		
		2005	2006	2007	2005	2006	2007
总 计	**Total**	**206.68**	**236.19**	**259.72**	**71.67**	**74.46**	**77.07**
农、林、牧、渔业	Farming, Forestry, Animal Husbandry and Fishery	0.49	0.45	0.44	0.45	0.41	0.39
采掘业	Mining and Quarrying	0.33	0.30	0.27	0.04	0.04	0.04
制造业	Manufacturing	98.24	118.03	135.34	2.33	1.67	1.52
电力、煤气及水的生产和供应业	Electricity, Gas and Water Production and Supply	2.57	2.77	2.74	1.69	1.67	1.66
建筑业	Construction	5.88	7.62	8.16	0.52	0.51	0.47
交通运输、仓储及邮政业	Transport, Storage and Post	5.37	5.52	5.63	3.17	3.24	3.23
信息传输、计算机服务和软件业	Information Transmission, Computer Services and Software	1.87	2.56	2.99	0.48	0.54	0.52
批发和零售业	Wholesale and Retail Sale Trade	9.00	9.76	10.24	1.14	1.07	1.00
住宿餐饮业	Hotels and Catering Services	5.53	5.98	6.32	1.37	1.31	1.26
金融业	Finance	9.97	10.90	11.97	4.00	3.81	4.37
房地产业	Real Estate	2.06	2.47	2.94	0.60	0.63	0.57
租赁与商务服务业	Leasing and Commercial Services	5.55	6.03	5.48	1.27	1.85	1.95
科学研究、技术服务与地质勘查业	Scientific Research and Technic Services and Geological Prospecting	2.01	2.26	2.45	1.53	1.60	1.66
水利、环境和公共设施管理业	Water Conservancy, Environment and Public Facilities Management	2.24	2.38	2.63	1.58	1.52	1.62
居民服务及其他服务业	Resident Services and Other Services	0.41	0.46	0.41	0.20	0.18	0.20
教育	Education	27.66	29.02	29.98	26.40	27.62	28.11
卫生、社会保障和社会福利业	Health Care, Social Security and Social Welfare	14.69	15.60	16.66	12.55	13.25	14.01
文化、体育与娱乐业	Culture, Sports and Recreation	1.87	2.05	2.36	1.70	1.87	2.15
公共管理和社会组织	Public Management and Social Organization	10.93	12.03	12.71	10.64	11.66	12.35

2－18 续表 continued 单位:万人(10000 persons)

行业	Sector	城镇集体经济单位 Urban Collective Owned Units			其它单位 Others		
		2005	2006	2007	2005	2006	2007
总计	**Total**	**10.22**	**9.87**	**9.56**	**124.79**	**151.86**	**173.08**
农、林、牧、渔业	Farming, Forestry, Animal Husbandry and Fishery	0.01	0.01	0.01	0.02	0.04	0.04
采掘业	Mining and Quarrying	0.03	0.07	0.05	0.26	0.20	0.18
制造业	Manufacturing	2.83	2.77	2.12	93.08	113.59	131.70
电力、煤气及水的生产和供应业	Electricity, Gas and Water Production and Supply	0.10	0.08	0.07	0.78	1.03	1.01
建筑业	Construction	0.59	0.57	0.60	4.78	6.53	7.09
交通运输、仓储及邮政业	Transport,Storage and Post	0.28	0.26	0.25	1.93	2.02	2.16
信息传输、计算机服务和软件业	Information Transmission, Computer Services and Software	0.02	0.04	0.03	1.37	1.98	2.44
批发和零售业	Wholesale and Retail Sale Trade	0.66	0.52	0.46	7.21	8.17	8.78
住宿餐饮业	Hotels and Catering Services	0.46	0.52	0.48	3.70	4.15	4.59
金融业	Finance	1.47	1.08	1.11	4.50	6.01	6.49
房地产业	Real Estate	0.09	0.09	0.09	1.37	1.76	2.27
租赁与商务服务业	Leasing and Commercial Services	0.37	0.39	0.47	3.90	3.79	3.07
科学研究、技术服务与地质勘查业	Scientific Research and Technic Services and Geological Prospecting	0.07	0.07	0.07	0.41	0.58	0.71
水利、环境和公共设施管理业	Water Conservancy, Environment and Public Facilities Management	0.47	0.55	0.61	0.19	0.31	0.40
居民服务及其他服务业	Resident Services and Other Services	0.10	0.11	0.09	0.11	0.16	0.12
教育	Education	0.63	0.64	0.68	0.63	0.77	1.18
卫生、社会保障和社会福利业	Health Care, Social Security and Social Welfare	1.99	2.05	2.30	0.15	0.30	0.34
文化、体育与娱乐业	Culture,Sports and Recreation	0.05	0.04	0.05	0.12	0.13	0.17
公共管理和社会组织	Public Management and Social Organization	0.02	0.03	0.03	0.27	0.33	0.34

2－19 按行业和经济类型分的工业、建筑业企业职工人数(年底数)
Number of Staff and Workers in Industry and Construction Enterprises by Sector and Ownership(Year－end)

单位:万人(10000 persons)

分 类	Category	1995	2000	2004	2005	2006	2007
总 计	**Total**	**264.49**	**183.07**	**232.64**	**297.81**	**348.6**	**389.8**
采掘业	**Mining and Quarrying**	**5.25**	**2.78**	**1.96**	**2.03**	**2.04**	**1.66**
按经济类型分组	**By Ownership**						
国有经济单位	State-owned Units	4.80	2.45	0.59	0.33	0.33	0.26
城镇集体经济单位	Urban Collective Owned Units	0.41	0.06	0.04	0.23	0.38	0.29
其他各种经济类型	Units of Other Types of Ownership	0.04	0.27	1.33	1.46	1.33	1.11
按行业分组	**By Sector**						
煤炭采选业	Coal Mining and Dressing	1.77	1.09	0.80	0.74	0.56	0.37
石油和天然气开采业	Petroleum and Natural Gas Extraction						
黑色金属矿采选业	Ferrous Metals Mining and Dressing	0.42	0.24	0.17	0.17	0.15	0.14
有色金属矿采选业	Nonferrous Metals Mining and Dressing	0.90	0.57	0.25	0.22	0.27	0.28
非金属矿采选业	Nonmetals Mining and Dressing	2.14	0.87	0.72	0.90	1.06	0.88
其他矿采选业	Other Minerals Mining and Dressing	0.01		0.02			
木材及竹材采运业	Logging and Transport of Wood and Bamboo	0.01	0.01				
制造业	**Manufacturing**	**205.94**	**127.03**	**156.11**	**204.16**	**242.41**	**280.06**
按经济类型分组	**By Ownership**						
国有经济单位	State-owned Units	96.27	28.37	8.50	8.87	5.82	5.59
城镇集体经济单位	Urban Collective Owned Units	75.81	18.61	9.18	6.25	6.11	4.86
其他各种经济类型单位	Units of Other Types of Ownership	33.86	80.05	138.43	189.05	230.47	269.61
按行业分组	**By Sector**						
食品加工业	Food Processing	6.46	3.67	3.46	3.46	3.21	3.52
食品制造业	Food Manufacturing	7.67	4.44	3.50	3.97	3.75	3.68
饮料制造业	Beverage Manufacturing	4.98	4.29	2.64	2.74	3.26	3.81
烟草制造业	Tobacco Processing	0.46	0.35	0.39	0.35	0.34	0.39
纺织业	Textile Industry	35.42	15.96	14.95	23.34	27.06	31.91
服装及其他纤维制品制造业	Garments and Other Fiber Products	9.57	7.97	16.11	19.99	25.84	30.76
皮革、毛皮、羽绒及其制品业	Leather, Furs, Down and Related Products	5.13	4.80	9.08	13.53	17.16	19.78
木材加工及竹、藤、棕、草制品业	Timber Processing, Bamboo, Cane, Palm Fiber and Straw Products	1.45	0.94	1.60	2.07	2.82	2.88
家具制造业	Furniture Manufacturing	1.35	0.45	1.73	4.15	6.34	7.22
造纸及纸制品业	Papermaking and Paper Products	4.19	2.56	2.42	4.14	4.53	5.66
印刷业记录媒介的复制	Printing and Record Medium Reproducts	3.24	2.04	1.89	2.03	2.39	2.40
文教体育用品制造业	Cultural, Educational and Sport Goods	1.90	1.96	2.20	2.84	3.66	4.33

2-19 续表 continued 单位:万人(10000 persons)

分类	Category	1995	2000	2004	2005	2006	2007
石油加工及炼焦业	Petroleum Processing and Coking	0.84	0.85	0.82	0.84	0.79	0.85
化学原料及化学制品制造业	Raw Chemical Materials and Chemical Products	13.75	9.84	8.25	10.04	11.15	12.54
医药制造业	Medical and Pharmaceutical Products	3.77	3.70	4.35	5.38	5.82	6.60
化学纤维制造业	Chemical Fiber	3.09	1.69	1.72	3.54	4.00	4.65
橡胶制品业	Rubber Products	2.64	1.98	2.69	2.99	3.66	4.22
塑料制品业	Plastic Products	7.02	4.92	5.50	6.88	7.85	9.31
非金属矿物制品业	Nonmetal Mineral Products	11.33	5.89	5.50	7.32	7.83	7.92
黑色金属冶炼及压延加工业	Smelting and Pressing of Ferrous Metals	4.16	3.14	2.75	3.41	2.12	2.38
有色金属冶炼及压延加工业	Smelting and Pressing of Nonferrous Metals	1.52	0.87	1.60	2.61	3.16	3.39
金属制品业	Metal Products	8.90	5.17	5.93	8.73	9.74	11.42
普通机械制造业	Ordinary Machinery	17.50	10.54	13.41	14.05	18.00	20.43
专用设备制造业	Equipment for Special Purposes	10.80	5.78	4.63	4.43	6.00	7.79
交通运输设备制造业	Transport Equipment	9.40	5.41	6.63	10.55	12.44	14.78
武器弹药制造业	Weapons and Ammunition	0.12	0.09		20.40	24.74	27.30
电气机械及器材制造业	Electric Equipment and Machinery	12.30	8.46	15.48	13.83	15.65	19.37
电子及通信设备制造业	Electronic and Telecommunications	6.87	5.23	10.06	3.44	4.79	4.98
仪器仪表及文化、办公用机械制造业	Instruments, Meter, Cultural and Office Machinery	4.25	2.54	3.34	3.02	4.08	5.47
其他制造业	Other Manufacturing	5.86	2.59	3.48	0.08	0.22	0.29
电力、煤气及水的生产和供应业	**Electricity, Gas and Water Production and Supply**	**8.29**	**9.03**	**9.50**	**10.08**	**10.76**	**10.81**
按经济类型分组	**By Ownership**						
国有经济单位	State-owned Units	7.81	6.75	6.42	6.72	6.59	6.68
城镇集体经济单位	Urban Collective Owned Units	0.27	0.29	0.47	0.37	0.33	0.31
其他各种经济类型单位	Units of Other Types of Ownership	0.21	1.99	2.61	2.99	3.84	3.81
按行业分组	**By Sector**						
电力、蒸汽、热水的生产和供应业	Electricity, Steam and Hot Water Production and Supply	6.63	7.15	7.28	7.77	8.22	8.27
煤气生产和供应业	Gas Production and Supply	0.50	0.37	0.39	0.38	0.36	0.37
自来水的生产和供应业	Water Prodution and Supply	1.16	1.51	1.83	1.93	2.18	2.16
建筑业	**Construction**	**45.01**	**44.23**	**65.07**	**79.50**	**93.40**	**97.27**
按经济类型分组	**By Ownership**						
国有经济单位	State-owned Units	10.82	6.37	3.99	3.48	3.27	3.24
城镇集体经济单位	Urban Collective Owned Units	33.00	15.51	11.12	9.47	8.08	7.56
其他各种经济类型单位	Units of Other Types of Ownership	1.19	22.35	49.96	66.55	82.04	86.46

2-20 分行业城镇私营从业人员和个体从业人员人数(年底数)
Employed Persons in Urban Private Enterprises and Self-employed Individuals by Sector (Year - end)

单位:万人(10000 persons)

行　业	Sector	合计 Total			城镇私营 Private Enterprises			城镇个体 Individuals		
		2005	2006	2007	2005	2006	2007	2005	2006	2007
总　计	**Total**	**373.22**	**467.05**	**630.48**	**218.46**	**273.17**	**387.05**	**154.76**	**193.88**	**243.43**
农、林、牧、渔业	Farming, Forestry, Animal Husbandry and Fishery	2.35	3.21	3.7	1.70	1.77	2.39	0.65	1.44	1.31
采掘业	Mining and Quarrying	0.41	0.50	0.61	0.26	0.32	0.45	0.15	0.17	0.16
制造业	Manufacturing	131.55	174.34	220.88	100.28	130.79	170.99	31.27	43.54	49.88
电力、煤气及水的生产和供应业	Electricity, Gas and Water Production and Supply	0.46	0.63	1.01	0.43	0.58	0.93	0.03	0.05	0.08
建筑业	Construction	9.45	13.43	24.56	9.14	13.04	22.79	0.30	0.39	1.77
交通运输、仓储及邮政业	Transport, Storage and Post	8.70	10.47	13.75	3.48	4.79	6.93	5.22	5.68	6.83
信息传输、计算机服务和软件业	Information Transmission, Computer Services and Software	7.68	9.59	44.61	7.11	8.91	43.95	0.57	0.67	0.66
批发和零售业	Wholesale and Retail Sale Trade	135.66	162.95	205.62	58.34	67.79	80.04	77.31	95.16	125.58
住宿餐饮业	Hotels and Catering Services	19.06	23.74	32.9	3.83	5.36	6.68	15.23	18.37	26.22
金融业	Finance									
房地产业	Real Estate	5.23	5.91	8.08	4.97	5.57	7.53	0.27	0.34	0.55
租赁与商务服务业	Leasing and Commercial Services	13.57	18.78	25.01	11.71	16.36	22.45	1.86	2.42	2.56
科学研究、技术服务与地质勘查业	Scientific Research and Technic Services and Geological Prospecting	3.07	3.18	3.77	1.94	2.16	3.34	1.14	1.02	0.43
水利、环境和公共设施管理业	Water Conservancy, Environment and Public Facilities Management	3.08	2.82	3.09	1.94	1.90	2.73	1.14	0.92	0.36
居民服务及其他服务业	Resident Services and Other Services	25.60	29.06	33.72	9.22	8.96	9.74	16.38	20.10	23.98
教育	Education	4.10	4.43	4.57	2.58	2.97	4.05	1.51	1.46	0.53
卫生、社会保障和社会福利业	Health Care, Social Security and Social Welfare	0.51	0.74	0.88	0.34	0.50	0.57	0.17	0.24	0.31
文化、体育与娱乐业	Culture, Sports and Recreation	2.75	3.29	3.71	1.20	1.39	1.51	1.55	1.9	2.21
公共管理和社会组织	Public Management and Social Organization									

2-21 单位从业人员变动情况(2000-2007年)
Changes of Employed Persons(2000-2007)

单位:万人(10000 persons)

分 类	Category	2000	2001	2002	2003	2004	2005	2006	2007
本年增加人数	**Total Increment**	**36.01**	**37.65**	**44.68**	**58.58**	**62.76**	**91.25**	**110.88**	**125.15**
#从农村招收	Recruited from Rural Area	12.98	13.44	17.15	27.05	28.57	53.54	59.65	67.85
从城镇招收	Recruited from Urban Area	5.52	5.67	7.14	8.95	9.63	12.11	15.76	19.39
录用的退伍军人	Demobilized Soldiers	0.84	0.66	0.64	0.66	0.88	0.98	0.99	0.95
录用的大、中专、技工学校毕业生	Graduates from Universities, Secondary Technical Schools and Worker Training Schools	5.82	6.24	6.59	8.57	9.84	11.60	15.43	16.49
调入	Transfered Into	5.89	6.39	5.88	6.12	5.67	5.54	6.32	5.62
其它	Others	4.96	5.25	7.28	7.23	8.16	7.49	12.73	14.85
本年减少人数	**Total Decrement**	**48.97**	**43.38**	**41.34**	**42.54**	**43.89**	**93.07**	**101.15**	**96.55**
#离休退休退职	Retired and Resigned Persons	6.20	5.49	5.02	4.69	5.28	39.76	24.75	8.67
开除除名辞退	Discharged Persons	2.97	3.59	3.12	4.00	3.19	3.87	10.41	7.69
终止解除合同	Terminated Contracts	22.31	19.69	19.12	20.92	22.37	33.95	47.62	59.27
离开本单位仍保留劳动关系的职工	Staff and Workers Leaving Their Working Units While Keeping Their Labour Contract	6.40	3.76	2.58	1.86	1.38	1.08	1.84	1.41
死亡	Death					0.24	0.24	0.25	0.22
调出	Transfered Out	5.15	5.75	5.42	5.19	4.90	5.39	5.46	6.07
其它	Others	5.94	5.11	6.08	5.89	6.54	8.79	10.83	13.22

2-22 按经济类型分的单位从业人员变动情况
Changes of Employed Persons by Ownership

单位:万人(10000 persons)

分　类	Category	合计 Total			国有经济单位 State-owned Units			城镇集体经济单位 Urban Collective Owned Units			其它各种经济单位 Others		
		2005	2006	2007	2005	2006	2007	2005	2006	2007	2005	2006	2007
本年增加人数	**Total Increment**	**91.25**	**110.88**	**125.15**	**25.20**	**16.40**	**16.56**	**4.75**	**3.63**	**3.64**	**61.30**	**90.86**	**104.95**
#从农村招收	Recruited from Rural Area	53.54	59.65	67.85	12.64	2.05	2.43	3.33	2.02	2.16	37.56	55.58	63.26
从城镇招收	Recruited from Urban Area	12.11	15.76	19.39	1.84	2.27	2.31	0.36	0.43	0.44	9.91	13.05	16.64
录用的退伍军人	Demobilized Soldiers	0.98	0.99	0.95	0.41	0.38	0.25	0.03	0.04	0.09	0.54	0.57	0.61
录用的大、中专、技工学校毕业生	Graduates from Universities, Secondary Technical Schools and Worker Training Schools	11.60	15.43	16.49	3.86	4.10	4.32	0.39	0.42	0.37	7.34	10.91	11.8
调入	Transfered Into	5.54	6.32	5.62	3.74	4.04	3.51	0.21	0.16	0.15	1.60	2.13	1.96
其它	Others	7.49	12.73	14.85	2.71	3.56	3.74	0.43	0.56	0.43	4.35	8.61	10.68
本年减少人数	**Total Decrement**	**93.07**	**101.15**	**96.55**	**22.37**	**33.44**	**12.44**	**2.98**	**2.74**	**2.57**	**67.72**	**64.98**	**81.54**
#离休退休退职	Retired and Resigned Persons	39.76	24.75	8.67	13.92	20.45	2.67	0.28	0.30	0.28	25.56	3.99	5.73
开除除名辞退	Discharged Persons	3.87	10.41	7.69	0.32	4.17	0.38	0.13	0.15	0.1	3.42	6.09	7.2
终止解除合同	Terminated Contracts	33.95	47.62	59.27	2.71	2.95	3.44	1.84	1.47	1.44	29.40	43.19	54.39
离开本单位仍保留劳动关系的职工	Staff and Workers Leaving Their Working Units While Keeping Their Labour Contract	1.08	1.84	1.41	0.44	0.63	0.36	0.11	0.15	0.13	0.52	1.05	0.92
死亡	Death	0.24	0.25	0.22	0.15	0.14	0.13	0.02	0.01	0.01	0.08	0.10	0.07
调出	Transfered Out	5.39	5.46	6.07	3.26	3.45	3.15	0.16	0.19	0.18	1.97	1.81	2.74
其它	Others	8.79	10.83	13.22	1.57	1.63	2.31	0.43	0.45	0.44	6.78	8.74	10.48

2-23 各市企业年末单位从业人员
Employed Persons in Enterprises by City(Year-end)

单位:万人(10000 persons)

城 市	City	年末单位从业人员 Number of Employed Persons at the Year-end			#在岗职工 Staff and Workers at Work			离岗职工 Laid-off Staff and Workers		
		2005	2006	2007	2005	2006	2007	2005	2006	2007
全 省	**Total**	**392.39**	**465.69**	**516.03**	**378.17**	**440.92**	**488.00**	**11.45**	**10.72**	**9.69**
杭州市	Hangzhou	73.47	99.19	121.02	70.01	89.72	108.84	2.65	2.46	2.27
宁波市	Ningbo	62.39	76.09	84.64	60.52	72.52	80.66	0.60	0.52	0.48
温州市	Wenzhou	63.88	75.36	81.54	61.98	73.26	79.50	2.64	2.47	2.28
嘉兴市	Jiaxing	50.82	57.92	60.89	49.42	56.38	59.05	0.75	0.73	0.65
湖州市	Huzhou	17.44	19.55	21.83	16.57	18.55	20.90	0.59	0.64	0.58
绍兴市	Shaoxing	48.07	51.58	58.71	46.96	49.09	55.92	0.86	0.83	0.75
金华市	Jinhua	25.55	33.32	26.24	24.87	32.12	25.40	0.71	0.58	0.53
衢州市	Quzhou	7.36	7.47	8.18	6.50	6.53	7.07	0.52	0.53	0.48
舟山市	Zhoushan	6.97	6.72	7.50	6.80	6.54	7.32	0.54	0.51	0.52
台州市	Taizhou	27.57	28.58	34.92	25.87	26.58	33.07	1.20	1.10	0.89
丽水市	Lishui	6.47	6.45	6.90	6.26	6.20	6.62	0.38	0.34	0.25

2-24 各市国有控股企业年末单位从业人员
Employed Persons in State-owned and State Holding Majority Shares Enterprises by City(Year-end)

单位:万人(10000 persons)

城 市	City	年末单位从业人员 Number of Employed Persons at the Year-end			#在岗职工 Staff and Workers at Work			离岗职工 Laid-off Staff and Workers		
		2005	2006	2007	2005	2006	2007	2005	2006	2007
全 省	**Total**	**93.63**	**165.57**	**131.24**	**87.62**	**154.63**	**119.80**	**7.03**	**8.38**	**6.67**
杭州市	Hangzhou	27.22	49.60	47.46	25.50	44.89	42.27	1.75	2.19	1.94
宁波市	Ningbo	13.77	14.15	16.51	12.98	13.28	15.31	0.37	0.30	0.31
温州市	Wenzhou	10.58	15.49	17.85	9.86	14.53	16.74	1.60	1.83	1.47
嘉兴市	Jiaxing	5.86	12.31	6.41	5.13	11.60	5.55	0.39	0.51	0.38
湖州市	Huzhou	4.17	8.21	6.46	3.94	7.7	5.87	0.48	0.60	0.45
绍兴市	Shaoxing	5.90	21.19	7.86	5.57	20.74	7.34	0.40	0.54	0.34
金华市	Jinhua	5.72	16.65	5.28	5.57	16.25	5.00	0.32	0.44	0.26
衢州市	Quzhou	3.98	3.90	3.67	3.57	3.52	3.15	0.47	0.48	0.41
舟山市	Zhoushan	3.99	4.17	3.82	3.88	4.04	3.71	0.38	0.41	0.37
台州市	Taizhou	7.59	13.97	8.64	6.90	12.35	7.77	0.66	0.85	0.55
丽水市	Lishui	2.44	2.69	3.63	2.31	2.51	3.45	0.21	0.22	0.17

2 - 25 各市事业年末单位从业人员
Employed Persons in Institations by City(Year - end)

单位:万人(10000 persons)

城 市	City	年末单位从业人员 Number of Employed Persons at the Year-end			#在岗职工 Staff and Workers at Work			离岗职工 Laid-off Staff and Workers		
		2005	2006	2007	2005	2006	2007	2005	2006	2007
全 省	**Total**	**99.80**	**104.18**	**107.85**	**95.85**	**99.90**	**103.11**	**2.11**	**2.07**	**1.85**
杭州市	Hangzhou	21.16	22.29	23.58	20.20	21.22	22.02	0.40	0.43	0.36
宁波市	Ningbo	13.46	13.90	14.26	12.95	13.45	13.76	0.18	0.16	0.13
温州市	Wenzhou	12.96	13.72	14.08	12.56	13.33	13.70	0.39	0.39	0.38
嘉兴市	Jiaxing	7.93	8.24	8.65	7.60	7.94	8.30	0.10	0.08	0.07
湖州市	Huzhou	4.84	5.13	5.35	4.42	4.59	4.86	0.06	0.07	0.06
绍兴市	Shaoxing	8.15	8.66	8.96	7.76	8.23	8.57	0.16	0.15	0.14
金华市	Jinhua	9.17	9.51	9.61	9.03	9.33	9.47	0.21	0.19	0.18
衢州市	Quzhou	3.65	3.75	3.76	3.46	3.53	3.57	0.05	0.05	0.05
舟山市	Zhoushan	2.55	2.62	2.66	2.49	2.53	2.55	0.07	0.07	0.06
台州市	Taizhou	10.28	10.59	11.12	9.80	10.08	10.60	0.21	0.20	0.18
丽水市	Lishui	5.13	5.26	5.31	5.06	5.15	5.20	0.18	0.19	0.16

2 - 26 各市机关年末单位从业人员
Employed Persons in Government Agencies by City(Year - end)

单位:万人(10000 persons)

城 市	City	年末单位从业人员 Number of Employed Persons at the Year-end			#在岗职工 Staff and Workers at Work			离岗职工 Laid-off Staff and Workers		
		2005	2006	2007	2005	2006	2007	2005	2006	2007
全 省	**Total**	**38.94**	**40.98**	**42.80**	**37.78**	**39.89**	**41.57**	**0.70**	**0.52**	**0.38**
杭州市	Hangzhou	7.14	7.84	8.23	6.90	7.68	8.05	0.21	0.16	0.14
宁波市	Ningbo	5.18	5.43	5.83	4.99	5.32	5.60	0.07	0.05	0.02
温州市	Wenzhou	5.87	5.93	6.11	5.76	5.79	5.99	0.09	0.08	0.06
嘉兴市	Jiaxing	2.43	2.56	2.67	2.36	2.49	2.59	0.04	0.03	0.01
湖州市	Huzhou	1.98	2.08	2.03	1.83	1.91	1.82	0.04	0.02	0.02
绍兴市	Shaoxing	2.72	2.97	3.13	2.62	2.90	3.02	0.04	0.03	0.02
金华市	Jinhua	4.02	4.22	4.43	3.98	4.18	4.39	0.05	0.04	0.02
衢州市	Quzhou	2.42	2.50	2.55	2.31	2.39	2.45	0.05	0.05	0.05
舟山市	Zhoushan	1.25	1.28	1.33	1.24	1.26	1.32	0.03	0.02	0.01
台州市	Taizhou	3.53	3.70	3.97	3.45	3.56	3.87	0.06	0.04	0.02
丽水市	Lishui	2.39	2.47	2.52	2.34	2.41	2.47	0.03	0.02	0.01

2-27 各市单位年末人才资源
Trained Personnel Resources by City (Year - end)

单位:万人(10000 persons)

城市	City	人才资源年末人数 Number of Trained Personnel Resources			专业技术人员 Specialized Technical Personnel			#女性 Female		
		2005	2006	2007	2005	2006	2007	2005	2006	2007
全 省	**Total**	**232.64**	**259.25**	**301.51**	**135.69**	**141.37**	**146.23**	**58.35**	**62.68**	**65.07**
杭州市	Hangzhou	59.42	63.48	73.96	29.34	33.64	34.10	13.76	15.06	14.72
宁波市	Ningbo	31.90	38.62	40.39	24.31	19.55	21.11	8.09	8.52	9.62
温州市	Wenzhou	32.81	35.31	39.96	18.08	20.55	20.63	7.80	8.68	8.95
嘉兴市	Jiaxing	18.44	22.61	27.06	10.18	10.96	11.60	4.37	4.82	5.14
湖州市	Huzhou	9.74	10.29	13.69	5.76	6.33	6.44	2.62	2.86	3.02
绍兴市	Shaoxing	19.86	24.01	31.76	12.39	12.68	13.97	5.45	5.57	5.98
金华市	Jinhua	17.97	18.58	20.48	10.74	11.48	11.16	4.67	5.01	5.14
衢州市	Quzhou	8.62	9.26	9.75	4.24	4.40	4.56	1.89	1.95	2.06
舟山市	Zhoushan	5.64	6.45	7.18	3.15	3.20	3.48	1.57	1.62	1.65
台州市	Taizhou	18.72	19.40	25.29	11.60	11.94	12.96	5.33	5.50	5.91
丽水市	Lishui	9.52	9.84	10.65	5.77	5.93	5.65	2.70	2.84	2.69

2-28 各市按经济类型分的年末全部单位专业技术人员
Specialized Technical Personnel by City and Ownership (Year - end)

单位:万人(10000 persons)

城市	City	合计 Total			国有 State-owned Units			城镇 Collective Owned Units			其他 Other Types of Ownership		
		2005	2006	2007	2005	2006	2007	2005	2006	2007	2005	2006	2007
全 省	**Total**	**135.68**	**141.37**	**146.23**	**77.1**	**80.30**	**82.05**	**7.78**	**7.25**	**7.31**	**50.81**	**53.83**	**56.86**
杭州市	Hangzhou	29.34	33.64	34.10	17.05	18.00	18.01	1.22	1.26	1.22	11.07	14.39	14.87
宁波市	Ningbo	24.31	19.55	21.11	10.17	10.49	11.37	1.1	0.91	0.98	13.04	8.15	8.77
温州市	Wenzhou	18.08	20.55	20.63	10.7	11.16	11.44	1.05	0.99	1.10	6.32	8.40	8.09
嘉兴市	Jiaxing	10.18	10.96	11.60	5.67	5.97	6.18	0.47	0.43	0.40	4.04	4.56	5.02
湖州市	Huzhou	5.76	6.33	6.44	3.48	3.72	3.55	0.33	0.34	0.37	1.95	2.27	2.52
绍兴市	Shaoxing	12.39	12.68	13.97	6.38	6.52	6.60	0.81	0.77	0.63	5.2	5.39	6.74
金华市	Jinhua	10.74	11.48	11.16	6.63	6.76	6.95	0.92	0.94	0.94	3.19	3.78	3.27
衢州市	Quzhou	4.24	4.40	4.56	2.97	3.15	3.24	0.54	0.39	0.39	0.72	0.86	0.93
舟山市	Zhoushan	3.15	3.20	3.48	2.07	2.10	2.13	0.23	0.20	0.22	0.85	0.90	1.12
台州市	Taizhou	11.6	11.94	12.96	7.5	7.73	8.09	0.75	0.66	0.71	3.34	3.55	4.16
丽水市	Lishui	5.77	5.93	5.65	4.43	4.44	4.30	0.36	0.35	0.35	0.98	1.13	1.00

2-29 各市按经济类型分的年末全部单位女性专业技术人员
Number of Female Specialized Technical Personnel by City and Ownership(Year-end)

单位:万人(10000 persons)

城 市	City	合计 Total			国有 State-owned Units			城镇 Collective Owned Units			其他 Other Types of Ownership		
		2005	2006	2007	2005	2006	2007	2005	2006	2007	2005	2006	2007
全 省	**Total**	**58.35**	**62.68**	**65.07**	**40.05**	**41.74**	**42.98**	**3.61**	**3.33**	**3.47**	**14.69**	**17.62**	**18.62**
杭州市	Hangzhou	13.76	15.06	14.72	9.05	9.33	9.27	0.66	0.69	0.65	4.05	5.05	4.80
宁波市	Ningbo	8.09	8.52	9.62	5.23	5.27	5.98	0.58	0.47	0.52	2.28	2.78	3.11
温州市	Wenzhou	7.8	8.68	8.95	5.68	6.04	6.20	0.32	0.28	0.34	1.8	2.36	2.41
嘉兴市	Jiaxing	4.37	4.82	5.14	2.82	3.07	3.19	0.23	0.22	0.20	1.32	1.53	1.76
湖州市	Huzhou	2.62	2.86	3.02	1.81	1.93	1.96	0.14	0.15	0.18	0.66	0.78	0.88
绍兴市	Shaoxing	5.45	5.57	5.98	3.39	3.49	3.54	0.34	0.32	0.30	1.73	1.76	2.14
金华市	Jinhua	4.67	5.01	5.14	3.3	3.46	3.53	0.45	0.45	0.46	0.92	1.10	1.15
衢州市	Quzhou	1.89	1.95	2.06	1.39	1.47	1.53	0.27	0.18	0.20	0.23	0.30	0.33
舟山市	Zhoushan	1.57	1.62	1.65	1.16	1.22	1.19	0.14	0.13	0.13	0.27	0.27	0.32
台州市	Taizhou	5.33	5.50	5.91	3.97	4.10	4.33	0.33	0.29	0.32	1.04	1.12	1.26
丽水市	Lishui	2.7	2.84	2.69	2.21	2.30	2.20	0.17	0.15	0.16	0.32	0.38	0.32

2-30 分行业年末单位专业技术人员
Specialized Technical Personnel by Sector(Year-end)

单位:万人(10000 persons)

行业	Sector	合计 Total 2006	合计 Total 2007	#国有 State-owned Units 2006	#国有 State-owned Units 2007	#集体 Collective owned Units 2006	#集体 Collective owned Units 2007
总 计	**Total**	**141.37**	**146.23**	**80.30**	**82.05**	**7.25**	**7.31**
农、林、牧、渔业	Farming, Forestry, Animal Husbandry and Fishery	0.74	0.69	0.68	0.64	0.04	0.03
采掘业	Mining and Quarrying	0.24	0.20	0.03	0.03	0.02	0.02
制造业	Manufacturing	26.16	27.36	0.81	0.84	0.50	0.39
电力、煤气及水的生产和供应业	Electricity, Gas and Water Production and Supply	3.29	3.28	2.25	2.23	0.06	0.06
建筑业	Construction	12.25	12.79	0.94	0.92	1.05	1.01
交通运输、仓储及邮政业	Transport, Storage and Post	2.95	2.98	1.66	1.72	0.09	0.08
信息传输、计算机服务和软件业	Information Transmission, Computer Services and Software	2.51	2.84	0.57	0.59	0.01	0.01
批发和零售业	Wholesale and Retail Sale Trade	4.47	4.31	0.75	0.74	0.21	0.21
住宿餐饮业	Hotels and Catering Services	1.31	1.34	0.23	0.20	0.14	0.11
金融业	Finance	9.37	9.99	4.08	4.27	1.31	1.26
房地产业	Real Estate	2.20	2.26	0.54	0.51	0.07	0.04
租赁与商务服务业	Leasing and Commercial Services	3.36	3.23	1.28	1.46	0.24	0.24
科学研究、技术服务与地质勘查业	Scientific Research and Technic Services and Geological Prospecting	4.97	5.29	3.64	3.66	0.14	0.17
水利、环境和公共设施管理业	Water Conservancy, Environment and Public Facilities Management	0.92	0.94	0.72	0.70	0.08	0.07
居民服务及其他服务业	Resident Services and Other Services	0.18	0.13	0.09	0.08	0.02	0.01
教育	Education	43.51	44.23	42.20	42.48	0.62	0.66
卫生、社会保障和社会福利业	Health Care, Social Security and Social Welfare	18.56	19.65	15.68	16.45	2.59	2.87
文化、体育与娱乐业	Culture, Sports and Recreation	2.30	2.36	2.21	2.25	0.05	0.06
公共管理和社会组织	Public Management and Social Organization	2.08	2.35	1.95	2.28	0.02	0.01

2-30 **续表** continued 单位:万人(10000 persons)

行　业	Sector	#女性 Female					
		合计 Total		#国有 State-owned Units		#集体 Collective owned Units	
		2006	2007	2006	2007	2006	2007
总　计	**Total**	**62.68**	**65.07**	**41.74**	**42.98**	**3.33**	**3.47**
农、林、牧、渔业	Farming, Forestry, Animal Husbandry and Fishery	0.19	0.18	0.18	0.18		
采掘业	Mining and Quarrying	0.11	0.07	0.02	0.02		
制造业	Manufacturing	8.69	9.25	0.28	0.26	0.16	0.12
电力、煤气及水的生产和供应业	Electricity, Gas and Water Production and Supply	0.99	0.94	0.65	0.62	0.02	0.03
建筑业	Construction	1.99	1.93	0.25	0.21	0.15	0.16
交通运输、仓储及邮政业	Transport, Storage and Post	0.89	0.89	0.50	0.52	0.03	0.03
信息传输、计算机服务和软件业	Information Transmission, Computer Services and Software	0.89	0.88	0.20	0.22		
批发和零售业	Wholesale and Retail Sale Trade	1.95	1.85	0.30	0.27	0.08	0.09
住宿餐饮业	Hotels and Catering Services		0.56	0.11	0.09	0.05	0.03
金融业	Finance	4.79	5.29	2.04	2.23	0.69	0.66
房地产业	Real Estate	0.80	0.78	0.21	0.20	0.03	0.02
租赁与商务服务业	Leasing and Commercial Services	1.30	1.16	0.53	0.50	0.08	0.08
科学研究、技术服务与地质勘查业	Scientific Research and Technic Services and Geological Prospecting	1.41	1.50	1.06	1.08	0.04	0.04
水利、环境和公共设施管理业	Water Conservancy, Environment and Public Facilities Management	0.29	0.32	0.23	0.24	0.02	0.02
居民服务及其他服务业	Resident Services and Other Services	0.10	0.06	0.04	0.04	0.01	0.01
教育	Education	23.66	24.52	22.87	23.44	0.40	0.43
卫生、社会保障和社会福利业	Health Care, Social Security and Social Welfare	12.29	13.02	10.57	11.08	1.54	1.71
文化、体育与娱乐业	Culture, Sports and Recreation	1.03	1.05	1.00	1.00	0.02	0.03
公共管理和社会组织	Public Management and Social Organization	0.75	0.83	0.69	0.79	0.01	0.01

2-31 城镇新就业人数
Number of Newly Employed Persons in Urban Areas

单位:万人(10000 persons)

分类	Category	1990	1995	2000	2004	2005	2006	2007
总计	**Total**	**21.93**	**38.73**	**67.97**	**78.33**	**109.21**	**134.46**	**162.98**
按就业人员主要来源分	**By Source of Major Employment**							
城镇失业人员	Urban Unemployment	7.21	12.67	35.73	25.91	28.75	35.47	33.01
农村劳动力	Rural Labor Force	5.50	10.44	8.66	28.57	53.54	59.65	81.47
大学、中专、技工学校毕业生	Graduates from Universities, Secondary Technical Schools and Worker Training Schools	4.62	5.94	5.82	9.85	11.60	15.43	30.11
部队转业干部和退伍军人	Demobilized Soldiers and Armymen Transferred to Civilian Work	0.63	0.69	0.85	0.88	0.98	0.99	0.95
其他	Others	3.97	8.99	16.91	13.12	14.34	22.92	17.44
按就业人员安置去向分	**By Direction of Employment Assignment**							
国有经济单位	State-owned Units	12.57	12.99	6.90	10.29	19.88	10.01	10.54
城镇集体经济单位	Urban Collective Owned Units	6.11	7.06	2.38	3.95	4.26	3.14	3.23
其他经济单位	Others	0.44	4.63	13.37	39.67	56.98	81.87	94.73
城镇私营和个体劳动	Urban Private Enterprises and Individual Laborers	2.81	14.05	45.32	24.42	28.09	39.44	54.48

2-32 社会保险参保人员基本情况(2001-2007年)
Basic Statistics of Persons Participating in Social Insurance(2001-2007)

单位:万人(10000 persons)

项目	Item	2001	2002	2003	2004	2005	2006	2007
参保总人数	Total Persons Participating in Insurance	1776.89	1934.17	2211.06	2485.96	2784.51	3274.22	4114.68
#养老保险	Endowment Insurance	610.37	701.06	801.18	887.99	962.26	1052.59	1167.1
失业保险	Unemployment Insurance	391.06	390.02	396.84	428.44	444.68	504.38	584.75
医疗保险	Insurance for Medical Care	368.15	423.4	510.30	569.24	639.56	730.59	854.97
工伤保险	Work-related Injury Insurance	219.67	226	287.70	360.44	453.07	603.94	1002.9
生育保险	Childbirth Insurance	187.64	193.69	215.04	239.85	284.94	382.72	504.96

2-33 五次人口普查基本情况
Basic Statistics on National Population Census

项　目	Item	第一次 The First Time 1953.7.1	第二次 The Second Time 1964.7.1	第三次 The Third Time 1982.7.1	第四次 The Fourth Time 1990.7.1	第五次 The Fifth Time 2000.11.1
总户数(万户)	**Total Family Households(10000 Households)**	**579.16**	**656.63**	**960.36**	**1176.77**	**1478.97**
平均每户人数(人)	Average Sizeof Family Households(person)	3.87	4.31	3.96	3.46	3.00
总人口(万人)	**Total Population(10000 persons)**	**2241.57**	**2831.86**	**3888.46**	**4144.59**	**4593.06**
按性别分	**By Sex**					
男	Male	1178.00	1479.06	2016.70	2136.48	2358.15
女	Female	1063.00	1352.80	1871.76	2008.11	2234.91
按城乡分	**By Residence**					
市镇人口	Urban	289.27	306.86	999.69	1516.57	2235.66
乡村人口	Rural	1925.30	2525.00	2888.77	2628.02	2357.4
按民族分	**By Nationality**					
汉　族	The Han Nationality	2233.22	2821.19	3872.30	4123.45	4553.52
少数民族	Minority Nationality	8.35	10.67	16.16	21.14	39.54
#畲族	The She Nationality	5.27	10.06	14.83	17.27	17.10
苗族	The Miao Nationality	2.84	0.04	0.05	0.32	5.34
回族	The Hui Nationality	0.19	0.38	0.94	1.72	1.96
满族	The Man Nationality	0.04	0.09	0.12	0.27	0.51
蒙古族	The Meng Gu Nationality	...	0.02	0.02	0.06	0.36
壮族	The Zhuang Nationality	...	0.03	0.11	0.77	1.90
按文化程度分	**By Educational Level**					
大学	University		8.05	18.21	48.50	146.79
高中	Senior Secondary School		31.86	202.19	290.37	495.36
初中	Junior Secondary School		120.27	691.55	983.98	1531.94
小学	Primary School		809.63	1531.44	1643.92	1683.34
文盲、半文盲(15岁及15岁以上)	Illiterate and Semiliterate(15 years old and over)			930.67	723.64	321.85

浙/江/统/计/年/鉴

主要统计指标解释

■ 人口数

指一定时点、一定地区范围内的有生命的个人的总和。

年度统计的年末人口数是指每年12月31日24时的人口数。

■ 出生率(又称粗出生率)

指一定时期内(通常为一年)平均每千人所出生的人数的比率,一般用千分率表示。计算公式:

$$出生率 = \frac{年出生人数}{年平均人数} \times 1000‰$$

出生人数是指活产婴儿,即胎儿脱离母体时(不管怀孕月数),有过呼吸或其他生命现象。

年平均人数是年初、年底人口数的平均数,也可用年中人口数代替。

■ 死亡率(又称粗死亡率)

指一定时期内(通常为一年)一定地区的死亡人数与同期平均人数(或期中人数)之比,一般用千分率表示。计算公式:

$$死亡率 = \frac{年死亡人数}{年平均人数} \times 1000‰$$

■ 人口自然增长率 指一定时期内(通常为一年)人口自然增加数(出生人数减死亡人数)与该时期内平均人数(或期中人数)之比,一般用千分率表示。计算公式:

$$人口自然增长率 = \frac{本年出生人数 - 本年死亡人数}{年平均人数} \times 1000‰$$

$$人口自然增长率 = 人口出生率 - 人口死亡率$$

■ 从业人员

指从事一定社会劳动并取得劳动报酬或经营收入的人员。包括:

(1)在岗职工

(2)再就业的离退休人员

(3)私营业主

(4)个体户主

(5)私营和个体从业人员

(6)乡镇企业从业人员

(7)农村从业人员

(8)其他从业人员(包括民办教师、宗教职业者等)。

这一指标反映了一定时期内全部劳动力资源的实际利用情况,是研究我省基本省情省力的重要指标。

■ 各单位从业人员

指在各级国家机关、政党机关、社会团体及企业、事业单位中工作,并取得工资或其他劳动报酬的全部人员。包括:在岗职工、再就业的离退休人员、民办教师以及在各单位中工作的外方人员和港澳台方人员、兼职人员、借用的外单位人员和第二职业者。不包括离开本单位仍保留劳动关系的职工。各单位的从业人员反映了各单位实际参加生产或工作的全部劳动力。

■ 城镇私营和个体从业人员

城镇私营从业人员指在工商行政管理部门注册登记,其经营地址设在县城关镇(含城关镇)以上的私营企业从业人员;包括私营企业投资者和雇工。城镇个体从业的人员指在工商管理部门注册登记,并持有城镇户口或在城镇长期居住,经批准从事个体工商经营的从业人员;包括个体经营者和在个体工商户劳动的家庭帮工和雇工。

■ 城镇登记失业人员

指有非农业户口,在一定的劳动年龄内,有劳动能力,无业而要求就业,并在当地就业服务机构进行求职登记的人员。

■ 城镇登记失业率

指城镇登记失业人数同城镇单位从业人数、城镇私营企业及个体从业人数和城镇登记失业人数之和的比。计算公式为:

主要统计指标解释

城镇登记失业率 =

$$\frac{\text{城镇登记失业人数}}{\text{城镇单位从业人数}+\text{城镇私营企业及个体从业人员}+\text{城镇登记失业人数}}\times 100\%$$

■ 职　工

指在国有经济、城镇集体经济、联营经济、股份制经济、外商和港、澳、台投资经济、其他经济单位及其附属机构工作，并由其支付工资的各类人员，不包括返聘的离退休人员、民办教师、在国有经济单位工作的外方人员和港、澳、台人员（1998 年以后的数据均为在岗职工数据，其他相关指标如职工工资总额，职工平均工资等指标也从 1998 年按此口径进行了相应的调整）。

■ 国有单位职工

指在国有经济单位及其附属机构工作，并由其支付工资的各类人员。

■ 城镇集体单位职工

指在城镇集体经济单位及其管理部门工作，并由其支付工资的各类人员。

■ 其他单位职工

指在联营经济、股份制经济、外商投资经济、港、澳、台投资经济单位工作，并由其支付工资的各类人员。

■ 在岗职工

指在本单位工作并由单位支付工资的人员，以及有工作岗位，但由于学习、病伤、产假等原因暂未工作，仍由单位支付工资的人员。

ZHEJIANG STATISTICAL YEARBOOK

Explanatory Notes on Main Statistical Indicators

□ Total Population

refers to the total number of people alive at a certain point of time within a given area.

The annual statistics on total population is taken at midnight , the 31st of December.

□ Birth Rate (or Crude Birth Rate)

refers to the ratio of the number of births to the average population during a certain period of time (usually a year), which is often expressed in ‰. The following formula is used:

$$\text{Birth Rate} = \frac{\text{Number of Births}}{\text{Average Number of Population}} \times 1000‰$$

Number of Births refers to live births , i. e. the births when babies had showed any vital phenomena regardless of the length of pregnancy.

Annual Average Number of Population is the average of the number of population at the beginning of the year and that at the end of the year. Sometimes it is substituted for with the mid - year population.

□ Death Rate (or Crude Death Rate)

refers to the ratio of the number of deaths to the average population (or mid - year population) during a certain period of time (usually a year), which is often expressed in‰. The following formula is uesd:

$$\text{Death Rate} = \frac{\text{Number of Deaths}}{\text{Annual Average Number of Population}} \times 1000‰$$

□ Natural Growth Rate of Population

refers to the ratio of natural increase in population (number of births minus number of deaths) in a certain period of time (usually a year) to the average population (or mid - year population) of the same period, which is often expressed in ‰. The following formulas are applied:

$$\text{Natural Growth of Population} = \frac{\text{Number of Births} - \text{Number of Deaths}}{\text{Average Number of Population}} \times 1000‰$$

$$\text{Natural Growth of Population} = \text{Birth Rate} - \text{Death Rate}$$

□ Employed Persons

refers to the persons who are engaged in social labour and receive remuneration payment or earn business income, including:

(1) total staff and workers,

(2) re-employed retirees,

(3) employers of private enterprises,

(4) self-employed workers,

(5) employees in private enterprises and individual economy,

(6) employees in town enterprises,

(7) employed persons in the rural areas,

(8) other employed persons (including teachers in the schools run by the local people, people engaged in religious profession, etc.).

This indicator reflacts the actual utilization of total labour force during a certain period of time and is often used for the research on provincial economic situation and power.

□ Persons Employed in Various Units

refer to all the persons working in government agencies of various levels, political and party organizations, social organizations, enteprises and institutions, and receiving wages or other forms of payment. they include fully - employed staff and workers, reemployed retirees, teachers in schools run by local people, foreigners and Chinese compatriots from Hong Kong, Macao, Taiwan working in various units, parttime employees, employees of other units working temporarily at current posts, and employees holding the second job, but exclude staff and workers who have left their working units while keeping their labour contract (employment relation) unchanged. This indicator reflacts the total number of laborers actually engaged in production or other operations in various units.

EXPLANATORY NOTES ON MAIN STATISTICAL INDICATORS

□ Persons Employed in private Enterprrises and Selfemployed Individuals in Urban Areas

Persons employed in private enterprises refer to the persons employed in the private enterprises which have been registered at the departments of industrial and commercial administration and are situated at a country town(i. e. a town where the country government is located) for business operationor at urban areas with the level higher than a country town. The selfemployed individuals in urban areas refer to persons who hold the certificates of resience in urban areas or have resided in the urban areas for a long time and have been registered at the department of industrial and commercial administration and approved to be engaged in individual industrial or commercial business including selfemployed persons as well as helpers and hire labourers who work in the indvidual households engaged in industrial or commercial business.

□ Registered Urban Unemployed Persons

The registered unemployed persons in urban areas refer to persons who are registered as permanent residents in urban areas engaged in nonagricultural activities, aged within the range of working age, capable to labour, unemployed but desirous to be employed and have been registered at the local government service agencies to apply for a job.

□ Registered Urban Unemployment Rate

Registered unemployment rate in urban areas refers to the ratio of the number of the registered unemployed persons to the sum of the number of the person employed in various units and in private enterprises in urban areas, urban selfemployed individuals and the registered urban unemployed persons. The formula is as follows:

Registered urban unemployment rate = 100% × (number of registered urban unemployed persons)/(number of persons employed in urban units + number of persons employed in urban private enterprises + and selfemployed individual in urban Areas + number of registered urban unemployed persons)

□ Staff and Workers

refer to the persons who work in (and receive payment therefrom) enterprises and institutions of state ownership, collective ownership , joint ownership , share holding , foreign ownership, and ownership by entrepreneurs from Hong Kong, Macao, and Taiwan , and other types of ownership and their affiliated units, excluding the retired persons invited to work in the units again, teachers in the schools run by the local people and foreigners and persons coming from Hong Kong, Macao and Taiwan and working in the state - owned economic units. (Number of staff and workers in this yearbook include only fully employed staff and worker, excluding those who have left their working units while keeping their labour contract employment relation unchanged).

□ Staff and Workers in State - owned Economic Units

refer to the person who work in the state - owned economic units or their attached units and are listed in their payrolls.

□ Staff and Workers in Collective Owned Units

refer to the persons who work in collective owned units in urban areas and their administration departments and recieve payment therefrom.

□ Staff and Workers in Units of Other types of Ownership

refer to those who work in (and receive payment therefrom) enterprises and institutions of joint ownership, share holding, foreign ownership, and ownership by enterpreneurs from Hong Kong, Macao and Taiwan.

□ Fully Employed Staff and Workers

refers to persons who work in, and receive wages from their working units, as well.

2008

浙江统计年鉴

ZHEJIANG STATISTICAL YEARBOOK

CHAPTER 3

固定资产投资

Investment in Fixed Assets

3-1 全社会固定资产投资(1978-2007年)
Total Investment in Fixed Assets(1978-2007)

单位:亿元(100 million yuan)

年份 Year	全社会投资 Total Investment	总计中: 限额以上投资 Investment Above Designated Size	投资项目投资 Investment In Projects	房地产开发投资 Real Estate Development
1978	23.23			
1979	26.11			
1980	33.25			
1981	34.16			
1982	41.72			
1983	44.04			
1984	64.89			
1985	102.20			
1986	127.39			
1987	156.20			
1988	188.95			
1989	179.49			
1990	186.96			9.54
1991	239.75			11.73
1992	361.18			24.23
1993	683.83			93.15
1994	1006.39			155.82
1995	1357.90			246.38
1996	1617.53			243.54
1997	1694.57			215.44
1998	1847.93			226.69
1999	1886.04			271.99
2000	2267.22			362.18
2001	2776.69			544.91
2002	3596.31			728.80
2003	4993.57	4180.38	3200.33	980.05
2004	6059.78	5384.38	4031.31	1353.07
2005	6696.25	6138.39	4681.90	1456.49
2006	7593.66	6964.28	5390.01	1574.28
2007	8420.43	7704.90	5883.23	1821.67

3-2 全社会固定资产投资和房屋建筑面积(2000-2007年)
Total Investment in Fixed Assets and Floor Space of Buildings(2000-2007)

指　标	Item	2000	2001	2002	2003	2004	2005	2006	2007
投资总额(亿元)	**Total Investment (100 million yuan)**	**2267.22**	**2776.69**	**3596.31**	**4993.57**	**6059.78**	**6696.25**	**7593.66**	**8420.43**
城镇以上投资	**Investment at Town Level and Above**	**1548.51**	**1957.75**	**2364.95**	**3182.09**	**4056.60**	**4809.50**	**5432.71**	**5996.93**
农村投资	**Rural Investment**	**718.71**	**818.94**	**1231.36**	**1811.48**	**2003.18**	**1886.76**	**2160.95**	**2423.50**
农户投资	Peasant Household	225.89	191.57	201.49	211.39	232.00	254.20	312.67	328.30
非农户投资	Non-peasant Household	492.82	627.37	1029.87	1600.09	1771.18	1632.56	1848.28	2095.20
按构成分	**by Structure**								
建筑安装工程	Construction and Installation	1336.06	1582.03	1968.09	2665.83	3320.65	3867.51	4338.96	4644.26
设备工器具购置	Purchase of Equipment and Instruments	580.59	675.17	878.99	1197.03	1569.47	1598.66	1785.46	1982.14
其他费用	Others	350.57	519.80	749.23	1130.71	1169.67	1230.08	1469.24	1794.03
总投资中:住宅投资	**Residential Buildings**	**477.48**	**582.58**	**777.25**	**968.54**	**1270.73**	**1376.15**	**1458.63**	**1685.07**
房屋建筑面积(万平方米)	**Floor Space of Buildings(10000 sq. m)**								
施工面积	Floor Space under Construction	15341.33	17817.67	22287.56	31213.37	34458.66	36678.31	40963.31	46774.80
#住宅	Residential Buildings	8914.28	9516.92	11061.61	13584.14	16474.85	17378.98	18263.7	19719.69
竣工面积	Floor Space Completed	9738.02	9583.27	12365.31	16019.71	16541.40	14987.52	14924.94	16373.21
#住宅	Residential Buildings	6428.21	5450.94	5991.46	6793.84	6625.78	7286.72	7197.72	7760.96

3-3 限额以上固定资产投资完成情况
Investment In Fixed Assets Above Designated Size

单位:万元(10000 yuan)

指 标	Item	2003	2004	2005	2006	2007
投资额	**Total Investment**	**41803791**	**53843784**	**61383891**	**69642812**	**77049017**
投资项目	Projects	32003277	40313069	46819006	53900056	58832327
房地产开发	Real Estate Development	9800514	13530715	14564885	15742756	18216690
按登记注册类型分	**by Registered Type**					
内资	Domestic Funds	37720578	47474336	53440502	60039996	66363733
国有	State - owned	12911465	14064393	16323618	17916646	18206864
集体	Collective Owned	1053798	970090	1024168	1368049	1350079
股份合作	Share - cooperations	728044	572499	464459	433555	311303
国有联营	State Joint	16236	60205	187463	292758	375164
集体联营	Collective Joint	35097	8440	20044	6931	6216
国有与集体联营	State - collective Joint	15743	22399	38415	29892	27801
其他联营	Other Joint	43828	22376	10816	23528	19517
国有独资公司	State Sole Funds	891441	995298	1081250	1563397	1648740
其他有限责任公司	Other Limited Liability Corporations	13646129	16964343	19102752	20242350	22160915
股份有限公司	Share - holding Corporations Ltd.	2770147	2654395	2622824	2507488	2794641
私营	Private	5304627	10692337	11698328	14774633	18373320
其他	Others	304023	447561	866365	880769	1089173
港澳台商投资	Investment from HongKong, Macao and Taiwan	1801258	2598041	3421947	3947373	5040047
外商投资	Investment from Foreign	2264847	3732231	4449566	5509868	5553520
个体经营	Individual	17108	39176	71876	145575	91717
按国有及非国有情况分	**by State and Non - state Owned**					
国有及国有控股企业投资	State - owned and State - holding	17862293	19565572	22703019	25354985	26598096
非国有投资	Non - state - owned	23941498	34278212	38680872	44287827	50450921
#民间投资	Nongovernmental	20375619	28590497	31681691	36944948	41383799

3-3 续表 continued 单位:万元(10000 yuan)

指　标	Item	2003	2004	2005	2006	2007
按构成分	**by Structure**					
建筑工程	Construction	20257501	27815350	32095690	35991747	38322194
安装工程	Installation	1957963	2540370	3345179	3824122	4039508
设备工器具购置	Purchase of Equipment and Instruments	8784976	11988201	14148381	15686952	17197507
#购置旧设备	Purchase of Old Equipment	67503	158163	71781	39708	30500
用于更新的设备	Renewal of Equipment	1631457	1359020	1553495	1605074	2202597
其他费用	Others	10804301	11499863	11794641	14139991	17489808
#旧建筑物购置费	Purchase of Old Buildings	201724	198361	131343	234821	67315
土地购置费	Purchase of Land	7008008	7145954	7204360	8766877	11038000
施工项目个数(个)	Projects under Construction(unit)	16175	18407	20715	23392	24409
全投项目个数(个)	Projects Completed and Put into Use(unit)	6120	8026	10246	10348	9243
施工房屋面积(平方米)	Floor Space under Construction (sq. m)	224668661	285168258	317719915	356371436	410303555
竣工房屋面积(平方米)	Floor Space Completed(sq. m)	77855688	93612099	106439028	102471650	111633593
新增固定资产	Newly Increased Fixed Assets	23311912	30299424	37840183	40040021	42935406
资金来源合计	**Source of Funds**	**49460038**	**66021411**	**72277026**	**84713949**	**98343669**
上年末结余资金	Funds Surplus Last Year	3354493	4714823	5938024	6509562	7395803
本年资金来源小计	Funds This Year	46105545	61306588	66339002	78204387	90947866
#国家预算内资金	State Budgetary Appropriations	792132	798054			1807171
国内贷款	Domestic Loans	12476799	14513410	14339951	15551648	16869548
债券	Debenture	25739	68158			26712
利用外资	Foreign Investment	1645429	2218142	3315031	3862122	3159294
自筹资金	Fundraising	22355922	29579056	34767612	41964250	48795967
其他资金	Others	8809524	14129768	12622441	15508225	20289174

3－4 限额以上分行业施工和投产项目个数
Number of Projects Under Construction and Put Into Use Above Designated Size by Sector

指　标	Item	施工项目个数(个) Projects Under Construction (unit)		投产项目个数(个) Projects Completed and Put Into Use (unit)		项目建成投产率(%) Rate of Projects Completed and Put Into Use (%)	
		2006	2007	2006	2007	2006	2007
总计	**Total**	**23392**	**24409**	**10348**	**9243**	**44.2**	**37.9**
第一产业	Primary Industry	172	176	92	83	53.5	47.2
第二产业	Secondary Industry	17429	18607	7897	7320	45.3	39.3
第三产业	Tertiary Industry	5791	5626	2359	1840	40.7	32.7
按国民经济行业分组	**by Sector**						
农林牧渔业	**Farming, Forestry, Animal Husbandry and Fishery**	**172**	**176**	**92**	**83**	**53.5**	**47.2**
农业	Farming	54	43	32	24	59.3	55.8
林业	Forestry	8	14	3	5	37.5	35.7
畜牧业	Animal Husbandry	24	22	17	7	70.8	31.8
渔业	Fishery	9	18	3	16	33.3	88.9
农、林、牧、渔服务业	Services	77	79	37	31	48.1	39.2
采矿业	**Mining and Quarrying**	**58**	**63**	**29**	**36**	**50**	**57.1**
煤炭采选业	Coal Mining and Dressing	1	2	1	1	100	50
黑色金属矿采选业	Ferrous Metals Mining and Dressing	3	1	3		100	
有色金属矿采选业	Nonferrous Metals Mining and Dressing	5	7	1	5	20	71.4
非金属矿采选业	Nonmetal Minerals and Dressing	47	52	24	30	51.1	57.7
其他矿采选业	Others	2	1				
制造业	**Manufacturing**	**16367**	**17467**	**7457**	**6843**	**45.6**	**39.2**
农副食品加工业	Non－staple Food Processing	249	239	136	127	54.6	53.1
食品制造业	Food Manufacturing	181	179	81	64	44.8	35.8
饮料制造业	Beverage Manufacturing	102	116	40	34	39.2	29.3
烟草加工业	Tobacco Processing	2	1		1		100
纺织业	Textile Industry	2251	2173	1169	884	51.9	40.7
纺织服装、鞋、帽制造业	Garments, Shoes and Hats Manufacturing	1069	1060	444	416	41.5	39.2
皮革、毛皮、羽毛(绒)及其制造业	Leather, Furs, Feather and Related Products	520	541	203	189	39	34.9
木材加工及竹、藤、棕、草制品业	Timber Processing, Bamboo, Cane, Palm Fiber and Straw Products	359	280	229	122	63.8	43.6
家具制造业	Furniture Manufacturing	345	363	170	134	49.3	36.9
造纸及纸制品业	Papermaking and Paper Products	354	357	160	176	45.2	49.3

3-4 续表1 continued

指 标	Item	施工项目个数(个) Projects Under Construction (unit)		投产项目个数(个) Projects Completed and Put Into Use (unit)		项目建成投产率(%) Rate of Projects Completed and Put Into Use (%)	
		2006	2007	2006	2007	2006	2007
印刷业、记录媒介的复制	Printing and Record Medium Reproduction	243	243	117	102	48.1	42
文教体育用品制造业	Cultural, Educational and Sports Goods	291	367	100	137	34.4	37.3
石油加工、炼焦及核燃料加工业	Petroleum Processing, Cooking and Nuclear Fuel Processing	46	44	28	10	60.9	22.7
化学原料及化学制品制造业	Raw Chemical Materials and Chemical Products	664	711	295	258	44.4	36.3
医药制造业	Medical and Pharmaceutical Products	296	268	120	88	40.5	32.8
化学纤维制造业	Chemical Fiber	153	164	86	76	56.2	46.3
橡胶制品业	Rubber Products	160	183	57	56	35.6	30.6
塑料制品业	Plastic Products	784	841	367	350	46.8	41.6
非金属矿物制品业	Nonmetal Mineral Products	591	587	305	254	51.6	43.3
黑色金属冶炼及压延加工业	Smelting and Pressing of Ferrous Metals	186	190	95	76	51.1	40
有色金属冶炼及压延加工业	Smelting and Pressing of Nonferrous Metals	164	166	69	65	42.1	39.2
金属制品业	Metal Products	1142	1265	508	437	44.5	34.5
通用设备制造业	Equipment in Common Use	1742	2037	747	830	42.9	40.7
专用设备制造业	Equipment for Special Purpose	748	855	338	312	45.2	36.5
交通运输设备制造业	Transportation Equipment	1073	1280	451	435	42	34
电气机械及器材制造业	Electric Equipment and Machinery	1313	1511	579	668	44.1	44.2
通信设备、计算机及其他电子设备制造业	Telecommunications Equipment, Computer and Other Electronic Equipment	442	477	193	190	43.7	39.8
仪器仪表及文化、办公用机械制造业	Instruments, Meters, Cultural and Office Machinery	218	269	64	82	29.4	30.5
工艺品及其他制造业	Handicraft Article and Other Manufacturing Industry	640	660	283	251	44.2	38
废弃资源和废旧材料回收加工业	Recovery of Resource Discarded and Useless Material	39	40	23	19	59	47.5
电力、燃气及水的生产和供应业	**Production and Supply of Electricity, Gas and Water**	**912**	**989**	**382**	**421**	**41.9**	**42.6**
电力、热力的生产和供应	Production and Supply of Electricity and Heating Power	570	625	278	310	48.8	49.6
燃气生产和供应业	Production and Supply of Gas	32	31	10	8	31.3	25.8
水的生产和供应业	Production and Supply of Water	310	333	94	103	30.3	30.9
建筑业	**Construction**	**92**	**88**	**29**	**20**	**31.5**	**22.7**
房屋和土木工程建筑业	Civil Engineering	79	78	27	18	34.2	23.1

3－4 续表2 continued

指 标	Item	施工项目个数(个) Projects Under Construction (unit)		投产项目个数(个) Projects Completed and Put Into Use (unit)		项目建成投产率(%) Rate of Projects Completed and Put Into Use (%)	
		2006	2007	2006	2007	2006	2007
建筑安装业	Installation	6	3	1		16.7	
建筑装饰业	Decoration	3	2	1	1	33.3	50
其他建筑业	Other Construction	4	5		1		20
交通运输、仓储和邮政业	**Transport, Storage and Postal Services**	**956**	**931**	**433**	**366**	**45.3**	**39.3**
铁路运输业	Railway Transport	22	18	6		27.3	
道路运输业	Highway Transport	721	689	355	302	49.2	43.8
城市公共交通业	City Public Transport	13	21	1	6	7.7	28.6
水上运输业	Waterway Transport	105	94	40	22	38.1	23.4
航空运输业	Air Transport	9	14	1	2	11.1	14.3
管道运输业	Pipeline Transport	2	2		1		50
装卸搬运和其他运输服务业	Carrying and Other Transport Services	9	10	5	4	55.6	40
仓储业	Storage	67	74	22	25	32.8	33.8
邮政业	Postal Services	8	9	3	4	37.5	44.4
信息传输、计算机服务和软件业	**Information Transmission, Computer Services and Software**	**375**	**101**	**318**	**39**	**84.8**	**38.6**
电信和其他信息传输服务业	Telecommunication and Other Information Transmission Services	354	79	313	37	88.4	46.8
计算机服务业	Computer Services	3		2		66.7	
软件业	Software	18	22	3	2	16.7	9.1
批发和零售业	**Wholesale and Retail Trade**	**320**	**316**	**126**	**131**	**39.4**	**41.5**
批发业	Wholesale Trade	143	145	42	47	29.4	32.4
零售业	Retail Trade	177	171	84	84	47.5	49.1
住宿和餐饮业	**Hotels and Catering Services**	**178**	**227**	**74**	**96**	**41.6**	**42.3**
住宿业	Hotels	124	156	43	55	34.7	35.3
餐饮业	Catering Services	54	71	31	41	57.4	57.7
金融业	**Finance**	**35**	**29**	**14**	**11**	**40**	**37.9**
银行业	Bank	30	29	9	11	30	37.9
保险业	Insurance	1		1		100	
其他金融活动	Other Financial Activities	4		4		100	
房地产业	**Real Estate**	**326**	**399**	**100**	**110**	**30.7**	**27.6**
房地产业	Real Estate	326	399	100	110	30.7	27.6
租赁和商务服务业	**Leasing and Commercial Services**	**155**	**157**	**72**	**25**	**46.5**	**15.9**
租赁业	Leasing	4	2	2		50	

3-4 续表3 continued

指 标	Item	施工项目个数(个) Projects Under Construction (unit)		投产项目个数(个) Projects Completed and Put Into Use (unit)		项目建成投产率(%) Rate of Projects Completed and Put Into Use (%)	
		2006	2007	2006	2007	2006	2007
商务服务业	Commercial Services	151	155	70	25	46.4	16.1
科学研究、技术服务和地质勘查业	**Scientific Research, Technic Services and Geological Prospecting**	**61**	**70**	**16**	**15**	**26.2**	**21.4**
研究与试验发展	Research and Experiment Development	18	14	4	5	22.2	35.7
专业技术服务业	Technical Services	30	43	8	7	26.7	16.3
科技交流和推广服务业	Scientific and Technical Interchange and Popularization	11	11	3	2	27.3	18.2
地质勘查业	Geological Prospecting	2	2	1	1	50	50
水利、环境和公共设施管理业	**Water Conservancy, Environment and Public Facilities Management**	**2057**	**2085**	**694**	**618**	**33.7**	**29.6**
水利管理业	Water Conservancy	328	336	97	103	29.6	30.7
环境管理业	Environment	130	158	52	62	40	39.2
公共设施管理业	Public Facilities	1599	1591	545	453	34.1	28.5
居民服务和其他服务业	**Resident Services and Other Services**	**30**	**44**	**9**	**21**	**30**	**47.7**
居民服务业	Resident Services	22	33	5	17	22.7	51.5
其他服务业	Other Services	8	11	4	4	50	36.4
教育	**Education**	491	477	219	155	44.6	32.5
教育	Education	491	477	219	155	44.6	32.5
卫生、社会保障和社会福利业	**Health Care, Social Security and Social Welfare**	**206**	**234**	**63**	**69**	**30.6**	**29.5**
卫生	Health Care	153	167	46	46	30.1	27.5
社会福利业	Social Welfare	50	64	17	22	34	34.4
文化、体育和娱乐业	**Culture, Sports and Recreation**	**166**	**190**	**50**	**67**	**30.1**	**35.3**
新闻出版业	Press Publishing	3	3	1	1	33.3	33.3
广播、电视、电影和音像业	Radio, Film, Television and Audio-video	18	13	8	6	44.4	46.2
文化艺术业	Culture and Arts	86	89	20	30	23.3	33.7
体育	Sports	35	39	9	10	25.7	25.6
娱乐业	Recreation	24	46	12	20	50	43.5
公共管理和社会组织	**Public Management and Social Organization**	**435**	**366**	**171**	**117**	**39.3**	**32**
中国共产党机关	Communist Party Agencies	4	3	3	1	75	33.3
国家机构	Government Agencies	348	289	114	90	32.8	31.1
人民政协和民主党派	The Chinese People's Political Consultative Conference and Democratic Parties	3	2	2	1	66.7	50
群众团体、社会团体和宗教组织	Mass Organizations, Social Organizations and Religion Organizations	17	20	11	8	64.7	40
基层群众自治组织	Mass Grassroot Organizations	63	52	41	17	65.1	32.7

3-5 限额以上分行业投资和新增固定资产
Investment and Newly Increased Fixed Assets Above Designated Size by Sector

指　标	Item	投资额（万元）Investment (10000 yuan) 2006	2007	新增固定资产（万元）Newly Increased Fixed Assets (10000 yuan) 2006	2007	固定资产交付使用率(%) Rate of Fixed Put Into Use (%) 2006	2007
总计	**Total**	**69642812**	**77049017**	**40040021**	**42935406**	**57.5**	**55.7**
第一产业	Primary Industry	218538	330179	139525	177947	63.8	53.9
第二产业	Secondary Industry	32308134	36185904	21204630	22325647	65.6	61.7
第三产业	Tertiary Industry	37116140	40532934	18695866	20431812	50.4	50.4
按国民经济行业分组	**by Sector**						
农林牧渔业	**Farming, Forestry, Animal Husbandry and Fishery**	**218538**	**330179**	**139525**	**177947**	**63.8**	**53.9**
农业	Farming	75983	80586	51326	33426	67.5	41.5
林业	Forestry	7183	11692	2570	5185	35.8	44.3
畜牧业	Animal Husbandry	21055	20565	16148	10496	76.7	51
渔业	Fishery	13769	19383	9777	19649	71	101.4
农、林、牧、渔服务业	Services	100548	197953	59704	109191	59.4	55.2
采矿业	**Mining and Quarrying**	**88766**	**101210**	**58629**	**85595**	**66**	**84.6**
煤炭采选业	Coal Mining and Dressing	1800	1100	5200	1100	288.9	100
黑色金属矿采选业	Ferrous Metals Mining and Dressing	668	340	1270	340	190.1	100
有色金属矿采选业	Nonferrous Metals Mining and Dressing	5751	9008	3677	8164	63.9	90.6
非金属矿采选业	Nonmetal Minerals and Dressing	78698	89562	48482	75991	61.6	84.8
其他矿采选业	Others	1849	1200				
制造业	**Manufacturing**	**26682205**	**30259162**	**17019048**	**18628972**	**63.8**	**61.6**
农副食品加工业	Non-staple Food Processing	290866	277346	222167	218446	76.4	78.8
食品制造业	Food Manufacturing	267155	301085	155443	165144	58.2	54.8
饮料制造业	Beverage Manufacturing	244604	318618	95235	154310	38.9	48.4
烟草加工业	Tobacco Processing	57138	6919	16969	11921	29.7	172.3
纺织业	Textile Industry	3377055	3610760	2336828	2431997	69.2	67.4
纺织服装、鞋、帽制造业	Garments, Shoes and Hats Manufacturing	1366575	1535076	803579	896446	58.8	58.4
皮革、毛皮、羽毛(绒)及其制造业	Leather, Furs, Feather and Related Products	546276	590412	339926	355291	62.2	60.2
木材加工及竹、藤、棕、草制品业	Timber Processing, Bamboo, Cane, Palm Fiber and Straw Products	391016	391645	278850	249201	71.3	63.6
家具制造业	Furniture Manufacturing	538536	576833	370787	444335	68.9	77
造纸及纸制品业	Papermaking and Paper Products	610454	740436	435241	661480	71.3	89.3

3－5 续表1 continued

指 标	Item	投资额（万元）Investment（10000 yuan）		新增固定资产（万元）Newly Increased Fixed Assets（10000 yuan）		固定资产交付使用率（%）Rate of Fixed Put Into Use（%）	
		2006	2007	2006	2007	2006	2007
印刷业、记录媒介的复制	Printing and Record Medium Reproduction	333089	366212	217409	203296	65.3	55.5
文教体育用品制造业	Cultural, Educational and Sports Goods	322358	399206	196655	279081	61	69.9
石油加工、炼焦及核燃料加工业	Petroleum Processing, Cooking and Nuclear Fuel Processing	110876	150469	73520	21801	66.3	14.5
化学原料及化学制品制造业	Raw Chemical Materials and Chemical Products	2443430	1853806	1547113	1519798	63.3	82
医药制造业	Medical and Pharmaceutical Products	615070	520682	378877	279422	61.6	53.7
化学纤维制造业	Chemical Fiber	498671	755132	420012	416317	84.2	55.1
橡胶制品业	Rubber Products	288916	311655	197138	118209	68.2	37.9
塑料制品业	Plastic Products	1030760	1044888	675631	655779	65.5	62.8
非金属矿物制品业	Nonmetal Mineral Products	917317	1133593	589312	643249	64.2	56.7
黑色金属冶炼及压延加工业	Smelting and Pressing of Ferrous Metals	948610	794877	687318	289247	72.5	36.4
有色金属冶炼及压延加工业	Smelting and Pressing of Nonferrous Metals	411931	384775	321109	203272	78	52.8
金属制品业	Metal Products	1567090	1861671	979909	1185705	62.5	63.7
通用设备制造业	Equipment in Common Use	2230174	3090578	1435901	2014650	64.4	65.2
专用设备制造业	Equipment for Special Purpose	971144	1347653	580272	744097	59.8	55.2
交通运输设备制造业	Transportation Equipment	2158278	2971854	1281906	1524099	59.4	51.3
电气机械及器材制造业	Electric Equipment and Machinery	2048758	2550072	1147809	1613131	56	63.3
通信设备、计算机及其他电子设备制造业	Telecommunications Equipment, Computer and Other Electronic Equipment	929470	1141550	543219	611601	58.4	53.6
仪器仪表及文化、办公用机械制造业	Instruments, Meters, Cultural and Office Machinery	278920	393745	145028	205577	52	52.2
工艺品及其他制造业	Handicraft Article and Other Manufacturing Industry	822656	741069	504872	480927	61.4	64.9
废弃资源和废旧材料回收加工业	Recovery of Resource Discarded and Useless Material	65012	96545	41013	31143	63.1	32.3
电力、燃气及水的生产和供应业	**Production and Supply of Electricity, Gas and Water**	**5339738**	**5682920**	**3992500**	**3538411**	**74.8**	**62.3**
电力、热力的生产和供应	Production and Supply of Electricity and Heating Power	4344870	4553617	2959686	3003929	68.1	66
燃气生产和供应业	Production and Supply of Gas	225920	97125	554318	45517	245.4	46.9
水的生产和供应业	Production and Supply of Water	768948	1032178	478496	488965	62.2	47.4
建筑业	**Construction**	**197425**	**142612**	**134453**	**72669**	**68.1**	**51**
房屋和土木工程建筑业	Civil Engineering	180068	130965	124184	70882	69	54.1

3-5 续表2 continued

指　标	Item	投资额（万元）Investment (10000 yuan) 2006	2007	新增固定资产（万元）Newly Increased Fixed Assets (10000 yuan) 2006	2007	固定资产交付使用率（%）Rate of Fixed Put Into Use (%) 2006	2007
建筑安装业	Installation	4772	2984	2502	172	52.4	5.8
建筑装饰业	Decoration	1960	526	800	315	40.8	59.9
其他建筑业	Other Construction	10625	8137	6967	1300	65.6	16
交通运输、仓储和邮政业	**Transport, Storage and Postal Services**	**8109007**	**7219546**	**4676046**	**4084277**	**57.7**	**56.6**
铁路运输业	Railway Transport	683145	701729	102463	75680	15	10.8
道路运输业	Highway Transport	5565374	4231179	2984942	3108892	53.6	73.5
城市公共交通业	City Public Transport	63857	358341	27141	44011	42.5	12.3
水上运输业	Waterway Transport	1407167	1364659	1155346	673815	82.1	49.4
航空运输业	Air Transport	25740	63319	333	20325	1.3	32.1
管道运输业	Pipeline Transport	10340	650	1960	150	19	23.1
装卸搬运和其他运输服务业	Carrying and Other Transport Services	18816	10625	15846	8327	84.2	78.4
仓储业	Storage	330013	484459	385767	148845	116.9	30.7
邮政业	Postal Services	4555	4585	2248	4232	49.4	92.3
信息传输、计算机服务和软件业	**Information Transmission, Computer Services and Software**	**1028483**	**1253531**	**359430**	**399757**	**34.9**	**31.9**
电信和其他信息传输服务业	Telecommunication and Other Information Transmission Services	971878	1187937	345872	397082	35.6	33.4
计算机服务业	Computer Services	2545		2105		82.7	
软件业	Software	54060	65594	11453	2675	21.2	4.1
批发和零售业	**Wholesale and Retail Trade**	**869476**	**1405775**	**305279**	**387382**	**35.1**	**27.6**
批发业	Wholesale Trade	418476	768790	113898	193959	27.2	25.2
零售业	Retail Trade	451000	636985	191381	193423	42.4	30.4
住宿和餐饮业	**Hotels and Catering Services**	**593380**	**984090**	**210493**	**529203**	**35.5**	**53.8**
住宿业	Hotels	469590	686838	152846	420390	32.5	61.2
餐饮业	Catering Services	123790	297252	57647	108813	46.6	36.6
金融业	**Finance**	**88226**	**94379**	**64090**	**84955**	**72.6**	**90**
银行业	Bank	81585	94379	55969	84955	68.6	90
保险业	Insurance	1756		2641		150.4	
其他金融活动	Other Financial Activities	4310		4905		113.8	
房地产业	**Real Estate**	**16931094**	**19783742**	**7854469**	**10395600**	**46.4**	**52.5**
房地产业	Real Estate	16931094	19783742	7854469	10395600	46.4	52.5
租赁和商务服务业	**Leasing and Commercial Services**	**550975**	**828898**	**216530**	**152065**	**39.3**	**18.3**
租赁业	Leasing	4409	1245	3800		86.2	

3－5 续表3 continued

指 标	Item	投资额（万元）Investment (10000 yuan)		新增固定资产（万元）Newly Increased Fixed Assets (10000 yuan)		固定资产交付使用率(%) Rate of Fixed Put Into Use (%)	
		2006	2007	2006	2007	2006	2007
商务服务业	Commercial Services	546566	827653	212730	152065	38.9	18.4
科学研究、技术服务和地质勘查业	**Scientific Research, Technic Services and Geological Prospecting**	**122627**	**120362**	**21970**	**26640**	**17.9**	**22.1**
研究与试验发展	Research and Experiment Development	64610	43751	3398	15887	5.3	36.3
专业技术服务业	Technical Services	38658	55841	12526	7943	32.4	14.2
科技交流和推广服务业	Scientific and Technical Interchange and Popularization	18823	20070	5262	1410	28	7
地质勘查业	Geological Prospecting	536	700	784	1400	146.3	200
水利、环境和公共设施管理业	**Water Conservancy, Environment and Public Facilities Management**	**6084868**	**6437292**	**2985796**	**2705431**	**49.1**	**42**
水利管理业	Water Conservancy	999701	1242795	532610	510938	53.3	41.1
环境管理业	Environment	178291	287975	110281	152646	61.9	53
公共设施管理业	Public Facilities	4906876	4906522	2342905	2041847	47.7	41.6
居民服务和其他服务业	**Resident Services and Other Services**	**32968**	**49717**	**16015**	**36374**	**48.6**	**73.2**
居民服务业	Resident Services	21819	29413	5065	25101	23.2	85.3
其他服务业	Other Services	11149	20304	10950	11273	98.2	55.5
教育	**Education**	**958170**	**932877**	**620926**	**685700**	**64.8**	**73.5**
教育	Education	958170	932877	620926	685700	64.8	73.5
卫生、社会保障和社会福利业	**Health Care, Social Security and Social Welfare**	**561860**	**492690**	**405078**	**344830**	**72.1**	**70**
卫生	Health Care	500277	425630	369918	310798	73.9	73
社会福利业	Social Welfare	59877	65777	35160	31530	58.7	47.9
文化、体育和娱乐业	**Culture, Sports and Recreation**	**360069**	**347393**	**222714**	**216330**	**61.9**	**62.3**
新闻出版业	Press Publishing	2636	4418	1736	7050	65.9	159.6
广播、电视、电影和音像业	Radio, Film, Television and Audio-video	34804	29282	26325	23891	75.6	81.6
文化艺术业	Culture and Arts	198278	164059	98210	105102	49.5	64.1
体育	Sports	68654	70471	73820	31779	107.5	45.1
娱乐业	Recreation	55697	79163	22623	48508	40.6	61.3
公共管理和社会组织	**Public Management and Social Organization**	**824937**	**582642**	**737030**	**383268**	**89.3**	**65.8**
中国共产党机关	Communist Party Agencies	9120	5916	46626	500	511.3	8.5
国家机构	Government Agencies	698046	440728	580841	310370	83.2	70.4
人民政协和民主党派	The Chinese People's Political Consultative Conference and Democratic Parties	3431	9371	2431	1691	70.9	18
群众团体、社会团体和宗教组织	Mass Organizations, Social Organizations and Religion Organizations	23177	43486	32339	14696	139.5	33.8
基层群众自治组织	Mass Grassroot Organizations	91163	83141	74793	56011	82	67.4

3-6 限额以上分行业施工和竣工面积
Floor Space of Buildings Under Construction and Completed Above Designated Size by Sector

指 标	Item	施工房屋面积(平方米) Floor Space of Buildings Under Construction (sq. m)		竣工房屋面积(平方米) Floor Space of Buildings Completed (sq. m)		房屋建筑面积竣工率(%) Rate of Floor Space of Buildings Completed(%)	
		2006	2007	2006	2007	2006	2007
总计	**Total**	**356371436**	**410303555**	**102471650**	**111633593**	**28.8**	**27.2**
第一产业	Primary Industry	273469	653241	151770	126915	55.5	19.4
第二产业	Secondary Industry	131490694	160910881	46389546	54235075	35.3	33.7
第三产业	Tertiary Industry	224607273	248739433	55930334	57271603	24.9	23
按国民经济行业分组	**by Sector**						
农林牧渔业	**Farming, Forestry, Animal Husbandry and Fishery**	**273469**	**653241**	**151770**	**126915**	**55.5**	**19.4**
农业	Farming	37980	31410	5730	5860	15.1	18.7
林业	Forestry		1000				
畜牧业	Animal Husbandry	186990	197681	142733	71841	76.3	36.3
渔业	Fishery	22232	42364		40714		96.1
农、林、牧、渔服务业	Services	26267	380786	3307	8500	12.6	2.2
采矿业	**Mining and Quarrying**	**142969**	**63542**	**95798**	**26027**	**67**	**41**
煤炭采选业	Coal Mining and Dressing	57800	150	57800	150	100	100
黑色金属矿采选业	Ferrous Metals Mining and Dressing	437					
有色金属矿采选业	Nonferrous Metals Mining and Dressing	250	11000	250	11000	100	100
非金属矿采选业	Nonmetal Minerals and Dressing	84482	52392	37748	14877	44.7	28.4
其他矿采选业	Others						
制造业	**Manufacturing**	**128883387**	**158454821**	**45378248**	**53639908**	**35.2**	**33.9**
农副食品加工业	Non - staple Food Processing	1677073	2082472	874713	787193	52.2	37.8
食品制造业	Food Manufacturing	1321029	1461616	402262	465523	30.5	31.8
饮料制造业	Beverage Manufacturing	1004384	1416364	167996	405447	16.7	28.6
烟草加工业	Tobacco Processing						
纺织业	Textile Industry	16770048	17125764	5623139	5688210	33.5	33.2
纺织服装、鞋、帽制造业	Garments, Shoes and Hats Manufacturing	9608150	11839501	3218424	3856234	33.5	32.6
皮革、毛皮、羽毛(绒)及其制造业	Leather, Furs, Feather and Related Products	5979965	7169453	1848828	1919193	30.9	26.8
木材加工及竹、藤、棕、草制品业	Timber Processing, Bamboo, Cane, Palm Fiber and Straw Products	1870316	1560345	1013666	696858	54.2	44.7
家具制造业	Furniture Manufacturing	4603595	5208295	1864342	2282580	40.5	43.8
造纸及纸制品业	Papermaking and Paper Products	1968417	2994438	901227	1122403	45.8	37.5

3-6 续表1 continued

指标	Item	施工房屋面积(平方米) Floor Space of Buildings Under Construction (sq. m)		竣工房屋面积(平方米) Floor Space of Buildings Completed (sq. m)		房屋建筑面积竣工率(%) Rate of Floor Space of Buildings Completed(%)	
		2006	2007	2006	2007	2006	2007
印刷业、记录媒介的复制	Printing and Record Medium Reproduction	1296763	1671815	471516	550002	36.4	32.9
文教体育用品制造业	Cultural, Educational and Sports Goods	2100420	3244019	804566	1130487	38.3	34.8
石油加工、炼焦及核燃料加工业	Petroleum Processing, Cooking and Nuclear Fuel Processing	20430	30643	9930	14291	48.6	46.6
化学原料及化学制品制造业	Raw Chemical Materials and Chemical Products	4700955	5076917	1766541	1706106	37.6	33.6
医药制造业	Medical and Pharmaceutical Products	1681489	1902292	555646	782251	33	41.1
化学纤维制造业	Chemical Fiber	1358498	1554095	518498	604520	38.2	38.9
橡胶制品业	Rubber Products	1026959	962061	355752	399463	34.6	41.5
塑料制品业	Plastic Products	5235804	6064856	2252371	2569486	43	42.4
非金属矿物制品业	Nonmetal Mineral Products	2825163	3515565	1288739	1112673	45.6	31.6
黑色金属冶炼及压延加工业	Smelting and Pressing of Ferrous Metals	4224136	4069068	795547	441163	18.8	10.8
有色金属冶炼及压延加工业	Smelting and Pressing of Nonferrous Metals	1402300	1872385	325240	476139	23.2	25.4
金属制品业	Metal Products	8127553	11061188	2937504	4038499	36.1	36.5
通用设备制造业	Equipment in Common Use	11408877	15579163	4288036	5892821	37.6	37.8
专用设备制造业	Equipment for Special Purpose	6148020	8316903	1921592	2392322	31.3	28.8
交通运输设备制造业	Transportation Equipment	8580294	13292257	2762424	3504750	32.2	26.4
电气机械及器材制造业	Electric Equipment and Machinery	11022056	14150000	4018934	5194283	36.5	36.7
通信设备、计算机及其他电子设备制造业	Telecommunications Equipment, Computer and Other Electronic Equipment	4850805	6054334	1421785	1939828	29.3	32
仪器仪表及文化、办公用机械制造业	Instruments, Meters, Cultural and Office Machinery	2044366	2905725	492567	746187	24.1	25.7
工艺品及其他制造业	Handicraft Article and Other Manufacturing Industry	5727183	5770297	2332883	2770836	40.7	48
废弃资源和废旧材料回收加工业	Recovery of Resource Discarded and Useless Material	298339	502990	143580	150160	48.1	29.9
电力、燃气及水的生产和供应业	**Production and Supply of Electricity, Gas and Water**	**1579573**	**1826034**	**684761**	**468335**	**43.4**	**25.6**
电力、热力的生产和供应	Production and Supply of Electricity and Heating Power	1345827	1422971	585256	369927	43.5	26
燃气生产和供应业	Production and Supply of Gas	60787	43524	19507	21015	32.1	48.3
水的生产和供应业	Production and Supply of Water	172959	359539	79998	77393	46.3	21.5
建筑业	**Construction**	**884765**	**566484**	**230739**	**100805**	**26.1**	**17.8**
房屋和土木工程建筑业	Civil Engineering	851182	512471	218056	94285	25.6	18.4

3-6 续表2 continued

指 标	Item	施工房屋面积(平方米) Floor Space of Buildings Under Construction (sq. m)		竣工房屋面积(平方米) Floor Space of Buildings Completed (sq. m)		房屋建筑面积竣工率(%) Rate of Floor Space of Buildings Completed(%)	
		2006	2007	2006	2007	2006	2007
建筑安装业	Installation	11483	17728	10683	2020	93	11.4
建筑装饰业	Decoration	16100	4500	2000		12.4	
其他建筑业	Other Construction	6000	31785		4500		14.2
交通运输、仓储和邮政业	**Transport, Storage and Postal Services**	**1344176**	**1991065**	**495548**	**506752**	**36.9**	**25.5**
铁路运输业	Railway Transport	9486		9485		100	
道路运输业	Highway Transport	440385	366590	176503	90902	40.1	24.8
城市公共交通业	City Public Transport	60366	57350		850		1.5
水上运输业	Waterway Transport	178618	240224	84188	91384	47.1	38
航空运输业	Air Transport	47847	132078		30172		22.8
管道运输业	Pipeline Transport	7747	6600	7747		100	
装卸搬运和其他运输服务业	Carrying and Other Transport Services	16102	37010	11664	300	72.4	0.8
仓储业	Storage	539316	1079798	203377	271539	37.7	25.1
邮政业	Postal Services	44309	71415	2584	21605	5.8	30.3
信息传输、计算机服务和软件业	**Information Transmission, Computer Services and Software**	**479727**	**588505**	**128787**	**81501**	**26.8**	**13.8**
电信和其他信息传输服务业	Telecommunication and Other Information Transmission Services	113594	251382	27795	67373	24.5	26.8
计算机服务业	Computer Services	13000					
软件业	Software	353133	337123	100992	14128	28.6	4.2
批发和零售业	**Wholesale and Retail Trade**	**5217765**	**7991776**	**1310901**	**1512895**	**25.1**	**18.9**
批发业	Wholesale Trade	2720016	4804091	495874	752650	18.2	15.7
零售业	Retail Trade	2497749	3187685	815027	760245	32.6	23.8
住宿和餐饮业	**Hotels and Catering Services**	**3265264**	**4498871**	**490282**	**1023570**	**15**	**22.8**
住宿业	Hotels	2615241	3789071	305032	740728	11.7	19.5
餐饮业	Catering Services	650023	709800	185250	282842	28.5	39.8
金融业	**Finance**	**301170**	**332837**	**55557**	**86053**	**18.4**	**25.9**
银行业	Bank	278523	332837	32910	86053	11.8	25.9
保险业	Insurance	8000		8000		100	
其他金融活动	Other Financial Activities	14647		14647		100	
房地产业	**Real Estate**	**183198828**	**199080083**	**42362931**	**44957278**	**23.1**	**22.6**
房地产业	Real Estate	183198828	199080083	42362931	44957278	23.1	22.6
租赁和商务服务业	**Leasing and Commercial Services**	**1886088**	**4165335**	**743406**	**446734**	**39.4**	**10.7**
租赁业	Leasing	45777	10300	26100		57	

3-6 续表3 continued

指 标	Item	施工房屋面积（平方米）Floor Space of Buildings Under Construction (sq. m)		竣工房屋面积（平方米）Floor Space of Buildings Completed (sq. m)		房屋建筑面积竣工率（%）Rate of Floor Space of Buildings Completed(%)	
		2006	2007	2006	2007	2006	2007
商务服务业	Commercial Services	1840311	4155035	717306	446734	39	10.8
科学研究、技术服务和地质勘查业	**Scientific Research, Technic Services and Geological Prospecting**	**553767**	**791989**	**115778**	**91049**	**20.9**	**11.5**
研究与试验发展	Research and Experiment Development	223462	364110	28200	59776	12.6	16.4
专业技术服务业	Technical Services	157719	218880	41760	31273	26.5	14.3
科技交流和推广服务业	Scientific and Technical Interchange and Popularization	165968	208999	39200		23.6	
地质勘查业	Geological Prospecting	6618		6618		100	
水利、环境和公共设施管理业	**Water Conservancy, Environment and Public Facilities Management**	**7802555**	**8267567**	**3607500**	**2228992**	**46.2**	**27**
水利管理业	Water Conservancy	503447	467088	56000	263903	11.1	56.5
环境管理业	Environment	101442	193942	34391	8191	33.9	4.2
公共设施管理业	Public Facilities	7197666	7606537	3517109	1956898	48.9	25.7
居民服务和其他服务业	**Resident Services and Other Services**	**52759**	**93658**	**23814**	**44965**	**45.1**	**48**
居民服务业	Resident Services	35897	50602	9490	24357	26.4	48.1
其他服务业	Other Services	16862	43056	14324	20608	84.9	47.9
教育	**Education**	**9881757**	**10162317**	**3047955**	**3446768**	**30.8**	**33.9**
教育	Education	9881757	10162317	3047955	3446768	30.8	33.9
卫生、社会保障和社会福利业	**Health Care, Social Security and Social Welfare**	**3895437**	**4306519**	**1027779**	**1016475**	**26.4**	**23.6**
卫生	Health Care	3276565	3485166	781364	730324	23.8	21
社会福利业	Social Welfare	605579	802980	246415	286151	40.7	35.6
文化、体育和娱乐业	**Culture, Sports and Recreation**	**1579987**	**1851961**	**401987**	**471769**	**25.4**	**25.5**
新闻出版业	Press Publishing	38343	95815	5927	19301	15.5	20.1
广播、电视、电影和音像业	Radio, Film, Television and Audio-video	118107	188661	26800	58138	22.7	30.8
文化艺术业	Culture and Arts	824097	1060857	179020	267578	21.7	25.2
体育	Sports	383505	310597	160373	60348	41.8	19.4
娱乐业	Recreation	215935	196031	29867	66404	13.8	33.9
公共管理和社会组织	**Public Management and Social Organization**	**5147993**	**4616950**	**2118109**	**1356802**	**41.1**	**29.4**
中国共产党机关	Communist Party Agencies	128901	47215	128901	7680	100	16.3
国家机构	Government Agencies	4153530	3635898	1505624	1067317	36.2	29.4
人民政协和民主党派	The Chinese People's Political Consultative Conference and Democratic Parties	8331	42758	8331		100	
群众团体、社会团体和宗教组织	Mass Organizations, Social Organizations and Religion Organizations	331694	355845	83226	76582	25.1	21.5
基层群众自治组织	Mass Grassroot Organizations	525537	535234	392027	205223	74.6	38.3

3-7 限额以上国有及国有控股经济分行业投资和资金来源
Investment and Sources of Funds in State-owned and State-holding Units Above Designated Size by Sector

单位:万元(10000 yuan)

指 标	Item	2003	2004	2005	2006	2007
投资总计	**Total**	**17862293**	**19565572**	**22703019**	**25354985**	**26598096**
第一产业	Primary Industry	67205	100888	118518	130939	229245
第二产业	Secondary Industry	4096554	4878830	5948695	5495328	6510538
第三产业	Tertiary Industry	13698534	14585854	16635806	19728718	19858313
按国民经济行业分组	**by Sector**					
农林牧渔业	**Farming, Forestry, Animal Husbandry and Fishery**	**67205**	**100888**	**118518**	**130939**	**229245**
农业	Farming	15197	35855	42340	49409	56855
林业	Forestry	6480	3944	14328	3099	7241
畜牧业	Animal Husbandry	4544	1999	8420	391	717
渔业	Fishery	1070		2400	4377	4089
农、林、牧、渔服务业	Services	39914	59090	51030	73663	160343
采矿业	**Mining and Quarrying**	**5786**	**10642**	**4450**	**447**	**6365**
煤炭采选业	Coal Mining and Dressing	2110				
黑色金属矿采选业	Ferrous Metals Mining and Dressing	1146	4617	1141	447	
有色金属矿采选业	Nonferrous Metals Mining and Dressing	500	285	3		1370
非金属矿采选业	Nonmetal Minerals and Dressing	2030	5740	3306		4995
制造业	**Manufacturing**	**1875403**	**1572851**	**1469759**	**1468992**	**1628388**
农副食品加工业	Non-staple Food Processing	24327	18336	20123	31895	15048
食品制造业	Food Manufacturing	12972	10364	2643	1352	3941
饮料制造业	Beverage Manufacturing	62007	50716	48553	35604	14243
烟草加工业	Tobacco Processing	18955	15632	28204	57138	6919
纺织业	Textile Industry	163467	67145	44038	43927	43949
纺织服装、鞋、帽制造业	Garments, Shoes and Hats Manufacturing	27106	18508	28587	24157	64306
皮革、毛皮、羽毛(绒)及其制造业	Leather, Furs, Down and Related Products	1068	28852	16486	15119	352
木材加工及竹、藤、棕、草制品业	Timber Processing, Bamboo, Cane, Palm Fiber and Straw Products	16131	7931	44666	9961	7757
家具制造业	Furniture Manufacturing	28320	23870	45208	7730	3080
造纸及纸制品业	Papermaking and Paper Products	182148	251202	323619	15400	7937
印刷业、记录媒介的复制	Printing and Record Medium Reproduction	10867	3838	12360	19986	14227
文教体育用品制造业	Cultural, Educational and Sports Goods	579	4630	4157	4832	3520

3-7 续表1 continued 单位:万元(10000 yuan)

指 标	Item	2003	2004	2005	2006	2007
石油加工、炼焦及核燃料加工业	Petroleum Processing, Cooking and Nuclear Fuel Processing	147366	151491	81771	101543	116415
化学原料及化学制品制造业	Raw Chemical Materials and Chemical Products	306521	222796	206543	191641	346532
医药制造业	Medical and Pharmaceutical Products	103942	69247	64443	63332	54978
化学纤维制造业	Chemical Fiber	34564	3867	3472	1306	2743
橡胶制品业	Rubber Products	46588	22469	5400	40350	57226
塑料制品业	Plastic Products	17258	15804	22287	6227	2311
非金属矿物制品业	Nonmetal Mineral Products	139027	57992	28766	21932	54672
黑色金属冶炼及压延加工业	Smelting and Pressing of Ferrous Metals	56728	121453	177194	475475	357603
有色金属冶炼及压延加工业	Smelting and Pressing of Nonferrous Metals	9596	21369	1490	976	
金属制品业	Metal Products	46734	24654	20171	24176	39367
通用设备制造业	Equipment in Common Use	78570	90404	28675	79092	127500
专用设备制造业	Equipment for Special Purpose	36490	28937	30389	58694	94646
交通运输设备制造业	Transportation Equipment	83136	76417	89980	61759	57433
电气机械及器材制造业	Electric Equipment and Machinery	106258	66305	37183	26685	26680
通信设备、计算机及其他电子设备制造业	Telecommunications Equipment, Computer and Other Electronic Equipment	55105	43121	31915	14934	42398
仪器仪表及文化、办公用机械制造业	Instruments, Meters, Cultural and Office Machinery	4136	2163	3487	5152	5562
工艺品及其他制造业	Handicraft Article and Other Manufacturing Industry	55437	53338	17949	28617	45520
电力、燃气及水的生产和供应业	**Production and Supply of Electricity, Gas and Water**	**1959463**	**3241054**	**4378416**	**3966414**	**4826024**
电力、热力的生产和供应	Production and Supply of Electricity and Heating Power	1701388	2586797	3695300	3187416	3889095
燃气生产和供应业	Production and Supply of Gas	45061	286263	308384	169229	59880
水的生产和供应业	Production and Supply of Water	213014	367994	374732	609769	877049
建筑业	**Construction**	**255902**	**54283**	**96070**	**59475**	**49761**
房屋和土木工程建筑业	Civil Engineering	220498	39550	96070	54351	48278
建筑安装业	Installation	4128	8602		457	1483
其他建筑业	Other Construction	31276	6131		4667	
交通运输、仓储和邮政业	**Transport, Storage and Postal Services**	**2634251**	**4189677**	**5688345**	**7562248**	**6539819**
铁路运输业	Railway Transport	5991	70492	197441	681475	701729
道路运输业	Highway Transport	2075631	3149963	4297516	5386697	4087174
城市公共交通业	City Public Transport	58994	50342	34727	55008	330218
水上运输业	Waterway Transport	448711	777986	848634	1140396	944299
航空运输业	Air Transport	5056	14820	16079	25740	63319

3－7 **续表2** continued　单位:万元(10000 yuan)

指 标	Item	2003	2004	2005	2006	2007
管道运输业	Pipeline Transport			35234	7802	190
装卸搬运和其他运输服务业	Carrying and Other Transport Services	1000	2112	2594	8051	3294
仓储业	Storage	28045	121081	250941	252524	405011
邮政业	Postal Services	10823	2881	5179	4555	4585
信息传输、计算机服务和软件业	**Information Transmission, Computer Services and Software**	**690450**	**818998**	**820648**	**902703**	**1121560**
电信和其他信息传输服务业	Telecommunication and Other Information Transmission Services	687894	806472	810643	887344	1100959
软件业	Software	2556	360	10005	15359	20601
批发和零售业	**Wholesale and Retail Trade**	**136624**	**131637**	**142776**	**134530**	**338429**
批发业	Wholesale Trade	93020	92723	107296	77862	193975
零售业	Retail Trade			35480	56668	144454
住宿和餐饮业	**Hotels and Catering Services**	**72937**	**40400**	**32111**	**63083**	**248121**
住宿业	Hotels	70307	35868	25726	38047	94600
餐饮业	Catering Services	2630	4532	6385	25036	153521
金融业	**Finance**	**36212**	**59993**	**31144**	**67770**	**69199**
银行业	Bank	34320	59159	26815	64464	69199
保险业	Insurance			3428	1756	
其他金融活动	Other Financial Activities	1892	834	901	1550	
房地产业	**Real Estate**	**2177988**	**2068877**	**2614441**	**3190670**	**3322142**
房地产业	Real Estate	2177988	2068877	2614441	3190670	3322142
租赁和商务服务业	**Leasing and Commercial Services**	**277316**	**210499**	**337289**	**174577**	**444670**
租赁业	Leasing	157				
商务服务业	Commercial Services	277159	210499	337289	174577	444670
科学研究、技术服务和地质勘查业	**Scientific Research, Technic Services and Geological Prospecting**	**94791**	**39498**	**67629**	**62895**	**71148**
研究与试验发展	Research and Experiment Development	10943	10233	15287	15603	11033
专业技术服务业	Technical Services	82210	27950	45373	34024	40445
科技交流和推广服务业	Scientific and Technical Interchange and Popularization	1448	334	5589	12732	18970
地质勘查业	Geological Prospecting	190	981	1380	536	700
水利、环境和公共设施管理业	**Water Conservancy, Environment and Public Facilities Management**	**5037557**	**4513463**	**4515779**	**5280456**	**5764773**
水利管理业	Water Conservancy	554261	617109	756433	917933	1181460
环境管理业	Environment	243856	131826	136491	139686	251810
公共设施管理业	Public Facilities	4239440	3764528	3622855	4222837	4331503

3-7 续表3 continued 单位:万元(10000 yuan)

指标	Item	2003	2004	2005	2006	2007
居民服务和其他服务业	**Resident Services and Other Services**	**122207**	**145638**	**271533**	**8255**	**17399**
居民服务业	Resident Services	119657	143065	267209	8255	8887
其他服务业	Other Services	2550	2573	4324		8512
教育	**Education**	**1018658**	**1136266**	**913229**	**863946**	**836747**
教育	Education	1018658	1136266	913229	863946	836747
卫生、社会保障和社会福利业	**Health Care, Social Security and Social Welfare**	**254491**	**263806**	**284163**	**428574**	**397247**
卫生	Health Care	241457	245847	253438	403529	371072
社会福利业	Social Welfare	13034	17959	30725	23842	25090
文化、体育和娱乐业	**Culture, Sports and Recreation**	**315889**	**294237**	**196754**	**261685**	**228687**
新闻出版业	Press Publishing	10865	7852	4920	2636	4418
广播、电视、电影和音像业	Radio, Film, Television and Audio video	39390	14546	20733	28804	23082
文化艺术业	Culture and Arts	187147	174991	103769	142561	130760
体育	Sports	70918	72690	56023	67264	58040
娱乐业	Recreation	7569	24158	11309	20420	12387
公共管理和社会组织	**Public Management**	**829163**	**672865**	**719965**	**727326**	**458372**
中国共产党机关	Communist Party Agencies	13644	15213	21761	9120	5916
国家机构	Government Agencies	808114	647548	637430	667078	417849
人民政协和民主党派	The Chinese People's Political Consultative Conference and Democratic Parties			492	3431	9371
群众团体、社会团体和宗教组织	Mass Organizations, Social Organizations and Religion Organizations	3876	10098	55763	14361	19416
基层群众自治组织	Mass Grassroot Organizations	3529	6	4519	33336	5820
自年初累计资金来源合计	**Source of Funds**	**20064087**	**22038597**	**25047332**	**28442803**	**30996930**
上年末结余资金	Surplus Funds Last Year	1468741	1487628	2084557	2176495	2239230
本年资金来源小计	Funds This Year	18595346	20550969	22962775	26266308	28757700
#国家预算内资金	State Budgetary Appropriations	764558	732408	1047925	1227519	1642584
国内贷款	Domestic Loans	5745257	6148861	6545518	7313381	7598396
债券	Debenture	18944	64872	195697	45644	23865
利用外资	Foreign Investment	260896	176953	322208	84779	100802
自筹资金	Fundraising	9541441	10753083	12191894	14344462	15881287
其他资金	Others	2264250	2674792	2659533	3250523	3510766

3-8 限额以上非国有经济分行业投资和资金来源
Investment and Sources of Funds in Non-state-owned Units Above Designated Size by Sector

单位:万元(10000 yuan)

指标	Item	2003	2004	2005	2006	2007
投资总计	**Total**	**23941498**	**34278212**	**38680872**	**44287827**	**50450921**
第一产业	Primary Industry	73926	68516	82578	87599	100934
第二产业	Secondary Industry	14037274	19433433	22588686	26812806	29675366
第三产业	Tertiary Industry	9830298	14776263	16009608	17387422	20674621
按国民经济行业分组	**by Sector**					
农林牧渔业	**Farming, Forestry, Animal Husbandry and Fishery**	**73926**	**68516**	**82578**	**87599**	**100934**
农业	Farming	27779	19099	26424	26574	23731
林业	Forestry			1277	4084	4451
畜牧业	Animal Husbandry	10534	7426	17770	20664	19848
渔业	Fishery	5192	13408	5450	9392	15294
农、林、牧、渔服务业	Services	30421	22257	31657	26885	37610
采矿业	**Mining and Quarrying**	**54766**	**94819**	**71672**	**88319**	**94845**
煤炭采选业	Coal Mining and Dressing	480	550	3400	1800	1100
黑色金属矿采选业	Ferrous Metals Mining and Dressing			4745	221	340
有色金属矿采选业	Nonferrous Metals Mining and Dressing	850		2521	5751	7638
非金属矿采选业	Nonmetal Minerals and Dressing	52936	93711	60141	78698	84567
其他矿采选业	Other	500	558	865	1849	1200
制造业	**Manufacturing**	**13496052**	**18227141**	**21370047**	**25213213**	**28630774**
农副食品加工业	Non-staple Food Processing	158266	182528	230494	258971	262298
食品制造业	Food Manufacturing	136086	183228	180116	265803	297144
饮料制造业	Beverage Manufacturing	94091	115980	173305	209000	304375
烟草加工业	Tobacco Processing	4952	2575			
纺织业	Textile Industry	2686431	2841536	2825262	3333128	3566811
纺织服装、鞋、帽制造业	Garments, Shoes and Hats Manufacturing	711750	818444	1029467	1342418	1470770
皮革、毛皮、羽毛(绒)及其制造业	Leather, Furs, Down and Related Products	337047	388629	458477	531157	590060
木材加工及竹、藤、棕、草制品业	Timber Processing, Bamboo, Cane, Palm Fiber and Straw Products	159843	234851	221610	381055	383888
家具制造业	Furniture Manufacturing	165440	322694	358038	530806	573753
造纸及纸制品业	Papermaking and Paper Products	359625	480218	556454	595054	732499
印刷业、记录媒介的复制	Printing and Record Medium Reproduction	184376	261052	255863	313103	351985
文教体育用品制造业	Cultural, Educational and Sports Goods	124694	216160	306912	317526	395686

3-8 续表1 continued 单位:万元(10000 yuan)

指 标	Item	2003	2004	2005	2006	2007
石油加工、炼焦及核燃料加工业	Petroleum Processing, Cooking and Nuclear Fuel Processing	12882	15860	20759	9333	34054
化学原料及化学制品制造业	Raw Chemical Materials and Chemical Products	657008	1124292	1803139	2251789	1507274
医药制造业	Medical and Pharmaceutical Products	351875	384916	500384	551738	465704
化学纤维制造业	Chemical Fiber	497943	754807	504603	497365	752389
橡胶制品业	Rubber Products	155598	160883	195420	248566	254429
塑料制品业	Plastic Products	615733	849897	983315	1024533	1042577
非金属矿物制品业	Nonmetal Mineral Products	898206	1302869	959627	895385	1078921
黑色金属冶炼及压延加工业	Smelting and Pressing of Ferrous Metals	371308	709392	631442	473135	437274
有色金属冶炼及压延加工业	Smelting and Pressing of Nonferrous Metals	215787	237703	323781	410955	384775
金属制品业	Metal Products	656999	972593	1185578	1542914	1822304
通用设备制造业	Equipment in Common Use	836944	1161521	1777932	2151082	2963078
专用设备制造业	Equipment for Special Purpose	450974	669729	810313	912450	1253007
交通运输设备制造业	Transport Equipment	733056	1123773	1530849	2096519	2914421
电气机械及器材制造业	Electric Equipment and Machinery	890044	1278304	1754454	2022073	2523392
通信设备、计算机及其他电子设备制造业	Telecommunications Equipment, Computer and Other Electronic Equipment	510202	751747	784751	914536	1099152
仪器仪表及文化、办公用机械制造业	Instruments, Meters, Cultural and Office Machinery	150890	175963	271632	273768	388183
工艺品及其他制造业	Handicraft Article and Other Manufacturing Industry	304725	424317	649621	794039	695549
废弃资源和废旧材料回收加工业	Recovery of Resource Discarded and Useless Material	63277	80680	86449	65012	85022
电力、燃气及水的生产和供应业	**Production and Supply of Electricity, Gas and Water**	**433040**	**1055234**	**1069508**	**1373324**	**856896**
电力、热力的生产和供应	Production and Supply of Electricity and Heating Power	386887	979221	915430	1157454	664522
燃气生产和供应业	Production and Supply of Gas	14340	19346	27235	56691	37245
水的生产和供应业	Production and Supply of Water	31813	56667	126843	159179	155129
建筑业	**Construction**	**53416**	**56239**	**77459**	**137950**	**92851**
房屋和土木工程建筑业	Civil Engineering	39237	30557	71062	125717	82687
建筑安装业	Installation	2892	2140	2067	4315	1501
建筑装饰业	Decoration	4056	3954	1511	1960	526
其他建筑业	Other Construction	7231	19788	2819	5958	8137
交通运输、仓储和邮政业	**Transport, Storage and Postal Services**	**393318**	**713161**	**1017646**	**546759**	**679727**
铁路运输业	Railway Transport			5296	1670	
道路运输业	Highway Transport	305454	607811	829952	178677	144005
城市公共交通业	City Public Transport	7620	15602	4571	8849	28123

3-8 **续表2** continued 单位:万元(10000 yuan)

指 标	Item	2003	2004	2005	2006	2007
水上运输业	Waterway Transport	34377	69652	135089	266771	420360
装卸搬运和其他运输服务业	Carrying and Other Transport Services	12517	2860	6449	10765	7331
仓储业	Storage	33350	17236	36289	77489	79448
信息传输、计算机服务和软件业	**Information Transmission, Computer Services and Software**	**189564**	**235264**	**146299**	**125780**	**131971**
电信和其他信息传输服务业	Telecommunication and Other Information Transmission Services	182214	220420	125916	84534	86978
计算机服务业	Computer Services	1561	800		2545	
软件业	Software	5789	14044	20383	38701	44993
批发和零售业	**Wholesale and Retail Trade**	**161119**	**303663**	**365021**	**734946**	**1067346**
批发业	Wholesale Trade	90493	130968	148991	340614	574815
零售业	Retail Trade			216030	394332	492531
住宿和餐饮业	**Hotels and Catering Services**	**116299**	**267539**	**385551**	**530297**	**735969**
住宿业	Hotels	105016	222766	283023	431543	592238
餐饮业	Catering Services	11283	44773	102528	98754	143731
金融业	**Finance**	**8214**	**8909**	**15369**	**20456**	**25180**
银行业	Bank	7914	8909	15369	17121	25180
其他金融活动	Other Financial Activities	300			2760	
房地产业	**Real Estate**	**7974213**	**12061083**	**12749170**	**13740424**	**16461600**
房地产业	Real Estate	7974213	12061083	12749170	13740424	16461600
租赁和商务服务业	**Leasing and Commercial Services**	**178915**	**147783**	**258020**	**376398**	**384228**
租赁业	Leasing	786	1970	2276	4409	1245
商务服务业	Commercial Services	178129	145813	255744	371989	382983
科学研究、技术服务和地质勘查业	**Scientific Research, Technic Services and Geological Prospecting**	**16306**	**36546**	**32511**	**59732**	**49214**
研究与试验发展	Research and Experiment Development	3939	13347	16648	49007	32718
专业技术服务业	Technical Services	10917	18586	12013	4634	15396
科技交流和推广服务业	Scientific and Technical Interchange and Popularization	1450	4238	3850	6091	1100
水利、环境和公共设施管理业	**Water Conservancy, Environment and Public Facilities Management**	**550952**	**700183**	**672368**	**804412**	**672519**
水利管理业	Water Conservancy	6583	7262	33750	81768	61335
环境管理业	Environment	11268	17971	46616	38605	36165
公共设施管理业	Public Facilities	533101	674950	592002	684039	575019

3-8 续表3 continued 单位:万元(10000 yuan)

指 标	Item	2003	2004	2005	2006	2007
居民服务和其他服务业	**Resident Services and Other Services**	**3374**	**50394**	**53773**	**24713**	**32318**
居民服务业	Resident Services	574	34108	29669	13564	20526
其他服务业	Other Services	2800	16286	24104	11149	11792
教育	**Education**	**127947**	**93552**	**108821**	**94224**	**96130**
教育	Education	127947	93552	108821	94224	96130
卫生、社会保障和社会福利业	**Health Care, Social Security and Social Welfare**	**31594**	**63675**	**68948**	**133286**	**95443**
卫生	Health Care	26185	57592	62864	96748	54558
社会福利业	Social Welfare	5409	6083	6084	36035	40687
文化、体育和娱乐业	**Culture, Sports and Recreation**	**19639**	**55190**	**85197**	**98384**	**118706**
广播、电视、电影和音像业	Radio, Film, Television and Audio video	5186	4026	30	6000	6200
文化艺术业	Culture and Arts	6600	6742	21712	55717	33299
体育	Sports	1810	1005	483	1390	12431
娱乐业	Recreation	6043	43417	62972	35277	66776
公共管理和社会组织	**Public Management**	**58844**	**39321**	**50914**	**97611**	**124270**
国家机构	Government Agencies	13595	10741	15403	30968	22879
群众团体、社会团体和宗教组织	Mass Organizations, Social Organizations and Religion Organizations	7571	4788	10314	8816	24070
基层群众自治组织	Mass Grassroot Organizations	37678	23792	25197	57827	77321
自年初累计资金来源合计	**Source of Funds**	**29395951**	**43982814**	**47229694**	**56271146**	**67346739**
上年末结余资金	Surplus Funds Last Year	1885752	3227195	3853467	4333067	5156573
本年资金来源小计	Funds This Year	27510199	40755619	43376227	51938079	62190166
#国家预算内资金	State Budgetary Appropriations	27574	65646	47258	40544	164587
国内贷款	Domestic Loans	6731542	8364549	7794433	8238267	9271152
债券	Debenture	6795	3286	3087	4435	2847
利用外资	Foreign Investment	1384533	2041189	2992823	3777343	3058492
自筹资金	Fundraising	12814481	18825973	22575718	27619788	32914680
其他资金	Others	6545274	11454976	9962908	12257702	16778408

3-9 限额以上港澳台经济分行业投资和资金来源
Investment and Sources of Funds in HongKong, Macao and Taiwan Units Above Designated Size by Sector

单位:万元(10000 yuan)

指 标	Item	2003	2004	2005	2006	2007
投资总计	**Total**	**1801258**	**2598041**	**3421947**	**3947373**	**5040047**
第一产业	Primary Industry	2209	2699	550		1150
第二产业	Secondary Industry	1311385	1894460	2637025	2842441	2976700
第三产业	Tertiary Industry	487664	700882	784372	1104932	2062197
按国民经济行业分组	**by Sector**					
农林牧渔业	**Farming, Forestry, Animal Husbandry and Fishery**	**2209**	**2699**	**550**		**1150**
农业	Farming	1500	1200	550		
渔业	Fishery	709	1104			
采矿业	**Mining and Quarrying**	**2500**	**3115**	**9000**	**3500**	
非金属矿采选业	Nonmetal Minerals and Dressing	2500	3115	9000	3500	
制造业	**Manufacturing**	**1259916**	**1777958**	**2569937**	**2779571**	**2926926**
农副食品加工业	Non-staple Food Processing	2480	5181	11901	101115	11087
食品制造业	Food Manufacturing	25447	35277	23351	57379	34972
饮料制造业	Beverage Manufacturing	5182	4331	28334	16196	44397
纺织业	Textile Industry	339282	367453	339078	493921	440396
纺织服装、鞋、帽制造业	Garments, Shoes and Hats Manufacturing	82035	108676	190706	183087	260785
皮革、毛皮、羽毛(绒)及其制造业	Leather, Furs, Down and Related Products	23776	30506	27692	39478	49618
木材加工及竹、藤、棕、草制品业	Timber Processing, Bamboo, Cane, Palm Fiber and Straw Products	9834	7781	15032	16795	29602
家具制造业	Furniture Manufacturing	39155	71564	43897	82586	63936
造纸及纸制品业	Papermaking and Paper Products	11115	45046	66215	71028	151910
印刷业、记录媒介的复制	Printing and Record Medium Reproduction	8734	11800	8431	19057	19110
文教体育用品制造业	Cultural, Educational and Sports Goods	12549	36894	52640	39675	37210
石油加工、炼焦及核燃料加工业	Petroleum Processing, Cooking and Nuclear Fuel Processing	285		1819		30689
化学原料及化学制品制造业	Raw Chemical Materials and Chemical Products	127318	126917	652965	605158	186741
医药制造业	Medical and Pharmaceutical Products	9472	43418	43540	36978	56309
化学纤维制造业	Chemical Fiber	51826	77797	52839	48208	146046

3-9 续表1 continued 单位:万元(10000 yuan)

指 标	Item	2003	2004	2005	2006	2007
橡胶制品业	Rubber Products	13337	27360	40664	881	7138
塑料制品业	Plastic Products	42499	73783	89702	57447	96104
非金属矿物制品业	Nonmetal Mineral Products	60844	121853	56811	38953	61069
黑色金属冶炼及压延加工业	Smelting and Pressing of Ferrous Metals	29375	87609	40278	44415	50219
有色金属冶炼及压延加工业	Smelting and Pressing of Nonferrous Metals	8116	20879	15313	33369	22775
金属制品业	Metal Products	31296	52552	86861	123813	115666
通用设备制造业	Equipment in Common Use	49288	65730	134916	79314	112879
专用设备制造业	Equipment for Special Purpose	43570	53394	76949	96182	145270
交通运输设备制造业	Transportation Equipment	29077	62741	59732	84695	172466
电气机械及器材制造业	Electric Equipment and Machinery	90449	100066	149450	164617	203077
通信设备、计算机及其他电子设备制造业	Telecommunications Equipment, Computer and Other Electronic Equipment	69669	75622	159855	252309	327260
仪器仪表及文化、办公用机械制造业	Instruments, Meters, Cultural and Office Machinery	12970	20920	27780	33625	28052
工艺品及其他制造业	Handicraft Article and Other Manufacturing Industry	29976	37208	69536	49590	22143
废弃资源和废旧材料回收加工业	Recovery of Resource Discorded and Useless Material	960	5600	3650	700	
电力、燃气及水的生产和供应业	**Production and Supply of Electricity, Gas and Water**	**48469**	**113087**	**55688**	**54595**	**49054**
电力、热力的生产和供应	Production and Supply of Electricity and Heating Power	38414	94052	39959	53522	25927
燃气生产和供应业	Production and Supply of Gas	2605	3632	2169	1073	780
水的生产和供应业	Production and Supply of Water	7450	15403	13560		22347
建筑业	**Construction**	**500**	**300**	**2400**	**4775**	**720**
房屋和土木工程建筑业	Civil Engineering	500	300	2400	4775	720
交通运输、仓储和邮政业	**Transport, Storage and Postal Services**	**42669**	**43614**	**121439**	**274805**	**366235**
道路运输业	Highway Transport	19587	38610	97479	257103	280920
水上运输业	Waterway Transport	18971	5004	15624	17212	69365
仓储业	Storage	4111		8336	490	15950
信息传输、计算机服务和软件业	**Information Transmission, Computer Services and Software**	**89353**	**79307**	**78610**	**45129**	**735682**
电信和其他信息传输服务业	Telecommunication and Other Information Transmission Services	89353	32700	78610	45129	726890

3－9 续表2 continued 单位:万元(10000 yuan)

指 标	Item	2003	2004	2005	2006	2007
批发和零售业	**Wholesale and Retail Trade**	**9073**	**51170**	**11015**	**35939**	**51937**
零售业	Retail Trade			11015	33209	51937
住宿和餐饮业	**Hotels and Catering Services**	**24525**	**45854**	**56806**	**49885**	**91854**
住宿业	Hotels	23425	5316	44813	40566	85011
餐饮业	Catering Services	1100	466574	11993	9329	6843
房地产业	**Real Estate**	**295652**	**466574**	**497591**	**650099**	**775601**
房地产业	Real Estate	295652	600	497591	650099	775601
租赁和商务服务业	**Leasing and Commercial Services**	**4525**	**600**	**5073**	**1740**	**10650**
商务服务业	Commercial Services	4525	4347	5073	1740	10650
科学研究、技术服务和地质勘查业	**Scientific Research, Technic Services and Geological Prospecting**	**3939**	**4347**	**3438**	**34938**	**18973**
研究与试验发展	Research and Experiment Development	3939	4347	3438	34938	18973
水利、环境和公共设施管理业	**Water Conservancy, Environment and Public Facilities Management**	**10547**	**16015**	**7733**	**12397**	**11265**
公共设施管理业	Public Facilities	10547	16015	7733	12397	11265
文化、体育和娱乐业	**Culture, Sports and Recreation**			**2667**		
娱乐业	Recreation			2667		
教育	**Education**	**7381**				
教育	Education	7381				
资金来源合计	**Source of Funds**	**2045242**	**3091514**	**3785746**	**4541167**	**5961244**
上年末结余资金	Surplus Funds Last Year	113349	147084	236373	303786	376891
本年资金来源小计	Funds This Year	1931893	2944430	3549373	4237381	5584353
#国家预算内资金	State Budgetary Appropriations	1047	1000	4248	282	650
国内贷款	Domestic Loans	444302	546409	468313	439404	1038711
利用外资	Foreign Investment	526786	792187	1217896	1312254	1026644
自筹资金	Fundraising	725839	1298388	1469859	2022334	2937702
其他资金	Others	233919	306446	389057	461422	580646

3-10 限额以上外商经济分行业投资和资金来源
Investment and Sources of Funds in Foreign-owned Units Above Designated by Sector

单位:万元(10000 yuan)

指 标	Item	2003	2004	2005	2006	2007
投资总计	**Total**	**2264847**	**3732231**	**4449566**	**5509868**	**5553520**
第一产业	Primary Industry	103	200		929	1380
第二产业	Secondary Industry	1898974	3119556	3810114	4557283	4322638
第三产业	Tertiary Industry	365770	612475	639452	951656	1229502
按国民经济行业分组	**by Sector**					
农林牧渔业	**Farming, Forestry, Animal Husbandry and Fishery**	**103**	**200**		**929**	**1380**
农业	Farming	103	200		929	1380
采矿业	**Mining and Quarrying**			**2920**	**10099**	
非金属矿采选业	Nonmetal Minerals and Dressing			2920	10099	
制造业	**Manufacturing**	**1748019**	**2824038**	**3348004**	**3978084**	**4269311**
农副食品加工业	Non-staple Food Processing	9870	17476	27415	28482	26542
食品制造业	Food Manufacturing	15327	25091	31539	49078	56198
饮料制造业	Beverage Manufacturing	15871	12371	17333	81971	67084
纺织业	Textile Industry	148526	267711	342980	354184	427717
纺织服装、鞋、帽制造业	Garments, Shoes and Hats Manufacturing	125255	147373	178344	196751	208472
皮革、毛皮、羽毛(绒)及其制造业	Leather, Furs, Feather and Related Products	44495	61235	104154	95775	84383
木材加工及竹、藤、棕、草制品业	Timber Processing, Bamboo, Cane, Rattan, Palm and Straw Products	24532	19316	13191	14680	10386
家具制造业	Furniture Manufacturing	35138	81980	64683	72387	91050
造纸及纸制品业	Papermaking and Paper Products	118549	278728	322084	29359	77718
印刷业、记录媒介的复制	Printing and Record Medium Reproduction	25570	11857	7572	9094	13616
文教体育用品制造业	Cultural, Educational and Sports Goods	10896	42861	50001	32405	53022
石油加工、炼焦及核燃料加工业	Petroleum Processing, Cooking and Nuclear Fuel Processing	16157	6000	5549	432	4746
化学原料及化学制品制造业	Raw Chemical Materials and Chemical Products	134288	223866	304420	673297	409313
医药制造业	Medical and Pharmaceutical Products	59205	18902	41448	60959	58715
化学纤维制造业	Chemical Fiber	99493	169652	97045	112666	177109
橡胶制品业	Rubber Products	87349	40276	56502	123588	108461
塑料制品业	Plastic Products	35823	78483	107690	70087	96360
非金属矿物制品业	Nonmetal Mineral Products	58731	119007	118485	155878	172414
黑色金属冶炼及压延加工业	Smelting and Pressing of Ferrous Metals	191585	341148	193387	486021	399533

3－10 续表1 continued 单位:万元(10000 yuan)

指 标	Item	2003	2004	2005	2006	2007
有色金属冶炼及压延加工业	Smelting and Pressing of Nonferrous Metals	37168	42119	42456	43229	49197
金属制品业	Metal Products	44195	76788	74292	121621	137325
通用设备制造业	Equipment in Common Use	49985	113566	189769	209712	302884
专用设备制造业	Equipmentation for Special Purpose	21385	51480	81207	94231	182062
交通运输设备制造业	Transport Equipment	51051	75705	231869	268871	399949
电气机械及器材制造业	Electric Equipment and Machinery	82506	145054	282985	256952	288975
通信设备、计算机及其他电子设备制造业	Telecommunications Equipment, Computer and Other Electronic Equipment	160428	255712	198475	227603	251814
仪器仪表及文化、办公用机械制造业	Instruments, Meters, Cultural and Office Machinery	17674	12195	42852	38665	41799
工艺品及其他制造业	Handicraft Article and Other Manufacturing Industry	18967	37541	79207	47181	66193
废弃资源和废旧材料回收加工业	Recovery of Resource Discarded and Useless Material	8000	47970	41070	22925	6274
电力、燃气及水的生产和供应业	**Production and Supply of Electricity, Gas and Water**	**150840**	**293713**	**458929**	**567600**	**53327**
电力、热力的生产和供应	Production and Supply of Electricity and Heating Power	146107	280046	455502	561414	44035
燃气生产和供应业	Production and Supply of Gas	1983	10805	3427	5627	3992
水的生产和供应业	Production and Supply of Water	2750	2862		559	5300
建筑业	**Construction**	**115**		**261**	**1500**	
建筑装饰业	Decoration	115		261	1500	
交通运输、仓储和邮政业	**Transport, Storage and Postal Services**	**55858**	**117601**	**140978**	**190356**	**90787**
道路运输业	Highway Transport	31293	51896	77392		3688
水上运输业	Waterway Transport	21765	65705	60791	164337	10361
仓储业	Storage	2800		2795	23481	75778
信息传输、计算机服务和软件业	**Information Transmission, Computer Services and Software**	**89624**	**130981**	**56445**	**48987**	**76318**
电信和其他信息传输服务业	Telecommunication and Other Information Transmission Services	89443	130529	54171	35883	60244
计算机服务业	Computer Services	181				
软件业	Software			2274	13104	16074
批发和零售业	**Wholesale and Retail Trade**	**16000**	**550**		**34519**	**41931**
批发业	Wholesale Trade	16000	550		7534	1261
零售业	Retail Trade				26985	40670
住宿和餐饮业	**Hotels and Catering Services**	**20111**	**51762**	**78673**	**124860**	**92320**

3－10 续表 2 continued 单位:万元(10000 yuan)

指 标	Item	2003	2004	2005	2006	2007
住宿业	Hotels	20111	51762	52603	105187	66982
餐饮业	Catering Services			26070	19673	25338
房地产业	**Real Estate**	**164737**	**274269**	**316851**	**500535**	**854870**
房地产业	Real Estate	164737	274269	316851	500535	854870
租赁和商务服务业	**Leasing and Commercial Services**	**2407**		**7340**	**1070**	**32042**
商务服务业	Commercial Services	2407		7340	1070	32042
水利、环境和公共设施管理业	**Water Conservancy, Environment and Public Facilities Management**	**9205**	**28134**	**11814**	**31748**	**23451**
水利管理业	Water Conservancy			8050	30050	20000
公共设施管理业	Public Facilities	9205	28134	3764	1698	973
居民服务和其他服务业	**Resident Services and Other Services**			**4839**	**385**	**446**
居民服务业	Resident Services			4839	385	446
教育	**Education**	**215**		**4000**	**4000**	
教育	Education	215		4000	4000	
卫生、社会保障和社会福利业	**Health Care, Social Security and Social Welfare**			**6500**	**10826**	**15500**
卫生	Health Care			6500	10826	15500
文化、体育和娱乐业	**Culture, Sports and Recreation**	**7613**	**9178**	**12012**	**2040**	**1837**
体育	Sports	1810	1005	483	1040	1
娱乐业	Recreation	5803	8173	11529	1000	1836
自年初累计资金来源合计	**Source of Funds**	**2514113**	**4262122**	**4988469**	**6118816**	**6464338**
上年末结余资金	Surplus Funds Last Year	140469	282624	330906	347269	533462
本年资金来源小计	Funds This Year	2373644	3979498	4657563	5771547	5930876
#国家预算内资金	State Budgetary Appropriations	6600	30			2729
国内贷款	Domestic Loans	425146	791106	602007	920401	787083
债券	Debenture	250	2726			
利用外资	Foreign Investment	801507	1177829	1835504	2188504	1851693
自筹资金	Fundraising	971399	1630347	1784364	2247954	2583656
其他资金	Others	168742	377460	245865	414688	705715

3-11 限额以上私营个体经济分行业投资和资金来源
Investment and Sources of Funds in Private - owned Units Above Designated Size by Sector

单位:万元(10000 yuan)

指 标	Item	2003	2004	2005	2006	2007
投资总计	**Total**	**5321735**	**10731513**	**11770204**	**14920208**	**18465037**
第一产业	Primary Industry	20685	20783	21210	19440	31194
第二产业	Secondary Industry	3241998	5373152	6464689	8107325	10048416
第三产业	Tertiary Industry	2059052	5337578	5284305	6793443	8385427
按国民经济行业分组	**by Sector**					
农林牧渔业	**Farming, Forestry, Animal Husbandry and Fishery**	**20685**	**20783**	**21210**	**19440**	**31194**
农业	Farming	11539	2135	6165	8750	6254
畜牧业	Animal Husbandry	975	2160	8212	3583	11390
渔业	Fishery	2592	6811	3330	4524	11118
农、林、牧、渔服务业	Services	5579	8077	3503	2583	2432
采矿业	**Mining and Quarrying**	**18416**	**41640**	**17639**	**20618**	**46728**
煤炭采选业	Coal Mining and Dressing	480	550			1100
黑色金属矿采选业	Ferrous Metals Mining and Dressing			500	221	340
非金属矿采选业	Nonmetal Minerals and Dressing	17436	40532	16274	19548	43986
其他矿采选业	Others	500	558	865	849	
制造业	**Manufacturing**	**3182841**	**5247079**	**6361208**	**7925308**	**9860745**
农副食品加工业	Non - staple Food Processing	47406	52620	75347	92848	105180
食品制造业	Food Manufacturing	23104	44133	38554	80771	96191
饮料制造业	Beverage Manufacturing	29071	17863	47352	32925	34048
纺织业	Textile Industry	627925	862221	971966	1178384	1421581
纺织服装、鞋、帽制造业	Garments, Shoes and Hats Manufacturing	267888	282423	325423	433176	403443
皮革、毛皮、羽毛(绒)及其制造业	Leather, Furs, Down and Related Products	60534	84926	118810	139140	193363
木材加工及竹、藤、棕、草制品业	Timber Processing, Bamboo, Cane, Palm Fiber and Straw Products	32245	73462	73995	121123	166756
家具制造业	Furniture Manufacturing	49363	94606	129975	134619	232872
造纸及纸制品业	Papermaking and Paper Products	75961	127478	214844	239598	266552
印刷业、记录媒介的复制	Printing and Record Medium Reproduction	69133	112253	151383	152853	122386
文教体育用品制造业	Cultural, Educational and Sports Goods	40178	77445	142308	164778	228254
石油加工、炼焦及核燃料加工业	Petroleum Processing, Cooking and Nuclear Fuel Processing	3417	6142	5312	1602	4535
化学原料及化学制品制造业	Raw Chemical Materials and Chemical Products	129862	157446	181290	244170	342054
医药制造业	Medical and Pharmaceutical Products	56802	76313	65388	93590	66133
化学纤维制造业	Chemical Fiber	113595	192462	134492	134867	178583
橡胶制品业	Rubber Products	30899	46651	48752	70830	68578
塑料制品业	Plastic Products	142520	229172	240283	331754	397920
非金属矿物制品业	Nonmetal Mineral Products	159842	342657	257287	251139	305436

3-11 续表1 continued 单位:万元(10000 yuan)

指 标	Item	2003	2004	2005	2006	2007
黑色金属冶炼及压延加工业	Smelting and Pressing of Ferrous Metals	44525	124764	166460	182899	176367
有色金属冶炼及压延加工业	Smelting and Pressing of Nonferrous Metals	63565	86551	82505	119701	144464
金属制品业	Metal Products	202527	369056	475759	644932	815516
通用设备制造业	Equipment in Common Use	254149	451866	732015	889755	1246655
专用设备制造业	Equipment for Special Purpose	117536	234411	259262	272014	352889
交通运输设备制造业	Transport Equipment	116507	336766	402759	605978	882219
电气机械及器材制造业	Electric Equipment and Machinery	229007	418891	547092	788881	1016733
通信设备、计算机及其他电子设备制造业	Telecommunications Equipment, Computer and Other Electronic Equipment	44588	118190	149037	144342	185488
仪器仪表及文化、办公用机械制造业	Instruments, Meters, Cultural and Office Machinery	41243	71813	96750	83988	120398
工艺品及其他制造业	Handicraft Article and Other Manufacturing Industry	88882	151898	213243	278624	260019
废弃资源和废旧材料回收加工业	Recovery of Resource Discarded and Useless Material	20567	2600	13565	16027	26132
电力、燃气及水的生产和供应业	**Production and Supply of Electricity, Gas and Water**	**30283**	**77903**	**71735**	**93090**	**97804**
电力、热力的生产和供应	Production and Supply of Electricity and Heating Power	29673	76408	59224	72150	81883
燃气生产和供应业	Production and Supply of Gas			476	12444	6520
水的生产和供应业	Production and Supply of Water	610	1495	12035	8496	9401
建筑业	**Construction**	**10458**	**6530**	**14107**	**68309**	**43139**
房屋和土木工程建筑业	Civil Engineering	10078	2651	11958	63539	40412
建筑安装业	Installation	380	1109	599	200	1000
建筑装饰业	Decoration			1250	1560	526
其他建筑业	Other Construction			300	3010	1201
交通运输、仓储和邮政业	**Transport, Storage and Postal Services**	**23739**	**32858**	**72364**	**95103**	**307288**
道路运输业	Highway Transport	3593	3595	21519	19321	12119
城市公共交通业	City Public Transport			2241	546	1318
水上运输业	Waterway Transport	11001	23333	36678	47834	281756
装卸搬运和其他运输服务业	Carrying and Other Transport Services	7255	2500	6449	5413	2650
仓储业	Storage	1890	3430	5477	21989	9445
信息传输、计算机服务和软件业	**Information Transmission, Computer Services and Software**	**1050**	**5129**	**2300**	**7159**	**5092**
计算机服务业	Computer Services	1050	800		1165	
软件业	Software			2300	5994	5092
批发和零售业	**Wholesale and Retail Trade**	**12980**	**36427**	**125065**	**173256**	**284339**
批发业	Wholesale Trade	3780	26891	48587	105835	149268
零售业	Retail Trade			76478	67421	135071
住宿和餐饮业	**Hotels and Catering Services**	**10118**	**28647**	**87161**	**139879**	**223158**
住宿业	Hotels	3900	15560	58424	92173	156979

3－11 **续表 2** continued 单位：万元(10000 yuan)

指 标	Item	2003	2004	2005	2006	2007
餐饮业	Catering Services	6218	13087	28737	47706	66179
房地产业	**Real Estate**	**1976498**	**5178042**	**4850927**	**6078078**	**7278409**
房地产业	Real Estate	1976498	5178042	4850927	6078078	7278409
租赁和商务服务业	**Leasing and Commercial Services**	**5976**	**11250**	**43680**	**111973**	**73738**
租赁业	Leasing	786		1100	3362	500
商务服务业	Commercial Services	5190	11250	42580	108611	73238
科学研究、技术服务和地质勘查业	**Scientific Research, Technic Services and Geological Prospecting**	**3717**	**2077**	**718**	**5299**	**8411**
专业技术服务业	Technical Services	3717	2077	718	1464	7311
水利、环境和公共设施管理业	**Water Conservancy, Environment and Public Facilities Management**	**1585**	**5812**	**38085**	**60612**	**83773**
环境管理业	Environment	200	289		2130	6090
公共设施管理业	Public Facilities	1385	5523	38085	58482	76683
居民服务和其他服务业	**Resident Services and Other Services**			**16498**	**5030**	**15780**
居民服务业	Resident Services			10828	2200	11904
其他服务业	Other Services			5670	2830	3876
教育	**Education**	**18359**	**23543**	**18271**	**26841**	**16566**
教育	Education	18359	23543	18271	26841	16566
卫生、社会保障和社会福利业	**Health Care, Social Security and Social Welfare**	**2880**	**4718**	**7996**	**52601**	**7921**
卫生	Health Care	1480	4718	7996	52601	2919
社会福利业	Social Welfare	1400				5002
文化、体育和娱乐业	**Culture, Sports and Recreation**	**1350**	**6039**	**18123**	**36491**	**60311**
文化艺术业	Culture and Arts	1350	1349	550	24913	6570
娱乐业	Recreation			17573	10828	43161
公共管理和社会组织	**Public Management**	**800**	**200**	**3117**	**1121**	**20641**
国家机构	Government Agencies	800	200	3117	1121	6531
自年初累计资金来源合计	**Source of Funds**	**6337185**	**13647924**	**14577667**	**18868058**	**24536155**
上年末结余资金	Surplus Funds Last Year	278402	993933	1217923	1308047	1807993
本年资金来源小计	Funds This Year	6058783	12653991	13359744	17560011	22728162
#国家预算内资金	State Budgetary Appropriations	252	6800			1110
国内贷款	Domestic Loans	1305167	2114599	2052896	2475855	3125898
债券	Debenture	2452	450			700
利用外资	Foreign Investment	58200	64936	52564	169136	86444
自筹资金	Fundraising	3300394	6138610	7479842	10054401	12901072
其他资金	Others	1392318	4328596	3774192	4859119	6612938

3-12 房地产开发投资主要指标
Main Indicators of Investment in Real Estate Development

单位:万元(10000 yuan)

指 标	Item	2002	2003	2004	2005	2006	2007
开发投资额	**Development**	**7287980**	**9800514**	**13530715**	**14564885**	**15742756**	**18216690**
#土地开发	Land Development	451913	404286	489329	324198	431975	500797
按登记注册类型分	**by Registered Type**						
内资	Domestic Funds	7021747	9348805	12794874	13758290	14601347	16592949
国有	State - owned	812916	890877	482643	492300	491799	619342
集体	Collective Owned	299402	268014	164410	93836	89786	64904
股份合作	Share - cooperations	147592	213687	86981	56510	40733	11820
国有联营	State Joint	22567	15556	38792	124166	74878	126378
集体联营	Collective Joint	13808	2649	2320	8550		
国有与集体联营	State - collective Joint	4586	5386	4766	2835	22529	13506
其他联营	Other Joint	3233	2795			6400	2920
国有独资公司	State Sole Funds	87119	151290	303522	389301	480023	351616
其他有限责任公司	Other Limited Liability Corporations	3953248	5013708	6179665	7236316	7014266	7805396
股份有限公司	Share - holding Corporations Ltd.	592809	811642	385792	429472	342407	332041
私营	Private	1070951	1957798	5145983	4838152	6010753	7221073
其他	Others	13516	15403		86852	27773	43953
港澳台商投资	Investment from HongKong, Macao and Taiwan	136329	290312	463076	497591	641924	775101
外商投资	Investment from Foreign	129904	161397	272765	309004	499485	848640
按构成分	**by Structure**						
建筑工程	Construction	3983917	5254301	7507646	8603191	8793185	9343628
安装工程	Installation	234053	321984	528423	567247	745921	875825
设备工器具购置	Purchase of Equipment and Instruments	74901	72256	117683	128675	167616	199768
其他费用	Others	2995109	4151973	5376963	5265772	6036034	7797469
#旧建筑物购置费	Purchase of Old Buildings	49768	39013	5635	36365	89674	21283
土地购置费	Purchase of Land	2521158	3389979	4205023	4164098	4792568	6318669

3－12 续表 continued 单位:万元(10000 yuan)

指 标	Item	2002	2003	2004	2005	2006	2007
按用途分	**by Purpose**						
住宅	Residential Buildings	5470212	7158355	9972777	10895057	11437869	13082714
#别墅、高档公寓	Villas and High－grade	429636	600408	814816	925300	978785	1163730
经济适用房	Economical Houses	235738	367706	554557	616628	708946	594537
办公楼	Office Buildings	321825	481362	667550	678772	1069573	1095616
商业营业用房	Commercial Buildings	1015394	1454305	1762338	1705982	1813326	2079326
其他	Others	480549	706492	1128050	1285074	1421988	1959034
新增固定资产	Newly Increased Fixed Assets	4192006	5550752	5692650	7534411	7437546	9933824
开发土地面积(平方米)	Land Space Developed(sq. m)	16967367	17909338	18615359	13116238	12610789	13706918
购置的土地面积(平方米)	Land Space Purchased(sq. m)	36395902	34079357	30235973	18018722	18911172	18292615
施工面积(平方米)	Floor Space Under Construction (sq. m)	81902690	108047647	140300356	156517364	169700779	183701512
#住宅	Residential Buildings	63909463	84408868	107599438	120099149	127233559	134499342
竣工面积(平方米)	Floor Space Completed(sq. m)	26605980	32148543	35637288	41308025	38774688	41001313
#住宅	Residential Buildings	21161633	25717176	28005155	32088977	29953398	30544759
销售面积(平方米)	Floor Space of Selling House(sq. m)	22192981	27818419	30513831	33058402	35449637	45419663
#住宅	Residential Buildings	18739711	23567831	25653054	28246482	30395413	39249182
资金来源合计	**Source of Funds**	**11699030**	**15687368**	**23714807**	**23026682**	**27520978**	**35442068**
上年末结余资金	Surplus Funds Last Year	1282581	1846094	2975413	3625096	3915802	4662970
本年资金来源小计	Funds This Year	10416449	13841274	20739394	19401586	23605176	30779098
#国家预算内资金	State Budgetary Appropriations	800	200	4027			
国内贷款	Domestic Loans	2986153	3941332	4251726	4338618	5074701	6159442
债券	Debenture	520	850				
利用外资	Foreign Investment	29296	45555	131403	65182	370897	172269
自筹资金	Fundraising	1794516	2534602	4327419	4340125	5103420	6329102
其他资金	Others	5605164	7318735	12024819	10657661	13056158	18118285

3－13 按资质等级分的房地产开发投资(2007 年)
Investment in Real Estate Development by Classification(2007)

单位:万元(10000 yuan)

指 标	Item	投资额 Investment	一级 The First Grade	二级 The Second Grade	三级 The Third Grade
开发投资额	**Development**	**18216690**	**1441046**	**2797613**	**5244040**
土地开发	Land Development	500797	29590	61025	123515
按登记注册类型分	**by Registered Type**				
内资	Domestic Funds	16592949	1428113	2699481	4826348
国有	State－owned	619342	683	144360	192008
集体	Collective Owned	64904	6250	4867	12261
股份合作	Share－cooperations	11820		6485	4225
国有联营	State Joint	126378	78270	10714	30218
集体联营	Collective Joint				
国有与集体联营	State－collective Joint	13506			1487
其他联营	Other Joint	2920			
国有独资公司	State Sole Funds	351616		114873	144318
其他有限责任公司	Other Limited Liability Corporations	7805396	981531	1099976	2185015
股份有限公司	Share－holding Corporations Ltd.	332041	91349	86860	75066
私营	Private	7221073	270030	1213034	2180852
其他	Others	43953		18312	898
港澳台商投资	Investment from HongKong,Macao and Taiwan	775101	12933	51797	305771
外商投资	Investment from Foreign	848640		46335	111921
按构成分	**by Structure**				
建筑工程	Construction	9343628	700685	1588371	2909795
安装工程	Installation	875825	56665	161550	303879
设备工器具购置	Purchase of Equipment and Instruments	199768	24369	39953	54768
其他费用	Others	7797469	659327	1007739	1975598
#旧建筑物购置费	Purchase of Old Buildings	21283		7493	7469
土地购置费	Purchase of Land	6318669	466861	809642	1507072

3－13 续表 continued 单位:万元(10000 yuan)

指 标	Item	投资额 Investment	一级 The First Grade	二级 The Second Grade	三级 The Third Grade
按用途分	**by Purpose**				
住宅	Residential Buildings	13082714	942961	1969865	3947953
#别墅、高档公寓	Villas and High－grade	1163730	46671	128351	325488
经济适用房	Economical Houses	594537	20948	157581	249656
办公楼	Office Buildings	1095616	118026	189809	227703
商业营业用房	Commercial Buildings	2079326	122261	330204	588198
其他	Others	1959034	257798	307735	480186
新增固定资产	Newly Increased Fixed Assets	9933824	874464	1961452	3499702
开发土地面积(平方米)	Land Space Developed(sq. m)	13706918	500280	1855516	3500089
购置的土地面积(平方米)	Land Space Purchased(sq. m)	18292615	622772	1694269	4777978
施工面积(平方米)	Floor Space Under Construction (sq. m)	183701512	13294033	35201206	56282970
#住宅	Residential Buildings	134499342	9076706	26125059	42347503
竣工面积(平方米)	Floor Space Completed(sq. m)	41001313	2963012	9298255	14915546
#住宅	Residential Buildings	30544759	2254950	7163344	10942803
销售面积(平方米)	Floor Space of Selling House (sq. m)	45419663	3506529	7757195	14597936
#住宅	Residential Buildings	39249182	3084354	6666412	12742789
资金来源合计	**Source of Funds**	**35442068**	**3942470**	**5142623**	**9915541**
上年末结余资金	Surplus Funds Last Year	4662970	478549	805266	1380904
本年资金来源小计	Funds This Year	30779098	3463921	4337357	8534637
#国家预算内资金	State Budgetary Appropriations				
国内贷款	Domestic Loans	6159442	874193	765232	1805445
债券	Debenture				
利用外资	Foreign Investment	172269		2800	30246
自筹资金	Fundraising	6329102	301560	757638	1832817
其他资金	Others	18118285	2288168	2811687	4866129

3－14 各市限额以上固定资产投资完成情况
Investment In Fixed Assets Above Designated Size by City

城市	City	投资额（亿元）Investment (100 million yuan)		#投资项目 Projects		#房地产开发 Real Estate Development		施工项目个数（个）Projects Under Construction (unit)	
		2006	2007	2006	2007	2006	2007	2006	2007
合　计	**Total**	**6964.28**	**7704.9**	**5390.01**	**5883.23**	**1574.28**	**1821.67**	**23392**	**24409**
杭州市	Hangzhou	1373.45	1583.78	930.79	1064.99	442.65	518.79	3375	3387
宁波市	Ningbo	1413	1486.54	1099.42	1153.65	313.58	332.89	3750	3643
温州市	Wenzhou	557.88	640.59	389.12	448.1	168.76	192.49	2177	2583
嘉兴市	Jiaxing	727.91	813.37	609.81	665.63	118.1	147.74	3002	3049
湖州市	Huzhou	444.17	421.2	371.38	326.2	72.8	95	1770	1445
绍兴市	Shaoxing	707.38	761.05	578.82	582.46	128.57	178.59	2482	2729
金华市	Jinhua	460.6	495.81	350.81	374.38	109.79	121.42	1913	2196
衢州市	Quzhou	245.75	285.67	206.11	239.76	39.63	45.91	1187	1459
舟山市	Zhoushan	210.17	274.61	177.06	235.46	33.11	39.15	389	368
台州市	Taizhou	540.57	624.35	439.1	528.63	101.47	95.73	2528	2574
丽水市	Lishui	209.46	222.93	163.64	168.99	45.82	53.95	817	974

3－14 **续表** continued

城市	City	全投项目个数（个）Projects Completed and Put Into Use (unit)		房屋施工面积（平方米）Floor Space Under Construction (sq. m)		房屋竣工面积（平方米）Floor Space Completed (sq. m)		新增固定资产（亿元）Newly Increased Fixed Assets (100 million yuan)	
		2006	2007	2006	2007	2006	2007	2006	2007
合　计	**Total**	**10348**	**9243**	**356371436**	**410303555**	**102471650**	**111633593**	**4004**	**4293.54**
杭州市	Hangzhou	1540	1401	72600789	79420748	17375074	18492389	730.82	745.21
宁波市	Ningbo	2134	1776	60790086	77475811	21343799	23490468	921.65	922.02
温州市	Wenzhou	620	979	46619189	56318530	8756729	14490190	290.9	396.02
嘉兴市	Jiaxing	1094	1053	43999723	49712505	12341854	14208662	356.57	496.9
湖州市	Huzhou	978	484	18723695	19427041	7281212	3748661	321.73	220.65
绍兴市	Shaoxing	1343	1356	30559064	38195547	10357794	11694244	427.92	493.15
金华市	Jinhua	493	290	25795538	25371913	7658309	8122077	283.23	251.46
衢州市	Quzhou	605	554	11416902	15165537	4475701	4464691	169.64	170.29
舟山市	Zhoushan	148	147	5249695	6065812	1679470	2044752	139.73	96.45
台州市	Taizhou	1127	908	30114335	32054630	8102883	7888747	266.13	343.34
丽水市	Lishui	266	295	10502420	11095481	3098825	2988712	95.67	158.05

3-15 各市按资质等级分的房地产开发企业个数
Number of Enterprises for Real Estate Development by Classification and by City

单位:个(unit)

城 市	City	合计 Total		一级企业 The First Enterprises		二级企业 The Second Enterprises		三级企业 The Third Enterprises		四级企业 The Fourth Enterprises		暂定 Undefined Enterprises		其他 Others	
		2006	2007	2006	2007	2006	2007	2006	2007	2006	2007	2006	2007	2006	2007
合 计	**Total**	**3685**	**3872**	**57**	**64**	**325**	**377**	**1328**	**1363**	**625**	**600**	**960**	**1086**	**390**	**382**
杭州市	Hangzhou	848	903	24	24	91	90	312	306	89	91	138	164	194	228
宁波市	Ningbo	513	538	11	13	38	50	178	193	78	67	144	161	64	54
温州市	Wenzhou	432	460	5	7	61	64	258	273	8	16	79	85	21	15
嘉兴市	Jiaxing	357	383	1	2	13	24	65	63	79	81	163	189	36	24
湖州市	Huzhou	181	202	1	1	6	6	26	26	42	44	92	112	14	13
绍兴市	Shaoxing	327	338	5	5	40	51	138	121	40	41	83	116	21	4
金华市	Jinhua	316	319	2	2	17	19	103	100	72	56	105	117	17	25
衢州市	Quzhou	188	202	2	4	16	17	52	63	75	71	42	46	1	1
舟山市	Zhoushan	136	143	1	1	2	3	59	70	56	54	11	10	7	5
台州市	Taizhou	250	254	4	4	32	38	79	97	59	52	76	61		2
丽水市	Lishui	137	130	1	1	9	15	58	51	27	27	27	25	15	11

3－16 各市按登记注册类型分的房地产开发企业个数
Number of Enterprises for Real Estate Development by Registered Type and by City

单位：个(unit)

城 市	City	合计 Total		国有 State－owned		集体 Collective Owned		股份合作 Share－cooperations		国有独资公司 State Sole Funds	
		2006	2007	2006	2007	2006	2007	2006	2007	2006	2007
合 计	**Total**	**3685**	**3872**	**139**	**144**	**54**	**56**	**16**	**12**	**43**	**42**
杭州市	Hangzhou	848	903	37	38	4	5			12	12
宁波市	Ningbo	513	538	17	21	20	19			9	10
温州市	Wenzhou	432	460	23	24	11	11	6	5	8	8
嘉兴市	Jiaxing	357	383	7	6	4	5	2	2	3	1
湖州市	Huzhou	181	202	10	11	2	3	1			
绍兴市	Shaoxing	327	338	8	9	5	6	2	2	2	2
金华市	Jinhua	316	319	10	10	5	4	2		2	2
衢州市	Quzhou	188	202	3	3					1	1
舟山市	Zhoushan	136	143	12	11	2	2		1		
台州市	Taizhou	250	254	9	9	1	1	2	2	6	6
丽水市	Lishui	137	130	3	2			1			

3－16 **续表** continued

单位：个(unit)

城 市	City	其他有限责任公司 Other Limited Liability Corporations		股份有限公司 Share－holding Corporations Ltd.		私营 Private		港澳台商投资 Investment from HongKong, Macao and Taiwan		外商投资 Investment from Foreign	
		2006	2007	2006	2007	2006	2007	2006	2007	2006	2007
合 计	**Total**	**1360**	**1414**	**65**	**71**	**1795**	**1883**	**107**	**116**	**84**	**111**
杭州市	Hangzhou	429	443	16	17	305	327	26	33	10	19
宁波市	Ningbo	129	113	6	9	272	306	39	38	19	20
温州市	Wenzhou	190	208	4	5	170	173	1	2	17	22
嘉兴市	Jiaxing	120	126	10	11	189	203	7	9	11	16
湖州市	Huzhou	107	116	3	3	40	48	11	10	5	7
绍兴市	Shaoxing	89	90	7	8	200	204	5	5	8	11
金华市	Jinhua	70	81	5	4	208	202	7	8	6	8
衢州市	Quzhou	21	23	4	5	159	170				
舟山市	Zhoushan	64	74			56	54	2	1		
台州市	Taizhou	125	122	5	5	86	92	9	10	6	6
丽水市	Lishui	16	18	5	4	110	104			2	2

3－17　各市按资质等级分的房地产开发从业人员数
Number of Employed Persons In Real Estate Development by Classification and by City

单位：人(person)

城　市	City	合计 Total		一级企业 The First Enterprises		二级企业 The Second Enterprises		三级企业 The Third Enterprises		四级企业 The Fourth Enterprises		暂定 Undefined Enterprises		其他 Others	
		2006	2007	2006	2007	2006	2007	2006	2007	2006	2007	2006	2007	2006	2007
合　计	**Total**	**74809**	**79624**	**4020**	**4207**	**11727**	**13896**	**27974**	**29158**	**8528**	**7906**	**16203**	**18128**	**6357**	**6329**
杭州市	Hangzhou	19817	20759	2010	1905	3366	3328	6684	6871	1561	1460	2381	2968	3815	4227
宁波市	Ningbo	10161	10970	568	726	1404	1987	4048	4083	1008	791	2637	2948	496	435
温州市	Wenzhou	10523	10196	286	393	2408	2399	5413	5526	96	283	1722	1200	598	395
嘉兴市	Jiaxing	5937	7001	72	89	522	888	1436	1497	1050	1028	2409	3066	448	433
湖州市	Huzhou	3374	3769	83	86	251	644	634	613	620	687	1526	1565	260	174
绍兴市	Shaoxing	6107	6818	420	387	1249	1632	2421	2207	463	450	1273	2065	281	77
金华市	Jinhua	6052	6273	96	87	615	614	2304	2408	848	763	1985	2017	204	384
衢州市	Quzhou	2213	2385	44	99	285	394	720	903	751	578	393	392	20	19
舟山市	Zhoushan	2556	2647	62	9	100	172	1314	1481	903	764	126	196	51	25
台州市	Taizhou	5554	5753	284	327	1251	1400	1889	2172	843	685	1287	1116		53
丽水市	Lishui	2515	3053	95	99	276	438	1111	1397	385	417	464	595	184	107

3－18　各市按登记注册类型分的房地产开发从业人员数

Number of Employed Persons In Real Estate Development by Registered Type and by City

单位:人(person)

城　市	City	合计 Total		国有 State－owned		集体 Collective Owned		股份合作 Share－cooperations		国有独资公司 State Sole Funds	
		2006	2007	2006	2007	2006	2007	2006	2007	2006	2007
合　计	**Total**	**74809**	**79624**	**3360**	**4036**	**882**	**878**	**314**	**316**	**1133**	**1264**
杭州市	Hangzhou	19817	20759	982	1203	64	65			341	352
宁波市	Ningbo	10161	10970	294	316	205	187			261	427
温州市	Wenzhou	10523	10196	922	857	202	214	138	139	265	301
嘉兴市	Jiaxing	5937	7001	99	211	39	54	28	29	51	11
湖州市	Huzhou	3374	3769	282	734	28	47	26			
绍兴市	Shaoxing	6107	6818	73	67	243	235	43	22	44	31
金华市	Jinhua	6052	6273	165	144	82	54	20		32	30
衢州市	Quzhou	2213	2385	54	54					4	4
舟山市	Zhoushan	2556	2647	264	248	12	15		45		
台州市	Taizhou	5554	5753	180	189	7	7	45	81	135	108
丽水市	Lishui	2515	3053	45	13			14			

3－18　**续表**　continued

单位:人(person)

城　市	City	其他有限责任公司 Other Limited Liability Corporations		股份有限公司 Share－holding Corporations Ltd.		私营 Private		港澳台商投资 Investment from HongKong,Macao and Taiwan		外商投资 Investment from Foreign	
		2006	2007	2006	2007	2006	2007	2006	2007	2006	2007
合　计	**Total**	**29859**	**29715**	**1976**	**2141**	**32452**	**35396**	**2228**	**2592**	**2000**	**2758**
杭州市	Hangzhou	10968	10500	552	587	6021	6421	423	698	174	676
宁波市	Ningbo	2754	2284	440	546	5133	5955	810	790	251	460
温州市	Wenzhou	4225	4279	197	256	3752	3653	21	40	763	435
嘉兴市	Jiaxing	1890	2229	260	257	3129	3475	116	190	227	448
湖州市	Huzhou	1802	1709	84	93	778	763	212	220	61	80
绍兴市	Shaoxing	1730	1970	107	104	3606	4104	139	119	112	155
金华市	Jinhua	1339	1535	98	100	3904	3941	215	227	195	242
衢州市	Quzhou	232	259	92	57	1831	2011				
舟山市	Zhoushan	1387	1444			873	880	20	15		
台州市	Taizhou	3226	3063	101	104	1365	1695	272	293	172	200
丽水市	Lishui	306	443	45	37	2060	2498			45	62

3－19 各市按资质等级分的房地产开发投资额

Investment In Real Estate Development by Classification and by City

单位:亿元(100 million yuan)

城 市	City	合计 Total		一级企业 The First Enterprises		二级企业 The Second Enterprises		三级企业 The Third Enterprises		四级企业 The Fourth Enterprises		暂定 Undefined Enterprises		其他 Others	
		2006	2007	2006	2007	2006	2007	2006	2007	2006	2007	2006	2007	2006	2007
合 计	**Total**	**1574.3**	**1821.67**	**138.7**	**144.1**	**239.4**	**279.76**	**505.6**	**524.4**	**82.1**	**87.3**	**418.6**	**580.49**	**189.8**	**205.6**
杭州市	Hangzhou	442.7	518.79	56.4	73.74	50	55.23	117.1	136.77	14.4	16.5	80.4	97.53	124.4	139.01
宁波市	Ningbo	313.6	332.89	36	28.32	38.9	51.29	98.1	94.67	7.6	5.64	115	135.49	18	17.49
温州市	Wenzhou	168.8	192.49	7.5	6.35	58.1	60.14	64.1	71.83	0.6	3.4	27.8	33.38	10.8	17.39
嘉兴市	Jiaxing	118.1	147.74	3.6	8.1	14.3	28.97	28.2	21.47	12.5	14.7	45.6	63.07	13.8	11.43
湖州市	Huzhou	72.8	95	5.1	7.83	2	2.67	17.1	23.41	7	8.21	39	49.58	2.7	3.31
绍兴市	Shaoxing	128.6	178.59	7	3.21	14.9	15	43.6	47.66	8.2	9.02	43.8	101.46	11	2.24
金华市	Jinhua	109.8	121.42	2.5	0.6	10.1	16.36	57.1	34.29	4.7	8.37	30.4	51.74	5.1	10.07
衢州市	Quzhou	39.6	45.91	1.6	4.38	4.8	4.75	14.3	17.28	10.3	8.02	8.2	11.07	0.4	0.41
舟山市	Zhoushan	33.1	39.15	1.7	1.97	4	3.02	19	23.33	5.9	6.28	1.5	4.55	0.9	
台州市	Taizhou	101.5	95.73	11.6	8	31.8	28.29	31.9	33.61	8	3.97	18.2	19.01		2.85
丽水市	Lishui	45.8	53.95	5.8	1.61	10.5	14.03	15.2	20.1	3	3.19	8.7	13.62	2.6	1.4

3－20　各市按登记注册类型分的房地产开发投资额
Investment In Real Estate Development by Registered Type and by City

单位:亿元(100 million yuan)

城　市	City	合计 Total		国有 State－owned		集体 Collective Owned		股份合作 Share－cooperations		国有独资公司 State Sole Funds	
		2006	2007	2006	2007	2006	2007	2006	2007	2006	2007
合　计	**Total**	**1574.3**	**1821.7**	**49.2**	**61.9**	**9**	**6.5**	**4.1**	**1.2**	**48**	**35.2**
杭州市	Hangzhou	442.7	518.8	12.7	15.0	0.3	0.4			20.2	14.4
宁波市	Ningbo	313.6	332.9	6.4	4.9	1.7	0.5			6.2	6.5
温州市	Wenzhou	168.8	192.5	16.9	29.8	1.2	1.1	0.9	0.7	10.2	8.5
嘉兴市	Jiaxing	118.1	147.7	1.4	0.7	0.8	1.6	0.6	0.1	1.3	1.3
湖州市	Huzhou	72.8	95.0	2.7	3.7	0.8	1.5	0.3			
绍兴市	Shaoxing	128.6	178.6	2.3	0.7	2.9	1.1			1.4	1.3
金华市	Jinhua	109.8	121.4	2.2	3.6	1	0.2	0.1		4.4	1.0
衢州市	Quzhou	39.6	45.9	0.7	0.4						
舟山市	Zhoushan	33.1	39.2	2.5	1.3						
台州市	Taizhou	101.5	95.7	1.3	1.7	0.2	0.1	1.8	0.4	4.3	2.2
丽水市	Lishui	45.8	54.0					0.5			

3－20　**续表**　continued

单位:亿元(100 million yuan)

城　市	City	其他有限责任公司 Other Limited Liability Corporations		股份有限公司 Share－holding Corporations Ltd.		私营 Private		港澳台商投资 Investment from HongKong, Macao and Taiwan		外商投资 Investment from Foreign	
		2006	2007	2006	2007	2006	2007	2006	2007	2006	2007
合　计	**Total**	**701.4**	**780.5**	**34.2**	**33.2**	**601.1**	**722.1**	**64.2**	**77.5**	**49.9**	**84.9**
杭州市	Hangzhou	240.9	286.8	4.7	4.9	141	138.5	15.4	26.2	3	25.3
宁波市	Ningbo	140.6	111.7	3	5.8	109	159.3	28	25.4	18.5	18.9
温州市	Wenzhou	75.4	76.9	4.7	6.1	54.1	53.2	0.4	0.6	5	15.6
嘉兴市	Jiaxing	47.5	60.9	8.9	9.6	44.9	53.0	5.3	9.4	6.7	9.4
湖州市	Huzhou	38.5	43.4	1.1	1.1	18.1	28.1	5.4	6.6	0.8	2.4
绍兴市	Shaoxing	35.3	61.5	1.6	0.8	74.4	104.0	1.4	0.1	8.5	8.9
金华市	Jinhua	28.6	39.9	1.3	1.1	65.7	66.5	4.7	6.3	1.9	2.7
衢州市	Quzhou	4.1	8.3	4.6	1.7	30.2	35.6				
舟山市	Zhoushan	21	26.6			9.5	10.8	0.1	0.5		
台州市	Taizhou	62.1	52.8	2.7	1.4	18.9	32.1	3.4	2.4	4.7	1.3
丽水市	Lishui	7.5	11.8	1.8	0.8	35.1	41.1			0.9	0.3

3-21 各市房地产开发企业建造的商品房屋面积和价格
Floor Space and Price of Building for Real Estate Development Enterprises by City

城市	City	施工面积（万平方米）Floor Space of Buildings Under Construction (10000sq. m)		竣工面积（万平方米）Floor Space of Buildings Completed (10000sq. m)		房屋面积竣工率（%）Rate of Floor Space of Buildings Completed(%)		竣工房屋价值（万元）Value of Buildings Completed (10000yuan)		竣工房屋造价（元/平方米）Cost of Buildings Completed (yuan/sq. m)	
		2006	2007	2006	2007	2006	2007	2006	2007	2006	2007
合　计	**Total**	**16970.1**	**18370.2**	**3877.5**	**4100.1**	**22.8**	**22.3**	**6512204**	**8365366**	**1679**	**2040**
杭州市	Hangzhou	4548.5	4775.6	783.3	948.5	17.2	19.9	1821519	2756716	2325	2906
宁波市	Ningbo	2750.7	3014.3	736.2	742.8	26.8	24.6	1316301	1537783	1788	2070
温州市	Wenzhou	2308.4	2460.3	416.9	529.9	18.1	21.5	731974	959907	1756	1811
嘉兴市	Jiaxing	1400.7	1630.1	443.1	374.6	31.6	23	621992	608497	1404	1624
湖州市	Huzhou	887.5	959.2	305.4	171.6	34.4	17.9	400637	284007	1312	1655
绍兴市	Shaoxing	1359.1	1665.9	330.2	356.7	24.3	21.4	447320	559556	1355	1569
金华市	Jinhua	1122	1118.7	298.1	337.5	26.6	30.2	488476	657586	1639	1948
衢州市	Quzhou	545.9	571.7	181.8	147.6	33.3	25.8	165548	135728	911	920
舟山市	Zhoushan	343	380.5	109.4	122.5	31.9	32.2	161879	196895	1480	1607
台州市	Taizhou	1238.3	1286.1	188.9	231.9	15.3	18	258215	475246	1367	2049
丽水市	Lishui	466	507.7	84.3	136.6	18.1	26.9	98343	193445	1167	1416

3-22 各市房地产开发企业建造的住宅面积和价格
Floor Space and Price of Residential Buildings for Real Estate Development Enterprises by City

城市	City	施工面积（万平方米）Floor Space of Buildings Under Construction (10000sq. m)		竣工面积（万平方米）Floor Space of Buildings Completed (10000sq. m)		房屋面积竣工率（%）Rate of Floor Space of Buildings Completed(%)		竣工房屋价值（万元）Value of Buildings Completed (10000yuan)		竣工房屋造价（元/平方米）Cost of Buildings Completed (yuan/sq. m)	
		2006	2007	2006	2007	2006	2007	2006	2007	2006	2007
合　计	**Total**	**12723.4**	**13449.9**	**2995.3**	**3054.5**	**23.5**	**22.7**	**4914822**	**6138837**	**1640.8**	**2010**
杭州市	Hangzhou	3484.3	3614.3	626.3	771.6	18	21.3	1471715	2244532	2349.9	2909
宁波市	Ningbo	1947.1	1954	555.2	482.9	28.5	24.7	947887	942889	1707.3	1953
温州市	Wenzhou	1733.7	1836.7	310.7	405.3	17.9	22.1	536120	706114	1725.5	1742
嘉兴市	Jiaxing	1004.9	1110.4	338.4	276.5	33.7	24.9	468238	444071	1383.7	1606
湖州市	Huzhou	693.2	729.8	246.4	127.4	35.5	17.5	299799	199103	1216.7	1563
绍兴市	Shaoxing	1019.3	1221.2	271.5	254.5	26.6	20.8	354790	380459	1306.8	1495
金华市	Jinhua	847.2	900.7	223.3	238.2	26.4	26.4	344795	442545	1544.1	1858
衢州市	Quzhou	429	459.9	138.4	115.1	32.3	25	121551	101965	878.3	886
舟山市	Zhoushan	274.5	294.4	85.2	97.9	31	33.3	123565	158192	1450.3	1616
台州市	Taizhou	951.8	952.6	142.1	189.9	14.9	19.9	182545	385737	1284.6	2031
丽水市	Lishui	338.4	376	58	95.4	17.1	25.4	63817	133230	1100.3	1397

3-23 各市房地产开发企业商品房屋销售面积和价格 Floor Space and Price of Selling of Commercial Houses for Real Estate Development Enterprises by City

城 市	City	销售面积（万平方米）Floor Space Sold of Commercial Houses (10000sq. m)			销售额（万元）Total Sales of Commercial Houses (10000yuan)			商品房屋销售价格（元/平方米）Average Selling Price of Commercial Houses (yuan/sq. m)		
		2005	2006	2007	2005	2006	2007	2005	2006	2007
合 计	**Total**	**3305.8**	**3545**	**4542**	**14148885**	**16925228**	**26279951**	**4280**	**4774**	**5786**
杭州市	Hangzhou	704.2	761.8	1150.3	3956550	4736854	8760181	5619	6218	7616
宁波市	Ningbo	467	609.3	804.4	2347756	3313134	5028878	5028	5438	6251
温州市	Wenzhou	261.9	262.8	297.1	1284456	1532049	2231490	4904	5830	7510
嘉兴市	Jiaxing	386.5	360.6	418.8	1303338	1240548	1688401	3372	3440	4032
湖州市	Huzhou	248.5	244.7	288.1	694103	815708	1111066	2793	3334	3857
绍兴市	Shaoxing	367.2	387.1	479.4	1371516	1696779	2423011	3735	4383	5054
金华市	Jinhua	362.4	272.7	367.1	1394223	1036439	1747632	3848	3801	4760
衢州市	Quzhou	138.7	181.3	184.6	326493	436679	515985	2353	2409	2796
舟山市	Zhoushan	87.8	91.9	136.5	338405	391891	669226	3856	4264	4903
台州市	Taizhou	184.3	259.7	281.3	769814	1227395	1435164	4177	4726	5101
丽水市	Lishui	97.4	113	134.4	362231	497752	668917	3718	4405	4977

3-24 各市房地产开发企业住宅销售面积和价格 Floor Space and Price of Selling of Residential Buildings for Real Estate Development Enterprises by City

城 市	City	销售面积（万平方米）Floor Space Sold of Commercial Houses (10000sq. m)			销售额（万元）Total Sales of Commercial Houses (10000yuan)			商品房屋销售价格（元/平方米）Average Selling Price of Commercial Houses (yuan/sq. m)		
		2005	2006	2007	2005	2006	2007	2005	2006	2007
合 计	**Total**	**2824.6**	**3039.5**	**3924.9**	**11222435**	**13708688**	**22070890**	**3973**	**4510**	**5623**
杭州市	Hangzhou	620.7	680	1043.7	3384983	4057609	7756308	5454	5967	7432
宁波市	Ningbo	389.1	512.6	658	1757431	2617014	4011641	4517	5105	6097
温州市	Wenzhou	232.7	236	262.9	1084529	1318840	1984524	4662	5588	7550
嘉兴市	Jiaxing	298	290.5	341.7	948487	956337	1343958	3183	3292	3933
湖州市	Huzhou	207.7	197.5	245.5	543563	607349	923231	2617	3075	3760
绍兴市	Shaoxing	323.8	319.9	406	1098252	1237551	1963114	3392	3869	4835
金华市	Jinhua	310.9	241.4	328.8	961334	817055	1336461	3092	3385	4065
衢州市	Quzhou	123.8	157.1	158.1	259347	352641	411568	2095	2245	2604
舟山市	Zhoushan	76.9	80	124.8	273508	326516	600158	3554	4081	4809
台州市	Taizhou	159.9	231.2	241.7	638832	1042565	1201307	3995	4509	4971
丽水市	Lishui	81.1	93.3	113.9	272169	375211	538620	3355	4022	4731

3-25 主要年份基础设施投资
Investment in Infrastructure

单位:亿元(100 million yuan)

年 份 Year	基础设施投资合计 Total Investment in Infrastructure	#水利、环境和公共设施 Water, Environment and Public Facilities	#电力、燃气及水的生产供应业 Production and Supply of Electricity, Gas and Water	#交通运输 Transportation	#邮电通信 Post & Telecommuni-cations	#教育设施 Education Facilities	#卫生设施 Sanitary Facilities
1990	37.58		15.67	10.18	2.96		
1995	230.39		72.03	68.40	23.75		
2000	876.33		214.22	221.65	127.53		
2001	999.28		191.84	223.18	155.60		
2002	1066.80		188.28	227.28	95.49		
2003	1360.40	558.85	239.25	295.54	88.09	114.66	26.76
2004	1724.69	521.36	429.63	476.16	102.98	122.98	30.34
2005	1981.97	518.81	544.79	641.36	94.18	102.21	31.63
2006	2226.57	608.49	533.97	777.44	97.64	95.82	50.03
2007	2215	643.73	568.29	673.05	119.25	93.29	42.56

注:2003 年以前为城镇以上范围,2003 年(含)以后为限额以上范围。
The figures in this table refer to the investment at town level and above before 2003, while above designated size since 2003.

浙/江/统/计/年/鉴

主要统计指标解释

■ 全社会固定资产投资额

固定资产投资额是以货币表现的建造和购置固定资产活动的工作量，它是反映固定资产投资规模、速度、比例关系和使用方向的综合性指标。全社会固定资产投资包括国有经济单位投资、城乡集体经济单位投资、其他各种经济类型的单位投资和城乡居民个人投资。按照我国现行计划管理体制，全社会固定资产投资总额分为基本建设、更新改造、房地产开发投资和其他固定资产投资四个部分；城乡集体经济单位投资包括城镇集体所有制单位投资和农村集体所有制单位投资；其他各种经济类型单位投资包括联营经济、股份制经济、中外合资经营、中外合作经营、外资、与大陆合资经营、与大陆合作经营、港澳台独资及其他经济的单位投资。城乡居民个人投资包括城市、县城、镇、工矿区所辖范围内的个人建房和农村个人建房及购买生产性固定资产的投资。

■ 房地产开发投资

包括各种经济类型的房地产开发公司、商品房建设公司及其他房地产开发单位统一开发的包括统代建、拆迁还建的住宅、厂房、仓库、饭店、宾馆、度假村、写字楼、办公楼等房屋建筑物和配套的服务设施、土地开发工程，如道路、给水、排水、供电、供热、通讯、平整场地等基础设施工程的投资。包括非房地产企业实际从事房地产开发或经营活动，不包括单纯的土地交易活动。

■ 施工项目

指报告期内曾进行建筑或安装工程施工活动的建设项目。包括报告期内新开工项目、报告期以前开工跨入报告期继续施工的项目以及报告期施工过并在报告期内全部建设投产或停缓建的项目。

■ 全部建成投产项目

工业项目是指设计文件规定形成生产能力的主体工程及其相应配套的辅助设施全部建成，经负荷试运转，证明具备生产设计规定合格产品的条件，并经过验收鉴定合格或达到竣工验收标准，与生产性工程配套的生产福利设施可以满足近期正常生产的需要，正式移交生产的建设项目。非工业项目是指设计文件规定的主体工程和相应的配套工程全部建成，能够发挥设计规定的全部效益，经验收鉴定合格或达到竣工验收标准，正式移交使用的建设项目。

■ 施工和竣工房屋建筑面积

房屋建筑面积是从房屋外墙线算起的各层平面面积的总和，包括房屋结构（如柱、墙）占用的面积和地下室面积。多层建筑按各自然层面积总和计算，包括房屋内的楼隔层，突出墙面的眺望间、门斗、有柱雨罩的面积。不包括突出墙面结构的构件、艺术装饰等所占的面积，如台阶等。凹阳台、挑阳台按其水平投影面积一半计算建筑面积。

■ 新增固定资产

指通过投资活动所形成的新的固定资产价值。包括已经建成投入生产或交付使用的工程价值和达到固定资产标准的设备、工具、器具的价值及有关应摊入的费用。它是以价值形式表示的固定资产投资成果的综合性指标，可以综合反映不同时期、不同部门、不同地区的固定资产投资成果。

ZHEJIANG STATISTICAL YEARBOOK

Explanatory Notes on Main Statistical Indicators

□ Total Investmentin in Fixed Assets

Amount of investment in fixed assets refers to the volume of activities in construction and purchases of fixed assets in monetary terms. It is a comprehensive indicator which shows the size, pace, proportional relations and use orientation of the investment in fixed assets. Total investment in fixed assets in the whole country includes the investment by the state-owned units, the investment by the urban and rural collective units, the investment by the units of other types of ownership and the investment by the individuals in the urban and rural areas. According to China's current planning management system, the investment in fixed assets in the whole country is classified into the following four parts: investment in capital construction, investment in innovation, investment in real estates development and other investment in fixed assets. The investment by the urban and rural collective units includes the investment by the urban collective units and the investment by the rural collective units. The investment by the units of other types of ownership includes the investment by the units of joint – owned economy, share – holding economy, Sino – foreign joint economy, Sino – foreign cooperative economy, economy exclusively with foreign investment, Mainland – Hong kong or Mainland – Macao or Mainland – Taiwan joint economy, Mainland – Hong kong or Mainland – Macao or Mainland – Taiwan coope rative economy, and economy exclusively with investment of Hong Kong or Macao or Taiwan. The investment by the individuals in the urban and rural areas includes the investment in personal house building in the areas under the jurisdiction of city, county, town and special industrial and mining areas as well as the investment in personal house building and purchase of productive fixed assets in the rural areas.

□ Investment in Real Estate Development

It includes the investment by the real estate development companies, commercial buildings construction companies and other real estate development units of various types of ownership in the construction of house buildings, such as residential buildings, factory buildings, warehouses, hotels, guesthouses, holiday villages, office buildings, and the complementary service facilities and land development projects, such as roads, watersupply, water drainage, power supply, heating, telecommunications, land levelling and other projects of infrastructure. It covers the activities of the non – real estate companies in real estate development or management, but excludes the activities in simple land transactions.

□ Projects Under Construction

refer to projects having construction and installation activities undertaken in the reference period, including projects started in the reference period, or continued from the previous period, or completed and put into production or suspended in the reference period.

□ Projects Completed and Put into Use

Industrial projects refer to the major projects and accessory facilities completed which result in forming production capacity and have been checked and accepted while the living and welfare facilities have been completed and can ensure normal production and formally put into production. Non – industrial projects refer to the major projects and accessory facilities completed which possess the disigned capacity and have been checked, accepted and formally put into production.

□ Floor Space of Buildings Under Construction and Completed

refers to total floor space in each story of buildings calculated from the outside line of building walls, including the space occupied by constructions like pillars or walls and basements. The floor space of multi – story building includes the total floor space of each story,

EXPLANATORY NOTES ON MAIN STATISTICAL INDICATORS

including area occupied by separating walls, watching rooms, doorways, and pillars, but excluding protruding wall structures, artistic decoration, etc. (for example, flight of steps). The space of recessed verand and tantilevered balcony is counted by half of the projection area.

□ Newly Increased Fixed Assets

refer to the newly increased value of fixed assets through investment, including the value of projects completed and put into production, the value of equipment, tools, and vessels considered as fixed assets, as well as the relevant expenses as investment in fixed assets. This is a comprehensive indicator of investment in fixed assets, reflecting the achievements of investment in fixed assets in different periods, different sectors, and different regions.

2008

浙江统计年鉴

ZHEJIANG STATISTICAL YEARBOOK

CHAPTER 4

价 格

Prices

4－1　各种价格总指数(1978－2007年)
General Price Indices(1978－2007)

(上年＝100)(preceding year＝100)

年份 Year	居民消费价格指数 General Consumer Price Index			商品零售价格指数 General Retail Price Index of Commodities			工业品出厂价格指数 Ex－Factory Price Index of Industrial Products
	全省 Total	城市 Urban Areas	农村 Rural Areas	全省 Total	城市 Urban Areas	农村 Rural Areas	
1978		100.0		100.1	99.9	100.1	
1979		102.6		102.1	103.4	101.5	
1980		108.8		108.0	109.5	106.9	
1981		101.7		101.5	101.6	101.4	
1982		101.9		100.9	102.1	100.1	
1983		102.8		102.0	102.9	101.2	
1984	103.0	103.7	101.8	103.4	103.5	103.4	
1985	114.8	115.1	114.3	114.0	115.2	112.9	
1986	106.2	106.3	106.1	106.0	106.1	105.9	
1987	108.8	110.9	106.4	109.5	111.3	107.4	
1988	121.5	123.4	119.8	122.1	124.2	120.5	
1989	118.2	116.8	119.6	117.8	116.6	118.7	
1990	102.1	102.1	102.0	101.6	101.4	101.8	100.4
1991	103.5	105.6	101.5	103.0	105.2	101.4	101.8
1992	107.5	109.2	104.8	106.6	108.9	104.1	104.8
1993	119.8	121.4	117.4	116.7	119.1	115.2	117.3
1994	124.8	124.7	124.9	121.7	120.0	124.8	117.5
1995	116.6	117.0	116.4	113.5	113.0	114.3	112.3
1996	107.9	109.8	107.0	105.8	106.4	105.1	99.5
1997	102.8	104.1	102.1	100.3	100.9	99.4	99.2
1998	99.7	100.5	99.3	98.4	98.4	98.4	95.6
1999	98.8	99.5	98.5	97.7	97.7	97.7	96.8
2000	101.0	100.9	101.1	99.0	98.8	99.1	101.1
2001	99.8	99.6	100.0	98.1	97.4	99.0	98.3
2002	99.1	98.8	99.3	98.7	98.4	99.3	96.9
2003	101.9	100.5	102.9	99.6	99.4	99.9	100.6
2004	103.9	102.8	104.6	102.7	102.0	103.6	105.0
2005	101.3	101.5	101.2	100.9	101.0	100.7	102.3
2006	101.1	101.1	101.0	100.8	100.7	101.0	103.8
2007	104.2	103.9	104.4	103.8	103.7	103.9	102.4

4－2 历年各种价格总指数(1986－2007年)
General Price Indices(1986－2007)

(1985年＝100)(1985＝100)

年 份 Year	居民消费价格指数 General Consumer Price Index			商品零售价格指数 General Retail Price Index of Commodities
	全省 Total	城市 Urban Areas	农村 Rural Areas	
1986	106.2	106.3	106.1	106.0
1987	115.5	117.9	112.9	116.1
1988	140.4	145.5	135.2	141.7
1989	165.9	169.9	161.8	166.9
1990	169.4	173.5	165.0	169.6
1991	175.4	183.2	167.5	174.7
1992	188.5	200.0	175.5	186.2
1993	225.8	242.9	206.0	217.3
1994	281.8	302.8	257.3	264.5
1995	328.6	354.3	299.5	300.2
1996	354.6	389.1	320.5	317.6
1997	364.5	405.0	327.2	318.6
1998	363.4	407.0	324.9	313.5
1999	359.1	405.0	320.1	306.3
2000	362.6	408.6	323.6	303.2
2001	361.9	407.0	323.6	297.4
2002	358.6	402.1	321.3	293.5
2003	365.4	404.1	330.6	292.3
2004	379.7	415.4	345.8	300.2
2005	384.6	421.6	349.9	302.9
2006	388.8	426.2	353.4	305.3
2007	405.1	442.8	368.9	316.9

4－3 价格总指数(2007 年)
General Price Indices (2007)

年 份 Year	居民消费价格指数 General Consumer Price Index 全省 Total	城市 Urban Areas	农村 Rural Areas	商品零售价格指数 General Retail Price Index of Commodities
1978＝100		628.9		430.5
1980＝100		563.2		390.4
1985＝100	405.1	442.8	368.9	317.0
1986＝100	381.5	416.6	347.7	299.1
1987＝100	350.6	375.6	326.8	273.1
1988＝100	288.6	304.4	272.8	223.7
1989＝100	244.1	260.6	228.1	189.9
1990＝100	239.1	255.5	223.5	186.8
1995＝100	123.4	125.1	123.2	105.6
1996＝100	114.3	113.8	115.2	99.9
1997＝100	111.3	109.3	112.8	99.5
1998＝100	111.6	108.8	113.7	101.2
1999＝100	113.0	109.3	115.4	103.5
2000＝100	111.8	108.4	114.1	104.5
2001＝100	112.0	108.8	114.1	106.6
2002＝100	113.1	110.1	114.8	108.0
2003＝100	111.0	109.5	111.7	108.4
2004＝100	106.7	106.6	106.7	105.6
2005＝100	105.3	105.0	105.4	104.6
2006＝100	104.2	103.9	104.4	103.8

4－4 居民消费价格指数(2002－2007年)
Consumer Price Indices(2002－2007)

(上年＝100)(preceding year＝100)

项目	Item	2002	2003	2004	2005	2006	2007
居民消费价格总指数	**General Consumer Price Index**	**99.1**	**101.9**	**103.9**	**101.3**	**101.1**	**104.2**
城市	Urban Areas	98.8	100.5	102.8	101.5	101.1	103.9
农村	Rural Areas	99.3	102.9	104.6	101.2	101.0	104.4
食品	**Food**	**101.1**	**102.8**	**111.1**	**103.0**	**101.9**	**111**
粮食	Grain	99.4	103.2	135.5	98.0	103.6	103.9
油脂	Oil and Fat	99.7	112.9	119.0	95.2	99.1	131.4
肉禽及其制品	Meal, Poultry and Their Products	99.3	105.3	119.8	103.2	95.7	131.2
蛋	Eggs	104.1	98.4	122.6	107.4	94.8	124.5
水产品	Aquatic Products	95.7	100.2	111.6	106.0	102.5	104.9
鲜菜	Fresh Vegetables	116.8	107.9	96.2	112.6	103.4	106.4
烟酒及用品	**Tobacco,Liquor and Articles**	**99.5**	**101.2**	**101.4**	**100.0**	**99.5**	**101.8**
衣着	**Clothing**	**95.2**	**96.7**	**97.3**	**97.0**	**97.8**	**99.8**
家庭设备用品及维修服务	**Household Facilities Articles and Maintenance Services**	**96.8**	**96.9**	**98.3**	**100.1**	**101.8**	**102.1**
医疗保健和个人用品	**Health Care Articles and Personal Goods**	**97.8**	**100.1**	**95.1**	**100.8**	**101.7**	**102.1**
交通和通讯	**Transportation and Communication**	**95.3**	**95.1**	**97.7**	**98.9**	**100.3**	**98.8**
娱乐教育文化用品及服务	**Recreation, Education, Culture Articles and Services**	**100.0**	**111.2**	**102.8**	**100.2**	**98.0**	**98.1**
居住	**Residence**	**99.2**	**101.2**	**104.4**	**104.4**	**104.8**	**105.3**

4-5 城乡居民消费价格分类指数
Consumer Price Indices by Urban and Rural Areas

(上年=100)(preceding year=100)

项目	Item	全省 Total 2006	全省 Total 2007	城市 Urban Areas 2006	城市 Urban Areas 2007	农村 Rural Areas 2006	农村 Rural Areas 2007
居民消费价格总指数	**General Consumer Price Index**	**101.1**	**104.2**	**101.1**	**103.9**	**101.0**	**104.4**
非食品价格指数	**Non-food Price Index**	**100.7**	**101.1**	**100.7**	**101.1**	**100.6**	**101.0**
服务项目价格指数	**Price Index of Services**	**101.6**	**101.4**	**101.7**	**101.9**	**101.6**	**101.0**
扣除鲜菜鲜果总指数	**General Price Index Except Fresh Vegetables and Fruits**	**100.3**	**104.3**	**100.3**	**103.9**	**100.5**	**104.7**
消费品价格指数	**Price Index of Consumer Goods**	**100.9**	**105.1**	**100.9**	**104.6**	**100.8**	**105.4**
食品	**Food**	**101.9**	**111.0**	**102.0**	**110.1**	**101.7**	**111.8**
粮食	Grain	103.6	103.9	104.5	104.2	103.0	103.7
淀粉	Starches	99.3	102.5	95.2	101.7	104.5	103.0
干豆类及豆制品	Dried Bean and Related Products	100.6	109.4	100.7	110.6	100.6	108.6
油脂	Oil and Fat	99.1	131.4	98.6	129.7	99.3	132.5
肉禽及其制品	Meat, Poultry and Their Products	95.7	131.2	96.2	128.6	95.4	132.8
蛋	Eggs	94.8	124.5	94.3	123.2	95.1	125.3
水产品	Aquatic Products	102.5	104.9	104.6	105.1	100.5	104.7
菜	Vegetables	104.8	106.5	103.8	107.6	105.6	105.6
调味品	Condiment	104.5	101.3	106.8	101.1	103.2	101.4
糖	Sugar	110.4	101.2	111.2	102.5	109.9	100.4
茶及饮料	Tea and Beverage	100.6	100.9	100.6	100.8	100.6	100.8
干鲜瓜果	Dried and Fresh, Melons and Fruits	114.5	100.1	113.6	102.6	115.3	97.8
糕点饼干面包	Cakes Cookies and Bread	101.2	103.4	100.6	104.5	101.7	102.3
奶及奶制品	Milk and Related Products	100.1	103.4	100.0	103.9	100.1	103.1
在外用膳食品	Eating Outside	101.3	107.9	100.5	107.9	102.3	107.8
其它食品及食品加工服务	Other Foods and Foods Processing Services	100.4	103.3	100.5	103.4	100.4	103.2
烟酒及用品	**Tobacco, Liquor and Articles**	**99.5**	**101.8**	**100.8**	**102.0**	**98.7**	**101.6**
烟草	Tobacco	98.2	101.1	100.1	101.3	97.0	101.0
酒	Liquor	102.1	103.5	102.3	104.1	102.0	103.1
吸烟饮酒用品	Articles for Smoking and Drinking	100.7	100.0	100.8	99.7	100.7	100.2

4-5 续表 continued (上年=100)(preceding year=100)

项目	Item	全省 Total		城市 Urban Areas		农村 Rural Areas	
		2006	2007	2006	2007	2006	2007
衣着	**Clothing**	**97.8**	**99.8**	**98.2**	**100.8**	**97.3**	**98.8**
服装	Garments	97.2	99.6	97.7	100.4	96.7	98.7
衣着材料	Clothing Material	100.6	101.8	102.4	103.7	99.8	101.1
鞋袜帽	Shoes, Stockings and Hats	98.8	100.2	99.6	101.7	98.1	98.7
衣着加工服务	Processing Services for Clothing	100.4	101.7	99.9	102.5	100.7	101.1
家庭设备用品及维修服务	**Household Facilities Articles and Maintenance Services**	**101.8**	**102.1**	**102.0**	**101.8**	**101.5**	**102.4**
耐用消费品	Durable Consumer Goods	100.7	101.8	101.1	100.9	100.4	102.7
室内装饰品	Interior Decorations	100.1	101.1	101.1	101.7	99.2	100.7
床上用品	Bed Articles	100.7	100.6	102.7	101.4	97.8	99.2
家庭日用杂品	Daily Use Household Articles	101.0	100.4	100.8	100.6	101.2	100.3
家庭服务及加工维修服务	Household and Processing Maintenance Services	110.0	108.2	108.3	107.2	112.1	109.6
医疗保健和个人用品	**Health Care Articles and Personal Goods**	**101.7**	**102.1**	**101.3**	**102.2**	**102.0**	**102.1**
医疗保健	Health Care Articles	101.3	102.2	100.8	102.5	101.7	102.0
个人用品及服务	Personal Goods and Services	102.7	101.9	102.5	101.5	102.9	102.3
交通和通讯	**Transportation and Communication**	**100.3**	**98.8**	**99.8**	**98.5**	**100.8**	**99.1**
交通	Transportation	103.4	100.1	103.1	99.4	103.8	100.9
通信	Communication	96.1	96.8	95.4	97.1	96.7	96.5
娱乐教育文化用品及服务	**Recreation, Education, Culture Articles and Services**	**98.0**	**98.1**	**98.4**	**99.1**	**97.7**	**97.2**
文娱用耐用消费品及服务	Durable Consumer Goods for Recreational Use	93.8	93.2	92.7	93.2	94.8	93.2
教育	Education	97.1	96.8	97.9	97.7	96.3	96.1
文化娱乐用品	Culture and Recreational Articles	101.0	101.8	100.5	101.4	101.6	102.2
旅游及外出	Tourism and Going out	105.4	107.4	103.8	108.0	108.2	106.2
居住	**Residence**	**104.8**	**105.3**	**104.9**	**105.4**	**104.6**	**105.2**
建房及装修材料	Building and Decoration Materials	105.2	107.4	105.8	106.9	104.9	107.6
租房	Rent Houses	102.7	102.9	102.8	103.4	102.4	102.0
自有住房	Personal Housing	104.8	107.8	104.6	107.8	105.1	107.9
水、电、燃料	Water, Electricity and Fuels	104.6	102.5	104.9	103.5	104.4	101.7

4-6 城乡商品零售价格分类指数
General Retail Price Indices of Commodities by Urban and Rural Areas

(上年=100)(preceding year=100)

项目	Item	全省 Total		城市 Urban Areas		农村 Rural Areas	
		2006	2007	2006	2007	2006	2007
商品零售价格指数	**General Retail Price Indices**	**100.8**	**103.8**	**101.0**	**103.7**	**100.7**	**103.9**
食品类	**Food**	**101.7**	**110.9**	**101.7**	**110.7**	**101.8**	**111.5**
粮食	Grain	103.6	104.0	102.7	104.0	104.1	104.2
油脂	Oil and Fat	98.5	130.2	98.9	130.6	98.1	129.7
肉禽及其制品	Meat,Poultry and Their Products	95.9	129.4	95.3	127.8	96.3	132.2
蛋	Eggs	94.5	124.0	95.0	123.2	94.2	125.3
水产品	Aquatic Products	102.7	104.9	100.6	105.2	103.6	104.3
饮料、烟酒类	**Beverages,Tobacco and Liquor**	**100.2**	**101.7**	**99.3**	**101.9**	**100.8**	**101.4**
饮料	Beverages	100.7	100.8	100.6	101.0	100.7	100.5
烟草	Tobacco	98.6	101.1	96.9	101.4	100.0	100.7
酒	Liquor	102.0	103.5	101.8	104.2	102.3	102.9
服装、鞋帽类	**Garmcnts,Shocs and Hats**	**97.6**	**100.0**	**97.2**	**101.0**	**97.8**	**98.1**
服装	Garments	97.1	99.7	97.0	100.6	97.2	97.9
鞋袜帽	Shoes,Stockings and Hats	99.0	100.9	98.1	102.2	99.6	98.4
其它	Other	97.1	100.3	96.1	100.1	99.7	100.4
纺织品类	**Textiles**	**101.4**	**101.7**	**98.7**	**102.7**	**102.8**	**99.9**
衣着材料	Material for Clothing	101.5	103.3	99.5	104.8	102.7	100.9
床上用品	Bed Articles	101.4	100.8	98.0	101.5	102.9	99.0
家用电器及音像器材	**Household Appliances and Audiovisual Equipment**	**97.8**	**98.2**	**98.3**	**98.0**	**97.5**	**98.7**
家庭设备	Household Facilities	100.9	101.0	100.5	100.5	101.0	102.4
文娱用耐用消费品	Durable Consumer Goods for Recreation Use	91.5	92.3	95.4	91.1	88.8	94.0
音像器材类	Audiovisual Equipment	98.4	99.2	98.4	99.4	98.4	98.4
文化办公用品	**Culture and Official Articles**	**98.0**	**98.0**	**98.3**	**98.3**	**97.9**	**97.3**
日用品类	**Articles for Daily Use**	**100.5**	**101.1**	**100.3**	**101.6**	**100.6**	**100.2**
日用百货	General Merchandise	100.6	100.9	100.1	101.3	100.9	100.0

4-6 续表 continued (上年=100)(preceding year=100)

项目	Item	全省 Total		城市 Urban Areas		农村 Rural Areas	
		2006	2007	2006	2007	2006	2007
日用杂品	Sundries for Daily Use	101.2	101.1	101.6	101.6	100.9	100.2
洗涤用品	Washing Goods	100.0	101.5	100.1	102.1	100.0	100.3
其它日用品	Others for Daily Use	100.3	101.1	99.5	101.4	100.5	100.2
体育娱乐用品	**Sports and Recreation**	**98.8**	**99.3**	**99.2**	**99.1**	**98.6**	**99.9**
体育用品	Sports Goods	99.9	101.0	99.6	101.2	100.1	100.5
娱乐用品	Recreation Goods	98.1	98.3	98.9	97.8	97.7	99.5
交通、通信用品	**Transportation and Communication Articles**	**94.0**	**94.7**	**95.7**	**94.6**	**93.3**	**95.1**
交通运输机械	Transportation Mechanism	96.8	97.2	97.8	96.8	96.4	98.1
通讯器材类	Communication Appliance	83.8	85.0	88.5	85.2	81.7	84.5
家具	**Furniture**	**100.6**	**102.4**	**100.6**	**101.7**	**100.5**	**103.4**
化妆品类	**Cosmetics**	**99.9**	**100.2**	**99.6**	**99.9**	**100.1**	**100.6**
金银珠宝类	**Jewelry**	**116.0**	**108.5**	**120.2**	**108.3**	**114.1**	**109.1**
中西药品及医疗保健用品类	**Traditional Chinese - Westen Medicines and Medical Health Articles**	**99.0**	**101.6**	**99.5**	**102.0**	**98.8**	**100.9**
医疗器具及用品	Medical Appliances and Articles	99.2	99.9	97.8	100.2	100.0	99.3
中药材及中成药	Traditional Chinese Medicine	99.7	110.4	100.6	111.0	99.1	109.7
西药	Westen Medicines	97.6	96.9	98.7	97.5	97.1	95.8
保健器具及用品	Health Care Appliances and Articles	102.3	104.0	100.4	104.8	103.1	101.9
书报杂志及电子出版物类	**Newspaper, Magazines and Electronic Publication**	**99.5**	**99.7**	**99.4**	**99.8**	**99.5**	**99.5**
教材及参考书	Teaching Materials and Reference Books	98.7	96.4	98.6	96.6	98.7	96.2
书报杂志	Newspaper and Magazines	100.5	101.9	100.2	101.9	100.6	102.0
电子音像制品	Electronic Publication	98.6	100.4	99.2	100.9	98.1	99.6
燃料类	**Fuels**	**112.6**	**104.5**	**113.2**	**104.7**	**112.3**	**104.1**
煤炭及制品类	Coal and Its Products	101.5	104.9	102.2	105.6	101.1	103.6
石油及制品类	Petroleum and Its Products	114.1	104.4	115.0	104.5	113.8	104.2
建筑材料及五金电料类	**Building Materials and Hardware and Electric Materials**	**105.5**	**107.0**	**105.5**	**106.7**	**105.5**	**107.5**
建筑装璜材料	Building Decoration Materials	104.4	108.2	104.4	107.8	104.4	108.8
五金电料类	Hardware and Electric Materials	108.4	104.0	109.3	104.3	108.0	103.2

4－7 农业生产资料价格分类指数
Price Indices of Agricultural Means of Production by Category

（上年＝100）（preceding year＝100）

项目	Item	1995	2000	2001	2002	2003	2004	2005	2006	2007
农业生产资料价格指数	Price Indices of Agricultural Means of Production	129.8	100.4	99.7	99.5	102.9	113.2	105.8	99.6	107.3
小农具	Small Farm Tools	115.2	98.2	101.9	99.2	101.5	103.4	104.3	105.2	110.9
饲料	Forage	137.0	95.1	104.6	100.0	103.3	120.1	102.7	98.1	108.8
产品畜	Livestock Products	133.9	116.3	100.2	93.8	112.3	134.7	105.1	83.9	143.2
役畜	Draught Animal	140.8	102.0	120.2	111.0	103.6	108.3	102.3		
半机械化农具	Semi－mechanized Farm Tools	112.1	99.3	98.1	99.3	100.8	100.3	102.2	100.3	100.5
机械化农具	Mechanized Farm Tools	111.4	97.8	97.5	98.4	100.5	103.3	103.3	103.5	102.6
化学肥料	Chemical Fertilizer	140.8	93.0	100.0	101.4	102.3	115.4	110.0	99.0	102.9
农药及农药器械	Pesticide and Its Appliances	122.7	95.0	97.0	99.6	99.1	104.1	103.7	99.8	100.8
化学农药	Chemical Pesticide	123.2	94.8	97.1	99.7	99.0	104.2	103.8	99.7	100.9
农药器械	Pesticide Appliances	116.2	97.0	96.2	98.2	99.5	103.4	102.5	100.8	99.5
农用机油	Oil for Farm Machinery	102.0	123.2	94.4	99.9	107.2	105.5	107.7	111.7	104.3
其它农业生产资料	Others	135.2	101.3	100.3	97.3	101.4	101.9	105.3	102.6	103.7
农业生产服务	Agricultural Production Service								104.0	109.6

4-8 各市、县居民消费价格指数(2007 年)
Residents Consumer Price Indices by City and County(2007)

(上年 = 100)(preceding year = 100)

市(县)名称 City(County)		居民消费价格指数 Consumer Price Index	食品类 Food	粮食 Grain	肉禽及其制品 Meat and Poultry	蛋类 Eggs	水产品 Aquatic Products	鲜菜 Fresh Vegetables
杭州市	Hangzhou	103.5	108.0	103.0	125.6	121.0	100.9	103.1
宁波市	Ningbo	103.9	109.6	106.3	126.2	121.7	105.8	115.4
温州市	Wenzhou	103.5	108.3	104.7	128.8	126.0	108.3	109.5
嘉兴市	Jiaxing	103.7	109.1	101.2	127.0	124.5	103.2	103.5
湖州市	Huzhou	104.0	112.5	104.9	124.7	119.4	99.9	109.3
绍兴市	Shaoxing	102.7	107.5	102.7	119.8	124.2	105.7	110.8
金华市	Jinhua	104.1	111.9	104.8	133.2	124.7	107.6	108.6
衢州市	Quzhou	103.7	110.4	104.0	131.0	123.6	106.7	118.3
舟山市	Zhoushan	104.2	110.1	107.4	126.7	125.4	106.2	110.1
台州市	Taizhou	104.0	112.4	103.7	131.6	129.8	107.9	102.7
丽水市	Lishui	105.2	113.7	106.3	138.5	127.9	112.6	105.1
萧山区	Xiaoshan	103.9	110.1	100.2	127.3	123.5	102.8	102.1
建德市	Jiande	104.2	110.0	104.3	132.8	121.5	105.6	102.3
海宁市	Haining	104.2	112.4	105.4	132.3	128.6	106.0	108.4
安吉县	Anji	104.3	112.9	103.2	141.9	119.7	108.7	96.6
新昌县	Xinchang	104.0	113.4	103.6	131.7	125.4	104.1	113.8
浦江县	Pujiang	103.8	112.4	103.0	136.1	127.9	101.9	116.2
兰溪市	Lanxi	104.5	112.7	104.0	133.1	125.9	105.4	109.2
江山市	Jiangshan	103.6	111.2	106.1	135.7	124.9	106.8	100.5
临海市	Linhai	104.2	110.8	108.1	127.8	125.0	99.2	105.9
龙泉市	Longquan	105.9	117.9	111.5	136.9	124.4	106.8	111.1

4－8　**续表**　continued　（上年＝100）（preceding year＝100）

市（县）名称 City（County）		烟酒及用品类 Tobacco，Liquor and Articles	衣着类 Clothing	家庭设备用品及维修服务类 Household Appliances and Articles	医疗保健个人用品类 Health Care Articles	交通和通讯工具类 Means of Transpor－tation and Communi－cation	娱乐教育文化及服务类 Recreation，Education and Culture	居住类 Residence
杭州市	Hangzhou	102.4	101.4	102.2	103.3	98.2	100.1	104.0
宁波市	Ningbo	101.2	101.4	102.5	101.2	99.0	97.3	108.5
温州市	Wenzhou	102.6	103.0	102.1	102.3	98.4	98.9	104.4
嘉兴市	Jiaxing	102.3	100.5	101.6	100.3	100.0	99.6	105.2
湖州市	Huzhou	101.1	101.0	99.0	101.6	100.3	97.3	101.8
绍兴市	Shaoxing	100.6	100.2	100.2	99.7	97.5	100.1	104.3
金华市	Jinhua	100.0	96.3	100.5	103.1	100.8	98.6	103.9
衢州市	Quzhou	101.3	96.9	98.9	101.2	100.3	100.0	104.0
舟山市	Zhoushan	102.0	101.0	100.8	101.1	99.8	98.4	106.6
台州市	Taizhou	101.8	97.6	100.7	102.2	99.0	97.6	103.2
丽水市	Lishui	101.1	92.1	105.8	103.4	99.4	101.9	104.4
萧山区	Xiaoshan	101.4	96.4	104.4	103.4	98.8	100.5	104.2
建德市	Jiande	100.7	104.2	102.3	101.8	98.7	99.7	105.1
海宁市	Haining	100.4	96.4	100.4	100.6	99.9	99.3	104.8
安吉县	Anji	100.9	95.4	102.9	100.2	100.0	96.6	106.7
新昌县	Xinchang	102.0	102.1	101.4	99.5	95.8	97.3	104.2
浦江县	Pujiang	101.4	98.8	100.1	100.4	98.0	96.9	104.7
兰溪市	Lanxi	101.9	102.4	102.9	103.1	95.9	97.8	103.7
江山市	Jiangshan	101.1	101.9	100.7	99.8	99.5	97.2	105.0
临海市	Linhai	103.1	100.7	101.8	103.1	101.3	96.7	105.5
龙泉市	Longquan	102.3	101.0	101.7	101.4	98.3	97.8	104.2

4-9 各市、县商品零售价格指数和农业生产资料零售价格指数(2007年)
General Retail Price Indices of Commodities and Agricultural Means of Production by City and County(2007)

(上年=100)(preceding year=100)

市(县)名称 City(County)	商品零售价格指数 General Retail Price Index of Commodities	食品类 Food	饮料、烟酒类 Beverages, Tobacco and Liquor	服装、鞋帽类 Garments, Shoes and Hats	纺织品类 Textiles	家用电器及音响器材类 Household Appliances and Audiovisual Eqiupment
杭州市 Hangzhou	103.1	108.8	102.4	102.0	105.3	97.9
宁波市 Ningbo	103.3	109.6	101.5	101.2	102.5	99.7
温州市 Wenzhou	103.0	108.2	102.6	102.9	101.4	96.6
嘉兴市 Jiaxing	103.4	109.7	102.5	100.3	101.0	96.9
湖州市 Huzhou	103.8	112.3	101.3	101.2	102.7	96.9
绍兴市 Shaoxing	102.1	107.8	100.5	100.0	96.0	96.8
金华市 Jinhua	103.5	112.6	99.3	95.6	101.5	96.3
衢州市 Quzhou	103.2	111.2	100.9	96.7	100.0	95.5
舟山市 Zhoushan	103.2	110.5	102.0	100.8	100.9	95.5
台州市 Taizhou	104.4	112.8	102.0	97.3	100.8	98.5
丽水市 Lishui	104.7	115.0	100.8	92.8	96.9	101.3
萧山区 Xiaoshan	103.6	110.2	101.7	96.3	101.8	102.7
建德市 Jiande	103.6	110.5	101.0	104.0	101.4	99.4
海宁市 Haining	103.5	112.1	100.3	95.8	94.5	101.2
安吉县 Anji	104.0	113.2	101.0	94.7	99.2	96.6
新昌县 Xinchang	103.8	113.3	102.4	102.0	100.1	98.6
浦江县 Pujiang	103.4	111.9	101.4	98.6	99.8	97.0
兰溪市 Lanxi	105.1	113.7	101.2	103.3	102.0	98.1
江山市 Jiangshan	103.2	111.6	100.8	102.0	100.0	99.2
临海市 Linhai	104.1	111.2	102.9	100.6	98.4	97.7
龙泉市 Longquan	105.9	118.5	102.1	100.8	103.0	100.3

4－9 续表1 continued　　(上年＝100)(preceding year＝100)

市(县)名称 City(County)	文化办公用品类 Culture and Official Articles	日用品类 Articles for Daily Use	体育娱乐用品类 Sports and Recreation	交通通讯用品类 Transportation and Communication Articles	家具类 Furniture	化妆品类 Cosmetics
杭州市 Hangzhou	97.4	101.8	99.6	94.2	100.9	99.8
宁波市 Ningbo	99.6	102.9	98.0	93.4	103.6	101.5
温州市 Wenzhou	99.3	100.6	97.4	94.8	104.5	100.0
嘉兴市 Jiaxing	99.0	102.9	95.2	97.6	103.2	99.0
湖州市 Huzhou	97.7	100.9	100.0	98.7	100.9	98.4
绍兴市 Shaoxing	99.5	101.0	99.9	95.9	99.9	99.8
金华市 Jinhua	97.6	100.7	99.5	94.8	102.8	99.2
衢州市 Quzhou	96.4	100.4	97.3	97.2	97.0	100.5
舟山市 Zhoushan	96.4	100.4	100.0	95.1	101.5	100.1
台州市 Taizhou	98.0	100.5	95.8	96.7	94.8	100.5
丽水市 Lishui	99.2	100.5	98.5	96.1	99.9	101.2
萧山区 Xiaoshan	95.8	99.6	100.1	94.1	101.8	100.5
建德市 Jiande	99.9	101.6	99.7	93.4	100.0	101.5
海宁市 Haining	97.0	99.5	98.2	98.8	103.1	100.4
安吉县 Anji	99.2	101.3	100.0	96.5	107.8	99.9
新昌县 Xinchang	97.1	100.5	100.1	91.7	104.4	100.3
浦江县 Pujiang	98.6	100.1	100.0	93.9	100.0	99.8
兰溪市 Lanxi	95.9	101.6	102.1	95.2	110.4	99.9
江山市 Jiangshan	97.4	100.6	100.0	94.2	99.6	100.3
临海市 Linhai	96.8	99.6	99.2	98.1	103.0	102.6
龙泉市 Longquan	96.0	102.7	98.9	92.4	107.8	101.4

4-9 续表2 continued (上年=100)(preceding year=100)

市(县)名称 City(County)	金银珠宝类 Jewelry	中西药品及医疗保健用品类 Traditional Chinese Westen Medicines and Health Care	书报杂志及电子出版物类 Newspaper, Magazines and Electronic Publication	燃料类 Fuels	建筑材料及五金电料类 Building Materials and Hardware and Electric Materials	农业生产资料零售价格指数 Retail Price Index of Agricultural Means of Production
杭州市 Hangzhou	106.3	103.5	100.1	103.9	108.8	
宁波市 Ningbo	108.2	100.8	99.5	108.9	106.3	
温州市 Wenzhou	114.0	103.1	100.2	103.8	104.9	
嘉兴市 Jiaxing	111.4	100.8	98.8	104.4	108.1	
湖州市 Huzhou	105.2	101.7	99.4	100.1	104.8	
绍兴市 Shaoxing	106.1	98.3	98.6	103.7	108.4	
金华市 Jinhua	106.3	103.5	101.1	103.9	106.7	
衢州市 Quzhou	106.3	101.6	98.7	104.4	105.7	
舟山市 Zhoushan	110.5	99.7	99.3	104.1	107.3	
台州市 Taizhou	108.0	102.8	99.3	108.2	105.9	
丽水市 Lishui	105.9	105.7	98.5	104.0	104.4	
萧山区 Xiaoshan	107.7	104.4	100.4	104.4	105.6	109.9
建德市 Jiande	107.5	100.3	98.4	103.3	108.9	109.0
海宁市 Haining	107.7	99.6	98.7	103.0	105.6	106.7
安吉县 Anji	113.6	99.6	99.7	105.4	109.3	111.2
新昌县 Xinchang	112.2	96.8	98.9	105.7	105.7	104.7
浦江县 Pujiang	112.1	99.3	98.3	104.8	105.0	105.5
兰溪市 Lanxi	106.7	103.3	99.2	104.2	106.6	111.0
江山市 Jiangshan	110.3	96.3	98.3	104.6	110.0	109.0
临海市 Linhai	109.4	103.6	101.4	102.4	106.5	104.6
龙泉市 Longquan	119.8	100.9	100.3	103.3	108.2	109.9

4-10　分月各种价格指数(2007年)
Price Indices by Month(2007)

(上年同期=100)(preceding period=100)

项　目	Item	1月	2月	3月	4月	5月	6月
居民消费价格指数	**Consumer Price Index**	**101.2**	**101.5**	**101.8**	**101.9**	**102.0**	**102.3**
城市	Urban Areas	101.3	101.7	102.0	102.0	102.1	102.3
农村	Rural Areas	101.1	101.3	101.6	101.8	102.0	102.3
#服务项目价格指数	Services Price Index	99.0	99.9	100.3	100.4	100.5	100.5
城市	Urban Areas	99.8	101.0	101.2	101.1	101.1	101.1
农村	Rural Areas	98.1	98.7	99.4	99.7	99.9	100.0
商品零售价格指数	**Retail Price Index of Commodities**	**101.7**	**101.7**	**101.9**	**101.9**	**102.0**	**102.2**
城市	Urban Areas	101.7	101.8	102.0	102.0	102.1	102.3
农村	Rural Areas	101.7	101.6	101.7	101.7	101.8	102.1
农业生产资料零售价格指数	**Price Index of Agricultural Means of Production**	**101.7**	**102.0**	**102.5**	**103.0**	**103.6**	**104.0**

4-10　续表　continued

(上年同期=100)(preceding period=100)

项　目	Item	7月	8月	9月	10月	11月	12月
居民消费价格指数	**Consumer Price Index**	**102.6**	**103.0**	**103.3**	**103.6**	**104.0**	**104.2**
城市	Urban Areas	102.6	102.8	103.1	103.4	103.7	103.9
农村	Rural Areas	102.7	103.2	103.5	103.9	104.2	104.4
#服务项目价格指数	Services Price Index	100.5	100.6	100.8	101.1	101.2	101.4
城市	Urban Areas	101.1	101.1	101.3	101.5	101.7	101.9
农村	Rural Areas	100.0	100.0	100.3	100.6	100.8	101.0
商品零售价格指数	**Retail Price Index of Commodities**	**102.5**	**102.8**	**103.0**	**103.3**	**103.6**	**103.8**
城市	Urban Areas	102.5	102.8	103.0	103.2	103.5	103.7
农村	Rural Areas	102.4	102.8	103.0	103.3	103.6	103.9
农业生产资料零售价格指数	**Price Index of Agricultural Means of Production**	**104.5**	**105.1**	**105.6**	**106.1**	**106.7**	**107.3**

4-11 固定资产投资价格指数
Price Indices of Investment in Fixed Assets

(上年=100)(preceding year=100)

项目	Item	2000	2001	2002	2003	2004	2005	2006	2007
固定资产投资价格指数	**Price Index of Investment in Fixed Assets**	**100.3**	**100.4**	**100.4**	**103.5**	**105.9**	**100.3**	**101.5**	**104.3**
建筑安装工程	**Construction and Installation**	**101.5**	**101.2**	**101.3**	**106.1**	**108.7**	**99.3**	**100.3**	**105.6**
#人工费	Manpower	101.6	102.4	103.3	102.9	104.2	104.8	104.6	107.9
机械使用费	Using Expenses of Machanism	101.6	99.8	99.8	101.0	101.6	100.9	101.5	102.6
材料费	Materials	101.7	101.1	101.1	107.6	112.1	97.6	99.2	105.5
钢材	Steel Products	104.2	99.7	100.3	113.0	120.9	99.0	95.8	108.5
木材	Timber	99.5	100.3	101.9	101.0	102.1	101.6	103.5	104.1
水泥	Cement	97.7	103.5	101.2	106.1	110.3	86.6	98.3	104.5
地方材料	Local Materials	100.4	102.8	101.8	104.9	105.4	97.5	101.7	102.5
化工材料	Chemical Materials	110.5	99.7	103.6	102.1	104.7	105.1	109.1	105.1
电料	Electrical Material	99.6	98.8	100.0	101.0	104.7	104.8	115.7	106.3
其他材料	Others	100.9	101.6	101.3	100.2	101.7	100.9	101.7	102.5
设备、工器具购置	**Purchase of Equipment,Tools and Instruments**	**96.4**	**97.6**	**96.4**	**98.2**	**102.1**	**100.3**	**101.7**	**100.5**
金属制品业	Metal Products	98.0	98.8	98.8	100.7	107.1	103.8		
机械工业	Machanical Industry	98.9	99.0	97.8	99.3	103.8	101.7		
交通运输设备	Transport Equipment	94.1	98.1	95.8	96.9	99.6	100.2		
电气机械及器材	Electric Equipment and Machinery	95.6	95.6	95.8	99.2	104.5	102.7		
电子及通信设备制造业	Electronic and Telecommunication Equipment	95.2	97.8	93.6	96.1	95.1	92.8		
仪器仪表及其他计量器	Instruments,Meters and Others	99.1	99.1	98.3	98.6	101.4	100.1		
其他费用投资	**Others**	**101.7**	**101.1**	**102.1**	**101.7**	**103.4**	**103.1**	**104.5**	**105.2**

4－12　工业品出厂价格指数
Ex－factory Price Indices of Industrial Products

（上年＝100）（preceding year＝100）

项　目	Item	2001	2002	2003	2004	2005	2006	2007
全　省	**General Index**	**98.3**	**96.9**	**100.6**	**105.0**	**102.3**	**103.8**	**102.4**
轻工业	**Light Industry**	**98.0**	**96.6**	**99.9**	**103.3**	**101.6**	**101.9**	**102.0**
以农产品为原料	Using Farm Products as Raw Materials	98.9	96.7	100.3	103.7	101.2	101.4	101.5
以非农产品为原料	Using Non－farm Products as Raw Materials	95.7	96.5	99.7	103.0	101.9	102.5	102.5
重工业	**Heavy Industry**	**98.6**	**97.2**	**101.9**	**106.8**	**103.0**	**106.6**	**102.9**
采掘	Mining and Quarrying Industry	99.4	105.9	102.4	125.7	116.7	105.1	105.8
原料	Raw Material Industry	98.6	98.1	104.1	108.5	105.7	106.6	103.0
加工	Manufacturing Industry	98.5	96.5	100.3	106.1	101.6	106.7	102.8
生产资料	**Means of Production**	**98.0**	**96.5**	**101.2**	**106.3**	**102.8**	**104.9**	**102.7**
采掘	Mining and Quarrying Industry	99.4	105.9	102.4	125.7	116.7	105.1	105.8
原料	Raw Material Industry	97.7	97.0	103.9	108.7	107.2	106.4	102.9
加工	Manufacturing Industry	98.3	96.1	100.0	105.4	101.1	104.4	102.5
生活资料	**Means of Subsistence**	**98.8**	**97.8**	**99.4**	**101.7**	**101.1**	**101.1**	**101.7**
食品	Food	99.2	99.3	101.4	102.5	99.8	101.0	104.9
衣着	Clothing	99.8	98.6	98.9	102.0	101.3	100.9	100.5
一般日用品	Articles for Daily Use	98.4	97.4	99.8	102.0	101.6	101.5	101.4
耐用消费品	Durable Consumer Goods	95.6	95.2	97.1	99.4	101.7	100.9	101.7
分部门	**by Sector**							
冶金工业	Metallurgical Industry	96.5	96.8	104.8	117.5	106.2	114.9	108.1
电力工业	Power Industry	98.9	99.9	100.0	102.5	104.6	102.0	100.6
煤炭及炼焦工业	Coal Industry	111.8	118.4	101.4	116.1	121.4	103.5	105.1
石油工业	Petroleum Industry	97.8	94.0	112.7	115.8	122.0	117.0	102.1
化学工业	Chemical Industry	95.6	96.8	101.6	107.3	104.9	102.6	103.1
机械工业	Machinery Industry	98.0	96.1	98.4	101.5	99.7	102.8	101.2
建筑材料工业	Building Materials Industry	101.8	99.0	104.4	109.0	89.9	102.8	104.7
森林工业	Timber Industry	99.0	95.9	99.7	100.8	103.4	103.5	102.1
食品工业	Food Industry	99.2	99.3	101.9	104.2	99.6	100.6	105.4
纺织工业	Textile Industry	97.5	92.8	99.8	104.6	102.0	102.7	100.5
缝纫工业	Tailoring Industry	100.0	98.7	98.7	102.2	100.9	100.9	100.5
皮革工业	Leather Industry	101.7	98.1	99.6	101.3	102.3	100.5	101.4
造纸工业	Paper Industry	97.6	96.4	98.2	101.7	100.8	99.9	101.8
文教艺术品工业	Cultural, Educational & Handicrafts Articles Industry	99.1	97.9	99.4	100.0	101.3	100.3	101.2
其他工业	Others	105.7	103.1	102.4	103.2	102.2	103.8	103.8

4－13 按行业分的工业品出厂价格指数
Ex－factory Price Indices of Industrial Products by Sector

（上年＝100）（preceding year＝100）

项 目	Item	2004	2005	2006	2007
全省	**General Index**	**105.0**	**102.3**	**103.8**	**102.4**
煤炭开采和洗选业	Coal Mining and Dressing	134.1	133.5	98.8	105.1
黑色金属矿采选业	Ferrous Metals Mining and Dressing	163.6	131.4	96.8	115.0
有色金属矿采选业	Nonferrous Metals Mining and Dressing	145.8	131.3	169.6	149.3
非金属矿采选业	Nonmetal Minerals Mining and Dressing	108.5	100.7	102.6	101.2
其他采矿业	Mining of Other Ores				
农副食品加工业	Food Processing	109.7	98.0	100.4	111.0
食品制造业	Food Production	101.8	101.0	101.4	101.3
饮料制造业	Beverage Production	102.2	100.5	99.6	99.2
烟草制品业	Tobacco Processing	100.1	100.0	100.9	101.1
纺织业	Textile Industry	104.6	101.9	102.3	100.5
纺织服装、鞋帽制造业	Garments and Other Fiber Products	101.7	100.8	101.0	100.4
皮革、皮毛、羽毛（绒）及其制品业	Leather, Furs and Related Products	101.1	102.3	100.6	101.2
木材加工及木、竹、藤、棕、草制品业	Timber Processing, Bamboo, Cane, Palm Fiber & Straw Products	100.7	103.9	104.6	103.2
家具制造业	Furniture Manufacturing	101.1	101.7	100.0	99.8
造纸及纸制品业	Papermaking and Paper Products	101.7	100.8	99.9	101.8
印刷业和记录媒介的复制	Printing and Record Medium Reproduction		99.9	99.1	100.0
文教体育用品制造业	Cultural, Educational and Sports Articles	100.7	102.5	102.3	102.8
石油加工、炼焦及核燃加工业	Petroleum Processing and Coking	116.0	122.0	117.4	101.9
化学原料及化学制品制造业	Raw Chemical Materials and Chemical Products	109.8	105.8	101.3	106.5
医药制造业	Medical and Pharmaceutical Products	98.1	98.0	96.8	97.4
化学纤维制造业	Chemical Fiber	111.0	105.6	105.1	102
橡胶制品业	Rubber Products	103.1	105.2	104.1	103.5
塑料制品业	Plastic Products	107.1	106.8	103.2	102.2
非金属矿物制品业	Nonmetal Mineral Products	108.8	89.9	102.8	104.8
黑色金属冶炼及压延加工业	Smelting and Pressing of Ferrous Metals	125.9	103.2	94.3	112.4
有色金属冶炼及压延加工业	Smelting and Pressing of Nonferrous Metals	130.3	114.6	148.9	106.3
金属制品业	Metal Products	107.1	103.8	102.9	105.3
通用设备制造业	Ordinary Machanism	103.8	101.7	101.1	102.7
专用设备制造业	Equipment for Special Purpose	101.7	100.5	99.8	100.5
交通运输设备制造业	Transportation Equipment Manufacturing	99.6	100.3	98.9	100.2
电气机械及器材制造业	Electric Machinery and Equipment Manufacturing	104.5	102.7	111.8	103.7
通信设备、计算机及其他电子设备制造业	Electronic and Telecommunications Equipment Manufacturing	95.1	91.6	96.9	96.0
仪器仪表及文化办公用机械制造业	Instruments, Meters and Cultive and Office Equipment Manufacturing	101.4	100.1	102.2	103.4
工艺品及其他制造业	Other Manufacturing	104.0	101.9	103.9	102.9
废弃资源和废旧材料回收加工工业	Retrieve Processing of Abandoned Resources and old Materials		98.6	118.7	111.2
电力、热力的生产和供应业	Production and Supply of Electric Power and Heat Power	102.5	104.6	102.1	100.7
煤气生产和供应业	Production and Supply of Gas	100.2	115.5	108.6	105.3
水的生产和供应业	Production and Supply of Water	102.5	106.4	108.2	107.4

4－14　主要原材料、燃料、动力购进价格分类指数
Purchasing Price Indices of Raw Material, Fuels and Motive Power by Category

（上年＝100）(preceding year＝100)

项　目	Item	1995	2000	2001	2002	2003	2004	2005	2006	2007
总指数	**General Purchasing Price Index**	**119.2**	**107.2**	**99.6**	**97.5**	**105.8**	**113.4**	**105.4**	**105.6**	**105.3**
燃料动力类	Fuels and Motive Power	107.3	110.7	102.0	103.9	105.8	114.5	115.5	109.8	103.9
黑色金属材料类	Ferrous Metals Material	95.5	102.8	100.0	97.1	110.1	123.5	104.9	94.3	108.7
有色金属材料和电线类	Nonferrous Metal Materials and Electric Wire	127.9	107.7	94.6	95.9	106.9	126.4	113.4	137.2	112.9
化工原料类	Chemical Raw Materials	125.7	112.2	96.5	96.7	103.6	111.7	107.7	101.5	106
木材及纸浆类	Logging and Paper Pulp	133.9	103.5	94.3	96.5	101.0	102.5	102.3	102.6	102.9
建筑材料类及非金属矿类	Building Materials and Nonmetal Minerals	102.8	100.9	97.6	96.2	100.8	111.6	93.7	99.9	104.4
其他工业原材料及半成品类	Other Industrial Raw Materials	105.3	109.3	97.7	95.4	100.7	109.8	101.8	105.0	106.8
农副产品类	Farm Products	133.5	102.4	108.5	95.2	112.2	114.4	97.8	104.0	104.3
纺织原料类	Textile Raw Materials	122.9	105.1	98.7	95.3	102.6	104.6	102.7	103.0	101.9

4－15 房地产价格指数
Price Indices of Real Estate

（上年＝100）(preceding year＝100)

项 目	Item	2002	2003	2004	2005	2006	2007
房屋销售价格指数	Selling Price Indices of Houses	111.3	112.7	115.2	108.4	102.5	108.1
商品房	Commercial Houses	108.1	111.6	115.8	109.7	102.9	108.5
住宅	Residential Buildings	108.4	112.5	116.4	109.6	103.1	109.4
经济适用房	Economical Houses	104.2	102.2	105.3	101.4	100.9	100.4
普通住宅	General Residential Buildings	108.3	113.3	118.0	110.2	103.2	109.6
多层住宅	Multilayer Buildings	109.6	115.2	119.8	112.0	103.3	108.7
高层住宅	High－layer Buildings	106.6	110.4	116.4	109.0	103.2	109.8
其他住宅	Others Buildings				108.0	103.0	108.8
高档公寓	High－grade Apartments	111.5	110.8	113.7	109.2	103.7	113
别墅	Villas	113.7	111.5	116.5	111.9	102.8	110.3
高档公寓	High－grade Apartments	106.4	109.2	111.4	108.5	104.3	113.2
非住宅	Non－Residential Buildings	107.3	108.9	114.1	110.1	102.2	105.1
办公楼	Office Buildings				109.6	102.4	106.5
写字楼	Office Buildings	104.9	107.6	112.9	109.5	102.3	106.7
普通办公用房	General Office Buildings				110.9	103.1	102
商业娱乐用房	Houses for Business and Entertainment	108.1	109.8	115.1	111.0	101.9	104.6
工业仓储用房	Houses for Industry Store				106.6		100
其它用房	Houses for Other Use	106.3	111.7	114.5	110.0	102.9	104.8
公房	State－owned Houses	100.0	100.4	100.5			
住宅	Residential Buildings	100.0	100.4	100.5			
二手房(原私房)	Used Houses	123.0	116.6	114.9	105.7	101.7	107.2
住宅	Residential Buildings	125.1	117.7	116.2	105.9	101.5	107.7
高层住宅	High－layer Buildings				105.4	101.5	107.2
多层住宅	Multilayer Buildings				106.5	102.0	108.2
其他住宅	Others Buildings				104.1	97.5	104
非住宅	Non－residential Buildings	108.8	109.9	107.3	104.6	102.7	104.8
土地交易价格指数	Transactions Price Indices of Land	117.1	121.4	119.7	120.4	110.7	142.1
居民住宅用地	Land for Residential Buildings Use	119.7	126.9	122.2	121.9	111.9	145.9
豪华住宅用地	Luxury Residential Buildings	109.6	105.4	111.7	124.4	102.9	168.3
普通住宅用地	General Residential Buildings	121.2	127.0	122.2	120.9	111.2	144.4
经济适用房用地	Land for Economical Houses				107.1	115.6	111.1
工业用地	Land for Industry Use	104.4	108.3	109.5	114.3	109.5	128.4
商业、旅游、娱乐用地	Land for Business, Tourism and Entertainment	117.1	112.9	112.7	117.5	106.8	139.6
其他用地	Land for Other Use	116.0	111.6	133.6	123.5	107.0	114.5
房屋租赁价格指数	Renting Price Indices of Houses	102.7	104.9	108.2	104.0	101.9	104.2
住宅	Residential Buildings	107.3	108.3	108.3	105.3	102.3	103.7
公房	State－owned Houses	109.5	107.7	107.8			
普通住宅	General Residential Buildings	106.4	108.4	108.4	104.0	102.6	103.8
高档住宅	High－grade Residential Buildings				118.6	102.1	104.8
别墅	Villas				100.9	104.1	106.7
高档公寓	High－grade Apartments				118.7	102.1	104.8
经济适用房	Economical Houses				100.0	100.0	100
廉租房	Cut－price Rented Houses				99.9	99.3	100.1
办公用房	Office Buildings	101.7	104.8	103.0	102.9	102.0	105.3
办公楼	Office Buildings	101.6	106.3	103.8	102.3	102.1	105.3
普通办公用房	General Office Buildings	101.8	104.2	102.6	103.2	102.0	105.3
商业娱乐用房	Houses for Business and Entertainment	101.7	103.5	109.8	103.6	101.7	104.5
工业仓储用房	Houses for Industry Store	100.4	102.9	106.7	104.9	101.1	101.3
工业厂房	Industry Workshops	100.7	103.6	106.6	103.8	101.3	101.6
仓库	Storehouses	99.7	101.3	107.0	108.8	100.7	100.5
其它	Others				100.1	102.4	100.6

4－16 各城市房地产价格指数
Price Indices of Real Estate by City

（上年＝100）（preceding year＝100）

城　市	City	房屋销售价格指数 Selling Price Indices of Houses			土地交易价格指数 Transactions Price Indices of Land			房屋租赁价格指数 Renting Price Indices of Houses		
		2005	2006	2007	2005	2006	2007	2005	2006	2007
全　省	**Total**	**108.4**	**102.5**	**108.1**	**120.4**	**110.7**	**142.1**	**104.0**	**101.9**	**104.2**
杭州市	Hangzhou	109.7	102.6	107.3	124.8	107.1	155.2	102.4	101.1	102.7
宁波市	Ningbo	106.2	102.2	108.6	115.9	109.2	138.3	104.1	103.4	103.8
温州市	Wenzhou	108.0	100.7	107	112.9	105.6	145.3	103.9	101.2	109.9
嘉兴市	Jiaxing	108.4	103.1	104.4	112.2	106.9	125.8	102.3	101.6	102.2
湖州市	Huzhou	110.8	103.5	103.3	112.7	109.5	131.7	106.5	101.1	100.9
绍兴市	Shaoxing	105.9	104.6	107.9	99.6	135.7	143.6	100.9	100.3	102.7
金华市	Jinhua	103.7	100.7	101.1	113.6	107.2	108.6	101.3	100.2	100.1
衢州市	Quzhou	105.0	103.1	103.4	100.7	104.7	103.9	103.0	102.0	103.6
舟山市	Zhoushan	112.9	100.1	117.9	120.6	107.9	143.8	106.8	107.3	125.4
台州市	Taizhou	103.5	101.8	105	113.4	101.1	102.7	103.5	104.2	103.7
丽水市	Lishui	110.9	113.8	121.7	102.1	131.1	126.0	124.2	105.1	103.8

4-17 全国和部分大中城市房地产价格指数
Price Indices of Real Estate In China and Some Large-scale and Medium-scale Cities

(上年=100)(preceding year=100)

城市	City	房屋销售价格指数 Selling Price Indices of Houses			土地交易价格指数 Transactions Price Indices of Land			房屋租赁价格指数 Renting Price Indices of Houses		
		2005	2006	2007	2005	2006	2007	2005	2006	2007
全国	**Total**	**107.6**	**105.5**	**107.6**	**109.1**	**105.8**	**112.3**	**101.9**	**101.4**	**102.6**
北京	Beijing	106.7	108.8	111.4	103.8	105.2	109.4	102.4	102.9	102.7
天津	Tianjin	106.0	106.7	106.9	103.9	103.9	122.1	101.3	100.2	100.3
石家庄	Shijiazhuang	105.6	104.3	107.6	100.2	100.3	101.6	100.6	100.5	100.6
太原	Taiyuan	105.6	103.9	104.4	102.8	102.6	102.2	107.5	105.4	105.6
呼和浩特	Huhehaote	111.8	109.5	104.4	114.7	112.8	108.7	104.7	105.6	105.4
沈阳	Shenyang	107.5	106.6	106.1	111.4	107.3	106.6	101.5	102.3	101.8
大连	Dalian	109.2	110.9	107.2	124.7	103.8	105.9	99.0	99.7	99.8
长春	Changchun	101.9	101.6	106.4	103.9	112.1	100.7	100.5	100.3	100.0
哈尔滨	Haerbin	104.6	103.3	106.8	107.8	106.7	108.2	103.6	102.7	100.2
上海	Shanghai	109.7	98.7	103.4	106.9	101.2	107.9	103.6	104.0	105.1
南京	Nanjing	108.1	104.3	106.6	102.8	103.0	103.9	100.0	100.4	101.8
杭州	Hangzhou	109.7	102.6	107.3	124.8	107.1	155.2	102.4	101.1	102.7
宁波	Ningbo	106.2	102.2	108.6	115.9	109.2	138.3	104.1	103.4	103.8
合肥	Hefei	106.2	101.3	101.8	110.6	101.4	104.1	100.3	101.7	100.6
福州	Fuzhou	104.4	106.7	106.8	118.6	107.9	117.1	101.4	101.7	102.6
厦门	Xiamen	108.0	107.0	107.0	108.5	108.3	111.3	104.2	102.5	103.8
南昌	Nanchang	108.3	106.2	106.8	104.2	105.1	103.9	102.5	101.3	101.3
济南	Jinan	107.6	104.3	105.2	105.9	104.9	105.0	101.0	101.2	101.2
青岛	Qingdao	110.9	106.9	106.5	103.4	103.2	101.8	103.3	110.1	108.3
郑州	Zhengzhou	107.0	105.7	106.3	110.9	104.0	105.3	100.1	100.5	100.9
武汉	Wuhan	106.8	103.0	105.2	102.6	101.5	100.9	100.2	100.3	100.3
长沙	Changsha	102.8	105.3	108.4	105.4	118.6	122.1	101.7	102.8	102.5
广州	Guangzhou	104.7	106.2	106.6	100.0	100.0	100.0	103.0	102.2	102.8
深圳	Shenzhen	107.2	112.3	116.3	118.1	100.3	100.1	101.0	102.5	104.8
南宁	Nanning	104.9	104.1	107.6	103.6	102.6	121.5	101.6	103.6	99.6
海口	Haikou	102.5	102.8	106.6	110.0	115.1	118.5	101.9	100.7	100.6
成都	Chengdu	109.8	107.1	106.9	107.8	106.2	109.7	100.4	101.1	104.2
贵阳	Guiyang	102.6	104.4	107.6	101.5	101.6	110.2	102.5	101.7	100.9
昆明	Kunming	102.9	101.3	106.9	103.7	100.6	109.9	101.4	100.1	101.1
重庆	Chongqing	107.2	103.0	103.5	102.9	100.6	101.3	103.6	102.8	100.4
西安	Xi'an	104.3	103.6	106.4	105.9	104.5	106.8	100.7	101.2	106.4
兰州	Lanzhou	105.6	104.7	106.0	100.0	100.0	100.0	100.0	99.7	100.3
西宁	Xining	103.4	102.8	103.8	102.9	102.5	103.2	99.8	101.1	104.2
银川	Yinchuan	102.7	102.3	103.9	103.4	103.1	105.7	104.3	101.7	101.3
乌鲁木齐	Wulumuqi	100.9	101.2	109.0	101.4	100.2	102.6	100.4	100.3	100.8

注:杭州、宁波2005年数据使用季度数据计算得出。
The Figures in Hangzhou and Ningbo are calculated at data of quarter in 2005.

浙/江/统/计/年/鉴

主要统计指标解释

■ 居民消费价格指数

是反映一定时期内城乡居民所购买的生活消费品价格和服务项目价格变动趋势和程度的相对数。是综合了城市居民消费价格指数和农民消费价格指数计算取得。利用居民消费价格指数，可以观察和分析消费品的零售价格和服务价格变动对城乡居民实际生活支出的影响程度。

■ 城市居民消费价格指数

是反映城市职工及其家庭所购买的生活消费品和服务项目价格变动趋势和程度的相对数。编制城市居民消费价格指数，可以观察和分析消费品的零售价格和服务项目价格变动对职工货币工资的影响，作为研究职工生活和确定工资政策的依据。

■ 农村居民消费价格指数

是反映农村居民家庭所购买的生活消费品的价格和服务项目价格变动趋势和程度的相对数。用它可以观察农村消费品的零售价格和服务项目价格变动对农村居民生活消费支出的影响，直接反映农民生活水平的实际变化情况，为分析和研究农村居民生活问题提供依据。

■ 农村工业品零售价格指数

是反映农村市场工业品零售价格水平变动趋势和程度的相对数。通过农村工业品零售价格指数，可以观察工业品零售价格变动对农民货币支出的影响。

■ 工业品出厂价格指数

是反映全部工业产品出厂价格总水平的变动趋势和程度的相对数。其中除包括工业企业售给商业、外贸、物资部门的产品外，还包括售给工业和其他部门的生产资料以及直接售给居民的生活消费品。通过工业生产价格指数能观察出厂价格变动对工业总产值的影响。

■ 固定资产投资价格指数

是反映固定资产投资额价格变动趋势和程度的相对数。固定资产投资额是由建筑安装工程投资完成额、设备、工器具购置投资完成额和其他费用投资完成额三部分组成的。编制固定资产投资价格指数应首先分别编制上述三部分投资的价格指数，然后采用加权算术平均法求出固定资产投资价格总指数。

编制固定资产投资价格指数可以准确地反映固定资产投资中涉及的各类商品和取费项目价格变动趋势和变动幅度，消除按现价计算的固定资产投资指标中的价格变动因素，真实地反映固定资产投资的规模、速度、结构和效益，为国家科学地制定，检查固定资产投资计划并提高宏观调控水平，为完善国民经济核算体系提供科学的、可靠的依据。

■ 商品零售价格指数

是反映城乡商品零售价格变动趋势的一种经济指数。零售物价的调整变动直接影响到城乡居民的生活支出和国家的财政收入，影响居民购买力和市场供需平衡，影响消费与积累的比例。因此，计算零售价格指数，可以从一个侧面对上述经济活动进行观察和分析。

ZHEJIANG STATISTICAL YEARBOOK

Explanatory Notes on Main Statistical Indicators

□ Consumer Price Index

reflects the relative change in prices of consumer goods and services purchased by urban and rural residents, and is a composite index derived from the urban consumer price index and the rural consumer price index. Consumer price index can be used to analyze the impact of consumer price change on actual expenditure for living cost of urban and rural residents.

□ Urban Consumer Price Index

reflects the relative change in prices of consumer goods and services purchased by urban staff and workers and their families and can be used to observe and analyze the impact of price changes in consumer goods and services on money wages of staff and workers, and provide basis for policy making concerning the living cost and wages of staff and workers.

□ Rural Consumer Price Index

reflects the relative change in prices of consumer goods and services purchased by rural households and can be used to observe the impact of change in prices of consumer goods and services on living expenditure and actual change in peasants' living cost. It provides basis for analysis and research on peasants' living cost and welfare.

□ Retail Price Index of Rural Industrial Products

reflects the relative change in prices of industrial products in rural market and can be used to observe the impact of the price change on farmers' money expenditure.

□ Ex – factory Price Index of Industrial Products

reflects the change in general ex – factory prices of all industrial products, including sales of industrial products to commercial enterprises, foreign trade sectors, materials supplying and distributing sectors as well as sales of production means to industry and other sectors and sales of consumer goods to residents. It can be used to analyze the impact of ex – factory prices on gross industrial output value.

□ Price Index of Investment in Fixed Assets

reflects the change in prices of investment in fixed assets. The investment in fixed assests consists of three components, namely the investment in construction and installation, the investment in purchases of equipment and instrument, and the investment in other items. Price index of investment in fixed assets is calculated as the weighted arithmetic mean of the price indices of the three components of investment in fixed assets.

Price index of investment in fixed assets reflects the changes of prices in various goods and services involved in investment in fixed assets and therefore can be used to observe the actual size, speed, structure, and efficiency of investment in fixed assets and provides reliable and scientific data for government planning, management, decision making, and further improving the current national accounting system.

□ Retail Price Index

reflects the general change in retail prices of commodities. The change and adjustment in retail prices directly affect the living expenditure of urban and rural residents, government revenue, purchasing power of residents and the equilibrium of market supply and demand, and the ratio of consumption to accumulation. Therefore, the calculation of retail price index is useful to analyze the changes of the above economic activities.

2008

浙江统计年鉴

ZHEJIANG STATISTICAL YEARBOOK

CHAPTER 5

人民生活

People's Livelihood

5-1 人民物质文化生活
People's Material and Cultural Life

项 目	Item	2001	2002	2003	2004	2005	2006	2007
城乡居民收入与支出 （元）	**Income and Expenditure of Urban and Rual Residents (yuan)**							
农村居民人均纯收入	Annual Per Capita Net Income of Rural Residents	4582	4940	5431	6096	6660	7335	8265
农村居民人均生活消费支出	Annual Per Capita Living Expenditure of Rural Residents	3479	3693	4287	4659	5215	5762	6442
城镇居民人均可支配收入	Annual Per Capita Disposable Income of Urban Residents	10465	11716	13180	14546	16294	18265	20574
城镇居民人均消费支出	Annual Per Capita Expenditure of Urban Residents	7952	8713	9713	10636	12254	13349	14091
居民消费水平 （元）	**Per Capita Consumption (yuan)**	**5551**	**6098**	**7033**	**8174**	**9701**	**11161**	**12569**
农村居民	Rural Residents	3621	4012	4504	4918	5476	6301	7077
城镇居民	Urban Residents	8404	8839	9907	11771	14097	15877	17486
居民生活质量	**Life Quality**							
居民人均住房面积 （平方米）	Per Capita Floor Space of Residents Buildings (sq. m)							
农村居民	Rural Areas	47.82	49.53	50.73	51.29	54.98	55.57	57.06
城镇居民	Urban Areas	20.30	21.12	21.60	23.94	26.10	26.44	34.72
居民家庭恩格尔系数	Engle Coefficient							
城市	Urban	36.3	37.9	36.6	36.2	33.8	32.9	34.7
农村	Rural	41.6	40.8	38.2	39.5	38.6	37.2	36.4
交通	**Traffic**							
农村每百户拥有家用汽车（辆）	Number of Household Cars Per 100 Households in Rural Areas (unit)	0.52	0.56	0.79	1.33	2.91	3.11	3.96
城镇每百户拥有家用汽车（辆）	Number of Household Cars Per 100 Households in Urban Areas (unit)	0.67	1.44	2.98	3.52	8.71	11.03	13.86

5－1 续表 continued

项 目	Item	2001	2002	2003	2004	2005	2006	2007
储蓄	**Savings**							
城乡居民储蓄存款年末余额 （亿元）	Balance of Savings Deposit of Rural and Urban Residents(year－end) （100 million yuan）	4262	5234	6452	7364	8746	10473	11161
平均每人储蓄存款余额 （元）	Per Capita Balance of Savings Deposits （yuan）	9074	11063	13545	15331	17856	21030	22057
文化、教育及卫生	**Culture, Education and Public Health**							
农村每百户拥有彩色电视机 （台）	Number of Color Tv Sets Per 100 Households in Rural Areas （unit）	93	103	110	117	130	137	144.17
城镇每百户拥有彩色电视机 （台）	Number of Color Tv Sets Per 100 Households in Urban Areas （unit）	150	152	159	163	179	181.02	182.89
农村每百户拥有家用电脑（台）	Number of Computer Per 100 Households in Rural Areas （unit）	1.96	3.37	5.96	6.93	10.77	14.28	19.38
城镇每百户拥有家用电脑（台）	Number of Computer Per 100 Households in Urban Areas （unit）	20.04	29.60	40.23	44.72	59.47	64.83	73.76
每百人每天有报纸杂志 （份）	Daily Newspapers and Magazines Per 100 persons （copy）	11.9	12.8	14.5	15.3	15.8	16.6	17.1
学龄儿童入学率 （%）	Enrollment Ratio of School-age Children （%）	99.97	99.99	99.98	99.99	99.99	99.99	99.99
每千人口拥有在校大学生数 （人）	Students Enrollment in University Per 1000 Persons （person）	6.24	8.31	10.17	11.92	13.30	14.46	16
每千人口拥有医疗床位数（张）	Number of Hospital Beds Per 1000 Persons （person）	2.55	2.64	2.78	2.95	3.07	3.21	3.34
每千人口拥有医生数 （人）	Number of Doctors Per 1000 Persons （person）	1.70	1.64	1.74	1.81	1.91	2.04	2.15
就业	**Employment**							
城镇登记失业率 （%）	Registered Unemployment Rate in Urban Areas （%）	3.7	4.0	3.7	4.1	3.7	3.51	3.27
农村居民家庭每一劳动力负担人数 （人）	Number of Dependents Per Rural Laborer in Rural Households （person）	1.40	1.39	1.37	1.37	1.37	1.36	1.36
城镇每一就业者负担人数（人）	Number of Dependents Per Urban Employee （person）	1.84	1.89	1.86	1.87	1.93	1.91	1.86
邮电通信	**Post and Telecommunication**							
电话普及率 （部/每人）	Telephone Popularization Rate （set/person）	62.3	78.4	88.8	91.0	100.4	108.5	117.2
固定电话 （部/每人）	Fixed Telephones （set/person）	38.2	46.1	46.5	41.8	45.6	48.0	47.5
移动电话 （部/每人）	Mobile Telephones （set/person）	24.1	32.4	42.3	49.2	54.8	60.5	69.7

注：自2004年起固定电话普及率统计口径已作调整。

The Statistical Coverage of Telephone Popularization Rate was adjusted since 2004.

5-2 城镇单位职工工资总额(1985-2007年)
Total Wages of Staff and Workers in Urban Units(1985-2007)

单位:亿元(100 million yuan)

年 份 Year	工资总额 Total Wages of Staff and Workers	国有单位职工 State-owned Units	城镇集体单位职工 Urban Collective Owned Units	其他经济单位职工 Units of Other Types of Ownership
1985	47.85	28.69	18.91	0.25
1986	58.01	35.45	22.23	0.33
1987	66.62	40.68	25.44	0.50
1988	85.04	52.71	31.50	0.83
1989	94.46	59.08	34.17	1.21
1990	102.76	66.10	35.33	1.33
1991	115.98	74.42	39.39	2.17
1992	138.04	90.82	43.44	3.78
1993	192.98	123.08	58.80	11.10
1994	274.27	175.09	76.99	22.19
1995	324.25	201.67	90.46	32.12
1996	361.84	222.18	98.06	41.60
1997	402.01	251.85	100.13	50.03
1998	422.51	257.01	74.83	90.67
1999	456.04	273.77	66.23	116.04
2000	501.07	293.83	56.99	150.25
2001	589.48	351.40	47.61	190.47
2002	664.01	397.69	47.24	219.08
2003	797.54	469.63	49.68	278.23
2004	1016.42	573.10	60.76	382.56
2005	1311.93	676.28	59.54	576.11
2006	1591.84	762.03	61.34	768.47
2007	1937.41	886.50	67.71	983.20

5-3 城镇单位职工工资总额指数(1986-2007年)
Indices of Total Wages of Staff and Workers in Urban Units(1986-2007)

(1985年=100)(1985=100)

年 份 Year	工资总额指数 Indices of Total Wages		国有单位职工 State-owned Units		城镇集体单位职工 Urban Collective Owned Units	
	货币指数 Money Wage	实际指数 Real Wage	货币指数 Money Wage	实际指数 Real Wage	货币指数 Money Wage	实际指数 Real Wage
1986	121.2	114.1	123.6	116.3	117.6	110.6
1987	139.2	118.2	141.8	120.3	134.5	114.2
1988	177.7	122.2	183.7	126.4	166.5	114.5
1989	197.4	116.2	205.9	121.2	180.7	106.4
1990	214.7	123.8	230.4	132.8	186.8	107.7
1991	242.4	132.4	259.4	141.6	208.3	113.7
1992	288.5	144.2	316.6	158.3	229.7	114.8
1993	403.3	166.1	429.0	176.7	310.9	128.1
1994	573.1	189.3	610.3	201.6	406.8	134.4
1995	677.6	191.4	702.9	198.5	478.4	135.1
1996	756.1	194.3	774.4	199.0	518.5	133.2
1997	840.0	207.4	877.8	216.7	529.5	130.7
1998	883.0	217.0	895.8	220.1	395.7	97.2
1999	953.1	235.4	954.2	235.7	350.2	86.5
2000	1047.2	256.3	1024.2	250.7	301.4	73.8
2001	1231.9	302.7	1224.8	300.9	251.8	61.8
2002	1387.7	345.1	1386.2	344.7	249.8	62.1
2003	1666.8	412.5	1637.0	405.1	262.7	65.0
2004	2124.2	511.4	1997.6	480.9	321.3	77.3
2005	2741.8	650.3	2357.2	559.1	314.8	74.7
2006	3326.7	780.6	2656.1	623.2	324.4	76.1
2007	4048.9	914.4	3089.9	697.8	358.1	80.8

5-4 分行业城镇单位职工工资总额
Total Wages of Staff and Workers in Urban Units by Sector

单位:亿元(100 million yuan)

行 业	Sector	工资总额 Total Wages of Staff and Workers		国有单位 State - owned Units		城镇集体单位 Urban Collective Owned Units		其他单位 Units of Other Types of Ownership	
		2006	2007	2006	2007	2006	2007	2006	2007
总计	**Total**	**1591.84**	**1937.41**	**762.03**	**886.50**	**61.34**	**67.71**	**768.47**	**983.20**
农、林、牧、渔业	Farming, Forestry, Animal Husbandry and Fishery	4.25	4.55	3.89	4.15	0.21	0.21	0.15	0.20
采掘业	Mining and Quarrying	3.96	3.58	0.38	0.28	0.98	0.79	2.60	2.51
制造业	Manufacturing	428.61	565.59	13.66	14.79	9.03	8.45	405.91	542.35
电力、煤气及水的生产和供应业	Electricity, Gas and Water Production and Supply	67.36	63.94	50.92	46.47	0.76	0.86	15.67	16.61
建筑业	Construction	184.51	213.88	10.66	11.64	15.09	14.38	158.77	187.86
交通运输、仓储及邮政业	Transport, Storage and Post	61.00	70.60	38.19	42.24	2.04	3.21	20.77	25.15
信息传输、计算机服务和软件业	Information Transport, Computer Services and Software	28.67	38.59	8.26	9.35	0.23	0.23	20.18	29.00
批发与零售业	Wholesale and Retail Sale	52.42	60.35	13.52	14.51	2.06	2.14	36.85	43.70
住宿和餐饮业	Hotels and Catering Services	17.85	21.52	4.25	4.52	1.20	1.22	12.40	15.78
金融业	Banking	99.42	131.44	41.68	57.25	9.39	10.83	48.35	63.36
房地产业	Real Estate Trade	18.97	24.79	6.32	6.65	0.54	0.54	12.11	17.60
租赁与商务服务业	Leasing and Commercial Services	39.86	44.31	17.61	21.81	3.60	5.07	18.65	17.42
科学研究、技术服务与地质勘查业	Science Research, Technology Services and Geological Prospecting	31.05	37.20	23.32	27.04	0.80	1.11	6.93	9.05
水利、环境和公共设施管理业	Water Conservancy, Environment and Public Facilities Management	14.71	17.76	11.07	13.23	2.04	2.24	1.59	2.29
居民服务及其他服务业	Resident and Other Services	2.41	2.95	1.55	2.06	0.38	0.38	0.47	0.52
教育	Education	201.36	239.38	195.38	230.34	2.50	3.17	3.48	5.87
卫生、社会保障和社会福利业	Health Care, Social Securities and Social Welfare	99.71	118.26	88.34	104.18	10.02	12.40	1.34	1.69
文化、体育与娱乐业	Culture, Sports and Entertainment	18.61	21.37	17.72	20.07	0.24	0.28	0.65	1.01
公共管理与社会组织	Public Management and Social Organization	217.12	257.33	215.30	255.92	0.23	0.19	1.60	1.21

5－5 城镇单位职工平均工资(1985－2007年)
Average Wage of Staff and Workers in Urban Units(1985－2007)

单位:元(yuan)

年 份 Year	平均工资 Average Wage	国有单位 State－owned Units	城镇集体单位 Urban Collective Owned Units	其他单位 Units of Other Types of Ownership
1985	1159	1226	1071	1247
1986	1346	1442	1271	1455
1987	1493	1584	1365	1635
1988	1841	1961	1667	2014
1989	2031	2158	1838	2209
1990	2220	2383	1964	2412
1991	2422	2583	2152	2831
1992	2884	3088	2507	3368
1993	3932	4168	3439	4544
1994	5597	6034	4671	6334
1995	6619	6952	5702	7813
1996	7413	7734	6414	8672
1997	8386	8847	7026	9584
1998	9259	10012	7230	9432
1999	10632	11684	8229	10167
2000	12414	13775	9479	11539
2001	15770	18926	11281	13508
2002	18227	22195	13281	14650
2003	20853	26651	15174	16036
2004	23101	32736	17265	16653
2005	25572	38313	19659	18813
2006	27567	42258	21856	20823
2007	30854	48130	25005	23597

5-6 城镇单位职工平均工资指数(1986-2007年)
Indices of Average Wage of Staff and Workers in Urban Units (1986 -2007)

(1985年=100)(1985=100)

年 份 Year	平均工资 Indices of Average Wage		国有单位职工 State owned Units		城镇集体单位职工 Urban Collective Owned Units	
	货币指数 Average Money Wage	实际指数 Average Real Wage	货币指数 Average Money Wage	实际指数 Average Real Wage	货币指数 Average Money Wage	实际指数 Average Real Wage
1986	116.1	109.2	117.6	110.6	118.7	111.7
1987	128.8	109.2	129.2	109.6	127.5	108.1
1988	158.8	109.1	160.0	110.0	155.6	106.9
1989	175.2	103.1	176.0	103.6	171.6	101.0
1990	191.5	110.4	194.4	112.0	183.4	105.7
1991	209.0	114.1	210.7	115.0	200.9	109.7
1992	248.8	124.4	251.9	126.0	234.1	117.1
1993	339.3	139.7	340.0	140.0	321.1	132.2
1994	482.9	159.4	492.2	162.4	436.1	143.9
1995	571.1	161.1	567.0	160.0	532.4	150.2
1996	639.6	164.4	630.8	162.1	598.9	153.9
1997	723.6	178.6	721.6	178.1	656.0	161.9
1998	798.9	196.3	816.6	200.6	675.1	165.9
1999	917.3	226.6	953.0	235.4	768.3	189.8
2000	1071.1	262.1	1123.6	275.0	885.1	216.6
2001	1360.7	334.3	1543.7	379.3	1053.3	258.8
2002	1572.6	391.1	1810.4	450.2	1240.1	308.4
2003	1799.2	445.2	2173.9	537.9	1416.9	350.6
2004	1993.2	479.8	2670.1	642.8	1612.0	388.1
2005	2206.4	523.3	3125.0	741.2	1835.6	435.4
2006	2378.5	558.1	3446.8	808.7	2040.7	478.8
2007	2662.1	601.2	3925.8	886.5	2334.8	527.2

5－7 分行业城镇单位职工平均工资
Average Wage of Staff and Workers in Urban Units by Sector

单位:元(yuan)

行 业	Sector	平均工资 Total Wages of Staff and Workers		国有单位 State－owned Units		城镇集体单位 Urban Collective owned Units		其他单位 Units of Other Types of Ownership	
		2006	2007	2006	2007	2006	2007	2006	2007
总计	**Total**	**27567**	**30854**	**42258**	**48130**	**21856**	**25005**	**20823**	**23597**
农、林、牧、渔业	Farming, Forestry, Animal Husbandry and Fishery	23715	26771	24056	26904	29435	38285	14487	18776
采掘业	Mining and Quarrying	19014	19788	11503	10542	24824	26942	19150	20048
制造业	Manufacturing	18097	20570	23496	26034	15103	17569	18037	20507
电力、煤气及水的生产和供应业	Electricity, Gas and Water Production and Supply	62808	59296	77587	70121	22950	27770	40939	43185
建筑业	Construction	20625	23058	31317	34459	19224	19610	20300	22897
交通运输、仓储及邮政业	Transport, Storage and Post	31262	35758	34533	39861	20583	29172	27835	31257
信息传输、计算机服务和软件业	Information Transport, Computer Services and Software	55899	63823	56830	63463	28218	30193	56145	64519
批发与零售业	Wholesale and Retail Sale	26659	29444	42744	48299	15675	17594	24258	26852
住宿和餐饮业	Hotels and Catering Services	17014	19690	17904	20556	13979	15764	17081	19833
金融业	Banking	58146	72465	58760	75381	41590	48081	62407	76419
房地产业	Real Estate Trade	29256	32975	35859	41270	19795	22857	27220	31035
租赁与商务服务业	Leasing and Commercial Services	22986	27176	26783	32838	22026	23091	20424	23340
科学研究、技术服务与地质勘查业	Science Research, Technology Services and Geological Prospecting	40313	45378	42138	48318	31233	37145	36241	39299
水利、环境和公共设施管理业	Water Conservancy, Environment and Public Facilities Management	25876	28413	29217	32638	17442	18300	22034	23530
居民服务及其他服务业	Resident and Other Services	24343	31704	34342	38899	17527	21345	14852	22936
教育	Education	39110	45164	39517	45775	27965	34536	30269	33260
卫生、社会保障和社会福利业	Health Care, Social Securities and Social Welfare	41823	47040	44089	49652	30071	33879	28566	33748
文化、体育与娱乐业	Culture, Sports and Entertainment	41679	46500	43025	48164	27418	30908	25143	30150
公共管理与社会组织	Public Management and Social Organization	46545	52924	47066	53399	31829	34497	19190	18949

5－8 各市城镇单位职工工资总额和平均工资
Total Wages and Average Wage of Staff and Workers in Urban Units by City

地 区	Region	2003	2004	2005	2006	2007
工资总额(万元)	**Total Wages(10000 yuan)**	**7975423**	**10164237**	**13119269**	**15918431**	**19374101**
浙东北	**Eastern and Northern Region**	**5139125**	**6487868**	**8600195**	**10435370**	**13172568**
杭州市	Hangzhou	1904643	2224734	3010148	3851573	4996876
宁波市	Ningbo	1436157	1697092	2144151	2583481	3223794
嘉兴市	Jiaxing	588648	913451	1219593	1488325	1813124
湖州市	Huzhou	279568	407545	543473	651602	775459
绍兴市	Shaoxing	742774	1001303	1410955	1566240	1981463
舟山市	Zhoushan	187335	243743	271875	294148	381852
浙西南	**Western and Southern Region**	**2812531**	**3644413**	**4473079**	**5235442**	**6071019**
温州市	Wenzhou	1107427	1466197	1708080	2099973	2534372
金华市	Jinhua	566220	724152	917653	1130792	1129801
衢州市	Quzhou	221203	293325	327142	361093	431859
台州市	Taizhou	676158	856535	1173844	1255154	1522302
丽水市	Lishui	241523	304204	346360	388430	452685
平均工资(元)	**Average Wage (yuan)**	**20853**	**23101**	**25572**	**27567**	**30854**
浙东北	**Eastern and Northern Region**	**22243**	**24301**	**26358**	**28290**	**31977**
杭州市	Hangzhou	23969	28186	30580	32440	36200
宁波市	Ningbo	23486	25710	27986	28899	32892
嘉兴市	Jiaxing	20067	20432	20552	22511	25883
湖州市	Huzhou	19250	21477	23488	25674	28053
绍兴市	Shaoxing	19342	21271	24440	26739	29807
舟山市	Zhoushan	18184	21592	24678	27561	32580
浙西南	**Western and Southern Region**	**19418**	**21411**	**24300**	**25585**	**28652**
温州市	Wenzhou	18324	19141	21279	22758	25740
金华市	Jinhua	20126	22978	23752	24873	28638
衢州市	Quzhou	18116	21953	25802	28007	32185
台州市	Taizhou	20418	24307	30550	31470	33058
丽水市	Lishui	18260	22543	24613	27518	31206

5-9 分行业城镇单位从业人员劳动报酬(2007年)
Remuneration Payment to Employed Persons in Urban Units by Sector(2007)

单位:亿元(100 million yuan)

行业	Sector	单位从业人员劳动报酬 Total Remuneration	在岗职工工资总额 Wages of Staff and Workers at Work	其他从业人员劳动报酬 Remuneration Payment to Other Employed Persons	#聘用的离退休人员 Re-employed Retirees	#聘用的港澳台和外籍人员 Employed Persons from Hong Kong, Macao & Taiwan and Foreigner
总计	**Total**	**2005.13**	**1924.22**	**80.91**	**10.71**	**12.00**
农、林、牧、渔业	Farming, Forestry, Animal Husbandry and Fishery	4.51	4.45	0.06	0.01	
采掘业	Mining and Quarrying	3.55	3.38	0.16	0.01	
制造业	Manufacturing	585.07	563.16	21.91	3.24	10.09
电力、煤气及水的生产和供应业	Electricity, Gas and Water Production and Supply	64.95	63.64	1.31	0.20	0.03
建筑业	Construction	228.06	213.43	14.63	0.54	0.02
交通运输、仓储及邮政业	Transport, Storage and Post	73.33	69.35	3.98	0.13	0.11
信息传输、计算机服务和软件业	Information Transport, Computer Services and Software	42.37	38.31	4.07	0.07	0.21
批发与零售业	Wholesale and Retail Sale	61.78	59.64	2.15	0.60	0.09
住宿和餐饮业	Hotels and Catering Services	22.30	21.34	0.97	0.26	0.25
金融业	Banking	141.99	128.54	13.45	0.24	0.14
房地产业	Real Estate Trade	26.35	24.62	1.73	0.73	0.22
租赁与商务服务业	Leasing and Commercial Services	44.92	43.52	1.40	0.49	0.05
科学研究、技术服务与地质勘查业	Science Research, Technology Services and Geological Prospecting	39.17	36.97	2.20	0.87	0.08
水利、环境和公共设施管理业	Water Conservancy, Environment and Public Facilities Management	18.24	17.51	0.73	0.13	
居民服务及其他服务业	Resident and Other Services	3.05	2.94	0.11	0.04	0.01
教育	Education	242.37	238.33	4.03	0.80	0.63
卫生、社会保障和社会福利业	Health Care, Social Securities and Social Welfare	121.72	117.84	3.88	1.93	0.01
文化、体育与娱乐业	Culture, Sports and Entertainment	22.36	21.24	1.12	0.14	0.06
公共管理与社会组织	Public Management and Social Organization	259.04	256.02	3.02	0.29	

5-10 分行业国有单位从业人员劳动报酬(2007 年)
Remuneration Payment to Employed Persons in State-owned Units by Sector(2007)

单位:亿元(100 million yuan)

行业	Sector	单位从业人员劳动报酬 Total Remuneration	在岗职工工资总额 Wages of Staff and Workers at Work	其他从业人员劳动报酬 Remuneration Payment to Other Employed Persons	#聘用的离退休人员 Re-employed Retirees	#聘用的港澳台和外籍人员 Employed Persons from Hong Kong, Macao & Taiwan and Foreigner
总计	**Total**	**900.50**	**878.06**	**22.44**	**3.16**	**0.61**
农、林、牧、渔业	Farming, Forestry, Animal Husbandry and Fishery	4.10	4.05	0.05	0.01	
采掘业	Mining and Quarrying	0.34	0.25	0.09		
制造业	Manufacturing	14.04	13.68	0.36	0.06	
电力、煤气及水的生产和供应业	Electricity, Gas and Water Production and Supply	47.33	46.23	1.10	0.12	
建筑业	Construction	13.07	11.50	1.56	0.06	
交通运输、仓储及邮政业	Transport, Storage and Post	44.43	41.47	2.96	0.03	0.01
信息传输、计算机服务和软件业	Information Transport, Computer Services and Software	9.47	9.25	0.22	0.01	
批发与零售业	Wholesale and Retail Sale	14.82	14.34	0.48	0.04	
住宿和餐饮业	Hotels and Catering Services	4.58	4.41	0.17	0.06	
金融业	Banking	58.84	55.61	3.23	0.03	
房地产业	Real Estate Trade	6.77	6.55	0.22	0.05	
租赁与商务服务业	Leasing and Commercial Services	21.63	21.17	0.45	0.12	
科学研究、技术服务与地质勘查业	Science Research, Technology Services and Geological Prospecting	27.78	26.83	0.95	0.30	
水利、环境和公共设施管理业	Water Conservancy, Environment and Public Facilities Management	13.47	13.02	0.45	0.03	
居民服务及其他服务业	Resident and Other Services	2.07	2.05	0.02		
教育	Education	232.41	229.30	3.11	0.50	0.58
卫生、社会保障和社会福利业	Health Care, Social Securities and Social Welfare	106.86	103.77	3.09	1.36	
文化、体育与娱乐业	Culture, Sports and Entertainment	20.95	19.95	1.00	0.12	
公共管理与社会组织	Public Management and Social Organization	257.53	254.61	2.92	0.25	

5-11 分行业城镇集体单位从业人员劳动报酬(2007 年)
Remuneration Payment to Employed Persons in State-owned Units by Sector(2007)

单位:亿元(100 million yuan)

行 业	Sector	单位从业人员劳动报酬 Total Remuneration	在岗职工工资总额 Wages of Staff and Workers at Work	其他从业人员劳动报酬 Remuneration Payment to Other Employed Persons	#聘用的离退休人员 Re-employed Retirees	#聘用的港澳台和外籍人员 Employed Persons from Hong Kong, Macao & Taiwan and Foreigner
总计	**Total**	**69.17**	**66.79**	**2.38**	**0.85**	**0.01**
农、林、牧、渔业	Farming, Forestry, Animal Husbandry and Fishery	0.21	0.21			
采掘业	Mining and Quarrying	0.79	0.79			
制造业	Manufacturing	8.49	8.37	0.12	0.06	0.01
电力、煤气及水的生产和供应业	Electricity, Gas and Water Production and Supply	0.86	0.85	0.01		
建筑业	Construction	15.05	14.33	0.72	0.03	
交通运输、仓储及邮政业	Transport, Storage and Post	3.24	3.16	0.08	0.01	
信息传输、计算机服务和软件业	Information Transport, Computer Services and Software	0.23	0.23			
批发与零售业	Wholesale and Retail Sale	2.08	2.00	0.09	0.03	
住宿和餐饮业	Hotels and Catering Services	1.23	1.21	0.02	0.01	
金融业	Banking	10.43	10.41	0.02		
房地产业	Real Estate Trade	0.55	0.52	0.03	0.02	
租赁与商务服务业	Leasing and Commercial Services	5.18	5.03	0.16	0.05	
科学研究、技术服务与地质勘查业	Science Research, Technology Services and Geological Prospecting	1.15	1.10	0.06	0.02	
水利、环境和公共设施管理业	Water Conservancy, Environment and Public Facilities Management	2.30	2.21	0.10	0.04	
居民服务及其他服务业	Resident and Other Services	0.40	0.38	0.02	0.01	
教育	Education	3.46	3.17	0.29	0.11	
卫生、社会保障和社会福利业	Health Care, Social Securities and Social Welfare	13.00	12.38	0.62	0.44	
文化、体育与娱乐业	Culture, Sports and Entertainment	0.29	0.28	0.01		
公共管理与社会组织	Public Management and Social Organization	0.21	0.19	0.02	0.02	

5 - 12 分行业城镇其他单位从业人员劳动报酬(2007 年)
Remuneration Payment to Employed Persons in Urban Other Ownership Units by Sector(2007)

单位:亿元(100 million yuan)

行 业	Sector	单位从业人员劳动报酬 Total Remuneration	在岗职工工资总额 Wages of Staff and Workers at Work	其他从业人员劳动报酬 Remuneration Payment to Other Employed Persons	#聘用的离退休人员 Re - employed Retirees	#聘用的港澳台和外籍人员 Employed Persons from Hong Kong, Macao & Taiwan and Foreigner
总计	**Total**	**1035.47**	**979.37**	**56.10**	**6.70**	**11.39**
农、林、牧、渔业	Farming, Forestry, Animal Husbandry and Fishery	0.21	0.19	0.01	0.01	
采掘业	Mining and Quarrying	2.41	2.34	0.07	0.01	
制造业	Manufacturing	562.54	541.12	21.42	3.12	10.09
电力、煤气及水的生产和供应业	Electricity, Gas and Water Production and Supply	16.76	16.57	0.20	0.07	0.03
建筑业	Construction	199.94	187.59	12.34	0.44	0.02
交通运输、仓储及邮政业	Transport, Storage and Post	25.66	24.72	0.94	0.09	0.10
信息传输、计算机服务和软件业	Information Transport, Computer Services and Software	32.67	28.83	3.84	0.07	0.21
批发与零售业	Wholesale and Retail Sale	44.88	43.30	1.58	0.53	0.09
住宿和餐饮业	Hotels and Catering Services	16.49	15.72	0.77	0.19	0.25
金融业	Banking	72.72	62.51	10.20	0.20	0.14
房地产业	Real Estate Trade	19.03	17.55	1.48	0.66	0.22
租赁与商务服务业	Leasing and Commercial Services	18.11	17.32	0.78	0.31	0.05
科学研究、技术服务与地质勘查业	Science Research, Technology Services and Geological Prospecting	10.23	9.04	1.19	0.54	0.08
水利、环境和公共设施管理业	Water Conservancy, Environment and Public Facilities Management	2.47	2.29	0.18	0.06	
居民服务及其他服务业	Resident and Other Services	0.58	0.52	0.07	0.03	0.01
教育	Education	6.49	5.87	0.63	0.19	0.05
卫生、社会保障和社会福利业	Health Care, Social Securities and Social Welfare	1.86	1.68	0.18	0.13	
文化、体育与娱乐业	Culture, Sports and Entertainment	1.12	1.01	0.11	0.02	0.06
公共管理与社会组织	Public Management and Social Organization	1.30	1.21	0.09	0.01	

5－13 各市企业单位从业人员劳动报酬
Remuneration Payment to Employed Persons in Enterprises by City

单位:亿元(100 million yuan)

城 市 City		单位从业人员劳动报酬 Remuneration Payment to Employed Persons			#在岗职工工资总额 Wages of Staff and Workers at Work			在岗职工平均工资(元) Average Wage of Staff and Workers at Work (yuan)		
		2005	2006	2007	2005	2006	2007	2005	2006	2007
总 计	**Total**	**811.01**	**1053.40**	**1307.65**	**780.28**	**999.71**	**1239.32**	**21117**	**23264**	**26034**
杭州市	Hangzhou	196.72	274.71	370.05	188.36	253.65	340.14	27354	28885	32087
宁波市	Ningbo	139.84	179.36	226.30	134.32	169.68	215.48	23173	24135	27440
温州市	Wenzhou	104.03	134.41	166.06	100.84	130.42	161.23	16785	18144	20781
嘉兴市	Jiaxing	90.28	114.25	139.10	86.13	108.70	132.20	17678	19752	22554
湖州市	Huzhou	32.70	39.54	48.90	31.41	38.07	47.06	19254	20821	23188
绍兴市	Shaoxing	95.08	108.36	141.48	93.03	104.26	136.49	19935	22212	25098
金华市	Jinhua	48.33	65.64	59.38	47.1	63.69	57.77	18799	20202	22940
衢州市	Quzhou	14.14	15.88	19.55	13.18	14.68	17.70	20667	22650	25771
舟山市	Zhoushan	14.38	15.74	21.68	13.91	15.37	21.08	20488	24037	28435
台州市	Taizhou	58.43	65.72	84.94	55.29	61.83	80.53	22763	24259	25942
丽水市	Lishui	13.83	16.36	18.49	13.47	15.98	17.97	21458	25718	27294

5－14 各市国有控股企业单位从业人员劳动报酬
Remuneration Payment to Employed Persons in Enterprises with Controling Share Hold by State by City

单位:亿元(100 million yuan)

城 市 City		单位从业人员劳动报酬 Remuneration Payment to Employed Persons			#在岗职工工资总额 Wages of Staff and Workers at Work			在岗职工平均工资(元) Average Wage of Staff and Workers at Work (yuan)		
		2005	2006	2007	2005	2006	2007	2005	2006	2007
总 计	**Total**	**302.74**	**504.33**	**502.66**	**290.58**	**481.79**	**472.85**	**33236**	**31730**	**39866**
杭州市	Hangzhou	98.96	161.94	186.38	95.27	151.66	172.52	37306	34271	41443
宁波市	Ningbo	53.51	57.21	71.23	51.65	54.72	67.45	39802	41569	44626
温州市	Wenzhou	32.44	44.61	57.71	30.93	42.64	54.40	31819	29517	32535
嘉兴市	Jiaxing	20.61	34.58	27.58	19.36	33.21	25.86	37954	28749	45880
湖州市	Huzhou	11.02	21.72	21.50	10.67	21.03	20.41	27164	27645	35447
绍兴市	Shaoxing	16.71	53.15	33.22	16.11	52.23	31.79	28607	26195	43463
金华市	Jinhua	15.98	36.44	20.01	15.74	35.84	19.15	26563	22451	38560
衢州市	Quzhou	9.78	10.44	11.09	9.26	9.91	10.36	25732	28283	33234
舟山市	Zhoushan	9.40	11.15	13.50	9.04	10.89	13.09	23284	27442	35483
台州市	Taizhou	23.57	41.86	34.85	22.04	38.73	32.53	32795	32965	42042
丽水市	Lishui	7.52	9.43	13.92	7.29	9.18	13.66	31707	35906	40278

5-15 各市事业单位从业人员劳动报酬
Remuneration Payment to Employed Persons in Institutions by City

单位:亿元(100 million yuan)

城 市 City		单位从业人员劳动报酬 Remuneration Payment to Employed Persons			#在岗职工工资总额 Wages of Staff and Workers at Work			在岗职工平均工资(元) Average Wage of Staff and Workers at Work (yuan)		
		2005	2006	2007	2005	2006	2007	2005	2006	2007
总 计	**Total**	**353.79**	**396.49**	**469.70**	**347.24**	**387.98**	**459.43**	**36726**	**39422**	**45091**
杭州市	Hangzhou	76.06	89.47	110.26	74.37	87.19	106.87	37313	41723	49060
宁波市	Ningbo	53.64	59.55	71.19	52.59	58.30	69.59	41168	44013	51485
温州市	Wenzhou	45.60	52.62	61.03	44.97	51.46	60.02	36290	39401	44548
嘉兴市	Jiaxing	24.68	28.05	34.72	24.18	27.57	34.15	32186	35021	41671
湖州市	Huzhou	14.77	17.72	20.78	14.25	17.02	19.91	32857	37579	41191
绍兴市	Shaoxing	33.46	35.94	42.25	32.89	35.21	41.52	42882	43300	48599
金华市	Jinhua	29.29	32.78	36.35	29.01	32.35	36.00	32701	35170	38324
衢州市	Quzhou	10.47	11.48	13.96	10.26	11.22	13.58	29937	32210	38147
舟山市	Zhoushan	8.09	8.68	10.53	7.99	8.50	10.32	32621	33939	40902
台州市	Taizhou	42.92	44.35	50.14	42.02	43.47	49.20	43396	43798	47136
丽水市	Lishui	13.55	14.59	17.25	13.44	14.43	17.01	26729	28292	32964

5-16 各市机关单位从业人员劳动报酬
Remuneration Payment to Employed Persons in Government Agencies by City

单位:亿元(100 million yuan)

城 市 City		单位从业人员劳动报酬 Remuneration Payment to Employed Persons			#在岗职工工资总额 Wages of Staff and Workers at Work			在岗职工平均工资(元) Average Wage of Staff and Workers at Work (yuan)		
		2005	2006	2007	2005	2006	2007	2005	2006	2007
总 计	**Total**	**172.48**	**193.15**	**227.77**	**170.83**	**190.84**	**225.48**	**45770**	**48614**	**54917**
杭州市	Hangzhou	34.59	41.25	48.79	34.28	40.33	48.47	50354	53554	60773
宁波市	Ningbo	26.34	29.21	36.82	26.02	29.03	36.28	52648	55474	65692
温州市	Wenzhou	23.93	27.08	31.19	23.73	26.85	30.93	41607	46951	51958
嘉兴市	Jiaxing	10.59	11.63	14.16	10.52	11.54	14.05	46076	47587	54821
湖州市	Huzhou	8.18	9.54	10.19	7.98	9.26	9.81	43938	48879	54189
绍兴市	Shaoxing	14.51	16.54	19.64	14.36	16.41	19.42	54830	57405	65180
金华市	Jinhua	14.89	16.30	18.49	14.84	16.25	18.43	37659	39429	42779
衢州市	Quzhou	8.69	9.57	11.21	8.55	9.43	11.05	37507	39932	45361
舟山市	Zhoushan	4.69	5.00	6.18	4.66	4.97	6.16	37983	39987	47246
台州市	Taizhou	18.91	19.20	21.38	18.77	19.00	21.24	55534	54388	56398
丽水市	Lishui	7.17	7.84	9.72	7.11	7.77	9.63	30613	32699	39497

5－17 历年城镇居民生活水平(1978－2007年)
Living Standard of Urban Resident(1978－2007)

年份 Year	人均可支配收入(元) Per Capita Disposable Income(yuan)	人均可支配收入指数(上年=100) Growth Rate of Per Capita Disposable Income (Preceding year=100)	人均消费性支出(元) Per Capita Consumption Expenditure (yuan)	#食品支出 Food	恩格尔系数 Engel Coefficient	人均住房使用面积(平方米) Per Captia Floor Space of Residential Buildings(sq. m)
1978	332		301			
1980	488		428			
1981	523	105.4	476	264	55.6	
1982	530	99.4	471	270	57.3	
1983	551	101.2	484	288	59.5	9.44
1984	669	117.1	562	316	56.2	9.95
1985	904	117.4	795	407	51.3	11.07
1986	1104	114.9	969	492	50.8	11.76
1987	1228	100.3	1100	570	51.8	12.15
1988	1589	104.9	1453	741	51.0	12.49
1989	1797	96.8	1556	851	54.7	13.05
1990	1932	105.3	1604	885	55.1	13.55
1991	2143	105.0	1806	992	55.0	13.71
1992	2619	111.9	2154	1111	51.6	14.13
1993	3626	114.0	2856	1417	49.4	14.47
1994	5066	112.0	4079	1945	47.4	15.58
1995	6221	105.0	5263	2489	47.0	15.64
1996	6956	101.8	5764	2714	46.9	15.91
1997	7359	101.6	6170	2723	43.9	16.25
1998	7837	105.3	6218	2644	42.5	18.25
1999	8428	108.0	6522	2629	40.3	19.47
2000	9279	109.1	7020	2752	39.2	19.87
2001	10465	113.3	7952	2888	36.3	20.30
2002	11716	113.4	8713	3474	37.9	21.12
2003	13180	111.9	9713	3558	36.6	21.60
2004	14546	107.4	10636	3851	36.2	23.90
2005	16294	110.4	12254	4140	33.8	26.10
2006	18265	110.9	13349	4393	32.9	26.44
2007	20574	108.4	14091	4893	34.7	34.72

注:1. 人均可支配收入指数扣除价格变动因素。
Growth rate of per capita disposable income was excluded price changes.
2. 人均住房使用面积自2007年起为建筑面积。
The data of Per captia floor space of residential buildings is adjusted since 2007.

5－18 城镇居民家庭基本情况
Basic Statistics on Urban Households

项 目		Item		2001	2002	2003	2004	2005	2006	2007
调查户数	（户）	Number of Households Surveyed	(household)	1900	1900	2250	2380	4150	4100	4300
平均每户家庭人口数	（人）	Average Household Size	(person)	2.84	2.84	2.81	2.81	2.80	2.78	2.74
平均每户就业人口数	（人）	Average Employed Persons Per Household	(person)	1.57	1.50	1.51	1.50	1.45	1.45	1.47
平均每户就业面	（%）	Percentage of Employed Persons Per Household	(%)	54.33	52.82	53.74	53.38	51.79	52.16	53.65
平均每一就业者负担人数(包括就业者本人)	（人）	Number of Persons Suppo－rted by Each Laborer (Including the Employee Himself or Herself)	(person)	1.84	1.89	1.86	1.87	1.93	1.91	1.86
平均每人全部年收入	（元）	Per Capita Annual Income	(yuan)	10519	12682	14295	15882	17877	19954	22584
#可支配收入	（元）	Per Capita Disposal Income	(yuan)	10465	11716	13180	14546	16294	18265	20574
工薪收入	（元）	Wages Income	(yuan)	7214	8534	9693	10753	11941	13016	14510
经营净收入	（元）	Net Business Income	(yuan)	554	761	1172	1336	1922	2172	2612
财产性收入	（元）	Property Income	(yuan)	165	202	374	384	553	889	1080
转移性收入	（元）	Transfer Income	(yuan)	2586	3185	3057	3409	3462	3877	4382
出售财物收入	（元）	Income of Properties Sold	(yuan)	22	77	322	596	158	904	482
平均每人消费性支出	（元）	Per Annual Expenditure for Consumption	(yuan)	7952	8713	9713	10636	12254	13349	14091
食品	（元）	Food	(yuan)	2888	3474	3558	3851	4140	4393	4893
衣着	（元）	Clothing	(yuan)	669	744	830	942	1264	1384	1406

5－18 续表 continued

项　目		Item		2001	2002	2003	2004	2005	2006	2007
居住	(元)	Residence	(yuan)	724	739	953	971	1059	1229	1168
家庭设备用品及服务	(元)	Household Facilities Articles and Services	(yuan)	927	283	593	597	609	615	666
医疗保健	(元)	Medicine and Medical Services	(yuan)	533	668	738	829	832	852	859
交通和通讯	(元)	Transportation and Communications	(yuan)	689	899	1224	1419	2097	2492	2473
娱乐教育、文化	(元)	Recreation, Education and Culture	(yuan)	1065	1407	1487	1681	1850	1946	2158
杂项商品和服务	(元)	Miscellaneous Commodities and Services	(yuan)	457	261	330	346	402	436	468
平均每人消费性支出构成(人均消费支出＝100)	(%)	Composition of Per Capita Annual Expenditure for Consumption (Per Capita Expenditure Consumption ＝100)	(%)	100	100	100	100	100	100	100
食品	(%)	Food	(%)	36.32	37.88	36.64	36.20	33.80	32.91	34.72
衣着	(%)	Clothing	(%)	8.41	8.54	8.55	8.90	10.30	10.37	9.98
居住	(%)	Residence	(%)	9.11	8.48	9.81	9.10	8.60	9.21	8.29
家庭设备用品及服务	(%)	Household Facilities, Articles and Services	(%)	11.65	5.99	6.10	5.60	5.00	4.61	4.73
医疗保健	(%)	Medicine and Medical Services	(%)	6.70	7.66	7.60	7.80	6.80	6.38	6.10
交通和通讯	(%)	Transportation and Communications	(%)	8.66	10.32	12.60	13.30	17.10	18.67	17.55
娱乐教育、文化	(%)	Recreation, Education and Culture	(%)	13.39	16.15	15.31	15.80	15.10	14.58	15.32
杂项商品和服务	(%)	Miscellaneous Commodities and Services	(%)	5.75	2.99	3.39	3.30	3.30	3.27	3.32

5-19 城镇居民家庭基本情况(2007 年)
Basic Statistics on Urban Households(2007)

项目		Item		总平均 Average	最低收入户 Lowest Income House-holds	低收入户 Low Income House-holds	中等偏下户 Lower Middle Income House-holds	中等收入户 Middle Income House-holds	中等偏上户 Upper Middle Income House-holds	高收入户 High Income House-holds	最高收入户 Highest Income House-holds
					按可支配收入分组 Grouped by Disposable Income						
调查户数	(户)	Number of Household Surveyed	(household)	4300	430	430	860	860	860	430	430
比重	(%)	Proportion	(%)	100	10	10	20	20	20	10	10
平均每户家庭人口数	(人)	Average Household Size	(person)	2.74	2.94	3.02	2.88	2.69	2.62	2.59	2.56
有收入者人数	(人)	Persons with Income	(person)	1.96	1.55	1.89	2.02	2.05	2	2	1.99
#离退休人口数	(人)	Retired	(person)	0.47	0.2	0.38	0.53	0.6	0.55	0.45	0.29
无收入者人数	(人)	Persons with-out Income	(person)	0.78	1.39	1.13	0.86	0.64	0.62	0.6	0.57
平均每户就业人口数	(人)	Average Employed Persons Per Household	(person)	1.47	1.31	1.49	1.46	1.43	1.44	1.54	1.69
平均每户就业面	(%)	Percentage of Employed Persons Per Household	(%)	53.65	44.56	49.34	50.69	53.16	54.96	59.46	66.02
平均每一就业者负担人数	(人)	Number of Persons Supported by Each Laborer	(person)	1.86	2.24	2.03	1.97	1.88	1.82	1.68	1.51
家庭总收入	(元)	Household Income	(yuan)	22584	7410	10706	14087	18776	25891	34344	56240
#可支配收入	(元)	Per Capita Disposable In-come	(yuan)	20574	6347	9533	12911	17219	23518	31342	51555
家庭总支出	(元)	Household Expenditure	(yuan)	20097	7831	10239	12316	16669	23219	26770	51969
#消费性支出	(元)	Per Capita Ann-ual Expenditure for Consumption	(yuan)	14091	6266	8097	9743	12176	16352	19830	30295
食品	(元)	Food	(yuan)	4893	2825	3613	4178	4831	5479	6141	7351
衣着	(元)	Clothing	(yuan)	1406	462	635	921	1241	1722	2116	3083
居住	(元)	Residence	(yuan)	1168	616	778	718	1134	1238	1534	2583
医疗保健	(元)	Medicine and Medical Services	(yuan)	666	224	366	388	558	734	977	1747
交通和通讯	(元)	Transportation and Communi-cations	(yuan)	859	379	446	809	894	983	1074	1307
娱乐教育、文化	(元)	Recreation, Education and Culture	(yuan)	2473	687	819	1054	1470	3088	4375	7715
家庭设备用品及服务	(元)	Household Fa-cilities, Articles and Services	(yuan)	2158	969	1280	1448	1714	2562	2972	4941
杂项商品和服务	(元)	Miscellaneous Commodities and Services	(yuan)	468	104	161	227	335	545	641	1567

5-20 城镇居民家庭平均每人收支情况
Per Capita Annual Income and Expenditures of Urban Households

单位:元(yuan)

项 目	Item	2000	2001	2002	2003	2004	2005	2006	2007
家庭总收入	**Total Income**	**9271**	**10519**	**12682**	**14295**	**15882**	**17877**	**19954**	**20574**
工薪收入	Wages	6444	7214	8534	9693	10753	11941	13016	14510
经营净收入	Net Business Income	481	554	761	1172	1336	1922	2172	2612
财产性收入	Property Income	156	165	202	374	384	553	889	1080
转移性收入	Transfer Income	2190	2586	3185	3057	3409	3462	3877	4382
出售财物收入	**Income of Properties Sold**	**63**	**22**	**77**	**322**	**596**	**158**	**904**	**482**
借贷收入	**Borrowing Money and Loans**	**2540**	**3068**	**2632**	**3647**	**4204**	**5134**	**6037**	**7125**
#提取储蓄存款	Drawing Money from Banks	1662	2069	2097	2573	3080	4120	4428	5744
借入款	Borrowed Money	300	192	276	286	244	277	264	337
住房贷款	Asking for Banks Loan for Purchasing Houses	134	167	103	472	446	191	691	463
家庭总支出	**Tolal Expenditure**	**8786**	**10074**	**11836**	**13692**	**15220**	**16906**	**18984**	**20097**
消费性支出	Consumption Expenditure	7020	7952	8713	9713	10636	12254	13349	14091
财产性支出	Property Expenditure	6	6	9	20	48	77	143	193
转移性支出	Transfer Expenditure	921	990	1237	1526	1602	1966	2155	2331
#缴纳个人收入税	Income Tax	21	40	112	134	163	206	194	240
捐赠支出	Expenditure for Presentation	636	682	786	896	948	1149	1259	1348
赡养支出	Expenditure for Alimony	185	203	269	406	389	453	507	522
社会保障支出	Expenditure for Social Security			797	918	1089	1277	1387	1642
购房与建房支出	Purchasing and Building Houses	833	1125	1079	1516	1844	1333	1951	1841
借贷支出	**Lend Money and Savings**	**2455**	**3143**	**3127**	**3734**	**4933**	**5226**	**7356**	**8995**
#存入储蓄款	Savings Deposits	1735	2407	2590	2909	3901	3973	5688	7124
借出款	Lend Money	54	35	16	55	64	67	75	86
储蓄性保险支出	Expenditure for Savings and Insurance	148	215	106	142	195	138	141	118
期末手存现金	**Cash Now Available**	**1210**	**1378**	**1623**	**1770**	**1888**	**1920**	**2279**	**2826**

5－21 城镇居民家庭平均每人全年收支（2007 年）
Per Capita Annual Cash Income and Expenditures of Urban Households(2007)

单位:元(yuan)

项 目	Item	总平均 Average	按可支配收入分组 Grouped by Disposable Income						
			最低收入户 Lowest Income Households	低收入户 Low Income Households	中等偏下户 Lower Middle Income Households	中等收入户 Middle Income Households	中等偏上户 Upper Middle Income House-holds	高收入户 High Income Households	最高收入户 Highest Income Households
家庭总收入	**Total Income**	**22584**	**7410**	**10706**	**14087**	**18776**	**25891**	**34344**	**56240**
工薪收入	Wages	14510	4763	6350	8896	11840	16865	22866	36160
经营净收入	Net Business Income	2612	1003	1765	1558	1987	2557	3678	7580
财产性收入	Property Income	1080	120	233	309	367	1031	1529	5604
转移性收入	Transfer Income	4382	1524	2358	3324	4582	5438	6271	6895
出售财物收入	**Income of Properties Sold**	**482**	**8**	**3**	**181**	**11**	**347**	**226**	**3569**
借贷收入	**Borrowing Money and Loans**	**7125**	**1830**	**1787**	**3007**	**4360**	**8388**	**8601**	**27738**
#提取储蓄存款	Drawing Money from Banks	5744	1702	1608	2759	3249	7575	7704	19387
借入款	Borrowed Money	337	119	25	128	380	344	94	1419
住房贷款	Asking for Banks Loan for Purchasing Houses	463				541	236		3095
家庭总支出	**Tolal Expenditure**	**20097**	**7831**	**10239**	**12316**	**16669**	**23219**	**26770**	**51969**
消费性支出	Consumption Expenditure	14091	6266	8097	9743	12176	16352	19830	30295
财产性支出	Property Expenditure	193	7	10	35	137	211	294	857
转移性支出	Transfer Expenditure	2331	589	877	1269	1695	2848	3975	6300
#缴纳个人收入税	Income Tax	240	15	24	40	104	240	430	1182
捐赠支出	Expenditure for Presentation	1348	334	519	800	1106	1736	2384	2961
赡养支出	Expenditure for Alimony	522	175	251	327	320	640	744	1490
社会保障支出	Expenditure for Social Security	1642	944	1041	1017	1321	1994	2433	3349
购房与建房支出	Purchasing and Building Houses	1841	25	213	251	1340	1815	238	11167
借贷支出	**Lend Money and Savings**	**8995**	**993**	**1662**	**4229**	**5511**	**10101**	**14775**	**33239**
#存入储蓄款	Savings Deposits	7124	930	1551	3334	4921	8413	12391	23256
借出款	Lend Money	86			13	38	106	133	417
储蓄性保险支出	Expenditure for Savings and Insurance	118	10	13	50	85	116	204	464
期末手存现金	**Cash Now Available**	**2826**	**1342**	**1926**	**2285**	**2667**	**3026**	**4268**	**4805**

5－22 城镇居民家庭平均每人全年消费性支出
Per Capita Annual Consumption Expenditures of Urban Households

单位:元(yuan)

项　目	Item	2000	2001	2002	2003	2004	2005	2006	2007
消费性支出	**Consumption Expenditure**	**7020**	**7952**	**8713**	**9713**	**10636**	**12254**	**13349**	**14091**
食品	**Food**	**2752**	**2888**	**3474**	**3558**	**3851**	**4140**	**4393**	**4893**
粮食类	Category of Grain	302	292	274	304	379	391	395	438
粮食	Grain	184	183	172	183	240	239	244	256
淀粉及薯类	Starches and Potatoes	15	14	10	13	13	21	22	25
干豆类及豆制品	Dried Bean and Related Products	48	47	41	45	52	53	52	56
油脂类	Fat or Oil	56	48	51	63	74	78	78	101
肉禽蛋水产品类	Meat, Poultry Eggs and Aquatic Products	900	892	1057	1070	1088	1151	1157	1336
肉禽及制品	Meat, Poultry and Related Products	448	433	457	475	537	579	549	673
蛋类	Eggs	48	46	48	48	52	57	55	66
水产品类	Aquatic Products	404	413	552	547	500	516	552	598
蔬菜类	Vegetables	237	234	319	311	336	335	365	385
调味品	Condiment	32	32	35	36	36	36	38	40
糖烟酒饮料	Sugar, Tobacco, Liquor and Beverage	362	396	409	456	506	553	604	649
糖类	Sugar	28	29	28	28	33	33	37	36
烟草类	Tobacco	196	219	233	255	292	326	371	405
酒和饮料	Liquor and Beverage	138	148	148	173	181	194	196	208
干鲜瓜果类	Dried and Fresh Melons, Fruits	224	227	232	255	281	297	334	362
糕点、奶及奶制品	Cake, Milk and Related Products	138	155	178	202	213	227	234	253
糕点	Cakes	56	58	58	63	69	72	73	83
奶及奶制品	Milk and Related Products	82	97	120	139	144	155	160	169
其他食品	Other Food	52	60	88	95	101	85	81	72
饮食服务	Catering Services	505	601	880	828	911	1065	1186	1358
#在外饮食	Eating Outside	504	601	879	828	911	1064	1185	1356

5－22　续表　continued　　单位:元(yuan)

项　目	Item	2000	2001	2002	2003	2004	2005	2006	2007
衣着	**Clothing**	**570**	**669**	**744**	**830**	**942**	**1264**	**1384**	**1406**
#服装	Garments	389	472	543	628	718	970	1057	1070
衣着材料	Clothing Materials	28	21	15	11	10	11	11	11
鞋类	Shoes	115	140	152	159	183	241	272	285
其他衣着用品	Other Clothing	25	25	23	22	23	34	35	33
衣着加工服务费	Service Expenses of Clothing Processing	13	11	11	10	8	9	9	8
居住	**Residence**	**600**	**724**	**739**	**953**	**971**	**1059**	**1229**	**1168**
住房	Housing	250	347	292	428	447	368	478	401
水电燃料及其他	Water, Electricity and Fuels	323	349	421	492	496	641	698	713
居住服务费	Residence Services	26	28	25	34	28	50	53	54
家庭设备用品及服务	**Family Articles and Services**	**662**	**927**	**522**	**593**	**597**	**609**	**615**	**666**
#耐用消费品	Durable Consumer Goods	414	545	283	320	316	285	288	316
室内装饰品	Interior Decorations	17	29	19	24	23	27	23	22
床上用品	Bed Articles	30	37	46	48	52	74	60	77
家庭日用杂品	Articles for Daily Use	103	115	117	141	147	155	162	175
家具材料	Furniture Materials	7	39	6	13	13	10	18	12
家庭服务	Services	90	162	51	47	46	58	65	65
医疗保健	**Medicine and Medical Services**	**541**	**533**	**668**	**738**	**829**	**832**	**852**	**859**
交通和通讯	**Transportation and Communication**	**623**	**689**	**899**	**1224**	**1419**	**2097**	**2492**	**2473**
交通	Transportation	274	262	410	640	794	1299	1628	1531
通讯	Communication	349	427	489	584	625	798	864	942
娱乐、教育、文化	**Recreation, Education and Cultural Services**	**917**	**1065**	**1407**	**1487**	**1681**	**1850**	**1946**	**2158**
文化娱乐用品	Goods for Recreation	367	360	408	389	415	412	449	465
文化娱乐服务	Services for Recreation	128	155	264	296	407	465	445	495
教育	Education	490	636	735	802	860	973	1053	1198
杂项商品和服务	**Miscellaneous Commodities and Services**	**354**	**457**	**261**	**330**	**346**	**402**	**436**	**468**

注:杂项商品和服务自2002年起数据统计口径调整。
The data of miscellaneous commodities and services are adjusted since 2002.

5-23 城镇居民家庭平均每人全年消费性支出(2007年)
Per Capita Annual Consumption Expenditures of Urban Households(2007)

单位:元(yuan)

项 目	Item	总平均 Average	按可支配收入分组 Grouped by Disposable Income 最低收入户 Lowest Income Households	低收入户 Low Income Households	中等偏下户 Lower Middle Income Households	中等收入户 Middle Income Households	中等偏上户 Upper Middle Income House-holds	高收入户 High Income Households	最高收入户 Highest Income Households
消费性支出	**Consumption Expenditure**	**14091**	**6266**	**8097**	**9743**	**12176**	**16352**	**19830**	**30295**
食品	**Food**	**4893**	**2825**	**3613**	**4178**	**4831**	**5479**	**6141**	**7351**
粮食类	Category of Grain	438	384	434	437	461	448	432	437
粮食	Grain	256	227	254	248	271	261	257	263
淀粉及薯类	Starches and Potatoes	25	18	22	25	27	25	27	27
干豆类及豆制品	Dried Bean and Related Products	56	51	56	58	57	58	52	52
油脂类	Fat or Oil	101	88	101	106	107	104	96	95
肉禽蛋水产品类	Meat, Poultry Eggs and Aquatic Products	1336	928	1167	1278	1410	1418	1443	1598
肉禽及制品	Meat, Poultry and Related Products	673	542	619	684	707	702	681	689
蛋类	Eggs	66	52	57	64	69	73	69	70
水产品类	Aquatic Products	598	334	491	530	634	644	693	839
蔬菜类	Vegetables	385	304	380	377	405	398	396	408
调味品	Condiment	40	32	37	40	41	41	41	41
糖烟酒饮料	Sugar, Tobacco, Liquor and Beverage	649	322	423	553	630	742	897	998
糖类	Sugar	36	17	22	31	41	42	50	47
烟草类	Tobacco	405	210	252	340	373	474	565	648
酒和饮料	Liquor and Beverage	208	95	149	183	215	226	282	303
干鲜瓜果类	Dried and Fresh Melons, Fruits	362	182	244	308	367	427	437	550
糕点、奶及奶制品	Cake, Milk and Related Products	253	129	158	223	257	305	323	343
糕点	Cakes	83	40	53	69	84	105	103	120
奶及奶制品	Milk and Related Products	169	89	105	154	173	200	220	224
其他食品	Other Food	72	26	49	66	71	83	108	93
饮食服务	Catering Services	1358	519	721	897	1188	1616	2064	2883
#在外饮食	Eating Outside	1356	519	720	895	1187	1613	2058	2880
衣着	**Clothing**	**1406**	**462**	**635**	**921**	**1241**	**1722**	**2116**	**3083**

5－23　**续表**　continued　　　单位:元(yuan)

项　目	Item	总平均 Average	按可支配收入分组 Grouped by Disposable Income 最低收入户 Lowest Income Households	低收入户 Low Income Households	中等偏下户 Lower Middle Income Households	中等收入户 Middle Income Households	中等偏上户 Upper Middle Income House-holds	高收入户 High Income Households	最高收入户 Highest Income Households
#服装	Garments	1070	328	465	673	938	1317	1621	2427
衣着材料	Clothing Materials	11	5	6	7	11	12	11	29
鞋类	Shoes	285	113	145	214	255	342	422	551
其他衣着用品	Other Clothing	33	13	16	24	30	41	51	58
衣着加工服务费	Service Expenses of Clothing Processing	8	3	2	5	7	9	12	18
居住	**Residence**	**1168**	**616**	**778**	**718**	**1134**	**1238**	**1534**	**2583**
住房	Housing	401	102	177	83	373	379	606	1469
水电燃料及其他	Water, Electricity and Fuels	713	502	578	611	714	806	845	939
居住服务费	Residence Services	54	12	23	24	47	53	83	176
家庭设备用品及服务	**Family Articles and Services**	**666**	**224**	**366**	**388**	**558**	**734**	**977**	**1747**
#耐用消费品	Durable Consumer Goods	316	87	204	162	266	326	450	919
室内装饰品	Interior Decorations	22	3	3	14	13	24	50	62
床上用品	Bed Articles	77	18	25	45	65	98	123	183
家庭日用杂品	Articles for Daily Use	175	90	112	141	169	196	240	295
家具材料	Furniture Materials	12	7	1	3	4	4	15	76
家庭服务	Services	65	19	21	24	41	87	99	213
医疗保健	**Medicine and Medical Services**	**859**	**379**	**446**	**809**	**894**	**983**	**1074**	**1307**
交通和通讯	**Transportation and Communication**	**2473**	**687**	**819**	**1054**	**1470**	**3088**	**4375**	**7715**
交通	Transportation	1531	288	287	337	554	2006	3077	5956
通讯	Communication	942	399	532	718	916	1083	1298	1759
娱乐、教育、文化	**Recreation, Education and Cultural Services**	**2158**	**969**	**1280**	**1448**	**1714**	**2562**	**2972**	**4941**
文化娱乐用品	Goods for Recreation	465	126	172	258	361	603	695	1216
文化娱乐服务	Services for Recreation	495	80	162	256	357	609	768	1510
教育	Education	1198	763	945	934	996	1351	1508	2216
杂项商品和服务	**Miscellaneous Commodities and Services**	**468**	**104**	**161**	**227**	**335**	**545**	**641**	**1567**

5-24 城镇居民家庭平均每人全年购买主要商品数量
Per Capita Annual Purchases of Major Commodities of Urban Households

名称		Item		2001	2002	2003	2004	2005	2006	2007
大米	（公斤）	Rice	(kg)		58.06	58.4	58.88	54.15	54.09	51.07
面粉	（公斤）	Flour	(kg)		1.08	1.12	1.27	1.46	1.55	1.38
鲜菜	（公斤）	Fresh Vegetables	(kg)	89.25	108.25	101.50	102.28	88.71	91.15	91.32
食用植物油	（公斤）	Edible Vegetables Oil	(kg)	6.35	6.71	7.37	7.76	8.18	7.95	8.1
猪肉	（公斤）	Pork	(kg)	14.32	17.60	17.58	18.19	18.73	18.24	16.3
牛羊肉	（公斤）	Beef and Mutton	(kg)	0.97	1.02	1.10	1.19	1.65	1.89	1.91
鸡	（公斤）	Chicken	(kg)		5.15	5.13	4.34	5.02	4.48	5.09
鸭	（公斤）	Duck	(kg)		3.07	3.14	3.13	3.35	3.13	2.93
鲜蛋	（公斤）	Fresh Eggs	(kg)	8.06	7.17	7.24	6.49	6.40	6.49	6.32
鱼虾	（公斤）	Fish and Shrimp	(kg)	15.77	18.67	18.78	16.30	16.66	16.72	17.8
白酒	（公斤）	White Spirit	(kg)	2.03	1.47	1.56	1.95	1.93	2.04	2.02
啤酒	（公斤）	Beer	(kg)	9.89	10.11	10.52	11.14	9.97	10.26	9.15
茶叶	（公斤）	Tea	(kg)	0.17	0.14	0.14	0.16	0.17	0.17	0.17
糕点	（公斤）	Cake	(kg)	3.69	3.68	4.00	4.13	4.08	4.06	4.32
鲜果鲜瓜	（公斤）	Fresh fruit fresh melon	(kg)		57.77	66.05	66.41	60.50	62.84	64.66
鲜奶	（公斤）	Fresh Milk	(kg)	12.44	15.25	16.55	16.07	13.45	13.35	13.3
服装	（件）	Garments	(piece)	7.95	7.91	8.37	8.33	9.71	9.54	8.91
鞋	（双）	Shoes	(pair)	2.59	2.49	2.82	2.62	2.97	2.89	2.82
水	（吨）	Water	(tons)	38.13	44.07	42.39	43.68	56.38	56.92	56.8
电	（千瓦时）	Electricity	(kw.h)	361.84	424.33	543.50	542.11	656.07	717.25	726.23
煤炭	（公斤）	Coal	(kg)	15.40	13.08	12.31	12.37	11.56	8.82	6.25
液化石油气	（公斤）	Liquefied Petroleum Gas	(kg)	27.38	31.40	28.92	25.44	30.23	28.1	27.71
管道煤气	（立方米）	Pipeline Gas	(cu.m)	9.59	9.64	11.68	10.00	8.39	9.11	9.6

5-25 城镇居民家庭平均每人全年购买主要商品数量(2007 年)
Per Capita Annual Purchases of Major Commodities of Urban Households(2007)

名　称		Item		总平均 Average	按可支配收入分组 Grouped by Disposable Income 最低收入户 Lowest Income Households	低收入户 Low Income Households	中等偏下户 Lower Middle Income Households	中等收入户 Middle Income Households	中等偏上户 Upper Middle Income Households	高收入户 High Income Households	最高收入户 Highest Income Households
大米	(公斤)	Rice	(kg)	51.07	52.97	56.18	52.03	56.11	47.88	45.01	44.26
面粉	(公斤)	Flour	(kg)	1.38	1.43	1.42	1.42	1.39	1.62	1.18	0.89
鲜菜	(公斤)	Fresh Vegetables	(kg)	91.32	85.58	93.12	91.24	96.95	92.87	86.24	85.38
食用植物油	(公斤)	Edible Vegetables Oil	(kg)	8.1	7.34	8.48	8.81	8.53	8.04	7.25	7.11
猪肉	(公斤)	Pork	(kg)	16.3	15.96	16.45	17.15	16.92	16.39	15.29	14.25
牛羊肉	(公斤)	Beef and Mutton	(kg)	1.94	1.49	1.83	1.83	2.09	1.82	2.02	2.59
鸡	(公斤)	Chicken	(kg)	5.09	4.2	4.49	5.4	5.5	5.35	4.97	4.66
鸭	(公斤)	Duck	(kg)	2.93	2.42	2.7	3.1	3.29	3.07	2.6	2.68
鲜蛋	(公斤)	Fresh Eggs	(kg)	6.32	5.49	5.95	6.32	6.71	6.7	6.3	5.95
鱼虾	(公斤)	Fish and Shrimp	(kg)	17.8	14.42	17.65	17.75	18.81	18.31	17.55	18.47
白酒	(公斤)	White Spirit	(kg)	2.02	1.35	2.34	2.26	2.69	1.68	2.02	1.25
啤酒	(公斤)	Beer	(kg)	9.15	6.92	9.98	9.49	10.53	8.75	9.53	7.42
茶叶	(公斤)	Tea	(kg)	0.17	0.08	0.15	0.16	0.19	0.16	0.22	0.21
糕点	(公斤)	Cake	(kg)	4.32	2.61	3.13	3.81	4.48	5.26	4.89	5.41
鲜果鲜瓜	(公斤)	Fresh fruit fresh melon	(kg)	64.66	41.12	49.48	63.7	63.77	73.33	71.86	81.82
鲜奶	(公斤)	Fresh Milk	(kg)	13.3	7.93	9.44	11.6	14.14	15.01	17.51	16.46
服装	(件)	Garments	(piece)	8.91	4.74	5.63	7.56	8.79	10.27	11.84	13.58
鞋	(双)	Shoes	(pair)	2.82	1.88	1.96	2.83	2.73	3.12	3.36	3.59
水	(吨)	Water	(ton)	56.8	41.08	44.03	49.87	57.49	63.8	65.39	74.6
电	(千瓦时)	Electricity	(kw.h)	726.23	464.91	535.65	584.12	710.26	856.62	885.32	1066.94
煤炭	(公斤)	Coal	(kg)	6.25	12.99	7.62	6.83	10.02	2.64	1.23	1.5
液化石油气	(公斤)	Liquefied Petroleum Gas	(kg)	27.71	26.14	29.61	29.31	28.68	27.99	28.73	20.51
管道煤气	(立方米)	Pipeline Gas	(cu.m)	9.6	3.42	5.33	6.36	10.6	12.31	12.01	16.41

5-26 城镇居民家庭平均每百户耐用消费品购买量
Per 100 Urban Households Annual Average Purchases of Durable Consumer Goods

名 称		Item		2001	2002	2003	2004	2005	2006	2007
摩托车	（辆）	Motorcycle	(unit)	2.45	2.28	1.44	2.28	1.44	0.96	0.76
助力车	（辆）	Electric Bicycle	(unit)		3	6.72	6.96	5.4	5.64	4.97
家用汽车	（辆）	Household Car	(unit)		0.24	0.60	0.84	1.92	2.16	1.96
洗衣机	（台）	Washing Machine	(unit)	3.94	4.20	4.68	4.56	3.72	2.76	3.07
电冰箱	（台）	Refrigerator	(unit)	3.34	4.80	4.20	4.80	4.56	3.96	3.73
彩色电视机	（台）	Color TV Set	(unit)	10.88	9.84	7.80	8.04	7.44	7.2	6.12
家用电脑	（台）	Household Computer	(unit)	4.30	7.08	7.32	6.48	6.12	7.2	7.77
组合音响	（台）	Hi-Fi Stereo Component System	(unit)	0.90	1.08	0.84	0.96	0.48	0.48	1.36
摄像机	（架）	Vidicon	(unit)		0.12	0.24	0.24	0.36	0.36	0.36
照相机	（架）	Camera	(unit)	2.47	1.44	2.28	2.64	3.24	3.96	4.28
钢琴	（架）	Piano	(unit)	0.04	0.12	0.12	0.12	0.24	0.12	0.05
中高档乐器	（架）	Medium or High Rank Instrument	(unit)		0.96	0.72	0.6	1.08	1.08	1.04
微波炉	（台）	Microwave Oven	(unit)	5.41	5.40	4.92	5.16	3.00	3.12	1.8
空调器	（台）	Air Conditioner	(unit)	9.81	10.32	16.08	13.32	9.6	7.92	9.45
淋浴热水器	（个）	Shower	(unit)	3.68	4.56	5.52	4.56	5.64	4.92	3.9
消毒碗柜	（台）	Disinfecting Cupboard	(unit)		0.84	0.96	0.72	0.72	0.48	0.53
洗碗机	（台）	Dishwasher	(unit)				0.12			0.01
健身器材	（件）	Fitness Equipment	(unit)							0.13
电话机	（部）	Telephone	(unit)		8.88	8.52	6.96	6.24	5.04	4.58
移动电话	（部）	Mobile phone	(unit)		23.28	26.04	25.08	26.52	27.72	31.18

5－27 城镇居民家庭平均每百户耐用消费品购买量(2007 年)
Per 100 Urban Households Annual Average Purchases of Durable Consumer Goods(2007)

名称		Item		总平均 Average	按可支配收入分组 Grouped by Disposable Income						
					最低收入户 Lowest Income Households	低收入户 Low Income Households	中等偏下户 Lower Middle Income Households	中等收入户 Middle Income Households	中等偏上户 Upper Middle Income House-holds	高收入户 High Income Households	最高收入户 Highest Income Households
洗衣机	(台)	Washing Machine	(unit)	3.07	0.59	2.21	1.76	2.07	4.09	4.65	6.71
电冰箱	(台)	Refrigerator	(unit)	3.73	2.87	5.93	2.23	3.35	3.07	3.5	7.74
微波炉	(台)	Microwave Oven	(unit)	1.8	0.12	2.46	1.42	1.48	1.57	3.4	3.02
空调器	(台)	Air Conditioner	(unit)	9.45	4.26	6.11	6.55	11.54	7.52	12.76	18.69
淋浴热水器	(个)	Shower	(unit)	3.9	1.39	1.89	2.11	3.13	4.52	8.57	6.72
消毒碗柜	(台)	Disinfecting Cupboard	(unit)	0.53	0.04	0.43	0.35	0.39	0.48	1.67	0.63
洗碗机	(台)	Dishwasher	(unit)	0.01		0.16					
摩托车	(辆)	Motorcycle	(unit)	0.76	0.67	0.48	1.06	0.32	0.91	0.45	1.39
助力车	(辆)	Electric Bicycle	(unit)	4.97	4.28	3.58	4.75	5.95	5.58	4.74	4.14
家用汽车	(辆)	Household Car	(unit)	1.96	0.27	0.5	0.11	0.26	2.65	3.77	8.21
电话机	(部)	Telephone	(unit)	4.58	0.97	3.03	4.4	3.82	4.37	8.7	7.32
移动电话	(部)	Mobile phone	(unit)	31.18	14.92	15.98	25.91	28.56	31.65	47.05	56.62
彩色电视机	(台)	Color TV Set	(unit)	6.12	2.59	5.38	2.38	6	6.63	5.31	16.57
家用电脑	(台)	Household Computer	(unit)	7.77	4.43	3.22	6.08	5.76	10.49	10.88	12.98
组合音响	(台)	Hi－Fi Stereo Component System	(unit)	1.36		0.35	0.93	0.87	1.25	2.86	3.95
摄像机	(架)	Vidicon	(unit)	0.36				1	0.09	0.22	1.05
照相机	(架)	Camera	(unit)	4.28	1.06	1.45	3.18	3.72	5.27	6.89	7.98
钢琴	(架)	Piano	(unit)	0.05			0.06		0.02		0.29
中高档乐器	(架)	Medium or High Rank Instrument	(unit)	1.04	0.16	0.2	0.81	0.26	1.69	1.24	2.94
健身器材	(件)	Fitness Equipment	(unit)	0.13			0.24	0.04	0.15	0.04	0.35

5-28 城镇居民家庭平均每百户耐用消费品拥有量
Per 100 Urban Households Annual Average Possession of Durable Consumer Goods

名称		Item		2001	2002	2003	2004	2005	2006	2007
摩托车	（辆）	Motorcycle	(unit)	20.39	18.82	25.53	29.41	32.65	31.84	30.38
助力车	（辆）	Electric Bicycle	(unit)		10.19	15.89	23.18	30.12	34.75	37.67
家用汽车	（辆）	Household Car	(unit)	0.67	1.44	2.98	3.52	8.71	11.03	13.86
洗衣机	（台）	Washing Machine	(unit)	90.93	92.41	92.69	94.94	91.45	93.06	92.91
电冰箱	（台）	Refrigerator	(unit)	97.67	98.96	98.6	98.93	97.79	99.27	100.04
彩色电视机	（台）	Color TV Set	(unit)	150.01	152.46	159.39	163.14	178.62	181.02	182.89
家用电脑	（台）	Household Computer	(unit)	20.04	29.6	40.23	44.72	59.47	64.83	73.76
组合音响	（台）	Hi-Fi Stereo Component System	(unit)	25.48	25.97	28.11	30.41	36.56	36.47	38.26
摄像机	（架）	Vidicon	(unit)	2.63	2.73	2.76	3.07	5.24	6.24	6.3
照相机	（架）	Camera	(unit)	50.59	49.36	50.72	51.47	51.35	52.51	52.15
钢琴	（架）	Piano	(unit)	1.11	1.22	2	2.28	2.64	2.48	2.62
中高档乐器	（架）	Medium or High Rank Instrument	(unit)	8.54	7.15	6.5	8.19	7.83	8.99	7.16
微波炉	（台）	Microwave oven	(unit)	30.84	41.44	51.21	51.65	58.24	60.06	65.67
空调器	（台）	Air conditioner	(unit)	71	85.56	105.23	115.7	146.89	152.42	161.02
淋浴热水器	（个）	Shower	(unit)	73.08	79.99	82.98	80.7	90.35	91.41	95.17
消毒碗柜	（台）	Disinfecting Cupboard	(unit)		13.51	16.08	16.6	21.7	21.55	22.4
洗碗机	（台）	Dishwasher	(unit)		0.58	0.99	0.85	0.84	0.63	0.57
健身器材	（件）	Fitness Equipment	(unit)	5.15	5.12	5.68	4.45	6.29	7.13	6.99
固定电话	（部）	Fixed Telephone	(unit)		99.72	100.1	99.37	96.84	95.81	95.54
移动电话	（部）	Mobile phone	(unit)	58.18	95.07	130.64	144.58	174.73	182.63	190.69

5－29 城镇居民家庭平均每百户耐用消费品拥有量(2007 年)
Per 100 Urban Households Annual Average Possession of Durable Consumer Goods(2007)

名 称		Item		总平均 Average	按可支配收入分组 Grouped by Disposable Income						
					最低收入户 Lowest Income Households	低收入户 Low Income Households	中等偏下户 Lower Middle Income Households	中等收入户 Middle Income Households	中等偏上户 Upper Middle Income House-holds	高收入户 High Income Households	最高收入户 Highest Income Households
摩托车	(辆)	Motorcycle	(unit)	30.38	20.98	24.59	35.07	30.61	33.67	27.16	31.05
助力车	(辆)	Electric Bicycle	(unit)	37.67	27.31	29.18	40.01	41.77	41.22	35.7	36.18
家用汽车	(辆)	Household Car	(unit)	13.86	1.36	4.03	3.73	6.52	16.65	29.1	45.39
洗衣机	(台)	Washing Machine	(unit)	92.91	73.77	86.85	88.39	95.63	96.71	101.27	101.62
电冰箱	(台)	Refrigerator	(unit)	100.04	89.93	99.68	98.39	99.83	101.54	104.25	105.47
彩色电视机	(台)	Color TV Set	(unit)	182.89	142.76	154.55	172.56	186.93	197.57	194.96	210.56
家用电脑	(台)	Household Computer	(unit)	73.76	40.91	54.71	61.58	70.31	84.38	91.76	108.11
组合音响	(台)	Hi－Fi Stereo Component System	(unit)	38.26	20.58	22.01	30.82	38.62	45.46	45.23	58.48
摄像机	(架)	Vidicon	(unit)	6.3	1.15	1.23	4.14	4.39	7.69	13.65	12.86
照相机	(架)	Camera	(unit)	52.15	22.88	31.52	38.63	52.4	62.62	68.55	81.55
钢琴	(架)	Piano	(unit)	2.62	1.17	1.09	1.3	1.56	2.66	4.67	7.65
其他中高档乐器	(件)	Other Middle or High－Grade Instrument	(unit)	7.16	1.19	2.07	4.63	8.4	10.07	9.44	10.59
微波炉	(台)	Microwave Oven	(unit)	65.67	40.08	50.04	58.58	66.34	75.17	79.18	80.1
空调器	(台)	Air Conditioner	(unit)	161.02	83.58	109.92	130.36	158.79	183.72	195.4	251.49
淋浴热水器	(个)	Shower	(unit)	95.17	71.7	82.4	90.5	92.79	101.09	107.95	115.11
消毒碗柜	(台)	Disinfecting Cupboard	(unit)	22.4	8.44	13.96	15.96	21.01	26.64	30.43	39.55
洗碗机	(台)	Dishwasher	(unit)	0.57	0.21	0.09	0.07	0.48	0.79	0.98	1.56
健身器材	(件)	Fitness Equipment	(unit)	6.99	1.68	4.71	5.08	3.95	10.58	11.95	10.9
固定电话	(部)	Fixed Telephone	(unit)	95.54	88.5	93.45	91.94	96.64	99.68	96.52	98.24
移动电话	(部)	Mobile phone	(unit)	190.69	139.95	159.74	182.51	188.78	196.22	223.35	236.91

5-30 城镇居民家庭居住情况
Living Conditions of Urban Households

单位:%（%）

项 目	Item	2001	2002	2003	2004	2005	2006	2007
调查总户数	**Number of Households Surveyed**	**100**	**100**	**100**	**100**	**100**	**100**	**100**
按房屋产权分	**By Property Right of House**							
租赁公房	Rental State-owned House	10.4	8.2	6.4	5.2	4.1	4.2	3.6
租赁私房	Rental Private House	1.3	1.4	1.6	1.5	2.9	3.2	3.1
自有房	Private House	87.1	88.3	90.8	92.3	90.4	90.3	92.3
原有私房	Original Private House		14.1	14.7	16.5	12.7	12.6	10.7
房改私房	Private House after House Reforming		55.8	50.5	48.3	32.1	31.7	32.0
商品房	Commercial House		18.4	25.7	27.6	45.5	46.0	49.6
其他	Others	1.3	2.1	1.2	1.0	2.7	2.4	1.0
按住宅建筑式样分	**By Building Type**							
单栋住宅	One Household	6.2	5.2	5.8	8.7	8.7	8.5	7.8
四居室	Four Bedrooms	4.9	7.7	5.9	4.5	6.7	5.7	4.0
三居室	Three Bedrooms	27.8	23.0	25.4	29.9	32.4	33.5	36.0
二居室	Two Bedrooms	44.1	53.8	52.9	46.0	42.0	42.1	42.5
一居室	One Bedroom	4.1	3.4	3.3	3.5	3.4	3.9	4.0
普通楼房	Common House	6.7	6.0	5.2	5.8	5.6	4.9	3.4
平房及其他	Others	6.2	1.0	1.4	1.6	1.3	1.3	1.3
按用水情况分	**By Water Using**							
独用自来水	Tap Water Owned Per Household	98.6	99.2	99.2	99.1	97.9	98.4	99.7
公用自来水	Public Tap Water	1.4	0.5	0.6	0.7	1.8	1.3	0.2
井水、河水	Wall Water and River		0.3	0.2	0.2	0.3	0.3	0.1
按卫生设备情况分	**By Health Facilities**							
无卫生设备	Without Health Facilities	7.1	5.0	3.0	2.1	2.6	2.7	1.3
有浴室厕所	Bathroom and Toilet Room Owned Per Household	85.7	87.1	87.6	88.2	91.4	90.3	93.1
有厕所无浴室	Toilet Room Owned But Without Bath Room	5.9	6.9	8.7	9.0	5.7	6.7	5.4
公用卫生设备	Public Health Facilities	1.3	1.0	0.8	0.8	0.3	0.3	0.3
按取暖设备情况分	**By Heating Facilities**							
无取暖设备	Without Heating Equipment	56.4	42.3	36.2	33.2	19.5	17.3	14.3
空调设备	Air Coditioner Owned	43.5	53.7	62.2	65.7	80.4	82.5	85.5
暖气	Warm Gas							
其他	Others	0.1	4.0	1.6	1.1	0.1	0.2	0.2
按炊用燃料使用情况分	**By Fuel Types**							
管道煤气	Pipeline Gas	10.4	16.5	18.2	16.1	18.5	19.5	19.6
液化石油气	LPG	88.5	82.5	81.1	82.9	80.7	79.9	79.7
煤	Coal	0.8	0.7	0.7	0.8	0.5	0.3	0.2
其他	Others	0.3	0.2	0.1	0.2	0.4	0.3	0.3

5－31　历年农村居民生活水平(1978－2007年)
Living Standard of Rural Resident(1978－2007)

年 份 Year	人均纯收入(元) Per Capita Net Income(yuan)	人均纯收入指数(上年=100) Growth Rate of Per Capita Net Income (Preceding year=100)	人均消费性支出(元) Per Capita Consumption Expenditure (yuan)	#食品支出 Food	恩格尔系数 Engel Coefficient	人均居住面积(平方米) Per Captia Floor Space of Residential Buildings (sq. m)
1978	165		157	93	59.1	
1979	195	115.2	175	100	57.1	
1980	219	103.3	192	109	56.8	16.07
1981	286	129.0	267	147	55.2	14.02
1982	346	120.4	302	170	56.3	16.57
1983	359	102.3	326	183	56.2	19.32
1984	446	123.5	369	202	54.6	20.45
1985	549	112.5	474	247	52.1	22.08
1986	609	105.0	561	282	50.3	23.02
1987	725	113.6	659	320	48.6	24.73
1988	902	108.1	839	389	46.4	25.98
1989	1011	97.4	927	445	48.0	27.09
1990	1099	102.7	946	436	46.1	29.26
1991	1211	108.9	1027	518	50.5	30.77
1992	1359	108.8	1112	548	49.2	31.34
1993	1746	110.2	1263	633	50.2	32.62
1994	2225	104.1	1680	800	47.6	32.77
1995	2966	105.3	2378	1198	50.4	34.14
1996	3463	106.1	2702	1367	50.6	35.78
1997	3684	103.8	2839	1378	48.5	37.30
1998	3815	104.7	2891	1362	47.1	38.53
1999	3948	105.6	2806	1293	46.1	40.27
2000	4254	107.8	3231	1406	43.5	46.42
2001	4582	106.9	3479	1449	41.6	47.82
2002	4940	108.4	3693	1508	40.8	49.53
2003	5431	107.8	4287	1637	38.2	50.73
2004	6096	107.4	4659	1839	39.5	51.29
2005	6660	106.4	5215	2011	38.6	54.98
2006	7335	109.3	5762	2141	37.2	55.57
2007	8265	108.2	6442	2347	36.4	57.06

注:人均纯收入指数扣除价格因素。
Growth rate of per－capita net income was excluded price changes.

5-32 农村居民家庭基本情况(2001-2007年)
Basic Statistics on Rural Households(2001-2007)

项 目		Item		2001	2002	2003	2004	2005	2006	2007
调查户数	**(户)**	**Number of Household Surveyed**	**(household)**	**2700**	**2700**	**2700**	**2700**	**4700**	**4700**	**4700**
常住人口	**(人)**	**Number of Permanent Residents**	**(person)**	**9817**	**9694**	**9636**	**9532**	**16709**	**16675**	**16629**
户均常住人口	(人)	Average Permanent Residents Per Household	(person)	3.64	3.59	3.57	3.53	3.56	3.55	3.54
户均整半劳动力	**(人)**	**Average Able-bodied and Semi-ablebodied Laborers Per Household**	**(person)**	**2.60**	**2.59**	**2.61**	**2.58**	**2.60**	**2.60**	**2.6**
整半劳动力占人口比重	(%)	Percentage of Able-bodied and Semi-ablebodied Laborers	(%)	71.56	72.16	73.16	73.08	73.02	73.36	73.53
每百个劳动力中:		**Among Per 100 Laborers**								
乡村企业人数	**(人)**	**Laborers in Rural Enterprises**	**(person)**	**14.31**	**14.34**	**14.79**	**21.72**	**22.32**	**23.11**	**27.13**
外出劳动力人数	**(人)**	**Laborers Outside**	**(person)**	**8.80**	**9.25**	**12.68**	**12.98**	**10.70**	**10.81**	**9.94**
平均每百个劳动力中:		**Among Per 100 Laborers**								
不识字或识字很少	(人)	Illiterate or Semiliterate	(person)	6.49	6.52	6.31	7.05	6.84	6.69	6.09
小学程度	(人)	Primary School	(person)	34.59	34.45	33.77	32.86	32.25	31.34	31.51
初中程度	(人)	Junior Secondary School	(person)	44.00	44.19	45.60	45.20	45.06	45.72	44.7
高中程度	(人)	Senior Secondary School	(person)	11.76	11.69	11.32	11.73	12.23	12.3	12.74
中专程度	(人)	Specialized Secondary School	(person)	2.51	2.44	2.13	2.12	2.17	2.28	2.70
大专程度	(人)	College	(person)	0.65	0.70	0.87	1.03	1.46	1.67	2.27
按人均纯收入分组的户数占调查户数的比重	**(%)**	**Percentage of Households Grouped by Per Capita Net Income**	**(%)**							
500元以下		<500 yuan		0.8	0.6	0.7	0.5	1.4	0.9	0.9
500-1000元		500-1000 yuan		1.6	1.8	1.7	1.2	1.4	0.9	0.6
1000-1500元		1000-1500 yuan		5.0	4.1	3.4	3.2	2.5	1.9	1.6
1500-2000元		1500-2000 yuan		6.8	5.9	5.0	3.2	3.7	2.9	2.2
2000-2500元		2000-2500 yuan		8.3	8.7	6.4	4.6	4.5	3.0	2.9
2500-3000元		2500-3000 yuan		8.9	7.3	7.1	5.6	4.8	3.3	3.4
3000-3500元		3000-3500 yuan		9.3	8.9	7.2	6.4	4.7	4.9	3.7
3500-4000元		3500-4000 yuan		8.0	7.6	7.3	6.9	5.5	5.0	3.8
4000-4500元		4000-4500 yuan		7.6	7.9	7.0	6.7	5.6	5.3	4.3
4500-5000元		4500-5000 yuan		7.5	7.3	6.8	6.9	5.8	5.3	4.9
5000元以上		>=5000 yuan		36.4	40.1	47.5	54.8	60.1	66.6	71.7
人均经营耕地面积	**(亩)**	**Cultivated Areas Run by Per Capita**	**(mu)**	**0.82**	**0.79**	**0.72**	**0.73**	**0.70**	**0.67**	**0.66**
人均经营山地面积	(亩)	Hilly Areas Runned by Per Capita	(mu)	0.44	0.53	0.39	0.43	0.66	0.42	0.45

5－33 农村居民家庭基本情况(2007 年)
Basic Statistics on Rural Households(2007)

项 目		Item		总平均 Average	按人均纯收入等级分组 Grouped by Level of Net Income				
					低 20% 收入户 Lower Income Households (20%)	次低 20% 收入户 Low Income Households (20%)	中等 20% 收入户 Middle Income Households (20%)	次高 20% 收入户 High Income Households (20%)	高 20% 收入户 Higher Income Households (20%)
调查户数	(户)	**Number of Household Surveyed**	(household)	**4700**	**940**	**940**	**940**	**940**	**940**
家庭常住人口	(人)	**Permanent Residents**	(person)	**16629**	**3561**	**3456**	**3421**	**3220**	**2971**
户均常住人口	(人)	Average Permanent Residents Per Household	(person)	3.54	3.79	3.68	3.64	3.43	3.16
户均整半劳动力	(人)	**Average Able－bodied and Semi－ablebodied Laborers**	(person)	**2.6**	**2.7**	**2.6**	**2.6**	**2.6**	**2.5**
整半劳动力占人口比重	(%)	Percentage of Able－bodied and Semi－ablebodied	(%)	73.53	72.11	71.18	71.97	74.94	78.22
平均每百个劳动力中:	(人)	**Among Per 100 Laborers**	(person)						
乡村企业人数		Laborers in Rural Enterprises		27.13	10.55	21.46	28.72	37.63	35.20
外出劳动力人数		Laborers Outside		9.94	13.94	10.69	10.03	7.54	7.10
平均每百个劳动力中:	(人)	**Among Per 100 Laborers**	(person)						
不识字或识字很少		Illiterate or Semiliterate		6.09	8.02	6.71	5.85	5.22	4.99
小学程度		Primary School		31.51	36.60	31.71	30.63	30.00	28.23
初中程度		Junior Secondary School		44.70	43.30	46.26	46.34	44.26	42.86
高中程度		Senior Secondary School		12.74	10.01	11.59	12.71	14.17	15.19
中专程度		Specialized Secondary School		2.70	0.93	2.32	2.36	3.65	4.39

5－33 续表 continued

项 目	Item	总平均 Average	按人均纯收入等级分组 Grouped by Level of Net Income 低20%收入户 Lower Income Households (20%)	次低20%收入户 Low Income Households (20%)	中等20%收入户 Middle Income Households (20%)	次高20%收入户 High Income Households (20%)	高20%收入户 Higher Income Households (20%)
大专及以上程度 （人）	College (person)	2.27	1.13	1.42	2.11	2.69	4.35
人均经营耕地面积 （亩）	**Cultivated Areas Run by Per Capita (mu)**	**0.66**	**0.59**	**0.63**	**0.61**	**0.61**	**0.91**
人均经营山地面积 （亩）	Average Hilly Areas Run by Per Capita (mu)	0.45	0.57	0.50	0.38	0.37	0.41
人均新建(购)住房面积 (平方米)	**Living Floor Space of House Newly Built Per Capita (sq. m)**	**1.45**	**1.34**	**0.70**	**1.69**	**1.06**	**2.62**
#钢筋混凝土结构面积	Reinforced Concrete Structure	1.26	1.22	0.63	1.47	0.88	2.22
砖木结构面积	Brick and Wood Structure	0.13	0.04	0.04	0.09	0.15	0.36
新建(购)住房每平方米价值 (元)	**Value of Houses Newly Built Per Square Meter (yuan)**	**784.66**	**592.58**	**568.39**	**753.24**	**625.37**	**1062.94**
年末人均住房面积 (平方米)	Per Capita Living Floor Space (sq. m)	57.06	44.22	51.00	57.49	62.38	73.23
#钢筋混凝土结构面积	Reinforced Concrete Structure	37.41	38.66	46.25	53.10	57.56	68.71
砖木结构面积	Brick and Wood Structure	16.89	4.39	3.85	3.70	4.43	3.95
户均年末使用住房屋价值 (元)	**Houses Value Per Households (the End of the Year) (yuan)**	**94340**	**62583**	**74300**	**96920**	**100290**	**137607**

5 - 34 农村居民家庭房屋状况
Housing Conditions of Rural Households

项 目		Item		2001	2002	2003	2004	2005	2006	2007
年内新建房屋户数	**(户)**	**Number of Houses Households Newly Built**	**(household)**	**52**	**67**	**72**	**45**	**105**	**114**	**325**
新建房户比重	(%)	Percentage of Houses Households Newly Built	(%)	1.93	2.48	2.67	1.67	2.23	2.43	6.91
新建房屋每平方米价值	**(元)**	**Value of Newly Built House Per Square Meter**	**(yuan)**	**433**	**493**	**468**	**546**	**553**	**594**	**785**
人均新建生活用房面积	**(平方米)**	**Living Floor Space of House Newly Built Per Capita**	**(sq. m)**	**0.98**	**1.11**	**1.26**	**0.62**	**1.07**	**1.27**	**1.45**
#新建楼房面积	(平方米)	Per Capita Floor Space of Multi - floor Buildings Newly Built	(sq. m)	0.91	1.05	1.20	0.59	1.01	1.19	1.36
人均年末使用生活用房面积	**(平方米)**	**Per Capita Living Floor Space (the End of Year)**	**(sq. m)**	**47.82**	**49.52**	**50.73**	**51.29**	**54.98**	**55.57**	**57.06**
#砖木结构		Brick and Wood Structure		22.11	20.95	21.69	20.88	16.20	17.26	16.89
钢筋混凝土结构		Reinforced Concrete Structure		23.44	26.05	27.30	28.55	36.49	36.19	37.41
年末每平方米生活用房价值	**(元)**	**Value of Living House Per Square Meter**	**(yuan)**	**281**	**299**	**327**	**362**	**400**	**427**	**467**
户均年末使用房屋价值	**(元)**	**Houses Value Per Household (the End of Year)**	**(yuan)**	**48788**	**53149**	**59156**	**65569**	**78179**	**84157**	**94340**

5-35 农村居民人均总收入和纯收入
Per Capita Annual Total Income and Net Income of Rural Households

单位:元 (yuan)

项　目	Item	2000	2001	2002	2003	2004	2005	2006	2007
全年总收入	**Gross Income**	**5325**	**5804**	**6152**	**6709**	**7584**	**8580**	**9164**	**10391**
全年纯收入	**Net Income**	**4254**	**4582**	**4940**	**5431**	**6096**	**6660**	**7335**	**8265**
#生产性纯收入	Productive Income	3808	4113	4405	4934	5423	5939	6569	7406
基本收入	**Basic Income**	**3919**	**4226**	**4513**	**4949**	**5541**	**6065**	**6676**	**7515**
工资性收入	Wage Income	2001	2226	2437	2613	2987	3299	3646	4093
在非企业组织中劳动得到	Remuneration from The Organizations of Non - enterprises	399	456	467	411	456	250	276	306
企业劳动得到	Remuneration from Enterprises	1331	1451	1644	1713	1972	2615	2887	2344
乡村企业得到	from Township Enterprises	776	892	981	908	1018	1093	1200	1328
其他单位劳动得到	from Other Units	271	318	326	489	560	434	482	1016
家庭经营收入	Income from Household Business	1918	2000	2075	2336	2554	2766	3030	3422
农业收入	Planting	682	720	734	754	805	810	879	949
林业收入	Forestry	16	18	19	28	35	117	148	157
牧业收入	Animal Husbandry	219	213	200	211	239	268	281	358
渔业收入	Fishery	36	39	39	37	45	53	69	87
工业收入	Industry	274	303	312	377	399	406	442	496
建筑业收入	Construction	135	138	160	205	258	247	244	292
运输业收入	Transportation	137	139	151	194	223	272	317	305
批发零售贸易餐饮业收入	Wholesale, Retail Sale and Catering Trade	211	221	255	299	334	340	357	428
服务业收入	Service Trade	111	113	107	116	118	126	107	109
文教卫生业收入	Culture, Education and Public Health	11	11	12	55	18	28	38	45
其他家庭经营收入	Others	85	83	86	99	79	99	149	196
转移性收入、财产性收入	**Transfer Income and Property Income**	**335**	**357**	**428**	**482**	**555**	**595**	**659**	**750**

5-36 农村居民人均总收入和纯收入(2007年)
Per Capita Annual Total Income and Net Income of Rural Households(2007)

单位:元(yuan)

项 目	Item	总平均 Average	按人均纯收入等级分组 Grouped by Level of Net Income 低20%收入户 Lower Income Households (20%)	次低20%收入户 Low Income Households (20%)	中等20%收入户 Middle Income Households (20%)	次高20%收入户 High Income Households (20%)	高20%收入户 Higher Income Households (20%)
全年总收入	**Gross Income**	**10391.29**	**4549.87**	**6442.98**	**8643.51**	**12038.33**	**22213.00**
工资性收入	**Wage Income**	**4092.80**	**1382.18**	**2827.18**	**4247.96**	**5642.60**	**6955.62**
在非企业组织中劳动得到	From Orgazinations of Non-enterprises	306.20	65.71	134.20	211.60	388.17	814.59
在本地企业中劳动得到	From Local Enterprises	3270.98	1120.56	2294.92	3489.68	4663.41	5222.89
#在本地乡镇企业得到	From Local Township Enterprises	1327.80	479.19	1403.03	2513.48	3645.44	4066.06
常住人口外出从业得到	Income of Permanent Population Going out to Work	515.63	195.91	398.05	546.68	591.02	918.14
家庭经营收入	**Income from Household Business**	**5382.43**	**2771.45**	**3135.11**	**3753.14**	**5404.93**	**12977.79**
农业收入	Planting	1399.45	904.36	1135.02	1103.69	1342.03	2703.24
林业收入	Forestry	182.79	103.13	136.75	157.08	241.21	298.09
牧业收入	Animal Husbandry	1060.41	948.25	424.04	495.50	815.50	2851.02
渔业收入	Fishery	259.71	190.63	255.22	253.94	199.45	419.69
工业收入	Industry	798.88	175.97	274.96	366.38	788.69	2664.00
建筑业收入	Construction	328.68	92.74	180.95	303.12	389.82	746.47
交通、运输和邮电业收入	Transportation, Posts and Telecommunication	441.03	77.23	161.95	451.04	494.72	1132.00
批发和零售贸易、餐饮收入	Wholesale, Retail Sale and Catering Trade	528.98	164.91	332.02	362.38	588.61	1321.64
社会服务业收入	Social Service Trade	127.03	19.11	77.36	90.49	205.65	271.05
文教卫生业收入	Culture, Education and Public Health	47.35	12.24	19.80	40.33	64.22	111.29
其他家庭经营收入	Others	197.89	81.36	133.51	127.81	273.71	410.95
财产性收入	**Property Income**	**399.19**	**109.49**	**132.29**	**250.79**	**389.01**	**1238.80**
转移性收入	**Transfer Income**	**516.86**	**286.75**	**348.40**	**391.63**	**601.79**	**1040.79**
全年纯收入	**Net Income**	**8265.15**	**2505.28**	**5200.44**	**7448.53**	**10184.38**	**17594.07**

5－37 农村居民人均总支出
Per Capita Annual Expenditure of Rural Households

单位:元(yuan)

项 目	Item	2000	2001	2002	2003	2004	2005	2006	2007
全年总支出	**Total Expenditure**	**4231.51**	**4890.33**	**5175.29**	**5908.32**	**6573.50**	**7533.91**	**8121.26**	**9071.40**
生活消费支出	Living Expenditure for Consumption	3230.88	3479.17	3692.89	4286.70	4659.11	5215.24	5761.96	6441.94
食品	Food	1406.37	1448.52	1507.49	1637.04	1838.57	2011.25	2140.62	2347.03
主食	Staple Food	264.45	257.93	246.50	237.05	250.17	256.80	262.54	264.01
副食	Non-Staple Food	651.33	663.53	674.24	689.72	774.46	870.30	890.49	1015.41
其他食品	Other Food	369.10	383.49	402.96	491.58	553.38	617.30	672.16	717.79
在外饮食	Eating Outside	109.08	132.37	172.66	193.92	225.38	240.42	296.20	330.98
衣着	Clothing	167.40	181.93	206.93	229.47	258.59	309.79	361.62	398.73
居住	Residence	580.53	632.00	576.90	775.16	798.88	843.47	1048.12	1262.14
#住房	Housing	452.83	495.52	390.88	596.16	588.76	596.99	775.62	969.74
电费	Electricity	61.88	60.35	63.33	76.53	80.09	97.44	119.11	148.11
燃料	Fuel	47.23	50.16	49.29	71.77	80.39	93.97	104.32	107.07
家庭设备、用品及服务	Household Facilities, Articles and Services	145.89	155.89	170.36	206.69	242.09	259.37	274.48	337.5
医疗保健	Medicines and Medical Services	200.06	252.03	266.50	306.31	326.12	399.22	454.51	464.89
#医药卫生保健用品	Medical Articles	103.17	131.87	154.92	155.93	176.04	172.84	177.83	182.53
交通和通讯	Transportations and Communications	275.46	299.79	359.36	496.08	496.86	591.81	635.49	761.36
#交通工具	Means of Transportation	98.08	87.73	106.57	183.88	152.16	164.36	178.16	55.07
交通费	Traffic Fare	38.74	42.16	48.15	65.62	64.90	86.64	84.54	94.44
邮电通讯费	Postage	84.98	104.24	130.57	148.28	165.73	188.74	203.84	216.15

5－37 **续表** continued 单位:元(yuan)

项　目	Item	2000	2001	2002	2003	2004	2005	2006	2007
文教娱乐用品及服务	Cultural, Educational and Recreational Services	367.99	411.71	503.51	531.11	597.93	679.36	722.86	735.50
文化教育娱乐用品	Cultural,Educational and Recreational Articles	48.71	51.84	49.97	63.35	63.18	72.69	79.24	93.83
书报杂志	Botes,Newpapers and Magazines	5.45	5.15	6.41	7.35	8.21	8.15	11.32	11.89
教育服务费	Educational Services	275.00	315.00	393.61	412.41	460.89	526.14	546.30	522.06
旅游休闲娱乐费	Tourism and Pecreation	16.46	19.38	27.50	27.60	39.62	44.11	51.74	79.36
其他商品和服务	Other Commodities and Services	87.18	97.30	101.84	104.84	100.05	120.96	124.27	134.79
家庭经营费用支出	Expenditure for Household Business	737.22	820.50	811.76	938.38	1150.58	1524.84	1428.55	1708.1
农业生产支出	Planting	243.99	259.81	262.01	266.06	270.22	344.69	374.81	407.41
林业生产支出	Forestry	14.68	14.97	13.13	21.91	23.58	23.15	28.31	23.94
牧业生产支出	Animal Husbandry	252.25	242.23	253.09	267.59	428.57	595.13	459.49	674.37
渔业生产支出	Fishery	25.48	37.56	36.55	34.64	39.21	87.62	113.87	150.12
工业生产支出	Industry	98.50	156.57	140.77	241.50	272.77	245.59	236.98	217.07
建筑业支出	Construction	9.46	8.69	8.16	7.14	7.60	24.73	24.81	31.06
运输业支出	Transportation	52.06	57.61	57.52	50.11	52.84	74.20	103.94	99.92
批发和零售贸易餐饮业	Wholesale,Retail Sale and Catering Trade	15.24	22.90	22.65	25.04	39.28	90.73	60.94	81.69
服务业支出	Service Trade	14.87	14.26	9.63	15.21	5.77	17.47	13.73	13.88
文教卫生业支出	Culture,Education and Public Health	0.58	0.32	1.53	0.62	0.87	1.90	0.88	0.87
其他经营支出	Others	10.10	5.58	6.79	8.56	9.87	19.63	10.78	7.77
购置生产用固定资产支出	Expenditure for Purchasing Productive Fixed Assets	104.72	114.12	125.73	152.24	221.59	163.32	248.62	150.11
税费支出	Expenditure for Taxes and Expenses	60.85	60.48	57.62	44.03	33.15	24.75	23.87	23.44
#缴纳税金	Taxes	29.20	27.02	29.84	27.61	16.49	14.06	12.65	13.67

5-38 农村居民人均总支出(2007年)
Per Capita Annual Expenditure of Rural Households(2007)

单位:元(yuan)

项　目	Item	总平均 Average	按人均纯收入等级分组 Grouped by Level of Net Income 低20%收入户 Lower Income Households (20%)	次低20%收入户 Low Income Households (20%)	中等20%收入户 Middle Income Households (20%)	次高20%收入户 High Income Households (20%)	高20%收入户 Higher Income Households (20%)
全年总支出	**Gross Expenditure**	**9071.40**	**5689.36**	**6108.61**	**7687.62**	**10015.61**	**17141.55**
生活消费支出	Living Expenditure for Consumption	6441.94	3561.46	4608.65	6093.21	7597.93	11175.70
#服务性支出	Service Expenditure	2046.93	1051.80	1462.02	1974.62	2513.71	3497.41
食品	Food	2347.03	1432.71	1914.72	2304.87	2832.06	3468.70
#谷物	Cereal	254.2	216.84	247.75	254.81	270.22	288.43
食用油	Oil Edible	64.96	47.00	57.47	64.57	75.65	84.05
蔬菜及制品	Vegetables and Producted	167.43	118.43	143.28	164.56	203.70	218.26
肉禽、蛋奶及制品	Meat,Poulty Eggs Milk and Their Products	512.27	351.65	445.90	513.35	605.09	680.17
水产品及制品	Aquatic Products	270.75	131.81	203.63	277.50	337.46	435.28
烟、酒	Tobacco and Liquor	394.86	213.07	295.74	382.50	482.36	647.44
在外饮食	Eating Outside	330.98	146.57	231.69	303.26	428.48	593.77
衣着	Clothing	398.73	193.88	282.74	396.22	510.15	661.31
居住	Residence	1262.14	768.29	766.93	1094.59	1284.02	2599.34
家庭设备、用品及服务	Household Facilities,Articles and Services	337.5	167.63	241.30	334.05	413.23	574.89
交通和通讯	Transportation and Communications	761.36	290.78	413.82	666.01	917.54	1670.18
文教娱乐用品及服务	Cultural,Educational and Recreational Articles and Services	735.5	334.35	509.55	729.59	903.70	1303.64
医疗保健	Medicines and Medical Services	464.89	316.43	390.65	452.98	553.85	646.48
其他商品和服务	Other Commodities and Services	134.79	57.39	88.95	114.90	183.37	251.15
家庭经营费用	Expenditure For Household Business	1708.1	1706.35	934.14	888.01	1321.51	3973.80
农业生产	Planting	407.41	255.85	261.13	249.28	261.42	512.11
林业生产	Forestry	23.94	14.76	22.99	22.97	32.69	27.65
牧业生产	Animal Husbandry	674.37	866.36	210.24	236.65	444.01	1737.82
渔业生产	Fishery	150.12	280.96	124.78	117.81	77.42	138.75
工业生产	Industry	217.07	89.03	59.73	69.33	123.59	825.02
农村居民生产费用现金支出	Productive Expenditure Pay for Cash of Rural Inhabitant	1845.24	1761.18	1002.43	920.26	1498.63	4367.13
农村居民生活消费现金支出	Living Expenditure Pay for Cash of Rural Inhabitant	6212.44	3314.04	4373.46	5869.45	7376.73	10958.69

5－38 **续表** continued 单位：元（yuan）

项 目	Item	总平均 Average	按人均纯收入等级分组 Grouped by Level of Net Income				
			低20%收入户 Lower Income Households (20%)	次低20%收入户 Low Income Households (20%)	中等20%收入户 Middle Income Households (20%)	次高20%收入户 High Income Households (20%)	高20%收入户 Higher Income Households (20%)
食品	Food	2134.60	1216.58	1695.19	2092.39	2627.29	3260.69
#谷物	Cereal	254.20	84.05	116.04	121.56	139.64	165.65
食用油	Oil for Eating	64.96	47.00	57.47	64.57	75.65	84.05
蔬菜及制品	Vegetables and Related Products	167.43	77.29	105.64	130.46	170.21	184.33
肉禽、蛋奶及制品	Meat, Poulty Eggs Milk and Their Products	512.27	329.10	422.79	489.71	586.20	657.17
水产品及制品	Aquatic Products	270.75	130.06	201.05	273.23	335.22	431.38
烟、酒	Tobacco and Liquor	394.86	213.07	295.73	382.50	482.36	647.44
茶叶、饮料	Tea, Beverage	40.32	16.60	28.10	39.26	49.23	67.33
其他类食品	Others	282.62	156.01	213.35	262.59	329.28	399.56
在外饮食	Eating Outside	330.98	146.57	231.69	303.26	428.48	593.77
食品加工费	Food Processing	13.52	9.46	13.20	14.50	15.07	15.93
衣着	Clothing	398.73	193.64	282.71	395.22	509.61	660.81
#服装	Garments	281.71	133.53	199.70	276.76	359.04	476.61
鞋、帽、袜类	Shoes, Hats and Stockings	89.54	46.59	64.47	88.48	114.73	144.09
居住	Residence	1245.60	737.25	751.32	1084.51	1268.12	2590.93
#装饰、装修	Decorating	664.48	544.14	392.59	765.51	901.81	1836.39
购买生活用房	Housing	92.77		132.57	33.62	22.20	302.26
燃料	Fuel	107.07	65.50	77.91	89.49	104.94	122.04
电费	Electricity	148.11	109.51	113.04	143.22	169.58	217.53
家庭设备、用品及服务	Household Facilities, Articles and Services	337.45	167.62	241.28	333.84	413.23	574.89
交通和通讯	Transportation and Communications	761.36	290.78	413.82	666.01	917.54	1670.18
#交通工具	Means of Transportation	276.42	65.52	87.16	223.67	313.99	769.38
通讯工具	Means of Communitation	55.07	23.24	32.73	50.18	69.01	109.72
交通消费服务	Traffic Fare	126.50	56.24	85.61	105.44	168.74	236.74
邮电费	Postage	216.15	119.85	159.39	211.06	255.63	360.70
文教娱乐用品及服务	Cultural, Educational and Recreational Articles and Services	735.50	334.35	509.55	729.59	903.70	1303.64
#文化教育娱乐用品	Cultural, Educational and Recreational Articles	93.83	33.21	38.43	81.25	134.39	201.45
学杂费	Tuition Fee	404.74	192.60	305.78	438.24	483.61	650.04
成人培训费	Training Fee	15.70	3.71	8.69	13.97	23.00	32.31
文教娱乐服务	Cultural, Educational and Recreational Services	79.36	39.65	44.88	64.99	103.95	156.94
医疗保健	Medicines and Medical Services	464.89	316.43	390.65	452.98	553.85	646.48
#购买医疗保健用品	Medical Articles	182.53	153.52	145.75	153.39	210.29	263.58
医疗保健服务消费	Medical Services	282.36	162.92	244.90	299.60	343.56	382.91
其他商品和服务	Others	134.78	57.39	88.95	114.90	183.37	251.07

5-39 农村居民平均每人主要食品消费量
Per Capita Annual Foods Consumption of Major Commodities of Rural Households

名 称		Item		2001	2002	2003	2004	2005	2006	2007
粮食	（公斤）	Grain	(kg)	232.62	224.02	207.26	203.17	187.85	187.64	180.59
#稻谷	（公斤）	Rice	(kg)	217.32	208.26	194.37	190.56	169.63	170.22	164.08
小麦	（公斤）	Wheat	(kg)	7.55	6.83	3.54	3.78	4.25	3.77	3.59
蔬菜及菜制品	（公斤）	Vegetable	(kg)	86.54	87.32	83.91	81.40	80.95	77.45	79.47
植物油	（公斤）	Vegetable Oil	(kg)	4.34	4.50	4.62	4.39	4.45	4.47	5.34
动物油	（公斤）	Animal Oil	(kg)	1.27	1.43	1.19	1.05	0.97	0.93	0.81
猪肉	（公斤）	Pork	(kg)	15.33	15.34	15.51	14.09	17.31	17.16	14.05
牛羊肉	（公斤）	Beef and Mutton	(kg)	0.92	0.79	0.91	0.92	1.04	1.05	1.08
奶及奶制品	（公斤）	Milk and Its Prooducts	(kg)	1.28	1.83	3.15	3.07	3.52	4.18	4.50
家禽	（公斤）	Poultry	(kg)	5.87	5.47	6.03	5.36	5.64	5.12	5.43
蛋及蛋制品	（公斤）	Eggs	(kg)	5.03	4.89	5.33	5.37	4.58	4.77	4.55
鱼类	（公斤）	Fish	(kg)	9.08	8.98	9.11	9.06	9.75	9.46	10.02
虾、贝、蟹类	（公斤）	Shrimps	(kg)	3.10	3.41	3.41	3.57	3.66	4.07	4.34
食糖	（公斤）	Sugar	(kg)	2.36	2.36	2.13	1.89	1.67	1.59	1.55
卷烟	（盒）	Cigarettes	(box)	34.53	33.02	34.18	34.98	37.88	38.04	37.23
酒	（公斤）	Wine	(kg)	22.76	21.16	24.15	23.63	25.88	27.03	27.38
#啤酒	（公斤）	Beer	(kg)	12.09	12.40	15.63	15.56	17.95	19.49	19.96
水果	（公斤）	Fruit	(kg)	33.10	31.46	18.92	18.49	17.08	16.36	18.57

5-40 农村居民按纯收入等级分组的人均主要食物消费量(2007 年)
Per Capita Annual Consumption of Major Commodities of Rural Households(2007)

名 称		Item		总平均 Average	按人均纯收入等级分组 Grouped by Level of Net Income				
					低 20% 收入户 Lower Income Households (20%)	次低 20% 收入户 Low Income Households (20%)	中等 20% 收入户 Middle Income Households (20%)	次高 20% 收入户 High Income Households (20%)	高 20% 收入户 Higher Income Households (20%)
粮食	(公斤)	Grain	(kg)	180.59	166.70	180.40	181.16	186.72	190.13
#小麦	(公斤)	Wheat	(kg)	3.59	5.41	3.88	3.54	2.42	2.43
稻谷	(公斤)	Rice	(kg)	164.08	149.85	162.55	164.65	171.86	173.82
豆类及豆制品	(公斤)	Beans and Related Products	(kg)	8.96	185.64	203.23	207.00	216.20	223.46
蔬菜及菜制品	(公斤)	Vegetable	(kg)	79.47	71.13	76.13	79.04	84.11	88.82
油脂类	(公斤)	Oil	(kg)	6.15	4.49	5.48	6.13	7.14	7.87
#植物油	(公斤)	Vegetable Oil	(kg)	5.34	3.71	4.61	5.33	6.30	7.10
动物油	(公斤)	Animal Oil	(kg)	0.81	0.78	0.88	0.79	0.84	0.77
肉禽及其制品	(公斤)	Meat, Poulty and Their Products	(kg)	25.78	18.93	22.83	25.84	29.47	33.33
#猪肉	(公斤)	Pork	(kg)	14.05	12.46	13.32	13.83	14.88	16.16
牛肉	(公斤)	Beef	(kg)	0.76	0.42	0.62	0.84	0.92	1.10
羊肉	(公斤)	Mutton	(kg)	0.32	0.18	0.22	0.28	0.45	0.53
家禽	(公斤)	Poultry	(kg)	5.43	3.05	4.29	5.44	6.47	8.46
蛋类及蛋制品	(公斤)	Eggs and Products	(kg)	4.55	3.16	4.13	4.89	5.23	5.55
奶和奶制品	(公斤)	Milk and Products	(kg)	4.5	2.31	3.96	4.73	5.97	5.87
水产类	(公斤)	Aquatic Products	(kg)	16.86	9.51	14.02	17.66	20.45	24.14
#鱼类	(公斤)	Fish	(kg)	10.02	6.22	8.62	10.35	11.89	13.77
虾、贝、蟹类	(公斤)	Shrimp	(kg)	4.34	1.86	3.34	4.69	5.51	6.83
藻类	(公斤)	Alga	(kg)	0.49	0.44	0.51	0.47	0.53	0.53
食糖	(公斤)	Sugar	(kg)	1.55	1.29	1.34	1.55	1.86	1.75
酒	(公斤)	Wine	(kg)	27.38	19.05	25.74	27.69	30.61	35.43
#白酒	(公斤)	White Spirit	(kg)	2.24	1.81	1.94	2.30	2.56	2.66
啤酒	(公斤)	Beer	(kg)	19.96	14.54	19.47	19.79	21.86	25.19
果酒	(公斤)	Fruit Wine	(kg)	0.24	0.06	0.05	0.17	0.21	0.78

5-41 农村居民家庭主要商品购买情况
Annual Purchases of Major Commodities of Rural Households

名 称		Item		2001	2002	2003	2004	2005	2006	2007
平均每人购买服装		**Per Capita Purchases of Clothing**	**(piece)**	**1.37**	**1.53**	**1.91**	**4.15**	**3.33**	**3.32**	**3.4**
每百户购买文化体育用品		**Per 100 Households Purchases of Cultural and Sports Goods**								
黑白电视机	(台)	Black/White TV Set	(unit)	0.14	0.04	0.19	0.11	0.09	0.15	0.09
彩色电视机	(台)	Color TV Set	(unit)	6.04	6.52	6.37	6.63	6.99	6.69	6
收录机	(台)	Radio Tape Recorder	(unit)	1.44	11.30	1.04	0.93	1.52	0.7	0.91
录放像机	(台)	Videorecorder	(unit)	0.11	0.11	0.37	0.04	0.15	0.13	0.13
照相机	(架)	Camera	(unit)	0.26	0.37	0.22	0.33	0.32	0.47	0.32
户均购买建筑材料		**Per Household Purchases of Building Materials**								
水泥	(公斤)	Cement	(kg)	394.70	371.57	487.29	326.97	519.21	624.79	787.43
木材	(立方米)	Timber	(cu. m)	0.13	0.37	0.24	0.07	0.11	0.18	0.12
钢材	(公斤)	Steel Products	(kg)	36.28	40.99	47.16	21.72	58.73	60.92	95.81
水泥预制	(件)	Cement Prefabricated Parts	(unit)	2.22	1.79	2.01	1.33	1.66	1.90	1.59
玻璃	(平方米)	Glass	(sq. m)	0.45	0.33	0.31	0.28	0.27	0.75	0.11
砖瓦	(块)	Brick	(unit)	844	745	714	730	966	1050	1256.94
每百户购买耐用消费品		**Per 100 Households Purchases of Durable Consumer Goods**								
自行车	(辆)	Bicycle	(unit)	8.63	8.59	7.56	6.41	6.01	6.06	5.53
缝纫机	(架)	Sewing Machine	(unit)	0.04	0.04	0.30	0.19	0.28	0.23	0.15
洗衣机	(台)	Washing Machine	(unit)	2.33	1.44	2.15	1.93	2.43	1.79	2.11
电风扇	(台)	Electric Fan	(unit)	9.30	10.59	12.48	12.48	11.43	11.79	13.28
电冰箱	(台)	Refrigerator	(unit)	1.93	2.30	2.85	3.52	4.26	5.02	6.87
摩托车	(辆)	Motorcycle	(unit)	4.15	4.70	5.59	5.04	4.30	2.94	2.98
户均购买生产资料		**Per Household Purchases of Means of Production**								
化肥	(公斤)	Chemical Fertilizer	(kg)	406.74	364.01	328.57	351.29	295.17	301.04	289.6
饼肥	(公斤)	Cake Fertilizer	(kg)	2.18	1.09	3.10	1.37	3.01	2.23	2.64
农药	(公斤)	Chemical Pesticide	(kg)	13.86	13.59	12.20	18.67	22.71	27.04	232.46
农用薄膜	(公斤)	Farm Film	(kg)	1.88	1.46	2.57	1.69	3.94	4.39	36.46
生产用燃料	(公斤)	Fuel for Production	(kg)	40.48	45.22	37.56	43.00	64.57	54.04	59.54

5-42 农村居民主要耐用品购买情况(2007 年)
Per Capita Annual Purchase of Major Commodities of Rural Households(2007)

名 称		Item		总平均 Average	按人均纯收入等级分组 Grouped by Level of Net Income 低20%收入户 Lower Income Households (20%)	次低20%收入户 Low Income Households (20%)	中等20%收入户 Middle Income Households (20%)	次高20%收入户 High Income Households (20%)	高20%收入户 Higher Income Households (20%)
平均每人购买服装	**(件)**	**Per Capita Purchases of Clothing**	**(piece)**	**3.4**	**1.88**	**2.81**	**3.62**	**4.07**	**4.92**
每百户购买文化体育用品		**Per 100 Households Purchases of Cultural and Sports Goods**							
黑白电视机	(台)	Black/White TV Set	(unit)	0.09	0.11	0.11			0.21
彩色电视机	(台)	Color TV Set	(unit)	6	3.40	3.94	6.91	7.23	8.51
录放像机	(台)	Videorecorder	(unit)	0.13	0.11			0.32	0.21
照相机	(架)	Camera	(unit)	0.32		0.21	0.21	0.21	0.96
影碟机	(台)	Video Disc Player	(unit)	1	0.74	1.38	0.74	0.96	1.17
组合音响	(台)	Composite Acoustics	(unit)	0.21		0.11	0.11	0.43	0.43
家用计算机	(台)	Computer	(unit)	4.13	1.49	1.38	3.83	6.38	7.55
每百户购买耐用消费品		**Per 100 Households Purchases of Durable Consumer Goods**							
洗衣机	(台)	Washing Machine	(unit)	2.11	1.49	1.81	2.02	2.34	2.87
电风扇	(台)	Electric Fan	(unit)	13.28	9.47	11.49	13.19	14.68	17.55
电冰箱	(台)	Refrigerator	(unit)	6.87	4.47	5.96	7.02	8.83	8.09
空调机	(台)	Air Conditioner	(unit)	6.51	2.23	3.09	5.96	9.04	12.23
热水器	(台)	Water Heater	(unit)	3.13	1.60	2.66	3.09	3.30	5.00
微波炉	(台)	Microware Oven	(unit)	0.96	0.32	0.43	0.74	0.96	2.34
自行车	(辆)	Bicycle	(unit)	5.53	3.62	4.79	6.06	6.81	6.38

5 - 42 续表 continued

名　称		Item		总平均 Average	按人均纯收入等级分组 Grouped by Level of Net Income 低 20% 收入户 Lower Income House-holds (20%)	次低 20% 收入户 Low Income House-holds (20%)	中等 20% 收入户 Middle Income House-holds (20%)	次高 20% 收入户 High Income House-holds (20%)	高 20% 收入户 Higher Income House-holds (20%)
摩托车	（辆）	Motorcycle	(unit)	2.98	1.60	1.70	3.09	4.36	4.15
电话机	（部）	Telephone	(unit)	5.36	3.30	5.05	4.47	6.76	7.23
移动电话	（部）	Mobile Telephone	(unit)	24.34	12.77	16.17	26.70	28.40	37.66
每户购买建筑材料		**Per Household Purchases of Building Materials**							
水泥	（公斤）	Cement	(kg)	787.43	639.06	394.01	724.47	632.21	1547.38
木材	（立方米）	Timber	(cu. m)	0.12	0.03	0.04	0.12	0.13	0.28
钢材	（公斤）	Steel Products	(kg)	95.81	70.24	34.92	89.51	38.55	245.84
水泥预制件	（件）	Cement Prefabricated Parts	(unit)	1.59	1.88	1.15	0.75	1.57	2.62
玻璃	（平方米）	Glass	(sq. m)	0.11	0.02	0.08	0.11	0.12	0.23
砖瓦	（块）	Brick	(unit)	1256.94	866.05	719.79	1102.12	1199.80	2396.91
沙石	（立方米）	Asphalt Felt	(cu. m)	4.58	2.53	2.69	3.59	4.85	9.24
每户购买生产资料		**Per Household Purchases of Means of Production**							
化肥	（公斤）	Chemical Fertilizer	(kg)	289.6	271.13	278.61	269.60	264.88	363.80
饼肥	（公斤）	Cake Fertilizer	(kg)	2.64	1.19	1.69	1.38	6.07	2.86
农药金额	（元）	Chemical Pesticide	(yuan)	232.46	216.52	216.62	223.54	224.49	281.15
农用薄膜	（公斤）	Farm Film	(kg)	4.07	0.65	6.81	1.59	1.68	9.62
生产用燃料金额	（元）	Fuel for Production	(yuan)	275.92	155.01	135.80	214.73	397.53	464.96

5-43 农村居民家庭平均每百户耐用消费品拥有量
Annual Average Possession of Durable Consumer Goods Per 100 Rural Households

名 称		Item		2000	2001	2002	2003	2004	2005	2006	2007
自行车	（辆）	Bicycle	（unit）	180.19	180.00	175.11	168.70	161.63	128.96	124.55	125.4
家用电脑	（台）	Household Electronic Computer	（unit）			3.37	5.96	6.93	10.77	14.28	19.38
洗衣机	（台）	Washing Machine	（unit）	34.70	37.96	40.15	43.11	45.56	52.36	55.17	59.72
电冰箱	（台）	Refrigerator	（unit）	42.04	46.63	48.59	53.11	56.59	62.21	67.81	74.98
摩托车	（辆）	Motorcycle	（unit）	29.78	35.93	40.33	47.56	52.70	61.04	62.66	57.85
黑白电视机	（台）	Black/White TV Set	（unit）	50.78	49.37	45.59	39.89	33.74	21.98	16.98	11.15
彩色电视机	（台）	Color TV Set	（unit）	83.15	93.41	103.48	109.67	116.70	130.04	136.89	144.17
电话机	（部）	Telephone	（unit）	60.26	72.33	77.15	84.15	88.81	94.43	94.98	93.19
移动电话	（部）	Moble Telephone	（unit）	20.22	35.44	52.22	73.48	89.74	119.21	134.68	150.3
照相机	（架）	Camera	（unit）	6.44	7.48	8.07	7.93	8.59	8.74	9.15	9.02
抽油烟机	（台）	Range Hoods	（unit）	18.81	23.19	25.63	28.44	30.70	35.43	38.04	42.96
吸尘器	（台）	Dust Catcher	（unit）	2.07	3.04	2.67	2.81	3.37	3.79	3.60	3.96
空调机	（台）	Air Conditioner	（unit）	5.85	9.44	13.00	20.37	26.63	36.04	42.55	54

5-44 农村居民家庭平均每百户耐用消费品拥有量(2007年)
Annual Average Possession of Durable Consumer Goods Per 100 Rural Households(2007)

名称		Item		总平均 Average	按人均纯收入等级分组 Grouped by Level of Net Income 低20%收入户 Lower Income Households (20%)	次低20%收入户 Low Income Households (20%)	中等20%收入户 Middle Income Households (20%)	次高20%收入户 High Income Households (20%)	高20%收入户 Higher Income Households (20%)
自行车	(辆)	Bicycle	(unit)	125.4	97.02	118.83	133.40	140.74	137.02
家用电脑	(台)	Household Electronic Computer	(unit)	19.38	7.66	9.89	16.81	25.11	37.45
洗衣机	(台)	Washing Machine	(unit)	59.72	44.15	54.04	59.89	67.02	73.51
电冰箱	(台)	Refrigerator	(unit)	74.98	54.57	64.68	78.94	86.17	90.53
摩托车	(辆)	Motorcycle	(unit)	57.85	34.36	46.38	62.02	70.32	76.17
黑白电视机	(台)	Black/White Tv Set	(unit)	11.15	9.89	12.55	11.38	11.28	10.64
彩色电视机	(台)	Color TV Set	(unit)	144.17	122.34	132.23	147.13	153.51	165.64
电话机	(部)	Telephone	(unit)	93.19	82.66	89.68	93.83	97.87	101.91
移动电话	(部)	Moble Telphone	(unit)	150.3	114.68	133.94	152.77	167.77	182.34
照相机	(架)	Camera	(unit)	9.02	4.47	6.17	8.30	9.04	17.13
抽油烟机	(台)	Range Hoods	(unit)	42.96	21.28	30.74	44.47	54.47	63.83
吸尘器	(台)	Dust Catcher	(unit)	3.96	0.74	2.13	2.87	5.74	8.30
空调机	(台)	Air Conditioner	(unit)	54	22.55	36.60	52.77	69.26	88.83

5-45 农村居民家庭拥有生产性固定资产情况
Purchases of Productive Fixed Assets in Rural Households

指　标	Item	2001	2002	2003	2004	2005	2006	2007
户均生产性固定资产原值 (元)	**Per Household Original Value of Productive Fixed Assets (yuan)**	**7913.71**	**8418.75**	**9222.73**	**10078.00**	**12004.69**	**11946.48**	**12140.17**
役畜、产品畜	Draught Animal and Product Livestock	171.43	157.87	143.37	185.00	266.77	275.06	310.38
大中型铁木农具	Large and Medium - sized Iron and wood Farm Tools	236.83	245.71	280.11	248.00	237.59	203.23	228.98
农林牧渔业机械	Agricultural Machinery	995.14	1005.45	499.42	1304.53	1458.72	1355.11	1497.11
工业	Industrial Machinery	1800.90	2181.92	2568.73	3072.00	4211.63	4295.6	4205.96
运输	Transportation Machinery	1390.82	1503.71	1437.00	1796.47	1807.40	1745.05	1824.65
平均每百户拥有:	**Possession Per 100 Households**							
汽车 (辆)	Vehicles for Agricultural Use (unit)	1.60	1.97	2.21	2.18	1.85	1.80	2.04
大中型拖拉机 (辆)	Large and Medium sized Tractors (unit)	0.59	1.00	1.52	1.30	1.53	1.81	1.55
小型和手扶拖拉机 (辆)	Small - sized and Walking Tractors (unit)	6.35	5.89	4.89	4.22	2.70	2.82	3.36
机动脱粒机 (台)	Motorized Thresher (unit)	29.60	28.85	27.45	25.58	16.52	16.37	16.57
水泵 (台)	Turbine Pump (unit)	23.75	24.95	21.70	21.99	19.63	19.31	19.73
役畜 (头)	Draught Animal (head)	4.07	4.29	2.99	1.96	3.47	3.03	2.42
产品畜 (头)	Product Livestock (head)	29.22	20.41	14.00	24.74	30.15	44.68	67.64

5－46 农村居民家庭拥有生产性固定资产情况(2007 年)
Investment in Fixed Assets for Production(2007)

指 标		Item		总平均 Average	按人均纯收入等级分组 Grouped by Level of Net Income 低 20% 收入户 Lower Income Households (20%)	次低 20% 收入户 Low Income Households (20%)	中等 20% 收入户 Middle Income Households (20%)	次高 20% 收入户 High Income Households (20%)	高 20% 收入户 Higher Income Households (20%)
户均生产性固定资产原值	(元)	**Per Household Original Value of Productive Fixed Assets**	(yuan)	**12140.17**	**11175.23**	**8732.72**	**9298.91**	**13645.62**	**17848.34**
农业		Agricalture		4703.42	6287.46	4348.37	3737.58	4050.96	5092.70
工业		Industry		4205.96	2765.21	2758.88	1858.06	5732.00	7915.64
建筑业		Construction		270.00	140.43	16.60	303.94	693.40	195.64
交通运输业		Transportation		1824.65	1454.47	537.02	1872.23	2113.69	3145.85
批发和零售贸易、餐饮业		Wholesale, Retail Sale and Catering Services		679.13	418.19	786.20	1385.96	428.83	693.46
社会服务业		Social Services		193.73	66.49	87.30	49.47	399.11	366.28
文教卫生业		Culture Education and Public Health		92.32	18.99	102.87	62.77	114.96	162.02
其他		Others		107.56	23.99	95.48	28.90	112.66	276.76
平均每百户拥有:		**Possession Per 100 Households**							
汽车	(辆)	Vehicles for Agricultural Use	(unit)	2.04	0.96	1.17	2.23	1.70	4.15
大中型拖拉机	(台)	Large and Medium－sized Tractors	(unit)	1.55	0.85	1.17	2.23	1.91	1.60
小型和手扶拖拉机	(辆)	Small－sized and Walking Tractors	(unit)	3.36	2.66	3.40	3.35	3.30	4.10
机动脱粒机	(辆)	Motorized Thresher	(unit)	16.57	17.78	14.92	17.21	17.02	15.91
收割机	(台)	Reaper	(unit)	0.47	0.74	0.32	0.32	0.53	0.43
农用动力机械	(台)	Dynamioal Machirery for Agricultural Use	(unit)	10.00	6.52	11.33	10.56	10.93	10.67
水泵	(台)	Turbine Pump	(unit)	19.73	16.06	23.09	19.89	17.93	21.70
役畜	(头)	Draught Animal	(head)	2.42	3.73	2.32	2.87	1.91	1.28
产品畜	(头)	Product Livestock	(head)	67.64	23.51	24.89	19.47	39.47	230.85

浙/江/统/计/年/鉴

主要统计指标解释

■ 职工工资总额

指各单位在一定时期内直接支付给本单位全部职工的劳动报酬总额。

工资总额的计算原则应以直接支付给职工的全部劳动报酬为根据。各单位支付给职工的劳动报酬以及其他根据有关规定支付的工资，不论是计入成本的还是不计入成本的，不论是按国家规定列入计征奖金税项目的，还是未列入计征奖金税项目的，不论是以货币形式支付的还是以实物形式支付的，均包括在工资总额内。

■ 计件超额工资

是计件工资的一部分，指计件工人超额完成定额任务后所得的工资。即计件工人实得的全部计件工资级别减去应提的计件标准工资后的数额。某些企业的工人由于从事生产的工作物等级高于本人工资等级，因而其计件标准工资高于本人标准工资，其计件超额也应是全部工资减去应得的计件标准工资后的数额。

■ 奖　金

指支付给职工的超额劳动报酬和增收节支的劳动报酬。

■ 津贴和补贴

指为了补偿职工特殊或额外的劳动消耗和因其他特殊原因支付给职工的津贴，以及为了保证职工工资水平不受物价影响支付给职工的物价补贴。

■ 职工平均工资

指企业、事业、机关单位的职工在一定时期内平均每人所得的货币工资额。它表明一定时期职工工资收入的高低程度，是反映职工工资水平的主要指标。计算公式为：

$$职工平均工资=\frac{报告期实际支付的全部职工工资总额}{报告期全部职工平均人数}$$

■ 职工平均实际工资

指扣除物价变动因素后的职工平均工资。计算公式为：

$$职工平均实际工资=\frac{报告期职工平均工资}{报告期城镇居民消费价格指数}$$

■ 城镇居民家庭实际收入

包括经常或固定得到的收入和一次性收入。不包括周转性收入，如提取银行存款、向亲友借入款、收回借出款以及其他各种暂收款。

■ 城镇居民家庭可支配收入

指被调查城镇居民家庭在支付个人所得税之后，所余下的实际收入。

■ 城镇居民家庭消费性支出

指被调查的城镇居民家庭用于日常生活的全部支出，包括购买商品支出和文化生活、服务等非商品性支出。不包括罚没、丢失款和缴纳的各种税款（如个人所得税、牌照税、房产税等），也不包括个体劳动者生产经营过程中发生的各项费用。

■ 农村居民家庭纯收入

指农村常住居民家庭总收入中，扣除从事生产和非生产经营费用支出、缴纳税款和上交承包集体任务金额以后剩余的，可直接用于进行生产性、非生产性建设投资、生活消费和积蓄的那一部分收入。它是反映农民家庭实际收入水平的综合性的主要指标。农民家庭纯收入，既包括从事生产性和非生产性的经营收入，又包括取自在外人口寄回带回和国家财政救济、各种补贴等非经营性收入；既包括货币收入，又包括自产自用的实物收入。但不包括向银行、信用社和向亲友贷款等属于借贷性的收入。

■ 农村居民家庭生活消费支出

指农村常住居民家庭用于日常生活的全部开支，是反映和研究农民家庭实际生活消费水平高低的重要指标。

ZHEJIANG STATISTICAL YEARBOOK

Explanatory Notes on Main Statistical Indicators

□ Total Wages of Staff and Workers

refer to the total remuneration payment to staff and workers in various units during a certain period of time.

The calculation of total wages is based on the total remuneration payment to the staff and workers. Therefore, all the wages and salaries and other payments to staff and workers are included in the total wages regardless of their sources, category ,and forms (in kind or cash).

□ Extra Piece Wages

refer to the payment to workers for their extra work beyond labour quota, i. e. total amount of piece wages minus standard piece wages. For some enterprises, the standard of piece wage for some workers exceeds their normal payment. In this case, the extra piece wage is still calculated as total amount of wages minus standard picec wages.

□ Bonus

refers to remuneration payment to workers for extra work and for increasing earnings and practicing economy.

□ Subsidies and Allowances

refer to subsidies paid to staff and workers for compensating special or extra labour and allowances paid to staff and workers to offset the impact of inflation on real wages.

□ Average Wage of Staff and Workers

refers to the average wage in money terms per person during a certain period of time for staff and workers in enterprises, institutions, and government agencies, which reflects the general level of wage income during a certain period of time and is calculated as follows:

$$\text{Average Wage of Staff and Workers} = \frac{\text{Total Wages of Staff and Workers in Reference Period}}{\text{Average Number of Staff and Workers in Reference Period}}$$

□ Average Real Wage of Staff and Workers

refers to average wage of staff and workers after removing the effects of price changes, which is calculated as follows:

$$\text{Average Real Wage of Staff and Workers} = \frac{\text{Average Wage of Staff and Workers in Reference Period}}{\text{Consumer Price Index of Urban Residents in Reference Period}}$$

□ Total Income of Urban Households

refers to the total actual cash income of the sample households, including regular or fixed income and occasional income. The imcome of a circulating nature such as withdrawal from bank deposits, loans borrowed from relatives or friends, repayment of loans received and various temporary collection of money is excluded.

□ Disposable Income

refers to the income of the sample households which can be used for daily expenses, i. e. total income minus income tax.

□ Expenditure for Consumption

refers to total expenditure of the sample households for consumption in daily life, including expenditure for various commodities and expenses for non – commodity items such as culture and service, etc. , but excluding fines and confiscation, loss, tax payments (such as income tax, license tax, real estates tax, etc.) and various expenses by individual laborers for business purposes.

□ Net Income of Rural Households

refers to the total income of the permanent residents of the rural households during a year after the deduction of the expenses for productive and non – productive business operation, the payment for taxes and the payment for collective units for their contracted tasks. The net income can

EXPLANATORY NOTES ON MAIN STATISTICAL INDICATORS

be spent for investments in productive and non－productive construction, for consumption in daily life and for savings deposit. It is a comprehensive indicator to show the actual level of the income of the peasants' household. The net income of the rural households includes not only the income from the productive and non－productive business operation, but also the income from the non business operation, such as the money remitted or brought back by the members of the household who are in other places, the government relief payment and various subsidies. It includes not only the money income , but also the income in kind . But the income from borrowing from banks, friends and relatives is excluded.

□ Expenditure of Rural Households for Consumption

refers to total expenses of rural households on daily life, including expenses on food, clothing, housing, fuel, articles for daily use and expenses on cultural life and services, This indicator is used to show the actual consumption level of peasants.

2008

浙江统计年鉴

ZHEJIANG STATISTICAL YEARBOOK

CHAPTER 6

农 业

Agriculture

6-1 农村基本情况
Basic Statistics on Rural Areas

指标	Item	2000	2003	2004	2005	2006	2007
农村基层组织	**Rural Grass Roots Units (unit)**						
乡镇政府 (个)	Number of Township and Town Governments (unit)	1723	1334	1281	1251	1215	1207
#镇政府	Number of Town Governments	971	791	763	758	754	749
村民委员会 (个)	Number of Villages' Committees (unit)	42226	38322	35445	34515	32976	31060
村民小组 (万个)	Number of Villages' Groups (10000 units)	34.35	33.45	33.28	33.22	32.98	32.92
农村住户数、人口、劳动力	**Number of Rural Households, Population and Labour Force**						
农村住户数 (万户)	Rural Households (10000 households)	1075.96	1168.74	1193.53	1224.62	1221.13	1226.54
#农业生产户数 (万人)	Agricultural Producing (10000 persons)		943.15	920.61	903.47	808.26	793.48
农村人口 (万人)	Rural Population (10000 persons)	3545.48	3712.12	3734.83	3790.49	3770.17	3770.46
农村劳动力资源 (万人)	Rural Labour Resource (10000 persons)	2197.92	2323.05	2367.99	2430.78	2438.12	2460.57
农村劳动力 (万人)	Rural Labour Force (10000 persons)	2108.44	2219.90	2252.34	2298.54	2303.70	2318.21
按性别分	By Sex						
男	Male	1135.82	1186.65	1202.96	1231.68	1231.33	1237.03
女	Female	972.62	1033.25	1049.38	1066.86	1072.37	1081.18
按部门分	By Section						
农林牧渔业	Farming, Forestry, Animal Husbandry and Fishery	1014.93	872.96	826.63	786.92	732.92	688.04
工业	Industry	474.25	647.41	700.68	754.89	796.18	844.90
建筑业	Construction	110.68	130.85	138.27	145.37	150.35	158.49
交通运输、仓储、邮政及信息传输、计算机业	Transportation, Storage, Post, Information Trasmission, Computer Service and Softwrare Imdustries	69.03	79.61	89.93	92.15	95.48	97.96
批发、零售贸易、住宿、餐饮业	Wholesale, Retail Sales Hoteling and Catering Trades	141.25	191.22	203.52	216.81	227.90	240.84
其他非农行业	Other Non-agricultural Sectors	298.30	297.85	293.31	302.40	300.87	287.98
#外出临时工、合同工	Temporary or Contract Workers Going Out	108.13	113.66	111.57	105.63	109.00	105.06
在农村实有劳动力中：外出劳动力 (万人)	**Among Rural Labour Force: Transferring Out (10000 persons)**	**367.51**	**386.95**	**404.44**	**417.68**	**435.58**	**459.25**
农村社会基础设施	**Social Basic Facilities in Rural Areas**						
自来水受益村数 (个)	Villages with Tap Water (unit)	32270	31286	29509	29005	27800	26913
通汽车村数 (个)	Villages with Bus Services (unit)	38501	35981	33711	33152	31856	30242
通邮村数 (个)	Villages with Post and Telecommunication Services (unit)	41633	37692	34944	34024	32513	30645
通电话村数 (个)	Villages with Telephone Communication (unit)	40887	37704	34959	34220	32713	30882
通电村数 (个)	Villages with Electricity (unit)	42211	38306	35440	34513	32953	31040

6－2 分行业农村从业人员(1978－2007年)
Employed Persons in Rural Areas by Sector(1978－2007)

单位:万人(10000 persons)

年份 Year	农林牧渔业 Farming, Forestry, Animal Husbandry and Fishery	工业 Industry	建筑业 Construction	交通运输、仓储、邮政及信息传输、计算机业 Transport, Storage, Post, Information Transmission, Computer Service and Software Industries	其他非农行业 Other Non-agricultural Trade
1978	1300.00				
1979	1285.80				
1980	1257.40				
1981	1218.30				
1982	1274.70				
1983	1279.90				
1984	1277.90	319.42	55.82	21.77	110.99
1985	1299.10	339.14	63.74	28.36	133.46
1986	1263.70	376.15	68.99	32.62	173.04
1987	1260.40	399.73	72.97	37.91	184.09
1988	1260.80	409.16	76.65	41.66	199.43
1989	1308.50	375.58	75.00	41.88	210.04
1990	1336.50	368.41	74.11	41.70	214.08
1991	1348.74	376.99	74.36	42.90	229.13
1992	1338.56	367.88	78.27	46.56	268.11
1993	1239.16	418.91	87.15	52.53	307.89
1994	1187.43	436.72	91.87	58.31	326.97
1995	1145.87	447.25	99.44	62.89	341.57
1996	1123.06	446.52	104.38	64.07	358.00
1997	1106.59	448.24	102.66	64.00	378.12
1998	1102.70	439.93	102.11	64.31	387.45
1999	1073.58	445.65	104.51	66.44	399.90
2000	1014.93	474.25	110.68	69.03	439.55
2001	985.11	531.89	116.49	72.82	463.77
2002	929.58	582.40	122.71	76.18	474.73
2003	872.96	647.41	130.85	79.61	489.07
2004	826.63	700.68	138.27	89.93	496.83
2005	786.92	754.89	145.37	92.15	519.21
2006	732.92	796.18	150.35	95.48	528.77
2007	688.04	844.9	158.49	97.96	528.82

注:本表其他非农行业包括批发、零售贸易、住宿、餐饮业。

The other non－agricultural trade is including wholesale, retail, hoteling and catering services.

6－3　各市农村从业人员(2007 年)
Rural Labour Force by City(2007)

单位:万人(10000 persons)

地区	Region	合计 Total	#女 Female	农、林、牧、渔业 Farming, Forestry, Animal Husbandry and Fishery	#农业 Farming	工业 Industry
全省合计	**Total**	**2318.21**	**1081.18**	**688.04**	**551.86**	**844.9**
浙东北	**Eastern & Northern Region**	**1117.06**	**525.08**	**282.88**	**213.31**	**484.81**
杭州市	Hangzhou	266.32	126.29	79.96	62.03	93.58
宁波市	Ningbo	317.16	148.02	65.44	52.24	159.68
嘉兴市	Jiaxing	158.35	75.77	38.72	27.43	85.18
湖州市	Huzhou	116.92	55.12	34.53	21.93	48.06
绍兴市	Shaoxing	220.11	103.98	52.66	44.45	90.23
舟山市	Zhoushan	38.2	15.9	11.57	5.23	8.08
浙西南	**Western & Southern Region**	**1201.15**	**556.1**	**405.16**	**338.55**	**360.09**
温州市	Wenzhou	381.44	173	103.81	87.24	128.41
金华市	Jinhua	268.44	127.09	90.46	83.17	96.42
其中:义乌市	YiWu	65.83	31.47	9.09	8.60	39.22
衢州市	Quzhou	121.5	55.95	58.64	47.54	17.75
台州市	Taizhou	316.38	148.22	87.83	70.17	106.27
丽水市	Lishui	113.39	51.84	64.42	50.43	11.24

6－3　续表　continued

单位:万人(10000 persons)

地区	Region	建筑业 Construction	交通运输、仓储、邮政及信息传输、计算机业 Transport, Storage, Post, Information Transmission, Computer Service and Software Industries	批发、零售贸易、住宿、餐饮业 Wholesale, Retail Sales Hoteling and Catering Services	其他非农行业 Other Non-agricultural Trade	#外出合同工、临时工 Contract or Temporary Workers Transferring Out	在农村实有劳动力中:外出 Among Rural Labour Force: Transferring Out
全省合计	**Total**	**158.49**	**97.96**	**240.84**	**287.98**	**105.06**	**459.25**
浙东北	**Eastern & Northern Region**	**85.86**	**52.31**	**91.35**	**119.85**	**49.43**	**170.63**
杭州市	Hangzhou	17.66	12.94	19.57	42.61	22.57	47.26
宁波市	Ningbo	21.18	13.73	27.1	30.03	10.04	40.49
嘉兴市	Jiaxing	8.58	5.99	10.21	9.67	3.57	10.19
湖州市	Huzhou	7.78	7.32	10.62	8.61	3.26	17.53
绍兴市	Shaoxing	26.46	9.28	19.47	22.01	7.36	45.25
舟山市	Zhoushan	4.2	3.05	4.38	6.92	2.63	9.91
浙西南	**Western & Southern Region**	**72.63**	**45.65**	**149.49**	**168.13**	**55.63**	**288.62**
温州市	Wenzhou	17.87	17.2	65.02	49.13	12.11	89.53
金华市	Jinhua	19.55	7.99	24.32	29.70	12.92	57.9
其中:义乌市	YiWu	3.18	1.84	8.98	3.52	0.90	7.06
衢州市	Quzhou	10.52	4.14	7.93	22.52	11.94	47.79
台州市	Taizhou	20.77	13.06	43.28	45.17	9.90	59.42
丽水市	Lishui	3.92	3.26	8.94	21.61	8.76	33.98

6-4 农、林、牧、渔业总产值(1978-2007年)
Gross Output Value of Farming, Forestry, Animal Husbandry and Fishery(1978-2007)

单位:亿元(100 million yuan)

年份 Year	农林牧渔业总产值 Total	农业产值 Farming	#种植业产值 Planting	林业产值 Forestry	牧业产值 Animal Husbandry	渔业产值 Fishery	农林牧渔服务产值 Services for Agriculture
1978	65.71	50.82	48.86	1.99	9.42	3.48	
1979	91.84	69.47	67.29	2.75	15.55	4.07	
1980	92.67	64.23	60.52	3.61	19.39	5.44	
1981	95.56	69.21	64.48	3.79	16.45	6.11	
1982	118.04	84.61	77.91	4.42	22.88	6.13	
1983	118.68	83.65	74.87	4.77	23.41	6.85	
1984	147.49	102.80	89.93	6.67	27.01	11.01	
1985	174.05	111.20	92.85	8.87	37.84	16.14	
1986	192.04	122.97	101.00	9.26	40.09	19.72	
1987	227.18	141.09	113.91	11.61	48.57	25.91	
1988	280.94	162.80	129.89	14.40	70.33	33.41	
1989	304.50	181.26	145.97	13.60	75.68	33.96	
1990	331.56	199.48	163.92	16.00	75.18	40.90	
1991	363.22	217.21	180.00	17.42	76.78	51.81	
1992	396.93	226.46	179.94	21.01	85.23	64.23	
1993	490.13	274.85	218.01	29.80	92.11	93.37	
1994	690.20	372.97	305.58	41.92	134.78	140.53	
1995	868.76	481.90	407.24	50.02	142.03	194.81	
1996	932.85	517.29	431.90	54.77	155.88	204.92	
1997	1004.88	516.21	426.56	59.26	190.03	239.38	
1998	1003.66	522.98	434.22	59.46	165.85	255.37	
1999	1005.22	519.00	431.57	62.31	157.00	266.91	
2000	1057.07	521.31	446.15	54.48	183.94	297.36	
2001	1053.57	488.59	471.52	60.20	195.94	308.84	
2002	1101.86	511.42	495.72	60.84	205.09	324.51	
2003	1184.04	529.44	515.24	65.67	233.01	337.11	18.81
2004	1332.27	592.59	578.22	78.36	277.89	361.99	21.44
2005	1428.28	654.81	640.20	83.51	285.95	380.81	23.20
2006	1422.60	684.00	669.44	86.04	279.01	347.53	26.03
2007	1597.15	735.92	721.63	95.47	367.60	369.90	28.27

注:1. 本表按当年价格计算。 The data in this table are calculated at current price.
2. 2003年起农林牧渔业总产值中包括服务业产值。 Gross output value includes services for agriculture since 2003.
3. 2006年、2007年农林牧渔业总产值已与农普数衔接。 According to the result of agricultural census, the figures of 2006 and 2007 are adjusted.

6-5 农、林、牧、渔业总产值指数(1979-2007年)
Indices of Gross Output Value of Farming, Forestry, Animal Husbandry and Fishery (1979-2007)

(1978年=100)(1978=100)

年份 Year	农林牧渔业总产值 Gross Output Value of Farming Forestry, Animal Husbandry & Fishery	农业产值 Farming	#种植业产值 Planting	林业产值 Forestry	牧业产值 Animal Husbandry	渔业产值 Fishery	农林牧渔服务业(2003年=100) Services for Agriculture (2003=100)
1979	112.26	109.58	110.04	109.95	131.12	93.69	
1980	109.85	105.62	103.41	115.71	133.27	94.59	
1981	110.78	107.65	104.36	115.71	128.88	96.69	
1982	128.98	127.88	123.64	113.26	148.37	102.71	
1983	124.88	122.05	114.82	116.93	149.42	99.70	
1984	145.51	145.51	132.39	149.29	156.79	116.48	
1985	151.17	146.44	125.92	155.09	176.43	136.74	
1986	159.30	152.77	126.90	149.90	185.83	162.85	
1987	164.65	158.47	125.65	161.50	181.27	184.84	
1988	168.39	162.26	122.63	157.53	189.10	182.79	
1989	170.76	166.71	124.53	152.65	185.44	182.16	
1990	175.37	170.34	128.84	166.08	187.23	198.14	
1991	186.67	181.51	137.66	185.57	192.05	217.84	
1992	193.70	179.20	129.00	198.03	209.41	251.91	
1993	202.65	184.90	127.48	240.93	203.50	286.54	
1994	221.50	191.86	127.47	283.27	204.03	383.96	
1995	242.72	205.46	135.15	302.47	202.14	482.07	
1996	258.08	221.62	142.54	319.98	203.38	516.58	
1997	270.66	223.18	142.51	340.13	222.24	570.26	
1998	280.94	223.98	143.15	328.23	230.46	640.51	
1999	294.15	233.77	153.57	351.75	242.33	669.03	
2000	307.67	230.70	150.09	391.15	265.45	741.95	
2001	322.75	240.16	160.75	414.23	288.28	769.40	
2002	336.31	155.05	171.36	417.96	300.39	787.87	
2003	348.29	267.73	180.78	429.21	306.42	811.56	
2004	363.75	171.10	190.00	458.00	310.38	848.84	109.84
2005	372.48	175.72	195.13	463.04	326.52	847.99	117.53
2006	385.52	183.80	202.34	488.51	311.42	870.04	125.87
2007	394.39	188.58	207.60	509.03	314.53	884.83	135.69

注:本表按可比价格计算。 The data in this table are calculated at comparable price.

6-6 农、林、牧、渔业分项产值(2001-2007年)
Gross Output Value of Farming, Forestry, Animal Husbandry and Fishery by Branch(2001-2007)

单位:亿元(100 million yuan)

指标	Item	2001	2002	2003	2004	2005	2006	2007
农林牧渔业总产值	**Total**	**1053.57**	**1101.86**	**1184.04**	**1332.27**	**1428.28**	**1422.60**	**1597.15**
农业产值	**Farming**	**488.59**	**511.42**	**529.44**	**592.59**	**654.81**	**684.00**	**735.92**
农作物种植业产值	Planting	471.52	495.72	515.24	578.22	640.20	669.44	721.63
#粮食	Grain	133.83	122.71	112.62	151.12	152.37	146.28	144.97
谷物	Cereal	117.96	103.26	93.71	128.96	128.17	134.21	131.82
豆类	Beans	6.86	10.62	10.76	12.37	13.76	8.27	8.94
薯类	Tubers	9.01	8.83	8.16	9.79	10.44	3.80	4.21
油料	Oil-bearing Crops	12.92	10.41	10.18	12.71	12.97	12.27	15.69
棉花	Cotton	3.19	2.24	2.62	2.08	2.27	2.49	2.77
麻类	Fiber Crops	0.10	0.09	0.08	0.07	0.06	0.04	0.04
糖料	Sugar Crops	8.34	9.03	9.65	8.53	8.75	9.95	12.10
蔬菜	Vegetables	149.26	158.56	159.29	153.24	192.91	200.76	210.90
茶、桑、果	Tea, Mulberry, Fruit	100.92	111.54	121.42	141.89	155.62	175.33	205.61
其他农业产值	Other Farming	17.07	15.70	14.20	14.37	14.61	14.56	14.29
林业产值	**Forestry**	**60.20**	**60.84**	**65.67**	**78.36**	**83.51**	**86.04**	**95.47**
人造林木生长	Man-made Forestry Growing	8.25	6.03	7.26	6.77	9.07	9.27	9.17
林产品	Forestry Products	31.79	32.49	36.20	46.87	45.34	45.81	51.25
竹木采运	Lumbering	20.16	22.32	22.20	24.72	29.10	30.96	35.05
牧业产值	**Animal Husbandry**	**195.94**	**205.09**	**233.01**	**277.89**	**285.95**	**279.01**	**367.60**
牲畜繁殖、增长增重	Breeding and Growthing of Domestic Animals	112.92	118.66	142.90	184.57	180.01	169.03	254.69
家禽饲养	Poultry Raising	23.90	28.01	33.00	30.60	35.15	35.34	42.07
活的畜禽产品	Live Livestock Products	23.98	26.30	27.72	29.29	32.81	20.93	20.93
其他动物饲养	Other Animals Raising	34.91	31.97	29.25	33.23	37.76	53.40	49.64
渔业产值	**Fishery**	**308.84**	**324.63**	**337.11**	**361.99**	**380.81**	**347.53**	**369.90**
海水产品	Seawater Aquatic Products	221.08	234.63	240.84	261.54	279.85	255.33	268.70
淡水产品	Freshwater Aquatic Products	87.76	89.88	96.27	100.45	100.96	92.20	101.20
服务业产值	**Services for Agriculture**			**18.81**	**21.44**	**23.20**	**26.03**	**28.27**

注:1. 本表按当年价格计算。 The data in this table are calculated at current price.
2. 2001年起其他农业产值中不包括家庭兼营工业产值,2003年起总产值中包括服务业产值。
The output value of other farming did't include commercial industral activities undertaken by rural household as sideline production since 2001, Total gross output value includes services for agriculture since 2003.

6-7 农、林、牧、渔业分项产值指数(2001-2007年)
Indices of Gross Output Value of Farming, Forestry, Animal Husbandry and Fishery by Branch (2001-2007)

(1995年=100)(1995=100)

指标	Item	2001	2002	2003	2004	2005	2006	2007
农林牧渔业总产值	**Total**	**130.8**	**136.3**	**141.0**	**147.2**	**150.7**	**156.0**	**159.59**
农业产值	**Farming**	**116.8**	**124.2**	**130.4**	**137.1**	**140.8**	**147.3**	**151.13**
农作物种植业产值	Planting	136.6	135.0	142.4	149.7			
#粮食	Grain	72.5	66.7	56.5	59.3			
油料	Oil-baring Crops	116.7	94.3	88.0	98.2			
棉花	Cotton	50.7	35.8	33.6	36.5			
麻类	Fiber Crops	19.3	12.5	10.8	10.8			
糖料	Sugar Crops	160.6	171.6	187.6	161.3			
蔬菜	Vegetables	202.4	218.7	238.4	234.3			
茶、桑、果	Tea, Mulberry and Fruit	144.0	144.0	156.5	175.0			
其他农业产值	Other Farming	91.9	94.5	90.0	99.9			
林业产值	**Forestry**	**95.0**	**95.9**	**98.5**	**105.1**	**106.3**	**112.1**	**116.81**
人造林木生长	Man-made Forestry Growing	113.1	85.9	104.4	95.8			
林产品	Forestry Products	71.5	77.6	85.1	92.6			
竹木采运	Lumbering	118.9	121.5	114.2	124.5			
牧业产值	**Animal Husbandry**	**143.9**	**149.9**	**152.9**	**154.9**	**163.0**	**165.4**	**167.05**
牲畜繁殖、增长增重	Breeding of Domestic Animals	164.0	168.5	175.9	185.8			
家禽饲养	Poultry Raising	135.7	149.1	165.7	147.5			
活的畜禽产品	Live Livestock Products	129.4	140.4	137.7	137.6			
其他动物饲养	Other Animals Raising	130.2	130.8	121.3	119.5			
渔业产值	**Fishery**	**159.6**	**163.4**	**168.3**	**176.0**	**175.8**	**180.4**	**183.47**
海水产品	Seawater Aquatic Products	144.4	140.2	143.0	150.9			
淡水产品	Freshwater Aquatic Products	231.5	273.4	300.7	302.2			
服务业产值(以2003年=100)	**Services(2003=100)**				**109.7**	**117.5**	**125.9**	**135.72**

注:1. 本表按可比价格计算。 The data in this table are calculated at comparable price.
2. 2005年开始增长速度用价格指数缩减计算,无法计算各分项增长速度。
The indices are calculated at cutting price, while the subentries are uncalculated Since 2005.

6-8 农、林、牧、渔业增加值(2001-2007年)
The Added Value of Farming, Forestry, Animal Husbandry and Fishery(2001-2007)

单位:亿元(100 million yuan)

指标	Item	2001	2002	2003	2004	2005	2006	2007
总产值	**Gross Output Value**	**1053.57**	**1101.86**	**1165.23**	**1332.27**	**1428.28**	**1422.60**	**1597.15**
中间消耗	**Intermediate Consumption**	**386.17**	**408.13**	**437.74**	**498.93**	**535.45**	**533.48**	**611.13**
中间物质消耗	Intermediate Material Consumption	342.65	356.02	380.92	427.52	458.04	434.95	500.94
对非物质生产部门的劳务支出	Labour Service Expenditure of Non-material Productive Sectors	43.52	52.11	56.82	71.41	77.41	98.53	110.19
增加值	**Added Value**	**667.40**	**693.73**	**727.49**	**833.34**	**892.83**	**889.12**	**986.02**
农业	Farming	362.89	375.45	389.31	436.38	480.83	491.03	524.65
林业	Forestry	46.64	47.02	50.25	59.91	63.07	62.55	69.53
牧业	Animal Husbandry	94.82	95.70	110.12	134.06	131.32	123.01	165.00
渔业	Fishery	163.05	175.56	177.81	192.49	206.24	200.17	213.05
服务业	Services			9.28	10.50	11.37	12.36	13.79

注:1.2003年起农林牧渔业增加值中包括服务业增加值。 Gross Output Value includes Services for agricultuer since 2003.
2.2006年、2007年农林牧渔业增加值已与农普数衔接。
The gross output value of 2006 and 2007 are adjusted according to agricultural census result.

6-9 各市农、林、牧、渔业增加值(2007年)
The Added Value of Farming, Forestry, Animal Husbandry and Fishery by City (2007)

单位:亿元(100 million yuan)

地区	Region	农、林、牧、渔业增加值 Total	#农业增加值 Farming	#固定资产折旧 Depreciation of Fixed Assets	#劳动者报酬 Compensation of Labourers	中间消耗 Intermediate Consumption
全省合计	**Total**	**986.02**	**524.65**	**63.74**	**945.68**	**611.13**
浙东北	**Eastern & Northern Region**	**633.54**	**334.04**	**36.65**	**612.87**	**385.63**
杭州市	Hangzhou	163.47	94.11	8.03	162.43	83.67
宁波市	Ningbo	151.33	80.23	6.87	147.88	85.57
嘉兴市	Jiaxing	99.03	54.61	6.33	93.49	68.28
湖州市	Huzhou	69.58	32.59	3.16	66.42	48.12
绍兴市	Shaoxing	105.19	68.37	5.80	99.99	56.43
舟山市	Zhoushan	44.94	4.13	6.46	42.66	43.56
浙西南	**Western & Southern Region**	**365.32**	**203.02**	**28.27**	**344.83**	**232.12**
温州市	Wenzhou	68.2	32.59	4.33	64.87	45.03
金华市	Jinhua	80.46	47.77	7.98	73.21	45.78
其中:义乌市	YiWu	12.53	7.25	1.25	11.38	5.29
衢州市	Quzhou	52.75	32.63	3.51	50.29	33.05
台州市	Taizhou	113.47	52.97	11	106.82	81.78
丽水市	Lishui	50.44	37.06	1.45	49.64	26.48

注:全省数为省级计算数,与分市相加不等。 The total is calculated by Provincial Bureau, it is not equal to the sum of regional figures by city.

6－10　农、林、牧、渔业分项商品产值(2001－2007年)
Commodity Output Value of Farming, Forestry, Animal Husbandry and Fishery by Branch(2001－2007)

单位:亿元(100 million yuan)

指标	Item	2001	2002	2003	2004	2005	2006	2007
农林牧渔业商品总产值	**Total Commodity Output Value**	**742.25**	**782.34**	**833.11**	**946.11**	**1020.45**	**1087.94**	**1151.31**
农业商品产值	**Farming**	**259.46**	**273.68**	**289.04**	**330.63**	**375.65**	**418.18**	**448.29**
种植业商品产值	Planting	253.95	268.02	284.25	325.77	370.69	413.14	443.72
#粮食	Grain	36.64	34.15	30.72	42.93	44.34	50.98	40.89
谷物	Cereal	31.32	27.27	24.13	35.48	35.93	42.16	37.91
豆类	Beans	2.84	4.42	4.34	4.64	5.45	5.78	2.52
薯类	Tubers	2.49	2.47	2.26	2.81	2.96	3.04	0.45
油料	Oil-bearing Crops	7.69	6.21	5.62	7.59	7.88	7.23	10
棉花	Cotton	2.37	1.58	1.79	1.38	1.68	1.80	1.84
麻类	Fiber Crops	0.07	0.07	0.05	0.04	0.04	0.03	0.03
糖料	Sugar Crops	6.19	6.73	7.29	5.84	6.56	8.06	9.8
蔬菜	Vegetables	81.68	76.48	75.25	69.26	107.58	106.66	108.15
茶、桑、果	Tea, Mulberry and Fruit	68.26	78.00	82.71	104.54	110.66	123.78	153.11
其他农业商品产值	Other Farming	5.51	5.66	4.79	4.86	4.96	5.04	4.57
林业商品产值	**Forestry**	**38.08**	**40.30**	**42.03**	**52.70**	**57.44**	**59.49**	**66.96**
竹木采运	Lumbering	15.09	17.56	16.73	18.62	23.98	25.40	28.88
林产品	Forest Products	22.99	22.74	25.30	34.08	33.46	34.08	38.08
牧业商品产值	**Animal Husbandry**	**150.50**	**158.96**	**180.68**	**217.07**	**224.00**	**224.92**	**283.11**
猪	Hogs	83.25	89.89	110.04	143.16	138.70	134.11	199.84
牛	Cattle and Buffaloes	0.79	1.01	1.18	1.46	1.38	1.46	1.37
羊	Sheep and Goats	2.54	3.63	4.13	4.63	5.62	5.03	3.87
家禽饲养	Poultry Raising	17.43	18.68	22.01	20.44	23.48	23.72	28.1
活的畜禽产品	Live Livestock Products	17.07	18.51	18.04	18.59	21.55	18.13	14.12
其他动物饲养	Other Animal Raising	29.25	27.12	25.15	29.26	33.10	42.24	35.61
渔业商品产值	**Fishery**	**294.20**	**309.40**	**321.35**	**345.08**	**363.36**	**385.35**	**352.95**
海水产品	Seawater Aquatic Products	214.62	227.65	233.51	253.73	271.32	287.54	260.37
淡水产品	Freshwater Aquatic Products	79.59	81.75	87.84	91.35	92.04	97.81	92.57

注:本表按当年价格计算。　The data in this table are calculated at current price.

6－11　耕地面积变动情况(1978－2007年)
Change of Cultivated Area(1978－2007)

单位:千公顷(1000 hectares)

年份 Year	年末实有耕地面积 Cultivated Area at Year-end	水田面积 Paddy Fields	旱地面积 Dry Fields	本年内增加数 Increased Area in the Year	本年内减少数 Decreased Area in the Year
1978	1838.00	1480.07	357.93	7.76	9.93
1979	1831.89	1475.53	356.33	6.09	12.12
1980	1823.03	1467.89	355.15	3.65	12.03
1981	1819.87	1465.20	354.67	3.48	6.71
1982	1817.80	1468.67	349.13	2.49	4.77
1983	1816.60	1468.73	347.87	3.45	4.40
1984	1805.97	1464.13	341.87	8.47	19.08
1985	1776.71	1443.09	333.62	4.89	34.15
1986	1753.53	1423.00	330.53	3.89	27.03
1987	1744.93	1419.33	325.60	5.43	14.07
1988	1736.47	1414.42	322.08	4.68	13.10
1989	1731.29	1422.89	308.24	4.31	9.52
1990	1723.53	1429.39	294.14	3.72	11.48
1991	1715.01	1424.04	290.97	3.67	12.19
1992	1691.22	1404.78	286.44	3.77	27.49
1993	1661.22	1377.50	283.72	3.27	33.27
1994	1635.47	1363.37	272.10	4.47	30.22
1995	1617.80	1344.49	272.86	4.57	22.24
1996	1613.78	1341.43	272.35	7.89	11.91
1997	1612.42	1339.00	273.42	9.79	11.20
1998	1613.44	1337.23	276.21	12.58	11.56
1999	1609.07	1330.05	279.02	12.82	17.19
2000	1607.56	1328.93	278.63	19.81	21.32
2001	1601.46	1322.75	278.71	28.88	34.99
2002	1599.11	1310.52	288.59	37.98	40.33
2003	1592.14	1301.15	290.99	34.61	41.58
2004	1594.92	1299.96	294.96	16.43	13.65
2005	1593.55	1293.38	300.17	19.15	20.51
2006	1594.43	1291.08	303.35	20.21	20.38
2007	1597.34	1285.41	311.93	19.39	16.48

6－12 耕地面积变动情况(2001－2007年)
Change of Cultivated Area(2001－2007)

单位:千公顷(1000 hectares)

指标	Item	2001	2002	2003	2004	2005	2006	2007
年末实有耕地面积	**Cultivated Area at Year-end**	**1601.46**	**1599.11**	**1592.14**	**1594.92**	**1593.55**	**1594.43**	**1597.34**
水田	Paddy Fields	1322.75	1310.52	1301.15	1299.96	1293.38	1291.08	1285.41
旱地	Dry Fields	278.71	288.59	290.99	294.96	300.17	303.35	311.93
本年内增加数	**Increased Areas in the Year**	**28.88**	**37.98**	**34.61**	**16.43**	**19.15**	**20.21**	**19.39**
#围垦海涂	Reclaim Land from Tideland	2.53	0.94	0.44	0.10	0.67	0.65	0.18
开荒	Bring Barren under Cultivation	6.07	7.10	6.63	3.25	3.52	2.84	4.25
本年内减少数	**Decreased Areas in the Year**	**34.99**	**40.33**	**41.58**	**13.65**	**20.51**	**20.38**	**16.48**
#国家基建占地	State Capital Construction	13.59	16.25	19.67	8.03	9.53	7.76	8.35
乡村基建占地	Village Capital Construction	8.71	12.93	15.28	3.94	7.05	7.40	6.73
改林、桑、茶、果园占地	Construction for Forestry, Mulberry, Tea and Fruit Areas	2.91	3.58	4.35	0.71	0.78	3.69	0.74
挖鱼塘占地	Construction for Digging Fish Groad	0.75	1.34	0.67	0.19	0.62	0.04	0.06
其他占地	Others	9.03	6.23	1.61	0.78	2.53	1.48	0.61
按总人口人均占有耕地 (公顷)	**Per Cultivated Construction by Total Population (hectare)**	**0.035**	**0.035**	**0.035**	**0.035**	**0.035**	**0.034**	**0.034**
按农业人口人均占有耕地 (公顷)	**Per Cultivated Construction by Rural Population (hectare)**	**0.046**	**0.047**	**0.047**	**0.048**	**0.048**	**0.048**	**0.048**

6－13 各市耕地面积(2007年底)
Cultivated Areas by City (End of 2007)

单位:千公顷(1000 hectares)

地区	Region	年末实有耕地面积 Cultivated Areas at Year-end	旱地面积 Paddy Fields	水田面积 Dry Fields	本年内增加数 Increased Areas in the Year	本年内减少数 Decreased Areas in the Year	#国家基建占地 State Capital Construction	#乡村基建占地 Village Capital Construction
全省合计	**Total**	**1597.34**	**311.93**	**1285.41**	**19.39**	**16.48**	**8.35**	**6.73**
浙东北	**Eastern & Northern Region**	**937.52**	**192.99**	**738.53**	**9.35**	**9.87**	**4.96**	**4.40**
杭州市	Hangzhou	182.07	26.79	155.28	2.15	2.57	0.99	1.29
宁波市	Ningbo	209.83	68.28	141.55	2.16	2.30	1.66	0.63
嘉兴市	Jiaxing	212.40	34.9	177.49	1.82	1.74	0.82	0.92
湖州市	Huzhou	143.81	17.48	126.33	1.46	1.55	0.62	0.72
绍兴市	Shaoxing	166.79	38.61	128.18	1.61	1.57	0.76	0.81
舟山市	Zhoushan	16.63	6.93	9.70	0.15	0.14	0.11	0.03
浙西南	**Western & Southern Region**	**655.82**	**118.92**	**546.89**	**10.04**	**6.62**	**3.38**	**2.33**
温州市	Wenzhou	157.74	41.15	116.59	1.70	1.80	0.89	0.76
金华市	Jinhua	166.09	24.04	142.04	1.49	1.24	0.71	0.48
其中:义乌市	YiWu	21.72	3.51	18.21	0.27	0.27	0.08	0.19
衢州市	Quzhou	103.87	14.84	89.03	2.77	1.29	0.80	0.29
台州市	Taizhou	146.11	27.49	118.62	1.07	1.53	0.31	0.71
丽水市	Lishui	92.00	11.40	80.61	3.01	0.76	0.67	0.09

6-14 各市、县耕地面积和人均耕地面积(2007 年底)
Cultivated Areas and Per Capita Cultivated Area by City and County (End of 2007)

地区	Region	耕地面积合计(公顷) Total Cultivated Areas (hectare)	水田 Paddy Fields	旱地 Dry Fields	人均占有耕地面积(公顷) Per Capita Cultivated Areas (hectare)
全省合计	**Total**	**1597339.8**	**1285410.8**	**311929**	**0.034**
杭州市	**Hangzhou**	**182068.4**	**155276.4**	**26792**	**0.03**
杭州市区	District	96039.9	83592.6	12447.3	0.02
建德市	Jiande	18624	15853.7	2770.3	0.04
富阳市	Fuyang	21336	17474.6	3861.4	0.03
临安市	Linan	18765.2	16351.3	2413.9	0.04
桐庐县	Tonglu	15662	13096	2566	0.04
淳安县	Chunan	11641.3	8908.2	2733.1	0.03
宁波市	**Ningbo**	**209833.5**	**141550.4**	**68283.1**	**0.04**
宁波市区	District	61051.3	49602.3	11449	0.03
余姚市	Yuyao	38941.8	30621.2	8320.6	0.05
慈溪市	Cixi	43520.3	9836.6	33683.7	0.04
奉化市	Fenghua	21428.4	19300.7	2127.7	0.04
象山县	Xiangshan	21331	16354	4977	0.04
宁海县	Ninghai	23560.7	15835.6	7725.1	0.04
温州市	**Wenzhou**	**157739.9**	**116588.7**	**41151.2**	**0.02**
温州市区	District	14286.6	11566.1	2720.5	0.01
瑞安市	Ruian	28889.9	20045.5	8844.4	0.02
乐清市	Yueqing	23651.1	19460.8	4190.3	0.02
洞头县	Dongtou	921	206.8	714.2	0.01
永嘉县	Yongjia	19648	14334.3	5313.7	0.02
平阳县	Pingyang	22104	16801.7	5302.3	0.03
苍南县	Cangnan	28225.4	20715.3	7510.1	0.02
文成县	Wencheng	10409.9	6165.6	4244.3	0.03
泰顺县	Taishun	9604	7292.6	2311.4	0.03
嘉兴市	**Jiaxing**	**212396.3**	**177494.4**	**34901.9**	**0.06**
嘉兴市区	District	52187.9	43865.7	8322.2	0.06
海宁市	Haining	34594.7	26341.9	8252.8	0.05
平湖市	Pinghu	31018.5	28491.8	2526.7	0.06
桐乡市	Tongxiang	38750.1	28461.9	10288.2	0.06
嘉善县	Jiashan	30344.4	28904.9	1439.5	0.08
海盐县	Haiyan	25500.7	21428.2	4072.5	0.07
湖州市	**Huzhou**	**143810.2**	**126330.8**	**17479.4**	**0.06**
湖州市区	District	50627.1	45049.7	5577.4	0.05
德清县	Deqing	22071.1	20261.1	1810	0.05
长兴县	Changxing	46320.3	40041.5	6278.8	0.08
安吉县	Anji	24791.7	20978.5	3813.2	0.05
绍兴市	**Shaoxing**	**166788.2**	**128175.2**	**38613**	**0.04**
绍兴市区	District	9450.2	9012.4	437.8	0.01
诸暨市	Zhuji	43288.9	37710.3	5578.6	0.04
上虞市	Shangyu	41137.7	24078	17059.7	0.05

6－14　**续表**　continued

地区	Region	耕地面积合　计（公顷）Total Cultivated Areas (hectare)	水　田 Paddy Fields	旱　地 Dry Fields	人均占有耕地面积（公顷）Per Capita Cultivated Areas (hectare)
嵊州市	Shengzhou	31123	24809.9	6313.1	0.04
绍兴县	Shaoxing	25452.4	21465.5	3986.9	0.04
新昌县	Xinchang	16336	11099.1	5236.9	0.04
金华市	**Jinhua**	**166087**	**142042.8**	**24044.2**	**0.04**
金华市区	District	38457.1	33601.1	4856	0.04
兰溪市	Lanxi	29100.4	26374	2726.4	0.04
东阳市	Dongyang	24166.1	19398.3	4767.8	0.03
义乌市	Yiwu	21722.5	18214.1	3508.4	0.03
永康市	Yongkang	17683.8	15346.4	2337.4	0.03
武义县	Wuyi	16010	14737.1	1272.9	0.05
浦江县	Pujiang	12061.2	10178.4	1882.8	0.03
磐安县	Panan	6885.9	4193.4	2692.5	0.03
衢州市	**Quzhou**	**103871.6**	**89031.8**	**14839.8**	**0.04**
衢州市区	District	28853.1	23903.3	4949.8	0.04
江山市	Jiangshan	24554.6	21623.4	2931.2	0.04
常山县	Changshan	12473.4	10592.2	1881.2	0.04
开化县	Kaihua	13358.1	11331.2	2026.9	0.04
龙游县	Longyou	24632.4	21581.7	3050.7	0.06
舟山市	**Zhoushan**	**16627.7**	**9697.4**	**6930.3**	**0.02**
舟山市区	District	14077.7	8295.4	5782.3	0.02
岱山县	Daishan	2468.5	1402	1066.5	0.01
嵊泗县	Shengsi	81.5		81.5	0.001
台州市	**Taizhou**	**146112.2**	**118617.8**	**27494.4**	**0.03**
台州市区	District	34049.4	29007.2	5042.2	0.02
临海市	Linhai	29881.7	24136.3	5745.4	0.03
温岭市	Wenling	32765.5	27379.9	5385.6	0.03
仙居县	Xianju	13960.4	12183.3	1777.1	0.03
天台县	Tiantai	15538.3	13349.1	2189.2	0.03
三门县	Sanmen	12992.6	8367	4625.6	0.03
玉环县	Yuhuan	6924.3	4195	2729.3	0.02
丽水市	**Lishui**	**92004.8**	**80605.1**	**11399.7**	**0.04**
丽水市区	District	11320.7	9661.3	1659.4	0.03
龙泉市	Longquan	17199.2	15583.5	1615.7	0.06
青田县	Qingtian	10883.9	9139.9	1744	0.02
云和县	Yunhe	4231.4	3972.1	259.3	0.04
庆元县	Qingyuan	10937.2	9543.6	1393.6	0.05
缙云县	Jinyun	12092.8	9927.4	2165.4	0.03
遂昌县	Suichang	10676.2	9537.2	1139	0.05
松阳县	Songyang	7471.8	7131.5	340.3	0.03
景宁自治县	Jingning	7191.6	6108.6	1083	0.04

6-15 农业机械年末拥有量(2001－2007年)
Possession of Major Agricultural Machinery (2001－2007)

指标		Item		2001	2002	2003	2004	2005	2006	2007
农业机械总动力	**(万千瓦)**	**Total Power of Agricultural Machinery**	**(10000 kw)**	**2017.24**	**2053.21**	**2039.68**	**2026.74**	**2111.27**	**2293.00**	**2331.63**
耕作机械动力	**(万千瓦)**	**Mechanical Power of Cultivation**	**(10000 kw)**	**229.51**	**216.91**	**201.88**	**190.10**	**187.59**	**167.90**	**174.34**
大中型拖拉机	(台)	Large and Medium Sized Tractors	(unit)	6359	6117	4582	4376	4482	5075	6036
	(万千瓦)		(10000 kw)	16.31	15.65	12.91	12.67	13.09	14.93	18.12
农用小型拖拉机	(万台)	Mini-tractors for Agriculture	(10000 units)	24.10	22.84	21.82	19.93	19.75	16.65	17.03
	(万千瓦)		(10000 kw)	206.09	194.53	182.45	171.04	168.51	145.74	148.32
收获机械动力	**(万千瓦)**	**Mechanical Power of Harvesting**	**(10000 kw)**	**246.69**	**246.96**	**241.06**	**235.07**	**243.52**	**282.56**	**282.85**
联合收割机	(台)	Combine Harvesters	(unit)	13911	13325	12554	12634	14173	13856	14837
	(万千瓦)		(10000 kw)	24.22	24.13	23.13	25.70	32.82	33.04	41.67
机动收割机(割晒机)	(台)	Motorized Harvesters	(unit)	420	448	406	373	397	514	349
机动脱粒机	(万台)	Motorized Thresher	(10000 units)	133.75	134.94	131.91	126.59	127.16	147.56	145.36
植保机械动力	**(万千瓦)**	**Mechanical Power of Plant Protection**	**(10000 kw)**	**7.46**	**8.11**	**8.99**	**13.53**	**15.28**	**25.36**	**26.99**
机动喷雾(粉)器	(万架)	Motorized Sprayer	(10000 units)	5.34	5.62	6.06	7.77	7.68	11.66	12.58
排灌机械动力	**(万千瓦)**	**Mechanical Power of Drainage and Irrigation**	**(10000 kw)**	**203.05**	**205.28**	**207.13**	**212.74**	**220.26**	**280.04**	**280.45**
柴油机	(万台)	Diesel Engines	(10000 units)	7.88	7.91	8.24	7.90	8.56	8.70	9.01
	(万千瓦)		(10000 kw)	39.67	39.84	41.50	39.45	44.60	42.40	42.98
电动机	(万台)	Electric Engines	(10000 units)	34.43	35.96	36.51	39.95	41.63	86.60	85.77
	(万千瓦)		(10000 kw)	163.31	165.35	165.34	171.76	173.87	231.79	231.70
农副产品加工机械动力	**(万千瓦)**	**Mechanical Power of Farm Sideline Products Manufacturing**	**(10000 kw)**	**157.12**	**157.77**	**158.60**	**154.03**	**166.21**	**139.89**	**142.05**
粮食加工机械	(万台)	Mechanical Power for Grain	(10000 units)	14.09	13.80	13.61	12.87	12.87	12.56	12.66
棉花加工机械	(万台)	Mechanical Power for Cotton	(10000 units)	0.61	0.56	0.36	0.56	0.99	0.39	0.40
油料加工机械	(万台)	Mechanical Power for Oil-bearing	(10000 units)	0.60	0.63	0.66	0.66	0.69	0.80	0.79
运输机械动力	**(万千瓦)**	**Mechanical Power of Transportation**	**(10000 kw)**	**577.73**	**597.80**	**629.83**	**617.18**	**635.73**	**551.81**	**558.22**
渔业机械动力	**(万千瓦)**	**Mechanical Power of Fishery**	**(10000 kw)**	**461.90**	**468.61**	**427.48**	**411.39**	**404.24**	**425.16**	**438.68**
机动船	(万艘)	Motorized Boats	(10000 units)	5.61	5.52	5.56	4.97	4.83	5.05	5.03
	(万吨)		(10000 tons)	228.92	232.85	227.21	217.35	213.11	224.73	226.59
	(万千瓦)		(10000 kw)	426.77	430.20	427.48	411.39	404.24	425.16	438.68
其他农业机械动力	**(万千瓦)**	**Other Mechanical Power**	**(10000 kw)**	**133.78**	**151.76**	**164.72**	**192.70**	**238.44**	**420.28**	**428.05**

6-16 各市主要农业机械拥有量(2007年末)
Possession of Major Agricultural Machinery by City (End of 2007)

地区	Region	农业机械总动力(万千瓦) Total Power of Agricultural Machinery (10000 kw)	耕作机械动力(万千瓦) Mechanical Power of Cultivation (10000 kw)	大中型拖拉机(台) Large and Medium Tractors (unit)	农用小型拖拉机 Mini-tractors 万台 (10000 units)	农用小型拖拉机 Mini-tractors 万千瓦 (10000 kw)	收获机械动力(万千瓦) Mechanical Power of Harvesting (10000 kw)
全省合计	**Total**	**2331.63**	**174.34**	**6036**	**17.03**	**148.32**	**282.85**
浙东北	**Eastern & Northern Region**	**1315.41**	**102.72**	**3870**	**9.74**	**86.48**	**174**
杭州市	Hangzhou	309.77	16.83	750	1.51	13.35	31.51
宁波市	Ningbo	306.63	24.14	1705	1.91	17.50	26.88
嘉兴市	Jiaxing	159.03	21.67	465	2.16	19.05	50.78
湖州市	Huzhou	159.09	19.68	125	2.13	19.10	33.78
绍兴市	Shaoxing	209.38	19.50	706	1.97	16.98	29.53
舟山市	Zhoushan	171.51	0.90	119	0.06	0.50	1.52
浙西南	**Western & Southern Region**	**1012.73**	**71.60**	**2166**	**7.29**	**61.85**	**108.84**
温州市	Wenzhou	207.38	13.22	619	1.13	10.39	13.11
金华市	Jinhua	224.78	20.50	610	2.15	18.14	39.92
其中:义乌市	YiWu	26.09	2.06	112	0.20	1.70	3.84
衢州市	Quzhou	139.31	10.71	248	1.38	9.39	16.60
台州市	Taizhou	347.37	16.54	688	1.44	13.42	35.61
丽水市	Lishui	93.89	10.63	1	1.19	10.51	3.60
省直属单位	**Units Directly under Province**	**3.51**					

注:省直属单位指省属水产渔业公司。
Units Directly Under Province refers to aquatic fishery company attached to the Province.

6－16 续表1 continued

地区	Region	机动脱粒（打稻）机 Motorized Thresher 万台 (10000 units)	机动脱粒（打稻）机 Motorized Thresher 万千瓦 (10000 kw)	植保机械动力（万千瓦） Mechanical Power of Plant Protection (10000 kw)	机动喷雾（粉）器 Moterized Sprayer 架 (unit)	机动喷雾（粉）器 Moterized Sprayer 千瓦 (1000 kw)	排灌机械动力（万千瓦） Mechanical Power of Drainage and Irrigation (1000 kw)
全省合计	**Total**	**145.36**	**235.42**	**26.99**	**125766**	**201097.8**	**280.45**
浙东北	**Eastern & Northern Region**	**100.46**	**149.06**	**10.41**	**61227**	**98631**	**161.63**
杭州市	Hangzhou	21.17	29.34	1.91	8823	19126	42.51
宁波市	Ningbo	10.75	19.45	5.96	36257	54915	28.22
嘉兴市	Jiaxing	32.87	46.65	0.62	3721	6011	26.81
湖州市	Huzhou	19.71	30.55	0.17	894	1541	37.19
绍兴市	Shaoxing	15.38	22.16	1.67	11106	16286	24.15
舟山市	Zhoushan	0.58	0.91	0.08	426	752	2.75
浙西南	**Western & Southern Region**	**44.9**	**86.35**	**16.58**	**64539**	**102466.8**	**118.83**
温州市	Wenzhou	3.16	6	0.44	2784	4180	16.66
金华市	Jinhua	16.63	34.53	1.67	9057	14770	29.26
其中：义乌市	YiWu	1.64	3.44	0.18	923	1790	3.70
衢州市	Quzhou	7.37	13.53	9.98	34202	45207	30.89
台州市	Taizhou	16.46	29.64	2.53	12221	24425	33.21
丽水市	Lishui	1.28	2.65	1.96	6275	13884.8	8.81

6-16 续表2 continued

地区	Region	农副产品加工机械动力（万千瓦） Mechanical Power of Farm Sideline Products Manufacturing (10000 kw)	运输机械动力（万千瓦） Mechanical Power of Transportation (10000 kw)	渔业机械动力（万千瓦） Mechanical Power of Fishery (10000 kw)	其他机械动力（万千瓦） Other Mechanical Power (10000 kw)
全省合计	**Total**	**142.05**	**558.22**	**438.68**	**428.05**
浙东北	**Eastern & Northern Region**	**69.59**	**297.97**	**238.72**	**260.35**
杭州市	Hangzhou	19.52	93.43	2.71	101.34
宁波市	Ningbo	12.67	67.99	82.02	58.75
嘉兴市	Jiaxing	7.69	27.81	2.82	20.83
湖州市	Huzhou	7.22	33.08	7.93	20.04
绍兴市	Shaoxing	21.39	60.12	1.32	51.69
舟山市	Zhoushan	1.10	15.54	141.92	7.70
浙西南	**Western & Southern Region**	**72.46**	**260.25**	**196.46**	**167.69**
温州市	Wenzhou	14.83	55.15	55.50	38.46
金华市	Jinhua	15.26	73.57	0.09	44.51
其中:义乌市	YiWu	1.40	10.37		4.54
衢州市	Quzhou	13.19	37.79	0.22	19.93
台州市	Taizhou	12.74	63.86	140.35	42.52
丽水市	Lishui	16.44	29.88	0.30	22.27
省直属单位	**Units Directly under Province**			**3.51**	

6-17 农业机械化、电气化及化肥施用量(2001-2007年)
Agricultural Mechanization, Electrification, Chemical Fertilizer Applied(2001-2007)

指标		Item		2001	2002	2003	2004	2005	2006	2007
农业机械化		**Agricultural Mechanization**								
当年机耕地面积	(千公顷)	Area Sown by Machine at Current Year	(1000 hectares)	1068.77	1042.65	980.81	990.89	990.04	997.19	1009.07
占耕地面积比重	(%)	Percentage to Cultivated Area	(%)	66.7	65.2	61.6	62.1	62.1	62.5	63.2
当年机械收割面积	(千公顷)	Mechanical Harvest Area at Current Year	(1000 hectares)	572.05	584.75	563.34	649.30	734.61	767.09	821.55
农村能源		**Energy in Rural Areas**								
农村用电量	(亿千瓦时)	Electricity Consumed	(100 million kw. h)	285.25	341.10	409.04	441.20	520.57	579.58	649.97
乡村办水电站	(处)	Hydropower Stations Run by Township and Village	(unit)	2385	2482	2592	2546	2273	2332	2434
发电能力	(万千瓦)	Generating Capacity	(10000 kw)	116.98	134.96	154.90	179.90	192.00	213.00	247.35
农业化肥施用量		**Agricultural Consumption of Chemical Fertilizers**								
按折标准量计算	(万吨)	Calculated by Standard	(10000 tons)	433.81	440.66	432.69	446.45	450.15	448.49	443.2
每公顷耕地化肥施用量	(公斤)	Fertilizer Consumption of per Hectare Cultivated Area	(kg)	2709	2756	2718	2799	2825	2813	2775
每公顷播种面积施用量	(公斤)	Consumption of per Hectare Sown Area	(kg)	1336	1438	1527	1607	1586	1575	1596
按折纯量计算	(万吨)	Calculated by 100% Effective Component	(10000 tons)	90.32	91.91	90.38	93.34	94.27	93.98	92.82
每公顷耕地化肥施用量	(公斤)	Fertilizer Used per Hectare Cultivated Area	(kg)	564	575	568	585	592	589	581
每公顷播种面积施用量	(公斤)	Fertilizer Used per Hectare Sown Area	(kg)	278	300	319	336	332	330	334
农用塑料薄膜使用量	**(万吨)**	**Plastic Film Used for Agriculture**	**(10000 tons)**	**3.54**	**3.92**	**4.24**	**4.36**	**4.47**	**4.75**	**4.92**
农用柴油使用量	**(万吨)**	**Diesel Used for Agriculture**	**(10000 tons)**	**175.78**	**175.79**	**175.76**	**186.16**	**187.23**	**190.23**	**193.58**
农药使用量	**(万吨)**	**Pesticide Used**	**(10000 tons)**	**6.63**	**6.39**	**6.17**	**6.34**	**6.56**	**6.62**	**6.49**

6－18　各市农业机械化、农村能源及农业物资消耗情况(2007 年)
Agricultural Mechanization, Energy and Material Consumption by City (2007)

地区	Region	农业机械化情况(千公顷) Conditions of Agricultural Mechanization(1000 ha)		农村用电量(亿千瓦小时) Electricity Consumed in Rural Areas (100 million kw. h)	农用塑料薄膜使用量(吨) Plastic Film Used for Agriculture (ton)	农用柴油使用量(吨) Diesel Used for Agriculture (ton)	农药使用量(吨) Pesticide Used (ton)
		机耕面积 Area Cultivated by Machine	机械收获面积 Area Harvested by Machine				
全省合计	**Total**	**1009.07**	**821.55**	**649.97**	**49150**	**1935801**	**64932**
浙东北	**Eastern & Northern Region**	**637.64**	**543.89**	**491.17**	**26861**	**1036908**	**37469**
杭州市	Hangzhou	127.03	98.02	95.77	7567	24509	9232
宁波市	Ningbo	136.27	110.17	138.25	6022	330703	7169
嘉兴市	Jiaxing	134.2	138.99	71.91	5055	12977	6573
湖州市	Huzhou	109.7	94.11	31.46	4614	25251	7611
绍兴市	Shaoxing	122.38	98.07	143.24	3395	12898	6478
舟山市	Zhoushan	8.06	4.53	10.54	208	630570	406
浙西南	**Western & Southern Region**	**371.42**	**277.64**	**158.79**	**22289**	**898893**	**27463**
温州市	Wenzhou	79.76	94.65	57.8	3163	297268	4169
金华市	Jinhua	105.54	64.51	32.18	4074	30419	7360
其中:义乌市	YiWu	15.24	8.34	7.71	349	2100	623
衢州市	Quzhou	50.07	40.83	7.65	2237	14053	7661
台州市	Taizhou	107.25	74.41	57.28	7541	547733	5415
丽水市	Lishui	28.8	3.24	3.88	5274	9420	2858

6－19　各市农用化肥施用量(2007 年)
Chemical Fertilizer Applied by City(2007)

单位:万吨(10000 tons)

地区	Region	氮肥 Nitrogenous Fertilizer		磷肥 Phosphate Fertilizer		钾肥 Potash Fertilizer		复合肥 Compound Fertilizer	
		标准量 Standard Data	折纯量 100% Effective Component	标准量 Standard Data	折纯量 100% Effective Component	标准量 Standard Data	折纯量 100% Effective Component	标准量 Standard Data	折纯量 100% Effective Component
全省合计	**Total**	**256.57**	**53.88**	**66.55**	**11.98**	**31.27**	**7.82**	**88.81**	**19.14**
浙东北	**Eastern & Northern Region**	**147.71**	**31.01**	**34.02**	**6.12**	**14.24**	**3.56**	**47.13**	**10.26**
杭州市	Hangzhou	32.18	6.76	7.94	1.43	3.83	0.96	17.81	3.89
宁波市	Ningbo	27.25	5.72	10.57	1.90	4.05	1.01	12.15	2.66
嘉兴市	Jiaxing	36.64	7.69	7.49	1.35	2.19	0.55	3.89	0.86
湖州市	Huzhou	16.11	3.38	3.34	0.6	1.32	0.33	5.71	1.26
绍兴市	Shaoxing	34.30	7.20	4.33	0.78	2.81	0.7	6.93	1.45
舟山市	Zhoushan	1.23	0.26	0.35	0.06	0.04	0.01	0.64	0.14
浙西南	**Western & Southern Region**	**108.84**	**22.85**	**32.53**	**5.87**	**17.03**	**4.27**	**41.67**	**8.88**
温州市	Wenzhou	24.1	5.06	7.98	1.44	3.47	0.87	5.55	1.20
金华市	Jinhua	24.39	5.12	8.21	1.48	4.39	1.1	11.85	2.53
其中:义乌市	YiWu	2.67	0.56	0.83	0.15	0.32	0.08	1.46	0.29
衢州市	Quzhou	22.35	4.69	5.70	1.03	5.04	1.26	6.46	1.41
台州市	Taizhou	24.44	5.13	5.38	0.97	1.78	0.45	10.23	2.16
丽水市	Lishui	13.56	2.85	5.26	0.95	2.35	0.59	7.58	1.58

6-20 农田水利建设(2001-2007年)
Water Conservancy Facilities of Farmland(2001-2007)

指标		Item		2001	2002	2003	2004	2005	2006	2007
水库年末累计	**(座)**	**Total Number of Reservoirs**	**(set)**	**3863**	**3910**	**3933**	**3977**	**4061**	**4105**	**4151**
#大、中型水库(1000万立方米以上)	(座)	Large and Medium-sized Reservoirs(above 10 million cu. m level)	(set)	144	152	154	155	162	171	174
总库容量	(亿立方米)	Capacity	(100 million cu. m)	356.45	377.95	379.99	380.70	386.40	391.60	392.75
塘坝	**(处)**	**Small Reservoirs**	**(place)**	**229988**	**230292**	**226800**	**224892**	**221931**	**222180**	**222993**
蓄水量	(亿立方米)	Capacity of Retain Water	(100 million cu. m)	8.74	9.05	9.09	8.88	8.78	8.86	8.92
水轮泵站	**(处)**	**Water Turbine-pump Station**	**(place)**	**2644**	**2243**	**2213**	**2446**	**3552**		
水轮泵	(台)	Water Turbine-pump	(unit)	3252	2418	2432	2690	4607		
堰坝	**(万处)**	**Weirs**	**(10000 places)**	**4.76**	**4.79**	**4.58**	**4.73**	**4.82**	**4.87**	**4.81**
机电井	**(眼)**	**Motor-electric-pumped Well**	**(unit)**	**2450**	**2369**	**2389**	**2385**	**2577**	**2436**	**2440**
#已配套机电井	(眼)	Equiped Motor-electric-pumped Well	(unit)	2196	2127	2146	2154	2295	2222	2245
水闸	**(座)**	**Sluice**	**(set)**	**5381**	**5727**	**4076**	**4149**	**4015**	**4545**	**4593**

6-21 农田水利、除涝和治理水土流失情况(2001-2007年)
Water Conservation, Waterlogging and Soil Erosion under Control(2001-2007)

指标		Item		2001	2002	2003	2004	2005	2006	2007
有效灌溉面积	**(千公顷)**	**Effective Irrigated Areas**	**(1000 ha)**	**1403.99**	**1405.84**	**1403.80**	**1404.88**	**1411.06**	**1422.32**	**1431.35**
占耕地面积比重	(%)	Percentage to Cultivated Area	(%)	87.70	87.90	88.20	88.10	88.50	89.21	89.61
机电排灌面积	**(千公顷)**	**Mechanical and Electrical Irrigated Areas**	**(1000 ha)**	**1046.57**	**1043.74**	**1038.00**	**1042.22**	**1049.02**	**1057.19**	**1038.18**
占耕地面积比重	(%)	Percentage to Cultivated Area	(%)	65.40	65.30	65.20	65.30	65.80	66.31	64.99
农田旱涝保收面积	**(千公顷)**	**Farmland Area of Stable Yields Despite Drought or Excessive Rain**	**(1000 ha)**	**1020.35**	**1043.52**	**1041.14**	**1051.36**	**1061.05**	**1067.43**	**1075.07**
占耕地面积比重	(%)	Percentage to Cultivated Area	(%)	63.70	65.30	65.40	65.90	66.60	66.95	67.30
抗旱能力在70天以上的水田	**(千公顷)**	**Fight Drought above 70 Days**	**(1000 ha)**	**946.96**	**918.50**	**912.00**	**915.24**	**902.29**	**910.16**	**878.87**
易涝面积	**(千公顷)**	**Area Liable to Flooding or Water Logging**	**(1000 ha)**	**526.28**	**526.82**	**528.61**	**529.19**	**530.06**	**534.65**	**536.61**
#除涝面积	(千公顷)	Flooded or Water Logged Areas under Control	(1000 ha)	472.12	477.03	479.93	482.76	489.28	491.88	495.36
占易涝面积比重	(%)	Percentage to Total Area Liable to Flooding or Waterlogging	(1000 ha)	89.70	90.54	70.79	91.20	92.31	92.00	92.31
水土流失总面积	**(千公顷)**	**Total Area of Soil Erosion**	**(1000 ha)**	**2776.61**	**2718.38**	**2747.09**	**2758.38**	**2773.05**	**2779.00**	**2805.9**
#治理水土流失面积	(千公顷)	Area of Soil Erosion under Control	(1000 ha)	2067.35	2072.38	2134.01	2207.62	2227.95	2256.03	2336.72
占水土流失比重	(%)	Percentage to Total Area of Soil Erosion	(%)	74.46	76.23	77.68	80.00	80.30	81.18	83.28
堤塘长度	**(公里)**	**Total Length of Dikes**	**(km)**	**9948**	**10475**	**10711**	**11622**	**12077**	**12768**	**13566**

6－22 各市水利设施和除涝及旱涝保收面积
Water Conservancy Facilities, Waterlogging under Control by City

地区	Region	年末水库数(座) Number of Reservoirs (year-end) (set)		水库总库容(亿立方米) Capacity of Reservoirs (100 million cu. m)		除涝面积(千公顷) Waterlogging Area under Control (1000 ha)		旱涝保收面积(千公顷) Area of Stable Yields Despite Drought or Excessive Rain (1000 ha)	
		2006	2007	2006	2007	2006	2007	2006	2007
全省合计	**Total**	**4105**	**4151**	**391.60**	**392.75**	**491.88**	**495.36**	**1067.43**	**1075.07**
浙东北	**Eastern & Northern Region**	**1913**	**1936**	**273.01**	**274.07**	**370.10**	**370.85**	**676.65**	**682.12**
杭州市	Hangzhou	597	613	236.29	236.36	53.47	53.67	132.71	131.13
宁波市	Ningbo	415	410	15.65	16.64	72.34	72.56	123.88	138.33
嘉兴市	Jiaxing					107.17	107.17	178.46	176.36
湖州市	Huzhou	152	155	6.82	6.82	91.12	91.21	122.93	123.39
绍兴市	Shaoxing	548	553	12.97	12.97	40.95	41.17	108.24	105.04
舟山市	Zhoushan	201	205	1.28	1.28	5.05	5.07	10.43	7.87
浙西南	**Western & Southern Region**	**2192**	**2215**	**118.58**	**118.68**	**121.78**	**124.51**	**390.78**	**392.95**
温州市	Wenzhou	297	302	25.79	25.79	66.74	66.8	74.15	74.29
金华市	Jinhua	797	802	18.46	18.44	11.18	11.25	117.6	117.70
其中:义乌市	YiWu	105	105	2.37	2.37	0.36	0.36	15.17	15.17
衢州市	Quzhou	461	464	33.35	33.36	2.26	2.51	66.25	67.29
台州市	Taizhou	324	327	18.28	18.27	34.56	36.78	84.98	84.89
丽水市	Lishui	313	320	22.7	22.82	7.04	7.17	47.8	48.78

6－23 各市农田灌溉面积情况
Basic Statistics on Farmland Irrigated Areas by City

地区	Region	有效灌溉面积(千公顷) Effective Irrigated Areas (1000 ha)			机电排灌面积(千公顷) Mechanical and Electrical Irrigated Areas (1000 ha)		
		2005	2006	2007	2005	2006	2007
全省合计	**Total**	**1411.06**	**1422.32**	**1431.35**	**1049.02**	**1057.19**	**1038.18**
浙东北	**Eastern and Northern Region**	**832.48**	**840.61**	**847.92**	**714.82**	**716.81**	**714.46**
杭州市	Hangzhou	165.43	165.27	162.98	118.83	117.84	115.89
宁波市	Ningbo	179.81	179.37	183.16	166.03	165.7	166.3
嘉兴市	Jiaxing	196.75	200.8	200.75	196.75	200.8	203.16
湖州市	Huzhou	128.32	131.31	133.21	111.33	111.65	117.3
绍兴市	Shaoxing	149.6	151.29	155.26	112.48	111.42	102.34
舟山市	Zhoushan	12.57	12.57	12.56	9.40	9.40	9.47
浙西南	**Western and Southern Region**	**578.58**	**581.71**	**583.43**	**334.2**	**340.38**	**323.72**
温州市	Wenzhou	126.79	127.07	127.46	96.59	96.02	96.03
金华市	Jinhua	157.68	157.40	157.70	91.06	99.51	90.44
其中:义乌市	YiWu	20.83	21.02	21.05	11.01	11.06	11.09
衢州市	Quzhou	89.33	90.632	91.79	34.76	34.42	34.62
台州市	Taizhou	126.45	127.14	125.88	98.34	98.05	89.38
丽水市	Lishui	78.33	79.465	80.60	13.45	12.38	13.25

6－24　主要农作物播种面积(2001－2007年)
Total Sown Area of Major Farm Crops(2001－2007)

单位:千公顷(1000 hectares)

指标	Item	2001	2002	2003	2004	2005	2006	2007
农作物播种面积	**Sown Area of Farm Crops**	**3245.93**	**3064.54**	**2834.39**	**2778.41**	**2837.94**	**2739.56**	**2697.88**
粮食作物	**Grain Crops**	**1939.08**	**1718.39**	**1482.97**	**1505.37**	**1562.56**	**1457.67**	**1428.27**
#春粮	Spring Grain	229.08	190.81	152.46	126.18	144.48	140.4	145.89
秋粮	Autumn Grain	1409.50	1312.53	1201.16	1225.09	1275.08	1183.94	1161.38
谷物	Cereal	1565.38	1364.06	1136.24	1170.93	1191.37	1147.89	1117.16
稻谷	Rice	1340.00	1172.34	979.43	1028.05	1028.54	994.51	954.29
早稻及早中稻	Early Rice & Early Mid-rice	300.50	215.05	129.35	154.10	143.00	133.33	121.00
晚稻及迟中稻	Late Rice & Late Mid-rice	1039.50	957.29	850.08	873.95	885.54	861.18	833.29
#单季晚稻	Single Season Rice	643.18	684.18	671.93	677.98	699.98	693.83	688.38
小麦	Wheat	121.40	94.24	71.48	59.53	67.13	69.4	75.22
大(元)麦	Barley	44.34	38.30	26.31	21.53	24.42	24.05	23.75
玉米	Corn	51.76	52.19	51.93	54.50	62.87	52.00	55.76
其他谷物	Other Cereal	7.88	7.00	7.09	7.32	8.41	7.93	8.14
豆类	Beans	204.73	192.80	193.33	184.90	209.14	187.19	188.21
大豆	Soybeans	122.76	114.42	116.48	116.58	129.74	116.56	116.47
蚕(豌)豆	Broad Bean	63.34	58.27	54.67	45.12	52.93	46.95	46.92
杂豆	Other Beans	18.63	20.10	22.17	23.20	26.47	23.68	24.82
薯类	Yam	168.97	161.52	153.4	149.54	162.05	122.59	122.90
其中:马铃薯	Potato	63.48	59.29	55.19	50.84	51.77	50.27	50.10
油料	**Oil-bearing Crops**	**306.62**	**289.07**	**250.90**	**237.25**	**249.25**	**228.58**	**205.99**
油菜籽	Rapeseeds	286.15	268.00	229.49	215.79	227.19	206.80	183.45
花生	Peanuts	16.32	16.99	17.52	17.54	18.13	17.90	18.48
芝麻	Sesame	4.15	4.08	3.88	3.92	3.93	3.88	4.06
棉花(皮棉)	**Cotton**	**27.66**	**18.73**	**17.63**	**18.77**	**17.91**	**18.05**	**18.81**
麻类	**Fiber Crops**	**0.76**	**0.66**	**0.58**	**0.48**	**0.45**	**0.34**	**0.32**
糖类	**Sugar Crops**	**17.38**	**18.40**	**19.21**	**18.11**	**15.71**	**14.47**	**14.42**
烟叶	**Tobacco**	**1.81**	**2.43**	**2.16**	**1.90**	**1.75**	**1.54**	**1.27**
药材类	**Medicinal Material**	**19.68**	**22.55**	**26.16**	**27.22**	**26.47**	**25.89**	**27.01**
蔬菜	**Vegetables**	**627.97**	**696.99**	**700.77**	**661.02**	**666.73**	**647.70**	**660.62**
果用瓜	**Melon as Fruit**	**94.67**	**91.60**	**97.54**	**101.99**	**102.50**	**109.77**	**111.04**
#西瓜	Watermelon	79.07	77.57	81.43	84.58	84.41	91.82	92.09
花卉苗木	**Flowers and Plants Nursery Stock**	**33.91**	**64.17**	**114.27**	**114.10**	**107.48**	**101.93**	**102.15**
其他农作物	**Other Farm Crops**	**239.89**	**200.86**	**177.40**	**143.04**	**138.90**	**133.67**	**127.98**
#绿肥	Green Manure	174.32	127.03	92.08	66.62	69.80	65.53	62.17

注:粮食播种面积和产量包括马铃薯。　The grain acreage and output include potato.

6-25 历年主要农作物播种面积(1978-2007年)
Total Sown Area of Major Farm Crops Over the Years(1978-2007)

单位:千公顷(1000 hectares)

年份 Year	农作物播种面积 Total Sown Area	#粮食作物 Grain Crops	油料 Oil-bearing Crops	棉花 Cotton	蔬菜 Vegetables
1978	4760.13	3472.20	207.20	85.13	126.80
1979	4731.60	3456.19	221.20	90.07	122.73
1980	4685.71	3424.40	245.60	107.27	129.33
1981	4644.13	3375.07	298.87	107.93	116.47
1982	4626.00	3437.47	253.73	106.73	124.67
1983	4578.07	3480.00	237.93	105.47	132.00
1984	4526.87	3482.53	223.93	104.80	148.40
1985	4451.70	3271.23	286.00	93.07	180.25
1986	4361.80	3166.25	294.20	80.53	199.26
1987	4374.27	3235.37	276.93	70.73	214.97
1988	4300.50	3209.85	273.40	69.00	226.61
1989	4312.87	3222.65	280.93	60.40	236.27
1990	4384.69	3266.00	302.05	68.67	248.39
1991	4379.53	3267.21	306.61	68.19	249.07
1992	4275.05	3164.20	304.08	71.09	250.02
1993	3926.16	2844.46	235.95	60.94	283.41
1994	3802.42	2741.04	235.42	61.66	298.85
1995	3923.04	2814.39	309.32	64.53	297.81
1996	3963.82	2877.17	295.71	66.71	313.12
1997	3944.16	2873.00	275.75	61.97	329.05
1998	3919.60	2799.51	281.88	62.84	368.04
1999	3899.49	2751.91	289.44	37.85	412.49
2000	3554.33	2300.26	315.58	26.58	568.86
2001	3245.93	1939.08	306.62	27.66	627.97
2002	3064.54	1718.39	289.07	18.73	696.99
2003	2834.39	1482.97	250.90	17.63	700.77
2004	2778.41	1505.37	237.25	18.77	661.02
2005	2837.94	1562.56	249.25	17.91	666.73
2006	2739.56	1457.67	228.58	18.05	647.70
2007	2697.88	1428.27	205.99	18.81	660.62

注:粮食播种面积和产量包括马铃薯。 The grain acreage and output include potato.

6－26 主要农作物产量(1978－2007年)
Output of Major Farm Crops(1978－2007)

单位:万吨(10000 tons)

年份 Year	#粮食 Grain	棉花 Cotton	油料 Oil－bearing Crops	蔬菜 Vegetables	茶叶 Tea	水果 Fruit	#柑桔 Orange
1978	1467.20	7.26	22.06		5.87	14.61	6.78
1979	1611.30	6.69	27.03		6.55	22.45	11.24
1980	1435.50	8.29	28.86		7.54	22.50	9.14
1981	1419.20	6.81	39.99		8.93	22.79	12.06
1982	1712.10	9.76	38.62		10.71	25.80	12.85
1983	1583.70	9.37	29.76		10.20	28.30	17.18
1984	1817.15	13.29	33.89		9.56	30.66	17.85
1985	1621.29	8.13	44.19	100.26	9.31	135.38	28.54
1986	1605.09	7.56	42.94	753.99	10.43	52.05	36.15
1987	1588.99	6.54	39.66	756.29	11.59	70.95	54.91
1988	1553.64	4.37	43.06	761.63	12.82	51.60	28.60
1989	1554.28	4.19	38.28	776.85	11.78	98.75	72.47
1990	1586.10	6.42	48.35	736.63	11.70	180.91	79.73
1991	1640.00	7.53	45.56	740.15	11.41	134.49	106.42
1992	1553.50	5.96	50.08	689.38	11.94	102.37	73.85
1993	1436.18	5.79	38.57	771.46	12.23	273.55	113.52
1994	1404.00	5.54	34.59	819.60	10.69	295.40	139.27
1995	1430.90	6.25	50.00	823.51	10.21	335.39	170.03
1996	1516.77	6.84	52.11	888.17	9.90	342.18	180.41
1997	1493.53	4.76	48.88	895.04	10.17	388.95	210.51
1998	1435.20	6.49	35.55	1009.52	11.32	359.93	149.69
1999	1392.96	4.04	54.06	1127.45	11.77	428.55	212.01
2000	1217.00	2.92	57.88	1470.04	11.64	380.67	97.19
2001	1075.61	3.16	58.22	1634.13	12.06	516.64	163.81
2002	959.41	2.24	46.97	1765.28	13.85	500.90	164.28
2003	809.23	2.10	43.77	1780.19	13.27	568.38	176.66
2004	850.17	2.28	48.77	1749.76	13.87	632.07	200.99
2005	830.42	2.16	50.14	1741.82	14.44	577.96	148.11
2006	839.52	2.35	46.23	1734.42	15.24	644.00	180.35
2007	801.67	2.54	43.74	1770.98	16.02	690.28	198.56

6-27 主要农作物单位面积产量(1978-2007年)
Output of Major Farm Crops(1978-2007)

单位:公斤/公顷(kg/hectare)

年份 Year	粮食 Grain	谷物 Cereal	油料 Oil-bearing Crops	#油菜籽 Rapeseed	棉花 Cotton	糖类 Sugar Crops
1978	4226	4268	1065	1050		
1979	4662	4758	1222	1213		
1980	4192	4239	1175	1179		
1981	4205	4283	1338	1346		
1982	4981	5105	1522	1540		
1983	4551	4618	1251	1260		
1984	5218	5338	1513	1529		
1985	4956	5065	1545	1556		
1986	5069	5221	1460	1468		
1987	4911	5032	1432	1430		
1988	4840	4965	1575	1588		
1989	4823	4952	1363	1363		
1990	4856	5000	1601	1608	935	53796
1991	5020	5176	1486	1485	1104	55164
1992	4910	5062	1647	1647	838	52404
1993	5049	5253	1635	1623	950	54498
1994	5122	5369	1469	1440	898	52896
1995	5084	5299	1617	1599	968	55848
1996	5272	5517	1762	1748	1025	56349
1997	5199	5453	1772	1754	768	54564
1998	5127	5407	1261	1205	1033	57824
1999	5062	5330	1869	1844	1068	59073
2000	5294	5735	1834	1808	1100	60289
2001	5547	6082	1899	1869	1143	60956
2002	5583	6223	1625	1565	1195	61644
2003	5475	6166	1744	1682	1193	64529
2004	5648	6313	2056	2016	1213	58703
2005	5314	5920	2012	1967	1204	57278
2006	5759	6451	2023	1967	1300	60455
2007	5613	6276	2123	2070	1351	60352

6-28 主要农作物产量
Output of Major Farm Crops

指标	Item	2005		2006		2007	
		公顷产量（公斤）Output per Hectare (kg)	总产量（万吨）Total Output (10000 tons)	公顷产量（公斤）Output per Hectare (kg)	总产量（万吨）Total Output (10000 tons)	公顷产量（公斤）Output per Hectare (kg)	总产量（万吨）Total Output (10000 tons)
粮食作物	**Grain Crops**	**5314**	**830.42**	**5759**	**839.52**	**5613**	**801.67**
#春粮	Spring Grain	2989	43.20	3146	44.17	3348	48.84
秋粮	Autumn Grain	5552	707.92	6090	720.99	5899	685.09
谷物	Cereal	5920	705.27	6451	740.55	6276	701.13
稻谷	Rice	6269	644.78	6862	682.40	6674	636.89
早稻	Early Rice	5544	79.30	5577	74.36	5598	67.74
晚稻及单季稻	Late Rice & Single Season Rice	6386	565.48	7061	608.04	6830	569.15
#单季晚稻	Single Season Rice	6480	453.59	7248	502.90	7056	485.70
小麦	Wheat	3249	21.81	3461	24.02	3732	28.07
大(元)麦	Barley	3934	9.61	3967	9.54	4181	9.93
玉米	Corn	4125	25.93	4148	21.57	4112	22.93
其他谷物	Other Cereal	3734	3.14	3808	3.02	4066	3.31
豆类	Beans	2266	47.40	2292	42.91	2329	43.84
大豆	Soybeans	2265	29.39	2293	26.73	2344	27.30
蚕(豌)豆	Broad Beans	2225	11.78	2260	10.61	2310	10.84
杂豆	Other Beans	2355	6.23	2352	5.57	2297	5.70
薯类	Yams	4798	77.75	4573	56.06	4614	56.70
其中:马铃薯	Potato	3037	15.72	3126	15.72	3226	16.16
油料	**Oil-bearing Crops**	**2012**	**50.14**	**2023**	**46.23**	**2123**	**43.74**
油菜籽	Rapeseeds	1967	44.68	1967	40.68	2070	37.98
花生	Peanuts	2676	4.85	2774	4.97	2780	5.14
芝麻	Sesame	1530	0.60	1499	0.58	1525	0.62
棉花(皮棉)	**Cotton**	**1204**	**2.16**	**1300**	**2.35**	**1351**	**2.54**
麻类	**Fiber Crops**	**4132**	**0.18**	**4192**	**0.14**	**4111**	**0.13**
糖类	**Sugar Crops**	**57278**	**89.97**	**60455**	**87.48**	**60352**	**87.00**
烟叶	**Tobacco**	**2278**	**0.40**	**2377**	**0.36**	**2566**	**0.33**
蔬菜	**Vegetables**	**26125**	**1741.82**	**26778**	**1734.42**	**26808**	**1170.98**
果用瓜	**Melon as Fruit**	**28709**	**294.27**	**28958**	**317.87**	**30131**	**334.57**
#西瓜	Watermelon	30269	255.50	30347	228.64	31735	292.23

注:粮食播种面积和产量包括马铃薯。 The grain acreage and output include potato.

6-29 各市粮食播种面积和产量
Sown Area and Output of Grain by City

地区	Region	2005			2006			2007		
		播种面积(千公顷) Sown Area (1000 ha)	公顷产(公斤) Output per Hectare (kg)	总产量(万吨) Total Output (10000 tons)	播种面积(千公顷) Sown Area (1000 ha)	公顷产(公斤) Output per Hectare (kg)	总产量(万吨) Total Output (10000 tons)	播种面积(千公顷) Sown Area (1000 ha)	公顷产(公斤) Output per Hectare (kg)	总产量(万吨) Total Output (10000 tons)
全省合计	**Total**	**1562.56**	**5314**	**830.42**	**1457.67**	**5759**	**839.52**	**1428.27**	**5613**	**801.67**
浙东北	**Eastern & Northern Region**	**809.14**	**6016**	**486.81**	**815.90**	**6343**	**517.57**	**815.98**	**6238**	**508.97**
杭州市	Hangzhou	186.18	5559	103.50	185.03	5786	107.07	183.88	5815	106.93
宁波市	Ningbo	145.27	5515	80.12	141.01	5765	81.30	134.98	5539	74.77
嘉兴市	Jiaxing	182.74	6533	119.40	186.36	6913	128.84	188.01	6776	127.40
湖州市	Huzhou	125.29	6562	82.21	128.95	7076	91.24	130.51	6660	86.91
绍兴市	Shaoxing	157.86	6106	96.39	163.67	6348	103.90	168.35	6424	108.15
舟山市	Zhoushan	11.78	4415	5.20	10.88	4795	5.22	10.25	4693	4.81
浙西南	**Western & Southern Region**	**743.9**	**5236**	**389.52**	**707.79**	**5468**	**386.98**	**689.78**	**5265**	**363.16**
温州市	Wenzhou	171.95	4992	85.83	161.45	5468	88.28	152	4681	71.15
金华市	Jinhua	152.73	5557	84.87	147.92	5625	83.20	144.03	5624	80.99
其中:义乌市	YiWu	17.12	6089	10.42	17.15	6114	10.48	16.62	6046	10.05
衢州市	Quzhou	140.27	5805	81.42	120.72	5897	71.19	121.38	5950	72.22
台州市	Taizhou	165.86	4973	82.48	165.86	5396	89.50	163.08	5162	84.18
丽水市	Lishui	113.09	4856	54.92	111.84	4901	54.81	109.29	4998	54.62

注:全省粮食产量为抽样调查数,与分市相加不相等。
The total output of grain is obtained from the sample survey, total is not equal to the sum of regional figures.

6-30　商品粮基地粮食播种面积和产量
Sown Area and Output of Grain in Commodity Grain Bases

地区	Region	2005			2006			2007		
		播种面积（千公顷）Sown Area (1000 ha)	公顷产（公斤）Output per Hectare (kg)	总产量（万吨）Total Output (10000 tons)	播种面积（千公顷）Sown Area (1000 ha)	公顷产（公斤）Output per Hectare (kg)	总产量（万吨）Total Output (10000 tons)	播种面积（千公顷）Sown Area (1000 ha)	公顷产（公斤）Output per Hectare (kg)	总产量（万吨）Total Output (10000 tons)
全省合计	Total	1562.56	5314	830.42	1457.67	5759	839.52	1428.27	5613	801.67
国家级小计	Country Level	487.95	6183	301.72	485.36	6478	314.43	488.51	6363	310.86
萧山区	Xiaoshan	50.09	5349	26.82	50.05	5497	27.51	50.14	5356	26.89
富阳市	Fuyang	23.45	6120	14.35	23.66	6396	15.13	24.04	6455	15.52
余杭区	Yuhang	29.84	6467	19.30	29.48	7178	21.16	29.16	6900	20.12
余姚市	Yuyao	31.46	6211	19.55	30.01	6670	20.01	28.05	6388	17.92
奉化市	Fenghua	13.07	5742	7.50	12.80	6166	7.89	12.83	4910	6.30
宁海县	Ninghai	16.48	4445	7.33	18.00	4981	8.97	17.57	4559	8.01
鄞州区	Yinzhou	26.99	6592	17.79	26.49	6704	17.76	26.27	6763	17.77
嘉兴市秀洲区	Xiuzhou, Jiaxing	24.80	6810	16.89	25.18	7029	17.70	25.84	6899	17.83
嘉善县	Jiashan	27.34	6288	17.19	27.56	6583	18.14	26	6578	17.10
海盐县	Haiyan	25.41	6643	16.88	27.03	7035	19.01	28.80	6718	19.35
桐乡市	Tongxiang	24.75	6884	17.04	24.12	7365	17.77	24	7279	17.47
德清县	Deqing	13.65	6316	8.62	14.39	7270	10.46	13.92	7234	10.07
长兴县	Changxing	39.60	6615	26.19	41.61	6791	28.25	44.45	6423	28.55
诸暨市	Zhuji	45.52	6491	29.55	47.99	6772	32.50	50.36	6858	34.54
绍兴县	Shaoxing	24.34	6711	16.34	24.94	6798	16.96	26.36	6925	18.25
金东区	Jindong	5.59	5766	3.22	5.25	5936	3.12	4.63	5858	2.71
衢江区	Qujiang	32.01	5706	18.27	27.06	5678	15.36	26.87	5756	15.47
龙游县	Longyou	33.56	5629	18.89	28.73	5771	16.58	29.22	5814	16.99
省级小计	**Province Level**	**223.97**	**5620**	**125.86**	**221.72**	**5951**	**131.93**	**131.95**	**5813**	**126.23**
桐庐县	Tonglu	17.09	6010	10.27	17.19	6027	10.36	16.81	6248	10.50
瑞安市	Ruian	27.17	5130	13.94	24.05	5722	13.76	23.24	4925	11.45
海宁市	Haining	29.06	5964	17.33	28.74	6456	18.55	28.82	6487	18.70
安吉县	Anji	24.82	5842	14.50	25.05	6528	16.35	25.05	5908	14.8
嵊州市	Shengzhou	27.66	5413	14.98	28.66	5789	16.59	28.10	5894	16.56
武义县	Wuyi	17.65	5108	9.02	17.38	5202	9.04	16.44	5407	8.89
江山市	Jiangshan	38.14	6160	23.49	33.06	6263	20.70	32.85	6327	20.78
温岭市	Wenling	28.84	5613	16.19	29.25	5867	17.16	29.02	5422	15.73
松阳县	Songyang	13.54	4533	6.14	12.51	4624	5.79	11.48	4728	5.43

6-31 各市油菜籽播种面积和产量
Sown Area and Output of Repeseeds by City

地区	Region	2005			2006			2007		
		播种面积(千公顷) Sown Area (1000 ha)	公顷产(公斤) Output per Hectare (kg)	总产量(万吨) Total Output (10000 tons)	播种面积(千公顷) Sown Area (1000 ha)	公顷产(公斤) Output per Hectare (kg)	总产量(万吨) Total Output (10000 tons)	播种面积(千公顷) Sown Area (1000 ha)	公顷产(公斤) Output per Hectare (kg)	总产量(万吨) Total Output (10000 tons)
全省合计	**Total**	**227.19**	**1967**	**44.68**	**206.80**	**1967**	**40.68**	**183.45**	**2070**	**37.98**
浙东北	**Eastern & Northern Region**	**169.53**	**2122**	**35.97**	**154.94**	**2104**	**32.60**	**133.39**	**2230**	**29.74**
杭州市	Hangzhou	37.64	1879	7.07	34.98	1927	6.74	33.82	2055	6.95
宁波市	Ningbo	12.62	1925	2.43	10.02	2000	2.00	9.66	2051	1.98
嘉兴市	Jiaxing	57.54	2428	13.97	50.54	2363	11.94	38.14	2507	9.56
湖州市	Huzhou	43.05	2086	8.98	40.72	2049	8.34	33.57	2235	7.50
绍兴市	Shaoxing	16.73	1874	3.14	16.90	1905	3.22	16.60	2055	3.41
舟山市	Zhoushan	1.95	1944	0.38	1.78	2022	0.36	1.60	2105	0.34
浙西南	**Western & Southern Region**	**57.66**	**1510**	**8.71**	**51.86**	**1556**	**8.07**	**50.07**	**1650**	**8.26**
温州市	Wenzhou	3.58	1419	0.51	3.16	1479	0.47	3.27	1488	0.49
金华市	Jinhua	18.27	1573	2.87	17.28	1619	2.80	15.54	1663	2.59
其中:义乌市	YiWu	0.93	2179	0.20	1.02	2174	0.22	0.93	2105	0.20
衢州市	Quzhou	24.90	1449	3.61	20.84	1479	3.08	20.91	1624	3.40
台州市	Taizhou	3.89	1660	0.64	3.94	1682	0.66	3.97	1753	0.70
丽水市	Lishui	7.02	1546	1.08	6.64	1602	1.06	6.38	1689	1.08

6－32　主要茶叶产区茶园面积和茶叶产量
Area of Tea Plantation and Output of Tea in Major Producing Regions

地区	Region	2005		2006		2007	
		茶园面积（公顷）Area of Tea Plantations (ha)	茶叶总产量（吨）Output of Tea (ton)	茶园面积（公顷）Area of Tea Plantations (ha)	茶叶总产量（吨）Output of Tea (ton)	茶园面积（公顷）Area of Tea Plantations (ha)	茶叶总产量（吨）Output of Tea (ton)
全省合计	**Total**	**154650**	**144370**	**158671**	**152361**	**168922**	**160229**
25 个主产区小计	**26 Producing Regions**	**109986**	**117676**	**111825**	**124941**	**117205**	**129700**
杭州市区	Hangzhou District	5655	10261	5686	10730	5912	10756
建德市	Jiande	3942	3337	3955	3676	3601	3736
桐庐县	Tonglu	3383	1467	3400	1455	3417	1571
富阳市	Fuyang	2310	2935	2649	3340	3159	3890
临安市	Linan	3814	2090	3508	2056	3508	2132
淳安县	Chunan	11208	5461	11437	5682	11603	6122
宁波市区	Ningbo District	3791	8743	3801	8458	3763	9253
余姚市	Yuyao	4136	6000	3876	6859	3841	6259
奉化市	Fenghua	1200	1485	1055	2369	1056	2332
安吉县	Anji	6358	4408	6857	4479	7857	4310
诸暨市	Zhuji	6924	9492	6808	10694	6566	11777
上虞市	Shangyu	2444	3304	2577	3511	2619	3305
嵊州市	Shengzhou	11797	15098	11890	16991	11749	17406
绍兴县	Shaoxing	5621	9222	5494	9173	5461	9244
新昌县	Xinchang	5954	5634	6172	5670	6353	5898
金华市区	Jinhua District	2457	3389	2591	3186	2245	2915
东阳市	Dongyang	2300	2272	2436	2217	2587	2351
武义县	Wuyi	4476	6088	4780	6532	7043	6580
浦江县	Pujiang	2198	1270	2216	1258	2242	1285
衢州市区	Quzhou District	1479	1059	1337	1152	1280	1455
开化县	Kaihua	5416	1651	5279	1446	5942	1699
龙游县	Longyou	1442	2783	1403	2803	1458	2867
临海市	Linhai	1169	689	1272	701	1604	705
松阳县	Songyang	5649	5195	5981	5688	6703	6388
遂昌县	Suichang	4863	4343	5365	4815	5636	5464

6－33 主要蚕茧产区桑园面积和蚕茧产量
Area of Mulberry Field and Output of Silk-worm Cocoons in Major Producing Regions

地区	Region	2005		2006		2007	
		桑园面积（公顷）Area of Mulberry Field (ha)	蚕茧总产量（吨）Output of Silk－worm Cocoons (ton)	桑园面积（公顷）Area of Mulberry Field (ha)	蚕茧总产量（吨）Output of Silk－worm Cocoons (ton)	桑园面积（公顷）Area of Mulberry Field (ha)	蚕茧总产量（吨）Output of Silk－worm Cocoons (ton)
全省合计	**Total**	**75304**	**85364**	**77458**	**96416**	**77520**	**96262**
22个主产区小计	**22 Producing Regions**	**70609**	**82138**	**72621**	**92987**	**72599**	**92875**
杭州市区	HangZhou Distict	2557	878	2511	887	2404	787
建德市	Jiande	1078	981	1530	1261	1542	1241
桐庐市	Tonglu	1890	3675	1930	3942	2016	4189
富阳市	Fuyang	866	1225	894	1338	1136	1711
临安市	Linan	2975	3701	2819	4111	2812	3808
淳安县	Chunan	5996	5879	6847	6845	7729	8653
嘉兴市区	Jiaxing District	5270	5568	5267	6375	5117	5919
海宁市	Haining	6061	11584	6136	12737	6056	12365
海盐县	Haiyan	3233	4753	3256	5427	3196	5389
桐乡市	Tongxiang	10706	15593	10684	18085	10670	17636
湖州市区	Huzhou District	11383	10376	11211	12445	11188	11505
德清县	Deqing	4570	5168	4468	6024	4417	5404
长兴县	Changxing	2111	1531	1896	1537	1829	1640
安吉县	Anji	1754	1845	1944	2043	2006	2010
诸暨市	Zhuji	1070	747	1048	727	859	711
上虞市	Shangyu	1707	1663	1618	1541	1585	1720
嵊州市	Shengzhou	2079	1652	2678	1723	1998	1731
新昌县	Xinchang	1256	1380	1252	1429	1235	1460
兰溪市	Lanxi	1774	1746	1969	1916	1880	1856
浦江县	Pujiang	279	147	247	127	255	114
临海市	Linhai	89	173	91	299	116	298
缙云县	Jinyun	1905	1873	2325	2168	2553	2728

6－34 林业生产(2001－2007年)
Basic Indicators on Forestry(2001－2007)

指标		Item		2001	2002	2003	2004	2005	2006	2007
造林面积	(千公顷)	Afforestation Area	(1000 ha)	21.39	21.21	22.11	20.95	20.34	11.37	11.58
用材林		Timber Forest		3.13	0.87	1.77	1.82	3.63	2.26	3.61
经济林		Economic Forest		10.75	6.36	4.53	4.31	4.30	2.98	1.60
防护林		Shelter Forest		7.44	13.64	14.75	14.68	12.23	6.12	6.00
薪炭林		Fuel Forest			0.17	0.97	0.10	0.09		
特种用途林		Forest for Special Use		0.07	0.17	0.09	0.04	0.09	0.01	0.38
零星(四旁)植树	(万株)	Planting Trees Piecemeal	(10000 trees)	3270	2940	2448	2348	2105	2535.5	2421.92
幼林抚育实际面积	(千公顷)	Area of Tending Seedings	(1000 ha)	109.95	91.86	95.50	65.99	65.21	61.72	50.31
育苗面积	(千公顷)	Area of Growing Seedings	(1000 ha)	12.36	21.77	45.10	56.39	56.00	60.94	46.72
迹地更新面积	(千公顷)	Area of Forest Updating	(1000 ha)	26.55	10.06	5.32	4.46	17.60	18.57	14.32
主要林产品产量	(吨)	Output of Major Forest Products	(ton)							
油茶籽		Tea-oil Seeds		30249	32800	33035	34179	43361	38234	43833
竹笋干		Tallow-seeds		126778	141533	147701	160677	142267	148800	158441
山核桃		Walnuts		8777	3630	7363	10633	11784	13525	16046
板　栗		Chestnut		38654	44848	45884	55436	60428	61782	65402

6－35 水果生产
Basic Indicators on Fruit

指标	Item	2005		2006		2007	
		果园面积(千公顷) Area of Orchards (1000 Hectares)	产量(万吨) Total Output (10000 tons)	果园面积(千公顷) Area of Orchards (1000 Hectares)	产量(万吨) Total Output (10000 tons)	果园面积(千公顷) Area of Orchards (1000 Hectares)	产量(万吨) Total Output (10000 tons)
合计	**Total**	**299.81**	**577.96**	**300.45**	**644.00**	**314.03**	**690.28**
柑桔	Orange	123.01	148.11	119.97	180.35	122.23	198.56
梨	Pear	26.59	31.04	26.45	32.98	27.93	36.05
桃子	Peach	24.60	28.58	24.45	31.16	25.45	31.62
柿子	Persimmon	7.17	3.60	7.21	3.62	7.80	4.26
枇杷	Loquat	10.13	4.31	10.27	5.33	10.37	5.41
杨梅	Red Bayberry	64.17	30.07	67.09	31.36	74.98	34.63
果用瓜	Melon as Fruit		294.27		330.30		334.57
其他	Others	44.14	37.98	45.01	41.33	45.26	45.18

6－36 农产品人均产量(1978－2007年)
Per Capital Output of Agricultural Products(1978－2007)

单位:公斤(kg)

年份 Year	粮食 Grain	棉花 Cotton	油料 Oil－bearing Crops	糖料 Sugar Crops	茶叶 Tea	水果 Fruit	猪牛羊肉 Pork,Beef and Mutton	水产品 Aquatic Products
1978	393.44	1.95	5.92	17.20	1.57	3.92	11.33	23.47
1980	376.81	2.18	7.58	15.43	1.98	5.91	18.52	21.46
1985	404.18	2.03	11.02	27.43	2.32	11.12	19.10	26.13
1986	396.34	1.87	10.60	32.63	2.58	12.85	20.03	28.94
1987	387.97	1.60	9.68	26.56	2.83	17.32	18.60	30.52
1988	374.78	1.05	10.39	20.01	3.09	12.45	19.56	30.92
1989	371.01	1.00	9.14	16.74	2.81	23.57	19.67	30.84
1990	375.68	1.52	11.45	14.87	2.77	25.35	20.28	32.92
1991	386.05	1.77	10.72	16.19	2.69	31.66	20.13	35.57
1992	363.51	1.39	11.72	17.55	2.79	23.95	22.73	39.72
1993	334.03	1.35	8.97	18.43	2.84	34.63	22.74	44.02
1994	324.46	1.28	7.99	16.21	2.47	40.64	22.68	59.62
1995	328.53	1.43	11.48	15.11	2.34	49.28	23.61	73.03
1996	345.91	1.56	11.88	14.57	2.26	51.91	16.85	78.03
1997	338.58	1.08	11.08	13.61	2.31	61.07	18.44	90.61
1998	323.64	1.46	8.02	13.97	2.55	46.55	19.05	95.33
1999	312.52	0.91	12.14	15.94	2.64	62.64	19.27	99.33
2000	266.91	0.65	12.91	21.97	2.60	84.89	22.65	104.70
2001	238.47	0.70	12.91	23.49	2.67	114.54	24.67	104.83
2002	211.89	0.49	10.37	25.05	3.06	110.62	26.37	106.16
2003	178.10	0.46	9.63	27.27	2.92	125.09	26.90	106.26
2004	185.74	0.50	10.65	23.22	3.03	138.09	28.78	107.82
2005	180.45	0.47	10.90	19.55	3.14	125.59	28.34	105.12
2006	181.34	0.51	10.24	19.04	3.29	141.83	23.53	106.14
2007	172.06	0.55	9.60	18.75	3.44	150.55	24.57	91.86

6－37 牲畜饲养和畜产品产量(1978－2007 年)
Number of Livestock and Output of Livestock Products(1978－2007)

年份 Year	大牲畜年底头数(万头) Large Animals (Year-end) (10000 heads)	#牛(万头) Cattle and Buffaloes (10000 heads)	生猪年末存栏头数(万头) Number of Hogs (10000 heads)	羊年末存栏头数(万只) Number of Sheep and Goats (10000 heads)	猪、牛、羊肉产量(万吨) Output of Pork, Beef and Mutton (10000 tons)	#猪肉产量(万吨) Pork (10000 tons)
1978	82.60	82.60	1334.70	294.90	42.27	41.59
1979	84.80	84.80	1550.00	345.60	56.87	55.95
1980	83.00	83.00	1403.80	324.00	70.55	69.48
1981	82.70	82.70	1344.60	288.60	62.78	62.00
1982	82.70	82.70	1383.20	262.60	67.11	66.24
1983	80.60	80.60	1387.30	229.30	68.53	67.59
1984	78.40	78.40	1326.20	197.90	68.88	67.80
1985	76.10	76.10	1368.80	176.20	76.60	75.57
1986	75.81	75.81	1403.31	172.21	81.11	80.00
1987	74.73	74.73	1278.69	175.98	76.19	75.01
1988	71.11	71.11	1228.05	180.02	78.47	77.12
1989	69.29	69.29	1213.19	187.47	77.24	75.87
1990	68.01	68.01	1170.00	185.07	77.88	76.33
1991	65.05	65.05	1135.49	181.36	78.05	76.41
1992	60.50	60.50	1188.97	183.26	83.08	80.97
1993	54.07	54.07	1061.04	191.38	80.64	78.94
1994	50.72	50.72	989.84	205.98	78.95	76.46
1995	50.32	50.32	964.30	218.63	80.17	77.38
1996	49.48	49.48	892.68	221.31	76.31	73.47
1997	46.36	46.36	1010.06	214.55	81.33	78.40
1998	43.52	43.52	1040.56	207.58	84.48	81.38
1999	40.64	40.64	1024.36	218.95	85.87	82.55
2000	38.95	38.95	1146.88	233.51	101.57	98.03
2001	39.25	39.25	1175.10	245.02	111.28	107.39
2002	39.63	39.63	1139.17	258.61	119.40	115.09
2003	38.90	38.90	1132.38	262.90	122.22	117.24
2004	39.25	39.25	1125.27	256.72	131.72	126.43
2005	35.54	35.54	1213.15	222.35	130.44	125.14
2006	23.00	23.00	1003.00	123.90	108.91	105.61
2007	20.70	20.70	1039.10	111.90	114.50	111.40

6－38 畜牧业生产(2001－2007年)
Basic Indicators on Animal Husbandry(2001－2007)

指标	Item	2001	2002	2003	2004	2005	2006	2007
生猪年末存栏头数(含未断奶小猪)(万头)	**Pigs(year－end)(10000 heads)**	**1175.10**	**1139.17**	**1132.38**	**1125.27**	**1213.15**	**1003.00**	**1039.10**
#能繁殖的母猪(万头)	Reproducable (10000 heads)	97.78	91.03	92.66	93.20	89.03	77.95	100.31
年内肥猪出栏头数(万头)	Slaughtered Fattened Hogs (10000 heads)	1669.30	1719.15	1792.01	1893.08	1867.07	1617.28	1658.90
生猪出栏率(%)	Rate of Slaughtered Fattened Hogs (%)	145.60	146.37	157.30	167.18	165.92		165.39
全年饲养量(万头)	Number of Hogs Raised (10000 heads)	2816.18	2859.12	2924.39	3018.35	3080.22	2620.28	2698
牛年末存栏头数(万头)	**Cattles(year－end)(10000 heads)**	**39.25**	**39.63**	**38.90**	**39.25**	**35.54**	**23.00**	**20.70**
良种及改良种乳牛(万头)	Milch Cows of Fine Breed and Improved Varieties (10000 heads)	5.59	6.65	7.70	7.96	8.04	5.58	5.25
牛年内出栏头数(万只)	**Slaughtered Cattles (10000 heads)**	**8.11**	**8.97**	**9.56**	**9.94**	**9.25**	**6.40**	**7.10**
牛奶产量(万吨)	Milk (10000 tons)	17.59	22.15	24.73	25.95	26.67	25.48	23.71
羊年末存栏只数(万只)	**Sheep and Goats (year－end)(10000 heads)**	**245.02**	**258.61**	**262.90**	**256.72**	**222.35**	**123.90**	**111.90**
羊年内出栏只数(万只)	**Slaughtered Sheep (10000 heads)**	**168.43**	**181.08**	**200.21**	**212.22**	**218.03**	**134.40**	**122.80**
猪、牛、羊肉产量(万吨)	**Output of Pork, Beef and Mutton (10000 tons)**	**111.28**	**119.40**	**122.22**	**131.72**	**130.44**	**108.91**	**114.50**
#猪肉产量	Pork	107.39	115.09	117.24	126.43	125.14	105.61	111.40
兔年末存栏只数(万只)	**Rabbits(year－end)(10000 heads)**	**628.42**	**530.02**	**532.65**	**581.63**	**602.03**	**470.37**	**489.67**
兔年内出栏只数(万只)	**Slaughtered Rabbits (10000 heads)**	**594.24**	**703.02**	**683.71**	**703.58**	**759.62**	**474.62**	**511.72**
家禽年末存栏只数(万只)	**Poultry(year－end)(10000 heads)**	**10416.91**	**11481.51**	**11036.92**	**10028.90**	**11910.64**	**10110.80**	**11374.7**
家禽年内出栏只数(万只)	**Slaughtered Poultry (10000 heads)**	**17017.00**	**18693.32**	**20761.32**	**19174.84**	**21624.47**	**21232.80**	**21806**
全年饲养量(万只)	Poultry Raised (10000 heads)	27433.91	30174.83	31798.24	29203.74	33535.11	31343.60	33180.70
禽蛋产量(万吨)	Poultry Eggs (10000 tons)	40.55	43.49	42.20	43.07	44.52	34.50	37.90
养蜂年末箱数(万箱)	**Number of Beehives (10000 boxes)**	**101.03**	**107.13**	**94.38**	**102.25**	**117.97**	**101.43**	**103.34**
蜂蜜产量(万吨)	Honey (10000 tons)	7.27	6.97	8.14	7.39	7.93	8.60	8.96
蜂皇浆产量(吨)	Royal Jelly (ton)	1502	1644	1652	1976	1928	2884	2209
蚕茧产量(万吨)	**Output of Silkworm Cocoon (10000 tons)**	**11.03**	**9.88**	**7.91**	**8.41**	**8.54**	**9.64**	**9.63**
全年饲养蚕种张数(万张)	Number of Silkworm Cocoon (10000 pieces)	270.55	249.16	190.97	195.81	203.63	226.45	230.59

注:2006年、2007年生猪、家禽存(出)栏数,猪肉(禽肉)产量已按农普数衔接。

The data of livestock or slaughter number of pork and poultry are adjusted according to agricultural census, so are the data of pork and poultry output.

6 - 39　水产品产量(1978 - 2007 年)
Output of Aquatic Products(1978 - 2007)

单位:万吨(10000 tons)

年份 Year	水产品产量 Total Aquatic Products	海水产品产量 Seawater Aquatic Products	#养殖 Artificially Cultured	淡水产品产量 Freshwater Aquatic Products	#养殖 Artificially Cultured
1978	87.52	81.69	3.56	5.83	4.90
1979	81.13	74.77	3.90	6.36	5.19
1980	81.79	75.03	6.60	6.76	6.67
1981	84.28	76.85	4.13	7.43	6.17
1982	87.69	78.91	4.82	8.78	7.43
1983	83.25	73.46	6.21	9.79	8.32
1984	95.28	83.26	7.86	12.02	10.29
1985	104.82	89.04	9.60	15.78	13.73
1986	117.21	97.36	10.57	19.85	17.74
1987	124.98	102.84	11.86	22.14	19.65
1988	128.20	104.31	12.33	23.89	21.28
1989	129.20	104.50	13.13	24.70	22.08
1990	138.98	113.17	13.81	25.80	23.00
1991	151.09	123.53	15.20	27.56	24.75
1992	169.75	140.20	17.34	29.54	26.68
1993	189.29	156.06	19.05	33.23	29.92
1994	258.02	222.30	24.68	35.72	32.07
1995	318.07	278.70	31.69	39.37	34.43
1996	342.14	299.23	39.51	42.91	37.00
1997	377.68	331.97	38.90	45.71	38.66
1998	422.73	372.80	46.49	49.93	42.62
1999	442.73	389.41	58.17	53.32	45.61
2000	469.51	410.46	70.88	59.05	51.42
2001	472.85	406.96	77.66	65.89	58.17
2002	480.68	409.33	85.15	71.35	63.21
2003	482.82	406.00	91.85	76.82	68.26
2004	493.53	414.98	92.94	78.55	69.45
2005	483.77	402.37	88.11	81.40	72.07
2006	491.38	406.56	88.61	84.82	75.51
2007	500.14	408.17	87.13	91.97	82.54

6-40 渔业生产(2001-2007年)
Basic Indicators on Fishery(2001-2007)

单位:万吨(10000 tons)

指标	Item	2001	2002	2003	2004	2005	2006	2007
水产品总产量	**Total Aquatic Products**	**472.85**	**480.68**	**482.82**	**493.53**	**483.77**	**491.38**	**500.14**
海水产品产量	**Seawater Aquatic Products**	**406.96**	**409.33**	**406.00**	**414.98**	**402.37**	**406.56**	**408.17**
按生产性质分	By Production Character							
海洋捕捞	Catching in Ocean	329.30	324.18	314.15	322.04	314.26	317.95	321.03
海水养殖	Seawater Aquiculture	77.66	85.15	91.85	92.94	88.11	88.61	87.13
按类别分	By Category							
鱼类	Fishes	222.96	218.92	208.45	202.06	208.61	207.23	209.54
虾蟹类	Shrimps, Prawns and Crabs	88.48	88.70	82.08	85.08	86.95	89.73	86.76
贝类	Shell-fish	91.62	98.09	76.75	76.31	72.72	72.65	70.57
藻类	Algae	2.83	3.23	3.86	4.34	3.46	4.12	4.28
头足类	Shrimps, Prawns and crabs					28.62	30.58	34.68
其他海水产品	Others	1.07	0.39	5.26	12.07	2.01	2.25	2.33
淡水产品产量	**Freshwater Aquatic Products**	**65.89**	**71.35**	**76.82**	**78.55**	**81.40**	**84.82**	**91.97**
按生产性质分	By Production Character							
天然生产	Naturally Grown	7.72	8.14	8.56	9.10	9.33	9.31	9.43
淡水养殖	Freshwater Aquiculture	58.17	63.21	68.26	69.45	72.07	75.51	82.54
按类别分	By Category							
鱼类	Fishes	51.28	54.70	54.28	54.27	55.91	56.77	58.08
虾蟹类	Shrimps, Prawns and Crabs	5.78	7.68	10.08	10.89	11.68	13.72	17.40
贝类	Shell-fish	4.48	4.13	4.48	4.89	4.80	4.63	4.66
其他类	Others	4.35	4.84	7.98	8.50	9.00	9.69	11.83
在海水产品中	**Among Seawater Aquatic Products**							
大黄鱼	Big Yellow Croaker	0.12	0.10	1.05	0.82	0.21	0.45	0.36
小黄鱼	Small Yellow Croaker	7.71	8.20	7.19	7.57	6.72	7.29	9.25
带鱼	Hairtail	59.48	52.96	53.10	55.29	46.59	51.05	46.13
墨鱼	Cuttle Fish	5.45	5.01	4.19	5.06	3.42	3.38	3.60
海水养殖面积 (千公顷)	**Seawater Aquiculture Area (1000 ha)**	**112.75**	**116.91**	**117.41**	**118.28**	**112.44**	**109.06**	**105.72**
淡水养殖面积 (千公顷)	**Freshwater Aquiculture Area (1000 ha)**	**210.76**	**212.99**	**215.10**	**205.08**	**205.20**	**211.99**	**214.92**

6-41 各市水产品产量(2007 年)
Output of Aquatic Products by City(2007)

单位:万吨(10000 tons)

地区	Region	水产品总产量 Total Output of Aquatic Products	海水产品产量 Seawater Aquatic Products	#鱼类 Fishes	淡水产品产量 Freshwater Aquatic Products	#鱼类 Fishes
全省合计	**Total**	**500.14**	**408.17**	**209.54**	**91.97**	**58.08**
浙东北	**Eastern & Northern Region**	**283.53**	**209.54**	**108.16**	**73.98**	**43.04**
杭州市	Hangzhou	17.59			17.59	10.03
宁波市	Ningbo	94.49	85.56	44.40	8.93	5.05
嘉兴市	Jiaxing	16.00	0.72	0.29	15.27	6.91
湖州市	Huzhou	21.27			21.27	15.11
绍兴市	Shaoxing	10.35	0.33	0.16	10.02	5.19
舟山市	Zhoushan	123.83	122.93	63.31	0.90	0.75
浙西南	**Western & Southern Region**	**211.94**	**193.96**	**99.19**	**17.98**	**15.05**
温州市	Wenzhou	63.07	60.40	34.47	2.67	2.06
金华市	Jinhua	5.59			5.59	4.70
其中:义乌市	Yiwu	0.50			0.50	0.43
衢州市	Quzhou	3.91			3.91	3.54
台州市	Taizhou	137.56	133.56	64.72	4.00	3.03
丽水市	Lishui	1.81			1.81	1.72
省直属	**Units Attached to the Province**	**4.67**	**4.67**	**2.19**		

6-42 农、林、牧、渔业商品产值和商品率
Agricultural Commodity Output Value and Commodity Rate

指标	Item	商品产值(亿元) Commodity Output Value (100 million yuan)				商品率(%) Commodity Rate(%)			
		2004	2005	2006	2007	2004	2005	2006	2007
合计	**Total**	**946.11**	**1020.45**	**1087.94**	**1151.31**	**72.6**	**73.1**	**73.5**	**73.8**
农业产品	Farming Products	330.63	375.65	418.18	448.29	55.8	57.4	58.7	60.9
#种植业产品	Planting Products	325.78	370.69	413.15	443.72	56.4	57.9	59.2	61.5
林业产品	Forestry Products	52.7	57.44	59.49	66.96	73.6	68.8	77.5	77.6
畜牧业产品	Animal Husbandry Products	217.7	224.00	224.92	283.11	78.3	78.3	78.3	77
渔业产品	Fishery Products	345.08	363.36	385.35	352.95	95.3	95.4	95.5	95.4

注:本表按当年价格计算。 The data in this table are calculated at current price.

6-43 平均每个农业劳动力提供的主要农产品产量(2001-2007年)
Output of Major Farm Products Provided by Per Rural Labour(2001-2007)

指标		Item		2001	2002	2003	2004	2005	2006	2007
粮食	(公斤)	Grain	(kg)	1092.8	1032.1	927.0	1028.5	1055.3	1002.3	1038.3
棉花	(公斤)	Cotton	(kg)	3.2	2.4	2.4	2.8	2.7	3.2	3.7
油菜籽	(公斤)	Rapeseeds	(kg)	54.3	45.1	44.2	52.6	56.8	57.0	56.6
蔬菜	(公斤)	Vegetables	(kg)	1658.8	1899.0	2039.3	2116.7	2213.5	2451.2	2663
茶叶	(公斤)	Tea	(kg)	12.2	14.9	15.2	16.8	18.4	20.8	23.3
柑桔	(公斤)	Oranges	(kg)	166.3	176.7	202.4	243.1	188.2	246.1	288.6
生猪	(头)	Hogs	(head)	1.7	1.9	2.1	2.3	2.4	2.5	2.4
猪牛羊肉	(公斤)	Pork, Beef and Mutton	(kg)	113.0	128.4	140.0	159.3	165.8	169.7	166.4
禽蛋	(公斤)	Poultry Eggs	(kg)	41.2	46.8	48.3	50.9	56.6	47.1	55.1
水产品	(公斤)	Aquatic Products	(kg)	413.1	517.1	553.1	597.0	614.8	670.4	726.9

6-44 农村自然灾害情况(2001-2007年)
Basic Statistics on Rural Natural Disaster(2001-2007)

指标		Item		2001	2002	2003	2004	2005	2006	2007
受灾面积	**(千公顷)**	**Area Covered**	**(1000 ha)**	**340**	**519.94**	**795.69**	**809.70**	**1093.30**	**412.32**	**846.30**
#旱灾		Drought		5	0.37	657.02	169.51	100.80	92.46	82.90
水灾		Flood		27	206.64	77.46	23.24	60.80	67.48	19.10

6-45　农村经济收入和分配(2001-2007年)
Income and Distribution of Rural Economy(2001-2007)

单位:亿元(100 million yuan)

指标	Item	2001	2002	2003	2004	2005	2006	2007
农村经济总收入	**Total Income of Rural Economy**	**14367.61**	**17396.75**	**21138.92**	**25203.96**	**30515.35**	**35724.79**	**43140.55**
#出售产品收入	Income of Products for Sale	11222.77	13436.16	16410.47	18914.95	22997.96	26389.78	32096.69
按经营形式划分	**By Type**							
乡(镇)办企业收入	Income of Enterprises Run by Townships	4622.09	5561.16	7235.73	9027.31	11361.31	13645.76	17264.85
村组集体经营收入	Collective Operation Income from Villages and Groups	1233.85	1347.48	1583.92	1393.80	1500.27	1523.12	2253.03
农民家庭经营收入	Income from Rural Household Operation	5814.53	6695.18	7814.06	9133.66	10542.64	12113.08	14409.47
其他经营收入	Others	2697.14	3792.93	4505.22	5649.19	7111.12	8442.83	9213.2
按行业划分	**By Sector**							
农林牧渔业收入	Farming, Forestry, Animal Husbandry & Fishery	1009.96	1058.85	1102.63	1218.4	1287.16	1371.68	1525.17
工业收入	Industry	11445.44	14089.97	17382.48	20737.71	25110.28	29364.56	35703.32
建筑业收入	Construction	415.53	495.03	638.15	758.25	929.41	1181.14	1405.12
运输业收入	Transportation	233.02	258.27	290.22	320.33	394.87	397.42	458.54
商饮业收入	Commerce and Catering Service	844.92	1039.31	1213.87	1491.47	1850.17	2372.75	2694.61
服务业收入	Service	194.20	220.08	237.68	380.16	573.24	616.88	817.05
其他收入	Others	224.54	235.24	273.89	297.64	370.22	420.34	536.73
总费用	**Total Expenses**	**12014.34**	**14711.81**	**18062.75**	**21767.81**	**26494.86**	**30991.94**	**37679.54**
生产费用	Production Expense	10777.12	13125.87	16367.97	19597.87	23436.75	27179.07	33720.28
管理费用	Managing Expense	424.17	558.91	664.92	984.97	1414.90	1808.77	2246.16
其他费用	Others	813.04	1027.03	1029.86	1184.97	1623.21	2004.11	1713.1
净收入	**Net Income**	**2353.27**	**2684.94**	**3076.17**	**3436.15**	**4020.49**	**4732.85**	**5461.01**
投资收益	**Investment Profits**	**9.16**	**8.99**	**8.76**	**27.23**	**14.85**	**20.95**	**31.24**
农民外出劳务收入	**Income of Peasants Transferring out**	**188.60**	**211.52**	**240.24**	**277.65**	**327.08**	**366.79**	**430.54**
可分配净收入总额	**Total Net Income Distributed**	**2551.03**	**2905.45**	**3325.17**	**3740.82**	**4362.42**	**5120.59**	**5922.78**
#国家税收	National Taxes	417.04	511.12	616.24	724.58	867.83	1022.75	1221.9
乡村集体所得	Township and Village Collective	50.41	46.09	42.91	42.27	45.87	52.48	58.72
农民经营所得	Operation by Peasants	1594.90	1717.28	1840.01	2018.60	2212.63	2427.45	2716.45
农民从集体再分配收入	**Re-distributed Income from Collective**	**30.75**	**33.83**	**34.38**	**37.38**	**45.60**	**53.62**	**71.15**
农民所得总额	**Peasants Income**	**1625.65**	**1751.11**	**1886.93**	**2057.56**	**2258.23**	**2481.07**	**2787.60**

6-46 农业事业机构和服务组织(2001-2007年)
Institutions Rendering Agricultural Services(2001-2007)

指标	Item	2001	2002	2003	2004	2005	2006	2007
农业事业机构 (个)	**Institutions Engaged in Agricultural Undertaking (unit)**							
乡镇农技服务站	Agricultural Technical Service Stations	1695	1563	1530	1554	1595	1546	1704
家畜繁育改良站	Stations for Improving Domestic Animals Breed	17	13	10	10	10	7	2
乡镇畜牧兽医站	Veterinary Stations	1417	1413	1257	1381	1201	1126	905
农业服务组织	**Agricultural Service Organizations**							
县(市)农技推广中心 (个)	Centres for Spreading Agricultural Technique (unit)	81	80	81	88	105	110	111
乡镇农技站农业技术人员 (人)	Agricultural Technical Persons (person)	12334	13135	11893	13227	12011	11889	11067
配有农技员的村数 (万个)	Villages with Agricultural Technical Persons (10000 units)	3.35	3.02	2.83	2.67	2.71	2.60	2.3
村不脱产农民技术人员 (万人)	Technical Peasants Unreleased from Agricultural Production in Village (10000 persons)	7.24	6.49	6.37	6.10	8.05	8.70	8.5
科技户 (万户)	Scientific and Technological Households (10000 households)	14.70	13.44	12.59	11.04	10.71	7.94	6.7

6－47　乡镇企业单位数、总产值及职工人数(2001－2007年)

Number,Gross Output Value, and Employed Persons of Township and Village Enterprises(2001－2007)

指标		Item		2001	2002	2003	2004	2005	2006	2007
单位数	**(万个)**	**Number of Enterprises**	**(10000 units)**	**107.98**	**107.32**	**108.12**	**108.22**	**112.06**	**112.96**	**111.07**
农业企业		Agriculture		0.03	0.11	0.02	0.15	0.08	0.07	0.12
工业企业		Industry		66.81	68.06	69.40	70.12	70.35	70.48	72.03
施工企业		Construction		0.52	0.48	0.43	0.61	0.51	0.57	0.54
交通运输业		Transportation		11.72	11.02	10.53	9.28	8.97	7.84	7.02
其他企业		Others		28.89	27.66	27.75	28.06	32.15	34.00	31.36
年末职工人数	**(万人)**	**Employed Persons**	**(10000 persons)**	**929.52**	**993.64**	**1082.78**	**1176.24**	**1243.95**	**1303.08**	**1353.14**
农业企业		Agriculture		0.63	1.19	0.53	1.35	1.36	1.25	2.16
工业企业		Industry		809.01	868.65	952.09	1039.15	1094.69	1155.62	1212.71
施工企业		Construction		34.48	35.50	36.66	44.89	42.46	38.97	45.93
交通运输业		Transportation		18.41	18.89	19.18	17.47	17.21	14.9	13.95
其他企业		Others		66.99	69.41	74.32	73.88	88.23	92.34	78.39
总产值	**(亿元)**	**Total Output Value**	**(100 million yuan)**	**15464.52**	**18319.03**	**22062.25**	**26416.16**	**31225.22**	**36604.47**	**42917.24**
农业企业		Agriculture		17.64	25.82	7.75	22.95	22.20	26.87	44.07
工业企业		Industry		14388.48	17005.21	20456.41	24331.76	28357.86	33052.87	38805.26
施工企业		Construction		381.82	513.50	689.34	916.53	977.33	1193.92	1478.12
交通运输业		Transportation		140.10	161.31	176.35	207.02	290.28	256.66	300.73
其他企业		Others		676.58	613.20	732.40	937.90	1577.55	2074.15	2289.06
工业销售产值	**(亿元)**	**Industrial Sales Value**	**(100 million yuan)**	**13964.50**	**16533.60**	**19934.73**	**23682.97**	**27595.79**	**32232.71**	**37797.79**
营业收入	**(亿元)**	**Business Income**	**(100 million yuan)**	**12990.52**	**17922.38**	**21771.20**	**26292.62**	**31788.41**	**37023.78**	**43767.81**
利润总额	**(亿元)**	**Total Profits**	**(100 million yuan)**	**681.06**	**958.47**	**1194.73**	**1399.27**	**1560.68**	**1843.26**	**2182.84**
增加值	**(亿元)**	**Value Added**	**(100 million yuan)**	**3267.92**	**3811.64**	**4555.15**	**5311.16**	**6275.67**	**7336.54**	**8645.42**

6-48 各市乡镇企业基本情况(2007年)
Basic Statistics on Township and Village Enterprises by City(2007)

地区	Region	企业单位数(万个) Enterprises (10000 units)	#工业企业 Industry Run by Private	年末职工人数(万人) Workers and Staff (10000 persons)	#工业企业 Industry Run by Private	总产值(亿元) Total Output Value (100 million yuan)	#工业企业 Industry Run by Private
全省合计	**Total**	**111.07**	**72.03**	**1353.14**	**1212.71**	**42917.24**	**38805.26**
浙东北	**Eastern & Northern Region**	**76.95**	**46.03**	**856.04**	**741.74**	**29946.54**	**26505.91**
杭州市	Hangzhou	12.09	7.52	179.68	159.51	8232.01	7031.91
宁波市	Ningbo	9.62	9.61	218.86	217.68	6789.70	6759.15
嘉兴市	Jiaxing	18.29	9.69	150.22	130.35	3765.26	3550.61
湖州市	Huzhou	16.08	7.13	105.67	81.23	3656.41	3359.72
绍兴市	Shaoxing	20.03	11.28	185.46	139.48	6908.98	5295.20
舟山市	Zhoushan	0.84	0.80	16.15	13.49	594.11	509.32
浙西南	**Western & Southern Region**	**34.12**	**26.00**	**497.10**	**470.97**	**12970.70**	**12299.35**
温州市	Wenzhou	8.04	7.05	160.39	157.95	3768.46	3594.08
金华市	Jinhua	7.35	6.57	129.39	126.20	3132.91	3038.05
衢州市	Quzhou	4.14	1.97	25.81	20.61	489.44	449.26
台州市	Taizhou	11.13	8.77	151.58	140.77	4932.95	4593.17
丽水市	Lishui	3.46	1.64	29.93	25.44	646.94	624.79

6-48 续表 continued 单位:亿元(100 million yuan)

地区	Region	营业收入 Business Income	利润总额 Total Profits	实交税金 Taxes	年末固定资产原值 Original Value of Fixed Assets (Year-end)	增加值 Value Added	工资总额 Total Wages
全省合计	**Total**	**43767.81**	**2182.84**	**1278.81**	**9936.43**	**8645.42**	**2052.59**
浙东北	**Eastern & Northern Region**	**31319.85**	**1580.27**	**871.87**	**7012.94**	**5849.12**	**1385.14**
杭州市	Hangzhou	8868.15	368.80	264.86	1825.46	1504.11	308.17
宁波市	Ningbo	6601.72	390.43	217.90	1357.71	1390.77	357.12
嘉兴市	Jiaxing	4085.92	153.44	110.62	1050.31	750.97	235.20
湖州市	Huzhou	3913.80	154.74	88.20	750.53	780.91	140.31
绍兴市	Shaoxing	7367.91	491.19	174.15	1833.26	1297.25	315.98
舟山市	Zhoushan	482.35	21.67	16.14	195.67	125.11	28.36
浙西南	**Western & Southern Region**	**12447.96**	**602.57**	**406.94**	**2923.49**	**2792.30**	**667.45**
温州市	Wenzhou	3626.48	180.72	157.58	804.52	961.91	204.54
金华市	Jinhua	3038.87	160.77	86.58	927.82	623.05	156.87
衢州市	Quzhou	480.16	29.41	11.05	165.29	108.07	28.48
台州市	Taizhou	4704.35	199.29	132.33	834.42	955.07	239.91
丽水市	Lishui	598.10	32.38	19.40	191.45	148.20	37.65

浙/江/统/计/年/鉴

主要统计指标解释

■ 农林牧渔业总产值

是以货币表现的农、林、牧、渔业全部产品的总量，它反映一定时期内农业生产总规模和总成果。

农、林、牧、渔业的统计范围包括国有经济的各种专业农（农、林、牧、渔）场以及国家各级机关团体学校、部队；集体所有制的乡、镇、村各级办农场；工矿企业经营的农、林、牧、渔业，农村各种经济组织和农户经营的农林牧渔业和农民家庭兼营的商品性工业等。

■ 粮食产量

指全社会的产量。包括国有经济经营的、集体统一经营的和农民家庭经营的粮食产量，还包括工矿企业办的农场和其他生产单位的产量。粮食除包括稻、小麦、玉米、高粱、谷子及其他杂粮外，还包括薯类和豆类。其产量计算方法，豆类按去豆荚后的干豆计算；薯类（包括马铃薯）1963 年以前按每 4 公斤鲜薯折 1 公斤粮食计算，从 1964 年开始及以后改为按 5 公斤鲜薯折 1 公斤粮食计算。其他粮食一律按脱粒后的原粮计算。

■ 油料产量

指全部油料作物的生产量。包括花生、油菜籽、芝麻、向日葵籽、胡麻籽（亚麻籽）和其他油料。不包括大豆，也不包括木本油料和野生油料。花生以带壳干花生计算。

■ 水产品产量

指人工养殖的水产品和天然生长的水产品的捕捞量。包括海水的鱼类、虾蟹类、贝类和藻类以及内陆水域的鱼类、虾蟹类和贝类，不包括淡水生植物。

■ 猪、牛、羊肉产量

指当年出栏并已屠宰后除去头蹄下水后带骨肉（即胴体重）的重量。

■ 耕地面积

指年初可以用来种植农作物、经常进行耕锄的田地，除包括熟地、当年新开荒地、连续撂荒未满三年的耕地和当年的休闲地（轮歇地）外，还包括以种植农作物为主并附带种植桑树、茶树、果树和其他林木的土地，以及沿海、沿湖地区已围垦利用的“海涂”、“湖田”等面积。但不包括属于专业性的桑园、茶园、果园、果木苗圃、林地、芦苇地、天然或人工草地面积。

■ 谷物

指籽实主要供作粮食的作物。这类作物包括稻谷、小麦、玉米、谷子、高粱和其他谷物，不包括豆类和薯类作物。

ZHEJIANG STATISTICAL YEARBOOK

Explanatory Notes on Main Statistical Indicators

□ Gross Output Value of Farming, Forestry, Animal Husbandry and Fishery

refers to the total volume of products of farming, forestry, animal husbandry and fishery in value terms, which reflects the total scale and total result of agricultural production during a given period of time.

The statistical coverage of farming, forestry, animal husbandry and fishery are as follows: In terms of ownership, China's agriculture includes specialized state farms (farming, forestry, animal husbandry, fishery), farms managed by various government agencies, organazations, schools, research institutions, and army; farms managed by rural collective organizations at levels of township, town, and village; farming, forestry, animal husbandry, fishery run by mining and industrial enterprises; farming, forestry, animal husbandry and fishery and some commodity industries run by various rural collective organizations and individual farmers.

□ Grain Yield

refers to the yield in the whole country including grains produced by state farms, collective units, industrial enterprises and mines. Grain includes rice, wheat, corn, sorghum, millet and other miscellaneous grains as well as tubers and beans. Output of beans refers to dry beans without pods. The output of tubers was converted into that of grain at the ratio 4: 1, I. e. Four kilograms of fresh tubers was equivalent to one kilogram of grain up to 1963. Since 1964 the ratio for conversion has been 5: 1. Output of all other grains refers to husked grain.

□ Yield of Oil – bearing Crops

refers to the total yield of oil-bearing crops of various kinds, including peanuts, (dry, in shell) rapeseeds, sesame, sunflower seeds, flax seeds, and other oil-bearing crops. Soybeans, oil-bearing woody plants, and wild oil-bearing crops are not included.

□ Output of Aquatic Products

refers to catches of both artificially cultured and naturally grown aquatic products, including fish, shrimps, crabs and shellfish in sea and inland water as well as seaweed. Freshwater plants are not included.

□ Output of Pork, Beef, and Mutton

refers to the meat of slaughtered hogs, cattle, sheep and goats with head, feet, and offal taken away.

□ Cultivated Area (Area under cultivation)

refers to farmland which is plowed constantly for growing crops, including cultivated land, newly cultivated land in the current year, farmland left without cultivation for less than three years and fallow land in the current year, rotation land, rotation land of grass and crops, farmland with some fruit trees, mulberry trees and other trees and cultivated seashore land, lake land, and etc. The land of mulberry fields, tea plantations, orchards, nurseries of young plants, forest land, reed land, natural and man-made grassland and other land are not included in cultivated land.

□ Cereals

refer to seeds of various kinds of crops which are used mainly for grain. Cereals include paddy, wheat, maize, millet, Chinese sorghum, etc., except beans and tubers.

2008

浙江统计年鉴

ZHEJIANG STATISTICAL YEARBOOK

CHAPTER 7

工业和能源

Industry and Energy

7-1 全部国有及规模以上非国有工业企业单位数
Number of All State-owned and Non-state-owned Above Designated Size Industrial Enterprises

单位:个(unit)

指　标	Item	2003	2004	2005	2006	2007
工业企业单位数	**Number of Industrial Enterprises**	**25526**	**41357**	**40275**	**45686**	**51604**
按轻重工业分	**by Light and Heavy Industry**					
轻工业	Light Industry	14276	21878	21241	24153	26785
重工业	Heavy Industry	11250	19479	19034	21533	24819
按注册登记类型分	**by Registered Type**					
国有企业	State - owned	496	573	430	393	295
集体企业	Collective owned	1089	1077	794	658	571
股份合作企业	Share Cooperative	2365	2107	1937	1612	1359
联营企业	Joint - owned	73	84	59	56	51
外商及港澳台商投资企业	Foreign Funded Enterprises and Enterprises Funded by Entrepreneurs from Hong Kong, Macao & Taiwan	3675	6889	6807	7740	8626
私营企业	Private	13411	24036	24244	28715	33381
其他企业	Others	4417	6591	6004	6512	7321
在总计中:国有及国有控股	**State - owned and State - holding Industrial Enterprises**	**861**	**1109**	**811**	**776**	**694**
按规模分	**by Size**					
大型企业	Large - sized Enterprises	122	84	154	166	192
中型企业	Medium - sized Enterprises	2227	2959	3203	3700	4150
小型企业	Small - sized Enterprises	23177	38314	36918	41820	47262

注:自2003年大中小型企业划分实行了新标准。
The data by size are calculated at new standard since 2003.

7-2 全部国有及规模以上非国有工业总产值
Gross Output Value of All State-owned and Non-state-owned Above Designated Size Industrial Enterprises

单位:亿元(100 million yuan)

指　标	Item	2003	2004	2005	2006	2007
工业总产值	**Gross Industrial Output Value**	**12864.23**	**18729.06**	**23106.76**	**29129.94**	**36073.93**
按轻重工业分	**by Light and Heavy Industry**					
轻工业	Light Industry	6654.75	8615.93	10626.24	12756.99	15519.12
重工业	Heavy Industry	6209.78	10113.12	12480.52	16372.95	20554.82
按注册登记类型分	**by Registered Type**					
国有企业	State-owned	545.81	1332.89	1800.27	2062.04	2349.06
集体企业	Collective owned	690.81	345.34	314.47	306.64	254.35
股份合作企业	Share Cooperative	622.67	450.22	486.61	467.13	472.77
联营企业	Joint - owned	31.55	86.47	85.52	94.29	78.68
外商及港澳台商投资企业	Foreign Funded Enterprises and Enterprises Funded by Entrepreneurs from Hong Kong, Macao & Taiwan	2585.81	4910.17	5517.38	7601.05	9609.91
私营企业	Private	4053.19	6464.53	8250.03	10592.06	13541.69
其他企业	Others	4334.39	5139.44	6525.02	8006.73	9767.47
在总计中:国有及国有控股	**State - owned and State - holding Industrial Enterprises**	**1686.99**	**2803.43**	**3401.17**	**4024.81**	**4637.2**
按规模分	**by Size**					
大型企业	Large - sized Industrial Enterprises	2300.14	2230.36	3803.69	4527.34	6820.05
中型企业	Medium - sized Industrial Enterprises	4903.18	7100.47	8289.28	10778.96	13546.39
小型企业	Small - sized Industrial Enterprises	5660.91	9398.23	11013.79	13823.65	15707.49

注:工业总产值按现行价格计算。
Gross industrial output value are calculated at current prices.

7-3 按行业分的全部国有及规模以上非国有工业企业总产值
Gross Output Value of All State-owned and Non-state-owned Above Designated Size Industrial Enterprises by Sector

行业	Sector	工业总产值(亿元) Gross Industrial Output Value (100 million yuan)			
		2004	2005	2006	2007
总　计	**Total**	**18729.06**	**23106.76**	**29129.94**	**36073.93**
在总计中:轻工业	Light Industry	8615.93	10626.24	12756.99	15519.12
重工业	Heavy Industry	10113.12	12480.52	16372.95	20554.82
按工业行业分	**By Sector**				
煤炭采选业	Coal Mining and Dressing	3.16	9.24	7.51	7.73
黑色金属矿采选业	Ferrous Metals Mining and Dressing	12.41	19.19	17.26	23.57
有色金属矿采选业	Nonferrous Metals Mining and Dressing	9.14	18.50	21.76	27.62
非金属矿采选业	Nonmetal Minerals Mining and Dressing	57.85	51.40	63.92	74.1
其他采矿业	Other Minerals Mining and Dressing				
农副食品加工业	Non - staple Food Processing	355.95	404.58	454.42	542.09
食品制造业	Food Manufacturing	140.66	166.23	192.80	244.2
饮料制造业	Beverage Manufacturing	176.26	198.70	242.43	325.5
烟草制品业	Tobacco Processing	154.26	148.51	171.58	199.8
纺织业	Textile Industry	2470.11	2938.85	3473.57	4190.08
纺织服装、鞋、帽制造业	Garments, Shoes and Hats Manufacturing	706.38	955.72	1106.46	1317.04
皮革、毛皮、羽毛(绒)及其制品业	Leather, Furs, Down and Related Products	687.03	835.02	974.83	1109.24
木材加工及木、竹、藤、棕、草制品业	Timber Processing, Bamboo, Cane Palm Fiber and Straw Products	182.70	215.30	248.47	327.42
家具制造业	Furniture Manufacturing	174.60	209.31	289.45	379.44
造纸及纸制品业	Papermaking and Paper Products	403.52	482.41	591.07	718.94
印刷业和记录媒介的复制	Printing and Record Medium Reproduction	129.07	156.69	196.38	235
文教体育用品制造业	Cultural, Educational and Sports Goods	195.78	248.81	288.81	354.18

注:工业总产值按现行价格计算。
Gross industrial output value are calculated at current prices.

7-3 续表 continued

行 业	Sector	工业总产值(亿元) Gross Industrial Output Value (100 million yuan)			
		2004	2005	2006	2007
石油加工、炼焦及核燃料加工业	Petroleum Processing, Cooking and Nuclear Fuel Processing	503.19	701.24	838.52	885.69
化学原料及化学制品制造业	Raw Chemical Materials and Chemical Products	1038.36	1241.60	1569.72	2143.97
医药制造业	Medical and Pharmaceutical Products	299.98	423.08	485.42	576.13
化学纤维制造业	Chemical Fiber	731.04	964.39	1241.08	1533.3
橡胶制品业	Rubber Products	190.53	231.65	279.57	353.51
塑料制品业	Plastic Products	703.42	913.51	1125.01	1382.05
非金属矿物制品业	Nonmetal Mineral Products	557.60	634.12	754.52	911.2
黑色金属冶炼及压延加工业	Smelting and Pressing of Ferrous Metals	530.44	623.79	805.01	1158.31
有色金属冶炼及压延加工业	Smelting and Pressing of Nonferrous Metals	561.00	750.76	1214.11	1403.33
金属制品业	Metal Products	658.59	839.38	1099.05	1452.7
通用设备制造业	Equipment in Common Use	1363.00	1628.37	2000.70	2584.46
专用设备制造业	Special Purpose Equipment	414.45	504.69	664.52	875.07
交通运输设备制造业	Transport Equipment	926.10	1238.20	1659.37	2145.07
电气机械及器材制造业	Electric Equipment and Machinery	1497.73	1794.87	2333.31	3074.7
通信设备、计算机及其他电子设备制造业	Telecommunications Equipment, Computer and Other Electronic Equipment	909.18	1044.37	1583.60	1814.58
仪器仪表及文化、办公用机械制造业	Instruments, Meters, Cultural and Office Machinery	207.41	302.75	404.97	497.4
工艺品及其他制造业	Handicraft Article and Other Manufacturing Indust	301.58	395.24	480.54	600.91
废弃资源和废旧材料回收加工业	Recovery of Resource Discarded and Useless Material	74.69	94.89	140.50	167.32
电力、热力的生产和供应业	Production and Supply of Electricity and Heating Power	1339.89	1646.36	2005.63	2307.79
燃气生产和供应业	Production and Supply of Gas	20.53	27.19	44.94	60.88
水的生产和供应业	Production and Supply of Water	41.48	47.86	59.11	69.64

7-4 主要工业产品产量
Output of Major Industrial Products

产品名称		Item		2003	2004	2005	2006	2007
原煤	（万吨）	Coal	（10000 tons）	69.39	56.31	41.29	13.46	12.33
原盐	（万吨）	Salt	（10000 tons）	9.81	10.31	4.92	2.4	4.55
配混合饲料	（万吨）	Forage	（10000 tons）	163.91	197.30	214.38	214.79	270.18
食用植物油	（万吨）	Edible Vegetable Oil	（10000 tons）	23.26	41.89	11.92	31.73	39.37
罐头	（万吨）	Canned Food	（10000 tons）	47.60	53.53	53.66	59.2	70.56
啤酒	（万千升）	Beer	（10000 kiloliter）	201.68	223.49	239.67	277.14	300.33
黄酒	（万千升）	Millet Wine	（10000 kiloliter）	40.76	42.03	42.50	41.17	49.30
软饮料	（万吨）	Soft Drink	（10000 tons）	489.46	314.03	331.25	336.56	537.17
卷烟	（万箱）	Cigarettes	（10000 cases）	112.95	686.70	657.65	671.73	732.86
纱	（万吨）	Yarn	（10000 tons）	57.34	91.75	96.41	115.83	146.46
布	（亿米）	Cloth	（100 million m）	42.77	87.47	83.64	97.47	114.88
毛线（绒线）	（吨）	Knitting Wool	（ton）	24603	39968	1715	16169	17089
呢绒	（万米）	Woolen Goods	（10000 m）	2592.39	5812.80	4587.00	5293	4928
丝	（吨）	Silk	（ton）	36205	124779	53139	50810	66018
丝织品	（亿米）	Silk-knit Goods	（100 million m）	45.10	82.39	45.69	52.67	55.72
机制纸	（万吨）	Machine-made Paper and Paperboard	（10000 tons）	166.97	789.71	817.22	1043.96	1209.44
汽油	（万吨）	Gasoline	（10000 tons）	245.05	292.47	288.69	254.94	259.74
煤油	（万吨）	Kerosene	（10000 tons）	110.31	130.67	130.97	127.29	153.78
柴油	（万吨）	Diesel Oil	（10000 tons）	549.69	688.47	728.09	749.5	758.73
燃料油	（万吨）	Fuel Oil	（10000 tons）	75.41	180.35	109.76	192.42	208.57
焦炭	（万吨）	Coke	（10000 tons）	58.81	57.77	55.20	52.29	52.53
硫酸	（万吨）	Sulphuric Acid	（10000 tons）	60.00	95.98	125.55	128.53	109.54
烧碱	（万吨）	Caustic Soda	（10000 tons）	54.25	54.12	76.74	88.39	111.12
纯碱	（万吨）	Soda Ash	（10000 tons）	11.82	13.07	13.28	13.95	14.55

7-4 续表1 continued

产品名称		Item		2003	2004	2005	2006	2007
电石(碳化钙)	(万吨)	Calcium Carbide	(10000 tons)	11.23	9.46	9.81	11.56	11.01
合成氨	(万吨)	Synthetic Ammonia	(10000 tons)	89.69	87.59	89.09	82.77	80.45
农用化肥	(万吨)	Chemical Fertilizer	(10000 tons)	55.75	60.41	59.46	55.46	54.38
# 氮肥		Nitrogen Fertilizer		47.33	53.50	53.44	49.57	50.80
磷肥		Phosphate Fertilizer		8.22	6.91	6.03	5.89	3.57
农药	(吨)	Chemical Pesticide	(ton)	124534	123699	192478	208854	255386
纯苯	(吨)	Pure Benzene	(ton)	55543	86381	159709	215190	219920
肥皂	(万吨)	Soap	(10000 tons)	22.77	43.20	25.81	30.19	32.62
合成洗涤剂	(吨)	Synthetic Detergents	(ton)	428568	380642	454843	475029	463353
化学原料药	(吨)	Chemical Raw Medicine	(ton)	131425	185962	210114	247616	269572
中成药	(吨)	Traditional Chinese Medicine	(ton)	13625	26174	15956	15906	15568
化学纤维	(万吨)	Chemical Fiber	(10000 tons)	407.57	623.40	660.33	812.69	976.93
#粘胶纤维		Glutinous Fiber		3.90	5.01	3.89	11.68	20.66
合成纤维	(万吨)	Synthetic Fiber	(10000 tons)	403.67	616.57	656.43	801.01	956.28
轮胎外胎	(万条)	Outer Cover of Tyre	(10000 units)	1604.92	2369.41	2722.73	4474.16	5538.22
塑料制品	(万吨)	Plastic Products	(10000 tons)	320.11	686.68	439.68	555.4	766.12
水泥	(万吨)	Cement	(10000 tons)	7127.08	8746.03	8829.40	9947.08	10545.51
平板玻璃	(万重量箱)	Plate Glass	(10000 wt. case)	1677.02	2196.29	2105.32	2257.51	2912.67
生铁	(万吨)	Pig Iron	(10000 tons)	173.27	186.77	220.56	232.89	237.78
钢	(万吨)	Steel	(10000 tons)	334.24	401.25	432.03	457.84	455.39
成品钢材	(万吨)	Steel Products	(10000 tons)	527.03	833.50	716.98	1143.59	1588.70
十种有色金属	(万吨)	10 Nonferrous Metal	(10000 tons)	21.86	39.75	34.99	37.03	48.69
#铜	(吨)	Copper	(ton)	82952	171900	224260	249663	296315
锌	(吨)	Zinc	(ton)	20025	23418	23781	26476	65439
铝	(吨)	Aluminium	(ton)	106382	196760	83777	89070	98034

7－4 续表2 continued

产品名称		Item		2003	2004	2005	2006	2007
内燃机	（万千瓦）	Internal Combustion Engines(Commodity)	(10000 kw)	828.00	1280.35	931.59	921.77	964.37
数控机床	（台）	Numerically Controlled Machine Tools	(unit)	6983	56883	10615	18735	28545
缝纫机	（万架）	Sewing Machine	(10000 units)	455.70	549.10	588.11	751.19	819.97
大中型拖拉机	（台）	Large and Medium-sized Tractor	(unit)	3392	9427	15855	21346	17670
小型拖拉机	（台）	Small-size Tractor	(unit)	69086	28557	100558	70652	89481
汽车	（辆）	Motor Vehicle	(unit)	82340	97594	149645	178175	207817
#载货汽车		Truck		800	9841	6926	14551	19573
摩托车	（万辆）	Motorcycles	(10000 units)	161.68	180.10	179.61	240.54	291.82
自行车	（万辆）	Bicycles	(10000 units)	625.81	1090.07	675.56	1281.16	1511.51
发电设备	（万千瓦）	Generating Equipment	(10000 kw)	147.99	209.22	251.10	275.48	419.20
交流电动机	（万千瓦）	Alternating Current Motor	(10000 kw)	781.30	2166.09	1092.27	1485.54	1863.41
变压器	（万千伏安）	Transformer	(10000 kev)	2058.62	5018.59	3940.13	5156.87	6036.35
家用洗衣机	（万台）	Household Washing Machines	(10000 units)	525.85	905.22	953.63	1320.48	1429.16
家用电冰箱	（万台）	Household Refrigerators	(10000 units)	129.98	179.08	222.99	411.52	569.85
电风扇	（万台）	Electric Fan	(10000 units)	355.89	470.28	414.71	391.23	308.29
房间空气调节器	（万台）	House Air Conditioner	(10000 units)	419.13	455.8	430.11	288.87	350.76
灯泡	（亿只）	Bulb	(100 million units)	11.41	23.71	18.50	26.65	39.96
电视机	（万台）	Television Set	(10000 units)	313.29	377.76	394.83	331.67	332.37
#彩色电视机		Color TV Set		94.04	106.03	128.54	148.67	268.30
表	（万只）	Watch	(10000 units)	208.86	695.00	111.76	110.45	107.52
发电量	（亿千瓦小时）	Electricity	(100 million kw.h)	992.65	1203.93	1352.96	1661.61	1886.15

注：本表统计范围为全部国有及年销售收入500万元及以上的非国有工业企业。
The data in this table refer to state-owned industrial enterprises and non-state-owned industrial enterprises with annual sales income over 5 million yuan.

7-5 全部国有及规模以上非国有工业企业主要指标
Principal Indicators of All State-owned and Non-state-owned Above Designated Sized Industrial Enterprises

指 标	Item
企业单位数 （个）	Number of Enterprises (unit)
#亏损企业单位数	Loss Enterprises
工业总产值(当年价)	Gross Industrial Output Value(Current Price)
工业增加值	Value Added of Industry
全部职工年平均人数 （万人）	Average Number of Staff and Workers (10000 persons)
流动资产合计	Circulating Funds
固定资产合计	Fixed Assets
流动资产年平均余额	Annual Average Balance of Circulating Funds
固定资产原值	Original Value of Fixed Assets
固定资产净值年平均余额	Annual Average Balance of Net Value of Fixed Assets
资产总计	Total Assets
流动负债合计	Circulating Liabilities
长期负债合计	Long-term Liabilities
所有者权益	Creditors' Equity
实收资本	Total Capital Hold
主营业务收入	Sales Revenue
主营业务成本	Cost of Sales
主营业务税金及附加	Sales Taxes and Extra Charges
利润总额	Total Profits
本年应交增值税	Value Added Taxes Payable
利税总额	Total Profits and Taxes

注:国有、集体分组按注册登记类型划分。

单位:亿元(100 million yuan)

合　计 Total				国有单位 State - owned Units				集体单位 Collective owned Units			
2004	2005	2006	2007	2004	2005	2006	2007	2004	2005	2006	2007
41357	40275	45686	51604	537	430	393	295	1077	794	658	571
5166	4229	4460	4929	224	128	107	63	134	84	83	59
18729.06	23106.76	29129.94	36073.93	1332.89	1800.72	2062.04	2349.06	345.34	314.47	306.64	254.35
4114.68	4830.97	5993.00	7571.32	393.97	515.11	569.07	633.43	69.91	64.65	55.81	58.22
620.98	659.12	726.94	790.93	13.42	16.63	14.01	12.92	11.10	8.86	6.94	7.12
9008.58	10896.23	13379.78	16994.93	514.2	655.11	633.28	628.29	182.79	161.84	150.60	131.36
6616.69	7506.14	8817.64	9938.34	1128.13	1280.11	1384.5	1370.43	93.26	72.76	57.42	52.89
8330.77	10305.43	12653.24	15899.57	528.78	663.96	633.43	637.88	174.88	155.19	141.86	124.57
8110.27	9522.84	11465.31	13147.32	1432.6	1722.39	1964.11	1994.59	131.28	106.95	89.51	79.1
5541.68	6518.3	7845.94	8972.43	890.54	1069.12	1214.14	1267.49	86.35	69.28	54.86	49.56
17202.38	20609.3	24895.59	30581.98	1774.64	2076.8	2196.03	2336	297.37	259.68	231.11	203.94
8376.01	10136.79	12635.46	16275.56	387.87	627.37	678.61	723.72	158.82	141.48	119.28	107.93
1885.48	1944.72	2115.65	2130.87	595.04	409.5	404.15	348.44	22.94	9.61	7.52	3.93
6900.66	8315.61	9853.51	11783.77	790.72	925.63	956.93	1028.68	110.30	107.81	97.87	91.72
3933.80	4517.65	5254.00	6423.02	292.79	312.39	324.93	327.83	43.89	42.01	35.42	31.14
18333.42	22704.19	28577.9	35248.46	1364.77	1820.77	2071.19	2349.48	333.30	307.16	303.71	251
15822.71	19794.01	24988.81	30753.86	1118.17	1556.2	1766.61	1995.65	293.42	269.44	270.35	219.36
190.34	193.41	217.01	256.3	73.94	76.68	91.65	110.27	2.15	1.90	1.57	1.83
999.73	1098.45	1375.49	1775.47	63.02	88.96	104.44	128.71	19.42	18.18	16.28	13.1
583.48	679.47	801.37	974.15	68.23	102.91	104.26	117.09	9.97	9.75	8.82	8.21
1773.56	1971.32	2393.88	3005.92	205.20	268.45	300.35	356.08	31.54	29.83	26.67	23.14

The data of state-owned units and collective owned units are grouped by registered type.

7-6 按行业分的工业企业主要指标(2007 年)
Main Indicators of Industrial Enterprises by Sector(2007)

单位:亿元(100 million yuan)

行业	Sector	企业单位数(个) Number of Enterprises (unit)	#亏损企业 Loss	工业总产值 Gross Industrial Output Value	工业增加值 Value Added of Industry
总计	**Total**	**51604**	**4929**	**36073.93**	**7571.32**
按注册登记类型分	**by Registered Type**				
#国有	#State - owned	295	63	2349.06	633.43
集体	Collective owned	571	59	254.35	58.22
私营	Private	33381	2502	13541.69	2779.59
港澳台商投资	Enterprises Funded by Entrepreneurs from Hong Kong, Macao & Taiwan	4078	730	4188.53	891.42
外商投资	Foreign Funded Enterprises	4548	866	5421.38	1102.45
在总计中:轻工业	Light Industry	26785	2914	15519.12	3424.82
重工业	Heavy Industry	24819	2015	20554.82	4146.5
按工业行业分	**By Sector**				
煤炭开采和洗选业	Coal Mining and Dressing	2	1	7.73	3.11
黑色金属矿采选业	Ferrous Metals Mining and Dressing	5		23.57	4.71
有色金属矿采选业	Nonferrous Metals Mining and Dressing	28	2	27.62	8.35
非金属矿采选业	Nonmetal Minerals Mining and Dressing	249	22	74.1	22.09
其他采矿业	Other Minerals Mining and Dressing				
农副食品加工业	Non - staple Food Processing	912	112	542.09	89.95
食品制造业	Food Manufacturing	391	67	244.2	57.13
饮料制造业	Beverage Manufacturing	312	48	325.5	103.91
烟草制品业	Tobacco Processing	4	1	199.8	173.59
纺织业	Textile Industry	7842	783	4190.08	831.82
纺织服装、鞋、帽制造业	Garments, Shoes and Hats Manufacturing	2956	431	1317.04	352.19
皮革、毛皮、羽毛(绒)及其制品业	Leather, Furs, Down and Related Products	2053	171	1109.24	246.34
木材加工及木、竹、藤、棕、草制品业	Timber Processing, Bamboo, Cane Palm Fiber and Straw Products	781	61	327.42	69.59
家具制造业	Furniture Manufacturing	655	100	379.44	82.99
造纸及纸制品业	Papermaking and Paper Products	1390	170	718.94	144.99
印刷业和记录媒介的复制	Printing and Record Medium Reproduction	821	69	235	56.77
文教体育用品制造业	Cultural, Educational and Sports Goods	1044	142	354.18	77.83

注:本表统计范围为全部国有及年销售收入500万元及以上的非国有工业企业。表7-7同。
The data in this table refer to state-owned industrial enterprises and non-state-owned industrial enterprises with annual sales income over 5 million yuan. The same for table 7-7.

7-6 续表1 continued 单位:亿元(100 million yuan)

行　业	Sector	企业单位数(个) Number of Enterprises (unit)	#亏损企业 Loss	工业总产值 Gross Industrial Output Value	工业增加值 Value Added of Industry
石油加工、炼焦及核燃料加工业	Petroleum Processing, Cooking and Nuclear Fuel Processing	54	7	885.69	101.51
化学原料及化学制品制造业	Raw Chemical Materials and Chemical Products	1961	191	2143.97	414.78
医药制造业	Medical and Pharmaceutical Products	445	74	576.13	167.97
化学纤维制造业	Chemical Fiber	409	46	1533.3	216.49
橡胶制品业	Rubber Products	559	43	353.51	77.05
塑料制品业	Plastic Products	3102	232	1382.05	289.11
非金属矿物制品业	Nonmetal Mineral Products	1466	190	911.2	221.69
黑色金属冶炼及压延加工业	Smelting and Pressing of Ferrous Metals	736	68	1158.31	184.12
有色金属冶炼及压延加工业	Smelting and Pressing of Nonferrous Metals	851	119	1403.33	179.31
金属制品业	Metal Products	3219	242	1452.7	298.44
通用设备制造业	Equipment in Common Use	5708	308	2584.46	595.69
专用设备制造业	Special Purpose Equipment	1844	139	875.07	214.98
交通运输设备制造业	Transport Equipment	2694	213	2145.07	446.81
电气机械及器材制造业	Electric Equipment and Machinery	4265	332	3074.7	631.1
通信设备、计算机及其他电子设备制造业	Telecommunications Equipment, Computer and Other Electronic Equipment	1487	177	1814.58	309.99
仪器仪表及文化、办公用机械制造业	Instruments, Meters, Cultural and Office Machinery	963	72	497.4	125.22
工艺品及其他制造业	Handicraft Article and Other Manufacturing Indust	1723	168	600.91	138.16
废弃资源和废旧材料回收加工业	Recovery of Resource Discarded and Useless Material	148	9	167.32	18.67
电力、热力的生产和供应业	Production and Supply of Electricity and Heating Power	331	66	2307.79	575.71
燃气生产和供应业	Production and Supply of Gas	33	7	60.88	7.96
水的生产和供应业	Production and Supply of Water	161	46	69.64	31.2

7-6 续表2 continued 单位:亿元(100 million yuan)

行 业	Sector	资产总计 Total Assets	流动资产合计 Circulating Funds	流动资产年平均余额 Annual Average Balance of Circulating Funds	固定资产合计 Fixed Assets
总计	**Total**	**30581.98**	**16994.93**	**15899.57**	**9938.34**
按注册登记类型分	**by Registered Type**				
#国有	#State - owned	2336	628.29	637.88	1370.43
集体	Collective owned	203.94	131.36	124.57	52.89
私营	Private	10623.72	6412.55	6000.43	2936.55
港澳台商投资	Enterprises Funded by Entrepreneurs from Hong Kong, Macao & Taiwan	3781.81	2312.4	2145.75	1148.37
外商投资	Foreign Funded Enterprises	4471.69	2598.9	2409.66	1497.1
在总计中:轻工业	Light Industry	13286.89	7756.93	7309.66	3983.47
重工业	Heavy Industry	17295.09	9238	8589.91	5954.87
按工业行业分	**By Sector**				
煤炭开采和洗选业	Coal Mining and Dressing	9.59	3.98	3.73	5.24
黑色金属矿采选业	Ferrous Metals Mining and Dressing	26.66	22.51	22.38	3.22
有色金属矿采选业	Nonferrous Metals Mining and Dressing	21.59	11.82	11.42	3.88
非金属矿采选业	Nonmetal Minerals Mining and Dressing	58.33	26.57	25.68	20.8
其他采矿业	Other Minerals Mining and Dressing				
农副食品加工业	Non - staple Food Processing	398.5	250.49	232.4	103.33
食品制造业	Food Manufacturing	208.29	116.97	111.56	64.93
饮料制造业	Beverage Manufacturing	338.84	187.52	187.79	106.24
烟草制品业	Tobacco Processing	195.12	147.61	144.21	32.49
纺织业	Textile Industry	3647.99	2111.27	2005.29	1170.94
纺织服装、鞋、帽制造业	Garments, Shoes and Hats Manufacturing	1007.7	615.81	589.87	273.55
皮革、毛皮、羽毛(绒)及其制品业	Leather, Furs, Down and Related Products	748.87	491.54	447.26	160.86
木材加工及木、竹、藤、棕、草制品业	Timber Processing, Bamboo, Cane Palm Fiber and Straw Products	233.54	139.94	132.39	54.91
家具制造业	Furniture Manufacturing	328.01	205.25	189.07	90.27
造纸及纸制品业	Papermaking and Paper Products	809.12	413.95	389.49	293.96
印刷业和记录媒介的复制	Printing and Record Medium Reproduction	278.97	150.08	139.98	93.59
文教体育用品制造业	Cultural, Educational and Sports Goods	310.26	173.22	160.33	78.87

7-6 续表3 continued 单位:亿元 (100 million yuan)

行 业	Sector	资产总计 Total Assets	流动资产合 计 Circulating Funds	流动资产年平均余额 Annual Average Balance of Circulating Funds	固定资产合 计 Fixed Assets
石油加工、炼焦及核燃料加工业	Petroleum Processing, Cooking and Nuclear Fuel Processing	313.73	123.46	104.37	136.87
化学原料及化学制品制造业	Raw Chemical Materials and Chemical Products	1831.49	976.79	905.17	636.85
医药制造业	Medical and Pharmaceutical Products	640.59	363.68	345.47	203.95
化学纤维制造业	Chemical Fiber	1039.63	540.2	502.38	405.98
橡胶制品业	Rubber Products	287.23	144.09	138.26	102.92
塑料制品业	Plastic Products	1079.23	653.22	610.94	309.66
非金属矿物制品业	Nonmetal Mineral Products	1138.45	526.2	496.63	447.44
黑色金属冶炼及压延加工业	Smelting and Pressing of Ferrous Metals	822.89	480.9	462.14	250.92
有色金属冶炼及压延加工业	Smelting and Pressing of Nonferrous Metals	666.23	466.39	429.86	114.08
金属制品业	Metal Products	1143.39	749.03	705.98	258.75
通用设备制造业	Equipment in Common Use	2239.84	1421.52	1326.74	553.17
专用设备制造业	Special Purpose Equipment	853.53	536.5	497.87	218.85
交通运输设备制造业	Transport Equipment	2003.16	1251.46	1092.44	478.02
电气机械及器材制造业	Electric Equipment and Machinery	2436.65	1607.68	1498.96	510.99
通信设备、计算机及其他电子设备制造业	Telecommunications Equipment, Computer and Other Electronic Equipment	1335.75	871.35	811.87	326.35
仪器仪表及文化、办公用机械制造业	Instruments, Meters, Cultural and Office Machinery	455.72	283.88	265.56	107.16
工艺品及其他制造业	Handicraft Article and Other Manufacturing Indust	485.76	303.12	287.32	127.86
废弃资源和废旧材料回收加工业	Recovery of Resource Discarded and Useless Material	60.86	51.83	46.96	5.26
电力、热力的生产和供应业	Production and Supply of Electricity and Heating Power	2680.51	463.7	470.08	1925.24
燃气生产和供应业	Production and Supply of Gas	71.4	15.8	15.04	49.8
水的生产和供应业	Production and Supply of Water	374.57	95.61	92.71	211.16

7-6 续表4 continued 单位:亿元(100 million yuan)

行 业	Sector	固定资产原价 Original Value of Fixed Assets	固定资产净值年平均余额 Annual Average Balance of Net Value of Fixed Assets	年末负债合计 Total Liabilities	流动负债 Circulating Liabilities
总计	**Total**	**13147.32**	**8972.43**	**18787.37**	**16275.56**
按注册登记类型分	**by Registered Type**				
#国有	#State - owned	1994.59	1267.49	1307.32	723.72
集体	Collective owned	79.1	49.56	112.22	107.93
私营	Private	3722.53	2629.99	6948.08	6429.65
港澳台商投资	Enterprises Funded by Entrepreneurs from Hong Kong, Macao & Taiwan	1473.35	1027	2295.87	2105.29
外商投资	Foreign Funded Enterprises	1918.94	1355.2	2571.87	2276.92
在总计中:轻工业	Light Industry	5268.27	3594.28	8131.77	7433.62
重工业	Heavy Industry	7879.05	5378.15	10655.61	8841.95
按工业行业分	**By Sector**				
煤炭开采和洗选业	Coal Mining and Dressing	10.29	5.27	6.31	3.88
黑色金属矿采选业	Ferrous Metals Mining and Dressing	4.71	3.01	17.85	17.62
有色金属矿采选业	Nonferrous Metals Mining and Dressing	5.94	2.9	12.02	8.79
非金属矿采选业	Nonmetal Minerals Mining and Dressing	29.67	20.25	32.57	26.78
其他采矿业	Other Minerals Mining and Dressing				
农副食品加工业	Non - staple Food Processing	136.3	92.51	258.02	226.08
食品制造业	Food Manufacturing	95.49	60.37	122.02	112.33
饮料制造业	Beverage Manufacturing	159.6	100.15	190.72	182.79
烟草制品业	Tobacco Processing	59.02	25.79	21.53	18.83
纺织业	Textile Industry	1586.27	1072.71	2328.85	2147.7
纺织服装、鞋、帽制造业	Garments, Shoes and Hats Manufacturing	344.45	246.42	597.32	566.21
皮革、毛皮、羽毛(绒)及其制品业	Leather, Furs, Down and Related Products	197.63	147.46	480.43	464.94
木材加工及木、竹、藤、棕、草制品业	Timber Processing, Bamboo, Cane Palm Fiber and Straw Products	70.13	50.22	139.38	127.46
家具制造业	Furniture Manufacturing	105.25	78.57	215.54	204.29
造纸及纸制品业	Papermaking and Paper Products	392.37	276.25	525.63	433.33
印刷业和记录媒介的复制	Printing and Record Medium Reproduction	131.91	86.1	154.59	145.7
文教体育用品制造业	Cultural, Educational and Sports Goods	96.15	71.63	169.93	157.35

7－6 续表5 continued 单位:亿元(100 million yuan)

行　业	Sector	固定资产原　价 Original Value of Fixed Assets	固定资产净　值年平均余额 Annual Average Balance of Net Value of Fixed Assets	年末负债合　计 Total Liabilities	流动负债 Circulating Liabilities
石油加工、炼焦及核燃料加工业	Petroleum Processing, Cooking and Nuclear Fuel Processing	193.33	98.93	172.03	169.25
化学原料及化学制品制造业	Raw Chemical Materials and Chemical Products	800.03	538.19	1119.43	959.98
医药制造业	Medical and Pharmaceutical Products	269.06	182.15	349.34	317.99
化学纤维制造业	Chemical Fiber	545.04	363.08	676.22	603.76
橡胶制品业	Rubber Products	110.07	95.36	176.55	158.34
塑料制品业	Plastic Products	401.07	281.38	672.29	626.27
非金属矿物制品业	Nonmetal Mineral Products	577.63	400.15	688.66	572.62
黑色金属冶炼及压延加工业	Smelting and Pressing of Ferrous Metals	313.23	206.19	544.43	499.8
有色金属冶炼及压延加工业	Smelting and Pressing of Nonferrous Metals	143.89	101.18	432.32	409.69
金属制品业	Metal Products	321.45	232.27	728.8	691.2
通用设备制造业	Equipment in Common Use	730.16	491.42	1312.88	1224.43
专用设备制造业	Special Purpose Equipment	275.16	191.62	504.38	463.74
交通运输设备制造业	Transport Equipment	577.82	413.74	1334	1199.16
电气机械及器材制造业	Electric Equipment and Machinery	635.8	454.71	1477.36	1391.22
通信设备、计算机及其他电子设备制造业	Telecommunications Equipment, Computer and Other Electronic Equipment	439.82	297.07	770.5	710.46
仪器仪表及文化、办公用机械制造业	Instruments, Meters, Cultural and Office Machinery	132.15	95.28	261.15	240.99
工艺品及其他制造业	Handicraft Article and Other Manufacturing Indust	153.67	115.21	299.07	283.26
废弃资源和废旧材料回收加工业	Recovery of Resource Discarded and Useless Material	6.68	4.99	45.85	44.86
电力、热力的生产和供应业	Production and Supply of Electricity and Heating Power	2760.45	1848.75	1692	742.85
燃气生产和供应业	Production and Supply of Gas	55	38.01	36.96	14.32
水的生产和供应业	Production and Supply of Water	280.63	183.15	220.45	107.3

7-6 续表6 continued 单位:亿元(100 million yuan)

行 业	Sector	长期负债 Long-term Liabilities	年末所有者权益合计 Creditors' Equity	实收资本 Total Capital Hold	主营业务收入 Revenues in Main Business	主营业务成本 Costs in Main Business
总计	**Total**	**2130.87**	**11783.77**	**6423.02**	**35248.46**	**30753.86**
按注册登记类型分	**by Registered Type**					
#国有	#State-owned	348.44	1028.69	327.83	2349.48	1995.65
集体	Collective owned	3.93	91.72	31.14	251	219.36
私营	Private	444.76	3675.64	1963.06	13021.05	11493.49
港澳台商投资	Enterprises Funded by Entrepreneurs from Hong Kong, Macao & Taiwan	181.54	1485.94	1049.82	4077.52	3509.86
外商投资	Foreign Funded Enterprises	287.49	1899.82	1384.04	5383.59	4665.04
在总计中:轻工业	Light Industry	637.79	5155.12	2818.34	15184.72	13072.85
重工业	Heavy Industry	1493.09	6628.65	3604.68	20063.73	17681.01
按工业行业分	**By Sector**					
煤炭开采和洗选业	Coal Mining and Dressing	2.43	3.28	3.51	8.81	7.45
黑色金属矿采选业	Ferrous Metals Mining and Dressing	0.23	8.81	2.06	23.98	20.36
有色金属矿采选业	Nonferrous Metals Mining and Dressing	2.54	9.58	4.59	26.86	20.32
非金属矿采选业	Nonmetal Minerals Mining and Dressing	3.78	25.76	15.3	70.39	56.72
其他采矿业	Other Minerals Mining and Dressing					
农副食品加工业	Non-staple Food Processing	20.18	140.48	82.3	520	468.6
食品制造业	Food Manufacturing	8.44	86.27	52.96	234.07	191.4
饮料制造业	Beverage Manufacturing	7.25	148.12	82.49	411.9	314.09
烟草制品业	Tobacco Processing	2.7	173.59	10.35	200.96	47.14
纺织业	Textile Industry	162.83	1319.14	758.29	4086.84	3669.59
纺织服装、鞋、帽制造业	Garments, Shoes and Hats Manufacturing	26.77	410.38	259.3	1286.74	1086.75
皮革、毛皮、羽毛(绒)及其制品业	Leather, Furs, Down and Related Products	11.42	268.43	163.93	1065.11	942.77
木材加工及木、竹、藤、棕、草制品业	Timber Processing, Bamboo, Cane Palm Fiber and Straw Products	7.48	94.16	50.15	320.22	282.24
家具制造业	Furniture Manufacturing	9.45	112.46	80.65	369.88	319.61
造纸及纸制品业	Papermaking and Paper Products	90.7	283.49	187.08	699.97	624.14
印刷业和记录媒介的复制	Printing and Record Medium Reproduction	8.02	124.38	67.12	231.99	196.87
文教体育用品制造业	Cultural, Educational and Sports Goods	11.68	140.33	77.45	338.05	290.54

7-6 续表7 continued 单位:亿元(100 million yuan)

行 业	Sector	长期负债 Long-term Liabilities	年末所有者权益合计 Creditors' Equity	实收资本 Total Capital Hold	主营业务收入 Revenues in Main Business	主营业务成本 Costs in Main Business
石油加工、炼焦及核燃料加工业	Petroleum Processing, Cooking and Nuclear Fuel Processing	2.78	141.71	117.87	897.83	841.33
化学原料及化学制品制造业	Raw Chemical Materials and Chemical Products	155.9	701.22	397.41	2164.35	1850.32
医药制造业	Medical and Pharmaceutical Products	29.44	291.25	115.31	546	396.97
化学纤维制造业	Chemical Fiber	71.94	363.41	214.96	1495.4	1383.73
橡胶制品业	Rubber Products	17.84	110.68	58.1	352.13	303.67
塑料制品业	Plastic Products	40.88	406.94	232.35	1343.26	1185.56
非金属矿物制品业	Nonmetal Mineral Products	105.19	449.79	278.73	891.39	762.9
黑色金属冶炼及压延加工业	Smelting and Pressing of Ferrous Metals	43.2	278.45	142.71	1128.65	1054.28
有色金属冶炼及压延加工业	Smelting and Pressing of Nonferrous Metals	17.32	233.91	109.58	1380.65	1311.1
金属制品业	Metal Products	30.85	414.59	232.24	1403.4	1238.54
通用设备制造业	Equipment in Common Use	76.74	926.97	496.21	2516.23	2124.34
专用设备制造业	Special Purpose Equipment	38.32	349.15	182.67	832.2	686.32
交通运输设备制造业	Transport Equipment	120.35	669.16	355.52	2017.27	1755.27
电气机械及器材制造业	Electric Equipment and Machinery	70.61	959.29	503.83	2943.63	2538.65
通信设备、计算机及其他电子设备制造业	Telecommunications Equipment, Computer and Other Electronic Equipment	56.28	565.25	318.24	1791.93	1577.76
仪器仪表及文化、办公用机械制造业	Instruments, Meters, Cultural and Office Machinery	19.32	194.58	92.87	475.32	394.19
工艺品及其他制造业	Handicraft Article and Other Manufacturing Indust	13.83	186.69	95.13	580.63	502.71
废弃资源和废旧材料回收加工业	Recovery of Resource Discarded and Useless Material	0.99	15.01	8.69	164.74	154.21
电力、热力的生产和供应业	Production and Supply of Electricity and Heating Power	709.49	988.51	468.68	2296.23	2043.45
燃气生产和供应业	Production and Supply of Gas	21.91	34.44	22.94	63.25	58.31
水的生产和供应业	Production and Supply of Water	111.77	154.13	81.47	68.19	51.69

7-6 续表8 continued　　单位:亿元(100 million yuan)

行业	Sector	主营业务税金及附加 Sales Taxes and Extra Charges in Main Business	利润总额 Total Profits	利税总额 Total Profits and Taxes	本年应交增值税 Value Added Taxes Payable
总计	**Total**	**256.3**	**1775.47**	**3005.92**	**974.15**
按注册登记类型分	**by Registered Type**				
#国有	#State - owned	110.27	128.71	356.08	117.09
集体	Collective owned	1.83	13.1	23.14	8.21
私营	Private	62.38	549.39	954.69	342.93
港澳台商投资	Enterprises Funded by Entrepreneurs from Hong Kong, Macao & Taiwan	7.11	245.96	357.43	104.36
外商投资	Foreign Funded Enterprises	9.26	292.17	412.5	111.07
在总计中:轻工业	Light Industry	160.48	732.33	1310.7	417.89
重工业	Heavy Industry	95.82	1043.14	1695.22	556.26
按工业行业分	**By Sector**				
煤炭开采和洗选业	Coal Mining and Dressing	0.06	-0.05	0.47	0.47
黑色金属矿采选业	Ferrous Metals Mining and Dressing	0.12	2.43	3.02	0.47
有色金属矿采选业	Nonferrous Metals Mining and Dressing	0.23	3.36	5.19	1.6
非金属矿采选业	Nonmetal Minerals Mining and Dressing	2.6	4.12	10.21	3.49
其他采矿业	Other Minerals Mining and Dressing				
农副食品加工业	Non - staple Food Processing	1.28	17.35	26	7.37
食品制造业	Food Manufacturing	0.61	13.17	22	8.21
饮料制造业	Beverage Manufacturing	8.95	28.75	55.15	17.45
烟草制品业	Tobacco Processing	99.3	34.26	160.12	26.56
纺织业	Textile Industry	14.85	162.97	277.8	99.97
纺织服装、鞋、帽制造业	Garments, Shoes and Hats Manufacturing	4.81	67.16	109.82	37.84
皮革、毛皮、羽毛(绒)及其制品业	Leather, Furs, Down and Related Products	3.49	39.62	72.08	28.97
木材加工及木、竹、藤、棕、草制品业	Timber Processing, Bamboo, Cane Palm Fiber and Straw Products	2.43	17.41	29.11	9.27
家具制造业	Furniture Manufacturing	1.02	12.69	21.05	7.34
造纸及纸制品业	Papermaking and Paper Products	2.69	23.17	48.52	22.66
印刷业和记录媒介的复制	Printing and Record Medium Reproduction	1.18	15.62	24.74	7.95
文教体育用品制造业	Cultural, Educational and Sports Goods	1.17	13.69	21.89	7.02

7－6 续表9 continued 单位:亿元(100 million yuan)

行 业	Sector	主营业务税金及附加 Sales Taxes and Extra Charges in Main Business	利润总额 Total Profits	利税总额 Total Profits and Taxes	本年应交增值税 Value Added Taxes Payable
石油加工、炼焦及核燃料加工业	Petroleum Processing, Cooking and Nuclear Fuel Processing	23.19	28.28	80.07	28.61
化学原料及化学制品制造业	Raw Chemical Materials and Chemical Products	7.45	130.87	198.36	60.04
医药制造业	Medical and Pharmaceutical Products	3.23	51.83	80.48	25.41
化学纤维制造业	Chemical Fiber	2.44	63.47	85.46	19.55
橡胶制品业	Rubber Products	1.5	15.55	26.68	9.63
塑料制品业	Plastic Products	4.65	63.54	101.17	32.98
非金属矿物制品业	Nonmetal Mineral Products	5.05	48.86	92.44	38.53
黑色金属冶炼及压延加工业	Smelting and Pressing of Ferrous Metals	3.32	32.82	63.33	27.19
有色金属冶炼及压延加工业	Smelting and Pressing of Nonferrous Metals	3	38.94	64.12	22.18
金属制品业	Metal Products	6.2	57.02	94.49	31.27
通用设备制造业	Equipment in Common Use	9.57	166.81	248.44	72.06
专用设备制造业	Special Purpose Equipment	3.09	62.49	91.72	26.15
交通运输设备制造业	Transport Equipment	9.81	132.05	187.64	45.78
电气机械及器材制造业	Electric Equipment and Machinery	9.27	151.04	231.83	71.52
通信设备、计算机及其他电子设备制造业	Telecommunications Equipment, Computer and Other Electronic Equipment	3.03	81.85	110.84	25.95
仪器仪表及文化、办公用机械制造业	Instruments, Meters, Cultural and Office Machinery	1.7	29.23	44.44	13.51
工艺品及其他制造业	Handicraft Article and Other Manufacturing Indust	2.58	26.62	43.87	14.67
废弃资源和废旧材料回收加工业	Recovery of Resource Discarded and Useless Material	0.34	4.05	6.87	2.48
电力、热力的生产和供应业	Production and Supply of Electricity and Heating Power	11.39	131.87	258.51	115.25
燃气生产和供应业	Production and Supply of Gas	0.26	1.57	3.61	1.79
水的生产和供应业	Production and Supply of Water	0.46	0.98	4.36	2.93

7-7 按行业分的工业企业主要经济效益指标(2007 年)
Main Economic Beneficial Indicators of Industrial Enterprises by Sector(2007)

行 业	Sector	每百元资金实现利税(元) Pre-tax Profits per 100 Yuan Funds(yuan)	每百元固定资产原值实现利税(元) Pre-tax Profits per 100 Yuan Original Value of Fixed Assets(yuan)	每百元主营业务收入实现利税(元) Pre-tax Profits per 100 Yuan Revenues in Main Business (yuan)
总计	**Total**	**12.09**	**22.86**	**8.53**
按注册登记类型分	**by Registered Type**			
#国有	#State - owned	18.69	17.85	15.16
集体	Collective owned	13.29	29.26	9.22
私营	Private	11.06	25.65	7.33
港澳台商投资	Enterprises Funded by Entrepreneurs from Hong Kong, Macao & Taiwan	11.27	24.26	8.77
外商投资	Foreign Funded Enterprises	10.96	21.5	7.66
在总计中:轻工业	Light Industry	12.02	24.88	8.63
重工业	Heavy Industry	12.14	21.52	8.45
按工业行业分	**By Sector**			
煤炭开采和洗选业	Coal Mining and Dressing	5.26	4.6	5.37
黑色金属矿采选业	Ferrous Metals Mining and Dressing	11.9	64.19	12.6
有色金属矿采选业	Nonferrous Metals Mining and Dressing	36.21	87.35	19.3
非金属矿采选业	Nonmetal Minerals Mining and Dressing	22.23	34.43	14.51
其他采矿业	Other Minerals Mining and Dressing			
农副食品加工业	Non - staple Food Processing	8	19.08	5
食品制造业	Food Manufacturing	12.8	23.04	9.4
饮料制造业	Beverage Manufacturing	19.15	34.55	13.39
烟草制品业	Tobacco Processing	94.19	271.29	79.68
纺织业	Textile Industry	9.03	17.51	6.8
纺织服装、鞋、帽制造业	Garments, Shoes and Hats Manufacturing	13.13	31.88	8.53
皮革、毛皮、羽毛(绒)及其制品业	Leather, Furs, Down and Related Products	12.12	36.47	6.77
木材加工及木、竹、藤、棕、草制品业	Timber Processing, Bamboo, Cane Palm Fiber and Straw Products	15.94	41.51	9.09
家具制造业	Furniture Manufacturing	7.87	20	5.69
造纸及纸制品业	Papermaking and Paper Products	7.29	12.37	6.93
印刷业和记录媒介的复制	Printing and Record Medium Reproduction	10.94	18.76	10.67
文教体育用品制造业	Cultural, Educational and Sports Goods	9.44	22.76	6.47

注:劳动生产率按增加值计算。表 7-9,7-11,7-13,7-15 和 7-17 同。
Labor productivity is calculated at value added of industry. Table 7-9,7-11,7-13,7-15 and 7-17 are the same.

7-7 续表1 continued

行 业	Sector	每百元资金实现利税（元）Pre-tax Profits per 100 Yuan Funds(yuan)	每百元固定资产原值实现利税(元) Pre-tax Profits per 100 Yuan Original Value of Fixed Assets(yuan)	每百元主营业务收入实现利税(元) Pre-tax Profits per 100 Yuan Revenues in Main Business (yuan)
石油加工、炼焦及核燃料加工业	Petroleum Processing, Cooking and Nuclear Fuel Processing	39.39	41.42	8.92
化学原料及化学制品制造业	Raw Chemical Materials and Chemical Products	13.74	24.79	9.17
医药制造业	Medical and Pharmaceutical Products	15.25	29.91	14.74
化学纤维制造业	Chemical Fiber	9.87	15.68	5.71
橡胶制品业	Rubber Products	11.42	24.24	7.58
塑料制品业	Plastic Products	11.34	25.23	7.53
非金属矿物制品业	Nonmetal Mineral Products	10.31	16	10.37
黑色金属冶炼及压延加工业	Smelting and Pressing of Ferrous Metals	9.48	20.22	5.61
有色金属冶炼及压延加工业	Smelting and Pressing of Nonferrous Metals	12.07	44.56	4.64
金属制品业	Metal Products	10.07	29.4	6.73
通用设备制造业	Equipment in Common Use	13.66	34.02	9.87
专用设备制造业	Special Purpose Equipment	13.3	33.33	11.02
交通运输设备制造业	Transport Equipment	12.46	32.47	9.3
电气机械及器材制造业	Electric Equipment and Machinery	11.87	36.46	7.88
通信设备、计算机及其他电子设备制造业	Telecommunications Equipment, Computer and Other Electronic Equipment	9.99	25.2	6.19
仪器仪表及文化、办公用机械制造业	Instruments, Meters, Cultural and Office Machinery	12.32	33.63	9.35
工艺品及其他制造业	Handicraft Article and Other Manufacturing Indust	10.9	28.55	7.56
废弃资源和废旧材料回收加工业	Recovery of Resource Discarded and Useless Material	13.23	102.91	4.17
电力、热力的生产和供应业	Production and Supply of Electricity and Heating Power	11.15	9.36	11.26
燃气生产和供应业	Production and Supply of Gas	6.81	6.57	5.71
水的生产和供应业	Production and Supply of Water	1.58	1.55	6.4

7-7 续表2 continued

行 业	Sector	产品销售率(%) Rate of Products Sold(%)	流动资金周转次数(次) Times of Turnover Circulating Funds(time)	劳动生产率(元/人) Overall Labor Productivity (yuan/person)
总计	**Total**	**97.6**	**2.22**	**95727**
按注册登记类型分	**by Registered Type**			
#国有	#State - owned	99.91	3.68	490407
集体	Collective owned	97.16	2.01	81759
私营	Private	97.02	2.17	73502
港澳台商投资	Enterprises Funded by Entrepreneurs from Hong Kong, Macao & Taiwan	97.5	1.9	90624
外商投资	Foreign Funded Enterprises	97.64	2.23	95706
在总计中:轻工业	Light Industry	97.34	2.08	76306
重工业	Heavy Industry	97.8	2.34	121208
按工业行业分	**By Sector**			
煤炭开采和洗选业	Coal Mining and Dressing	100.38	2.36	60852
黑色金属矿采选业	Ferrous Metals Mining and Dressing	100.94	1.07	276808
有色金属矿采选业	Nonferrous Metals Mining and Dressing	98.3	2.35	97172
非金属矿采选业	Nonmetal Minerals Mining and Dressing	99.09	2.74	114484
其他采矿业	Other Minerals Mining and Dressing			
农副食品加工业	Non - staple Food Processing	95.68	2.24	107199
食品制造业	Food Manufacturing	97.03	2.1	94424
饮料制造业	Beverage Manufacturing	99.23	2.19	197573
烟草制品业	Tobacco Processing	101.02	1.39	5439971
纺织业	Textile Industry	97.53	2.04	71367
纺织服装、鞋、帽制造业	Garments, Shoes and Hats Manufacturing	98.37	2.18	49362
皮革、毛皮、羽毛(绒)及其制品业	Leather, Furs, Down and Related Products	97.17	2.38	51023
木材加工及木、竹、藤、棕、草制品业	Timber Processing, Bamboo, Cane Palm Fiber and Straw Products	96.96	2.42	85637
家具制造业	Furniture Manufacturing	96.59	1.96	55302
造纸及纸制品业	Papermaking and Paper Products	98.21	1.8	96036
印刷业和记录媒介的复制	Printing and Record Medium Reproduction	97.83	1.66	76765
文教体育用品制造业	Cultural, Educational and Sports Goods	97.07	2.11	51028

7-7 **续表3** continued

行 业	Sector	产品销售率(%) Rate of Products Sold(%)	流动资金周转次数(次) Times of Turnover Circulating Funds(time)	劳动生产率(元/人) Overall Labor Productivity (yuan/person)
石油加工、炼焦及核燃料加工业	Petroleum Processing, Cooking and Nuclear Fuel Processing	100.79	8.6	902178
化学原料及化学制品制造业	Raw Chemical Materials and Chemical Products	97.43	2.39	186388
医药制造业	Medical and Pharmaceutical Products	94.11	1.58	157107
化学纤维制造业	Chemical Fiber	97.18	2.98	214059
橡胶制品业	Rubber Products	98.6	2.55	79503
塑料制品业	Plastic Products	97.34	2.2	85142
非金属矿物制品业	Nonmetal Mineral Products	97.51	1.79	109375
黑色金属冶炼及压延加工业	Smelting and Pressing of Ferrous Metals	97.38	2.44	202390
有色金属冶炼及压延加工业	Smelting and Pressing of Nonferrous Metals	98.26	3.21	203467
金属制品业	Metal Products	97.12	1.99	71797
通用设备制造业	Equipment in Common Use	97.07	1.9	81294
专用设备制造业	Special Purpose Equipment	96.69	1.67	93375
交通运输设备制造业	Transport Equipment	96.9	1.85	99718
电气机械及器材制造业	Electric Equipment and Machinery	97.1	1.96	89210
通信设备、计算机及其他电子设备制造业	Telecommunications Equipment, Computer and Other Electronic Equipment	98.54	2.21	88689
仪器仪表及文化、办公用机械制造业	Instruments, Meters, Cultural and Office Machinery	96.18	1.79	75796
工艺品及其他制造业	Handicraft Article and Other Manufacturing Indust	96.23	2.02	51862
废弃资源和废旧材料回收加工业	Recovery of Resource Discarded and Useless Material	97.59	3.51	130974
电力、热力的生产和供应业	Production and Supply of Electricity and Heating Power	99.77	4.88	635981
燃气生产和供应业	Production and Supply of Gas	99.91	4.21	221088
水的生产和供应业	Production and Supply of Water	98.98	0.74	156421

7-8 按行业分的国有及国有控股工业企业主要指标(2007年)
Main Indicators of State-owned and State Holding Industrial Enterprises by Sector (2007)

单位:亿元(100 million yuan)

行 业	Sector	企业单位数(个) Number of Enterprises (unit)	#亏损企业 Loss	工业总产值 Gross Industrial Output Value	工业增加值 Value Added of Industry
总计	**Total**	**694**	**148**	**4637.2**	**1134.97**
按注册登记类型分	**by Registered Type**				
#国有	#State - owned	295	63	2349.06	633.43
集体	Collective owned				
私营	Private	4		1.05	-2.08
港澳台商投资	Enterprises Funded by Entrepreneurs from Hong Kong, Macao & Taiwan	32	7	123.45	29.48
外商投资	Foreign Funded Enterprises	44	6	206.33	32.53
在总计中:轻工业	Light Industry	252	59	576.65	277.45
重工业	Heavy Industry	442	89	4060.55	857.52
按工业行业分	**By Sector**				
煤炭开采和洗选业	Coal Mining and Dressing	1	1	7.67	3.08
黑色金属矿采选业	Ferrous Metals Mining and Dressing	1		13.03	2.07
有色金属矿采选业	Nonferrous Metals Mining and Dressing	2		8.69	1.33
非金属矿采选业	Nonmetal Minerals Mining and Dressing	7	3	5.31	1.64
其他采矿业	Other Minerals Mining and Dressing				
农副食品加工业	Non - staple Food Processing	18	5	29.23	4.22
食品制造业	Food Manufacturing	15	3	6.34	1.46
饮料制造业	Beverage Manufacturing	16	3	20.73	7.55
烟草制品业	Tobacco Processing	2		198.58	172.87
纺织业	Textile Industry	24	6	32.77	7.85
纺织服装、鞋、帽制造业	Garments, Shoes and Hats Manufacturing	15	4	6.77	1.85
皮革、毛皮、羽毛(绒)及其制品业	Leather, Furs, Down and Related Products	1		2.04	1.84
木材加工及木、竹、藤、棕、草制品业	Timber Processing, Bamboo, Cane Palm Fiber and Straw Products	1		1.37	0.29
家具制造业	Furniture Manufacturing				
造纸及纸制品业	Papermaking and Paper Products	5	1	16.95	3.75
印刷业和记录媒介的复制	Printing and Record Medium Reproduction	23	3	10.57	3.09
文教体育用品制造业	Cultural, Educational and Sports Goods				

7-8 续表1 continued 单位:亿元 (100 million yuan)

行 业	Sector	企业单位数(个) Number of Enterprises (unit)	#亏损企业 Loss	工业总产值 Gross Industrial Output Value	工业增加值 Value Added of Industry
石油加工、炼焦及核燃料加工业	Petroleum Processing, Cooking and Nuclear Fuel Processing	5	2	848.95	96.74
化学原料及化学制品制造业	Raw Chemical Materials and Chemical Products	47	10	188.01	57.44
医药制造业	Medical and Pharmaceutical Products	13	4	80.44	26.36
化学纤维制造业	Chemical Fiber	3	1	44.7	4.56
橡胶制品业	Rubber Products	3		128.89	24.95
塑料制品业	Plastic Products	10	2	6.67	1.03
非金属矿物制品业	Nonmetal Mineral Products	28	9	38.82	8.72
黑色金属冶炼及压延加工业	Smelting and Pressing of Ferrous Metals	5	1	244.53	29.58
有色金属冶炼及压延加工业	Smelting and Pressing of Nonferrous Metals	6		42.02	9.23
金属制品业	Metal Products	13	2	29.07	9.75
通用设备制造业	Equipment in Common Use	45	5	164.38	40.87
专用设备制造业	Special Purpose Equipment	17	2	22.82	4.41
交通运输设备制造业	Transport Equipment	25	3	135.66	32.74
电气机械及器材制造业	Electric Equipment and Machinery	30	2	45.09	10.54
通信设备、计算机及其他电子设备制造业	Telecommunications Equipment, Computer and Other Electronic Equipment	24	5	42.56	13.52
仪器仪表及文化、办公用机械制造业	Instruments, Meters, Cultural and Office Machinery	7	2	3.32	0.98
工艺品及其他制造业	Handicraft Article and Other Manufacturing Indust	5	1	1.24	0.19
废弃资源和废旧材料回收加工业	Recovery of Resource Discarded and Useless Material	1		0.4	-0.06
电力、热力的生产和供应业	Production and Supply of Electricity and Heating Power	164	35	2104.23	516.57
燃气生产和供应业	Production and Supply of Gas	10	1	44.62	5.3
水的生产和供应业	Production and Supply of Water	102	32	60.75	28.66

7-8 续表2 continued 单位:亿元(100 million yuan)

行业	Sector	资产总计 Total Assets	流动资产合计 Circulating Funds	流动资产年平均余额 Annual Average Balance of Circulating Funds	固定资产合计 Fixed Assets
总计	**Total**	**4765.88**	**1525.26**	**1473.81**	**2626.66**
按注册登记类型分	**by Registered Type**				
#国有	#State - owned	2336	628.29	637.88	1370.43
集体	Collective owned				
私营	Private	0.76	0.63	0.62	0.14
港澳台商投资	Enterprises Funded by Entrepreneurs from Hong Kong, Macao & Taiwan	71.32	38.99	36.89	24.09
外商投资	Foreign Funded Enterprises	174.94	69.19	70.01	95.32
在总计中:轻工业	Light Industry	908.07	453.94	437.71	326.55
重工业	Heavy Industry	3857.81	1071.32	1036.1	2300.11
按工业行业分	**By Sector**				
煤炭开采和洗选业	Coal Mining and Dressing	9.53	3.95	3.7	5.21
黑色金属矿采选业	Ferrous Metals Mining and Dressing	7.56	4.17	4.01	2.63
有色金属矿采选业	Nonferrous Metals Mining and Dressing	4.11	2.21	1.85	1.5
非金属矿采选业	Nonmetal Minerals Mining and Dressing	6.32	3.38	3.27	1.79
其他采矿业	Other Minerals Mining and Dressing				
农副食品加工业	Non - staple Food Processing	31.46	23.84	20.02	6.48
食品制造业	Food Manufacturing	4.79	2.69	2.44	1.92
饮料制造业	Beverage Manufacturing	42.13	21.94	22.06	14.68
烟草制品业	Tobacco Processing	193.73	147	143.2	31.83
纺织业	Textile Industry	42.92	25.43	24.73	11.23
纺织服装、鞋、帽制造业	Garments, Shoes and Hats Manufacturing	3.92	2.36	2.3	1.35
皮革、毛皮、羽毛(绒)及其制品业	Leather, Furs, Down and Related Products	7.03	5.99	6.01	1.04
木材加工及木、竹、藤、棕、草制品业	Timber Processing, Bamboo, Cane Palm Fiber and Straw Products	0.99	0.6	0.57	0.39
家具制造业	Furniture Manufacturing				
造纸及纸制品业	Papermaking and Paper Products	23.3	6.73	7.34	15.53
印刷业和记录媒介的复制	Printing and Record Medium Reproduction	14.78	6.6	6.56	5.5
文教体育用品制造业	Cultural, Educational and Sports Goods				

7-8 **续表3** continued　单位:亿元(100 million yuan)

行 业	Sector	资产总计 Total Assets	流动资产合 计 Circulating Funds	流动资产年平均余额 Annual Average Balance of Circulating Funds	固定资产合 计 Fixed Assets
石油加工、炼焦及核燃料加工业	Petroleum Processing, Cooking and Nuclear Fuel Processing	296.18	111.56	92.72	133.4
化学原料及化学制品制造业	Raw Chemical Materials and Chemical Products	254.43	99.68	89.12	116.94
医药制造业	Medical and Pharmaceutical Products	88.3	41.88	39.97	38.04
化学纤维制造业	Chemical Fiber	31.92	12.38	13.64	15.36
橡胶制品业	Rubber Products	73.92	35.21	35.38	26.81
塑料制品业	Plastic Products	5.43	2.62	2.5	2.52
非金属矿物制品业	Nonmetal Mineral Products	51.8	18.29	17.52	28.89
黑色金属冶炼及压延加工业	Smelting and Pressing of Ferrous Metals	234.44	101.25	108.86	93.32
有色金属冶炼及压延加工业	Smelting and Pressing of Nonferrous Metals	20.34	12.35	12.26	6.37
金属制品业	Metal Products	18.06	12.14	12.87	5.54
通用设备制造业	Equipment in Common Use	184.46	123.07	113.46	41.22
专用设备制造业	Special Purpose Equipment	36.43	26.27	26.3	5.24
交通运输设备制造业	Transport Equipment	188.75	127.68	114.4	45.89
电气机械及器材制造业	Electric Equipment and Machinery	40.48	23.89	21.41	7.97
通信设备、计算机及其他电子设备制造业	Telecommunications Equipment, Computer and Other Electronic Equipment	132.42	73.86	72.13	16.33
仪器仪表及文化、办公用机械制造业	Instruments, Meters, Cultural and Office Machinery	5.19	2.57	2.56	1.96
工艺品及其他制造业	Handicraft Article and Other Manufacturing Indust	0.64	0.43	0.44	0.14
废弃资源和废旧材料回收加工业	Recovery of Resource Discarded and Useless Material	1.93	0.8	0.79	0.16
电力、热力的生产和供应业	Production and Supply of Electricity and Heating Power	2302.73	344.08	354.64	1702.6
燃气生产和供应业	Production and Supply of Gas	59.08	11.78	10.98	42.51
水的生产和供应业	Production and Supply of Water	346.39	86.59	83.81	194.37

7－8　续表4　continued　　单位:亿元（100 million yuan)

行　业	Sector	固定资产原　价 Original Value of Fixed Assets	固定资产净　值年平均余额 Annual Average Balance of Net Value of Fixed Assets	年末负债合　计 Total Liabilities	流动负债 Circulating Liabilities
总计	**Total**	**3763.72**	**2423.09**	**2803**	**1693.61**
按注册登记类型分	**by Registered Type**				
#国有	#State－owned	1994.59	1267.49	1307.32	723.72
集体	Collective owned				
私营	Private	0.24	0.14	0.54	0.54
港澳台商投资	Enterprises Funded by Entrepreneurs from Hong Kong, Macao & Taiwan	45.45	24.46	37.6	31.62
外商投资	Foreign Funded Enterprises	143.39	88	105.36	71.96
在总计中:轻工业	Light Industry	480.08	289.23	435.76	315.77
重工业	Heavy Industry	3283.64	2133.86	2367.24	1377.84
按工业行业分	**By Sector**				
煤炭开采和洗选业	Coal Mining and Dressing	10.28	5.24	6.3	3.87
黑色金属矿采选业	Ferrous Metals Mining and Dressing	3.96	2.42	1.65	1.45
有色金属矿采选业	Nonferrous Metals Mining and Dressing	1.96	0.93	1.89	1.31
非金属矿采选业	Nonmetal Minerals Mining and Dressing	3.38	1.8	2.97	2.66
其他采矿业	Other Minerals Mining and Dressing				
农副食品加工业	Non－staple Food Processing	9.85	6.44	24.17	13.3
食品制造业	Food Manufacturing	3.57	1.85	3.32	2.66
饮料制造业	Beverage Manufacturing	20.43	15.91	16.76	16.39
烟草制品业	Tobacco Processing	58.24	25.17	21.35	18.59
纺织业	Textile Industry	18.68	10.5	30.81	28.22
纺织服装、鞋、帽制造业	Garments, Shoes and Hats Manufacturing	2.22	1.35	2.24	2.12
皮革、毛皮、羽毛(绒)及其制品业	Leather, Furs, Down and Related Products	1	0.49	3.49	3.43
木材加工及木、竹、藤、棕、草制品业	Timber Processing, Bamboo, Cane Palm Fiber and Straw Products	0.58	0.41	0.52	0.52
家具制造业	Furniture Manufacturing				
造纸及纸制品业	Papermaking and Paper Products	22.15	16.12	12.66	12.48
印刷业和记录媒介的复制	Printing and Record Medium Reproduction	8.93	5.03	5.74	5.3
文教体育用品制造业	Cultural, Educational and Sports Goods				

7－8 续表 5 continued 单位:亿元（100 million yuan）

行　业	Sector	固定资产原价 Original Value of Fixed Assets	固定资产净值年平均余额 Annual Average Balance of Net Value of Fixed Assets	年末负债合计 Total Liabilities	流动负债 Circulating Liabilities
石油加工、炼焦及核燃料加工业	Petroleum Processing, Cooking and Nuclear Fuel Processing	186.96	95.55	159.8	157.84
化学原料及化学制品制造业	Raw Chemical Materials and Chemical Products	159.24	101.6	154.3	126.3
医药制造业	Medical and Pharmaceutical Products	52.71	34.27	46.77	42.47
化学纤维制造业	Chemical Fiber	33.36	16.24	21.23	19.46
橡胶制品业	Rubber Products	16.88	23.27	55.29	48.61
塑料制品业	Plastic Products	3.88	2.52	3.21	2.67
非金属矿物制品业	Nonmetal Mineral Products	38.84	26.88	38.98	31.6
黑色金属冶炼及压延加工业	Smelting and Pressing of Ferrous Metals	147.05	82.98	126.24	104.61
有色金属冶炼及压延加工业	Smelting and Pressing of Nonferrous Metals	10.73	5.48	9.78	8.81
金属制品业	Metal Products	8.29	4.51	12.32	12.14
通用设备制造业	Equipment in Common Use	54.15	28.15	108.01	99.36
专用设备制造业	Special Purpose Equipment	7.16	4.5	24.7	22.82
交通运输设备制造业	Transport Equipment	55.49	40.97	143.46	134.56
电气机械及器材制造业	Electric Equipment and Machinery	10.39	6.64	18.9	17.4
通信设备、计算机及其他电子设备制造业	Telecommunications Equipment, Computer and Other Electronic Equipment	30.4	16.28	57.36	50.18
仪器仪表及文化、办公用机械制造业	Instruments, Meters, Cultural and Office Machinery	2.62	1.97	3.03	2.26
工艺品及其他制造业	Handicraft Article and Other Manufacturing Indust	0.14	0.14	0.31	0.31
废弃资源和废旧材料回收加工业	Recovery of Resource Discarded and Useless Material	0.37	0.17	0.77	0.77
电力、热力的生产和供应业	Production and Supply of Electricity and Heating Power	2473.47	1637.9	1451.95	592.42
燃气生产和供应业	Production and Supply of Gas	47.78	31.75	30.72	9.45
水的生产和供应业	Production and Supply of Water	258.59	167.67	202	97.28

7-8 续表6 continued 单位:亿元(100 million yuan)

行业	Sector	长期负债 Long-term Liabilities	年末所有者权益合计 Creditors' Equity	实收资本 Total Capital Hold	主营业务收入 Revenues in Main Business	主营业务成本 Costs in Main Business
总计	**Total**	**860.98**	**1952.03**	**863.89**	**4690.13**	**4021.58**
按注册登记类型分	**by Registered Type**					
#国有	#State-owned	348.44	1028.69	327.83	2349.48	1995.65
集体	Collective owned					
私营	Private		0.23	0.18	1.04	0.97
港澳台商投资	Enterprises Funded by Entrepreneurs from Hong Kong, Macao & Taiwan	5.98	33.71	21.51	122.62	106.33
外商投资	Foreign Funded Enterprises	33.4	69.58	66.93	210.48	194.72
在总计中:轻工业	Light Industry	108.71	472.31	147.35	593.26	363.68
重工业	Heavy Industry	752.27	1479.72	716.54	4096.87	3657.91
按工业行业分	**By Sector**					
煤炭开采和洗选业	Coal Mining and Dressing	2.43	3.22	3.45	8.75	7.41
黑色金属矿采选业	Ferrous Metals Mining and Dressing	0.21	5.91	1.47	13.24	11.4
有色金属矿采选业	Nonferrous Metals Mining and Dressing	0.59	2.21	0.98	8.89	7.62
非金属矿采选业	Nonmetal Minerals Mining and Dressing	0.18	3.35	2.53	2.81	1.71
其他采矿业	Other Minerals Mining and Dressing					
农副食品加工业	Non-staple Food Processing	1.19	7.29	6.2	27.78	25.53
食品制造业	Food Manufacturing	0.66	1.46	1.24	5.77	4.7
饮料制造业	Beverage Manufacturing	0.37	25.36	6.31	25.8	18.13
烟草制品业	Tobacco Processing	2.75	172.38	9.77	199.73	46.51
纺织业	Textile Industry	2.32	12.11	8.68	35.29	31.16
纺织服装、鞋、帽制造业	Garments, Shoes and Hats Manufacturing	0.09	1.68	1.14	6.62	5.96
皮革、毛皮、羽毛(绒)及其制品业	Leather, Furs, Down and Related Products	0.05	3.54	0.21	2.06	0.94
木材加工及木、竹、藤、棕、草制品业	Timber Processing, Bamboo, Cane Palm Fiber and Straw Products		0.46	0.5	1.39	1.26
家具制造业	Furniture Manufacturing					
造纸及纸制品业	Papermaking and Paper Products	0.18	10.64	6.93	16.31	13.65
印刷业和记录媒介的复制	Printing and Record Medium Reproduction	0.44	9.04	4.51	13.76	10.42
文教体育用品制造业	Cultural, Educational and Sports Goods					

7-8 续表7 continued 单位:亿元(100 million yuan)

行 业	Sector	长期负债 Long-term Liabilities	年末所有者权益合计 Creditors' Equity	实收资本 Total Capital Hold	主营业务收入 Revenues in Main Business	主营业务成本 Costs in Main Business
石油加工、炼焦及核燃料加工业	Petroleum Processing, Cooking and Nuclear Fuel Processing	1.97	136.38	111.6	862.42	809.23
化学原料及化学制品制造业	Raw Chemical Materials and Chemical Products	27.93	89.29	45.76	222.86	178.25
医药制造业	Medical and Pharmaceutical Products	4.3	41.53	12.76	72.33	47.19
化学纤维制造业	Chemical Fiber	1.78	10.68	11.13	58.55	57.25
橡胶制品业	Rubber Products	6.69	18.62	8.9	129.9	114.97
塑料制品业	Plastic Products	0.53	2.22	2.34	6.79	6.19
非金属矿物制品业	Nonmetal Mineral Products	7.38	12.82	14.43	36.85	32.73
黑色金属冶炼及压延加工业	Smelting and Pressing of Ferrous Metals	21.63	108.21	41.49	257.02	240.18
有色金属冶炼及压延加工业	Smelting and Pressing of Nonferrous Metals	0.97	10.56	5.99	42.07	37.79
金属制品业	Metal Products	0.05	5.75	3.88	27.92	25.25
通用设备制造业	Equipment in Common Use	8.64	76.46	30.58	163.05	129.5
专用设备制造业	Special Purpose Equipment	1.83	11.73	3.82	24.05	21.17
交通运输设备制造业	Transport Equipment	8.68	45.29	19.14	124.41	103.31
电气机械及器材制造业	Electric Equipment and Machinery	1.5	21.58	6.34	38.5	30.95
通信设备、计算机及其他电子设备制造业	Telecommunications Equipment, Computer and Other Electronic Equipment	6.88	75.07	26.39	45	32.88
仪器仪表及文化、办公用机械制造业	Instruments, Meters, Cultural and Office Machinery	0.77	2.16	0.84	3.51	2.61
工艺品及其他制造业	Handicraft Article and Other Manufacturing Indust		0.33	0.24	1.33	1.23
废弃资源和废旧材料回收加工业	Recovery of Resource Discarded and Useless Material		1.16	0.8	0.4	0.22
电力、热力的生产和供应业	Production and Supply of Electricity and Heating Power	623.28	850.79	368.95	2098.74	1876.75
燃气生产和供应业	Production and Supply of Gas	21.26	28.37	18.16	46.82	42.82
水的生产和供应业	Production and Supply of Water	103.45	144.39	76.45	59.4	44.68

7-8 续表8 continued 单位:亿元 (100 million yuan)

行 业	Sector	主营业务税金及附加 Sales Taxes and Extra Charges in Main Business	利润总额 Total Profits	利税总额 Total Profits and Taxes	本年应交增值税 Value Added Taxes Payable
总计	**Total**	**141.85**	**266.01**	**618.07**	**210.21**
按注册登记类型分	**by Registered Type**				
#国有	#State - owned	110.27	128.71	356.08	117.09
集体	Collective owned				
私营	Private		0.01	0.03	0.02
港澳台商投资	Enterprises Funded by Entrepreneurs from Hong Kong, Macao & Taiwan	1.01	11.99	23.75	10.76
外商投资	Foreign Funded Enterprises	0.25	4.67	9.43	4.51
在总计中:轻工业	Light Industry	103.49	53.43	197.47	40.54
重工业	Heavy Industry	38.36	212.58	420.6	169.66
按工业行业分	**By Sector**				
煤炭开采和洗选业	Coal Mining and Dressing	0.06	-0.05	0.47	0.46
黑色金属矿采选业	Ferrous Metals Mining and Dressing	0.11	0.86	1.28	0.32
有色金属矿采选业	Nonferrous Metals Mining and Dressing	0.03	0.36	0.56	0.17
非金属矿采选业	Nonmetal Minerals Mining and Dressing	0.22	0.04	0.56	0.31
其他采矿业	Other Minerals Mining and Dressing				
农副食品加工业	Non - staple Food Processing	0.03	0.37	0.57	0.17
食品制造业	Food Manufacturing	0.02	0.32	0.54	0.19
饮料制造业	Beverage Manufacturing	1.33	1.52	4.23	1.38
烟草制品业	Tobacco Processing	99.29	33.9	159.63	26.43
纺织业	Textile Industry	0.09	0.71	1.86	1.07
纺织服装、鞋、帽制造业	Garments, Shoes and Hats Manufacturing	0.01	0.11	0.23	0.11
皮革、毛皮、羽毛(绒)及其制品业	Leather, Furs, Down and Related Products	0.04	0.47	0.77	0.27
木材加工及木、竹、藤、棕、草制品业	Timber Processing, Bamboo, Cane Palm Fiber and Straw Products		0.13	0.2	0.06
家具制造业	Furniture Manufacturing				
造纸及纸制品业	Papermaking and Paper Products	0.09	0.43	1.42	0.9
印刷业和记录媒介的复制	Printing and Record Medium Reproduction	0.25	2.01	2.6	0.35
文教体育用品制造业	Cultural, Educational and Sports Goods				

7－8 续表9 continued 单位:亿元（100 million yuan）

行 业	Sector	主营业务税金及附加 Sales Taxes and Extra Charges in Main Business	利润总额 Total Profits	利税总额 Total Profits and Taxes	本年应交增值税 Value Added Taxes Payable
石油加工、炼焦及核燃料加工业	Petroleum Processing, Cooking and Nuclear Fuel Processing	23.04	27.03	77.8	27.73
化学原料及化学制品制造业	Raw Chemical Materials and Chemical Products	1.2	19.08	29.38	9.09
医药制造业	Medical and Pharmaceutical Products	0.33	7.9	12.41	4.18
化学纤维制造业	Chemical Fiber	0.04	-0.52	-0.15	0.33
橡胶制品业	Rubber Products	0.58	4.43	8.3	3.29
塑料制品业	Plastic Products	0.02	-0.07	0.11	0.16
非金属矿物制品业	Nonmetal Mineral Products	0.27	0.3	2.52	1.95
黑色金属冶炼及压延加工业	Smelting and Pressing of Ferrous Metals	0.85	6.69	15.37	7.84
有色金属冶炼及压延加工业	Smelting and Pressing of Nonferrous Metals	0.13	2.73	3.86	1
金属制品业	Metal Products	0.04	1.11	1.61	0.47
通用设备制造业	Equipment in Common Use	0.58	16.99	22.47	4.91
专用设备制造业	Special Purpose Equipment	0.1	0.88	1.61	0.63
交通运输设备制造业	Transport Equipment	1.38	8.58	14.89	4.93
电气机械及器材制造业	Electric Equipment and Machinery	0.17	4.03	5.36	1.17
通信设备、计算机及其他电子设备制造业	Telecommunications Equipment, Computer and Other Electronic Equipment	0.42	6.91	8.99	1.66
仪器仪表及文化、办公用机械制造业	Instruments, Meters, Cultural and Office Machinery	0.01	0.07	0.13	0.04
工艺品及其他制造业	Handicraft Article and Other Manufacturing Indust	0.01	0.02	0.05	0.03
废弃资源和废旧材料回收加工业	Recovery of Resource Discarded and Useless Material		0.03	0.07	0.03
电力、热力的生产和供应业	Production and Supply of Electricity and Heating Power	10.59	116.55	231.53	104.39
燃气生产和供应业	Production and Supply of Gas	0.19	1.27	3.06	1.59
水的生产和供应业	Production and Supply of Water	0.38	0.81	3.78	2.58

7-9 按行业分的国有及国有控股工业企业主要经济效益指标(2007年)
Main Economic Beneficial Indicators of State-owned Industrial Enterprises by Sector (Including Enterprises with Controlling Share Hold by the State) (2007)

行业	Sector	每百元资金实现利税(元) Pre-tax Profits per 100 Yuan Funds(yuan)	每百元固定资产原值实现利税(元) Pre-tax Profits per 100 Yuan Original Value of Fixed Assets(yuan)	每百元主营业务收入实现利税(元) Pre-tax Profits per 100 Yuan Revenues in Main Business (yuan)
总计	**Total**	**15.86**	**16.42**	**13.18**
按注册登记类型分	**by Registered Type**			
#国有	#State - owned	18.69	17.85	15.16
集体	Collective owned			
私营	Private	4	12.64	2.92
港澳台商投资	Enterprises Funded by Entrepreneurs from Hong Kong, Macao & Taiwan	38.71	52.26	19.37
外商投资	Foreign Funded Enterprises	5.97	6.57	4.48
在总计中:轻工业	Light Industry	27.16	41.13	33.29
重工业	Heavy Industry	13.27	12.81	10.27
按工业行业分	**By Sector**			
煤炭开采和洗选业	Coal Mining and Dressing	5.21	4.54	5.32
黑色金属矿采选业	Ferrous Metals Mining and Dressing	20	32.47	9.7
有色金属矿采选业	Nonferrous Metals Mining and Dressing	20.02	28.38	6.27
非金属矿采选业	Nonmetal Minerals Mining and Dressing	11.12	16.67	20.04
其他采矿业	Other Minerals Mining and Dressing			
农副食品加工业	Non-staple Food Processing	2.14	5.76	2.04
食品制造业	Food Manufacturing	12.54	15.05	9.3
饮料制造业	Beverage Manufacturing	11.14	20.7	16.39
烟草制品业	Tobacco Processing	94.81	274.09	79.92
纺织业	Textile Industry	5.29	9.99	5.28
纺织服装、鞋、帽制造业	Garments, Shoes and Hats Manufacturing	6.31	10.38	3.48
皮革、毛皮、羽毛(绒)及其制品业	Leather, Furs, Down and Related Products	11.88	77.57	37.39
木材加工及木、竹、藤、棕、草制品业	Timber Processing, Bamboo, Cane Palm Fiber and Straw Products	20.46	34.2	14.42
家具制造业	Furniture Manufacturing			
造纸及纸制品业	Papermaking and Paper Products	6.04	6.4	8.69
印刷业和记录媒介的复制	Printing and Record Medium Reproduction	22.45	29.13	18.91
文教体育用品制造业	Cultural, Educational and Sports Goods			

7－9 续表1 continued

行业	Sector	每百元资金实现利税（元）Pre-tax Profits per 100 Yuan Funds(yuan)	每百元固定资产原值实现利税（元）Pre-tax Profits per 100 Yuan Original Value of Fixed Assets(yuan)	每百元主营业务收入实现利税（元）Pre-tax Profits per 100 Yuan Revenues in Main Business (yuan)
石油加工、炼焦及核燃料加工业	Petroleum Processing, Cooking and Nuclear Fuel Processing	41.33	41.62	9.02
化学原料及化学制品制造业	Raw Chemical Materials and Chemical Products	15.4	18.45	13.18
医药制造业	Medical and Pharmaceutical Products	16.71	23.54	17.16
化学纤维制造业	Chemical Fiber	-0.51	-0.46	-0.26
橡胶制品业	Rubber Products	14.15	49.18	6.39
塑料制品业	Plastic Products	2.19	2.83	1.62
非金属矿物制品业	Nonmetal Mineral Products	5.67	6.49	6.84
黑色金属冶炼及压延加工业	Smelting and Pressing of Ferrous Metals	8.01	10.45	5.98
有色金属冶炼及压延加工业	Smelting and Pressing of Nonferrous Metals	21.75	35.98	9.18
金属制品业	Metal Products	9.26	19.41	5.76
通用设备制造业	Equipment in Common Use	15.87	41.5	13.78
专用设备制造业	Special Purpose Equipment	5.22	22.45	6.68
交通运输设备制造业	Transport Equipment	9.59	26.84	11.97
电气机械及器材制造业	Electric Equipment and Machinery	19.12	51.61	13.93
通信设备、计算机及其他电子设备制造业	Telecommunications Equipment, Computer and Other Electronic Equipment	10.17	29.58	19.98
仪器仪表及文化、办公用机械制造业	Instruments, Meters, Cultural and Office Machinery	2.8	4.84	3.62
工艺品及其他制造业	Handicraft Article and Other Manufacturing Indust	9.33	39.23	4.07
废弃资源和废旧材料回收加工业	Recovery of Resource Discarded and Useless Material	6.95	18.04	16.85
电力、热力的生产和供应业	Production and Supply of Electricity and Heating Power	11.62	9.36	11.03
燃气生产和供应业	Production and Supply of Gas	7.16	6.4	6.53
水的生产和供应业	Production and Supply of Water	1.5	1.46	6.36

7-9 续表2 continued

行 业	Sector	产品销售率(%) Rate of Products Sold(%)	流动资金周转次数(次) Times of Turnover Circulating Funds(time)	劳动生产率(元/人) Overall Labor Productivity (yuan/person)
总计	**Total**	**99.65**	**3.18**	**354876**
按注册登记类型分	**by Registered Type**			
#国有	#State - owned	99.91	3.68	490407
集体	Collective owned			
私营	Private	97.99	1.67	-628625
港澳台商投资	Enterprises Funded by Entrepreneurs from Hong Kong, Macao & Taiwan	97.76	3.32	328796
外商投资	Foreign Funded Enterprises	98.72	3.01	276430
在总计中:轻工业	Light Industry	98.3	1.36	299240
重工业	Heavy Industry	99.84	3.95	377590
按工业行业分	**By Sector**			
煤炭开采和洗选业	Coal Mining and Dressing	100.4	2.36	61105
黑色金属矿采选业	Ferrous Metals Mining and Dressing	100.26	3.3	160908
有色金属矿采选业	Nonferrous Metals Mining and Dressing	99.16	4.8	114700
非金属矿采选业	Nonmetal Minerals Mining and Dressing	98.39	0.86	57285
其他采矿业	Other Minerals Mining and Dressing			
农副食品加工业	Non - staple Food Processing	92.86	1.39	102332
食品制造业	Food Manufacturing	96.85	2.37	66877
饮料制造业	Beverage Manufacturing	107.68	1.17	102595
烟草制品业	Tobacco Processing	101.02	1.39	5828376
纺织业	Textile Industry	100.2	1.43	51547
纺织服装、鞋、帽制造业	Garments, Shoes and Hats Manufacturing	97.71	2.87	42529
皮革、毛皮、羽毛(绒)及其制品业	Leather, Furs, Down and Related Products	106.04	0.34	215069
木材加工及木、竹、藤、棕、草制品业	Timber Processing, Bamboo, Cane Palm Fiber and Straw Products	98.01	2.46	304330
家具制造业	Furniture Manufacturing			
造纸及纸制品业	Papermaking and Paper Products	96.55	2.22	118938
印刷业和记录媒介的复制	Printing and Record Medium Reproduction	98.68	2.1	107888
文教体育用品制造业	Cultural, Educational and Sports Goods			

7－9 续表3 continued

行 业	Sector	产品销售率 (%) Rate of Products Sold(%)	流动资金周转次数 (次) Times of Turnover Circulating Funds(time)	劳动生产率 (元/人) Overall Labor Productivity (yuan/person)
石油加工、炼焦及核燃料加工业	Petroleum Processing, Cooking and Nuclear Fuel Processing	100.92	9.3	960160
化学原料及化学制品制造业	Raw Chemical Materials and Chemical Products	98.73	2.5	201687
医药制造业	Medical and Pharmaceutical Products	89.6	1.81	210479
化学纤维制造业	Chemical Fiber	99.2	4.29	138745
橡胶制品业	Rubber Products	100.57	3.67	134119
塑料制品业	Plastic Products	98.52	2.71	77902
非金属矿物制品业	Nonmetal Mineral Products	98.55	2.1	135090
黑色金属冶炼及压延加工业	Smelting and Pressing of Ferrous Metals	98.68	2.36	228947
有色金属冶炼及压延加工业	Smelting and Pressing of Nonferrous Metals	100.19	3.43	261363
金属制品业	Metal Products	96.1	2.17	301167
通用设备制造业	Equipment in Common Use	97.57	1.44	152392
专用设备制造业	Special Purpose Equipment	102.28	0.91	79785
交通运输设备制造业	Transport Equipment	100.01	1.09	139996
电气机械及器材制造业	Electric Equipment and Machinery	93.63	1.8	182130
通信设备、计算机及其他电子设备制造业	Telecommunications Equipment, Computer and Other Electronic Equipment	96.97	0.62	96421
仪器仪表及文化、办公用机械制造业	Instruments, Meters, Cultural and Office Machinery	98.37	1.37	49142
工艺品及其他制造业	Handicraft Article and Other Manufacturing Indust	98.43	3.03	45208
废弃资源和废旧材料回收加工业	Recovery of Resource Discarded and Useless Material	100	0.5	－83871
电力、热力的生产和供应业	Production and Supply of Electricity and Heating Power	99.96	5.92	762739
燃气生产和供应业	Production and Supply of Gas	99.86	4.26	225046
水的生产和供应业	Production and Supply of Water	99.08	0.71	161613

7-10 按行业分的规模以上集体工业企业主要指标(2007年)
Main Indicators of Collective-owned Industrial Enterprises Above Designated Size by Sector(2007)

单位:亿元(100 million yuan)

行业	Sector	企业单位数(个) Number of Enterprises (unit)	#亏损企业 Loss	工业总产值 Gross Industrial Output Value	工业增加值 Value Added of Industry
总计	**Total**	**571**	**59**	**254.35**	**58.22**
在总计中:轻工业	Light Industry	212	30	130.08	30.68
重工业	Heavy Industry	359	29	124.27	27.54
按工业行业分	**By Sector**				
煤炭开采和洗选业	Coal Mining and Dressing				
黑色金属矿采选业	Ferrous Metals Mining and Dressing				
有色金属矿采选业	Nonferrous Metals Mining and Dressing	1		0.07	0.02
非金属矿采选业	Nonmetal Minerals Mining and Dressing	50	1	18.29	5.38
其他采矿业	Other Minerals Mining and Dressing				
农副食品加工业	Non-staple Food Processing	5		1.53	0.27
食品制造业	Food Manufacturing	4	1	2.08	0.55
饮料制造业	Beverage Manufacturing	8	1	3.98	1
烟草制品业	Tobacco Processing	1	1	0.06	0.04
纺织业	Textile Industry	38	1	27.13	4.82
纺织服装、鞋、帽制造业	Garments,Shoes and Hats Manufacturing	20	3	4.46	1.05
皮革、毛皮、羽毛(绒)及其制品业	Leather,Furs,Down and Related Products	8	1	9.38	2.92
木材加工及木、竹、藤、棕、草制品业	Timber Processing,Bamboo, Cane Palm Fiber and Straw Products	12		2.3	0.53
家具制造业	Furniture Manufacturing	1		0.24	0.02
造纸及纸制品业	Papermaking and Paper Products	24	8	4.98	0.76
印刷业和记录媒介的复制	Printing and Record Medium Reproduction	5	1	0.67	0.2
文教体育用品制造业	Cultural,Educational and Sports Goods	2		0.74	0.08

注:本表按注册登记类型划分。表7-11同。

The data in this table are grouped by registered type. The Same for table 7-11.

7-10 续表1 continued　　单位:亿元 (100 million yuan)

行 业	Sector	企业单位数(个) Number of Enterprises (unit)	#亏损企业 Loss	工业总产值 Gross Industrial Output Value	工业增加值 Value Added of Industry
石油加工、炼焦及核燃料加工业	Petroleum Processing, Cooking and Nuclear Fuel Processing	2		0.21	0.03
化学原料及化学制品制造业	Raw Chemical Materials and Chemical Products	33	5	19.52	4.04
医药制造业	Medical and Pharmaceutical Products	4		27.12	8.3
化学纤维制造业	Chemical Fiber	2		8.06	1.51
橡胶制品业	Rubber Products	4		0.47	0.09
塑料制品业	Plastic Products	26	5	21.66	4.41
非金属矿物制品业	Nonmetal Mineral Products	41	4	9.78	2.42
黑色金属冶炼及压延加工业	Smelting and Pressing of Ferrous Metals	13	1	5.46	0.89
有色金属冶炼及压延加工业	Smelting and Pressing of Nonferrous Metals	13	3	12.72	1.39
金属制品业	Metal Products	33	1	7.61	1.81
通用设备制造业	Equipment in Common Use	64	2	12.3	2.91
专用设备制造业	Special Purpose Equipment	11	1	2.16	0.65
交通运输设备制造业	Transport Equipment	23	4	10.03	1.58
电气机械及器材制造业	Electric Equipment and Machinery	52	3	16.07	3.71
通信设备、计算机及其他电子设备制造业	Telecommunications Equipment, Computer and Other Electronic Equipment	12	1	8.78	2.29
仪器仪表及文化、办公用机械制造业	Instruments, Meters, Cultural and Office Machinery	8	1	1.85	0.51
工艺品及其他制造业	Handicraft Article and Other Manufacturing Indust	9	2	0.98	0.31
废弃资源和废旧材料回收加工业	Recovery of Resource Discarded and Useless Material	1		0.11	0.1
电力、热力的生产和供应业	Production and Supply of Electricity and Heating Power	7	1	9.79	2.61
燃气生产和供应业	Production and Supply of Gas	1		0.13	0.03
水的生产和供应业	Production and Supply of Water	33	7	3.63	0.98

7-10 续表2 continued 单位:亿元 (100 million yuan)

行 业	Sector	资产总计 Total Assets	流动资产合计 Circulating Funds	流动资产年平均余额 Annual Average Balance of Circulating Funds	固定资产合计 Fixed Assets
总计	**Total**	**203.94**	**131.36**	**124.57**	**52.89**
在总计中:轻工业	Light Industry	106.09	65.39	61.3	31.35
重工业	Heavy Industry	97.85	65.97	63.27	21.54
按工业行业分	**By Sector**				
煤炭开采和洗选业	Coal Mining and Dressing				
黑色金属矿采选业	Ferrous Metals Mining and Dressing				
有色金属矿采选业	Nonferrous Metals Mining and Dressing	0.14	0.12	0.12	0.02
非金属矿采选业	Nonmetal Minerals Mining and Dressing	7.25	2.27	1.85	3.89
其他采矿业	Other Minerals Mining and Dressing				
农副食品加工业	Non-staple Food Processing	0.52	0.39	0.38	0.12
食品制造业	Food Manufacturing	2	1.01	0.97	0.79
饮料制造业	Beverage Manufacturing	5.53	3.89	3.51	0.81
烟草制品业	Tobacco Processing	0.16	0.13	0.15	0.02
纺织业	Textile Industry	19	10.32	9.84	7.4
纺织服装、鞋、帽制造业	Garments, Shoes and Hats Manufacturing	4.5	3.72	3.58	0.63
皮革、毛皮、羽毛(绒)及其制品业	Leather, Furs, Down and Related Products	5.19	2.72	2.89	1.72
木材加工及木、竹、藤、棕、草制品业	Timber Processing, Bamboo, Cane Palm Fiber and Straw Products	2.79	1.8	1.79	0.48
家具制造业	Furniture Manufacturing	0.04	0.03	0.03	0.01
造纸及纸制品业	Papermaking and Paper Products	4.38	3.01	2.71	1.05
印刷业和记录媒介的复制	Printing and Record Medium Reproduction	0.58	0.34	0.31	0.21
文教体育用品制造业	Cultural, Educational and Sports Goods	0.18	0.14	0.14	0.03

7-10 续表3 continued 单位:亿元 (100 million yuan)

行 业	Sector	资产总计 Total Assets	流动资产合计 Circulating Funds	流动资产年平均余额 Annual Average Balance of Circulating Funds	固定资产合计 Fixed Assets
石油加工、炼焦及核燃料加工业	Petroleum Processing, Cooking and Nuclear Fuel Processing	0.13	0.1	0.1	0.01
化学原料及化学制品制造业	Raw Chemical Materials and Chemical Products	22.04	15.59	16.32	3.52
医药制造业	Medical and Pharmaceutical Products	28.27	17.04	15.28	9.2
化学纤维制造业	Chemical Fiber	4.53	1.06	1.06	1.5
橡胶制品业	Rubber Products	0.85	0.65	0.64	0.16
塑料制品业	Plastic Products	9.79	7.8	6.94	1.79
非金属矿物制品业	Nonmetal Mineral Products	8.63	5.84	5.78	2.16
黑色金属冶炼及压延加工业	Smelting and Pressing of Ferrous Metals	4.59	3.69	2.65	0.65
有色金属冶炼及压延加工业	Smelting and Pressing of Nonferrous Metals	4.5	3.66	3.54	0.72
金属制品业	Metal Products	5.13	3.59	3.24	1.14
通用设备制造业	Equipment in Common Use	11.52	8.75	8.41	1.98
专用设备制造业	Special Purpose Equipment	2.19	1.61	1.62	0.52
交通运输设备制造业	Transport Equipment	7.66	5.61	5.52	1.26
电气机械及器材制造业	Electric Equipment and Machinery	15.58	12.88	12.03	2.2
通信设备、计算机及其他电子设备制造业	Telecommunications Equipment, Computer and Other Electronic Equipment	6.57	4.95	5.04	1.09
仪器仪表及文化、办公用机械制造业	Instruments, Meters, Cultural and Office Machinery	1.58	1.17	1.12	0.33
工艺品及其他制造业	Handicraft Article and Other Manufacturing Indust	0.69	0.56	0.48	0.08
废弃资源和废旧材料回收加工业	Recovery of Resource Discarded and Useless Material	0.12	0.12	0.1	0.01
电力、热力的生产和供应业	Production and Supply of Electricity and Heating Power	9.29	4.01	3.82	2.65
燃气生产和供应业	Production and Supply of Gas	0.27	0.01	0.02	0.26
水的生产和供应业	Production and Supply of Water	7.76	2.76	2.59	4.48

7－10 续表4 continued 单位:亿元（100 million yuan）

行 业	Sector	固定资产原 价 Original Value of Fixed Assets	固定资产净 值年平均余额 Annual Average Balance of Net Value of Fixed Assets	年末负债合 计 Total Liabilities	流动负债 Circulating Liabilities
总计	**Total**	**79.1**	**49.56**	**112.22**	**107.93**
在总计中:轻工业	Light Industry	45.29	29.87	56.43	54.8
重工业	Heavy Industry	33.81	19.69	55.79	53.13
按工业行业分	**By Sector**				
煤炭开采和洗选业	Coal Mining and Dressing				
黑色金属矿采选业	Ferrous Metals Mining and Dressing				
有色金属矿采选业	Nonferrous Metals Mining and Dressing	0.02	0.01	0.13	0.13
非金属矿采选业	Nonmetal Minerals Mining and Dressing	5.07	3.79	4.39	3.53
其他采矿业	Other Minerals Mining and Dressing				
农副食品加工业	Non－staple Food Processing	0.22	0.12	0.25	0.22
食品制造业	Food Manufacturing	1.81	0.81	0.4	0.33
饮料制造业	Beverage Manufacturing	1.52	0.74	4.08	3.97
烟草制品业	Tobacco Processing	0.01	0.01		0.07
纺织业	Textile Industry	10.23	6.93	11.56	11.17
纺织服装、鞋、帽制造业	Garments,Shoes and Hats Manufacturing	1.13	0.58	3.13	3.1
皮革、毛皮、羽毛(绒)及其制品业	Leather,Furs,Down and Related Products	2.15	1.6	2.54	2.54
木材加工及木、竹、藤、棕、草制品业	Timber Processing,Bamboo, Cane Palm Fiber and Straw Products	0.99	0.49	2.02	2.01
家具制造业	Furniture Manufacturing	0.02	0.01	0.02	0.02
造纸及纸制品业	Papermaking and Paper Products	1.93	1.01	3.12	2.76
印刷业和记录媒介的复制	Printing and Record Medium Reproduction	0.41	0.21	0.24	0.21
文教体育用品制造业	Cultural,Educational and Sports Goods	0.05	0.04	0.14	0.14

7－10 续表5 continued 单位:亿元(100 million yuan)

行 业	Sector	固定资产原价 Original Value of Fixed Assets	固定资产净值年平均余额 Annual Average Balance of Net Value of Fixed Assets	年末负债合计 Total Liabilities	流动负债 Circulating Liabilities
石油加工、炼焦及核燃料加工业	Petroleum Processing, Cooking and Nuclear Fuel Processing	0.02	0.01	0.05	0.05
化学原料及化学制品制造业	Raw Chemical Materials and Chemical Products	5.47	3.14	13.03	12.85
医药制造业	Medical and Pharmaceutical Products	10.26	8.64	12.84	12.4
化学纤维制造业	Chemical Fiber	2.95	1.77	2.59	2.59
橡胶制品业	Rubber Products	0.16	0.08	0.42	0.41
塑料制品业	Plastic Products	3.47	1.88	6.3	6.16
非金属矿物制品业	Nonmetal Mineral Products	3.62	2	5.58	5.4
黑色金属冶炼及压延加工业	Smelting and Pressing of Ferrous Metals	1.19	0.61	2.64	2.37
有色金属冶炼及压延加工业	Smelting and Pressing of Nonferrous Metals	1.18	0.7	2.34	2.24
金属制品业	Metal Products	1.56	0.96	2.9	2.64
通用设备制造业	Equipment in Common Use	3.08	1.79	5.44	5.35
专用设备制造业	Special Purpose Equipment	0.57	0.38	0.86	0.76
交通运输设备制造业	Transport Equipment	2.74	1.24	3.87	3.79
电气机械及器材制造业	Electric Equipment and Machinery	4.02	2.09	8.55	8.51
通信设备、计算机及其他电子设备制造业	Telecommunications Equipment, Computer and Other Electronic Equipment	1.66	1.05	3.44	3.42
仪器仪表及文化、办公用机械制造业	Instruments, Meters, Cultural and Office Machinery	0.54	0.3	0.87	0.85
工艺品及其他制造业	Handicraft Article and Other Manufacturing Indust	0.16	0.08	0.25	0.25
废弃资源和废旧材料回收加工业	Recovery of Resource Discarded and Useless Material	0.01	0.01	0.01	0.01
电力、热力的生产和供应业	Production and Supply of Electricity and Heating Power	4.05	2.25	3.32	3.21
燃气生产和供应业	Production and Supply of Gas	0.4	0.25	0.17	0.06
水的生产和供应业	Production and Supply of Water	6.42	4.01	4.72	4.43

7－10 **续表6** continued 单位:亿元(100 million yuan)

行　业	Sector	长期负债 Long－term Liabilities	年末所有者权益合计 Creditors' Equity	实收资本 Total Capital Hold	主营业务收入 Revenues in Main Business	主营业务成本 Costs in Main Business
总计	**Total**	**3.93**	**91.72**	**31.14**	**251**	**219.36**
在总计中:轻工业	Light Industry	1.52	49.66	16.89	126	109.45
重工业	Heavy Industry	2.41	42.06	14.25	125.01	109.91
按工业行业分	**By Sector**					
煤炭开采和洗选业	Coal Mining and Dressing					
黑色金属矿采选业	Ferrous Metals Mining and Dressing					
有色金属矿采选业	Nonferrous Metals Mining and Dressing		0.01		0.07	0.05
非金属矿采选业	Nonmetal Minerals Mining and Dressing	0.79	2.87	1.74	18.28	15.91
其他采矿业	Other Minerals Mining and Dressing					
农副食品加工业	Non－staple Food Processing	0.02	0.28	0.06	1.45	1.26
食品制造业	Food Manufacturing	0.07	1.61	0.8	2.03	1.59
饮料制造业	Beverage Manufacturing	0.08	1.45	0.71	3.6	2.82
烟草制品业	Tobacco Processing	－0.06	0.15	0.02	0.06	0.02
纺织业	Textile Industry	0.39	7.45	3.63	26.19	24.01
纺织服装、鞋、帽制造业	Garments,Shoes and Hats Manufacturing	0.03	1.38	0.4	4.23	3.7
皮革、毛皮、羽毛(绒)及其制品业	Leather,Furs,Down and Related Products		2.64	1	9.22	8.02
木材加工及木、竹、藤、棕、草制品业	Timber Processing,Bamboo, Cane Palm Fiber and Straw Products	0.01	0.77	0.12	2.34	2.07
家具制造业	Furniture Manufacturing		0.01	0.01	0.24	0.22
造纸及纸制品业	Papermaking and Paper Products	0.36	1.27	0.61	5.09	4.79
印刷业和记录媒介的复制	Printing and Record Medium Reproduction		0.34	0.17	0.62	0.55
文教体育用品制造业	Cultural,Educational and Sports Goods		0.04		0.74	0.67

7－10 续表7 continued　　单位:亿元（100 million yuan）

行 业	Sector	长期负债 Long－term Liabilities	年末所有者权益合计 Creditors' Equity	实收资本 Total Capital Hold	主营业务收入 Revenues in Main Business	主营业务成本 Costs in Main Business
石油加工、炼焦及核燃料加工业	Petroleum Processing, Cooking and Nuclear Fuel Processing		0.08	0.01	0.21	0.19
化学原料及化学制品制造业	Raw Chemical Materials and Chemical Products	0.09	9.01	1.99	22.08	19.81
医药制造业	Medical and Pharmaceutical Products	0.41	15.43	4.69	25.71	20.89
化学纤维制造业	Chemical Fiber		1.94	1.6	7.65	7.18
橡胶制品业	Rubber Products	0.01	0.42	0.06	0.46	0.41
塑料制品业	Plastic Products	0.14	3.49	1.27	21.4	19.04
非金属矿物制品业	Nonmetal Mineral Products	0.16	3.05	1.49	9.54	8.04
黑色金属冶炼及压延加工业	Smelting and Pressing of Ferrous Metals	0.27	1.94	0.43	5.12	4.77
有色金属冶炼及压延加工业	Smelting and Pressing of Nonferrous Metals	0.11	2.16	0.89	12.75	12.52
金属制品业	Metal Products	0.26	2.23	0.63	7.41	6.57
通用设备制造业	Equipment in Common Use	0.06	6.08	1.13	11.94	10.17
专用设备制造业	Special Purpose Equipment	0.1	1.33	0.43	2.03	1.67
交通运输设备制造业	Transport Equipment	0.08	3.79	1.03	9.9	8.68
电气机械及器材制造业	Electric Equipment and Machinery	0.04	7.03	0.97	15.58	12.91
通信设备、计算机及其他电子设备制造业	Telecommunications Equipment, Computer and Other Electronic Equipment		3.13	0.7	7.95	6.74
仪器仪表及文化、办公用机械制造业	Instruments, Meters, Cultural and Office Machinery	0.02	0.71	0.31	1.79	1.43
工艺品及其他制造业	Handicraft Article and Other Manufacturing Indust		0.44	0.08	0.96	0.82
废弃资源和废旧材料回收加工业	Recovery of Resource Discarded and Useless Material		0.11	0.01	0.11	0.03
电力、热力的生产和供应业	Production and Supply of Electricity and Heating Power	0.11	5.97	2.93	10.53	8.75
燃气生产和供应业	Production and Supply of Gas	0.11	0.11	0.05	0.13	0.12
水的生产和供应业	Production and Supply of Water	0.29	3.04	1.17	3.59	2.96

7－10 续表8 continued 单位:亿元（100 million yuan）

行　业	Sector	主营业务税金及附加 Sales Taxes and Extra Charges in Main Business	利润总额 Total Profits	利税总额 Total Profits and Taxes	本年应交增值税 Value Added Taxes Payable
总计	**Total**	**1.83**	**13.1**	**23.14**	**8.21**
在总计中:轻工业	Light Industry	0.83	7.63	12.12	3.66
重工业	Heavy Industry	0.99	5.48	11.02	4.55
按工业行业分	**By Sector**				
煤炭开采和洗选业	Coal Mining and Dressing				
黑色金属矿采选业	Ferrous Metals Mining and Dressing				
有色金属矿采选业	Nonferrous Metals Mining and Dressing			0.01	
非金属矿采选业	Nonmetal Minerals Mining and Dressing	0.47	1.08	2.35	0.8
其他采矿业	Other Minerals Mining and Dressing				
农副食品加工业	Non－staple Food Processing		0.07	0.11	0.03
食品制造业	Food Manufacturing	0.01	0.09	0.19	0.09
饮料制造业	Beverage Manufacturing	0.08	0.17	0.38	0.14
烟草制品业	Tobacco Processing			0.01	0.01
纺织业	Textile Industry	0.12	1.11	2.01	0.78
纺织服装、鞋、帽制造业	Garments,Shoes and Hats Manufacturing	0.03	0.17	0.39	0.19
皮革、毛皮、羽毛(绒)及其制品业	Leather,Furs,Down and Related Products	0.02	0.52	0.95	0.42
木材加工及木、竹、藤、棕、草制品业	Timber Processing,Bamboo, Cane Palm Fiber and Straw Products	0.01	0.08	0.14	0.05
家具制造业	Furniture Manufacturing				
造纸及纸制品业	Papermaking and Paper Products	0.02	0.03	0.23	0.18
印刷业和记录媒介的复制	Printing and Record Medium Reproduction		0.02	0.05	0.03
文教体育用品制造业	Cultural,Educational and Sports Goods	0.01	0.03	0.05	0.01

7－10 续表9 continued 单位:亿元(100 million yuan)

行业	Sector	主营业务税金及附加 Sales Taxes and Extra Charges in Main Business	利润总额 Total Profits	利税总额 Total Profits and Taxes	本年应交增值税 Value Added Taxes Payable
石油加工、炼焦及核燃料加工业	Petroleum Processing, Cooking and Nuclear Fuel Processing		0.01	0.01	0.01
化学原料及化学制品制造业	Raw Chemical Materials and Chemical Products	0.1	0.84	1.7	0.76
医药制造业	Medical and Pharmaceutical Products	0.31	2.63	3.47	0.53
化学纤维制造业	Chemical Fiber	0.03	0.27	0.37	0.07
橡胶制品业	Rubber Products		0.01	0.03	0.02
塑料制品业	Plastic Products	0.06	1.06	1.59	0.46
非金属矿物制品业	Nonmetal Mineral Products	0.08	0.38	1.02	0.56
黑色金属冶炼及压延加工业	Smelting and Pressing of Ferrous Metals	0.02	0.12	0.26	0.12
有色金属冶炼及压延加工业	Smelting and Pressing of Nonferrous Metals	0.02	0.06	0.32	0.24
金属制品业	Metal Products	0.04	0.32	0.66	0.3
通用设备制造业	Equipment in Common Use	0.08	0.72	1.34	0.55
专用设备制造业	Special Purpose Equipment	0.01	0.2	0.33	0.11
交通运输设备制造业	Transport Equipment	0.07	0.34	0.68	0.27
电气机械及器材制造业	Electric Equipment and Machinery	0.09	0.92	1.65	0.64
通信设备、计算机及其他电子设备制造业	Telecommunications Equipment, Computer and Other Electronic Equipment	0.04	0.66	0.95	0.25
仪器仪表及文化、办公用机械制造业	Instruments, Meters, Cultural and Office Machinery	0.01	0.06	0.16	0.09
工艺品及其他制造业	Handicraft Article and Other Manufacturing Indust	0.01	0.05	0.09	0.04
废弃资源和废旧材料回收加工业	Recovery of Resource Discarded and Useless Material		0.07	0.08	0.02
电力、热力的生产和供应业	Production and Supply of Electricity and Heating Power	0.04	0.92	1.28	0.31
燃气生产和供应业	Production and Supply of Gas		0.04	0.05	
水的生产和供应业	Production and Supply of Water	0.03	0.05	0.24	0.16

7－11 按行业分的规模以上集体工业企业主要经济效益指标(2007 年)
Main Economic Beneficial Indicators of Collective-owned Industrial Enterprises Above Designated Size by Sector(2007)

行 业	Sector	每百元资金实现利税(元) Pre-tax Profits per 100 Yuan Funds(yuan)	每百元固定资产原值实现利税(元) Pre-tax Profits per 100 Yuan Original Value of Fixed Assets(yuan)	每百元主营业务收入实现利税(元) Pre-tax Profits per 100 Yuan Revenues in Main Business (yuan)
总计	**Total**	**13.29**	**29.26**	**9.22**
在总计中:轻工业	Light Industry	13.3	26.77	9.62
重工业	Heavy Industry	13.28	32.59	8.82
按工业行业分	**By Sector**			
煤炭开采和洗选业	Coal Mining and Dressing			
黑色金属矿采选业	Ferrous Metals Mining and Dressing			
有色金属矿采选业	Nonferrous Metals Mining and Dressing	3.72	29.65	6.91
非金属矿采选业	Nonmetal Minerals Mining and Dressing	41.65	46.31	12.86
其他采矿业	Other Minerals Mining and Dressing			
农副食品加工业	Non－staple Food Processing	21.58	48.31	7.43
食品制造业	Food Manufacturing	10.88	10.68	9.53
饮料制造业	Beverage Manufacturing	9.02	25.17	10.64
烟草制品业	Tobacco Processing	5.43	73.84	14.62
纺织业	Textile Industry	12.01	19.68	7.69
纺织服装、鞋、帽制造业	Garments, Shoes and Hats Manufacturing	9.44	34.69	9.29
皮革、毛皮、羽毛(绒)及其制品业	Leather, Furs, Down and Related Products	21.16	44.18	10.3
木材加工及木、竹、藤、棕、草制品业	Timber Processing, Bamboo, Cane Palm Fiber and Straw Products	6.12	14.11	5.96
家具制造业	Furniture Manufacturing	10.21	20.1	1.61
造纸及纸制品业	Papermaking and Paper Products	6.09	11.75	4.45
印刷业和记录媒介的复制	Printing and Record Medium Reproduction	9.02	11.49	7.53
文教体育用品制造业	Cultural, Educational and Sports Goods	27.35	89.49	6.48

7-11 续表1 continued

行业	Sector	每百元资金实现利税（元） Pre-tax Profits per 100 Yuan Funds(yuan)	每百元固定资产原值实现利税（元） Pre-tax Profits per 100 Yuan Original Value of Fixed Assets(yuan)	每百元主营业务收入实现利税（元） Pre-tax Profits per 100 Yuan Revenues in Main Business (yuan)
石油加工、炼焦及核燃料加工业	Petroleum Processing, Cooking and Nuclear Fuel Processing	13.98	77.44	6.74
化学原料及化学制品制造业	Raw Chemical Materials and Chemical Products	8.71	30.98	7.68
医药制造业	Medical and Pharmaceutical Products	14.5	33.79	13.49
化学纤维制造业	Chemical Fiber	13.18	12.62	4.87
橡胶制品业	Rubber Products	4.07	18.69	6.38
塑料制品业	Plastic Products	17.99	45.76	7.41
非金属矿物制品业	Nonmetal Mineral Products	13.06	28.03	10.65
黑色金属冶炼及压延加工业	Smelting and Pressing of Ferrous Metals	7.94	21.74	5.06
有色金属冶炼及压延加工业	Smelting and Pressing of Nonferrous Metals	7.58	27.19	2.52
金属制品业	Metal Products	15.79	42.38	8.95
通用设备制造业	Equipment in Common Use	13.13	43.53	11.22
专用设备制造业	Special Purpose Equipment	16.53	57.75	16.26
交通运输设备制造业	Transport Equipment	10.11	24.96	6.91
电气机械及器材制造业	Electric Equipment and Machinery	11.69	41.03	10.59
通信设备、计算机及其他电子设备制造业	Telecommunications Equipment, Computer and Other Electronic Equipment	15.57	57.05	11.91
仪器仪表及文化、办公用机械制造业	Instruments, Meters, Cultural and Office Machinery	11.28	29.97	8.99
工艺品及其他制造业	Handicraft Article and Other Manufacturing Indust	15.92	57.74	9.38
废弃资源和废旧材料回收加工业	Recovery of Resource Discarded and Useless Material	81.66	845.85	77.18
电力、热力的生产和供应业	Production and Supply of Electricity and Heating Power	21.03	31.55	12.13
燃气生产和供应业	Production and Supply of Gas	18.09	12.13	35.8
水的生产和供应业	Production and Supply of Water	3.59	3.69	6.59

7－11 续表2 continued

行业	Sector	产品销售率（%） Rate of Products Sold(%)	流动资金周转次数（次） Times of Turnover Circulating Funds(time)	劳动生产率（元/人） Overall Labor Productivity (yuan/person)
总计	**Total**	**97.16**	**2.01**	**81759**
在总计中:轻工业	Light Industry	96.48	2.06	81937
重工业	Heavy Industry	97.87	1.98	81560
按工业行业分	**By Sector**			
煤炭开采和洗选业	Coal Mining and Dressing			
黑色金属矿采选业	Ferrous Metals Mining and Dressing			
有色金属矿采选业	Nonferrous Metals Mining and Dressing	100	0.6	24040
非金属矿采选业	Nonmetal Minerals Mining and Dressing	99.79	9.88	173550
其他采矿业	Other Minerals Mining and Dressing			
农副食品加工业	Non－staple Food Processing	96.82	3.78	58226
食品制造业	Food Manufacturing	97.32	2.1	56388
饮料制造业	Beverage Manufacturing	88.04	1.03	94312
烟草制品业	Tobacco Processing	100	0.39	68393
纺织业	Textile Industry	95.29	2.66	66093
纺织服装、鞋、帽制造业	Garments, Shoes and Hats Manufacturing	96.26	1.18	33468
皮革、毛皮、羽毛(绒)及其制品业	Leather, Furs, Down and Related Products	99.02	3.19	95343
木材加工及木、竹、藤、棕、草制品业	Timber Processing, Bamboo, Cane Palm Fiber and Straw Products	98.52	1.31	90596
家具制造业	Furniture Manufacturing	99.86	8.18	19438
造纸及纸制品业	Papermaking and Paper Products	99.33	1.88	46949
印刷业和记录媒介的复制	Printing and Record Medium Reproduction	97.37	1.99	57752
文教体育用品制造业	Cultural, Educational and Sports Goods	100	5.26	58517

7-11　续表3　continued

行　业	Sector	产品销售率(%) Rate of Products Sold(%)	流动资金周转次数(次) Times of Turnover Circulating Funds(time)	劳动生产率(元/人) Overall Labor Productivity (yuan/person)
石油加工、炼焦及核燃料加工业	Petroleum Processing,Cooking and Nuclear Fuel Processing	98.01	2.19	75511
化学原料及化学制品制造业	Raw Chemical Materials and Chemical Products	96.58	1.35	115112
医药制造业	Medical and Pharmaceutical Products	94.93	1.68	137422
化学纤维制造业	Chemical Fiber	94.91	7.22	198622
橡胶制品业	Rubber Products	100.38	0.72	40297
塑料制品业	Plastic Products	99.33	3.08	63167
非金属矿物制品业	Nonmetal Mineral Products	99.7	1.65	55059
黑色金属冶炼及压延加工业	Smelting and Pressing of Ferrous Metals	97.33	1.93	98722
有色金属冶炼及压延加工业	Smelting and Pressing of Nonferrous Metals	97.23	3.6	124697
金属制品业	Metal Products	99.4	2.29	50797
通用设备制造业	Equipment in Common Use	97.84	1.42	50938
专用设备制造业	Special Purpose Equipment	97.01	1.25	62544
交通运输设备制造业	Transport Equipment	98.83	1.79	59730
电气机械及器材制造业	Electric Equipment and Machinery	97.27	1.3	75013
通信设备、计算机及其他电子设备制造业	Telecommunications Equipment,Computer and Other Electronic Equipment	90.42	1.58	58952
仪器仪表及文化、办公用机械制造业	Instruments,Meters,Cultural and Office Machinery	96.29	1.59	46907
工艺品及其他制造业	Handicraft Article and Other Manufacturing Indust	99.04	1.98	72785
废弃资源和废旧材料回收加工业	Recovery of Resource Discarded and Useless Material	100	1.13	488571
电力、热力的生产和供应业	Production and Supply of Electricity and Heating Power	100.19	2.75	411518
燃气生产和供应业	Production and Supply of Gas	100	7.74	40781
水的生产和供应业	Production and Supply of Water	99.13	1.39	82593

7-12 按行业分的外商投资和港澳台商投资工业企业主要指标(2007年) Main Indicators of Foreign Funded Enterprises and Enterprises Funded by Entrepreneurs form Hong Kong, Macao and Taiwan by Sector(2007)

单位:亿元(100 million yuan)

行业	Sector	企业单位数(个) Number of Enterprises (unit)	#亏损企业 Loss	工业总产值 Gross Industrial Output Value	工业增加值 Value Added of Industry
总计	**Total**	**8626**	**1596**	**9609.9**	**1993.87**
按注册登记类型分	**by Registered Type**				
港澳台商投资	Enterprises Funded by Entrepreneurs from Hong Kong, Macao & Taiwan	4078	730	4188.53	891.42
外商投资	Foreign Funded Enterprises	4548	866	5421.38	1102.45
在总计中:轻工业	Light Industry	5108	1018	4529.21	1051.7
重工业	Heavy Industry	3518	578	5080.7	942.17
按工业行业分	**By Sector**				
煤炭开采和洗选业	Coal Mining and Dressing				
黑色金属矿采选业	Ferrous Metals Mining and Dressing	1		10.11	2.5
有色金属矿采选业	Nonferrous Metals Mining and Dressing				
非金属矿采选业	Nonmetal Minerals Mining and Dressing	10	2	3.2	0.95
其他采矿业	Other Minerals Mining and Dressing				
农副食品加工业	Non-staple Food Processing	116	24	165.58	29.12
食品制造业	Food Manufacturing	84	20	108.26	27.53
饮料制造业	Beverage Manufacturing	61	17	201.92	71.72
烟草制品业	Tobacco Processing	1		1.17	0.68
纺织业	Textile Industry	1464	239	1080.38	235.68
纺织服装、鞋、帽制造业	Garments, Shoes and Hats Manufacturing	981	205	565.15	174.18
皮革、毛皮、羽毛(绒)及其制品业	Leather, Furs, Down and Related Products	378	73	384.09	76.64
木材加工及木、竹、藤、棕、草制品业	Timber Processing, Bamboo, Cane Palm Fiber and Straw Products	138	21	89.19	19.26
家具制造业	Furniture Manufacturing	156	37	168.3	33.74
造纸及纸制品业	Papermaking and Paper Products	127	27	190.97	37.21
印刷业和记录媒介的复制	Printing and Record Medium Reproduction	37	5	36.41	10.07
文教体育用品制造业	Cultural, Educational and Sports Goods	242	70	124.92	26.57

注:本表统计范围为年产品销售收入500万元及以上的外商投资和港澳台商投资工业企业。表7-15同。
The data in this table refer to Foreign Funded Industrial Enterprises and Enterprises Funded by Entrepreneurs from Hong Kong, Macao and Taiwan with an annual sales income over 5 million yuan. The Same for table 7-15.

7－12 续表1 continued 单位:亿元(100 million yuan)

行 业	Sector	企业单位数(个) Number of Enterprises (unit)	#亏损企业 Loss	工业总产值 Gross Industrial Output Value	工业增加值 Value Added of Industry
石油加工、炼焦及核燃料加工业	Petroleum Processing, Cooking and Nuclear Fuel Processing	12	3	99.17	18.22
化学原料及化学制品制造业	Raw Chemical Materials and Chemical Products	354	63	785.67	142.19
医药制造业	Medical and Pharmaceutical Products	85	15	95.66	32.57
化学纤维制造业	Chemical Fiber	79	16	374.83	66.26
橡胶制品业	Rubber Products	57	4	78.24	17.9
塑料制品业	Plastic Products	362	72	298.44	64.88
非金属矿物制品业	Nonmetal Mineral Products	176	38	176.94	46.76
黑色金属冶炼及压延加工业	Smelting and Pressing of Ferrous Metals	61	12	290.17	26.78
有色金属冶炼及压延加工业	Smelting and Pressing of Nonferrous Metals	82	16	186.14	24.69
金属制品业	Metal Products	440	83	329.74	64.52
通用设备制造业	Equipment in Common Use	748	95	603.1	142.49
专用设备制造业	Special Purpose Equipment	335	52	260.34	67.15
交通运输设备制造业	Transport Equipment	336	61	406.42	94.39
电气机械及器材制造业	Electric Equipment and Machinery	696	124	710.49	136.98
通信设备、计算机及其他电子设备制造业	Telecommunications Equipment, Computer and Other Electronic Equipment	415	87	1267.24	185.92
仪器仪表及文化、办公用机械制造业	Instruments, Meters, Cultural and Office Machinery	182	30	141.51	33.68
工艺品及其他制造业	Handicraft Article and Other Manufacturing Indust	301	62	184.41	41.57
废弃资源和废旧材料回收加工业	Recovery of Resource Discarded and Useless Material	47	8	74.49	7.43
电力、热力的生产和供应业	Production and Supply of Electricity and Heating Power	50	11	111.78	32.54
燃气生产和供应业	Production and Supply of Gas	11	4	5.24	1
水的生产和供应业	Production and Supply of Water	1		0.24	0.09

7-12 续表2 continued 单位:亿元(100 million yuan)

行业	Sector	资产总计 Total Assets	流动资产合计 Circulating Funds	流动资产年平均余额 Annual Average Balance of Circulating Funds	固定资产合计 Fixed Assets
总计	**Total**	**8253.5**	**4911.29**	**4555.4**	**2645.47**
按注册登记类型分	**by Registered Type**				
港澳台商投资	Enterprises Funded by Entrepreneurs from Hong Kong, Macao & Taiwan	3781.81	2312.4	2145.75	1148.37
外商投资	Foreign Funded Enterprises	4471.69	2598.9	2409.66	1497.1
在总计中:轻工业	Light Industry	4083.95	2432.09	2263.94	1268.81
重工业	Heavy Industry	4169.55	2479.21	2291.47	1376.66
按工业行业分	**By Sector**				
煤炭开采和洗选业	Coal Mining and Dressing				
黑色金属矿采选业	Ferrous Metals Mining and Dressing	18.75	18.15	18.16	0.49
有色金属矿采选业	Nonferrous Metals Mining and Dressing				
非金属矿采选业	Nonmetal Minerals Mining and Dressing	4.07	1.05	1	2.03
其他采矿业	Other Minerals Mining and Dressing				
农副食品加工业	Non-staple Food Processing	119.53	80.29	71.01	30.08
食品制造业	Food Manufacturing	75.46	41.08	38.02	25.66
饮料制造业	Beverage Manufacturing	189.63	106.04	108.04	62.13
烟草制品业	Tobacco Processing	1.23	0.47	0.87	0.64
纺织业	Textile Industry	1041.99	621.19	579.26	333.52
纺织服装、鞋、帽制造业	Garments, Shoes and Hats Manufacturing	477.62	278.47	265.58	147.35
皮革、毛皮、羽毛(绒)及其制品业	Leather, Furs, Down and Related Products	311.54	214.51	187.98	59.69
木材加工及木、竹、藤、棕、草制品业	Timber Processing, Bamboo, Cane Palm Fiber and Straw Products	58.11	37.67	34.1	16.77
家具制造业	Furniture Manufacturing	149.45	94.68	86.18	43.18
造纸及纸制品业	Papermaking and Paper Products	269.59	115.76	108.53	123.7
印刷业和记录媒介的复制	Printing and Record Medium Reproduction	41.39	22.67	21.03	12.04
文教体育用品制造业	Cultural, Educational and Sports Goods	109.81	66.53	63.87	33.15

7-12 续表3 continued 单位:亿元 (100 million yuan)

行　业	Sector	资产总计 Total Assets	流动资产合计 Circulating Funds	流动资产年平均余额 Annual Average Balance of Circulating Funds	固定资产合计 Fixed Assets
石油加工、炼焦及核燃料加工业	Petroleum Processing, Cooking and Nuclear Fuel Processing	30.14	19.15	19.29	6.43
化学原料及化学制品制造业	Raw Chemical Materials and Chemical Products	686.68	356.3	330.05	278.81
医药制造业	Medical and Pharmaceutical Products	91.85	57.28	54.15	24.77
化学纤维制造业	Chemical Fiber	332.95	176.61	161.72	140.79
橡胶制品业	Rubber Products	98.79	37.52	34.9	44.93
塑料制品业	Plastic Products	300.9	176.73	168.98	89.69
非金属矿物制品业	Nonmetal Mineral Products	234.19	98.59	94.41	112.17
黑色金属冶炼及压延加工业	Smelting and Pressing of Ferrous Metals	207.76	118.78	110.18	76.98
有色金属冶炼及压延加工业	Smelting and Pressing of Nonferrous Metals	105.5	73.19	67.54	23.43
金属制品业	Metal Products	251.96	167.76	165.82	59.65
通用设备制造业	Equipment in Common Use	537.08	347.6	317.99	147.78
专用设备制造业	Special Purpose Equipment	281.36	185.99	166.03	76.04
交通运输设备制造业	Transport Equipment	419.35	252.84	224.12	120.35
电气机械及器材制造业	Electric Equipment and Machinery	562.24	373.72	340.83	147.23
通信设备、计算机及其他电子设备制造业	Telecommunications Equipment, Computer and Other Electronic Equipment	725.7	498.15	461.41	196.94
仪器仪表及文化、办公用机械制造业	Instruments, Meters, Cultural and Office Machinery	123.47	82.85	74.62	31.54
工艺品及其他制造业	Handicraft Article and Other Manufacturing Indust	161.71	104.36	100.06	42.71
废弃资源和废旧材料回收加工业	Recovery of Resource Discarded and Useless Material	29.43	24.9	22.12	2.16
电力、热力的生产和供应业	Production and Supply of Electricity and Heating Power	193.41	57.8	54.9	125.47
燃气生产和供应业	Production and Supply of Gas	9.72	2.56	2.59	6.32
水的生产和供应业	Production and Supply of Water	1.14	0.06	0.07	0.83

7-12 续表4 continued 单位:亿元(100 million yuan)

行 业	Sector	固定资产原 价 Original Value of Fixed Assets	固定资产净 值年平均余额 Annual Average Balance of Net Value of Fixed Assets	年末负债合 计 Total Liabilities	流动负债 Circulating Liabilities
总计	**Total**	**3392.3**	**2382.2**	**4867.74**	**4382.22**
按注册登记类型分	**by Registered Type**				
港澳台商投资	Enterprises Funded by Entrepreneurs from Hong Kong, Macao & Taiwan	1473.35	1027	2295.87	2105.29
外商投资	Foreign Funded Enterprises	1918.94	1355.2	2571.87	2276.92
在总计中:轻工业	Light Industry	1667.22	1154.51	2411.03	2217.63
重工业	Heavy Industry	1725.07	1227.69	2456.72	2164.58
按工业行业分	**By Sector**				
煤炭开采和洗选业	Coal Mining and Dressing				
黑色金属矿采选业	Ferrous Metals Mining and Dressing	0.64	0.49	16.07	16.07
有色金属矿采选业	Nonferrous Metals Mining and Dressing				
非金属矿采选业	Nonmetal Minerals Mining and Dressing	2.67	2.02	1.88	1.36
其他采矿业	Other Minerals Mining and Dressing				
农副食品加工业	Non-staple Food Processing	44.16	27.21	82.67	73.43
食品制造业	Food Manufacturing	42.64	24.75	37.73	35.77
饮料制造业	Beverage Manufacturing	100.23	58.78	104.53	102.35
烟草制品业	Tobacco Processing	0.77	0.61	0.18	0.17
纺织业	Textile Industry	444.89	307.35	611.3	567.99
纺织服装、鞋、帽制造业	Garments, Shoes and Hats Manufacturing	184.59	131.7	271.59	253.79
皮革、毛皮、羽毛(绒)及其制品业	Leather, Furs, Down and Related Products	74.78	55.23	199.03	195.13
木材加工及木、竹、藤、棕、草制品业	Timber Processing, Bamboo, Cane Palm Fiber and Straw Products	22.21	15.68	32.34	30.65
家具制造业	Furniture Manufacturing	48.62	36.75	95.7	90.94
造纸及纸制品业	Papermaking and Paper Products	164.95	116.23	183.27	131.66
印刷业和记录媒介的复制	Printing and Record Medium Reproduction	18.88	11.47	18.2	17.56
文教体育用品制造业	Cultural, Educational and Sports Goods	42.37	29.72	56.54	52.31

7-12 续表5 continued

单位:亿元 (100 million yuan)

行 业	Sector	固定资产原 价 Original Value of Fixed Assets	固定资产净 值年平均余额 Annual Average Balance of Net Value of Fixed Assets	年末负债合 计 Total Liabilities	流动负债 Circulating Liabilities
石油加工、炼焦及核燃料加工业	Petroleum Processing, Cooking and Nuclear Fuel Processing	10.24	6.48	16.06	14.04
化学原料及化学制品制造业	Raw Chemical Materials and Chemical Products	323.59	236.5	411.39	333.22
医药制造业	Medical and Pharmaceutical Products	33.53	21.57	43.54	39.75
化学纤维制造业	Chemical Fiber	175.64	127.64	211.94	186.93
橡胶制品业	Rubber Products	51.98	44.33	51.2	43.47
塑料制品业	Plastic Products	116.43	83.11	174.3	158.22
非金属矿物制品业	Nonmetal Mineral Products	125.04	91.03	129.63	108.05
黑色金属冶炼及压延加工业	Smelting and Pressing of Ferrous Metals	98.74	67.93	140.63	115.93
有色金属冶炼及压延加工业	Smelting and Pressing of Nonferrous Metals	30.68	20.39	66.42	60.92
金属制品业	Metal Products	75.23	53.28	147.07	141.45
通用设备制造业	Equipment in Common Use	196.91	136.12	283.97	272.09
专用设备制造业	Special Purpose Equipment	93.61	67.69	149.07	132.99
交通运输设备制造业	Transport Equipment	141.96	104.84	251.24	234.19
电气机械及器材制造业	Electric Equipment and Machinery	183.02	133.28	332.34	311.37
通信设备、计算机及其他电子设备制造业	Telecommunications Equipment, Computer and Other Electronic Equipment	259.6	176.9	442.25	408.09
仪器仪表及文化、办公用机械制造业	Instruments, Meters, Cultural and Office Machinery	39.29	27.3	72.69	67.67
工艺品及其他制造业	Handicraft Article and Other Manufacturing Indust	50.22	38.41	96.53	90.99
废弃资源和废旧材料回收加工业	Recovery of Resource Discarded and Useless Material	2.86	2.02	22.6	22.6
电力、热力的生产和供应业	Production and Supply of Electricity and Heating Power	184.44	119.56	109.25	67.89
燃气生产和供应业	Production and Supply of Gas	5.85	4.99	4	3.1
水的生产和供应业	Production and Supply of Water	1.05	0.83	0.57	0.08

7－12 续表6 continued 单位:亿元(100 million yuan)

行业	Sector	长期负债 Long－term Liabilities	年末所有者权益合计 Creditors' Equity	实收资本 Total Capital Hold	主营业务收入 Revenues in Main Business	主营业务成本 Costs in Main Business
总计	**Total**	**469.04**	**3385.76**	**2433.86**	**9461.12**	**8174.9**
按注册登记类型分	**by Registered Type**					
港澳台商投资	Enterprises Funded by Entrepreneurs from Hong Kong, Macao & Taiwan	181.54	1485.94	1049.82	4077.52	3509.86
外商投资	Foreign Funded Enterprises	287.49	1899.82	1384.04	5383.59	4665.04
在总计中:轻工业	Light Industry	184.22	1672.93	1214.96	4482.02	3819.79
重工业	Heavy Industry	284.82	1712.83	1218.9	4979.1	4355.11
按工业行业分	**By Sector**					
煤炭开采和洗选业	Coal Mining and Dressing					
黑色金属矿采选业	Ferrous Metals Mining and Dressing		2.68	0.5	10.36	8.76
有色金属矿采选业	Nonferrous Metals Mining and Dressing					
非金属矿采选业	Nonmetal Minerals Mining and Dressing	0.22	2.19	2.5	3.21	2.61
其他采矿业	Other Minerals Mining and Dressing					
农副食品加工业	Non－staple Food Processing	8.92	36.86	33.4	160.25	146.45
食品制造业	Food Manufacturing	1.56	37.74	28.62	102.31	83.59
饮料制造业	Beverage Manufacturing	2.16	85.1	53.51	289.13	220.31
烟草制品业	Tobacco Processing	0.01	1.05	0.56	1.18	0.62
纺织业	Textile Industry	39.26	430.69	317.8	1048.13	923.79
纺织服装、鞋、帽制造业	Garments, Shoes and Hats Manufacturing	16.17	206.03	144.42	548.83	459.27
皮革、毛皮、羽毛(绒)及其制品业	Leather, Furs, Down and Related Products	3.25	112.51	75.27	365.77	326.53
木材加工及木、竹、藤、棕、草制品业	Timber Processing, Bamboo, Cane Palm Fiber and Straw Products	1.29	25.77	18.64	86.5	75.52
家具制造业	Furniture Manufacturing	4.58	53.75	46.17	164.16	144.2
造纸及纸制品业	Papermaking and Paper Products	51.4	86.32	78.09	187.94	165.05
印刷业和记录媒介的复制	Printing and Record Medium Reproduction	0.64	23.19	13.94	35.07	28.44
文教体育用品制造业	Cultural, Educational and Sports Goods	4.16	53.27	42.73	121.97	105.15

7－12 续表7 continued

单位:亿元（100 million yuan）

行 业	Sector	长期负债 Long－term Liabilities	年末所有者权益合计 Creditors' Equity	实收资本 Total Capital Hold	主营业务收入 Revenues in Main Business	主营业务成本 Costs in Main Business
石油加工、炼焦及核燃料加工业	Petroleum Processing, Cooking and Nuclear Fuel Processing	2.02	14.07	9.31	95.94	87.31
化学原料及化学制品制造业	Raw Chemical Materials and Chemical Products	77.18	275.29	209.99	760.05	649.34
医药制造业	Medical and Pharmaceutical Products	3.03	48.31	27.98	89.28	58.37
化学纤维制造业	Chemical Fiber	25	121.01	97.56	362.24	323.81
橡胶制品业	Rubber Products	7.73	47.59	27.21	77.85	64.89
塑料制品业	Plastic Products	14.21	126.59	85	291.48	251.46
非金属矿物制品业	Nonmetal Mineral Products	21.43	104.55	76.55	172.95	138.85
黑色金属冶炼及压延加工业	Smelting and Pressing of Ferrous Metals	24.69	67.13	62.35	289.64	276.24
有色金属冶炼及压延加工业	Smelting and Pressing of Nonferrous Metals	3.37	39.08	28.96	181.1	167.9
金属制品业	Metal Products	5.32	104.9	76.23	320.13	285.6
通用设备制造业	Equipment in Common Use	11.39	253.11	156.91	587.77	487.73
专用设备制造业	Special Purpose Equipment	16	132.29	81.85	256.17	202.72
交通运输设备制造业	Transport Equipment	16.78	168.11	128.73	397.1	340.97
电气机械及器材制造业	Electric Equipment and Machinery	20.21	229.9	164.83	692.58	596.35
通信设备、计算机及其他电子设备制造业	Telecommunications Equipment, Computer and Other Electronic Equipment	33.97	283.45	190.16	1261.08	1122.23
仪器仪表及文化、办公用机械制造业	Instruments, Meters, Cultural and Office Machinery	5	50.79	33.22	134.44	112.02
工艺品及其他制造业	Handicraft Article and Other Manufacturing Indust	5.32	65.18	39.29	177.1	151.43
废弃资源和废旧材料回收加工业	Recovery of Resource Discarded and Useless Material	0.01	6.83	4.84	73.71	69.19
电力、热力的生产和供应业	Production and Supply of Electricity and Heating Power	41.37	84.15	70.53	110.3	93.18
燃气生产和供应业	Production and Supply of Gas	0.9	5.72	5.7	5.16	4.87
水的生产和供应业	Production and Supply of Water	0.48	0.57	0.54	0.24	0.12

7－12 续表8 continued 单位:亿元(100 million yuan)

行 业	Sector	主营业务税金及附加 Sales Taxes and Extra Charges in Main Business	利润总额 Total Profits	利税总额 Total Profits and Taxes	本年应交增值税 Value Added Taxes Payable
总计	**Total**	**16.37**	**538.13**	**769.93**	**215.43**
按注册登记类型分	**by Registered Type**				
港澳台商投资	Enterprises Funded by Entrepreneurs from Hong Kong, Macao & Taiwan	7.11	245.96	357.43	104.36
外商投资	Foreign Funded Enterprises	9.26	292.17	412.5	111.07
在总计中:轻工业	Light Industry	10.76	244.07	366.2	111.38
重工业	Heavy Industry	5.61	294.06	403.73	104.05
按工业行业分	**By Sector**				
煤炭开采和洗选业	Coal Mining and Dressing				
黑色金属矿采选业	Ferrous Metals Mining and Dressing		1.52	1.65	0.12
有色金属矿采选业	Nonferrous Metals Mining and Dressing				
非金属矿采选业	Nonmetal Minerals Mining and Dressing	0.14	0.14	0.42	0.15
其他采矿业	Other Minerals Mining and Dressing				
农副食品加工业	Non－staple Food Processing	0.08	4.79	7.33	2.46
食品制造业	Food Manufacturing	0.04	7.22	11.26	4.01
饮料制造业	Beverage Manufacturing	5.35	22.14	39.86	12.37
烟草制品业	Tobacco Processing		0.36	0.48	0.12
纺织业	Textile Industry	1.52	51.39	76.64	23.73
纺织服装、鞋、帽制造业	Garments, Shoes and Hats Manufacturing	0.73	31.25	47.92	15.95
皮革、毛皮、羽毛(绒)及其制品业	Leather, Furs, Down and Related Products	0.53	11.09	20.62	9
木材加工及木、竹、藤、棕、草制品业	Timber Processing, Bamboo, Cane Palm Fiber and Straw Products	0.33	4.81	8.27	3.12
家具制造业	Furniture Manufacturing	0.12	4.53	6.51	1.86
造纸及纸制品业	Papermaking and Paper Products	0.28	5.35	10.83	5.21
印刷业和记录媒介的复制	Printing and Record Medium Reproduction	0.05	4.09	5.68	1.53
文教体育用品制造业	Cultural, Educational and Sports Goods	0.15	3.89	5.48	1.44

7－12 续表9 continued 单位:亿元(100 million yuan)

行 业	Sector	主营业务税金及附加 Sales Taxes and Extra Charges in Main Business	利润总额 Total Profits	利税总额 Total Profits and Taxes	本年应交增值税 Value Added Taxes Payable
石油加工、炼焦及核燃料加工业	Petroleum Processing, Cooking and Nuclear Fuel Processing	1.03	7.26	17.64	9.36
化学原料及化学制品制造业	Raw Chemical Materials and Chemical Products	1.27	46.67	68.18	20.24
医药制造业	Medical and Pharmaceutical Products	0.15	11.46	16.82	5.21
化学纤维制造业	Chemical Fiber	0.24	24.66	31.12	6.22
橡胶制品业	Rubber Products	0.11	4.23	6.3	1.97
塑料制品业	Plastic Products	0.22	19.86	26.39	6.32
非金属矿物制品业	Nonmetal Mineral Products	0.29	14.38	22.35	7.68
黑色金属冶炼及压延加工业	Smelting and Pressing of Ferrous Metals	0.15	3.84	7.29	3.31
有色金属冶炼及压延加工业	Smelting and Pressing of Nonferrous Metals	0.11	8.33	11.09	2.65
金属制品业	Metal Products	0.39	12.8	18.25	5.06
通用设备制造业	Equipment in Common Use	0.67	50.7	64.46	13.1
专用设备制造业	Special Purpose Equipment	0.33	27.49	34.88	7.06
交通运输设备制造业	Transport Equipment	0.3	29.56	37.5	7.64
电气机械及器材制造业	Electric Equipment and Machinery	0.65	35.69	48.13	11.79
通信设备、计算机及其他电子设备制造业	Telecommunications Equipment, Computer and Other Electronic Equipment	0.5	58.83	71.62	12.3
仪器仪表及文化、办公用机械制造业	Instruments, Meters, Cultural and Office Machinery	0.12	8.27	11.36	2.98
工艺品及其他制造业	Handicraft Article and Other Manufacturing Indust	0.37	8.76	12.47	3.33
废弃资源和废旧材料回收加工业	Recovery of Resource Discarded and Useless Material	0.02	1.59	2.43	0.81
电力、热力的生产和供应业	Production and Supply of Electricity and Heating Power	0.12	10.98	18.32	7.22
燃气生产和供应业	Production and Supply of Gas	0.01	0.17	0.29	0.11
水的生产和供应业	Production and Supply of Water		0.04	0.06	0.01

7－13 按行业分的外商投资和港澳台商投资工业企业主要经济效益指标(2007 年)
Main Economic Beneficial Indicators of Foreign Funded Enterprises and Enterprises Funded by Entrepreneurs form Hong Kong, Macao and Taiwan by Sector(2007)

行业	Sector	每百元资金实现利税(元) Pre-tax Profits per 100 Yuan Funds(yuan)	每百元固定资产原值实现利税(元) Pre-tax Profits per 100 Yuan Original Value of Fixed Assets(yuan)	每百元主营业务收入实现利税(元) Pre-tax Profits per 100 Yuan Revenues in Main Business (yuan)
总计	**Total**	**11.1**	**22.7**	**8.14**
按注册登记类型分	**by Registered Type**			
港澳台商投资	Enterprises Funded by Entrepreneurs from Hong Kong, Macao & Taiwan	11.27	24.26	8.77
外商投资	Foreign Funded Enterprises	10.96	21.5	7.66
在总计中:轻工业	Light Industry	10.71	21.96	8.17
重工业	Heavy Industry	11.47	23.4	8.11
按工业行业分	**By Sector**			
煤炭开采和洗选业	Coal Mining and Dressing			
黑色金属矿采选业	Ferrous Metals Mining and Dressing	8.84	259.7	15.92
有色金属矿采选业	Nonferrous Metals Mining and Dressing			
非金属矿采选业	Nonmetal Minerals Mining and Dressing	14.02	15.86	13.19
其他采矿业	Other Minerals Mining and Dressing			
农副食品加工业	Non－staple Food Processing	7.46	16.6	4.57
食品制造业	Food Manufacturing	17.94	26.42	11.01
饮料制造业	Beverage Manufacturing	23.9	39.77	13.79
烟草制品业	Tobacco Processing	32.55	62.59	40.94
纺织业	Textile Industry	8.64	17.23	7.31
纺织服装、鞋、帽制造业	Garments, Shoes and Hats Manufacturing	12.06	25.96	8.73
皮革、毛皮、羽毛(绒)及其制品业	Leather, Furs, Down and Related Products	8.48	27.58	5.64
木材加工及木、竹、藤、棕、草制品业	Timber Processing, Bamboo, Cane Palm Fiber and Straw Products	16.61	37.23	9.56
家具制造业	Furniture Manufacturing	5.3	13.39	3.97
造纸及纸制品业	Papermaking and Paper Products	4.82	6.57	5.76
印刷业和记录媒介的复制	Printing and Record Medium Reproduction	17.47	30.07	16.19
文教体育用品制造业	Cultural, Educational and Sports Goods	5.85	12.92	4.49

7-13 续表1 continued

行业	Sector	每百元资金实现利税（元）Pre-tax Profits per 100 Yuan Funds(yuan)	每百元固定资产原值实现利税(元) Pre-tax Profits per 100 Yuan Original Value of Fixed Assets(yuan)	每百元主营业务收入实现利税(元) Pre-tax Profits per 100 Yuan Revenues in Main Business (yuan)
石油加工、炼焦及核燃料加工业	Petroleum Processing, Cooking and Nuclear Fuel Processing	68.47	172.35	18.39
化学原料及化学制品制造业	Raw Chemical Materials and Chemical Products	12.03	21.07	8.97
医药制造业	Medical and Pharmaceutical Products	22.22	50.16	18.84
化学纤维制造业	Chemical Fiber	10.76	17.72	8.59
橡胶制品业	Rubber Products	7.95	12.12	8.1
塑料制品业	Plastic Products	10.47	22.67	9.05
非金属矿物制品业	Nonmetal Mineral Products	12.05	17.88	12.92
黑色金属冶炼及压延加工业	Smelting and Pressing of Ferrous Metals	4.1	7.39	2.52
有色金属冶炼及压延加工业	Smelting and Pressing of Nonferrous Metals	12.62	36.16	6.13
金属制品业	Metal Products	8.33	24.26	5.7
通用设备制造业	Equipment in Common Use	14.2	32.74	10.97
专用设备制造业	Special Purpose Equipment	14.92	37.26	13.62
交通运输设备制造业	Transport Equipment	11.4	26.41	9.44
电气机械及器材制造业	Electric Equipment and Machinery	10.15	26.3	6.95
通信设备、计算机及其他电子设备制造业	Telecommunications Equipment, Computer and Other Electronic Equipment	11.22	27.59	5.68
仪器仪表及文化、办公用机械制造业	Instruments, Meters, Cultural and Office Machinery	11.15	28.91	8.45
工艺品及其他制造业	Handicraft Article and Other Manufacturing Indust	9	24.82	7.04
废弃资源和废旧材料回收加工业	Recovery of Resource Discarded and Useless Material	10.05	84.91	3.29
电力、热力的生产和供应业	Production and Supply of Electricity and Heating Power	10.5	9.93	16.61
燃气生产和供应业	Production and Supply of Gas	3.78	4.9	5.56
水的生产和供应业	Production and Supply of Water	6.38	5.55	24.26

7-13 续表2 continued

行 业	Sector	产品销售率（%）Rate of Products Sold(%)	流动资金周转次数（次）Times of Turnover Circulating Funds(time)	劳动生产率（元/人）Overall Labor Productivity (yuan/person)
总计	**Total**	**97.58**	**2.08**	**93365**
按注册登记类型分	**by Registered Type**			
港澳台商投资	Enterprises Funded by Entrepreneurs from Hong Kong, Macao & Taiwan	97.5	1.9	90624
外商投资	Foreign Funded Enterprises	97.64	2.23	95706
在总计中:轻工业	Light Industry	97.44	1.98	75828
重工业	Heavy Industry	97.71	2.17	125857
按工业行业分	**By Sector**			
煤炭开采和洗选业	Coal Mining and Dressing			
黑色金属矿采选业	Ferrous Metals Mining and Dressing	101.99	0.57	2268900
有色金属矿采选业	Nonferrous Metals Mining and Dressing			
非金属矿采选业	Nonmetal Minerals Mining and Dressing	100.06	3.21	186833
其他采矿业	Other Minerals Mining and Dressing			
农副食品加工业	Non-staple Food Processing	97.1	2.26	129590
食品制造业	Food Manufacturing	98.42	2.69	144425
饮料制造业	Beverage Manufacturing	99.56	2.68	284508
烟草制品业	Tobacco Processing	100.53	1.35	413476
纺织业	Textile Industry	97.3	1.81	70670
纺织服装、鞋、帽制造业	Garments, Shoes and Hats Manufacturing	98.99	2.07	51330
皮革、毛皮、羽毛(绒)及其制品业	Leather, Furs, Down and Related Products	96.91	1.95	50634
木材加工及木、竹、藤、棕、草制品业	Timber Processing, Bamboo, Cane Palm Fiber and Straw Products	96.43	2.54	88346
家具制造业	Furniture Manufacturing	97.16	1.9	50674
造纸及纸制品业	Papermaking and Paper Products	99.11	1.73	128450
印刷业和记录媒介的复制	Printing and Record Medium Reproduction	96.69	1.67	157751
文教体育用品制造业	Cultural, Educational and Sports Goods	97.93	1.91	45791

7－13 续表3 continued

行 业	Sector	产品销售率（%）Rate of Products Sold(%)	流动资金周转次数（次）Times of Turnover Circulating Funds(time)	劳动生产率（元/人）Overall Labor Productivity (yuan/person)
石油加工、炼焦及核燃料加工业	Petroleum Processing, Cooking and Nuclear Fuel Processing	97.57	4.97	2647814
化学原料及化学制品制造业	Raw Chemical Materials and Chemical Products	96.44	2.3	293902
医药制造业	Medical and Pharmaceutical Products	93.08	1.65	196288
化学纤维制造业	Chemical Fiber	96.22	2.24	247342
橡胶制品业	Rubber Products	99.16	2.23	129992
塑料制品业	Plastic Products	97.04	1.73	102525
非金属矿物制品业	Nonmetal Mineral Products	97.93	1.83	125892
黑色金属冶炼及压延加工业	Smelting and Pressing of Ferrous Metals	97.43	2.63	228241
有色金属冶炼及压延加工业	Smelting and Pressing of Nonferrous Metals	97.37	2.68	195359
金属制品业	Metal Products	97.3	1.93	80509
通用设备制造业	Equipment in Common Use	97.26	1.85	95248
专用设备制造业	Special Purpose Equipment	98.05	1.54	122574
交通运输设备制造业	Transport Equipment	96.32	1.77	117839
电气机械及器材制造业	Electric Equipment and Machinery	97.91	2.03	82586
通信设备、计算机及其他电子设备制造业	Telecommunications Equipment, Computer and Other Electronic Equipment	99.22	2.73	116797
仪器仪表及文化、办公用机械制造业	Instruments, Meters, Cultural and Office Machinery	96.63	1.8	69360
工艺品及其他制造业	Handicraft Article and Other Manufacturing Indust	95.02	1.77	54018
废弃资源和废旧材料回收加工业	Recovery of Resource Discarded and Useless Material	97.55	3.33	101670
电力、热力的生产和供应业	Production and Supply of Electricity and Heating Power	97.93	2.01	421725
燃气生产和供应业	Production and Supply of Gas	100.66	1.99	137258
水的生产和供应业	Production and Supply of Water	100	3.24	89516

7-14. 大中型工业企业主要指标(2007年)
Main Indicators of Large and Medium-sized Industrial Entrepreneurs(2007)

单位:亿元(100 million yuan)

行业	Sector	企业单位数(个) Number of Enterprises (unit)	#亏损企业 Loss	工业总产值 Gross Industrial Output Value	工业增加值 Value Added of Industry
总计	**Total**	**4342**	**324**	**20366.44**	**4279.33**
按注册登记类型分	**by Registered Type**				
#国有	#State - owned	80	8	2038.39	554.27
集体	Collective owned	25	1	109.27	26.14
私营	Private	1616	89	5134.8	1048.49
港澳台商投资	Enterprises Funded by Entrepreneurs from Hong Kong, Macao & Taiwan	722	76	2331.55	516.75
外商投资	Foreign Funded Enterprises	791	87	3514.27	679.13
在总计中:轻工业	Light Industry	2472	206	8639.78	1966.8
重工业	Heavy Industry	1870	118	11726.66	2312.53
按工业行业分	**By Sector**				
煤炭开采和洗选业	Coal Mining and Dressing	1	1	7.67	3.08
黑色金属矿采选业	Ferrous Metals Mining and Dressing	1		13.03	2.07
有色金属矿采选业	Nonferrous Metals Mining and Dressing	7		21.66	6.34
非金属矿采选业	Nonmetal Minerals Mining and Dressing	2	2	1.14	0.45
其他采矿业	Other Minerals Mining and Dressing				
农副食品加工业	Non - staple Food Processing	45	5	150.7	27.23
食品制造业	Food Manufacturing	45	6	120.92	27.68
饮料制造业	Beverage Manufacturing	37	8	216.02	71.38
烟草制品业	Tobacco Processing	2		198.58	172.87
纺织业	Textile Industry	719	58	2130.83	430.33
纺织服装、鞋、帽制造业	Garments, Shoes and Hats Manufacturing	322	23	740.02	203.99
皮革、毛皮、羽毛(绒)及其制品业	Leather, Furs, Down and Related Products	216	13	637.01	140.41
木材加工及木、竹、藤、棕、草制品业	Timber Processing, Bamboo, Cane Palm Fiber and Straw Products	36	1	98.89	19.68
家具制造业	Furniture Manufacturing	94	11	225.35	50.3
造纸及纸制品业	Papermaking and Paper Products	88	11	324.3	67.04
印刷业和记录媒介的复制	Printing and Record Medium Reproduction	33	2	77.6	18.32
文教体育用品制造业	Cultural, Educational and Sports Goods	70	7	151.56	34.39

7-14 续表1 continued 单位:亿元(100 million yuan)

行业	Sector	企业单位数(个) Number of Enterprises (unit)	#亏损企业 Loss	工业总产值 Gross Industrial Output Value	工业增加值 Value Added of Industry
石油加工、炼焦及核燃料加工业	Petroleum Processing, Cooking and Nuclear Fuel Processing	2	1	753.5	78.55
化学原料及化学制品制造业	Raw Chemical Materials and Chemical Products	131	8	1152.17	235.36
医药制造业	Medical and Pharmaceutical Products	68	5	403.73	122.34
化学纤维制造业	Chemical Fiber	72	5	1210.63	159.94
橡胶制品业	Rubber Products	38	1	226.78	48.85
塑料制品业	Plastic Products	156	11	538.89	119.57
非金属矿物制品业	Nonmetal Mineral Products	111	11	408.25	107.82
黑色金属冶炼及压延加工业	Smelting and Pressing of Ferrous Metals	44	6	598.35	94.75
有色金属冶炼及压延加工业	Smelting and Pressing of Nonferrous Metals	54	4	706.47	90.48
金属制品业	Metal Products	187	12	613.5	127.09
通用设备制造业	Equipment in Common Use	396	13	1238.73	286.53
专用设备制造业	Special Purpose Equipment	134	15	433.14	105.65
交通运输设备制造业	Transport Equipment	271	14	1424.78	281.88
电气机械及器材制造业	Electric Equipment and Machinery	450	27	1756.38	363.51
通信设备、计算机及其他电子设备制造业	Telecommunications Equipment, Computer and Other Electronic Equipment	193	21	1420.42	212.61
仪器仪表及文化、办公用机械制造业	Instruments, Meters, Cultural and Office Machinery	107	6	293.44	77.47
工艺品及其他制造业	Handicraft Article and Other Manufacturing Indust	119	4	281.78	63.52
废弃资源和废旧材料回收加工业	Recovery of Resource Discarded and Useless Material	6	1	31.19	2.21
电力、热力的生产和供应业	Production and Supply of Electricity and Heating Power	68	5	1715.44	409.52
燃气生产和供应业	Production and Supply of Gas	3		13.41	0.86
水的生产和供应业	Production and Supply of Water	14	6	30.19	15.27

7-14 续表2 continued 单位:亿元(100 million yuan)

行业	Sector	资产总计 Total Assets	流动资产合计 Circulating Funds	流动资产年平均余额 Annual Average Balance of Circulating Funds	固定资产合计 Fixed Assets
总计	**Total**	**17575.6**	**9405.8**	**8760.19**	**5843.37**
按注册登记类型分	**by Registered Type**				
#国有	#State - owned	2008.16	531.45	543.49	1162.17
集体	Collective owned	91.93	56.2	53.1	24.07
私营	Private	4437.15	2607.79	2430.8	1199.31
港澳台商投资	Enterprises Funded by Entrepreneurs from Hong Kong, Macao & Taiwan	2079.13	1273.1	1178.94	639.01
外商投资	Foreign Funded Enterprises	2688.19	1608.12	1485.47	860.64
在总计中:轻工业	Light Industry	7692.3	4471.28	4205.24	2260.14
重工业	Heavy Industry	9883.3	4934.52	4554.96	3583.22
按工业行业分	**By Sector**				
煤炭开采和洗选业	Coal Mining and Dressing	9.53	3.95	3.7	5.21
黑色金属矿采选业	Ferrous Metals Mining and Dressing	7.56	4.17	4.01	2.63
有色金属矿采选业	Nonferrous Metals Mining and Dressing	14.96	8.35	8.25	2.71
非金属矿采选业	Nonmetal Minerals Mining and Dressing	2.52	1.07	1.09	0.73
其他采矿业	Other Minerals Mining and Dressing				
农副食品加工业	Non - staple Food Processing	135.1	89.71	83.24	30.55
食品制造业	Food Manufacturing	103.9	62.93	62.01	30.44
饮料制造业	Beverage Manufacturing	222.9	124.9	126.78	71.44
烟草制品业	Tobacco Processing	193.73	147	143.2	31.83
纺织业	Textile Industry	2045.1	1164.97	1113.22	647.49
纺织服装、鞋、帽制造业	Garments, Shoes and Hats Manufacturing	604.33	369.39	354.09	160.39
皮革、毛皮、羽毛(绒)及其制品业	Leather, Furs, Down and Related Products	455.89	297.65	263.11	91.54
木材加工及木、竹、藤、棕、草制品业	Timber Processing, Bamboo, Cane Palm Fiber and Straw Products	89.62	59.77	55.33	20.28
家具制造业	Furniture Manufacturing	195.5	125.28	114.43	54.1
造纸及纸制品业	Papermaking and Paper Products	446.85	196.97	179.97	184.27
印刷业和记录媒介的复制	Printing and Record Medium Reproduction	99.64	55.47	51.81	25.25
文教体育用品制造业	Cultural, Educational and Sports Goods	159.21	81.99	75.66	34.84

7－14 **续表3** continued 单位:亿元(100 million yuan)

行 业	Sector	资产总计 Total Assets	流动资产合计 Circulating Funds	流动资产年平均余额 Annual Average Balance of Circulating Funds	固定资产合计 Fixed Assets
石油加工、炼焦及核燃料加工业	Petroleum Processing, Cooking and Nuclear Fuel Processing	268.28	93.21	74.44	127.1
化学原料及化学制品制造业	Raw Chemical Materials and Chemical Products	996.88	505.14	456.29	355.43
医药制造业	Medical and Pharmaceutical Products	432.75	252.31	233.95	139.14
化学纤维制造业	Chemical Fiber	770.17	391.68	367.74	308.11
橡胶制品业	Rubber Products	197.86	85.22	83.49	79.78
塑料制品业	Plastic Products	384.93	226.36	210.89	108.21
非金属矿物制品业	Nonmetal Mineral Products	594.64	230.5	219.31	257.97
黑色金属冶炼及压延加工业	Smelting and Pressing of Ferrous Metals	471.51	241.16	242.59	172.05
有色金属冶炼及压延加工业	Smelting and Pressing of Nonferrous Metals	350.58	233	210.62	58.34
金属制品业	Metal Products	525.13	343.84	325.85	107.81
通用设备制造业	Equipment in Common Use	1157.83	732.97	680.73	266.08
专用设备制造业	Special Purpose Equipment	404.77	260.61	242.71	95.22
交通运输设备制造业	Transport Equipment	1313.48	818.61	692.8	312.6
电气机械及器材制造业	Electric Equipment and Machinery	1396.33	903.14	842.14	289.64
通信设备、计算机及其他电子设备制造业	Telecommunications Equipment, Computer and Other Electronic Equipment	968.9	636.62	595.09	231.41
仪器仪表及文化、办公用机械制造业	Instruments, Meters, Cultural and Office Machinery	258.68	163.37	152.98	58.32
工艺品及其他制造业	Handicraft Article and Other Manufacturing Indust	253.09	163.8	155.59	58.73
废弃资源和废旧材料回收加工业	Recovery of Resource Discarded and Useless Material	9.43	8.52	7.55	0.73
电力、热力的生产和供应业	Production and Supply of Electricity and Heating Power	1840.27	273.93	281.17	1317.23
燃气生产和供应业	Production and Supply of Gas	28.3	6.79	6.18	18.43
水的生产和供应业	Production and Supply of Water	165.48	41.47	38.17	87.35

7－14 续表4 continued 单位:亿元(100 million yuan)

行业	Sector	固定资产原价 Original Value of Fixed Assets	固定资产净值年平均余额 Annual Average Balance of Net Value of Fixed Assets	年末负债合计 Total Liabilities	流动负债 Circulating Liabilities
总计	**Total**	**7858.18**	**5223.62**	**10723.35**	**9044.65**
按注册登记类型分	**by Registered Type**				
#国有	#State－owned	1664.95	1074.55	1153.35	640.58
集体	Collective owned	34.29	23.02	47.09	46.19
私营	Private	1543.24	1050.92	2831.97	2558.16
港澳台商投资	Enterprises Funded by Entrepreneurs from Hong Kong, Macao & Taiwan	838.55	573.01	1318.01	1194.06
外商投资	Foreign Funded Enterprises	1118.36	770.14	1614.7	1450.39
在总计中:轻工业	Light Industry	3069.87	2038.14	4646.21	4183.51
重工业	Heavy Industry	4788.32	3185.48	6077.14	4861.13
按工业行业分	**By Sector**				
煤炭开采和洗选业	Coal Mining and Dressing	10.28	5.24	6.3	3.87
黑色金属矿采选业	Ferrous Metals Mining and Dressing	3.96	2.42	1.65	1.45
有色金属矿采选业	Nonferrous Metals Mining and Dressing	4.06	1.83	8.24	6.33
非金属矿采选业	Nonmetal Minerals Mining and Dressing	1.37	0.7	2.08	1.76
其他采矿业	Other Minerals Mining and Dressing				
农副食品加工业	Non－staple Food Processing	40.8	25.12	87.41	80.81
食品制造业	Food Manufacturing	48.79	27.92	65.01	61.46
饮料制造业	Beverage Manufacturing	110.62	67.3	123.51	119.99
烟草制品业	Tobacco Processing	58.24	25.17	21.35	18.59
纺织业	Textile Industry	904.29	596.36	1287.54	1159.98
纺织服装、鞋、帽制造业	Garments, Shoes and Hats Manufacturing	203.81	143.94	350.06	326.8
皮革、毛皮、羽毛(绒)及其制品业	Leather, Furs, Down and Related Products	112.68	82.78	293.97	284.27
木材加工及木、竹、藤、棕、草制品业	Timber Processing, Bamboo, Cane Palm Fiber and Straw Products	25.3	17.61	55.43	50.74
家具制造业	Furniture Manufacturing	64.89	47.19	131.93	122.69
造纸及纸制品业	Papermaking and Paper Products	245.63	174.28	289.79	213.93
印刷业和记录媒介的复制	Printing and Record Medium Reproduction	34.88	22.29	47.93	45.3
文教体育用品制造业	Cultural, Educational and Sports Goods	43.43	31.61	80.84	71.31

7-14 续表5 continued 单位:亿元(100 million yuan)

行 业	Sector	固定资产原价 Original Value of Fixed Assets	固定资产净值年平均余额 Annual Average Balance of Net Value of Fixed Assets	年末负债合计 Total Liabilities	流动负债 Circulating Liabilities
石油加工、炼焦及核燃料加工业	Petroleum Processing, Cooking and Nuclear Fuel Processing	177.63	89.11	143.48	143.43
化学原料及化学制品制造业	Raw Chemical Materials and Chemical Products	464.31	288.45	612.44	525.68
医药制造业	Medical and Pharmaceutical Products	186.41	125	231.63	207.74
化学纤维制造业	Chemical Fiber	423.73	273.22	505.39	444.29
橡胶制品业	Rubber Products	79.51	73.94	121.62	105.04
塑料制品业	Plastic Products	142.58	96.03	232.77	216.41
非金属矿物制品业	Nonmetal Mineral Products	321.14	225.22	340.71	260.31
黑色金属冶炼及压延加工业	Smelting and Pressing of Ferrous Metals	219.96	136.64	293.37	255.82
有色金属冶炼及压延加工业	Smelting and Pressing of Nonferrous Metals	73.75	51.28	222.27	210.14
金属制品业	Metal Products	134.72	96.95	334.72	314.38
通用设备制造业	Equipment in Common Use	359.93	230.38	661.25	607
专用设备制造业	Special Purpose Equipment	120.7	82.95	239.96	215.28
交通运输设备制造业	Transport Equipment	379.78	269.99	891.9	795.86
电气机械及器材制造业	Electric Equipment and Machinery	358.58	256.41	851.97	797.7
通信设备、计算机及其他电子设备制造业	Telecommunications Equipment, Computer and Other Electronic Equipment	318.79	207.08	559.84	514.49
仪器仪表及文化、办公用机械制造业	Instruments, Meters, Cultural and Office Machinery	70.55	51.28	151.84	138.97
工艺品及其他制造业	Handicraft Article and Other Manufacturing Indust	70.4	50.52	159.62	149.88
废弃资源和废旧材料回收加工业	Recovery of Resource Discarded and Useless Material	0.8	0.59	7.29	7.29
电力、热力的生产和供应业	Production and Supply of Electricity and Heating Power	1888.41	1255.61	1198.33	514.56
燃气生产和供应业	Production and Supply of Gas	20.9	11.38	12.31	7.15
水的生产和供应业	Production and Supply of Water	132.55	79.84	97.59	43.94

7-14 续表6 continued 单位:亿元(100 million yuan)

行 业	Sector	长期负债 Long-term Liabilities	年末所有者权益合计 Creditors' Equity	实收资本 Total Capital Hold	主营业务收入 Revenues in Main Business	主营业务成本 Costs in Main Business
总计	**Total**	**1400.26**	**6841.41**	**3223.87**	**20113.65**	**17429.62**
按注册登记类型分	**by Registered Type**					
#国有	#State-owned	278.55	854.82	243.67	2048.06	1731.22
集体	Collective owned	0.83	44.84	15.3	109.3	94.09
私营	Private	258.81	1605.18	725.41	4947.67	4328.56
港澳台商投资	Enterprises Funded by Entrepreneurs from Hong Kong, Macao & Taiwan	120.85	761.12	495.34	2267.19	1922.74
外商投资	Foreign Funded Enterprises	161.89	1073.49	720.51	3548.24	3082.19
在总计中:轻工业	Light Industry	447.15	3046.09	1420.3	8540.59	7212.63
重工业	Heavy Industry	953.11	3795.32	1803.57	11573.06	10216.99
按工业行业分	**By Sector**					
煤炭开采和洗选业	Coal Mining and Dressing	2.43	3.22	3.45	8.75	7.41
黑色金属矿采选业	Ferrous Metals Mining and Dressing	0.21	5.91	1.47	13.24	11.4
有色金属矿采选业	Nonferrous Metals Mining and Dressing	1.91	6.72	3.3	21.15	16.11
非金属矿采选业	Nonmetal Minerals Mining and Dressing	0.32	0.44	0.42	1.08	0.89
其他采矿业	Other Minerals Mining and Dressing					
农副食品加工业	Non-staple Food Processing	6.3	47.68	24.62	148.6	132.78
食品制造业	Food Manufacturing	2.99	38.89	19.24	117.85	92.33
饮料制造业	Beverage Manufacturing	3.5	99.39	48.74	313.83	234.93
烟草制品业	Tobacco Processing	2.75	172.38	9.77	199.73	46.51
纺织业	Textile Industry	120.63	757.56	393.07	2078.95	1852.91
纺织服装、鞋、帽制造业	Garments, Shoes and Hats Manufacturing	22.22	254.26	132.9	722.92	589.18
皮革、毛皮、羽毛(绒)及其制品业	Leather, Furs, Down and Related Products	8.17	161.92	89.73	611.58	537.53
木材加工及木、竹、藤、棕、草制品业	Timber Processing, Bamboo, Cane Palm Fiber and Straw Products	3.15	34.2	19.67	97.45	85.72
家具制造业	Furniture Manufacturing	8.39	63.56	43.53	221.2	191.18
造纸及纸制品业	Papermaking and Paper Products	75.51	157.06	103.28	317.47	280.77
印刷业和记录媒介的复制	Printing and Record Medium Reproduction	2.63	51.71	20.09	75.4	62.81
文教体育用品制造业	Cultural, Educational and Sports Goods	9.32	78.37	34.37	144.55	122.66

7-14 续表7 continued 单位:亿元(100 million yuan)

行 业	Sector	长期负债 Long-term Liabilities	年末所有者权益合计 Creditors' Equity	实收资本 Total Capital Hold	主营业务收入 Revenues in Main Business	主营业务成本 Costs in Main Business
石油加工、炼焦及核燃料加工业	Petroleum Processing, Cooking and Nuclear Fuel Processing	0.05	124.8	105.59	769.08	723.01
化学原料及化学制品制造业	Raw Chemical Materials and Chemical Products	86.43	373.6	175.59	1207.26	1010.76
医药制造业	Medical and Pharmaceutical Products	23.19	201.12	61.32	383.9	273.45
化学纤维制造业	Chemical Fiber	60.8	264.78	147.14	1183.76	1103.2
橡胶制品业	Rubber Products	16.41	76.24	39.09	226.51	194.5
塑料制品业	Plastic Products	15.86	152.16	74.08	528.06	464.09
非金属矿物制品业	Nonmetal Mineral Products	71.9	253.92	148.34	410.26	347.93
黑色金属冶炼及压延加工业	Smelting and Pressing of Ferrous Metals	37.55	178.14	71.96	593.35	554.44
有色金属冶炼及压延加工业	Smelting and Pressing of Nonferrous Metals	11.6	128.31	50.79	701.96	664.12
金属制品业	Metal Products	20.01	190.4	91.57	593.79	520.45
通用设备制造业	Equipment in Common Use	50.55	496.58	216.96	1219.5	1013.19
专用设备制造业	Special Purpose Equipment	23.49	164.81	72.92	409.47	337.26
交通运输设备制造业	Transport Equipment	92.27	421.58	190.99	1364.05	1197.49
电气机械及器材制造业	Electric Equipment and Machinery	47.47	544.35	255.69	1679.11	1431.85
通信设备、计算机及其他电子设备制造业	Telecommunications Equipment, Computer and Other Electronic Equipment	43.29	409.07	207.78	1410.88	1256.94
仪器仪表及文化、办公用机械制造业	Instruments, Meters, Cultural and Office Machinery	12.72	106.83	41.7	278.79	230.06
工艺品及其他制造业	Handicraft Article and Other Manufacturing Indust	9.52	93.47	36.12	272.08	233.61
废弃资源和废旧材料回收加工业	Recovery of Resource Discarded and Useless Material		2.14	1.32	30.82	28.95
电力、热力的生产和供应业	Production and Supply of Electricity and Heating Power	447.93	641.93	248.49	1712.17	1541.63
燃气生产和供应业	Production and Supply of Gas	5.17	15.99	5.8	15.65	14.3
水的生产和供应业	Production and Supply of Water	53.64	67.89	33	29.49	23.26

7-14 续表8 continued 单位:亿元(100 million yuan)

行业	Sector	主营业务税金及附加 Sales Taxes and Extra Charges in Main Business	利润总额 Total Profits	利税总额 Total Profits and Taxes	本年应交增值税 Value Added Taxes Payable
总计	**Total**	**191.58**	**1129.2**	**1862.55**	**541.78**
按注册登记类型分	**by Registered Type**				
#国有	#State - owned	108.69	112.24	323.38	102.46
集体	Collective owned	0.65	7.51	10.99	2.83
私营	Private	21.57	249.99	392.9	121.34
港澳台商投资	Enterprises Funded by Entrepreneurs from Hong Kong, Macao & Taiwan	3.39	150.78	208.49	54.31
外商投资	Foreign Funded Enterprises	6.45	194.92	266.25	64.88
在总计中:轻工业	Light Industry	132.27	479.9	853.57	241.41
重工业	Heavy Industry	59.31	649.3	1008.98	300.37
按工业行业分	**By Sector**				
煤炭开采和洗选业	Coal Mining and Dressing	0.06	-0.05	0.47	0.46
黑色金属矿采选业	Ferrous Metals Mining and Dressing	0.11	0.86	1.28	0.32
有色金属矿采选业	Nonferrous Metals Mining and Dressing	0.17	2.55	3.92	1.21
非金属矿采选业	Nonmetal Minerals Mining and Dressing	0.12	-0.15	0.08	0.11
其他采矿业	Other Minerals Mining and Dressing				
农副食品加工业	Non - staple Food Processing	0.24	5.53	8.05	2.29
食品制造业	Food Manufacturing	0.26	7	11.9	4.64
饮料制造业	Beverage Manufacturing	7.54	21.76	43.06	13.76
烟草制品业	Tobacco Processing	99.29	33.9	159.63	26.43
纺织业	Textile Industry	6.71	98.77	156.17	50.69
纺织服装、鞋、帽制造业	Garments, Shoes and Hats Manufacturing	2.58	51.33	74.59	20.69
皮革、毛皮、羽毛(绒)及其制品业	Leather, Furs, Down and Related Products	1.48	25.63	42.86	15.75
木材加工及木、竹、藤、棕、草制品业	Timber Processing, Bamboo, Cane Palm Fiber and Straw Products	0.53	4.79	7.63	2.31
家具制造业	Furniture Manufacturing	0.47	8.35	12.45	3.63
造纸及纸制品业	Papermaking and Paper Products	0.98	11.04	22.25	10.23
印刷业和记录媒介的复制	Printing and Record Medium Reproduction	0.43	6.98	9.74	2.33
文教体育用品制造业	Cultural, Educational and Sports Goods	0.37	7.39	10.12	2.36

7－14　**续表9**　continued　　单位:亿元(100 million yuan)

行　业	Sector	主营业务税金及附加 Sales Taxes and Extra Charges in Main Business	利润总额 Total Profits	利税总额 Total Profits and Taxes	本年应交增值税 Value Added Taxes Payable
石油加工、炼焦及核燃料加工业	Petroleum Processing, Cooking and Nuclear Fuel Processing	21.99	20.47	60.58	18.12
化学原料及化学制品制造业	Raw Chemical Materials and Chemical Products	3.99	88.57	128.33	35.77
医药制造业	Medical and Pharmaceutical Products	2.51	38.19	59.83	19.13
化学纤维制造业	Chemical Fiber	1.5	46.14	61.54	13.9
橡胶制品业	Rubber Products	0.95	10.04	17.05	6.06
塑料制品业	Plastic Products	1.57	29.54	42.87	11.76
非金属矿物制品业	Nonmetal Mineral Products	2.36	27.51	48.11	18.24
黑色金属冶炼及压延加工业	Smelting and Pressing of Ferrous Metals	1.83	17.96	36.9	17.1
有色金属冶炼及压延加工业	Smelting and Pressing of Nonferrous Metals	1.54	27.19	39.7	10.96
金属制品业	Metal Products	2.86	25.79	39.63	10.99
通用设备制造业	Equipment in Common Use	4.06	97.03	132.21	31.12
专用设备制造业	Special Purpose Equipment	1.05	33.96	47.15	12.14
交通运输设备制造业	Transport Equipment	6.85	100.65	133.96	26.46
电气机械及器材制造业	Electric Equipment and Machinery	4.98	97.44	144.93	42.52
通信设备、计算机及其他电子设备制造业	Telecommunications Equipment, Computer and Other Electronic Equipment	1.74	60.54	77.29	15
仪器仪表及文化、办公用机械制造业	Instruments, Meters, Cultural and Office Machinery	0.89	18.67	26.85	7.3
工艺品及其他制造业	Handicraft Article and Other Manufacturing Indust	0.96	15.7	21.99	5.33
废弃资源和废旧材料回收加工业	Recovery of Resource Discarded and Useless Material	0.01	0.87	1.18	0.31
电力、热力的生产和供应业	Production and Supply of Electricity and Heating Power	8.44	87.38	176.68	80.86
燃气生产和供应业	Production and Supply of Gas	0.02	0.19	0.39	0.18
水的生产和供应业	Production and Supply of Water	0.16	-0.32	1.17	1.33

7－15 按行业分的大中型工业企业主要经济效益指标(2007 年)
Main Economic Beneficial Indicators of Large and Medium-sized Industrial Enterprises by Sector(2007)

行 业	Sector	每百元资金实现利税(元) Pre-tax Profits per 100 Yuan Funds(yuan)	每百元固定资产原值实现利税(元) Pre-tax Profits per 100 Yuan Original Value of Fixed Assets(yuan)	每百元主营业务收入实现利税(元) Pre-tax Profits per 100 Yuan Revenues in Main Business (yuan)
总计	**Total**	**13.32**	**23.7**	**9.26**
按注册登记类型分	**by Registered Type**			
#国有	#State－owned	19.99	19.42	15.79
集体	Collective owned	14.43	32.04	10.05
私营	Private	11.28	25.46	7.94
港澳台商投资	Enterprises Funded by Entrepreneurs from Hong Kong, Macao & Taiwan	11.9	24.86	9.2
外商投资	Foreign Funded Enterprises	11.8	23.81	7.5
在总计中:轻工业	Light Industry	13.67	27.8	9.99
重工业	Heavy Industry	13.04	21.07	8.72
按工业行业分	**By Sector**			
煤炭开采和洗选业	Coal Mining and Dressing	5.21	4.54	5.32
黑色金属矿采选业	Ferrous Metals Mining and Dressing	20	32.47	9.7
有色金属矿采选业	Nonferrous Metals Mining and Dressing	38.9	96.63	18.56
非金属矿采选业	Nonmetal Minerals Mining and Dressing	4.19	5.48	6.98
其他采矿业	Other Minerals Mining and Dressing			
农副食品加工业	Non－staple Food Processing	7.43	19.74	5.42
食品制造业	Food Manufacturing	13.23	24.39	10.1
饮料制造业	Beverage Manufacturing	22.18	38.93	13.72
烟草制品业	Tobacco Processing	94.81	274.09	79.92
纺织业	Textile Industry	9.13	17.27	7.51
纺织服装、鞋、帽制造业	Garments, Shoes and Hats Manufacturing	14.98	36.6	10.32
皮革、毛皮、羽毛(绒)及其制品业	Leather, Furs, Down and Related Products	12.39	38.04	7.01
木材加工及木、竹、藤、棕、草制品业	Timber Processing, Bamboo, Cane Palm Fiber and Straw Products	10.46	30.16	7.83
家具制造业	Furniture Manufacturing	7.7	19.18	5.63
造纸及纸制品业	Papermaking and Paper Products	6.28	9.06	7.01
印刷业和记录媒介的复制	Printing and Record Medium Reproduction	13.15	27.94	12.92
文教体育用品制造业	Cultural, Educational and Sports Goods	9.44	23.3	7

7－15 续表1 continued

行 业	Sector	每百元资金实现利税（元）Pre-tax Profits per 100 Yuan Funds(yuan)	每百元固定资产原值实现利税(元) Pre-tax Profits per 100 Yuan Original Value of Fixed Assets(yuan)	每百元主营业务收入实现利税(元) Pre-tax Profits per 100 Yuan Revenues in Main Business (yuan)
石油加工、炼焦及核燃料加工业	Petroleum Processing, Cooking and Nuclear Fuel Processing	37.04	34.1	7.88
化学原料及化学制品制造业	Raw Chemical Materials and Chemical Products	17.23	27.64	10.63
医药制造业	Medical and Pharmaceutical Products	16.67	32.1	15.59
化学纤维制造业	Chemical Fiber	9.6	14.52	5.2
橡胶制品业	Rubber Products	10.83	21.45	7.53
塑料制品业	Plastic Products	13.97	30.07	8.12
非金属矿物制品业	Nonmetal Mineral Products	10.82	14.98	11.73
黑色金属冶炼及压延加工业	Smelting and Pressing of Ferrous Metals	9.73	16.77	6.22
有色金属冶炼及压延加工业	Smelting and Pressing of Nonferrous Metals	15.16	53.83	5.66
金属制品业	Metal Products	9.37	29.42	6.67
通用设备制造业	Equipment in Common Use	14.51	36.73	10.84
专用设备制造业	Special Purpose Equipment	14.48	39.06	11.51
交通运输设备制造业	Transport Equipment	13.91	35.27	9.82
电气机械及器材制造业	Electric Equipment and Machinery	13.19	40.42	8.63
通信设备、计算机及其他电子设备制造业	Telecommunications Equipment, Computer and Other Electronic Equipment	9.63	24.24	5.48
仪器仪表及文化、办公用机械制造业	Instruments, Meters, Cultural and Office Machinery	13.15	38.06	9.63
工艺品及其他制造业	Handicraft Article and Other Manufacturing Indust	10.67	31.24	8.08
废弃资源和废旧材料回收加工业	Recovery of Resource Discarded and Useless Material	14.52	147.22	3.84
电力、热力的生产和供应业	Production and Supply of Electricity and Heating Power	11.5	9.36	10.32
燃气生产和供应业	Production and Supply of Gas	2.21	1.86	2.48
水的生产和供应业	Production and Supply of Water	0.99	0.88	3.97

7－15 续表2 continued

行 业	Sector	产品销售率(%) Rate of Products Sold(%)	流动资金周转次数(次) Times of Turnover Circulating Funds(time)	劳动生产率(元/人) Overall Labor Productivity (yuan/person)
总计	**Total**	**97.97**	**2.3**	**122429**
按注册登记类型分	**by Registered Type**			
#国有	#State－owned	99.94	3.77	546810
集体	Collective owned	96.18	2.06	99384
私营	Private	97.11	2.04	92009
港澳台商投资	Enterprises Funded by Entrepreneurs from Hong Kong, Macao & Taiwan	97.33	1.92	95939
外商投资	Foreign Funded Enterprises	98.13	2.39	101879
在总计中:轻工业	Light Industry	97.41	2.03	95994
重工业	Heavy Industry	98.38	2.54	159875
按工业行业分	**By Sector**			
煤炭开采和洗选业	Coal Mining and Dressing	100.4	2.36	61105
黑色金属矿采选业	Ferrous Metals Mining and Dressing	100.26	3.3	160908
有色金属矿采选业	Nonferrous Metals Mining and Dressing	98.9	2.56	98915
非金属矿采选业	Nonmetal Minerals Mining and Dressing	96.81	0.99	20026
其他采矿业	Other Minerals Mining and Dressing			
农副食品加工业	Non－staple Food Processing	95.66	1.79	87863
食品制造业	Food Manufacturing	97.5	1.9	89295
饮料制造业	Beverage Manufacturing	100.13	2.48	214881
烟草制品业	Tobacco Processing	101.02	1.39	5828376
纺织业	Textile Industry	97.4	1.87	83357
纺织服装、鞋、帽制造业	Garments, Shoes and Hats Manufacturing	98.65	2.04	66155
皮革、毛皮、羽毛(绒)及其制品业	Leather, Furs, Down and Related Products	97.21	2.32	60856
木材加工及木、竹、藤、棕、草制品业	Timber Processing, Bamboo, Cane Palm Fiber and Straw Products	95.71	1.76	76622
家具制造业	Furniture Manufacturing	96.44	1.93	56758
造纸及纸制品业	Papermaking and Paper Products	98.42	1.76	128032
印刷业和记录媒介的复制	Printing and Record Medium Reproduction	96.69	1.46	105034
文教体育用品制造业	Cultural, Educational and Sports Goods	97.59	1.91	61377

7－15 续表3 continued

行 业	Sector	产品销售率(%) Rate of Products Sold(%)	流动资金周转次数(次) Times of Turnover Circulating Funds(time)	劳动生产率(元/人) Overall Labor Productivity (yuan/person)
石油加工、炼焦及核燃料加工业	Petroleum Processing, Cooking and Nuclear Fuel Processing	101.31	10.33	819979
化学原料及化学制品制造业	Raw Chemical Materials and Chemical Products	98.23	2.65	226629
医药制造业	Medical and Pharmaceutical Products	93.51	1.64	181147
化学纤维制造业	Chemical Fiber	97.11	3.22	225386
橡胶制品业	Rubber Products	99.39	2.71	119258
塑料制品业	Plastic Products	97.7	2.5	111967
非金属矿物制品业	Nonmetal Mineral Products	97.91	1.87	141542
黑色金属冶炼及压延加工业	Smelting and Pressing of Ferrous Metals	98.03	2.45	237883
有色金属冶炼及压延加工业	Smelting and Pressing of Nonferrous Metals	98.74	3.33	267062
金属制品业	Metal Products	97.09	1.82	87946
通用设备制造业	Equipment in Common Use	97.47	1.79	106128
专用设备制造业	Special Purpose Equipment	97.33	1.69	130855
交通运输设备制造业	Transport Equipment	97.52	1.97	131792
电气机械及器材制造业	Electric Equipment and Machinery	97.37	1.99	100808
通信设备、计算机及其他电子设备制造业	Telecommunications Equipment, Computer and Other Electronic Equipment	98.94	2.37	100657
仪器仪表及文化、办公用机械制造业	Instruments, Meters, Cultural and Office Machinery	96.25	1.82	99606
工艺品及其他制造业	Handicraft Article and Other Manufacturing Indust	95.31	1.75	61070
废弃资源和废旧材料回收加工业	Recovery of Resource Discarded and Useless Material	98.17	4.08	69232
电力、热力的生产和供应业	Production and Supply of Electricity and Heating Power	99.89	6.09	672153
燃气生产和供应业	Production and Supply of Gas	99.26	2.53	46684
水的生产和供应业	Production and Supply of Water	99.46	0.77	180572

7-16 规模以上工业企业能源购进、消费及库存(2007年)
Purchasing, Consuming, Stocks of Energy in Industrial Enterprises Above Designated Size(2007)

能源名称		Item		年初库存 Stock at the Beginning of the Year	购进量 实物量 Number of Purchasing	消费量 Consumption	#工业生产消费 Industry	年末库存 Stock at the End of the Year
原煤	(吨)	Coal	(ton)	4333175	120468434	120075828	119591356	4509295
洗精煤	(吨)	Coal Washing	(ton)	105033	998683	1135895	1135571	97229
其他洗煤	(吨)	Other Coal Washing	(ton)	659	33717	33227	32829	1171
型煤	(吨)	Forming Coal	(ton)	1322	49856	50165	49100	1012
焦炭	(吨)	Coke	(ton)	166096	1363941	3214043	3213145	246185
其他焦化产品	(吨)	Other Coking Products	(ton)	32	1124	1141	1112	14
焦炉煤气	(万立方米)	Coking Coal	(10000 cu. m)			23208	23208	
高炉煤气	(万立方米)	Blast Furnace Gas	(10000 cu. m)		788	589180	589180	
其他煤气	(万立方米)	Other Gases	(10000 cu. m)		663	19998	19969	
天然气	(万立方米)	Natural Gas	(10000 cu. m)		142859	142858	142740	
原油	(吨)	Crude Oil	(ton)	830885	22439465	22487339	22487283	736065
汽油	(吨)	Gasoline	(ton)	4703	451020	450951	277376	4930
煤油	(吨)	Kerosene	(ton)	1154	51821	51591	50669	1345
柴油	(吨)	Diesel Oil	(ton)	45504	1312335	1318323	1178558	43325
燃料油	(吨)	Fuel Oil	(ton)	71679	1330282	1721075	1719355	59931
液化石油气	(吨)	LPG	(ton)	4495	260547	247189	241281	12051
其他石油制品	(吨)	Other Petroleum Products	(ton)	15063	407081	1102983	1102447	20669
热力	(百万千焦)	Heat	(1000 million J)		222806485	259934120	258668414	
电力	(万千瓦时)	Electricity	(10000 kw. h)		11819018	13531697	13375917	
其他燃料	(吨标准煤)	Other Fuel	(tons of SCE)	17345	994664	1092466	1091467	11928

7-17 能源生产弹性系数(1990-2007年)
Elasticity Ratio of Energy Production(1990-2007)

年份 Year	全省能源生产量（万吨标准煤）Output of Energy Production	全省电力生产量（亿千瓦小时）Output of Electricity Production	能源生产比上年增长（%）Growth Rate of Energy Production Over Preceding year	电力生产比上年增长（%）Growth Rate of Electricity Production Over Preceding year	生产总值比上年增长（%）Growth Rate of GDP Over Preceding year	能源生产弹性系数 Elasticity Ratio of Energy Production	电力生产弹性系数 Elasticity Ratio of Electricity Production
1990	317.18	208.58			3.93		
1991	324.10	242.25	2.18	16.14	17.83	0.12	0.91
1992	355.57	284.13	9.71	17.29	19.02	0.51	0.91
1993	388.80	308.52	9.35	8.58	22.02	0.42	0.39
1994	402.53	340.90	3.53	10.50	19.97	0.18	0.53
1995	460.70	407.11	14.45	19.42	16.78	0.86	1.16
1996	379.17	448.36	-17.70	10.13	12.69	-1.39	0.80
1997	392.16	485.77	3.43	8.34	11.10	0.31	0.75
1998	494.04	539.16	25.98	10.99	10.17	2.55	1.08
1999	454.81	597.26	-7.94	10.78	10.03	-0.79	1.07
2000	439.24	696.59	-3.42	16.63	11.04	-0.31	1.51
2001	516.41	790.35	17.57	13.46	10.65	1.65	1.26
2002	745.64	887.82	44.39	12.33	12.64	3.51	0.98
2003	945.58	1090.86	26.81	22.87	14.70	1.82	1.56
2004	1091.63	1258.81	15.45	15.40	14.48	1.07	1.06
2005	1273.02	1456.42	16.62	15.70	12.78	1.30	1.23
2006	1216.21	1765.93	-4.46	21.25	13.9	-0.32	1.53
2007	1169.43	2080.41	-3.85	17.81	14.71	-0.26	1.21

7－18 能源消费弹性系数(1990－2007年)
Elasticity Ratio of Energy Consumption(1990－2007)

年份 Year	全省能源消费量(万吨标准煤) Total Energy Consumption	全省电力消费量(亿千瓦小时) Total Electricity Consumption	能源消费比上年增长(%) Growth Rate of Energy Consumption Over Preceding year	电力消费比上年增长(%) Growth Rate of Electricity Consumption Over Preceding year	生产总值比上年增长(%) Growth Rate of GDP Over Preceding year	能源消费弹性系数 Elasticity Ratio of Energy Consumption	电力消费弹性系数 Elasticity Ratio of Electricity Consumption
1990	2732.86	230.29			3.93		
1991	3123.17	263.07	14.28	14.23	17.83	0.80	0.80
1992	3484.22	303.28	11.56	15.28	19.02	0.61	0.80
1993	4044.22	346.75	16.07	14.33	22.02	0.73	0.65
1994	4496.67	396.74	11.19	14.42	19.97	0.56	0.72
1995	4851.26	439.59	7.89	10.80	16.78	0.47	0.64
1996	5165.43	479.34	6.48	9.04	12.69	0.51	0.71
1997	5446.74	511.45	5.45	6.70	11.10	0.49	0.60
1998	5656.96	547.78	3.86	7.10	10.17	0.38	0.70
1999	5960.14	611.67	5.36	11.66	10.03	0.53	1.16
2000	6560.37	742.89	10.07	21.45	11.04	0.91	1.94
2001	7253.11	855.29	10.56	15.13	10.65	0.99	1.42
2002	8279.64	1015.84	14.15	18.77	12.64	1.12	1.49
2003	9522.56	1240.35	15.01	22.10	14.70	1.02	1.50
2004	10824.69	1419.53	13.67	14.45	14.48	0.94	1.00
2005	12031.67	1642.32	11.15	15.69	12.78	0.87	1.23
2006	13222.53	1909.23	9.90	16.25	13.90	0.71	1.17
2007	14532.91	2189.37	9.91	14.67	14.71	0.67	1.00

7-19 规模以下工业主要指标
Basic Indicators on Total Industry Below Designated Size

指　标		Item		2006	2007
企业(单位)数	(万家)	Number of Enterprises	(10000 units)	80.41	81.77
年末从业人数	(万人)	Number of Employed Persons at the Year-end	(10000 persons)	697.24	688.53
工业总产值	(亿元)	Gross Industrial Output Value	(100 million yuan)	9693.27	11175.01

7-20 规模以下工业企业主要指标
Basic Indicators on Industrial Enterprises Below Designated Size

单位:亿元(100 million yuan)

指　标		Item		2006	2007
企业数	(万家)	Number of Enterprises	(10000 units)	13.48	14.3
年末从业人数	(万人)	Number of Employed Persons at the Year-end	(10000 persons)	275.60	272.83
工业总产值		Gross Industrial Output Value		3684.51	4432.71
主营业务收入		Revenues in Main Business		3531.05	4234.32
税金总额		Total Taxes		179.12	210.6
#所得税		Income Taxes		33.69	38.78
营业利润		Sales Profits		195.08	232.05
应付工资、福利及保险费		Expense of Payment, Benefits and Insurance		348.40	392.09
折旧		Depreciation		82.56	100.45

7-21 个体工业主要指标
Basic Indicators on Individual Industry

单位:亿元(100 million yuan)

指　标		Item		2006	2007
单位数	(万家)	Number	(10000 units)	66.93	67.47
年末从业人数	(万人)	Number of Employed Persons at the Year-end	(10000 persons)	421.64	415.7
营业收入		Revenues in Business		6008.76	6742.3
生产支出		Cost of Produce		4483.34	5013.87
工资及福利		Payment and Benefits		512.65	583.6
上交税、费		Taxes and Expenses Payable		118.93	128.69

浙/江/统/计/年/鉴

主要统计指标解释

■ 工业增加值

是指工业行业在报告期内以货币表现的工业生产活动的最终成果。

■ 固定资产原价

固定资产原值指企业在建造、购置、安装、改建、扩建、技术改造某项固定资产时所支出的全部货币总额。它一般包括买价、包装费、运杂费和安装费等。

■ 固定资产净值

是指固定资产原价减去历年已提折旧额后的净额。

■ 流动资产

流动资产是指可以在一年或者超过一年的一个营业周期内变现或者耗用的资产,包括现金及各种存款、短期投资、应收及预付货款、存货等。

■ 利税总额

指企业利润总额、产品销售税金及附加和应交增值税之和。

■ 主营业务收入

指企业在销售商品(不一定是本企业生产)、提供劳务及让渡资产使用权等日常活动中所产生的收入。

■ 主营业务成本

指企业在销售商品、提供劳务及让渡资产使用权等日常活动而发生的实际成本。

■ 主营业务税金及附加

指企业日常活动应负担的税金及附加,包括营业税、消费税、城市维护建设税、资源税、土地增值税和教育费附加等。

■ 产品销售利润

指企业销售产品和提供工业性劳务等主要经营业务收入扣除其成本、费用、税金后的利润。

■ 利润总额

指企业实现的利润。

■ 应交增值税

指企业在报告期内应交纳的增值税额。

■ 资本金

指企业在工商行政管理部门登记的注册资金合计。企业资本金按投资主体可分为国家资本金、法人资本金、个人资本金和外商资本金等。资本金合计包括企业各种投资主体注册的全部资本金。

■ 总资产

指企业拥有或控制的全部资产。包括流动资产、长期投资、固定资产、无形及递延资产、其他长期资产、递延税项等,即为企业资产负债表的资产总计项。

(1) 流动资产　指企业可以在一年内或者超过一年的一个生产周期内变现或耗用的资产合计。包括现金及各种存款、短期投资、应收及预付款项、存货等。

(2) 固定资产　指企业固定资产净值、固定资产清理、在建工程、待处理固定资产损失所占用的资金合计。

(3) 无形资产　指企业长期使用而没有实物形态的资产。包括专利权、非专利技术、商标权、著作权、土地使用权、商誉等。

■ 总负债

指企业承担并需要偿还的全部债务。包括流动负债和长期负债、递延税项等,即为企业资产负债表的负债合计项。

(1) 流动负债　指企业在一年内或者超过一年的一个营业周期内需要偿还的债务合计,其中包括短期借款、应付及预收款项、应付工资、应交税金和应交利润等。

主要统计指标解释

(2) 长期负债　指企业在一年以上或者超过一年的一个生产周期以上需要偿还的债务合计,其中包括长期借款、应付债务、长期应付款项等。

■ 所有者权益

指企业投资人对企业净资产的所有权。企业净资产等于企业全部资产减去全部负债后的余额,其中包括投资者对企业的最初投入,以及资本公积金、盈余公积金和未分配利润,对股份制企业即为股东权益。

■ 流动资产周转次数

指在一定时间内流动资产完成的周转次数,反映流动资产的周转速度。计算公式为:

流动资金周转次数 = 产品销售收入/全部流动资产平均余额。

■ 全员劳动生产率

指根据产品的价值量指标计算的平均每一从业人员在单位时间内的产品生产量。计算公式为:

全员劳动生产率 = 工业增加值 ÷ 全部从业人员数。

■ 能源生产总量

指一定时期内某地区一次能源生产量的总和。该指标是观察全国能源生产水平、规模、构成和发展速度的总量指标。一次能源生产量包括原煤、原油、天然气、水电、核能及其他动力能(如风能、地热能等)发电量,不包括低热值燃料生产值、生物能、太阳能等的利用和由一次能源加工转换而成的二次能源产量。

■ 能源消费总量

指一定时期内某地区物质生产部门、非物质生产部门和生活消费的各种能源的总和。该指标是观察能源消费水平、构成和增长速度的总量指标。能源消费总量包括原煤和原油及其制品、天然气、电力,不包括低热值燃料、生物质能和太阳能等的利用。能源消费总量分为终端能源消费量、能源加工转换损失量和能源损失量三部分。

(1)终端能源消费量:指一定时期内生产和生活消费的各种能源在扣除了用于加工转换二次能源消费量和损失量以后的数量。

(2)能源加工转换损失量:指一定时期内投入加工转换的各种能源数量之和与产出各种能源产品之和的差额。该指标是观察能源在加工转换过程中损失量变化的指标。

(3)能源损失量:指一定时期内能源在输送、分配、储存过程中发生的损失和由客观原因造成的各种损失量,不包括各种气体能源放空、放散量。

■ 能源生产弹性系数

研究能源生产增长速度与国民经济增长速度之间关系的指标。计算公式为:

$$\text{能源生产弹性系数} = \frac{\text{能源生产总量年平均增长速度}}{\text{生产总值年平均增长速度}}$$

■ 电力生产弹性系数

研究电力生产增长速度与国民经济增长速度之间关系的指标。一般来说,电力的发展应当快于国民经济的发展,也就是说电力应超前发展。计算公式为:

$$\text{电力生产弹性系数} = \frac{\text{电力生产量年平均增长速度}}{\text{生产总值年平均增长速度}}$$

■ 能源消费弹性系数

反映能源消费增长速度与国民经济增长速度之间比例关系的指标。计算公式为:

$$\text{能源消费弹性系数} = \frac{\text{能源消费量年平均增长速度}}{\text{生产总值年平均增长速度}}$$

■ 电力消费弹性系数

反映电力消费增长速度与国民经济增长速度之间比例关系的指标。计算公式为:

$$\text{电力消费弹性系数} = \frac{\text{电力消费量年平均增长速度}}{\text{生产总值年平均增长速度}}$$

ZHEJIANG STATISTICAL YEARBOOK

Explanatory Notes on Main Statistical Indicators

□ Value Added of Industry

refers to the final results of industrial production of the industrial trade in money terms during the reference period.

□ Original Value of Fixed Assets

refers to the original value of all fixed assets owned by industrial enterprises, calculated at the cost paid at the time of purchase, installation, reconstruction, expansion, and technical innovation and transformation of the said assets, which includes expenses on purchase, package, transportation, and installation, etc.

□ Net Value of Fixed Assets

is obtained by deducting depreciation over years from the original value of fixed assets.

□ Circulating Assets

refers to assets which can be cashed in or spent or consumed in an operating cycle of one year or over one year, which includes cash, various deposits, short term investment, and receivable payments, and advance payments, stock, etc.

□ Total Value of Profit and Tax (Pre – tax Profits)

refers to the sum of the total profits, products sales tax and surcharges and the value added tax payable of industrial enterprises. It is also called pre – tax profits.

□ Revenue on Main Business

refers to revenues from the sales of products, labor services provided, alienation of using asset right and etc.

□ Cost on Main Business

refers to real costs from the sales of products, labor services provided, alienation of using asset right and etc.

□ Tax and Extra Charges on Main Business

refer to the tax the business tax, consumption tax, city maintenance and construction, resources tax, land increasing value tax and extra charges for education and etc.

□ Sales Profit of Products

refers to the profit gained by the enterprises by deducting cost, charges and taxes from the business income of the enterprises obtained in selling products and providing industrial services.

□ Total Profits

refer to the profits gained by the enterprises.

□ Value Added Tax Payable

refers to the amount of the value added tax which should be paid by the enterprises in the reporting period.

□ Capital

refers to the corporation's capital registered in the departments of administration for industry and commerce. According to the different nature of investors, corporations' capital can be divided into state capital, legal person's capital, personal capital, foreign capital, etc. Total capital includes total registered capital of all investors in the corporation.

□ Total Assets

refer to all assets which are owned or controlled by enterprises, including circulating assets, long – term investment, fixed assets, intangible assets and deferred assets, other long – term assets, and deferred taxes, etc. The summation of above items is equal to total assets shown in the balance sheets of the enterprises.

EXPLANATORY NOTES ON MAIN STATISTICAL INDICATORS

(1) Circulating assets (working capital) refer to assets which can be cashed in or spent or consumed in an operating cycle of one year or over one year, including cash, all kinds of deposits, short term investment, receivables, advance payment, stock, etc.

(2) Fixed assets refer to the net value of fixed assets, clearance of fixed assets, project under construction, fixed assets losses in suspense. These are corporations' fund holdings.

(3) Intangible assets refer to the assets without material form used by enterprises over a long time, such as patents, non – patent technologies, trade marks, copyright, land use right, business reputation, etc.

□ Total Liabilities

refer to the debts that enterprises are responsible for repayment, including liquid liabilities, long – term liabilities and deferred taxes, etc. Total liabilities correspond to the summation item of liabilities shown in the balance sheets of the enterprises.

(1) Liquid liabilities (also called quick liabilities or immediate liabilities) refer to enterprises total debt payable within an operating cycle of one year or over one year, including short term loans, payables and advance payments, wages payables, taxes payable and profit payable, etc.

(2) Long – term liabilities refers to total debt payable within an operating cycle of one year or over one year, including long – term loans, payable liabilities, long – term payables, etc.

□ Creditors' Equity

refers to investors' ownership of net assets of the enterprise. It is equal to the total assets of the enterprise minus its total liabilities, including the primary input from investors, capital accumulation fund, surplus accumulation fund and undistributed profit. It is the stock holders' equity in stock companies.

□ Turnover of Working Capital

refers to the number of times of turnover of working capital in a given period of time, which reflects the speed of the turnover of working capital and is calculated as follows:

Turnover of Working Capital (%) = 100% × (Sales Revenue of Products)/(Average Balance of Total Working Capital)

□ Overall Labour Productivity of Industrial Enterprises

refers to the average output per employed person in industrial enterprises in value terms. At present, the value added and the average number of staff and worders of an industrial enterprises in a given period are used to calculate the overall labour productivity. The formula used is:

Overall Labour Productivity = Value Added of Industry/Average Number of Staff and Worders

□ Total Energy Production

refers to the total production of primary energy by all energy producing enterprises in the region in a given period of time. It is a comprehensive indicator to show the capacity, scale, composition and development of energy production of the country. The production of primary energy includes that of coal, crude oil, natural gas, hydro – power and electricity generated by nuclear energy and other means such as wind power and geothermal power. However, it excludes the production of fuels of low calorific value, bio – energy, solar energy and the secondary energy converted from the primary energy.

□ Total Domestic Energy Consumption

refers to the total consumption of energy of various kinds by material production sectors, non material production sectors and households in the region in a given period of time. It is a comprehensive indicator to show the scale, composition and development of energy consumption. The total energy consumption includes that of coal, crude oil and their products, natural gas and electricity. However, it excludes the consumption of fuel of low calorific value, bioenergy and solar energy. Total domestic energy consumption can be divided into three parts: final energy consumption, loss during the process of energy conversion, and energy loss.

(1) Final Energy Consumption: It refers to the total energy consumption by material production sectors, non

EXPLANATORY NOTES ON MAIN STATISTICAL INDICATORS

material production sectors and households in the region in a given period of time, but excludes the consumption in conversion of the primary energy into the secondary energy and the loss in the process of energy conversion.

(2) Loss During the Process of Energy Conversion: It refers to the total input of various kinds of energy for conversion, minus the total output of various kinds of energy in the region in a given period of time. It is an indicator to show the loss that occurs during the process of energy conversion.

(3) Energy Loss: It refers to the total of the loss of energy during the course of energy transport, distribution and storage and the loss caused by any objective reason in a given period of time. The loss of various kinds of gas due to gas discharges and stocktaking is excluded.

□ Elasticity Ratio of Energy Production

is an indicator to show the relationship between the growth rate of energy production and the growth rate of the national economy. The formula is:

Elasticity Ratio of the Energy Production = Average Annual Growth Rate of Energy Production/Average Annual Growth Rate of GDP.

□ Elasticity Ratio of Electricity Production

is an indicator to show the relationship between the growth rate of electricity production and the growth rate of electricity production should be higher than that of the national economy.

Its formula is:

Elasticity Ratio of Electricity Production = Average Annual Growth Rate of Electricity Production/Average Annual Growth Rate of GDP.

□ Elasticity Ratio of Energy Consumption

is an indicator to show the relationship between the growth rate of energy consumption and the growth rate of the national economy. The formula is:

Elasticity Ratio of Energy Consumption = Average Annual Growth Rate of Energy Consumption/Average Annual Growth Rate of GDP.

□ Elasticity Ratio of Electricity Consumption

is an indicator to show the relationship between the growth rate of electricity consumption and the growth rate of the national economy. The formula is:

Elasticity Ratio of Electricity Consumption = Average Annual Growth Rate of Electricity Consumption/Average Annual Growth Rate of GDP.

2008

浙江统计年鉴

ZHEJIANG STATISTICAL YEARBOOK

CHAPTER 8

建筑业

Construction

8－1 建筑业企业单位数(1990－2007 年)
Number of Construction Enterprises(1990－2007)

年份 Year	总计 Total	国有施工企业 State-owned Construction Enterprises	集体施工企业 Collective Owned Construction Enterprises	其他经济类型施工企业 Others
企业单位数(个) Enterprises(unit)				
1990	2550	109	2441	
1991	2503	120	2383	
1992	2450	112	2314	24
1993	2901	160	2721	20
1994	3538	215	3273	50
1995	3549	218	3216	115
1996	3691	354	2671	666
1997	3937	399	2569	969
1998	3540	341	1572	1627
1999	3657	330	1333	1994
2000	3592	283	971	3238
2001	3370	200	575	2595
2002	3210	155	254	2801
2003	3514	156	227	3131
2004	4053	128	169	3756
2005	4226	130	154	3942
2006	4482	115	133	4234
2007	4688	105	118	4465

注:8－1 至 8－3 表内数据为全部资质以上建筑企业。
The date in the table 8－1 to 8－3 refers to the construction enterprises which having qualification Certificates.

8-2 建筑业企业年平均从业人员(1990-2007年)
Annual Average Employed Persons in Construction Enterprises(1990-2007)

年份 Year	总计 Total	国有施工企业 State-owned Construction Enterprises	集体施工企业 Collective Owned Construction Enterprises	其他经济类型施工企业 Others
平均从业人员(万人) Average Employed Persons (10000 Persons)				
1990	67.37	10.79	56.58	
1991	70.46	11.05	59.40	
1992	75.25	10.67	63.90	0.68
1993	97.28	10.07	86.71	0.50
1994	127.89	14.71	112.08	1.11
1995	144.21	17.24	121.80	5.17
1996	145.32	21.76	105.32	18.24
1997	141.22	19.85	97.16	24.21
1998	142.51	19.89	77.45	45.17
1999	150.63	19.09	65.17	66.37
2000	165.90	15.77	52.99	97.14
2001	185.17	11.32	33.24	140.61
2002	201.10	10.25	19.36	171.49
2003	247.22	10.81	17.47	218.94
2004	276.87	7.68	12.80	256.39
2005	322.12	7.09	12.22	302.82
2006	370.92	7.17	10.00	353.75
2007	427.52	7.70	8.24	411.58

8－3　建筑业总产值(1990－2007年)
Gross Output Value of Construction Enterprises(1990－2007)

年　份 Year	总　计 Total	国有施工企业 State-owned Construction Enterprises	集体施工企业 Collective Owned Construction Enterprises	其他经济类型施工企业 Others
总产值(亿元) Gross Output Value (100 million yuan)				
1990	78.98	20.10	58.88	
1991	92.83	21.11	71.72	
1992	134.00	26.01	106.25	1.80
1993	260.54	35.97	222.95	1.62
1994	470.79	73.47	392.74	4.58
1995	710.23	113.69	560.75	35.79
1996	845.68	149.81	591.41	104.46
1997	883.33	157.11	572.15	154.07
1998	942.53	172.12	463.79	306.62
1999	1128.28	181.74	446.97	499.57
2000	1383.77	147.12	395.18	841.47
2001	1768.45	128.98	273.87	1365.60
2002	2282.99	143.49	179.78	1959.72
2003	3127.28	159.06	166.20	2802.02
2004	3911.30	147.60	140.40	3623.30
2005	4743.30	153.10	139.70	4450.60
2006	5701.0	138.7	116.6	5445.7
2007	7036.8	159.4	99.1	6778.3

8-4 国有建筑企业主要经济指标(2001-2007年)
Major Economic Indicators of State-owned Construction Enterprises(2001-2007)

指　标		Item		2001	2002	2003	2004	2005	2006	2007
建筑业总产值	(亿元)	Gross Output Value of Construction	(100 million yuan)	128.90	143.50	159.06	147.60	153.10	138.7	159.40
增加值	(亿元)	Added Value	(100 million yuan)	27.3	27.4	32.6	29.1	39.2	26.3	31.6
实现利润总额	(亿元)	Total Profits	(100 million yuan)	2.3	2.6	3.5	3.5	11.1	2.5	3.6
上缴税金	(亿元)	Taxes Turned over to State	(100 million yuan)	4.4	3.9	4.9	4.7	5.3	4.8	4.5
房屋建筑施工面积	(万平方米)	Floor Space of Buildings under Construction	(10000 sq. m)	595.0	594.4	582.1	573.4	437.4	536.7	499.7
房屋建筑竣工面积	(万平方米)	Floor Space of Buildings Completed	(10000 sq. m)	264.3	228.8	227.6	151.4	146.6	196.5	196.5
房屋竣工率	(%)	Percentage of Buildings Completed	(%)	44.2	38.9	39.1	26.4	33.5	36.6	39.3
计算劳动生产率的平均人数	(万人)	Average Staff and Workers to Calculate Labor Productivity	(10000 persons)	11.32	10.24	10.80	7.68	7.09	7.16	7.70
年末拥有固定资产原值	(亿元)	Original Value of Fixed Assets Owned (year-end)	(100 million yuan)	39.3	39.0	40.0	30.2	34.7	27.9	30.2
年末拥有固定资产净值	(亿元)	Net Value of Fixed Assets Owned (year-end)	(100 million yuan)	25.4	25.5	29.0	19.9	23.0	22.4	18.9

注:8-4至8-20各表2004年以后数据为资质以上总承包、专业承包建筑业企业,不包括劳务分包企业。
The data in table 8-4 to 8-20 include enterprises of labor contracting which having qualification Certificates since 2004.

8-4 **续表** continued

指 标		Item		2001	2002	2003	2004	2005	2006	2007
年末拥有机械设备总台数	(万台)	Number of Machinery and Equipment Owned(year-end)	(10000 units)	5.70	3.16	2.90	2.60	2.60	2.50	2.50
年末拥有机械设备总功率	(万千瓦)	Total Power of Machinery and Equipment Owned (year-end)	(10000 kw)	74.40	62.90	61.90	48.99	47.98	43.25	43.54
年末拥有机械设备净值	(亿元)	Net Value of Machinery and Equipment Owned (year-end)	(100 million yuan)	15.42	15.46	15.18	11.05	12.92	10.09	10.67
全员劳动生产率		Overall Labor Productivity								
按总产值计算	(元/人)	Calculated by Gross Output Value	(yuan/person)	113936	140082	147228	192215	215821	193730	207121
按增加值计算	(元/人)	Calculated by Added-value	(yuan/person)	24074	26787	30160	37544	55259	36678	41101
技术装备率	(元/人)	Value of Machines per Labourer	(yuan/person)	13622	15974	14502	15547	19550	15157	15058
动力装备率	(千瓦/人)	Power of Machines per Labourer	(kw/person)	6.6	6.5	5.9	6.9	7.2	6.5	6.2
产值利润率	(%)	Ratio of Profit to Gross Output Value	(%)	1.8	1.8	2.2	2.3	7.3	1.8	2.3

注:2004、2005、2006 年末机械设备为年末施工机械设备。表 8-5 同。

The number of Machinery and Equipment Owned in 2004, 2005, 2006 refers to the machinery and equipment under construction(year-end). The table 8-5 was the same.

8-5 集体建筑企业主要经济指标(2001-2007)
Major Economic Indicators of Collective Owned Construction Enterprises(2001-2007)

指　标		Item		2001	2002	2003	2004	2005	2006	2007
建筑业总产值	(亿元)	Gross Output Value of Construction	(100 million yuan)	273.90	179.80	166.20	139.51	139.20	116.3	98.90
增加值	(亿元)	Added Value	(100 million yuan)	60.3	40.2	38.2	31.1	31.4	26.5	22.1
实现利润总额	(亿元)	Total Profits	(100 million yuan)	5.4	3.9	4.6	2.4	2.8	1.8	1.7
上缴税金	(亿元)	Taxes Turned over to State	(100 million yuan)	8.5	5.7	5.5	4.3	4.4	3.3	3.1
房屋建筑施工面积	(万平方米)	Floor Space of Buildings under Construction	(10000 sq. m)	3753.8	2506.6	2195.1	2068.7	1801.1	1518.1	1527.1
房屋建筑竣工面积	(万平方米)	Floor Space of Buildings Completed	(10000 sq. m)	1769.0	1174.0	1039.5	830.6	738.0	693.8	648.6
房屋竣工率	(%)	Percentage of Buildings Completed	(%)	47.1	46.8	47.4	40.2	41.0	45.7	42.5
计算劳动生产率的平均人数	(万人)	Average Staff and Workers to Calculate Labor Productivity	(10000 persons)	33.24	19.34	17.40	12.72	12.15	9.93	8.23
年末拥有固定资产原值	(亿元)	Original Value of Fixed Assets Owned (year-end)	(100 million yuan)	52.9	33.0	27.5	20.8	20.1	16.7	15.5
年末拥有固定资产净值	(亿元)	Net Value of Fixed Assets Owned (year-end)	(100 million yuan)	40.6	25.8	24.2	15.5	15.4	12.5	11.3

8-5 续表 continued

指 标		Item		2001	2002	2003	2004	2005	2006	2007
年末拥有机械设备总台数	(万台)	Number of Machinery and Equipment Owned(year-end)	(10000 units)	12.38	7.22	6.36	4.29	3.58	2.9	2.40
年末拥有机械设备总功率	(万千瓦)	Total Power of Machinery and Equipment Owned (year-end)	(10000 kw)	120.7	75.7	61.4	44.7	35.7	29.7	28.4
年末拥有机械设备净值	(亿元)	Net Value of Machinery and Equipment Owned (year-end)	(100 million yuan)	23.6	16.0	13.8	9.2	8.0	7.3	6.8
全员劳动生产率		Overall Labor Productivity								
按总产值计算	(元/人)	Calculated by Gross Output Value	(yuan/person)	82391	92948	95520	109686	114649	117198	120238
按增加值计算	(元/人)	Calculated by Added-value	(yuan/person)	18130	20798	21961	24482	25856	26668	26822
技术装备率	(元/人)	Value of Machines per Labourer	(yuan/person)	7088	8421	7997	7052	6447	7261	8416
动力装备率	(千瓦/人)	Power of Machines per Labourer	(kw/person)	3.6	4.0	3.5	3.4	2.9	3.0	3.5
产值利润率	(%)	Ratio of Profit to Gross Output Value	(%)	2.00	2.20	2.80	1.80	2.04	1.6	1.70

8-6 各地建筑业企业单位数(2001-2007年)
Number of Construction Enterprises by Region (2001-2007)

单位:个(unit)

地 区	Region	2001	2002	2003	2004	2005	2006	2007
合 计	**Total**	**3370**	**3134**	**3392**	**3795**	**3962**	**4129**	**4333**
杭州市	Hangzhou	695	719	755	805	861	929	972
宁波市	Ningbo	508	482	566	635	655	684	674
温州市	Wenzhou	417	372	398	477	478	498	530
嘉兴市	Jiaxing	237	195	189	194	202	214	245
湖州市	Huzhou	156	141	154	165	185	177	188
绍兴市	Shaoxing	320	340	373	414	451	466	486
金华市	Jinhua	338	326	368	456	465	472	497
衢州市	Quzhou	127	90	105	113	117	125	129
舟山市	Zhoushan	130	81	80	87	96	95	103
台州市	Taizhou	284	261	267	316	321	336	355
丽水市	Lishui	158	127	137	133	131	133	154

8-7 各地建筑业企业年末从业人员(2001-2007年)
Employed Persons in Construction Enterprises by Region(Year-end,2001-2007)

单位:万人(10000 Persons)

地 区	Region	2001	2002	2003	2004	2005	2006	2007
合 计	**Total**	**183.40**	**198.84**	**242.94**	**266.08**	**311.94**	**356.83**	**406.53**
杭州市	Hangzhou	32.22	36.98	45.35	49.52	56.09	67.16	75.82
宁波市	Ningbo	25.60	29.51	37.83	42.00	45.41	47.21	50.03
温州市	Wenzhou	18.31	17.96	20.12	20.27	22.33	25.64	28.29
嘉兴市	Jiaxing	7.67	7.67	9.76	10.04	11.71	13.34	15.81
湖州市	Huzhou	7.54	6.87	6.96	7.44	8.57	9.72	11.57
绍兴市	Shaoxing	41.71	48.71	59.81	69.65	88.43	99.54	112.27
金华市	Jinhua	21.16	21.86	28.61	30.47	37.71	43.33	54.3
衢州市	Quzhou	4.76	4.43	4.92	4.99	5.17	6.52	7.57
舟山市	Zhoushan	2.92	2.65	3.28	2.92	3.06	3.34	4.03
台州市	Taizhou	17.33	18.89	22.31	24.38	28.84	35.86	41.14
丽水市	Lishui	4.20	3.30	4.00	4.38	4.61	5.16	5.7

8-8 各地建筑业企业总产值(2001-2007年)
Gross Output Value of Construction Enterprises by Region(2001-2007)

单位:亿元(100 million yuan)

地 区	Region	2001	2002	2003	2004	2005	2006	2007
合 计	**Total**	**1768.4**	**2283.0**	**3127.3**	**3895.6**	**4716.1**	**5655.7**	**6971.71**
杭州市	Hangzhou	358.2	526.0	710.0	873.0	1036.2	1267.3	1484.47
宁波市	Ningbo	250.4	331.9	474.6	595.9	659.9	716.9	796.36
温州市	Wenzhou	152.5	164.2	194.5	220.2	260.9	319.0	395.62
嘉兴市	Jiaxing	59.2	66.3	90.8	111.2	122.9	157.0	237.27
湖州市	Huzhou	56.7	66.6	85.6	105.5	142.4	170.1	207.97
绍兴市	Shaoxing	457.2	623.7	874.3	1136.1	1407.1	1679.0	2112.59
金华市	Jinhua	186.0	223.8	335.3	423.9	541.2	662.8	879.39
衢州市	Quzhou	40.9	38.4	49.3	48.6	54.6	75.8	106.77
舟山市	Zhoushan	21.2	22.0	28.6	37.7	41.4	49.0	70.6
台州市	Taizhou	153.5	186.4	242.0	293.5	392.1	490.3	600.5
丽水市	Lishui	32.6	33.6	42.2	50.0	57.3	68.6	80.17

8-9 各地区按登记注册类型分的建筑业企业单位数(2007年)
Number of Construction Enterprises by Registration Status and Region(2007)

单位:个(unit)

地 区	Region	建筑业企业单位数 Number of Construction Enterprises	内资企业 Domestic Capital Enterprises	#国有企业 State-owned Enterprises	#集体企业 Collective Owned Enterprises	#股份合作企业 Share Holdings Enterprises	#私营企业 Private Enterprises	港澳台商投资企业 Enterprises Funded by Entrepre-neurs from Hong Kong Macao and Taiwan	外商投资企业 Foreign Funded Enterprises
合 计	**Total**	**4333**	**4301**	**105**	**114**	**21**	**2864**	**17**	**15**
杭州市	Hangzhou	972	961	38	13	3	632	7	4
宁波市	Ningbo	674	669	15	4	4	560	1	4
温州市	Wenzhou	530	530	6	35	6	269		
嘉兴市	Jiaxing	245	244	5	3	1	189		1
湖州市	Huzhou	188	183	11	9		63	4	1
绍兴市	Shaoxing	486	479	4	8		331	2	5
金华市	Jinhua	497	496	6	20	2	354	1	
衢州市	Quzhou	129	129	4	4	1	105		
舟山市	Zhoushan	103	102	5	2		74	1	
台州市	Taizhou	355	354	7	13	4	168	1	
丽水市	Lishui	154	154	4	3		119		

8-10 各地区按登记注册类型分的建筑业企业年末从业人员(2007 年底)
Number of Employed Persons in Construction Enterprises by Registration Status and Region(End of 2007)

单位:人(person)

地 区 Region		年末从业人员 Average Number of Employed Persons	内资企业 Domestic Capital Enterprises	#国有企业 State-owned Enterprises	#集体企业 Collective Owned Enterprises	#股份合作企业 Share Holdings Enterprises	#私营企业 Private Enterprises	港澳台商投资企业 Enterprises Funded by Entrepreneurs from Hong Kong Macao and Taiwan	外商投资企业 Foreign Funded Enterprises
合 计	**Total**	**4065336**	**4048788**	**70832**	**80532**	**10288**	**2014879**	**3690**	**12858**
杭州市	Hangzhou	758171	755576	35895	1449	356	298342	1523	1072
宁波市	Ningbo	500339	499863	5542	645	4268	257289	32	444
温州市	Wenzhou	282924	282924	7505	36368	2070	96499		
嘉兴市	Jiaxing	158108	158084	1866	1549	1150	118358		24
湖州市	Huzhou	115705	115191	4692	3550		19512	463	51
绍兴市	Shaoxing	1122697	1109884	1237	4632		606621	1546	11267
金华市	Jinhua	543010	542985	6115	12168	562	296243	25	
衢州市	Quzhou	75728	75728	2566	2672	355	55295		
舟山市	Zhoushan	40273	40242	2218	480		28470	31	
台州市	Taizhou	411401	411331	2592	16328	1527	193563	70	
丽水市	Lishui	56980	56980	604	691		44687		

8-11 各地区建筑业总产值构成(2007 年)
Total Construction Output Value by Structure and Region(2007)

单位:万元(10000 yuan)

地 区	Region	建筑业总产值 Gross output Value of Construction	建筑工程产值 Output Value of Construction	安装工程产值 Output Value of Installation	其他产值 Others
合 计	**Total**	**69717052**	**62072118**	**5802337**	**1842597**
杭州市	Hangzhou	14844749	12768968	1729043	346738
宁波市	Ningbo	7963586	6916030	801450	246105
温州市	Wenzhou	3956212	3589086	321267	45859
嘉兴市	Jiaxing	2372678	2109750	195664	67264
湖州市	Huzhou	2079680	1790586	188711	100383
绍兴市	Shaoxing	21125897	18811015	1540396	774485
金华市	Jinhua	8793888	8078958	608357	106574
衢州市	Quzhou	1067660	974261	80259	13140
舟山市	Zhoushan	705953	625275	74476	6203
台州市	Taizhou	6005034	5710226	211691	83117
丽水市	Lishui	801714	697963	51024	52728

8－12　各地区按登记注册类型分的建筑业总产值(2007 年)

Total Construction Output Value by Registration Status and Region(2007)

单位:万元(10000 yuan)

地　区 Region		建筑业总产值 Gross Output Value of Construction	内资企业 Domestic Capital Enterprises	#国有企业 State－owned Enterprises	#集体企业 Collective Owned Enterprises	#股份合作企业 Share Holdings Enterprises	#私营企业 Private Enterprises	港澳台商投资企业 Enterprises Funded by Entrepre－neurs from Hong Kong Macao and Taiwan	外商投资企业 Foreign Funded Enterprises
合　计	**Total**	**69717052**	**69259201**	**1594444**	**989308**	**110205**	**31334319**	**95396**	**362456**
杭州市	Hangzhou	14844749	14770028	872254	27929	7123	4905010	33931	40790
宁波市	Ningbo	7963586	7945628	117547	10387	41101	3733366	349	17608
温州市	Wenzhou	3956212	3956212	122464	435336	22764	1478596		
嘉兴市	Jiaxing	2372678	2372368	75282	25795	13314	1714123		310
湖州市	Huzhou	2079680	2063057	94717	37511		289285	16498	125
绍兴市	Shaoxing	21125897	20778651	25027	64592		10562462	43624	303622
金华市	Jinhua	8793888	8793858	107309	128212	9215	4153217	30	
衢州市	Quzhou	1067660	1067660	56165	16106	2565	781880		
舟山市	Zhoushan	705953	705788	72190	8509		422326	166	
台州市	Taizhou	6005034	6004236	43649	226287	14123	2681303	798	
丽水市	Lishui	801714	801714	7840	8645		612752		

8－13　各地区按所含专业分的建筑业总产值(2007 年)

Total Construction Output Value by Sector and Region(2007)

单位:万元(10000 yuan)

地　区 Region		建筑业总产值 Gross Output Value of Construc－tion	房屋和土木工程建筑业 Housing and Civil Engineering	房屋工程建筑 Housing	土木工程建筑 Civil Engineering	#铁路、道路、隧道和桥梁工程建筑 Railways, Tunnels, Roads, and Bridges	建筑安装业 Installation	建筑装饰业 Building Decoration	其他建筑业 Others
合　计	**Total**	**69717052**	**64644790**	**51489954**	**13154836**	**9000835**	**2465786**	**2063467**	**543010**
杭州市	Hangzhou	14844749	13398277	9814557	3583719	2136348	834432	555049	56992
宁波市	Ningbo	7963586	7176162	5480931	1695232	989739	441617	269249	76557
温州市	Wenzhou	3956212	3610524	2298862	1311662	866754	142325	160366	42997
嘉兴市	Jiaxing	2372678	2094649	1763173	331476	233706	200561	66329	11139
湖州市	Huzhou	2079680	1889137	1395361	493776	380306	118085	50501	21958
绍兴市	Shaoxing	21125897	19853925	17685901	2168025	1500649	452995	662854	156122
金华市	Jinhua	8793888	8471441	7040187	1431254	1197166	97203	165798	59447
衢州市	Quzhou	1067660	1033014	708643	324371	210291	7042	15000	12603
舟山市	Zhoushan	705953	596187	464322	131865	75572	68759	13373	27634
台州市	Taizhou	6005034	5799500	4346871	1452630	1276979	81280	77272	46982
丽水市	Lishui	801714	721973	491146	230827	133326	21488	27676	30578

8－14 各地区建筑业企业房屋建筑面积(2007 年)
Floor Space of Building Construction by Region(2007)

单位:万平方米(10000 sq. m)

地 区 Region		房屋建筑施工面积 Floor Space Under Construction				房屋建筑竣工面积 Floor Space Under Construction			
		合 计 Total	国有企业 State－owned Construction Enterprises	集体企业 Collective owned Construction Enterprises	私营企业 Private Enterprises	合 计 Total	国有企业 State－owned Construction Enterprises	集体企业 Collective owned Construction Enterprises	私营企业 Private Enterprises
合 计	**Total**	**84476.9**	**499.7**	**1527.1**	**40081**	**34085.6**	**196.5**	**648.6**	**17952.6**
杭州市	Hangzhou	15108.9	187.8	7.2	5177.2	5380.6	83.1	7.2	2146.9
宁波市	Ningbo	10172.8	2.4	3	5449.7	3865.9	2.4	0.7	2450.3
温州市	Wenzhou	5265.3	233.9	914.3	1736.5	1715.6	45.5	311.5	496.3
嘉兴市	Jiaxing	3408.4	8.5	32	2546.9	1682.8	7.6	21.1	1210.1
湖州市	Huzhou	2091.6	4.9	64.4	319.2	1093	3.2	33.8	171.4
绍兴市	Shaoxing	26006.3		122.6	13326.9	10929.6		65.5	6337
金华市	Jinhua	12463.2	38.9	99	5503.3	5107.9	37.9	52.8	2483
衢州市	Quzhou	1281.6	19.7	23.3	1046.6	702.8	16.8	17.2	610
舟山市	Zhoushan	633.7	3.5	3.3	470.9	227		1.5	189.3
台州市	Taizhou	7172.4		252.2	3806.9	3006.4		134.1	1560.1
丽水市	Lishui	872.8		6	696.9	374		3.4	298.1

8－15 各地区建筑业企业劳动生产率(2007 年)
Labor Productivity of Construction by Region(2007)

单位:元/人(yuan/person)

地 区 Region		按建筑业总产值计算的劳动生产率 Overall Labor Productivity Calculated by Gross Output Value of Construction	#国有企业 State-owned Enterprises	#集体企业 Collective Owned Enterprises	按增加值计算的劳动生产率 Overall Labor Productivity Calculated by Added Value	国有企业 State-owned Enterprises	集体企业 Collective Owned Enterprises
合 计	**Total**	**173999**	**207122**	**120238**	**34114**	**41102**	**26822**
杭州市	Hangzhou	191422	217541	162566	31672	47175	20105
宁波市	Ningbo	160611	195748	167527	33207	33240	47444
温州市	Wenzhou	136650	146980	113330	28593	22561	24855
嘉兴市	Jiaxing	147524	294877	146645	33972	82227	35455
湖州市	Huzhou	182827	203124	117997	31128	39898	26153
绍兴市	Shaoxing	193015	207007	134903	37871	36691	31085
金华市	Jinhua	172174	180442	100433	35725	19336	28275
衢州市	Quzhou	142048	209964	67843	31425	22956	22921
舟山市	Zhoushan	177531	327839	197879	41042	76827	52965
台州市	Taizhou	151640	160946	144953	32668	28883	27669
丽水市	Lishui	145488	133567	139211	31767	35257	38224

8-16 各地区建筑业企业技术装备情况(2007年)
Equipment Owned by Construction Enterprises by Region(2007)

地区 Region		自有机械设备总台数(台) Number of Machinery and Equipment Owned (unit)	自有机械设备总功率(万千瓦) Total Power of Machinery and Equipment Owned (10000 kw)	自有机械设备净值(万元) Net Value of Machinery and Equipment Owned (10000 yuan)	技术装备率(元/人) Value of Machines per Labourer (yuan/person)	动力装备率(千瓦/人) Power of Machines per Labourer (kw/person)
合 计	**Total**	**792632**	**1140.69**	**2663714**	**6552**	**2.81**
杭州市	Hangzhou	148722	195.86	462157	6096	2.58
宁波市	Ningbo	95582	124.62	348700	6969	2.49
温州市	Wenzhou	62061	101.81	235121	8310	3.60
嘉兴市	Jiaxing	49581	56.8	101628	6428	3.59
湖州市	Huzhou	36420	48.87	118872	10274	4.22
绍兴市	Shaoxing	167255	254.89	589099	5247	2.27
金华市	Jinhua	109191	170.95	363385	6692	3.15
衢州市	Quzhou	20518	32.84	67376	8897	4.34
舟山市	Zhoushan	11651	17.82	50133	12448	4.42
台州市	Taizhou	74624	115.87	280966	6829	2.82
丽水市	Lishui	17027	20.37	46277	8122	3.57

8-17 各地区建筑业企业资产与负债(2007年)
Assets and Liabilities of Construction Enterprises by Region(2007)

单位:万元(10000 yuan)

地区 Region		资产合计 Total Assets	#流动资产 Circulating Assets	#固定资产 Fixed Assets	流动负债 Liquid Liabilities	长期负债 Long-term Liabilities	所有者权益 Creditors' Equity
合 计	**Total**	**36775360**	**29279713**	**4782224**	**22844078**	**555411**	**13375871**
杭州市	Hangzhou	8905656	7067286	1004263	5900159	215407	2790090
宁波市	Ningbo	5800451	4764085	649472	3698038	106325	1996087
温州市	Wenzhou	3509894	2935745	384175	2389480	28020	1092393
嘉兴市	Jiaxing	1465074	1207364	188785	1063065	15087	386923
湖州市	Huzhou	1569172	1202636	250605	1056103	23911	489158
绍兴市	Shaoxing	6668935	5110343	1034146	3721650	78688	2868598
金华市	Jinhua	4168619	3311597	574861	2205836	41557	1921225
衢州市	Quzhou	613509	466665	109529	357861	2172	253476
舟山市	Zhoushan	804272	665005	72003	628837	13573	161862
台州市	Taizhou	2639077	2037958	430458	1474923	24026	1140128
丽水市	Lishui	630701	511030	83929	348126	6645	275930

8－18 各地区建筑业企业总收入(2007年)
Total Income of Construction Enterprises by Region(2007)

单位:万元(10000 yuan)

地区 Region		企业总收入 Total Income	工程结算收入 Revenue of Project Settlement Accounts	#工程结算成本 Costs of Project Settlement Accounts	#工程结算利润 Profits of Project Settlement Accounts	其他业务收入 Other Revenue from Business	#其他业务利润 Other Profits from Business
合计	**Total**	**60458472**	**59854765**	**54075690**	**3477981**	**603707**	**108922**
杭州市	Hangzhou	13253660	13044375	11846864	705607	209285	39070
宁波市	Ningbo	7162909	7008276	6279895	485299	154632	17503
温州市	Wenzhou	3512111	3474575	3102479	234835	37536	9902
嘉兴市	Jiaxing	2055950	2043765	1862378	108856	12185	3547
湖州市	Huzhou	1964226	1915471	1711996	127924	48755	5186
绍兴市	Shaoxing	17088170	17032107	15528615	846591	56063	10590
金华市	Jinhua	7704761	7687082	6857632	500758	17679	9794
衢州市	Quzhou	1171697	1144221	1027300	73518	27476	2913
舟山市	Zhoushan	688291	678034	617963	36385	10256	2341
台州市	Taizhou	5107820	5082350	4588716	296999	25470	6543
丽水市	Lishui	748877	744508	651853	61209	4370	1534

8－19 各地区建筑业企业利税总额(2007年)
Profits and Taxes of Construction Enterprises by Region(2007)

地区 Region		利税总额(万元) Total Pre-tax Profits (10000 yuan)	利润总额 Total Profits	工程结算税金及附加 Taxes and Extra Charges on Project Settlement Accounts	税金 Taxes	产值利税率(%) Ratio of Pre-tax Profits to Output Value	资产利税率(%) Ratio of Pre-tax Profits to Assets
合计	**Total**	**4020916**	**1886816**	**2070092**	**64008**	**5.77**	**10.93**
杭州市	Hangzhou	788185	334973	439729	13483	5.31	8.85
宁波市	Ningbo	514158	280470	225112	8575	6.46	8.86
温州市	Wenzhou	234933	107905	120837	6190	5.94	6.69
嘉兴市	Jiaxing	116998	48976	66449	1573	4.93	7.99
湖州市	Huzhou	122892	58587	61484	2822	5.91	7.83
绍兴市	Shaoxing	1126919	497794	613524	15601	5.33	16.90
金华市	Jinhua	589714	301718	279796	8201	6.71	14.15
衢州市	Quzhou	70234	29799	38952	1484	6.58	11.45
舟山市	Zhoushan	32970	9399	23067	505	4.67	4.10
台州市	Taizhou	359934	182576	173074	4284	5.99	13.64
丽水市	Lishui	63979	34619	28069	1291	7.98	10.14

8-20 建筑业企业财务状况(2007年)
Financial Indicators of Construction Enterprises(2007)

单位:万元(10000 yuan)

指标	Item	资产合计 Total Assets	流动资产小计 Liquid Assets	长期投资 Long-term Investment	固定资产小计 Fixed Assets	无形及递延资产小计 Intangible and Deferred Assets	流动负债小计 Total Liquid Liabilities
总计	**Total**	**36775360**	**29279713**	**2124008**	**4782224**	**503846**	**22844078**
#特、一、二级企业	Superfine, The First and Second Grade Construction Enterprises	28805406	22965793	1835335	3511246	417232	18191284
#国有及国有控股	State-owned and State-holding Industrial Enterprises	3350589	2525110	251473	507776	55607	2206831
按登记注册类型分组	**by Registration**						
内资企业	Domestic Capital Enterprises	36448746	29028356	2106799	4727540	501059	22628246
#国有企业	State-owned	1312275	1041719	54713	189308	17584	872775
集体企业	Collective Owned	813759	675095	19532	113410	4380	571289
股份合作企业	Share Holding	113658	81885	1839	29565	339	85414
私营企业	Private	16480295	13155104	764661	2331557	197658	9655810
港、澳、台商投资企业	Funded by Entrepreneurs from Hong Kong, Macao and Taiwan	88528	63526	8563	15648	655	46586
外商投资企业	Foreign Funded	238086	187831	8647	39036	2133	169246
按国民经济行业分组	**by Sector**						
房屋和土木工程建筑业	Housing and Civil Engineering	32411295	25900359	1945795	4064528	420527	20172738
建筑安装业	Installation	2378839	1831809	88657	405430	49609	1574200
建筑装饰业	Building Decoration	1399725	1147052	57408	177787	15883	769559
其他建筑业	Others	585501	400492	32147	134479	17828	327580

8－20　续表 1　continued　　单位:万元(10000 yuan)

指标	Item	长期负债 Long-term Liabilities	负债合计 Total Liabilities	所有者权益合计 Creditors' Equity	工程结算收入 Revenue of Project Settled Accounts	工程结算成本 Costs of Project Settled Accounts	工程结算税金及附加 Taxes and Extra Charges on Project Settled Accounts
总计	**Total**	**555411**	**23399489**	**13375871**	**59854765**	**54075690**	**2070092**
#特、一、二级企业	Superfine, The First and Second Grade Construction Enterprises	481555	18672839	10132567	50770227	46181086	1746032
#国有及国有控股	State-owned and State-holding Industrial Enterprises	141671	2348502	1002087	3831512	3445360	119532
按登记注册类型分组	**by Registration**						
内资企业	Domestic Capital Enterprises	541819	23170065	13278681	59403724	53671990	2059710
#国有企业	State-owned	25349	898124	414151	1583444	1399173	50110
集体企业	Collective Owned	15996	587285	226475	843836	764728	30389
股份合作企业	Share Holding	193	85606	28052	91086	81364	3462
私营企业	Private	188232	9844042	6636253	27171899	24347926	957440
港、澳、台商投资企业	Funded by Entrepreneurs from Hong Kong, Macao and Taiwan	3800	50386	38142	120257	106773	2570
外商投资企业	Foreign Funded	9792	179038	59048	330784	296927	7812
按国民经济行业分组	**by Sector**						
房屋和土木工程建筑业	Housing and Civil Engineering	523268	20696006	11715289	55317738	50214762	1931783
建筑安装业	Installation	19408	1593608	785230	2340261	1989754	64447
建筑装饰业	Building Decoration	6695	776254	623471	1666908	1416112	58292
其他建筑业	Others	6040	333620	251881	529859	455061	15569

8－20 续表2 continued 单位:万元(10000 yuan)

指标	Item	管理费用 Manage－ment Expenses	财务费用 Financial Expenses	营业利润 Business Profits	利润总额 Total Profits	应交所得税 Income Tax Payable	本年应付工资总额 Total Wages Payable
总计	**Total**	**1422333**	**307909**	**1856660**	**1886816**	**541801**	**8365290**
#特、一、二级企业	Superfine, The First and Second Grade Construction Enterprises	1053967	259828	1451879	1493986	415524	7138957
#国有及国有控股	State-owned and State-holding Industrial Enterprises	178360	9842	87061	89556	28541	325880
按登记注册类型分组	**by Registration**						
内资企业	Domestic Capital Enterprises	1408024	303707	1842911	1871637	539212	8327065
#国有企业	State-owned	100454	3540	38510	36316	13394	171581
集体企业	Collective Owned	27003	2680	17696	16821	5419	145124
股份合作企业	Share Holding	4556	978	726	1768	517	15555
私营企业	Private	674994	175757	917256	915737	261596	3995263
港、澳、台商投资企业	Funded by Entrepreneurs from Hong Kong, Macao and Taiwan	4286	862	5423	5488	711	5694
外商投资企业	Foreign Funded	10024	3340	8326	9691	1877	32532
按国民经济行业分组	**by Sector**						
房屋和土木工程建筑业	Housing and Civil Engineering	1169904	275682	1635762	1671967	475852	7860927
建筑安装业	Installation	138092	12716	123511	122085	36564	237340
建筑装饰业	Building Decoration	91815	12993	72327	68135	22248	212429
其他建筑业	Others	22522	6519	25060	24629	7137	54594

浙/江/统/计/年/鉴

主要统计指标解释

■ 建筑业增加值

指建筑业企业在报告期内以货币表现的建筑业生产经营活动的最终成果。目前建筑业增加值采用分配法计算，即从收入的角度出发，根据生产要素在生产过程中应得的收入份额计算。具体计算公式为：

建筑业企业增加值 = 本年提取的固定资产折旧 + 应付工资 + 应付福利费 + 管理费用中的劳动待业保险金、税金 + 工程结算税金及附加 + 营业利润 - 转作奖金的利润。

■ 房屋建筑施工面积

指在报告期内施工的全部房屋建筑面积。包括本期内新开工的、上期施工跨入本期继续施工、上期停建本期复工的房屋建筑面积；不包括上期开工后又停工，本期未施工的房屋建筑面积。

■ 房屋建筑竣工面积

指在报告期内，按照设计所规定的工程内容全部完成，达到了设计规定的交工条件，经有关部门检查验收鉴定合格的房屋建筑面积。

■ 自有机械设备年末总台数

指归本企业（或单位）所有，属于本企业固定资产的生产性机械设备年末总台数。包括施工机械、生产设备、运输设备以及其他设备。

■ 自有机械设备年末总功率

指本企业（或单位）自有施工机械、生产设备、运输设备以及其他设备等列为在册固定资产的生产性机械设备年末总功率，按设定能力或查定能力计算。包括机械本身的动力和为该机械服务的单独动力设备，如电动机等。计算单位用千瓦，动力换算可按 1 马力 = 0.735 千瓦折合成千瓦数。电焊机、变压器、锅炉不计算动力。

■ 工程结算收入

指企业（或单位）按工程的分部分项自行完成的建筑产品价值并已与甲方在报告期内办理结算手续的工程价款收入，以及向甲方收取的除工程价款以外的按规定列作营业收入的各种款项，如临时设施费、劳动保险费、施工机械调迁费等以及向甲方收取的各种索赔款。

■ 工程结算利润

指已结算工程实现的利润。如为亏损以“ - ”号表示。其计算公式为：

工程结算利润 = 工程结算收入 - 工程结算成本 - 工程结算税金及附加

■ 企业总收入

指与企业生产经营直接有关的各项收入，包括工程结算收入和其他业务收入，即：

企业总收入 = 工程结算收入 + 其他业务收入

ZHEJIANG STATISTICAL YEARBOOK

Explanatory Notes on Main Statistical Indicators

□ Value Added of Construction

refers to the final result of the activities of production and management of construction in monetary terms in the reference period. At present, the value added of construction is calculated with the method of distribution. In other words, it is the sum of incomes of various production factors in the production process. The formula is as follows:

Value added of construction = depreciation of fixed assets in the year + wages payable + welfare expenses payable + insurance premium and tax for waiting for employment in the administrative expenses + taxes and surcharges on project settlement + profit gained from project settlement – profit used as bonus.

□ Floor Space of Buildings Under Construction

refers to floor space of buildings under construction during the reference period, including newly started buildings, buildings started earlier and continued during the reference period, and buildings suspended earlier but restarted during the reference period. Excluded are buildings started and then suspended earlier that have not been restarted during the reference time.

□ Floor Space of Buildings Completed

refers to the floor space of buildings that are completed in the reference period in accordance with the requirements of the design, up to the standard for putting them into use, and have been checked and accepted by concerned departments as qualified ones.

□ Total Number of Machinery and Equipment Owned by the Construction Enterprises(or Units) by the End of Year

refers to the number of machines and equipment owned by the enterprises (or units, and listed as the fixed assets of the enterprises(or units) by the end of the year, including machinery and equipment for construction, production and transportation.

□ Total Power of Machinery and Equipment Owned by the Construction Enterprises (or Units) by the End of Year

refer to the total power of machinery and equipment owned by the enterprises(or units), and listed as the fixed assets of the enterprises (or units) by the end of the year, including machinery and equipment for construction, production and transportation. The power of the machinery is calculated on basis of the designed or verified capacity, covering the power of the machinery/equipment and the separate power equipment serving the machinery/equipment (such as electric motors), but excluding welders, transformers and boilers. The unit use for the calculation of power is kilowatt, with horsepower converted to kilowatt by 1horsepower = 0.735 kilowatt.

□ Income from Settlement of Projects

refers to the income received by the construction enterprise/unit from the completed portion of the project through settlement procedures with the contractee during the reference period, and other charges to the contractee as operational costs, such as facility fee, labour insurance premium, moving cost of construction unit, as well as various types of claims to the contractee.

□ Profit from Settlement of Projects

refers to profit realized through settled projects. It is calculated with the following formula:

Profit from Settlement of Projects = Income from Settlement of projects – Settled Cost – Settled Taxes and Other Cost

□ Total Revenue of Enterprises

refers to the sum of income from production and operation of enterprises, including income from settlement of projects and other operational incomes, namely:

Total Revenue of Enterprises = Income from settlement of Projects + Other Operational Incomes

2008

浙江统计年鉴

ZHEJIANG STATISTICAL YEARBOOK

CHAPTER 9

交通运输和邮电通信业

Transport, Posts and Telecommunications

9-1 运输线路长度
Length of Transportation Routes

单位:公里(km)

指　标	Item	2001	2002	2003	2004	2005	2006	2007
铁路线路长度	**Length of Railways**							
营业里程	In Operation	1207	1212	1212	1212	1255	1265	1306
#复线里程	Double-tracking Length	593	608	608	631	727	714	714
公路通车里程	**Length of Highways**	**44005**	**45646**	**46193**	**46935**	**48600**	**95310**	**99812**
#一级公路	First Class Highways	1849	2070	2251	2487	2955	3410	3617
二级公路	Second Class Highways	5682	5777	5948	6189	6569	7710	8207
高速公路	Expressway	774	1307	1438	1475	1866	2383	2651
内河通航里程	**Length of Navigable Inland Waterways**	**10408**	**10408**	**10539**	**9893**	**9652**	**9652**	**9667**
民用航空航线(条)	**Number of Civil Aviation Routes(line)**	**182**	**165**	**174**	**149**	**173**	**203**	**188**
#国内航线	Domestic Routes	169	153	158	131	147	171	148

注:2006年起公路通车里程包含村道。
The length of highways is including that of village road since 2006.

9-2 主要港口货物吞吐量
Cargo Handled at Principal Ports

单位:万吨(10000 tons)

港口名称	Port	2001	2002	2003	2004	2005	2006	2007
合　计	**Total**	**21827**	**25503**	**32216**	**40810**	**47900**	**55238**	**62112**
杭 州 港	Hangzhou	2337	2131	2828	4864	5094	5221	5550
宁波-舟山港	Ningbo - Zhoushan	12852	15398	18543	22586	26881	42387	47336
温 州 港	Wenzhou	1314	1676	2338	2630	3102	3275	3496
台 州 港	Taizhou	1024	1100	1457	2022	2067	2107	3312
舟 山 港	Zhoushan	3281	4068	5722	7359	9052		
嘉 兴 港	Jiaxing	1019	1130	1328	1349	1704	2248	2418

注:2006年起宁波港和舟山港合并为宁波-舟山港。
The two harbors, Ningbo harbor and Zhoushan harbor, have combined to make a large one called Ningbo - Zhoushan harbor since 2006.

9-3 民用车辆拥有量
Number of Civil Vehicles Owned

单位:辆(unit)

指 标	Item	合计 Total			#个人 Individual		
		2005	2006	2007	2005	2006	2007
总计	**Total**	**7281597**	**7985788**	**8730908**	**6545204**	**7170202**	**7822480**
汽车	**Vehicles**	**2046626**	**2501118**	**3032672**	**1367112**	**1740522**	**2179734**
载客汽车	Passenger Vehicles	1435115	1844670	2329315	1026663	1371292	1782401
#大型	Large - Sized	35221	38756	41905	689	646	709
中型	Medium - Sized	72835	75553	77143	22144	23726	25035
小型	Small - Sized	1183356	1585484	2066100	878933	1218832	1627227
微型	Minicar	143703	144877	144167	124897	128088	129430
#轿车	Cars	939366	1243294	1612120	702905	966813	1289366
载货汽车	Trucks	559043	597414	638139	320644	348918	377451
#重型	Heavy - Sized	30735	33840	34684	12736	13325	12556
中型	Medium - Sized	101618	100344	100624	42180	41764	41729
轻型	Light - Sized	367530	415252	458917	222152	257514	289318
微型	Minicar	59160	47978	43914	43576	36315	33848
#普通载货	Ordinary	430180	450266	472396	264365	284286	304599
其它汽车	Others	52468	59034	65218	19805	20312	19882
电车	**Trolleybuses**	**41**	**18**	**3**			
#无轨	Trackless	41	18	3			
摩托车	**Motorcycles**	**4803534**	**5103176**	**5310798**	**4760245**	**5064669**	**5274940**
普通	Ordinary	4243805	4531413	4744157	4202290	4494645	4709941
轻便	Lightweigh	559729	571763	566641	557955	570024	564999
拖拉机	**Tractors**	**415492**	**362781**	**365602**	**415492**	**362781**	**365602**
#大型	Large - Sized	92196	113541	112524	92196	113541	112524
挂车	**Trailers**	**15824**	**18615**	**21750**	**2349**	**2223**	**2198**
其它类型车	**Others**	**80**	**80**	**83**	**6**	**7**	**6**
机动车驾驶员(人)	**Motor Drivers(person)**	**6945515**	**7705358**	**8450862**			
#汽车驾驶员	Automobile Drivers	4311933	4850394	5542299			

9-4 水路运输工具年末实有数
Number of Means of Waterway Transportation(Year-end)

指 标		Item		合计 Total			#私人 Individuals		
				2005	2006	2007	2005	2006	2007
机动船	(艘)	Motor Vessels	(unit)	26873	25128	23290	20543	18735	16714
净载重量	(吨位)	Dead Weight Tonnage	(ton)	10114638	11286859	11865113	2599190	2648006	2552766
载客量	(客位)	Passenger Capacity	(seat)	63940	70932	70690	468	468	432
货船	(艘)	Cargo Ships	(unit)	25700	23763	21903	20379	18576	16579
净载重量	(吨位)	Dead Weight Tonnage	(ton)	10093099	11279207	11852311	2599188	2648005	2552765
客货船	(艘)	Passenger-cargo Vessels	(unit)	57	53	57			
净载重量	(吨位)	Dead Weight Tonnage	(ton)	7574	6315	11866			
载客量	(客位)	Passenger Capacity	(seat)	12175	11721	14985			
客船	(艘)	Passenger Ships	(unit)	792	1034	1090	39	39	36
载客量	(客位)	Passenger Capacity	(seat)	51765	59211	55705	468	468	432
拖船	(艘)	Tugboats	(unit)	324	278	240	125	120	99
驳船	(艘)	Barges	(unit)	2569	1970	1584	766	720	592
净载重量	(吨位)	Dead Weight Tonnage	(ton)	256539	209619	173095	39057	40933	31573

9－5 客运量和旅客周转量(1978－2007年)
Passenger Traffic and Turnover Volume of Passenger Traffic(1978－2007)

年 份 Year	客运量合计(万人) Passenger Traffic Total (10000 persons)	铁 路 Railway	公 路 Highway	水 运 Waterway	民用航空 Civil Aviation	旅客周转量合计(亿人公里) Turnover Volume of Passenger Traffic Total (100 million person－km)	铁 路 Railway	公 路 Highway	水 运 Waterway
1978	20535	1889	12815	5828	3	66.68	29.75	27.60	9.33
1979	23781	2068	15543	6166	4	68.22	24.77	33.26	10.19
1980	28454	2421	19326	6702	5	96.74	43.55	41.70	11.49
1981	32458	2677	22864	6909	8	111.40	49.05	50.25	12.10
1982	35988	2735	26150	7094	9	120.66	50.73	57.28	12.65
1983	37856	2919	28468	6461	8	134.73	57.46	64.54	12.73
1984	40827	3252	30882	6683	10	157.81	66.74	76.86	14.21
1985	52776	3225	39375	10163	13	201.35	75.26	107.23	18.86
1986	57973	3126	45759	9066	22	220.38	78.43	124.91	17.04
1987	61403	3258	49589	8526	30	246.98	83.94	145.85	17.19
1988	64571	3595	52560	8382	34	269.43	93.12	158.81	17.50
1989	59477	3453	48726	7275	23	257.28	87.63	153.87	15.78
1990	60347	3018	51083	6214	32	257.29	75.94	166.87	14.48
1991	64906	3040	56495	5286	85	285.85	80.91	190.95	13.99
1992	71017	3051	62767	5087	112	322.40	87.83	220.68	13.89
1993	91553	3249	83606	4560	138	398.87	98.05	288.10	12.72
1994	100068	3559	92090	4269	150	435.15	108.35	314.95	11.85
1995	109139	3566	101370	3968	235	483.06	109.80	360.09	13.17
1996	114098	3071	107317	3446	264	500.98	98.11	391.65	11.22
1997	115141	2990	108654	3231	266	529.79	101.20	417.77	10.82
1998	118329	3169	111847	3034	279	552.35	106.57	436.34	9.44
1999	118819	3750	111771	3034	264	582.71	140.01	433.50	9.20
2000	124133	3909	116996	2938	290	606.73	148.33	449.51	8.89
2001	132881	4193	126008	2371	309	651.79	164.48	479.53	7.78
2002	135995	4511	128980	2122	382	706.85	180.95	519.20	6.70
2003	140699	4338	133968	1983	410	718.39	181.03	531.63	5.73
2004	150254	5195	142177	2311	571	795.32	216.41	571.50	7.41
2005	160669	5274	152222	2510	663	848.49	222.95	617.87	7.67
2006	174626	5588	165441	2792	805	929.15	241.05	681.39	6.71
2007	189658	5931	179501	3164	1062	1026.50	258.52	761.07	6.91

注:民用航空客运量指发送量。
Passenger traffic of civil aviation refers to volume of transmitting passenger.

9-6 货运量和货物周转量(1978-2007年)
Freight Traffic and Turnover Volume of Freight Traffic(1978-2007)

年份 Year	货运量合计(万吨) Freight Traffic Total (10000 tons)	铁路 Railway	公路 Highway	水运 Waterway	货物周转量合计(亿吨公里) Turnover Volume of Freight Traffic Total (100 million ton-km)	铁路 Railway	公路 Highway	水运 Waterway
1978	8460	1415	2690	4355	164.19	112.77	6.69	44.73
1979	9202	1461	2998	4743	181.29	121.50	7.62	52.17
1980	9577	1523	3012	5042	190.76	126.23	8.25	56.28
1981	9608	1495	3042	5071	192.29	121.27	9.25	61.77
1982	10746	1609	3616	5521	201.83	120.49	11.49	69.85
1983	10877	1681	3728	5468	212.49	123.02	13.58	75.89
1984	11781	1736	3988	6057	232.67	127.59	16.67	88.41
1985	22385	1781	9397	11207	293.54	132.54	33.45	127.55
1986	31775	1893	17680	12202	341.20	135.18	68.14	137.88
1987	32346	1924	19426	10996	369.21	138.07	82.52	148.62
1988	37502	1877	24128	11497	403.96	136.50	96.25	171.21
1989	36358	1911	24354	10093	408.99	146.51	92.75	169.73
1990	33474	1691	22879	8904	400.65	144.43	100.75	155.47
1991	35198	1773	24162	9263	456.00	144.95	136.25	183.80
1992	41115	1915	28957	10243	546.81	167.52	158.83	220.46
1993	49867	1989	36439	11439	617.69	179.58	160.48	277.63
1994	54765	1841	40593	12331	685.41	181.55	171.63	332.23
1995	62287	1914	45052	15321	874.29	186.75	245.16	442.38
1996	63875	1928	47400	14547	900.80	178.92	266.22	455.66
1997	60956	1721	45224	14011	914.54	172.22	262.32	480.00
1998	60369	1726	45338	13305	897.88	173.28	257.11	467.49
1999	64004	1710	45754	16540	1004.10	171.80	256.90	575.40
2000	74884	1955	55008	17921	1199.74	187.16	280.02	732.56
2001	77832	2181	55706	19945	1371.60	206.48	282.53	882.59
2002	90507	2411	63532	24564	1616.61	230.41	293.60	1092.60
2003	103163	2658	70907	29598	2047.48	252.92	313.70	1480.86
2004	117298	2887	78540	35871	2701.48	288.22	353.62	2059.64
2005	126176	2960	81448	41768	3416.90	282.85	372.66	2761.39
2006	140095	3231	89342	47522	4363.71	300.74	431.07	3631.9
2007	153318	3447	98742	51129	4962.38	336.06	493.64	4132.68

9－7 邮电业务基本情况(1978－2007年)
Post and Telecommunications Services(1978－2007)

年 份 Year	邮电业务总量 (万元) Business Volume of Post and Telecommuni－cations (10000 yuan)	函 件 (万件) Number of Letters (10000 cases)	订销报刊累计份数 (万份) Total Number of Newspaper and Magazine Subscribed (10000 copies)	特快专递 (万件) Express Mail Services (10000 pieces)	长途电话通话时长 (万分钟) Communication time by long－distance Telephone Call (10000 minutes)	市话年末户 数 (户) Number of Urban Telephone Subscribers at Year-end (Subscriber)	农话年末户 数 (户) Number of Rural Telephone Subscribers at Year-end (Subscriber)
1978	6851	11663	52264			42043	32919
1979	7832	14236	52264			46141	34120
1980	8991	16466	58538			51230	36838
1981	9970	18039	64945			57610	38749
1982	10834	19123	67993			65931	41513
1983	12477	23155	7373			75314	44677
1984	14879	28517	89384			89805	50487
1985	18837	33742	101657			104430	58012
1986	20564	34729	103759			121240	62935
1987	24878	39847	116953			145987	72806
1988	31300	42035	116694			188547	88729
1989	37020	36577	64557			234081	106895
1990	45396	34879	67183			280232	125783
1991	114607	32219	68849			355000	156500
1992	165815	33649	80349			486400	222100
1993	275148	39190	77457			782464	346685
1994	429179	38617	81515			1188163	585589
1995	630167	38678	85226	289	168588	1666979	936297
1996	865336	37785	90955	390	212709	1997814	1219930
1997	1129657	34186	98207	392	263562	2392544	1631650
1998	1577157	33133	102761	436	312660	2809491	2213890
1999	2190000	29439	107683	537	497232	3409993	3249300
2000	3240800	30643	106807	654	619793	4197800	4645000
2001	2799000	34839	116156	824	755690	5477000	5739000
2002	3634295	37862	114707	866	965782	7153572	6664178
2003	5047179	74901	116953	1014	1426075	9373773	7191544
2004	6771657	73462	110417	1164	1780713	11881841	7865948
2005	8303851	69844	112417	1256	2144549	14215278	8101240
2006	9720807	73349	117573	1440	2401231	15665856	8241649
2007	13270593	74475	124782	1737	1594861	16014157	8044271

注:1. 邮电业务总量1978－2000年按1990年不变价计算,2001年开始按2000年不变价计算。
Business volume of post and telecommunications from 1978 to 2000 were calculated at constant price of 1990, at constant price of 2000 since 2001.
2. 按最新统计口径,自2003年函件包括邮送广告。
The letters include advertisements sent by post according to new statistical scope since 2003.
3. 2007年起,长途电话通话时长按新口径统计,后表同。
Since 2007, the statistic scope of communication time by long－distance telephone call has been changed. Following tables are the same.

9-8 邮电企业主要指标
Principal Indicators of Post and Telecommunications Enterprises

指　标		Item		2004	2005	2006	2007
邮电线路长度		**Length of Postal Routes**					
邮路总长度	(公里)	Length of Postal Routes	(km)	119537	131193	174237	198935
农村投递路线总长度	(公里)	Rural Delivery Routes	(km)	127287	134966	143793	150651
长途电话电路总数	(2M)	Total Long-distance Telephone Circuits	(2M)	10111	11529	23088	71497
邮运通信工具		**Telecommunications Facilities**					
火车邮厢	(辆)	Postal Railway Carriage	(unit)	7	7	7	7
邮政汽车	(辆)	Postal Cars	(unit)	2473	2601	2811	2995
公用电话	(万部)	Public Telephone	(10000 units)	179	218	251	244
长途自动交换机	(路端)	Long distance Switchboard	(terminal circuit)	535028	546115	642281	812601
本地电话交换机容量	(万门)	Urban Switchboard	(10000 lines)	2621	2675	3093	3246
移动电话交换机	(万户)	Mobile Switchboard	(10000 users)	3007	3582	4194	5903
移动电话	(万户)	Mobile Telephone	(10000 users)	2323	2686	3012	3529
无线寻呼机	(万户)	Radio Pager	(10000 users)	4			
分组交换用户	(户)	Exchange User	(user)	849			
DDN 用户	(户)	User of DDN	(user)	21733	19794	16613	16642
帧中继用户	(户)	User of ChinaFrn	(user)	6265	5891	5256	5094
互联网用户	(万户)	Users of International Computer Network	(10000 users)	283	345	121	119
宽带用户	(万户)	Wide Band	(10000 users)	229	338	453	562
长途光缆线路长度	(公里)	Length of Long Distance Optical Fibre Cable	(km)	22889	24801	25562	25790

9-9 邮电通信水平
Level of Post and Telecommunications Services

指 标		Item		2004	2005	2006	2007
邮电通信水平		**Level of Postal and Telecommunications Services**					
每百人平均函件量	(件/百人)	Average Number of Letters Mailed per 100 Persons	(pieces/100 persons)	1626.2	1426.0	1496	1498.0
每百人平均累计订阅报刊量	(份/百人)	Average Number of Newspaper Subscribed per 100 Persons	(copies/100 persons)	2300	2300	2360	2470
每百人平均包件	(件/百人)	Average Number of Parcels per 100 Persons	(pieces/100 persons)	13.4	12.0	11.8	12.2
每百人平均汇票量	(张/百人)	Average Number of Money Order per 100 Persons	(pieces/100 persons)	29.6	23.5	25.9	32.2
每百人长话量	(分钟/百人)	Number of Long-distance Telephone per 100 Persons	(minutes/100 persons)	37730	43784	48217	31519
固定电话普及率	(部/百人)	Popularization Rate of Fixed Telephone	(set/100 persons)	41.8	45.6	48	47.5
移动电话普及率	(部/百人)	Popularization Rate of Mobile Telephone	(set/100 persons)	49.2	54.8	60.5	69.7
人均邮政、电信费用支出(按合计总量算)	(元/人)	Per Capital Expenditure of Telecommunications	(yuan/person)	806	869.0	970	1107
已通电话的乡镇	(个)	Number of Townships with Telephone Communication	(unit)	1281	1217	1215	1203
已通电话的行政村	(个)	Number of Villages with Telephone Communication	(unit)	35005	32255	32976	31060
移动电话漫游国家和地区	(个)	Countries (Regions) Connected With The Mobile Telephone Communication Network	(unit)	180	206		
移动电话(GSM)网络覆盖县(市)	(个)	Conties (Cities) Connected With GSM	(unit)	180	206		
移动电话(CDMA)网络覆盖县(市)	(个)	Conties (Cities) Connected With CDMA	(unit)	14	14		
已通邮的行政村	(个)	Number of Villages with Posal Communication	(unit)	38014	35018	34473	31041
设有局所的乡(镇)比重	(%)	Percentage of Townships with Postal Offices	(%)	85.1	80.3	79.8	78.9
按固定班期投递邮件的乡镇	(个)	Townships with Regularly Delivering Letters	(unit)	1308	1266	1218	1201

注:2004年开始固定电话普及率计算口径已作调整。
The statistical coverage of popularization rate of fixed telephone was adjusted since 2004.

浙/江/统/计/年/鉴

主要统计指标解释

■ 铁路营业里程

又称营业长度,指办理客货运输业务的铁路正线总长度。凡是全线或部分建成双线及以上的线路,以第一线的实际长度计算;复线、站线、段管线、岔线和特殊用途线以及不计算运费的联络线都不计算营业里程。铁路营业里程是反映铁路运输业基础设施发展水平的重要指标,也是计算客货周转量、运输密度和机车车辆运用效率等指标的基础资料。

■ 公路里程

指在一定时期内实际达到《公路工程技术标准JTJ01-88》规定的等级公路,并经公路主管部门正式验收交付使用的公路里程数。其计算单位为:km。它包括大中城市的郊区公路以及通过小城镇街道部分的公路里程,也包括桥梁、渡口的长度,但不包括大中城市的街道、厂矿、林区生产用道和农业生产用道的里程。两条或多条公路共同经由同一路段,只计算一次,不得重复计算里程长度。公路里程是反映公路建设发展规模的重要指标,也是计算运输网密度等指标的基础资料。

■ 内河航道里程

也称"内河通航里程",是反映内河水运网规模、水平和发展情况的主要指标;是指在一定时期内,能通航运输船舶及排筏的天然河流、湖泊水库、运河及通航渠道的长度。包括全年季节性通航累计三个月以上的航道,但不包括仅供零散流放竹、木排的河道。

■ 货(客)运量

指在一定时期内,各种运输工具实际运送的货物(旅客)数量。是反映运输业为国民经济和人民生活服务的数量指标,也是制定和检查运输生产计划,研究运输发展规模和速度的重要指标。货运按吨计算,客运按人计算。货物不论运输距离长短,货物类别,均按实际重量统计;旅客不论行程远近或票价多少,均按一人一次作为客运量统计。半价票、小孩票也按一人统计。

■ 货物(旅客)周转量

指在一定时期内,由各种运输工具运送的货物(旅客)数量与其相应运输距离的乘积之总和,是反映运输业生产总成果的重要指标,也是编制和检查运输生产计划,计算运输效率、劳动生产率以及核算运输单位成本的主要基础资料。通常以吨公里和人公里为计算单位。计算货物周转量通常按发出站与到达站之间的最短距离,也就是计费距离计算。

■ 沿海主要港口货物吞吐量

指由水运进出沿海主要港区范围,并经过装卸的货物数量,包括邮件及办理托运手续的行李、包裹以及补给运输船舶的燃、物料和淡水。其计量单位为吨。货物吞吐量的货种分类及其主要流向流量,反映了港口在国内外物资交流和对外贸易运输中的地位和作用。吞吐量可以分为进口、出口,又可以分为国内贸易和对外贸易。

■ 邮电业务总量

指以货币表现的邮电部门用于传递信息和提供其他邮电服务的总数量。它综合反映了一定时期邮电工作的总成果,是研究邮电业务量构成和发展趋势的重要指标。它用各种邮电分类业务量,如函件件数、长途电话业务量、市内电话和农村电话的年均户数、订销报刊累计份数等,分别乘以相应的平均单价(不变价),加总后再加上出租电路和设备的收入、代用户维护电话交换机和线路等设备的收入、其他业务收入求得。

ZHEJIANG STATISTICAL YEARBOOK

Explanatory Notes on Main Statistical Indicators

□ Length of Railways in Operation

refers to the total length of the trunk line under passenger and freight transportation. The calculation is based on the actual length of the first line even if this line has a full or partial double track or more tracks, excluding double tracks, stationsidings, tracks under the charge of stations; branch lines, specialpurpose lines and the non-payable connecting lines. The length of railways in operation is an important indicator to show the development of the intra-structure for the railway transport, and also the essential data to calculate volume of passenger freight transport, traffic density and utilization efficiency of the locomotives and carriages.

□ Length of Highways

refers to the length of highways which are built in conformity with the grades specified by the highway engineering standard formulated by the Ministry of Communications, and have been formally checked and accepted by the departments of highways and put into use. The length of highways includes that of the suburb highways at large and medium-sized cities, highways passing through streets at small cities and towns, and also the length of bridges and ferries. It does not include the length of streets in big and medium-sized cities and highways built for the production purpose at factories, mines, forest areas and agricultural areas. If two or more highways go the same section of the way, the length of the section is only calculated for once and no duplication is allowed. The length of highways is an important indicator to show the development of the highway construction and to provide essential information to calculate the transport network density.

□ Length of Navigable Inland Waterways

refers to the length of the natural rivers, lakes, reservoirs, canals, and ditches open to navigation during a given period, which enables the transport by ships and rafts. It includes the channels open to navigation for over 3 months accumulatively in a year, yet this does not include the river courses which are only used to float odd logs and bamboo rafts.

□ Length of Civil Aviation Routes

refers to the length of all routes for regular civil aviation flights. There are usually two ways to calculate the distance between airports connected by the route length: One is to put the length of all air routes together, called duplicated calculation of the length of the routes; the other is not to allow the duplication in calculation when two or more routes passing the same section. The latter is usually used, as it can precisely show the size of the civil aviation network and indicate the extent of civil aviation serving the national economy and the people.

□ Freight (Passenger) Traffic

refers to the volume of freight (passenger) transported with various means. Freight transport is calculated in tons and passenger traffic is calculated in the number of persons. Despite the type of freight and travelling distance, the freight transport is calculated by the principle that one person can be counted only once in one travel. The passenger who travel with a half-price ticket or a child ticket is also calculated as one person. The freight (passenger) traffic provides a quantitative measure to show how the transport industry serves the national economy and people, and is also an important indicator for planning the transport industry and for studying the development scale and speed of the transport industry.

□ Freight Ton-kilometers(Passenger-kilometers)

refer to the sum of the products of the volume of transported cargo (passengers) multiplying by the transport distance, usually using ton-kilometre and passenger-kilometre

EXPLANATORY NOTES ON
MAIN STATISTICAL INDICATORS

as units for measurement. Normally, the shortest distance between the departure station and the destination station (i. e. , the payable distance) is the basis to calculate the freight ton – kilometres. This is an important indicator to show the total results of the transport industry, to prepare and examine the transport plan and to measure the efficiency, the labour productivity and the unit cost of transport.

□ Volume of Freight Handled in Major Coastal Ports

refers to the volume of cargo passing in and out the harbor area of the major coastal ports and having been loaded and unloaded. The volume includes that of the postal matters, registered luggages and fuels, materials and fresh water as supplies of the ships. The volume of freight handled may be classfied as import, export, or as domestic trade and foreign trade. The volume of freight handled by type of cargo and by main flow direction reflects the position and function of the ports in the inflow of Chinese and foreign commodities and in the transportation for foreign trade.

□ Business Volume of Post and Telecommunications

refers to the total amount of the imformation delivered and other post and telecommunications services provided by the post and telecommunications departments for the customers. It is derived by first multiplying the business volume of different types, such as number of letters, telegrams, long distance calls, city and rural telephone subscribers and accumulated number of newspapers and journals subscribed and sold, etc. by their respective average unit price (fixed price) and then adding these products together: plus the income from maintenance of telephone exchanges and lines, and the income from other business operations. The business volume of post and telecommunications indicates the total achievements made by the post and telecommunications department during a given period of time in a comprehensive way, and is an important indicator to study the composition and development of the post and telecommunications business.

2008

浙江统计年鉴

ZHEJIANG STATISTICAL YEARBOOK

CHAPTER 10

批发、零售贸易和餐饮业

Wholesale and Retail Sale Trade and Catering Trade

10－1　社会消费品零售总额(1978－2007年)
Total Retail Sales of Consumer Goods(1978－2007)

单位：亿元(100 million yuan)

年份 Year	社会消费品零售总额 Total Retail Sales of Consumer Goods	按地区分 By Region			按行业分 By Secter		
		市 City	县 County	县以下 Under County Level	批发零售贸易业 Wholesale and Retail Sale Trade	餐饮业 Catering Trade	其他 Others
1978	46.86	9.75	14.46	22.65	43.57	1.84	1.45
1979	58.97	11.56	17.68	29.73	55.06	2.28	1.63
1980	74.87	14.99	21.68	38.20	69.62	2.86	2.39
1981	85.99	23.76	17.59	44.64	79.98	3.21	2.80
1982	93.77	25.01	19.57	49.19	86.78	3.45	3.54
1983	104.24	28.06	23.10	53.08	96.93	3.87	3.44
1984	125.82	35.66	27.96	62.20	116.37	4.98	4.47
1985	172.27	55.99	40.74	75.54	157.44	6.56	8.27
1986	203.49	67.15	44.71	91.63	185.26	7.90	10.33
1987	242.58	87.80	45.29	109.49	220.40	9.73	12.45
1988	325.88	132.28	51.23	142.37	298.19	12.55	15.14
1989	346.01	141.80	51.91	152.30	316.71	14.06	15.24
1990	353.75	153.27	48.55	151.93	321.45	15.90	16.40
1991	404.00	184.56	55.79	163.65	366.65	19.07	18.28
1992	493.87	230.23	73.72	189.92	442.64	25.04	26.19
1993	772.11	371.59	112.72	287.80	722.81	40.09	9.21
1994	1133.18	615.40	115.15	402.63	1013.18	55.24	64.76
1995	1472.66	791.45	142.73	538.48	1360.01	85.92	26.73
1996	1776.67	950.80	181.68	644.19	1610.94	115.02	50.71
1997	1951.96	1054.90	193.40	703.66	1759.87	129.88	62.21
1998	2120.78	1150.81	203.92	766.05	1896.93	149.33	74.52
1999	2305.86	1257.49	223.54	824.83	2041.43	188.31	76.12
2000	2553.59	1394.29	250.36	908.94	2235.01	237.67	80.91
2001	2839.59	1594.35	275.10	970.14	2478.04	277.97	83.57
2002	3166.15	1816.22	315.53	1034.40	2736.10	340.34	89.72
2003	3511.26	2224.23	366.42	920.61	2998.92	399.14	113.20
2004	4055.50	2573.23	452.89	1029.38	3525.14	452.78	77.58
2005	4631.69	3046.71	460.59	1124.39	4020.81	533.19	77.69
2006	5325.35	3519.01	519.42	1286.92	4658.76	609.85	56.73
2007	6214.04	4117.23	604.73	1492.07	5437.82	717.36	58.85

注:2004年数据按经济普查资料测算,1993－2003年数据根据经济普查数据调整。
The data in 2004 are calculated from Economic Census, while the data are adjusted by Economic Census from 1993 to 2003.

10－2 按登记注册类型分限额以上批发零售贸易业基本情况
Basic Conditions of Enterprises Above Designated Size in Wholesale and Retail Trade by Types of Registration

指　标	Item	法人企业(个) Number of Corporation (unit)		产业活动单位数(个) Number of Economic Active(unit)		从业人员(人) Persons Employed (person)	
		2006	2007	2006	2007	2006	2007
总计	**Total**	**4249**	**4716**	**11227**	**12715**	**295790**	**363920**
批发业合计	**Wholesale Trade**	**2883**	**3207**	**5652**	**6153**	**133779**	**174689**
#国有及国有控股	State－owend and State Holding Enterprises	432	427	1492	1507	43662	62630
内资企业	Domestic Funded Enterprises	2876	3190	5608	6094	132119	171198
国有企业	State－owned Enterprises	179	171	407	424	19445	19436
集体企业	Collective Owned Enterprises	53	48	283	337	2355	2037
股份合作企业	Cooperative Enterprises	38	33	69	46	1194	995
联营企业	Joint Ownership Enterprises	6	8	11	14	187	243
国有联营企业	State Joint Ownership Enterprises	2	3	3	5	59	84
集体联营企业	Collective Joint Ownership Enterprises		1		1		19
国有与集体联营企业	State－collective Joint Enterprises	4	4	8	8	128	140
有限责任公司	Limited Liability Corporations	996	1052	2330	2599	57223	59975
国有独资公司	State Sole Funded Corporations	64	57	355	340	8857	7906
其他有限责任公司	Other Limited Liability Corporations	932	995	1975	2259	48366	52069
股份有限公司	Share－holding Corporations Ltd.	55	59	498	407	9586	29591
私营企业	Private Enterprises	1549	1819	2010	2267	42129	58921
私营独资企业	Private Funded Enterprises	15	27	24	37	428	586
私营合伙企业	Private Partnership Corporations	12	16	12	16	301	463
私营有限责任公司	Private Limited Liability Corporations	1500	1751	1951	2182	40780	56873
私营股份有限公司	Private Share－holding Corporations Ltd.	22	25	23	32	620	999
港澳台商投资企业	Enterprises With Funds From Hong Kong, Macao and Taiwan	2	8	7	16	526	1137
合资经营企业	Joint－venture Enterprises		4	2	7	161	307
独资经营企业	Enterprises with Sole Investment	2	4	5	9	365	830
外商投资企业	Foreign Funded Enterprises	5	9	37	43	1134	2354
中外合资经营企业	Joint－venture Enterprises	3	4	26	32	460	1094
中外合作经营企业	Cooperation Enterprises			4	3	463	106
外资企业	Enterprises With Sole Foreign Investment	1	5	6	8	201	1154
外商投资股份有限公司	Foreign Invesment Share－holding Corporations Ltd.	1		1		10	

10－2 续表 continued

指 标	Item	法人企业(个) Number of Corporation (unit) 2006	2007	产业活动单位数(个) Number of Economic Active(unit) 2006	2007	从业人员(人) Persons Employed (person) 2006	2007
零售业合计	**Retail Sale Trade**	**1366**	**1509**	**5575**	**6562**	**162011**	**189231**
#国有及国有控股	State－owend and State Holding Enterprises	222	242	904	1157	20037	29958
内资企业	Domestic Funded Enterprises	1346	1478	5497	6264	152379	165642
国有企业	State－owned Enterprises	49	51	289	209	5090	5734
集体企业	Collective Owned Enterprises	38	45	417	403	3686	3588
股份合作企业	Cooperative Enterprises	19	19	37	39	1625	3700
联营企业	Joint Ownership Enterprises	15	14	33	19	332	366
国有联营企业	State Joint Ownership Enterprises	6	3	20	8	168	179
国有与集体联营企业	Joint State－collective Enterprises	6	7	6	7	93	126
其他联营企业	Other Joint Ownership Enterprises	3	4	7	4	71	61
有限责任公司	Limited Liability Corporations	476	513	2403	2795	69157	77684
国有独资公司	State Sole Funded Corporations	64	62	210	188	3786	3681
其他有限责任公司	Other Limited Liability Corporations	412	451	2193	2607	65371	74003
股份有限公司	Share－holding Corporations Ltd.	28	28	186	270	16554	15171
私营企业	Private Enterprises	721	808	2132	2529	55935	59399
私营独资企业	Private Funded Enterprises	27	38	36	47	846	1296
私营合伙企业	Private Partnership Corporations	10	13	137	229	3327	3336
私营有限责任公司	Private Limited Liability Corporations	660	735	1929	2214	49391	52452
私营股份有限公司	Private Share－holding Corporations Ltd.	24	22	30	39	2371	2315
港澳台商投资企业	Enterprises With Funds From Hong Kong, Macao and Taiwan	7	13	50	156	1970	9993
合资经营企业	Joint－venture Enterprises	6	6	48	135	1610	6377
合作经营企业	Cooperation Enterprises	1	1	1	2	349	372
港澳台独资企业	Enterprises with Sole Hong Kong, Macao and Taiwan		6		18		3094
港、澳、台商投资股份有限公司	Share－holding Corporations Ltd. with Funds From Hong Kong, Macao and Taiwan			1	1	11	150
外商投资企业	Foreign Funded Enterprises	13	18	28	142	7662	13596
中外合资经营企业	Joint－venture Enterprises	9	10	16	117	4502	6811
中外合作经营企业	Cooperation Enterprises	2	2	6	6	1226	1303
外资企业	Enterprises With Sole Foreign Investment	2	6	6	19	1934	5482

10－3 分行业限额以上批发零售贸易基本情况
Basic Conditions of Enterprises Above Designated Size in Wholesale and Retail Trade by Types of Registration

指 标	Item	法人企业(个) Number of Corporation (unit) 2006	2007	产业活动单位数(个) Number of Economic Active(unit) 2006	2007	从业人员(人) Persons Employed (person) 2006	2007
总计	**Total**	**4249**	**4716**	**11227**	**12715**	**295790**	**363920**
批发业	**Wholesale**	**2883**	**3207**	**5652**	**6153**	**133779**	**174689**
农畜产品批发	Agricultural and Animal Products	48	48	209	208	2607	2589
食品、饮料及烟草制品批发	Food, Beverages, Tobacoo and Its Products	243	252	639	709	26207	27066
#米、面制品及食用油批发	Rice, Flour and Its Products, Edible Oil	39	40	216	237	3337	3344
烟草制品批发	Tobacoo and Its Products	76	73	193	194	12020	11388
纺织、服装及日用品批发	Textile, Garments and Articles for Daily Use	497	584	648	748	20913	33355
#服装批发	Garments	173	195	220	242	8937	11627
文化、体育用品及器材批发	Culture, Sports Articles and Equipment	75	81	106	112	4942	5468
医疗及医疗器材批发	Medicines and Medical Appliances	111	120	447	496	14148	13987
矿产品、建材及化工产品批发	Mineral Products, Building Materials and Chemical Products	1255	1407	2221	2411	36868	59886
#煤炭及制品	Coal and Related Products	117	135	153	166	2740	2756
石油及制品批发	Petroleurn and Related Products	174	183	757	742	11082	31152
金属及金属矿批发	Metal Materials and Mineral	553	605	647	714	11615	12801
建材批发	Building Materials	69	100	91	125	2393	3174
化肥批发	Fertilizer	34	37	220	263	1137	1243
机械设备、五金交电及电子产品批发	Machinery Equipment, Hardware and Electric Products	512	543	672	733	24096	28191
#汽车、摩托车及零配件批发	Motor Vehicles, Motorcycles and Parts	108	119	138	150	4236	4776
家用电器批发	Household Appliances	70	80	107	117	5159	6789
计算机、软件及辅助设备批发	Computers, Software and Auxiliary Equipment	53	46	72	65	1961	2122
贸易经纪与代理	Manage and Agencies in Trade	2	3	2	3	39	70
其他批发业	Others	140	169	708	733	3959	4077

10－3 **续表** continued 单位：亿元(100 million yuan)

指　标	Item	法人企业(个) Number of Corporation (unit)		产业活动单位数(个) Number of Economic Active(unit)		从业人员(人) Persons Employed (person)	
		2006	2007	2006	2007	2006	2007
零售业	**Retail Sale**	**1366**	**1509**	**5575**	**6562**	**162011**	**189231**
综合零售	Synthesizs	288	301	2127	2412	81057	96895
#百货零售	Consumer Goods	111	113	632	632	29866	32013
超级市场零售	Supermarkets	152	158	1068	1286	47848	60292
食品、饮料及烟草制品专门零售	Food, Beverages, Tobacoos and Its Products	62	62	426	440	7172	7706
纺织、服装及日用品专门零售	Textile Garments and Articles for Daily Use	34	39	84	121	5148	5614
#服装零售	Garments Articles	21	23	50	72	3987	4169
文化、体育用品及器材专门零售	Calture Sports Articles and Equipments	103	100	307	316	6480	6574
#体育用品零售业	Sports Articles		1		5		379
#图书零售	Books	76	77	261	263	5071	5046
医疗及医疗器材专门零售	Medicines and Medical Appliances	88	95	1031	1292	11510	12303
#药品零售	Medicines	86	94	999	1251	11312	12116
汽车、摩托车、燃料及零售	Motor Vehicles Motorcycles Fuel	509	610	819	1039	29569	35403
#汽车零售	Motor Vehicles	358	440	454	568	17395	24331
机动车燃料零售	Fuel for Motor Vehicles Use	91	107	209	305	10872	9671
家用电器及电子产品专门零售	Household Appliance Electric Products	212	219	467	567	18202	21161
#家用电器零售	Household Appliance	126	128	272	329	13534	14660
计算机、软件及辅助设备零售	Computer, Software and Auxiliary Equipment	49	54	70	89	1742	2841
通信设备零售	Communication Equipment	36	35	124	146	2584	3194
五金、家具及室内装饰材料专门零售	Hardware Furniture Decoration Indoors	12	16	15	30	801	1064
无店铺及其他零售	Non－shop and Other Retail Sale	58	67	299	345	2072	2511
#邮购及电子销售业	Mail Order and Electron Vendition	1	1	21	1	120	325

10－4 按登记注册类型分限额以上批发零售贸易业商品销售总额
Total Sales of Enterprises Above Designated Size in Wholesale and Retail Trade by Types of Registration

单位：亿元(100 million yuan)

指 标	Item	合计 Total		批发 Wholesale		零售 Retail Sale	
		2006	2007	2006	2007	2006	2007
总计	**Total**	**10679.39**	**13141.54**	**8908.39**	**10869.11**	**1771.00**	**2272.43**
批发业合计	**Wholesale Trade**	**8794.47**	**10838.62**	**8507.91**	**10482.04**	**286.56**	**356.58**
#国有及国有控股	State－owend and State Holding Enterprises	3137.36	3634.56	3026.93	3497.55	110.43	137.01
内资企业	Domestic Funded Enterprises	8699.34	10717.60	8414.74	10363.19	284.60	354.41
国有企业	State－owned Enterprises	1264.16	1411.19	1243.72	1388.85	20.44	22.34
集体企业	Collective Owned Enterprises	82.75	108.25	80.90	105.84	1.85	2.41
股份合作企业	Cooperative Enterprises	91.65	63.66	77.97	61.74	13.68	1.92
联营企业	Joint Ownership Enterprises	7.40	7.88	7.15	7.42	0.25	0.46
国有联营企业	State Joint Ownership Enterprises	3.17	3.29	3.17	3.14		0.15
集体联营企业	Collective Joint Ownership Enterprises		0.75		0.75		
国有与集体联营企业	Joint State－collective Enterprises	4.23	3.84	3.98	3.54	0.25	0.30
有限责任公司	Limited Liability Corporations	3764.82	4384.79	3642.87	4226.75	121.96	158.04
国有独资公司	State Sole Funded Corporations	156.37	169.07	149.51	161.22	6.86	7.84
其他有限责任公司	Other Limited Liability Corporations	3608.45	4215.72	3493.35	4065.53	115.10	150.19
股份有限公司	Share－holding Corporations Ltd.	882.89	1062.33	809.62	957.73	73.27	104.59
私营企业	Private Enterprises	2605.66	3679.51	2552.51	3614.85	53.15	64.66
私营独资企业	Private Funded Enterprises	17.86	95.24	16.92	92.32	0.93	2.92
私营合伙企业	Private Partnership Corporations	14.70	16.39	14.70	16.22		0.17
私营有限责任公司	Private Limited Liability Corporations	2535.59	3503.65	2483.66	3442.25	51.92	61.40
私营股份有限公司	Private Share－holding Corporations Ltd.	37.52	64.24	37.22	64.06	0.30	0.18
其他企业	Other Enterprises						
港澳台商投资企业	Enterprises With Funds From Hong Kong, Macao and Taiwan	14.77	29.46	14.77	29.45		0.01
合资经营企业	Joint－venture Enterprises	7.45	11.19	7.45	11.18		0.01
独资经营企业	Enterprises with Sole Investment	7.31	18.27	7.31	18.27		
外商投资企业	Foreign Funded Enterprises	80.36	91.56	78.40	89.40	1.96	2.16
中外合资经营企业	Joint－venture Enterprises	11.76	20.99	11.4	20.88	0.36	0.11
中外合作经营企业	Cooperation Enterprises	12.98	10.98	11.41	9.14	1.57	1.84
外资企业	Enterprises With Sole Foreign Investment	48.78	59.59	48.75	59.38	0.03	0.21
外商投资股份有限公司	Foreign Investment Share－holding Corporation Ltd.	6.85		6.85			

10－4 续表 continued 单位：亿元(100 million yuan)

指 标	Item	合计 Total		批发 Wholesale		零售 Retail Sale	
		2006	2007	2006	2007	2006	2007
零售业合计	**Retail Trade**	**1884.92**	**2302.92**	**400.49**	**387.06**	**1484.43**	**1915.86**
#国有及国有控股	State－owend and State Holding Enterprises	224.50	351.18	37.72	66.13	186.78	285.05
内资企业	Domestic Funded Enterprises	1736.98	2042.31	375.98	363.24	1361.00	1679.06
国有企业	State－owned Enterprises	49.78	73.73	11.01	23.96	38.77	49.76
集体企业	Collective Owned Enterprises	15.43	27.62	5.78	8.49	9.65	19.13
股份合作企业	Cooperative Enterprises	16.43	65.18	4.12	14.66	12.31	50.53
联营企业	Joint Ownership Enterprises	7.41	8.10	1.20	1.21	6.21	6.89
国有联营企业	State Joint Ownership Enterprises	2.94	2.61	0.14		2.81	2.61
国有与集体联营企业	Joint State－collective Enterprises	3.70	4.71	0.74	0.79	2.96	3.92
其他联营企业	Other Joint Ownership Enterprises	0.77	0.78	0.32	0.42	0.44	0.36
有限责任公司	Limited Liability Corporations	641.68	764.72	65.66	70.11	576.02	694.61
国有独资公司	State Sole Funded Corporations	20.82	23.27	2.43	2.21	18.38	21.06
其他有限责任公司	Other Limited Liability Corporations	620.86	741.45	63.23	67.90	557.63	673.54
股份有限公司	Share－holding Corporations Ltd.	448.96	421.73	231.91	184.25	217.05	237.48
私营企业	Private Enterprises	557.29	681.22	56.29	60.56	501.00	620.66
私营独资企业	Private Funded Enterprises	6.76	12.01	0.76	1.01	6.00	11.00
私营合伙企业	Private Partnership Corporations	10.07	15.30	0.61	1.37	9.46	13.93
私营有限责任公司	Private Limited Liability Corporations	518.25	621.57	54.36	57.48	463.89	564.09
私营股份有限公司	Private Share－holding Corporations Ltd.	22.21	32.35	0.57	0.70	21.65	31.64
港澳台商投资企业	Enterprises With Funds From Hong Kong, Macao and Taiwan	38.34	86.11	0.88	2.16	37.45	83.95
合资经营企业	Joint－venture Enterprises	32.02	55.31	0.88	1.97	31.14	53.33
合作经营企业	Cooperation Enterprises	4.31	6.59			4.31	6.59
独资经营企业	Enterprises with Sole Investment		24.10		0.18		23.92
港、澳、台商投资股份有限公司	Share－holding Corporations Ltd. with Funds From Hong Kong, Macao and Taiwan	2.00	0.11			2.00	0.11
外商投资企业	Foreign Funded Enterprises	109.6	174.50	23.63	21.66	85.98	152.84
中外合资经营企业	Joint－venture Enterprises	66.63	105.01	23.63	21.66	43.00	83.35
中外合作经营企业	Cooperation Enterprises	18.67	19.40			18.67	19.40
外资企业	Enterprises With Sole Foreign Investment	24.30	50.09			24.30	50.09

10－5 分行业限额以上批发零售贸易业销售总额
Total Sales of Enterprises Above Designated Size in Wholesale and Retail Sale Trade by Sector

单位：亿元(100 million yuan)

指 标	Item	销售总额 Sales					
		合计 Total		批发 Wholesale		零售 Retail Sale	
		2006	2007	2006	2007	2006	2007
总计	**Total**	**10679.39**	**13141.54**	**8908.39**	**10869.11**	**1771**	**2272.43**
批发业	**Wholesale**	**8794.47**	**10838.62**	**8507.91**	**10482.04**	**286.56**	**356.58**
农畜产品批发	Agricultural and Animal Products	44.79	48.16	44.66	47.91	0.13	0.25
食品、饮料及烟草制品批发	Food, Beverages, Tobacoo and Its Products	981.21	1204.88	972.11	1193.58	9.10	11.31
#米、面制品及食用油批发	Rice, Flour and Its Products, Edible Oil	77.73	103.60	76.54	101.75	1.19	1.86
烟草制品批发	Tobacoo and Its Products	683.36	761.74	679.39	756.70	3.97	5.04
纺织、服装及日用品批发	Textile Garments and Articles for Daily Use	1575.46	1849.50	1566.11	1839.75	9.35	9.75
#服装批发	Garments	722.55	769.07	719.60	764.77	2.95	4.30
文化、体育用品及器材批发	Culture Sports Articles and Equipment	242.86	240.86	235.25	238.67	7.61	2.19
医疗及医疗器材批发	Medicines and Medical Appliances	314.19	369.27	212.24	234.45	101.95	134.82
矿产品、建材及化工产品批发	Mineral Products, Building Materials and Chemical Products	3982.17	5206.55	3899.14	5086.87	83.03	119.69
#煤炭及制品	Coal and Related Products	204.93	239.59	204.72	239.45	0.21	0.13
石油及制品批发	Petroleurn and Related Produets	940.39	1117.15	870.74	1016.37	69.65	100.78
金属及金属矿批发	Metal Materials and Mineral	1858.04	2514.40	1853.06	2499.41	4.98	14.99
建材批发	Building Materials	118.36	208.53	116.81	206.88	1.56	1.65
化肥批发	Fertilizer	69.93	75.25	69.83	74.85	0.10	0.40
机械设备、五金交电及电子产品批发	Machinery Equipment Hardware and Electric Produets	1320.49	1482.29	1245.69	1413.41	74.8	68.88
#汽车、摩托车及零配件批发	Motor Vehicles Motorcycles and Parts	254.91	243.53	204.43	206.65	50.49	36.88
家用电器批发	Household Appliances	216.79	286.84	206.40	270.26	10.39	16.58
计算机、软件及辅助设备批发	Computers, Software and Auxiliary Equipment	73.14	78.67	68.83	74.88	4.31	3.79
贸易经纪与代理	Manage and Agencies in Trade	1.13	1.88	1.13	1.88		
其他批发	Others	332.17	435.23	331.58	425.53	0.59	9.70

10－5　续表　continued　　单位：亿元(100 million yuan)

指　标	Item	销售总额 Sales 合计 Total 2006	2007	批发 Wholesale 2006	2007	零售 Retail Sale 2006	2007
零售业	**Retail Sale**	**1884.92**	**2302.92**	**400.49**	**387.06**	**1484.43**	**1915.86**
综合零售	Synthesizs	560.71	679.14	47.55	47.66	513.17	631.48
#百货零售	Consumer Goods	273.84	329.97	29.13	32.27	244.71	297.70
超级市场零售	Supermarkets	275.16	327.89	15.65	11.08	259.51	316.81
食品、饮料及烟草制品专门零售	Food, Beverages, Tobacoos and Its Products	37.19	43.60	2.83	4.71	34.36	38.89
纺织服装及日用品专门零售	Textile Garments and Articles for Daily Use	37.83	43.94	10.71	13.34	27.12	30.60
#服装零售	Garments Articles	30.06	34.76	10.12	12.89	19.94	21.86
文化、体育用品及器材专门零售	Calture Sports Articles and Equipments	32.77	39.35	3.11	3.65	29.65	35.70
#体育用品零售	Sports Articles	2.00	3.53	0.64	1.25	1.37	2.28
图书零售	Books	25.88	28.81	2.17	2.09	23.71	26.72
医药及医疗器材专门零售	Medicines and Medical Appliances	85.60	104.38	19.71	29.39	65.90	74.99
#药品零售	Medicines	83.39	102.19	19.36	29.06	64.03	73.13
汽车、摩托车、燃料及零配件零售	Motor Vehicles Motorcycles Fuel	943.69	1181.06	286.86	260.05	656.83	921.02
#汽车零售	Motor Vehicles	491.99	753.34	45.33	64.45	446.65	688.89
机动车燃料零售	Fuel for Motor Vehicles Use	432.73	411.29	236.18	195.20	196.55	216.09
家用电器及电子产品专门零售	Household Appliance lectric Products	161.93	176.61	25.37	22.87	136.56	153.74
#家用电器零售	Household Appliance	126.14	131.08	20.26	11.24	105.88	119.84
计算机、软件及辅助设备零售	Computer Software and Auxiliary Equipment	14.92	25.52	2.17	8.31	12.76	17.21
通信设备零售	Communication Equipment	19.54	18.07	2.94	3.32	16.60	14.76
五金、家具及室内装饰材料专门零售	Hardware Furniture Deceration Indoors	5.18	7.89	0.26	0.77	4.91	7.12
无店铺及其他零售	Non－shop and Other Retail Sale	20.03	26.96	4.09	4.64	15.94	22.32
#邮购及电子销售业	Mail Order and Electron Vendition	2.66	3.19	0.91		1.75	3.19

10-6 限额以上批发零售贸易业商品分类销售额

Total Sales in Wholesale and Retail Sale Trade Above Designated Size by Commodity

单位：亿元(100 million yuan)

商品分类	Commodity	总计 Total 2005	2006	2007
食品、饮料、烟酒类	Food, Beverage, Tobacco and Liquor	969.77	1174.89	1344.41
肉禽蛋类	Meat, Poultry and Eggs	45.27	45.51	55.98
其他食品类	Other Food	277.63	314.97	372.28
饮料类	Beverages	46.57	58.65	75.64
烟酒类	Tobacco and Liquor	600.30	755.76	840.52
服装鞋帽、针、纺织品类	Garments, Shoes, Hats, Knit and Textile Goods	1040.00	1161.27	1268.06
服装类	Garments	482.38	544.73	580.00
鞋帽类	Shoes and Hats	108.64	130.36	146.89
针、纺织品类	Knit and Textile Goods	448.99	486.19	541.17
化妆品类	Cosmetics	35.39	41.67	47.60
金银珠宝类	Jewelry	15.27	19.38	26.34
日用品类	Articles For Daily Use	260.78	314.43	390.87
洗涤用品类	Washing	30.52	36.36	43.97
儿童玩具类	Toy For Children	10.61	9.86	14.86
五金、电料类	Hardware & Electric Materials	194.47	219.29	247.44
体育、娱乐用品类	Sports and Recreation	28.11	27.32	29.62
书报杂志类	Newspapers and Magazines	45.10	44.03	50.45
电子出版物及音像制品类	Electronic Publication and Audiovisual Products	5.19	4.76	4.61
家用电器及音像器材类	Household Appliances and Audiovisual Equipment	276.04	366.87	441.64
中西药品类	Traditional Chinese & Western Medicines	355.32	369.16	428.75
西药	Western Medicines	267.66	276.16	319.57
中草药及中成药	Chinese Herbal Medicine and Other Traditional Chinese Medicine	75.60	79.20	89.73
文化办公用品类	Culture and Official Articles	156.03	178.16	195.97
家具类	Furniture	19.56	25.54	33.48
通讯器材类	Communication Appliances	145.24	164.47	145.15
煤炭及制品类	Coal and Related Products	152.34	180.77	223.62
木材及制品类	Timber and Related Products	25.78	31.38	42.69
石油及制品类	Oil and Related Products	1191.21	1403.76	1539.13
化工材料及制品类	Chemical Materials and Related Products	686.36	736.60	893.71
化肥类	Fertilizer	75.82	64.23	69.19
金属材料类	Metal Materials	1517.41	1835.30	2405.40
建筑及装潢材料类	Building and Decoration Materials	67.48	65.38	84.20
机电成品及设备类	Mechanical and Electrical Products and Appliances	345.94	370.75	435.82
农机类	Agricutural Mechanical Products	4.61	3.16	4.38
汽车类	Motor Vehicles	580.93	637.77	790.72
种子饲料类	Seed and Forage	26.30	11.95	12.34
棉麻类	Cotton & Ambery	50.68	53.59	65.52
其他类	Others	460.77	546.84	580.94

10－6 续表1 continued 单位：亿元(100 million yuan)

商品分类	Commodity	批发额 Wholesale		
		2005	2006	2007
食品、饮料、烟酒类	Food, Beverage, Tobacco and Liquor	764.31	937.64	1056.79
肉禽蛋类	Meat, Poultry and Eggs	16.37	16.30	19.99
其他食品类	Other Food	160.18	180.49	211.18
饮料类	Beverages	23.78	31.03	42.43
烟酒类	Tobacco and Liquor	563.98	709.82	783.19
服装鞋帽、针、纺织品类	Garments, Shoes, Hats, Knit and Textile Goods	909.87	1002.12	1070.80
服装类	Garments	393.88	434.56	441.23
鞋帽类	Shoes and Hats	87.92	103.30	112.13
针、纺织品类	Knit and Textile Goods	428.06	464.26	517.44
化妆品类	Cosmetics	10.89	10.99	11.95
金银珠宝类	Jewelry	0.78	0.73	0.88
日用品类	Articles For Daily Use	214.53	256.32	311.64
洗涤用品类	Washing	14.10	14.87	18.62
儿童玩具类	Toy For Children	7.98	6.86	10.52
五金、电料类	Hardware & Electric Materials	189.75	212.91	240.80
体育、娱乐用品类	Sports and Recreation	21.41	19.09	20.69
书报杂志类	Newspapers and Magazines	23.83	20.36	22.98
电子出版物及音像制品类	Electronic Publication and Audiovisual Products	2.34	2.78	2.54
家用电器及音像器材类	Household Appliances and Audiovisual Equipment	158.85	217.63	255.31
中西药品类	Traditional Chinese & Western Medicines	196.28	201.67	225.82
西药	Western Medicines	148.12	149.05	163.93
中草药及中成药	Chinese Herbal Medicine and Other Traditional Chinese Medicine	41.07	45.32	49.77
文化办公用品类	Culture and Official Articles	136.70	156.54	169.21
家具类	Furniture	18.60	23.96	31.61
通讯器材类	Communication Appliances	121.98	134.12	112.50
煤炭及制品类	Coal and Related Products	152.20	180.69	223.25
木材及制品类	Timber and Related Products	25.68	31.12	42.49
石油及制品类	Oil and Related Products	1045.78	1172.95	1252.42
化工材料及制品类	Chemical Materials and Related Products	685.71	735.51	892.71
化肥类	Fertilizer	75.82	64.23	69.19
金属材料类	Metal Materials	1514.59	1834.08	2403.92
建筑及装潢材料类	Building and Decoration Materials	62.70	60.49	76.70
机电成品及设备类	Mechanical and Electrical Products and Appliances	337.13	363.28	426.70
农机类	Agricutural Mechanical Products	4.61	3.16	4.38
汽车类	Motor Vehicles	241.95	224.22	214.95
种子饲料类	Seed and Forage	26.30	11.95	12.34
棉麻类	Cotton & Ambery	50.68	53.59	65.52
其他类	Others	450.20	535.30	569.90

10－6 续表2 continued 单位：亿元(100 million yuan)

商品分类	Commodity	零售额 Retail Sale 2005	2006	2007
食品、饮料、烟酒类	Food, Beverage, Tobacco and Liquor	205.46	237.24	287.62
肉禽蛋类	Meat, Poultry and Eggs	28.90	29.20	35.99
其他食品类	Other Food	117.45	134.47	161.10
饮料类	Beverages	22.78	27.62	33.21
烟酒类	Tobacco and Liquor	36.32	45.94	57.33
服装鞋帽、针、纺织品类	Garments, Shoes, Hats, Knit and Textile Goods	130.13	159.16	197.25
服装类	Garments	88.49	110.17	138.77
鞋帽类	Shoes and Hats	20.71	27.06	34.76
针、纺织品类	Knit and Textile Goods	20.93	21.93	23.73
化妆品类	Cosmetics	24.50	30.68	35.65
金银珠宝类	Jewelry	14.49	18.65	25.46
日用品类	Articles For Daily Use	46.25	58.11	79.22
洗涤用品类	Washing	16.42	21.49	25.35
儿童玩具类	Toy For Children	2.63	3.01	4.34
五金、电料类	Hardware & Electric Materials	4.72	6.38	6.64
体育、娱乐用品类	Sports and Recreation	6.70	8.23	8.93
书报杂志类	Newspapers and Magazines	21.27	23.67	27.47
电子出版物及音像制品类	Electronic Publication and Audiovisual Products	2.85	1.98	2.08
家用电器及音像器材类	Household Appliances and Audiovisual Equipment	117.19	149.24	186.32
中西药品类	Traditional Chinese & Western Medicines	159.05	167.49	202.93
西药	Western Medicines	119.54	127.11	155.64
中草药及中成药	Chinese Herbal Medicine and Other Traditional Chinese Medicine	34.53	33.84	39.96
文化办公用品类	Culture and Official Articles	19.33	21.62	26.76
家具类	Furniture	0.95	1.57	1.87
通讯器材类	Communication Appliances	23.26	30.36	32.65
煤炭及制品类	Coal and Related Products	0.14	0.07	0.36
木材及制品类	Timber and Related Products	0.10	0.27	0.21
石油及制品类	Oil and Related Products	145.43	230.81	286.72
化工材料及制品类	Chemical Materials and Related Products	0.65	1.09	1.00
化肥类	Fertilizer			
金属材料类	Metal Materials	2.83	1.22	1.48
建筑及装潢材料类	Building and Decoration Materials	4.78	4.89	7.51
机电成品及设备类	Mechanical and Electrical Products and Appliances	8.81	7.46	9.12
农机类	Agricutural Mechanical Products			
汽车类	Motor Vehicles	338.98	413.55	575.77
种子饲料类	Seed and Forage			
棉麻类	Cotton & Ambery			
其他类	Others	10.58	11.54	11.04

10－7 限额以上批发零售贸易企业财务状况
Financial Conditions of Wholesale and Retail Sale Trade Above Designated Size

单位：亿元(100 million yuan)

指 标	Item	2001	2002	2003	2004	2005	2006	2007
法人企业数(个)	Corporation Units(unit)	2204	2110	2244	4134	3852	4249	4716
从业人员(人)	Employed Persons(person)	195125	200965	196689	268351	276276	295790	363920
流动资产合计	Total Circulating Assets	863.92	1035.12	1409.26	2042.94	2368.70	2674.21	3519.98
固定资产合计	Total Fixed Assets	256.45	262.20	281.26	301.10	452.50	495.56	580.61
资产总计	Total Assets	1290.57	1476.42	1905.46	2762.60	3126.63	3556.37	4546.42
负债合计	Total Liabilities	878.74	1011.58	1352.74	1896.43	2170.05	2592.47	3423.31
商品销售收入净额	Net Value of Sales Revenue	3021.10	3475.75	4593.29	7389.69	7923.82	9266.07	11419.86
商品销售成本	Cost of Sales	2817.44	3225.72	4282.44	6955.13	7466.22	8741.58	10765.73
经营费用	Business Expenses	87.47	100.21	125.02	187.28	193.53	227.8	276.74
商品销售税金及附加费	Tax and Extra Charges on Goods Sales	4.07	5.58	5.81	11.99	9.48	10.33	13.35
主营业务利润	Profits of Major Management	113.12	145.14	180.02	422.56	429.90	514.17	640.77
管理费用	Management Expenses	66.23	73.00	84.30	112.62	122.24	135.27	164.59
财务费用	Financial Expenses	16.25	15.75	19.01	23.43	26.69	31.65	48.92
利润总额	Total Profits	62.63	84.10	113.14	156.16	146.98	191.22	238.93
本年应付工资总额	Total Wages Payable in the Year	37.52	38.55	46.00	59.29	64.69	74.89	113.82
本年应付福利费总额	Total Welfare Expenses Payable in the Year	4.81	6.19	7.24	8.29	10.19	11.04	8.39

10－8 按登记注册类型分限额以上批发零售贸易企业资产及负债情况(2007 年)

Assets and Liabilities of Enterprises Above Designated Size in Wholesale and Retail Trade by Types of Registration(2007)

单位：亿元(100 million yuan)

指 标	Item	资产合计 Total Assets	固定资产 Fixed	流动资产 Circulating	负债合计 Total Liabilities	所有者权益合计 Total Creditor's Equity
批发和零售贸易业合计	**Total**	**4546.42**	**580.61**	**3519.98**	**3423.31**	**1123.11**
批发企业合计	**Wholesale Trade**	**3685.39**	**364.96**	**2945.71**	**2772.14**	**913.25**
#国有及国有控股	State－owend and State Holding Enterprises	1179.69	198.26	850.63	756.38	423.31
内资企业	Domestic Funded Enterprises	3658.71	359.76	2924.75	2756.49	902.22
国有企业	State－owned Enterprises	434.47	82.00	322.19	234.78	199.69
集体企业	Collective Owned Enterprises	31.33	3.86	26.16	23.63	7.70
股份合作企业	Cooperative Enterprises	29.94	0.70	27.33	26.01	3.94
联营企业	Joint Ownership Enterprises	1.51	0.60	0.91	0.77	0.73
国有联营企业	State Joint Ownership Enterprises	0.56	0.26	0.31	0.27	0.29
集体联营	Collective Joint Ownership Enterprises	0.18		0.18	0.15	0.03
国有与集体联营企业	Joint State－collective Enterprises	0.76	0.34	0.42	0.35	0.41
有限责任公司	Limited Liability Corporations	1495.64	127.08	1212.93	1170.24	325.40
国有独资公司	State Sole Funded Corporations	88.16	18.09	65.28	53.80	34.36
其他有限责任公司	Other Limited Liability Corporations	1407.48	108.99	1147.65	1116.44	291.04
股份有限公司	Share－holding Corporations Ltd.	339.75	71.32	182.09	205.98	133.77
私营企业	Private Enterprises	1326.07	74.20	1153.14	1095.08	230.99
私营独资企业	Private Funded Enterprises	12.65	0.48	11.88	11.28	1.36
私营合伙企业	Private Partnership Corporations	5.44	0.07	4.64	3.98	1.46
私营有限责任公司	Private Limited Liability Corporations	1277.17	71.44	1109.91	1053.63	223.54
私营股份有限公司	Private Share－holding Corporations Ltd.	30.82	2.21	26.71	26.18	4.64
港澳台商投资企业	Enterprises With Funds From Hong Kong, Macao and Taiwan	3.64	0.43	3.17	2.05	1.59
合资	Joint－venture	1.52	0.34	1.20	0.52	1.00
港澳台商独资经营企业	Enterprises With Sole Investment From Hong Kong, Macao and Taiwan	2.12	0.09	1.96	1.53	0.59
外商投资企业	Foreign Funded Enterprises	23.04	4.77	17.79	13.60	9.44
中外合资经营企业	Joint－venture Enterprises	14.77	3.84	10.29	7.63	7.15
外商独资企业	Foreign Sole Funded Enterprises	8.27	0.93	7.50	5.97	2.30

10－8 续表 continued 单位：亿元(100 million yuan)

指 标	Item	资产合计 Total Assets	固定资产 Fixed	流动资产 Circulating	负债合计 Total Liabilities	所有者权益合计 Total Creditor's Equity
零售企业总计	**Retail Trade**	**861.03**	**215.65**	**574.27**	**651.17**	**209.86**
#国有及国有控股	State－owend and State Holding Enterprises	174.51	59.53	91.21	113.22	61.29
内资企业	Domestic Funded Enterprises	792.77	193.54	538.02	603.06	189.71
国有企业	State－owned Enterprises	16.93	6.17	9.00	9.47	7.46
集体企业	Collective Owned Enterprises	12.84	5.49	7.94	10.07	2.77
股份合作企业	Cooperative Enterprises	26.76	5.62	21.73	20.17	6.59
联营企业	Joint Ownership Enterprises	0.72	0.44	0.41	0.39	0.33
国有联营企业	State Joint Ownership Enterprises	0.21	0.25	0.08	0.14	0.07
国有与集体联营企业	Joint State－collective Enterprises	0.28	0.14	0.14	0.08	0.20
其他联营企业	Other Joint Ownership Enterprises	0.24	0.06	0.19	0.18	0.06
有限责任公司	Limited Liability Corporations	319.78	86.01	213.52	248.49	71.29
国有独资公司	State Sole Funded Corporations	25.19	9.56	9.79	11.54	13.66
其他有限责任公司	Other Limited Liability Corporations	294.59	76.46	203.73	236.95	57.63
股份有限公司	Share－holding Corporations Ltd.	123.93	34.50	65.31	74.95	48.98
私营企业	Private Enterprises	291.81	55.31	220.11	239.53	52.28
私营独资企业	Private Funded Enterprises	4.21	0.49	3.61	3.54	0.67
私营合伙企业	Private Partnership Corporations	6.09	1.73	4.27	5.35	0.74
私营有限责任公司	Private Limited Liability Corporations	270.62	51.29	204.61	222.76	47.87
私营股份有限公司	Private Share-holding Corporations Ltd.	10.88	1.80	7.62	7.88	3.00
港澳台商投资企业	Enterprises With Funds From Hong Kong, Macao and Taiwan	14.63	4.25	10.02	10.64	3.99
与港澳台商合资经营	Joint－venture Enterprises From Hong Kong, Macao and Taiwan	5.80	1.78	4.35	3.42	2.38
与港澳台商合作经营	Cooperation Enterprises From Hong Kong, Macao and Taiwan	1.86	1.04	1.14	1.81	0.05
港澳台独资企业	Enterprises with Sole Hong Kong, Macao and Taiwan	6.97	1.43	4.53	5.40	1.57
外商投资企业	Foreign Funded Enterprises	53.63	17.85	26.23	37.47	16.16
中外合资经营企业	Joint-venture Enterprises	24.38	11.88	11.70	19.58	4.79
中外合作经营企业	Cooperation Enterprises	2.71	1.87	0.38	0.54	2.17
外商独资企业	Foreign Sole Funded Enterprises	26.54	4.11	14.16	17.34	9.20

10-9 分行业限额以上批发零售贸易企业资产及负债情况(2007年)
Assets and Liabilities of Enterprises Above Designated Size in Wholesale and Retail Sale Trade by Sector(2007)

单位：亿元(100 million yuan)

指　标	Item	资产合计 Total Assets	固定资产 Fixed	流动资产 Circulating	负债合计 Total Liabilities	所有者权益合计 Total Creditor's Equity
批发企业合计	**Wholesale Trade**	**3685.39**	**364.96**	**2945.71**	**2772.14**	**913.25**
农畜产品批发	Agricultural and Animal Products	44.72	8.05	36.22	32.55	12.17
食品、饮料及烟草制品批发	Food, Beverages, Tobacoo and Its Products	438.70	82.59	337.22	251.78	186.92
#米、面制品及食用油批发	Rice, Flour and Its Products, Edible Oil	61.20	10.02	42.65	43.83	17.37
烟草制品批发	Tobacoo and Its Products	211.12	49.87	164.85	84.60	126.52
纺织、服装及日用品批发	Textile, Garments and Articles for Daily Use	642.45	40.15	552.83	526.08	116.37
#服装批发	Garments	231.18	20.47	191.60	189.34	41.84
文化、体育用品及器材批发	Culture, Sports Articles and Equipment	119.26	12.12	79.94	76.51	42.75
医疗及医疗器材批发	Medicines and Medical Appliances	135.32	16.75	112.00	105.38	29.94
矿产品、建材及化工产品批发	Mineral Products, Building Materials and Chemical Products	1682.33	153.44	1327.19	1290.27	392.07
#煤炭及制品	Coal and Related Products	90.94	16.75	65.88	61.98	28.95
石油及制品批发	Petroleurn and Related Produets	311.65	78.17	178.32	191.04	120.61
金属及金属矿批发	Metal Materials and Mineral	800.66	32.39	707.61	676.73	123.93
建材批发	Building Materials	139.09	5.66	95.06	93.86	45.23
化肥批发	Fertilizer	58.68	4.71	40.48	38.33	20.35
机械设备、五金交电及电子产品批发	Machinery Equipment, Hardware and Elecric Produets	565.80	48.57	448.51	443.22	122.58
#汽车、摩托车及零配件批发	Motor Vehicles, Motorcycles and Parts	130.81	8.47	85.72	92.83	37.98
家用电器批发	Household Appliances	98.54	7.20	87.41	85.95	12.59
计算机、软件及辅助设备批发	Computers, Software and Auxiliary Equipment	19.07	0.57	17.78	14.82	4.25
贸易经纪与代理	Manage and Agencies in Trade	1.28	0.04	1.22	0.91	0.36
其他批发	Others	55.54	3.24	50.56	45.44	10.09

10－9 续表 continued 单位：亿元(100 million yuan)

指 标	Item	资产合计 Total Assets	固定资产 Fixed	流动资产 Circulating	负债合计 Total Liabilities	所有者权益合计 Total Creditor's Equity
零售企业合计	**Retail Trade**	**861.03**	**215.65**	**574.27**	**651.17**	**209.86**
综合零售	Synthesis	321.27	106.53	183.71	240.60	80.67
#百货零售	Consumer Goods	187.99	63.36	99.21	131.93	56.06
超级市场零售	Supermarkets	126.48	41.20	79.70	103.71	22.77
食品、饮料及烟草制品专门零售	Food, Beverages, Tobacoos and Its Products	12.27	3.75	7.29	7.12	5.15
纺织服装及日用品专门零售	Textile, Garments and Articles for Daily Use	28.46	14.96	12.89	25.08	3.38
#服装零售	Garments Articles	25.28	13.89	10.83	22.26	3.02
文化、体育用品及器材专门零售	Calture, Sports Articles and Equipments	44.58	15.77	21.02	20.61	23.97
#体育用品零售业	Sports Articles	0.50	0.02	0.40	0.48	0.02
图书零售	Books	39.65	15.06	16.92	16.73	22.93
医疗及医疗器材专门零售	Medicines and Medical Appliances	47.33	7.74	37.30	37.39	9.94
#药品零售	Medicines	46.48	7.60	36.75	36.61	9.86
汽车、摩托车、燃料及零售	Motor Vehicles, Motorcycles Fuel	325.06	54.77	245.91	253.80	71.25
#汽车零售	Motor Vehicles	286.55	43.56	227.25	232.42	54.13
机动车燃料零售	Fuel for Motor Vehicles Use	31.46	10.47	12.58	15.72	15.74
家用电器及电子产品专门零售	Household Appliance and Electric Products	64.82	5.19	57.60	53.91	10.90
#家用电器零售	Household Appliance	49.89	3.89	45.09	42.60	7.28
计算机、软件及辅助设备零售	Computer, Software and Auxiliary Equipment	6.82	0.33	6.26	4.46	2.36
通信设备零售	Communication Equipment	7.62	0.80	5.87	6.41	1.20
五金、家具及室内装饰材料专门零售	Hardware, Furniture Decoration Indoors	4.59	1.98	1.81	3.86	0.73
无店铺及其他零售	Non－shop and Other Retail Sale	12.65	4.96	6.74	8.80	3.85
#邮购及电子销售业	Mail Order and Electron Vendition	1.56	0.25	1.31	0.96	0.60

10-10 按登记注册类型分限额以上批发零售贸易企业主要财务指标情况(2007年)
Main Financial Indicators of Enterprises Above Designated Size in Wholesale and Retail Trade by Types of Registration(2007)

单位：亿元(100 million yuan)

指标	Item	主营业务收入 Revenue in Main Business	主营业务成本 Cost in Main Business	主营业务税金及附加 Tax and Extra Changes in Main Business	主营业务利润 Profits in Main Business	营业费用 Management Cost
批发和零售贸易业合计	**Total**	**11419.86**	**10765.73**	**13.35**	**640.77**	**276.74**
批发企业合计	**Wholesale Trade**	**9851.31**	**9330.39**	**9.42**	**511.50**	**196.05**
#国有及国有控股	State - owend and State Holding Enterprises	3549.89	3288.16	4.65	257.09	59.76
内资企业	Domestic Funded Enterprises	9810.27	9294.74	9.42	506.11	193.68
国有企业	State - owned Enterprises	1119.65	973.34	2.80	143.51	21.01
集体企业	Collective Owned Enterprises	99.75	94.20	0.14	5.41	2.61
股份合作企业	Cooperative Enterprises	52.76	50.35	0.04	2.37	1.36
联营企业	Joint Ownership Enterprises	6.79	6.49		0.29	0.09
国有联营企业	State Joint Ownership Enterprises	2.66	2.57		0.09	0.03
集体联营企业	Collective Joint Ownership Enterprises	0.64	0.60		0.04	
国有与集体联营企业	Joint State - collective Enterprises	3.49	3.32		0.17	0.06
有限责任公司	Limited Liability Corporations	4112.33	3939.76	2.91	169.66	84.98
国有独资公司	State Sole Funded Corporations	156.53	139.26	0.34	16.93	4.04
其他有限责任公司	Other Limited Liability Corporations	3955.80	3800.50	2.57	152.73	80.94
股份有限公司	Share - holding Corporations Ltd.	1146.52	1089.74	1.09	55.69	14.90
私营企业	Private Enterprises	3272.47	3140.86	2.43	129.18	68.74
私营独资企业	Private Funded Enterprises	83.20	82.45	0.05	0.69	0.46
私营合伙企业	Private Partnership Corporations	14.41	13.86	0.01	0.54	0.29
私营有限责任公司	Private Limited Liability Corporations	3117.53	2989.96	2.31	125.26	66.77
私营股份有限公司	Private Share - holding Corporations Ltd.	57.34	54.60	0.06	2.69	1.22
港澳台商投资企业	Enterprises With Funds From Hong Kong, Macao and Taiwan	9.73	8.72		1.01	0.37
港澳台商合资企业	Joint - venture Enterprises From Hong Kong, Macao and Taiwan	2.61	2.36		0.25	0.10
港澳台商独资经营企业	Enterprises With Sole Investment From Hong Kong, Macao and Taiwan	7.12	6.36		0.76	0.27
外商投资企业	Foreign Funded Enterprises	31.31	26.93	0.01	4.37	1.99
中外合资经营企业	Joint - venture Enterprises	9.21	8.27		0.94	0.27
外商独资企业	Foreign Sole Funded Enterprises	22.10	18.66	0.01	3.43	1.72

10－10 续表 continued 单位：亿元(100 million yuan)

指 标	Item	主营业务收入 Revenue in Main Business	主营业务成本 Cost in Main Business	主营业务税金及附加 Tax and Extra Changes in Main Business	主营业务利润 Profits in Main Business	营业费用 Management Cost
零售企业总计	**Retail Trade**	**1568.55**	**1435.35**	**3.92**	**129.28**	**80.70**
#国有及国有控股	State－owend and State Holding Enterprises	272.52	245.27	0.74	26.51	14.76
内资企业	Domestic Funded Enterprises	1450.29	1332.45	3.61	114.22	70.97
国有企业	Staté－owned Enterprises	26.11	22.68	0.04	3.40	1.50
集体企业	Collective Owned Enterprises	24.43	22.71	0.04	1.69	0.85
股份合作企业	Cooperative Enterprises	46.66	43.49	0.10	3.07	1.32
联营企业	Joint Ownership Enterprises	6.81	6.38	0.01	0.42	0.15
国有联营企业	State Joint Ownership Enterprises	2.12	1.95		0.16	0.03
国有与集体联营企业	Joint State－collective Enterprises	4.03	3.81		0.21	0.09
其他联营企业	Other Joint Ownership Enterprises	0.67	0.61		0.05	0.03
有限责任公司	Limited Liability Corporations	618.11	562.19	1.60	54.32	38.06
国有独资公司	State Sole Funded Corporations	20.19	16.33	0.03	3.83	1.83
其他有限责任公司	Other Limited Liability Corporations	597.92	545.86	1.57	50.49	36.23
股份有限公司	Share－holding Corporations Ltd.	157.02	142.98	0.61	13.43	5.49
私营企业	Private Enterprises	571.14	532.03	1.22	37.90	23.60
私营独资企业	Private Funded Enterprises	10.41	9.64	0.02	0.75	0.40
私营合伙企业	Private Partnership Corporations	14.37	12.89	0.07	1.41	1.34
私营有限责任公司	Private Limited Liability Corporations	522.34	486.93	1.07	34.34	21.19
私营股份有限公司	Private Share-holding Corporations Ltd.	24.03	22.57	0.06	1.40	0.66
港澳台商投资企业	Enterprises With Funds From Hong Kong, Macao and Taiwan	37.90	33.25	0.08	4.58	3.09
与港澳台商合资经营	Joint－venture Enterprises From Hong Kong, Macao and Taiwan	18.99	16.30	0.04	2.65	2.04
与港澳台商合作经营	Cooperation Enterprises From Hong Kong, Macao and Taiwan	7.42	6.57		0.85	0.37
港澳台商独资企业	Enterprises with Sole Hong Kong, Macao and Taiwan	11.50	10.38	0.03	1.08	0.68
外商投资企业	Foreign Funded Enterprises	80.36	69.65	0.24	10.47	6.64
中外合资经营企业	Joint－venture Enterprises	50.69	45.76	0.12	4.80	4.69
中外合作经营企业	Cooperation Enterprises	5.92	5.17		0.75	0.32
外商独资企业	Foreign Sole Funded Enterprises	23.75	18.71	0.12	4.92	1.63

10－11 分行业限额以上批发零售贸易企业主要财务指标情况(2007年)
Main Financial Indicators of Enterprises Designated Size in Wholesale and Retail Trade by Sector(2007)

单位：亿元(100 million yuan)

指 标	Item	主营业务收入 Revenue in Main Business	主营业务成本 Cost in Main Business	主营业务税金及附加 Tax and Extra Changes in Main Business	主营业务利润 Profits in Main Business	营业费用 Management Cost
批发企业合计	**Wholesale Trade**	**9851.31**	**9330.39**	**9.42**	**511.50**	**196.05**
农畜产品批发	Agricultural and Animal Products	43.34	41.53	0.02	1.79	1.12
食品、饮料及烟草制品批发	Food, Beverages, Tobacoo and Its Products	1021.96	860.85	3.23	157.88	26.63
#米、面制品及食用油批发	Rice, Flour and Its Products, Edible Oil	89.01	85.35	0.04	3.62	2.06
烟草制品批发	Tobacoo and Its Products	640.58	507.80	2.58	130.20	12.21
纺织、服装及日用品批发	Textile, Garments and Articles for Daily Use	1739.22	1664.06	0.88	74.28	38.01
#服装批发	Garments	739.88	705.48	0.38	34.02	17.88
文化、体育用品及器材批发	Culture, Sports Articles and Equipment	219.44	207.13	0.11	12.20	6.05
医疗及医疗器材批发	Medicines and Medical Appliances	326.37	304.97	0.42	20.98	10.16
矿产品、建材及化工产品批发	Mineral Products, Building Materials and Chemical Products	4816.81	4640.67	3.17	172.98	77.15
#煤炭及制品	Coal and Related Products	229.69	212.53	0.34	16.82	10.88
石油及制品批发	Petroleurn and Related Produets	1192.00	1135.92	1.17	54.92	14.98
金属及金属矿批发	Metal Materials and Mineral	2193.71	2134.94	0.95	57.81	29.67
建材批发	Building Materials	168.03	161.89	0.17	5.97	3.03
化肥批发	Fertilizer	74.97	72.03	0.01	2.94	1.47
机械设备、五金交电及电子产品批发	Machinery Equipment, Hardware and Electric Products	1269.53	1204.73	1.35	63.45	33.88
#汽车、摩托车及零配件批发	Motor Vehicles, Motorcycles and Parts	211.85	203.05	0.13	8.68	4.66
家用电器批发	Household Appliances	217.04	201.17	0.22	15.66	10.08
计算机、软件及辅助设备批发	Computers, Software and Auxiliary Equipment	67.65	65.78	0.04	1.83	0.67
贸易经纪与代理	Manage and Agencies in Trade	1.81	1.62		0.20	0.06
其他批发	Others	412.83	404.84	0.24	7.75	3.01

10－11 续表 continued 单位：亿元(100 million yuan)

指 标	Item	主营业务收入 Revenue in Main Business	主营业务成本 Cost in Main Business	主营业务税金及附加 Tax and Extra Changes in Main Business	主营业务利润 Profits in Main Business	营业费用 Management Cost
零售企业合计	**Retail Trade**	**1568.55**	**1435.35**	**3.92**	**129.28**	**80.70**
综合零售	Synthesis	487.93	428.43	2.08	57.42	40.86
#百货零售	Consumer Goods	223.57	194.27	1.25	28.06	12.05
超级市场零售	Supermarkets	247.18	219.09	0.77	27.32	27.23
食品、饮料及烟草制品专门零售	Food, Beverages, Tobacoos and Its Products	30.87	27.08	0.06	3.72	2.03
纺织服装及日用品专门零售	Textile, Garments and Articles for Daily Use	21.67	18.04	0.17	3.46	2.37
#服装零售	Garments Articles	18.16	15.20	0.15	2.81	1.90
文化、体育用品及器材专门零售	Calture, Sports Articles and Equipments	33.52	25.38	0.24	7.90	3.68
#体育用品零售业	Sports Articles	3.02	2.54	0.01	0.47	0.23
图书零售	Books	24.75	18.74	0.03	5.98	2.65
医疗及医疗器材专门零售	Medicines and Medical Appliances	91.60	83.21	0.21	8.17	4.41
#药品零售	Medicines	89.72	81.49	0.21	8.02	4.34
汽车、摩托车、燃料及零售	Motor Vehicles, Motorcycles Fuel	724.93	688.95	0.70	35.28	15.40
#汽车零售	Motor Vehicles	643.97	612.49	0.61	30.87	12.98
机动车燃料零售	Fuel for Motor Vehicles Use	66.89	63.29	0.07	3.53	2.00
家用电器及电子产品专门零售	Household Appliance and Electric Products	147.50	137.28	0.34	9.87	9.13
#家用电器零售	Household Appliance	107.24	100.11	0.24	6.90	7.13
计算机、软件及辅助设备零售	Computer, Software and Auxiliary Equipment	23.15	22.00	0.05	1.11	0.67
通信设备零售	Communication Equipment	15.44	13.74	0.05	1.64	1.23
五金、家具及室内装饰材料专门零售	Hardware, Furniture Decoration Indoors	6.60	5.41	0.02	1.17	1.25
无店铺及其他零售	Non－shop and Other Retail Sales	23.94	21.56	0.09	2.28	1.59
#邮购及电子销售业	Mail Order and Electron Vendition	2.75	2.05	0.02	0.69	0.63

10－12 按登记注册类型分限额以上批发零售贸易企业主要指标情况(2007 年)

Main Financial Indicators of Enterprises Above Designated Size in Wholesale and Retail Trade by Types of Registration(2007)

单位：亿元(100 million yuan)

指 标	Item	管理费用 Manag－ement Expenses	财务费用 Financial Expenses	利润总额 Profits	本年应付工资总额 Total Wages Pagable in the year	本年应付福利费总额 Total Welfare Funds in the year	本年应交增值税 Value Added Taxes Payable in the year
批发和零售贸易业合计	**Total**	**164.59**	**48.92**	**238.93**	**113.82**	**8.39**	**83.52**
批发企业合计	**Wholesale Trade**	**115.48**	**38.89**	**212.61**	**61.23**	**4.86**	**62.51**
#国有及国有控股	State－owend and State Holding Enterprises	57.13	7.21	162.22	31.13	1.84	34.01
内资企业	Domestic Funded Enterprises	114.37	38.71	210.79	60.74	4.80	62.01
国有企业	State－owned Enterprises	25.62	－0.37	105.95	16.43	0.77	22.49
集体企业	Collective Owned Enterprises	1.37	0.36	1.33	0.57	0.06	0.22
股份合作企业	Cooperative Enterprises	0.42	0.35	0.27	0.17	0.02	0.23
联营企业	Joint Ownership Enterprises	0.16	0.01	0.11	0.05	0.01	0.07
国有联营企业	State Joint Ownership Enterprises	0.06		0.05	0.02		0.06
集体联营	Collective Joint Ownership Enterprises			0.03			0.01
国有与集体联营企业	Joint State－collective Enterprises	0.10	0.01	0.02	0.03		
有限责任公司	Limited Liability Corporations	40.25	18.71	55.63	22.09	2.00	17.73
国有独资公司	State Sole Funded Corporations	5.39	0.85	10.42	3.19	0.23	2.02
其他有限责任公司	Other Limited Liability Corporations	34.86	17.85	45.21	18.90	1.77	15.71
股份有限公司	Share－holding Corporations Ltd.	17.48	2.59	26.99	5.64	0.55	6.96
私营企业	Private Enterprises	29.08	17.07	20.51	15.78	1.39	14.30
私营独资企业	Private Funded Enterprises	0.31	0.15	0.06	0.17	0.01	0.41
私营合伙企业	Private Partnership Corporations	0.09	0.06	0.06	0.07	0.01	0.04
私营有限责任公司	Private Limited Liability Corporations	28.17	16.43	19.66	15.22	1.34	13.54
私营股份有限公司	Private Share-holding Corporations Ltd.	0.52	0.42	0.73	0.31	0.04	0.31
港澳台商投资企业	Enterprises With Funds From Hong Kong, Macao and Taiwan	0.23	0.07	0.39	0.14	0.02	－0.02
与港澳台商合资企业	Joint－venture Enterprises From Hong Kong, Macao and Taiwan	0.09	0.02	0.03	0.05		－0.02
港澳台商独资经营企业	Enterprises With Sole Investment From Hong Kong, Macao and Taiwan	0.14	0.05	0.36	0.10	0.02	
外商投资企业	Foreign Funded Enterprises	0.88	0.11	1.43	0.35	0.04	0.53
中外合资经营企业	Joint－venture Enterprises	0.18	0.05	0.47	0.11	0.01	0.15
外商独资企业	Foreign Sole Funded Enterprises	0.70	0.06	0.96	0.24	0.02	0.38

10－12 续表 continued 单位：亿元(100 million yuan)

指 标	Item	管理费用 Manag－ement Expenses	财务费用 Financial Expenses	利润总额 Profits	本年应付工资总额 Total Wages Pagable in the year	本年应付福利费总额 Total Welfare Funds in the year	本年应交增值税 Value Added Taxes Payable in the year
零售企业总计	**Retail Trade**	**49.11**	**10.03**	**26.32**	**52.58**	**3.53**	**21.00**
#国有及国有控股	State－owend and State Holding Enterprises	9.15	1.30	7.08	6.36	0.64	3.51
内资企业	Domestic Funded Enterprises	44.00	9.53	21.91	49.50	3.23	18.67
国有企业	State－owned Enterprises	1.56	0.06	0.66	1.09	0.08	0.33
集体企业	Collective Owned Enterprises	1.05	0.11	0.13	0.63	0.07	0.33
股份合作企业	Cooperative Enterprises	1.18	0.40	0.69	0.59	0.08	0.46
联营企业	Joint Ownership Enterprises	0.07		0.20	0.06	0.01	0.06
国有联营企业	State Joint Ownership Enterprises	0.05		0.08	0.03		0.02
国有与集体联营企业	Joint State－collective Enterprises	0.02		0.10	0.03		0.03
其他联营企业	Other Joint Ownership Enterprises	0.01		0.02	0.01		0.01
有限责任公司	Limited Liability Corporations	19.35	3.06	9.63	13.50	1.51	8.86
国有独资公司	State Sole Funded Corporations	1.48	0.08	0.84	1.07	0.11	0.24
其他有限责任公司	Other Limited Liability Corporations	17.87	2.98	8.80	12.43	1.41	8.61
股份有限公司	Share－holding Corporations Ltd.	5.69	1.73	7.60	3.19	0.36	2.27
私营企业	Private Enterprises	15.11	4.18	3.00	30.43	1.12	6.36
私营独资企业	Private Funded Enterprises	0.36	0.07	－0.03	0.18	0.01	0.23
私营合伙企业	Private Partnership Corporations	0.61	0.12	0.07	0.47	0.05	0.19
私营有限责任公司	Private Limited Liability Corporations	13.49	3.83	2.65	29.52	1.02	5.49
私营股份有限公司	Private Share-holding Corporations Ltd.	0.65	0.15	0.32	0.28	0.04	0.45
港澳台商投资企业	Enterprises With Funds From Hong Kong, Macao and Taiwan	2.19	0.14	0.34	1.08	0.15	0.45
与港澳台商合资经营	Joint－venture Enterprises From Hong Kong, Macao and Taiwan	0.62	0.04	0.33	0.70	0.13	0.27
与港澳台商合作经营	Cooperation Enterprises From Hong Kong, Macao and Taiwan	0.87	0.02	－0.21	0.15		
港澳台商独资企业	Enterprises with Sole Hong Kong, Macao and Taiwan	0.70	0.08	0.21	0.23	0.01	0.18
外商投资企业	Foreign Funded Enterprises	2.92	0.36	4.07	2.00	0.15	1.89
中外合资经营企业	Joint－venture Enterprises	1.33	0.12	1.03	1.29	0.05	1.51
中外合作经营企业	Cooperation Enterprises	0.55	0.01	0.16	0.16	0.06	0.11
外商独资企业	Foreign Sole Funded Enterprises	1.04	0.23	2.88	0.55	0.04	0.26

10－13 分行业限额以上批发零售贸易企业主要财务指标情况(2007年)
Main Financial Indicators of Enterprises Designated Size in Wholesale and Retail Trade by Sector(2007)

单位：亿元(100 million yuan)

指 标	Item	管理费用 Manag－ement Expenses	财务费用 Financial Expenses	利润总额 Profits	本年应付工资总额 Total Wages Pagable in the year	本年应付福利费总额 Total Welfare Funds in the year	本年应交增值税 Value Added Taxes Payable in the year
批发企业合计	**Wholesale Trade**	**115.48**	**38.89**	**212.61**	**61.23**	**4.86**	**62.51**
农畜产品批发	Agricultural and Animal Products	1.29	1.10	0.17	0.66	0.07	0.10
食品、饮料及烟草制品批发	Food, Beverages, Tobacoo and Its Products	27.44	－0.06	113.21	18.25	0.92	23.69
#米、面制品及食用油批发	Rice, Flour and Its Products. Edible Oil	1.82	1.00	1.40	0.85	0.08	0.23
烟草制品批发	Tobacoo and Its Products	18.72	－1.61	104.18	13.29	0.44	21.77
纺织、服装及日用品批发	Textile, Garments and Articles for Daily Use	17.84	7.41	16.90	13.35	0.90	6.60
#服装批发	Garments	8.53	2.72	8.26	4.02	0.39	0.44
文化、体育用品及器材批发	Culture, Sports Articles and Equipment	3.67	0.52	3.28	1.49	0.22	0.92
医疗及医疗器材批发	Medicines and Medical Appliances	6.22	1.57	4.14	3.48	0.43	4.12
矿产品、建材及化工产品批发	Mineral Products, Building Materials and Chemical Products	41.16	20.62	56.15	14.85	1.29	20.01
#煤炭及制品	Coal and Related Products	2.58	1.87	2.68	0.74	0.08	2.25
石油及制品批发	Petroleum and Related Products	15.60	2.90	25.44	4.94	0.47	8.12
金属及金属矿批发	Metal Materials and Mineral	12.20	8.21	13.07	4.64	0.30	5.53
建材批发	Building Materials	2.19	2.19	2.50	0.86	0.09	0.84
化肥批发	Fertilizer	1.01	0.73	2.65	0.51	0.07	0.01
机械设备、五金交电及电子产品批发	Machinery Equipment, Hardware and Electric Products	15.95	6.01	16.64	8.30	0.93	6.64
#汽车、摩托车及零配件批发	Motor Vehicles, Motorcycles and Parts	2.14	1.25	4.13	1.38	0.11	1.14
家用电器批发	Household Appliances	2.61	1.42	3.07	1.47	0.22	1.67
计算机、软件及辅助设备批发	Computers, Software and Auxiliary Equipment	0.82	0.26	0.21	0.39	0.05	0.25
贸易经纪与代理	Manage and Agencies in Trade	0.05	0.03	0.02	0.02		
其他批发	Others	1.86	1.68	2.09	0.83	0.09	0.43

10－13　**续表**　continued　　单位：亿元(100 million yuan)

指　标	Item	管理费用 Manag－ement Expenses	财务费用 Financial Expenses	利润总额 Profits	本年应付工资总额 Total Wages Pagable in the year	本年应付福利费总额 Total Welfare Funds in the year	本年应交增值税 Value Added Taxes Payable in the year
零售企业合计	**Retail Trade**	**49.11**	**10.03**	**26.32**	**52.58**	**3.53**	**21.00**
综合零售	Synthesis	22.70	3.20	12.69	14.34	1.65	8.59
#百货零售	Consumer Goods	14.39	2.24	7.85	5.92	0.75	3.90
超级市场零售	Supermarkets	7.71	0.92	4.52	7.79	0.85	4.33
食品、饮料及烟草制品专门零售	Food, Beverages, Tobacoos and Its Products	1.47	0.10	0.95	1.21	0.13	0.51
纺织服装及日用品专门零售	Textile, Garments and Articles for Daily Use	1.57	0.57	-0.28	0.88	0.10	0.99
#服装零售	Garments Articles	1.24	0.50	-0.24	0.70	0.09	0.84
文化、体育用品及器材专门零售	Calture, Sports Articles and Equipments	3.15	0.11	1.61	1.95	0.16	0.45
#体育用品零售业	Sports Articles	0.24			0.10		
图书零售	Books	2.42	0.05	1.45	1.65	0.14	0.29
医疗及医疗器材专门零售	Medicines and Medical Appliances	2.91	0.72	1.30	2.40	0.30	1.69
#药品零售	Medicines	2.86	0.71	1.27	2.38	0.30	1.67
汽车、摩托车、燃料及零售	Motor Vehicles, Motorcycles Fuel	12.50	4.73	8.81	28.02	0.73	6.47
#汽车零售	Motor Vehicles	11.33	4.14	5.40	27.01	0.64	5.82
机动车燃料零售	Fuel for Motor Vehicles Use	0.89	0.48	3.29	0.80	0.07	0.52
家用电器及电子产品专门零售	Household Appliance and Electric Products	3.71	0.39	1.48	3.07	0.37	1.66
#家用电器零售	Household Appliance	2.12	0.25	1.20	2.02	0.27	1.22
计算机、软件及辅助设备零售	Computer, Software and Auxiliary Equipment	0.69	0.04	0.16	0.39	0.03	0.15
通信设备零售	Communication Equipment	0.78	0.08	0.13	0.59	0.06	0.28
五金、家具及室内装饰材料专门零售	Hardware, Furniture Decoration Indoors	0.31	0.05	-0.22	0.24	0.04	0.25
无店铺及其他零售	Non－shop and Other Retail Sale	0.80	0.16	-0.03	0.47	0.05	0.40
#邮购及电子销售业	Mail Order and Electron Vendition	0.24	-0.01	-0.18	0.05	0.01	0.13

10－14 住宿餐饮业基本情况(2007 年)
Main Indicators in Hotels and Catering Services(2007)

单位：亿元(100 million yuan)

指 标	Item	法人企业(个) Number of Corporation (unit)	产业活动单位(个) Number of Economic Active (unit)	从业人数(人) Persons Employed (person)	营业额 Business Volume
总计	**Total**	**1497**	**2820**	**229818**	**294.49**
住宿业	**Hotels**	**902**	**1699**	**139175**	**175.91**
#国有及国有控股	State－owend and State Holding Enterprises	179	364	33101	45.89
按登记注册类型分组	**by Registration**				
内资企业	Domestic Funded Enterprises	858	1611	123421	149.56
国有企业	State－owned Enterprises	118	235	17691	24.53
集体企业	Collective Owned Enterprises	53	104	6083	7.34
股份合作企业	Cooperative Enterprises	17	34	1771	2.54
联营企业	Joint Ownership Enterprises	4	7	477	0.55
国有联营企业	State Joint Ownership Enterprises	1	2	210	0.16
集体联营企业	Collective Joint Ownership Enterprises	2	3	135	0.10
国有与集体联营企业	Joint State－collective Enterprises	1	2	132	0.29
有限责任公司	Limited Liability Corporations	241	490	46265	57.10
国有独资公司	State Sole Funded Corporations	8	20	1960	3.24
其他有限责任公司	Other Limited Liability Corporations	233	470	44305	53.85
股份有限公司	Share－holding Corporations Ltd.	20	48	6984	9.22
私营企业	Private Enterprises	403	689	44018	48.21
私营独资企业	Private Funded Enterprises	93	159	5100	4.41
私营合伙企业	Private Partnership Corporations	33	48	2468	2.32
私营有限责任公司	Private Limited Liability Corporations	263	458	33821	37.80
私营股份有限公司	Private Share－holding Corporations Ltd.	14	24	2629	3.68
其他企业	Others	2	4	132	0.09
港澳台商投资企业	Enterprises With Funds From Hong Kong,Macao and Taiwan	22	48	9161	17.24
合资经营企业	Joint－venture Enterprises	17	41	8062	15.46
合作经营企业	Cooperative Enterprises	2	3	311	0.36
独资经营企业	Enterprises with Sole Investment	3	4	788	1.42
外商投资企业	Foreign Funded Enterprises	22	40	6593	9.10
中外合资经营企业	Joint－venture Enterprises	15	26	4853	6.76
外资企业	Enterprises With Sole Foreign Investment	6	9	1046	1.31
外商投资股份有限公司	Foreign Investment Share－holding Corporations Ltd.	1	5	694	1.04
按住宿行业中类分组	**by Category**				
旅游饭店	Restaurant for Tourism	866	1641	134936	170.63
一般旅馆	Ordinary Hotels	33	52	3654	3.70
其他住宿服务	Others	3	6	585	1.58

10－14 续表 continued　　单位：亿元(100 million yuan)

指 标	Item	法人企业(个) Number of Corporation (unit)	产业活动单位(个) Number of Economic Active (unit)	从业人数(人) Persons Employed (person)	营业额 Business Volume
餐饮业	**Catering Services**	**595**	**1121**	**90643**	**118.59**
#国有及国有控股	State－owend and State Holding Enterprises	24	93	6843	9.17
按登记注册类型分组	**by Registration**				
内资企业	Domestic Funded Enterprises	560	841	66834	89.78
国有企业	State－owned Enterprises	13	65	4465	4.82
集体企业	Collective Owned Enterprises	9	20	1150	1.03
股份合作企业	Cooperative Enterprises	14	18	1674	2.13
有限责任公司	Limited Liability Corporations	99	177	16018	21.54
国有独资公司	State Sole Funded Corporations	1	2	302	0.44
其他有限责任公司	Other Limited Liability Corporations	98	175	15716	21.10
股份有限公司	Share－holding Corporations Ltd.	12	29	2370	3.81
私营企业	Private Enterprises	412	531	41118	56.37
私营独资企业	Private Funded Enterprises	81	101	7426	7.06
私营合伙企业	Private Partnership Corporations	30	34	2576	3.45
私营有限责任公司	Private Limited Liability Corporations	295	388	30556	45.28
私营股份有限公司	Private Share－holding Corporations Ltd.	6	8	560	0.68
其他	Others	1	1	39	0.08
港澳台商投资企业	Enterprises With Funds From Hong Kong, Macao and Taiwan	21	25	2457	2.79
合资经营企业	Joint－venture Enterprises	13	17	1668	1.86
合作经营企业	Cooperative Enterprises				
独资经营企业	Enterprises with Sole Investment	8	8	789	0.93
外商投资企业	Foreign Funded Enterprises	14	255	21352	26.02
中外合资经营企业	Joint－venture Enterprises	4	190	18076	20.85
中外合作经营企业	Cooperation Enterprises	2	46	2540	4.09
外资企业	Enterprises With Sole Foreign Investment	8	19	736	1.08
按餐饮行业中类分组	**by Category**				
正餐服务	Dinner Services	554	808	67219	89.78
快餐服务	Snack Services	19	259	21137	24.97
饮料及冷饮服务	Beverages and Cold Drink Services	8	14	422	0.84
其他餐饮服务	Others	14	40	1865	3.00

10－15 限额以上餐饮企业财务状况(2001－2007 年)
Financial Conditions of Catering Trade Above Designated Size(2001－2007)

单位：亿元(100 million yuan)

指 标	Item	2001	2002	2003	2004	2005	2006	2007
法人企业数(个)	Corporation Unit(unit)	277	319	401	518	492	541	595
从业人员(人)	Employed Persons(person)	60201	70275	82637	113075	81287	79531	90643
流动资产合计	Total Circulating Assets	14.28	17.98	21.83	23.96	27.56	29.66	45.99
固定资产合计	Total Fixed Assets	33.39	31.35	40.97	33.22	44.13	50.37	62.51
资产总计	Total Assets	57.43	56.83	76.98	74.90	81.80	91.96	118.93
负债合计	Total Liabilities	34.14	39.26	49.45	50.83	56.26	65.22	82.83
主营业务收入	Businese Income	36.38	43.45	57.72	79.05	82.98	94.05	112.47
主营业务成本	Business Cost	17.70	21.49	28.46	41.73	43.22	48.07	56.33
营业费用	Business Expenses	11.01	12.67	17.11	22.58	24.28	29.06	32.41
主营业务税金及附加	Sale Tax and Extra Charges of Major Management	2.03	2.49	2.86	4.26	4.51	5.06	6.04
主营业务利润	Profits of Major Management	5.63	6.81	9.29	33.06	34.86	40.92	50.09
管理费用	Management Expenses	4.63	5.11	5.96	7.26	8.82	9.45	12.37
财务费用	Financial Expenses	1.16	0.96	1.12	1.12	1.23	1.39	1.95
利润总额	Total Profits	0.35	1.36	2.73	3.40	2.33	2.22	4.62
本年应付工资总额	Total Wages Payable in this year	3.92	4.83	5.87	8.62	8.89	10.2	12.39
本年应付福利费总额	Total Welfare Expenses Payable in this year	0.58	0.55	0.78	0.94	1.25	1.6	1.07

10－16 限额以上住宿餐饮企业资产负债情况(2007 年)
Main Financial Indicators of Enterprises Above Designated Size in Hotels and Catering Services(2007)

单位：亿元(100 million yuan)

指　标	Item	资产合计 Total Assets	固定资产 Fixed	流动资产 Circulating	负债合计 Total Liabilities	所有者权益合计 Total Creditor's Equity
总计	**Total**	**560.14**	**385.51**	**181.63**	**386.84**	**173.30**
住宿业	**Hotels**	**441.20**	**323.01**	**135.64**	**304.01**	**137.20**
#国有及国有控股	State－owend and State Holding Enterprises	116.40	98.34	32.56	63.75	52.65
按登记注册类型分组	**by Registration**					
内资企业	Domestic Funded Enterprises	355.05	257.91	102.50	247.63	107.42
国有企业	State－owned Enterprises	50.30	46.42	12.74	26.06	24.24
集体企业	Collective Owned Enterprises	21.19	14.86	4.63	14.79	6.40
股份合作企业	Cooperative Enterprises	6.17	5.21	1.91	3.07	3.09
联营企业	Joint Ownership Enterprises	0.85	1.11	0.34	0.21	0.64
国有联营企业	State Joint Ownership Enterprises	0.17	0.19	0.09	0.07	0.10
集体联营企业	Collective Joint Ownership Enterprises	0.12	0.31	0.03	0.07	0.05
国有与集体联营企业	Joint State－collective Enterprises	0.55	0.61	0.22	0.07	0.48
有限责任公司	Limited Liability Corporations	143.15	105.37	40.32	97.37	45.78
国有独资公司	State Sole Funded Corporations	9.08	4.79	1.30	3.48	5.59
其他有限责任公司	Other Limited Liability Corporations	134.07	100.57	39.02	93.89	40.19
股份有限公司	Share－holding Corporations Ltd.	20.16	16.27	4.67	14.09	6.07
私营企业	Private Enterprises	112.32	67.73	37.89	91.07	21.25
私营独资企业	Private Funded Enterprises	6.97	6.03	1.98	4.41	2.56
私营合伙企业	Private Partnership Corporations	3.27	1.40	1.28	2.90	0.37
私营有限责任公司	Private Limited Liability Corporations	94.55	57.81	30.63	78.10	16.45
私营股份有限公司	Private Share－holding Corporations Ltd.	7.53	2.49	3.99	5.66	1.88
其他企业	Other Enterprises	0.91	0.93	0.01	0.97	－0.06
港澳台商投资企业	Enterprises With Funds From Hong Kong, Macao and Taiwan	53.08	38.33	25.56	32.82	20.27
合资经营企业	Joint－venture Enterprises	47.75	34.72	23.32	29.52	18.24
合作经营企业	Cooperative Enterprises	1.00	0.77	0.18	0.63	0.37
独资经营企业	Enterprises with Sole Investment	4.33	2.84	2.05	2.66	1.66
外商投资企业	Foreign Funded Enterprises	33.07	26.77	7.58	23.56	9.51
中外合资经营企业	Joint－venture Enterprises	24.08	21.64	4.56	18.99	5.08
外资企业	Enterprises With Sole Foreign Investment	5.38	3.26	0.81	2.42	2.96
外商投资股份有限公司	Foreign Investment Share－holding Corporations Ltd.	3.62	1.87	2.21	2.15	1.47

10-16 续表1 continued 单位：亿元(100 million yuan)

指 标	Item	资产合计 Total Assets	固定资产 Fixed	流动资产 Circulating	负债合计 Total Liabilities	所有者权益合计 Total Creditor's Equity
按住宿行业中类分组	**by Category**					
旅游饭店	Restaurant for Tourism	425.56	309.62	131.87	290.47	135.08
一般旅馆	Ordinary Hotels	8.74	7.11	2.47	7.24	1.50
其他住宿服务	Others	6.90	6.28	1.30	6.30	0.61
餐饮业	**Catering Services**	**118.93**	**62.51**	**45.99**	**82.83**	**36.10**
#国有及国有控股	State - owend and State Holding Enterprises	10.76	5.57	3.13	4.71	6.05
按登记注册类型分组	**by Registration**					
内资企业	Domestic Funded Enterprises	98.31	49.72	38.69	68.79	29.52
国有企业	State - owned Enterprises	8.62	4.42	1.86	3.73	4.89
集体企业	Collective Owned Enterprises	2.84	2.40	0.62	2.49	0.35
股份合作企业	Cooperative Enterprises	2.00	1.47	0.86	1.36	0.64
有限责任公司	Limited Liability Corporations	28.88	16.22	11.01	20.23	8.65
国有独资公司	State Sole Funded Corporations	0.15	0.01	0.14	0.09	0.07
其他有限责任公司	Other Limited Liability Corporations	28.72	16.21	10.87	20.14	8.58
股份有限公司	Share - holding Corporations Ltd.	1.36	0.92	0.68	0.94	0.42
私营企业	Private Enterprises	54.60	24.28	23.65	40.04	14.56
私营独资企业	Private Funded Enterprises	5.37	2.58	2.35	3.57	1.80
私营合伙企业	Private Partnership Corporations	2.28	1.28	0.93	1.86	0.42
私营有限责任公司	Private Limited Liability Corporations	46.30	20.15	19.93	33.95	12.35
私营股份有限公司	Private Share - holding Corporations Ltd.	0.65	0.27	0.44	0.65	-0.01
其他	Others	0.01	0.01	0.01	0.01	0.01
港澳台商投资企业	Enterprises With Funds From Hong Kong, Macao and Taiwan	7.33	2.22	2.82	5.30	2.03
合资经营企业	Joint - venture Enterprises	6.90	2.08	2.59	4.97	1.92
独资经营企业	Enterprises with Sole Investment	0.43	0.14	0.23	0.33	0.11
外商投资企业	Foreign Funded Enterprises	13.30	10.57	4.49	8.74	4.55
中外合资经营企业	Joint - venture Enterprises	11.43	8.92	3.84	5.86	5.57
中外合作经营企业	Cooperation Enterprises	1.01	1.18	0.18	2.30	-1.29
外商独资企业	Foreign Sole Funded Enterprises	0.86	0.47	0.47	0.58	0.28
按餐饮行业中类分组	**by Category**					
正餐服务	Dinner Services	108.79	51.94	43.01	76.96	31.84
快餐服务	Snack Services	8.61	9.93	1.91	5.23	3.38
饮料及冷饮服务	Beverages and Cold Drink Services	0.32	0.11	0.27	0.04	0.28
其他餐饮服务	Others	1.22	0.53	0.80	0.61	0.61

10 - 16 **续表 2** continued 单位：亿元(100 million yuan)

指 标	Item	主营业务收入 Revenue in Main Business	主营业务成本 Cost in Main Business	主营业务税金及附加 Tax and Extra Changes in Main Business	营业费用 Management Cost
总计	**Total**	**301.04**	**132.26**	**14.98**	**84.70**
住宿业	**Hotels**	**188.57**	**75.93**	**8.94**	**52.29**
#国有及国有控股	State - owend and State Holding Enterprises	72.28	34.65	2.41	15.40
按登记注册类型分组	**by Registration**				
内资企业	Domestic Funded Enterprises	139.72	48.38	7.75	45.41
国有企业	State - owned Enterprises	24.50	7.44	1.21	8.09
集体企业	Collective Owned Enterprises	7.03	2.49	0.40	2.36
股份合作企业	Cooperative Enterprises	2.54	0.95	0.16	0.82
联营企业	Joint Ownership Enterprises	0.55	0.21	0.03	0.17
国有联营企业	State Joint Ownership Enterprises	0.16	0.07	0.01	0.06
集体联营企业	Collective Joint Ownership Enterprises	0.10	0.07	0.01	0.04
国有与集体联营企业	Joint State - collective Enterprises	0.29	0.07	0.02	0.07
有限责任公司	Limited Liability Corporations	52.75	17.62	2.96	17.48
国有独资公司	State Sole Funded Corporations	3.05	0.97	0.16	0.96
其他有限责任公司	Other Limited Liability Corporations	49.70	16.65	2.80	16.52
股份有限公司	Share - holding Corporations Ltd.	5.69	1.49	0.33	2.46
私营企业	Private Enterprises	46.62	18.16	2.67	14.02
私营独资企业	Private Funded Enterprises	3.70	1.71	0.22	1.04
私营合伙企业	Private Partnership Corporations	2.30	1.07	0.12	0.75
私营有限责任公司	Private Limited Liability Corporations	37.01	14.18	2.14	11.08
私营股份有限公司	Private Share - holding Corporations Ltd.	3.61	1.20	0.20	1.15
其他企业	Other Enterprises	0.05	0.02		0.02
港澳台商投资企业	Enterprises With Funds From Hong Kong, Macao and Taiwan	40.75	24.86	0.77	4.20
合资经营企业	Joint - venture Enterprises	39.07	24.28	0.68	3.86
合作经营企业	Cooperative Enterprises	0.36	0.12	0.02	0.08
独资经营企业	Enterprises with Sole Investment	1.32	0.46	0.07	0.26
外商投资企业	Foreign Funded Enterprises	8.11	2.68	0.42	2.67
中外合资经营企业	Joint - venture Enterprises	5.83	1.87	0.30	1.84
外资企业	Enterprises With Sole Foreign Investment	1.29	0.48	0.06	0.38
外商投资股份有限公司	Foreign Investment Share - holding Corporations Ltd.	0.99	0.33	0.05	0.45

10－16 续表3 continued 单位：亿元(100 million yuan)

指　标	Item	主营业务收入 Revenue in Main Business	主营业务成本 Cost in Main Business	主营业务税金及附加 Tax and Extra Changes in Main Business	营业费用 Management Cost
按住宿行业中类分组	**by Category**				
旅游饭店	Restaurant for Tourism	183.50	73.99	8.64	50.59
一般旅馆	Ordinary Hotels	3.49	1.43	0.21	1.08
其他住宿服务	Others	1.58	0.51	0.09	0.61
餐饮业	**Catering Services**	**112.47**	**56.33**	**6.04**	**32.41**
#国有及国有控股	State－owend and State Holding Enterprises	8.19	4.06	0.39	2.34
按登记注册类型分组	**by Registration**				
内资企业	Domestic Funded Enterprises	83.00	45.55	4.52	21.35
国有企业	State－owned Enterprises	4.14	2.08	0.19	1.28
集体企业	Collective Owned Enterprises	1.04	0.58	0.06	0.25
股份合作企业	Cooperative Enterprises	2.13	1.29	0.12	0.44
有限责任公司	Limited Liability Corporations	19.62	9.68	1.09	5.77
国有独资公司	State Sole Funded Corporations	0.17	0.07		0.08
其他有限责任公司	Other Limited Liability Corporations	19.45	9.60	1.09	5.69
股份有限公司	Share－holding Corporations Ltd.	2.46	1.25	0.12	0.64
私营企业	Private Enterprises	53.54	30.62	2.95	12.94
私营独资企业	Private Funded Enterprises	7.08	4.24	0.40	1.49
私营合伙企业	Private Partnership Corporations	3.35	2.06	0.18	0.66
私营有限责任公司	Private Limited Liability Corporations	42.43	23.93	2.32	10.58
私营股份有限公司	Private Share－holding Corporations Ltd.	0.68	0.39	0.04	0.21
其他	Others	0.08	0.05		0.01
港澳台商投资企业	Enterprises With Funds From Hong Kong, Macao and Taiwan	2.79	1.37	0.15	1.12
合资经营企业	Joint－venture Enterprises	1.86	0.90	0.10	0.71
独资经营企业	Enterprises with Sole Investment	0.93	0.47	0.05	0.41
外商投资企业	Foreign Funded Enterprises	26.68	9.41	1.38	9.95
中外合资经营企业	Joint－venture Enterprises	22.98	7.78	1.19	8.20
中外合作经营企业	Cooperation Enterprises	2.77	1.15	0.14	1.46
外商独资企业	Foreign Sole Funded Enterprises	0.93	0.48	0.05	0.28
按餐饮行业中类分组	**by Category**				
正餐服务	Dinner Services	82.64	45.17	4.51	21.84
快餐服务	Snack Services	26.61	9.60	1.38	9.76
饮料及冷饮服务	Beverages and Cold Drink Services	0.84	0.31	0.05	0.25
其他餐饮服务	Others	2.37	1.25	0.10	0.56

10－16　续表4　continued　　单位：亿元(100 million yuan)

指　标	Item	管理费用 Management Expenses	财务费用 Financial Expenses	利润总额 Profits	本年应付工资总额 Total Wages Pagable in the year	本年应付福利费总额 Total Welfare Funds in the year
总计	**Total**	**55.65**	**10.89**	**7.45**	**36.27**	**3.56**
住宿业	**Hotels**	**43.28**	**8.94**	**2.83**	**23.88**	**2.49**
#国有及国有控股	State－owend and State Holding Enterprises	14.65	1.74	4.85	7.73	0.81
按登记注册类型分组	**by Registration**					
内资企业	Domestic Funded Enterprises	34.82	7.38	－1.22	19.73	2.20
国有企业	State－owned Enterprises	6.46	0.83	1.02	3.70	0.39
集体企业	Collective Owned Enterprises	1.71	0.27	－0.08	0.99	0.12
股份合作企业	Cooperative Enterprises	0.56	0.07	0.05	0.35	0.04
联营企业	Joint Ownership Enterprises	0.14			0.07	0.01
国有联营企业	State Joint Ownership Enterprises	0.02			0.03	
集体联营企业	Collective Joint Ownership Enterprises			－0.01	0.01	
国有与集体联营企业	Joint State－collective Enterprises	0.12			0.03	
有限责任公司	Limited Liability Corporations	13.41	3.06	－0.76	7.44	0.89
国有独资公司	State Sole Funded Corporations	0.80	0.10	0.06	0.49	0.06
其他有限责任公司	Other Limited Liability Corporations	12.61	2.96	－0.82	6.96	0.83
股份有限公司	Share－holding Corporations Ltd.	1.70	0.33	－0.29	0.92	0.12
私营企业	Private Enterprises	10.81	2.83	－1.11	6.23	0.63
私营独资企业	Private Funded Enterprises	0.63	0.10	－0.15	0.54	0.03
私营合伙企业	Private Partnership Corporations	0.37	0.04	－0.01	0.36	0.01
私营有限责任公司	Private Limited Liability Corporations	9.12	2.53	－1.27	4.88	0.53
私营股份有限公司	Private Share－holding Corporations Ltd.	0.70	0.16	0.32	0.46	0.06
其他企业	Other Enterprises	0.02		－0.03	0.02	
港澳台商投资企业	Enterprises With Funds From Hong Kong, Macao and Taiwan	5.89	1.19	4.48	2.86	0.21
合资经营企业	Joint－venture Enterprises	5.27	1.06	3.73	2.65	0.21
合作经营企业	Cooperative Enterprises	0.11	0.05	－0.03	0.05	
独资经营企业	Enterprises with Sole Investment	0.51	0.08	0.77	0.16	
外商投资企业	Foreign Funded Enterprises	2.57	0.37	－0.43	1.29	0.08
中外合资经营企业	Joint－venture Enterprises	2.05	0.17	－0.15	0.93	0.05
外资企业	Enterprises With Sole Foreign Investment	0.42	0.19	－0.31	0.21	0.01
外商投资股份有限公司	Foreign Investment Share－holding Corporations Ltd.	0.09	0.01	0.03	0.14	0.02

10-16 续表5 continued 单位：亿元(100 million yuan)

指 标	Item	管理费用 Management Expenses	财务费用 Financial Expenses	利润总额 Profits	本年应付工资总额 Total Wages Pagable in the Year	本年应付福利费总额 Total Welfare Funds in the Year
按住宿行业中类分组	**by Category**					
旅游饭店	Restaurant for Tourism	41.72	8.58	3.46	23.21	2.45
一般旅馆	Ordinary Hotels	0.94	0.18	-0.27	0.48	0.04
其他住宿服务	Others	0.62	0.17	-0.35	0.18	
餐饮业	**Catering Services**	**12.37**	**1.95**	**4.62**	**12.39**	**1.07**
#国有及国有控股	State - owend and State Holding Enterprises	1.21	0.11	1.30	1.34	0.08
按登记注册类型分组	**by Registration**					
内资企业	Domestic Funded Enterprises	9.73	1.72	1.46	9.28	0.89
国有企业	State - owned Enterprises	0.86	0.10	0.83	0.85	0.03
集体企业	Collective Owned Enterprises	0.14	0.01	0.02	0.15	0.02
股份合作企业	Cooperative Enterprises	0.14	0.04	0.12	0.23	0.02
有限责任公司	Limited Liability Corporations	2.58	0.65	-0.03	2.37	0.22
国有独资公司	State Sole Funded Corporations	0.01			0.03	
其他有限责任公司	Other Limited Liability Corporations	2.57	0.65	-0.04	2.34	0.22
股份有限公司	Share - holding Corporations Ltd.	0.20		0.26	0.25	0.03
私营企业	Private Enterprises	5.81	0.92	0.26	5.42	0.57
私营独资企业	Private Funded Enterprises	0.79	0.08	0.08	0.86	0.08
私营合伙企业	Private Partnership Corporations	0.42	0.02	0.01	0.36	0.03
私营有限责任公司	Private Limited Liability Corporations	4.51	0.82	0.23	4.13	0.45
私营股份有限公司	Private Share - holding Corporations Ltd.	0.09	0.01	-0.06	0.07	0.01
其他	Others	0.01			0.01	
港澳台商投资企业	Enterprises With Funds From Hong Kong, Macao and Taiwan	0.42	0.06	-0.27	0.43	0.02
合资经营企业	Joint - venture Enterprises	0.33	0.06	-0.24	0.29	0.02
独资经营企业	Enterprises with Sole Investment	0.10		-0.03	0.14	0.01
外商投资企业	Foreign Funded Enterprises	2.22	0.17	3.42	2.69	0.15
中外合资经营企业	Joint - venture Enterprises	1.93	0.04	3.58	2.24	0.15
中外合作经营企业	Cooperation Enterprises	0.10	0.12	-0.18	0.30	
外商独资企业	Foreign Sole Funded Enterprises	0.19	0.01	0.03	0.15	
按餐饮行业中类分组	**by Category**					
正餐服务	Dinner Services	10.04	1.79	0.73	9.44	0.89
快餐服务	Snack Services	2.00	0.15	3.53	2.60	0.15
饮料及冷饮服务	Beverages and Cold Drink Services	0.15		0.08	0.09	0.01
其他餐饮服务	Others	0.18		0.27	0.26	0.03

10－17 商品交易市场情况(1978－2007 年)
Basic Conditions of Business Markets of Commodity(1978－2007)

年份 Year	交易市场数(个) Business Markets (unit)	10 亿元以上(个) Above 1000 Million Yuan (unit)	100 亿元以上(个) Above 10000 Million Yuan (unit)	商品市场成交额(亿元) Transaction (100 million yuan)
1978	1051			8.6
1979	1322			11.3
1980	1415			12.2
1981	1656			14.7
1982	1736			18.1
1983	1788			21.6
1984	2241			26.9
1985	2345			44.0
1986	3653			59.1
1987	3706			80.9
1988	3632			96.3
1989	3669			149.0
1990	3797			161.9
1991	3802			204.6
1992	3865			321.3
1993	4127			651.2
1994	4207			1480.5
1995	4349			2165.7
1996	4388	57	3	2545.3
1997	4488	57	2	2798.0
1998	4619	58	2	3209.6
1999	4347	69	3	3606.0
2000	4348	68	4	4023.0
2001	4278	78	6	4652.0
2002	4193	77	6	4997.0
2003	4036	93	9	5591.0
2004	4049	114	9	6384.0
2005	4008	120	10	7173.0
2006	4064	125	13	8247.0
2007	4096	133	15	9325.0

10－18 亿元以上商品交易市场成交情况
Basic Conditions of Business Markets of Commodity Above 100 Million Yuan

单位：万元(10000 yuan)

指　标	Item	摊位数量(个) Number of Stall (unit)			成交额 Value		
		2005	2006	2007	2005	2006	2007
总计	**Total**	**331295**	**352704**	**363637**	**62536236**	**73199624**	**82106752**
食品、饮料、烟酒类	Foods, Beverages, Tobacco and Liquor	118903	127779	126909	14127522	15981098	17834292
服装鞋帽、针、纺织品类	Garments, Shoes, Hats, Knit and Textile Goods	102984	106992	109419	17036945	19358442	21028222
化妆品类	Cosmetics	2521	2407	2522	172091	262568	268766
日用品类	Articles For Daily Use	24785	27824	29187	2192952	2735520	3541801
五金电料类	Hardware & Electric Materials	11150	11993	13582	1991806	2138352	2714048
体育、娱乐用品类	Sports and Recreation	1054	985	1517	142851	168204	247974
书报杂志类	Newspapers and Magazines	139	184	177	21151	32779	32772
电子出版物及音像制品类	Electronic Publication and Audiovisual Products	903	294	356	288923	145708	145575
家用电器和音像器材类	Household Appliances and Audiovisual Equipment	3032	2194	3817	607505	596227	685970
中西药品类	Traditional Chinese & Western Medicines	328	1953	768	56110	82209	80364
#中草药及中成药类	Chinese Herbal Medicine and Other Traditional Chinese Medicine	179	1946	356	35596	79410	62243
文化办公用品类	Culture and Official Articles	5595	7151	8749	428087	941831	1128363
家具类	Furniture	4175	4057	5303	620062	681819	799538
煤炭及制品类	Coal and Related Products	30	62	64	35540	377985	468714
木材及制品类	Timber and Related Products	3940	4004	3792	1194166	1270178	1275774
化工材料及制品类	Chemical Materials and Related Products	4185	4165	4748	4168627	4830897	5220833
金属材料类	Metal Materials	10135	10351	13340	8232190	10205620	13723383
建筑及装潢材料类	Building Decoration Materials	11566	12703	15637	1631108	1715054	2387951
机电产品及设备类	Mechanical and Electrical Products and Appliances	4689	5996	5360	1140237	2609749	1903265
#农机类	Agricutural Mechanical Products	15	19	2	4758	5240	46
汽车类	Motor Vehicles	3088	3866	4665	2701637	3361444	4051688
其他类	Others	10579	14232	10543	4970398	2656400	2031534

10－19 个体经济发展情况
Developments on Individual Economy

项 目	Item	2005	2006	2007
户数(户)	**Number of Households(household)**	**1726694**	**1797911**	**1807377**
农林牧渔业	Farming, Forestry, Animal Husbandry and Fishery	10821	11776	12463
采矿业	Mining and Quarrying	1697	1480	1178
制造业	Manufacturing	286178	314920	322063
电力、燃气及水的生产和供应业	Electricity, Gas and Water Production and Supply	468	717	810
建筑业	Construction	2427	2586	3227
交通运输、仓储及邮政业	Transport, Storage and Post	127835	117960	106733
信息传输、计算机服务和软件业	Information Transmissing, Computer Services and Software	4684	5035	4719
批发和零售业	Wholesale and Retail Sale Trade	918411	978263	1034187
住宿餐饮业	Hotels and Catering Services	127159	128346	111498
房地产业	Real Estate	1612	2112	2894
租赁与商务服务业	Leasing and Commercial Services	18935	21593	19601
居民服务及其他服务业	Resident Services and Other Services	164684	163491	162264
卫生、社会保障和社会福利业	Health Care, Social Security and Social Welfare	1770	1781	1933
文化、体育与娱乐业	Culture, Sports and Recreation	11437	11719	12029
其他行业	Others	48546	36132	11778
从业人员(人)	**Number of Employed Persons(person)**	**3200822**	**3598628**	**3912991**
农林牧渔业	Farming, Forestry, Animal Husbandry and Fishery	26414	39376	37523
采矿业	Mining and Quarrying	7184	6205	5948
制造业	Manufacturing	847942	1027064	1075749
电力、燃气及水的生产和供应业	Electricity, Gas and Water Production and Supply	883	1563	1885
建筑业	Construction	7170	23019	26597
交通运输、仓储及邮政业	Transport, Storage and Post	160116	150596	135619

10－19 续表 continued

项 目	Item	2005	2006	2007
信息传输、计算机服务和软件业	Information Transmissing, Computer Services and Software	8721	9367	9159
批发和零售业	Wholesale and Retail Sale Trade	1447921	1607794	1833603
住宿餐饮业	Hotels and Catering Services	283910	298050	349089
房地产业	Real Estate	2985	4076	5881
租赁与商务服务业	Leasing and Commercial Services	33043	36633	38120
居民服务及其他服务业	Resident Services and Other Services	274035	302874	333690
卫生、社会保障和社会福利业	Health Care, Social Security and Social Welfare	3730	3284	4885
文化、体育与娱乐业	Culture, Sports and Recreation	25299	26565	29019
其他行业	Others	71469	62162	26224
总产值或营业额(亿元)	**Total Output Value(Volume of Business)(100 million yuan)**			
农林牧渔业	Farming, Forestry, Animal Husbandry and Fishery	46.2	52.96	163.59
采矿业	Mining and Quarrying	39.1	27.77	54.95
制造业	Manufacturing	3041.51	3476.25	3883.64
电力、燃气及水的生产和供应业	Electricity, Gas and Water Production and Supply	4.27	5.1	11.82
建筑业	Construction	71.14	83.97	92.76
交通运输、仓储及邮政业	Transport, Storage and Post	397.28	370.69	415.67
信息传输、计算机服务和软件业	Information Transmissing, Computer Services and Software	34.47	71.85	81.80
批发和零售业	Wholesale and Retail Sale Trade	3153.19	3324.96	3858.32
住宿餐饮业	Hotels and Catering Services	473.93	508.37	663.73
房地产业	Real Estate	38.84	14.23	17.05
租赁与商务服务业	Leasing and Commercial Services	31.08	31.35	37.21
居民服务及其他服务业	Resident Services and Other Services	244.43	224.72	248.88
卫生、社会保障和社会福利业	Health Care, Social Security and Social Welfare	3.31	3.54	4.78
文化、体育与娱乐业	Culture, Sports and Recreation	33.02	38.05	46.03
其他行业	Others	29.65	32.29	32.94

10－20 私营经济发展情况
Developments of Private-owned Economy

项 目	Item	2005	2006	2007
户数(户)	**Number of Households(household)**	**359039**	**406382**	**450304**
农林牧渔业	Farming, Forestry, Animal Husbandry and Fishery	5206	5586	6086
采矿业	Mining and Quarrying	1265	1244	1231
制造业	Manufacturing	186657	206770	228414
电力、燃气及水的生产和供应业	Electricity, Gas and Water Production and Supply	1241	1458	1544
建筑业	Construction	8615	10789	12967
交通运输、仓储及邮政业	Transport, Storage and Post	6413	7434	8347
信息传输、计算机服务和软件业	Information Transmissing, Computer Services and Software	9879	12522	14374
批发和零售业	Wholesale and Retail Sale Trade	86888	100758	111809
住宿餐饮业	Hotels and Catering Services	4595	4696	4902
房地产业	Real Estate	4845	5828	7413
租赁与商务服务业	Leasing and Commercial Services	16560	21803	26916
居民服务及其他服务业	Resident Services and Other Services	14357	14327	13167
卫生、社会保障和社会福利业	Health Care, Social Security and Social Welfare	437	620	665
文化、体育与娱乐业	Culture, Sports and Recreation	2092	2135	2169
其他行业	Others	9989	10412	10300
从业人员(人)	**Number of Employed Persons(person)**	**5348221**	**6012507**	**7590869**
农林牧渔业	Farming, Forestry, Animal Husbandry and Fishery	68766	71108	80430
采矿业	Mining and Quarrying	20364	21796	21682
制造业	Manufacturing	3457866	3828374	4732103
电力、燃气及水的生产和供应业	Electricity, Gas and Water Production and Supply	18505	22675	25810
建筑业	Construction	173915	217464	367526
交通运输、仓储及邮政业	Transport, Storage and Post	74481	92159	110315

10－20 续表 continued

项 目	Item	2005	2006	2007
信息传输、计算机服务和软件业	Information Transmissing, Computer Services and Software	89922	120287	457451
批发和零售业	Wholesale and Retail Sale Trade	858133	977631	1058752
住宿餐饮业	Hotels and Catering Services	68040	80142	87567
房地产业	Real Estate	74045	84534	102257
租赁与商务服务业	Leasing and Commercial Services	155851	206723	259688
居民服务及其他服务业	Resident Services and Other Services	146549	142048	127645
卫生、社会保障和社会福利业	Health Care, Social Security and Social Welfare	5428	7824	8194
文化、体育与娱乐业	Culture, Sports and Recreation	18292	19887	21338
其他行业	Others	118064	119855	130111
总产值或营业额(亿元)	**Total Output Value(Volume of Business)(100 million yuan)**			
农林牧渔业	Farming, Forestry, Animal Husbandry and Fishery	46.2	111.64	115.83
采矿业	Mining and Quarrying	39.1	119.65	172.63
制造业	Manufacturing	3041.51	7519.51	9040.62
电力、燃气及水的生产和供应业	Electricity, Gas and Water Production and Supply	4.27	80	233.52
建筑业	Construction	71.14	1070.07	1360.45
交通运输、仓储及邮政业	Transport, Storage and Post	397.28	258.95	319.74
信息传输、计算机服务和软件业	Information Transmissing, Computer Services and Software	34.47	78.36	162.68
批发和零售业	Wholesale and Retail Sale Trade	3153.19	3514.73	4649.04
住宿餐饮业	Hotels and Catering Services	473.93	370.99	398.84
房地产业	Real Estate	38.84	406.42	581.13
租赁与商务服务业	Leasing and Commercial Services	31.08	72.39	98.32
居民服务及其他服务业	Resident Services and Other Services	244.43	242.76	249.93
卫生、社会保障和社会福利业	Health Care, Social Security and Social Welfare	3.31	6.94	10.14
文化、体育与娱乐业	Culture, Sports and Recreation	33.02	33.54	39.23
其他行业	Others	29.65	124.9	129.02

10－21 个体和私营经济发展情况(2007年)
Developments on Individual and Private-owned Economy(2007)

项　目	Item	个体 Individuals	#城镇 Urban Areas	私营 Privates	#城镇 Urban Areas
户数(户)	**Number of Households(household)**	**1807377**	**1116640**	**450304**	**253974**
农林牧渔业	Farming,Forestry,Animal Husbandry and Fishery	12463	4471	6086	1725
采矿业	Mining and Quarrying	1178	362	1231	229
制造业	Manufacturing	322063	136074	228414	87292
电力、燃气及水的生产和供应业	Electricity,Gas and Water Production and Supply	810	342	1544	447
建筑业	Construction	3227	1817	12967	9224
交通运输、仓储及邮政业	Transport,Storage and Post	106733	52627	8347	5483
信息传输、计算机服务和软件业	Information Transmissing, Computer Services and Software	4719	3452	14374	11855
批发和零售业	Wholesale and Retail Sale Trade	1034187	694469	111809	84201
住宿餐饮业	Hotels and Catering Services	111498	75370	4902	3797
房地产业	Real Estate	2894	2707	7413	5807
租赁与商务服务业	Leasing and Commercial Services	19601	14327	26916	23440
居民服务及其他服务业	Resident Services and Other Services	162264	112202	13167	10137
卫生、社会保障和社会福利业	Health Care,Social Security and Social Welfare	1933	1500	665	478
文化、体育与娱乐业	Culture,Sports and Recreation	12029	9019	2169	1554
其他行业	Others	11778	7901	10300	8305
从业人员(人)	**Number of Employed Persons(person)**	**3912991**	**2434310**	**7590869**	**3870479**
农林牧渔业	Farming,Forestry,Animal Husbandry and Fishery	37523	13085	80430	23939
采矿业	Mining and Quarrying	5948	1606	21682	4498
制造业	Manufacturing	1075749	498844	4732103	1709921
电力、燃气及水的生产和供应业	Electricity,Gas and Water Production and Supply	1885	834	25810	9267
建筑业	Construction	26597	17698	367526	227865
交通运输、仓储及邮政业	Transport,Storage and Post	135619	68287	110315	69257

10－21 续表 continued

项 目	Item	个体 Individuals	#城镇 Urban Areas	私营 Privates	#城镇 Urban Areas
信息传输、计算机服务和软件业	Information Transmissing, Computer Services and Software	9159	6596	457451	439549
批发和零售业	Wholesale and Retail Sale Trade	1833603	1255792	1058752	800378
住宿餐饮业	Hotels and Catering Services	349089	262239	87567	66763
房地产业	Real Estate	5881	5506	102257	75308
租赁与商务服务业	Leasing and Commercial Services	38120	25610	259688	224459
居民服务及其他服务业	Resident Services and Other Services	333690	239840	127645	97391
卫生、社会保障和社会福利业	Health Care, Social Security and Social Welfare	4885	3143	8194	5664
文化、体育与娱乐业	Culture, Sports and Entertainment	29019	22064	21338	15077
其他行业	Others	26224	13166	130111	101143
总产值(亿元)	**Total Output(100 million yuan)**				
农林牧渔业	Farming, Forestry, Animal Husbandry and Fishery	163.59	18.52	115.83	33.00
采矿业	Mining and Quarrying	54.95	13.62	172.63	54.21
制造业	Manufacturing	3883.64	1235.82	9040.62	3416.99
电力、燃气及水的生产和供应业	Electricity, Gas and Water Production and Supply	11.82	5.82	233.52	80.30
建筑业	Construction	92.76	35.55	1360.45	400.71
交通运输、仓储及邮政业	Transpor, Storage and Post	415.67	189.10	319.74	149.71
信息传输、计算机服务和软件业	Information Transmission, Computer Service and Software	81.80	62.13	162.68	49.46
批发和零售业	Wholesale and Retail Trade	3858.32	2325.84	4649.04	2407.39
住宿餐饮业	Hotels and Catering Services	663.73	402.21	398.84	236.29
房地产业	Real Estate	17.05	6.18	581.13	378.16
租赁与商务服务业	Leasing and Services and Other Services	37.21	21.02	98.32	57.09
居民服务及其他服务业	Resident Services and Other Services	248.88	136.78	249.93	95.10
卫生、社会保障和社会福利业	Health Care, Sports and Social Welfare	4.78	2.71	10.14	5.30
文化、体育与娱乐业	Culture, Sports and Recreation	46.03	28.18	39.23	23.31
其他行业	Others	32.93	14.64	129.02	69.05

浙/江/统/计/年/鉴

主要统计指标解释

■ 社会消费品零售额

指各种经济类型的批发零售贸易业、餐饮业和除制造业和农业外的其他行业对城乡居民和社会集团的消费品零售额。这个指标反映通过各种商品流通渠道向居民和社会集团供应的生活消费品来满足他们生活需要，是研究人民生活，社会消费品购买力、货币流通等问题的重要指标。社会消费品零售额包括：(1)售给城乡居民作为生活用的商品和修建房屋用的建筑材料；(2)售给社会集团的各种办公用品和公用消费品；(3)售给机关、团体、学校、部队、企业、事业单位的职工食堂和旅店（招待所）附设专门供本店旅客食用，不对外营业的食堂的各种食品、燃料；企业、单位和国营农场直接售给本单位职工和职工食堂的自己生产的产品；(4)售给部队干部、战士生活用的粮食、副食品、衣着品、日用品、燃料；(5)售给来华的外国人、华侨、港澳（台）同胞的消费品；(6)居民自费购买的中、西药品、中药材及医疗用品；(7)报社、出版社直接售给居民和社会集团的报纸、图书、杂志、集邮公司出售的新、旧纪念邮票、特种邮票、首日封、集邮册、集邮工具等；(8)旧货寄售商店自购、自销部分的商品；(9)煤气公司、液化石油气站售给居民和社会集团的煤气灶具和罐装液化石油气。不包括售给国民经济各部门企业、事业单位（包括国有经济的农场）生产经营用的各种原材料、燃料、设备、工具等和售给批发零售贸易业、餐饮业作为转卖用的商品、旧货寄售商店受托寄售卖出的商品、服务业的营业收入、邮局出售邮票的收入、自来水、电力、煤气生产（供应）单位的产品供应收入。

■ 商品销售总额

指对本企业（单位）以外的单位和个人出售（包括对国（境）外直接出口）的商品。这个指标反映批发零售贸易业在国内市场上销售商品以及出口商品的总量。商品销售总额包括：(1)售给城乡居民和社会集团消费用的商品；(2)售给工业、农业、建筑业、运输邮电业、批发零售贸易业、餐饮业、服务业等作为生产、经营使用的商品；(3)售给批发零售贸易业作为转卖或加工后转卖的商品；(4)对国（境）外直接出口的商品。不包括：出售本企业（单位）自用的废旧包装用品，未通过买卖行为付出的商品，经本单位介绍，由买卖双方直接结算，本单位只收取手续费的业务，购货退回的商品以及商品损耗和损失等。

■ 消费品市场成交额

指在全国消费品交易市场成交的全部商品金额。消费品市场包括农副产品市场和工业消费品市场。

■ 亿元商品交易市场成交额

年成交额达到亿元以上，经工商部门批准，专门从事商品批发、零售业务活动的市场，其市场所有摊位销售总额称为亿元商品交易市场成交额。

■ 连锁企业（或称连锁店、连锁公司）

指在核心企业或总店的领导下，由分散的、经营同类商品或服务的企业或活动单位，采取共同方针，实行集中采购和分散销售的有机结合，通过规范化经营，实行集中采购和分散销售的有机结合，通过规范化经营，实现规模效益的经济联合组织形式。一般连锁店应由若干个分店组成。其经营特征：(1)经营同类商品；(2)使用统一商号；(3)统一采购配送，采购与销售相分离（部分商品可根据物流合理和保质保鲜原则，由供应商直接送货到门店，其余均由总部统一配送）。

连锁门店包括下列两种形式：

直营连锁：指正规连锁。连锁门店均由总部独资或控股开设，在总部的直接领导下统一经营。

加盟连锁：指特许连锁。各连锁门店（被特许人）通过合同形式，取得使用总部（特许人）商标、商号、经营技术和销售总部开发的商品的特许权，各加盟连锁门店为独立法人，在总部指导下统一经营。

ZHEJIANG STATISTICAL YEARBOOK

Explanatory Notes on Main Statistical Indicators

□ Total Retail Sales of Consumer Goods

refer to the sum of retail sales of consumer goods by the establishments in wholesale trade, retail sale trade, catering trade and other industries except manufacturing and agriculture of different types of ownership, to urban and rural residents and social groups. This indicator is used to show the supply of consumers goods through various channels to households and institutions to meet their demands, and is therefore very important for the study of the issues on people's livelihood, on the purchasing power of consumer goods and on the circulation of money. The retail sales of consumer goods include: (1) commodities sold to urban and rural residents for residential use and building materials sold to them for the construction or repair of houses; (2) food and fuels sold to canteens of institutions, enterprises, schools, military units and to canteens of hotels and hostels that only serve their guests, and commodities produced by enterprises, institutions or state farms and sold directly to their employees or their canteens; (3) grain and non-staple food, clothing, daily articles and fuels sold to military personnel; (4) consumer goods sold to foreigners, overseas Chinese, and Chinese compatriots from Taiwan, Hong Kong and Macao during their stay in the mainland of China; (5) Chinese and western medicines, herbs and medical facilities purchased by residents; (6) newspapers, books and magazines directly sold to residents and social groups by publishers, new and old commemorative stamps, special stamps, first-day covers, stamp albums and other stamp-collection articles sold by stamp companies; (7) consumer goods purchased and then sold by second-hand shops; (8) stoves and other heating facilities and liquified gas sold by gas companies to households and institutions. Excluded under this heading are: raw materials, fuels, equipment, tools sold to enterprises, institutions and state farms for production purpose; commodities sold to trade establishments for re-selling; commissioned sales at second-hand shops; operational income of urban public utilities; stamps sold at post offices; income of water, power, gas production and supply establishments from the supply of their products.

□ Total Sales of Commodities

refer to selling of commodities by the establishments to other establishments and individuals (including direct export). This indicator is used to show the total value of sales of commodities at domestic markets and export. The total sales include: (1) commodities sold to urban and rural residents and social groups for their consumption; (2) commodities sold to establishments in industry, agriculture, construction, transportation, post and telecommunications, wholesale and retail trades, catering trade and public utility for their production and operation; (3) commodities sold to wholesale and retail establishments for re-selling, with or without further processing; and (4) commodities for direct export to other countries. Excluded are selling of waste packaging materials used by the establishments (units) themselves, commodities transferred without buying or selling procedures, commission income from brokerage in transactions whose settlement is directly handled by buyers and sellers, rejected commodities in the purchase, loss in commodities, etc.

□ Volume of Transaction at Consumer Goods Markets

refers to the value of transaction of all goods at consumer goods markets in the country, including both markets for farm and sideline products and for industrial consumption goods.

□ Volume of Transaction at Large Commodity Markets (with transaction value over 100 million yuan)

refers to markets approved by the industrial and commercial administration departments, which specialize in

EXPLANATORY NOTES ON MAIN STATISTICAL INDICATORS

wholesale and retail of modities with transaction value over 100 million yuan. The stall of sales of all sellers in the markets makes up the transaction value of the markets.

□ Chain Enterprises (also called chain stores or called corporations)

refer to a form of joint economic entities unit which scattered enterprises or establishments engaged in pithing homogeneous commodities or services, with the central leadership of core enterprise or headquarters and guided by policies, conduct centralized purchase and distributed selling commodities, in order to gain better efficiency through standardized operation. Consisting of a number of branch stores the chain stores have in general following features: (1) homogeneous commodities, (2) unique name of stores, (3) centralized purchase and delivery which is separated from the headquarters cept some items which, from logistics, quality or considerations, might be delivered by the suppliers directy.

Chain stores have two categories:

(a) Chain stores under direct management: These are chain stores invested or controlled by the headquarters operate under the direct and unified management from the headquarters.

(b) Chain stores through license arrangement: These are contracts, chain stores (their owners) obtain licenses from the headquarters to use designated trade marks, names, operates know – how, and to sell the commodity developed by the headquarters. Under this arrangement. Each store in the chairs an independent legal entity and operates under the guidance the headquarters.

2008

浙江统计年鉴

ZHEJIANG STATISTICAL YEARBOOK

CHAPTER 11

对外经济贸易和旅游

Foreign Economy and Trade, Tourism

11－1 进出口总值(1986－2007年)
Total Value of Imports and Exports (1986－2007, Custom Statistics)

单位：万美元(USD 10000)

年份 Year	进出口总值 Total Value of Imports and Exports	出口 Export	#一般贸易 Ordinary Trade	进口 Import	#一般贸易 Ordinary Trade
1986	129291	109128		20163	
1987	149984	123406		26578	
1988	198628	149004		49624	
1989	251387	187222		64165	
1990	277342	218881		58461	
1991	385052	290628		94424	
1992	499907	357127	258763	142780	48230
1993	673269	432313	326388	240956	78690
1994	899144	608657	474070	290487	75292
1995	1151230	769782	593336	381448	92160
1996	1254126	804147	572545	449979	102558
1997	1427732	1011113	739172	416619	106496
1998	1485382	1086623	820244	398759	148712
1999	1830540	1287125	1001423	543415	314525
2000	2783265	1944279	1540108	838986	528135
2001	3279969	2297747	1825752	982222	635302
2002	4195650	2941102	2426940	1254548	859007
2003	6141083	4159499	3418932	1981584	1361717
2004	8521312	5814638	4674761	2706674	1665622
2005	10739123	7680353	6023916	3058770	1858590
2006	13914686	10089427	7731170	3825259	2143288
2007	17685633	12827293	9935900	4858341	2922772

11-2 出口总值分类表(2001-2007年)
Total Value of Exports by Category (2001-2007)

单位：万美元(USD 10000)

项目	Item	2001	2002	2003	2004	2005	2006	2007
总值	**Total**	**2297747**	**2941102**	**4159499**	**5814638**	**7680353**	**10089427**	**12827293**
#机电产品	Mechanical and Electrical Products	725904	968386	1431975	2170159	3026157	4236303	5557980
总值中：	**Among Total**							
国有企业	State-owned Enterprises	1036036	1128977	1329950	1466064	1629362	1767742	1896622
三资企业	Foreign Funded Enterprises	709961	919969	1304773	1964667	2726282	3795210	4725567
集体企业	Collective Owned Enterprises	392526	518882	726222	887728	993168	1058855	1178304
私营企业	Private Enterprises	154954	367536	793444	1493303	2328331	3459464	5009210
其他	Others	4270	5738	5110	2876	3210	8156	17589
总值中：	**Among Total**							
工业制成品	Manufactured Goods	2104524	2735698	3914504	5493975	7299176	9643687	12342087
初级产品	Primary Goods	193223	205404	244995	320663	381177	445740	485206

11-3 进口总值分类表(2001-2007年)
Total Value of Imports by Category (2001-2007)

单位：万美元(USD 10000)

项目	Item	2001	2002	2003	2004	2005	2006	2007
总值	**Total**	**982222**	**1254548**	**1981584**	**2706674**	**3058770**	**3825259**	**4858341**
#机电产品	Mechanical and Electrical Products	390638	506340	797903	1002151	921646	1237456	1379370
总值中：	**Among Total**							
国有企业	State-owned Enterprises	357300	452039	629195	695255	671497	785943	852194
三资企业	Foreign Funded Enterprises	477215	538283	887827	1297388	1512129	1931689	2389784
集体企业	Collective Owned Enterprises	120376	164345	253098	350723	369722	331969	389369
私营企业	Private Enterprises	22545	90692	210802	357233	505364	774810	1221395
其他	Others	4786	9189	662	6075	58	848	5599
总值中：	**Among Total**							
工业制成品	Manufactured Goods	799700	1029312	1665903	2190694	2457096	3025605	3832578
初级产品	Primary Goods	182522	225236	315681	515980	601674	799654	1025762

11-4 浙江省与各国(地区)的进出口总额
Zhejiang's Foreign Trade with Relate Countries (Regions)

单位：万美元(USD 10000)

国别(地区)	Country (Region)	出口 Exports 2005	出口 Exports 2006	出口 Exports 2007	进口 Imports 2005	进口 Imports 2006	进口 Imports 2007
总值	**Total**	**7680353**	**10089427**	**12827293**	**3058770**	**3825259**	**4858341**
#亚太经济合作组织	APEC	3955707	5197022	6218954	2224093	2842465	3583793
亚洲	**Asia**	**2638925**	**3329689**	**4243984**	**1992024**	**2591101**	**3165041**
#中国香港	Hong Kong, China	277585	359521	511460	36047	33240	38312
日本	Japan	750394	819196	882306	565289	642263	777302
中国台湾	Taiwan, China	99994	129366	157439	354757	467018	732836
韩国	Korea Rep	206249	320483	404129	378544	532064	604226
东南亚联盟	The Association of Southeast Asian Nations	424147	549578	708666	315882	386893	484392
非洲	**Africa**	**404572**	**543954**	**714156**	**79219**	**124032**	**104350**
欧洲	**Europe**	**2300766**	**3000138**	**4042365**	**473394**	**517923**	**689898**
#欧洲联盟	EU	1998773	2553518	3406956	408125	447711	593325
#英国	United Kingdom	255138	328954	431836	29305	35561	50909
德国	Germany	418158	542225	722081	141968	161210	213344
意大利	Italy	244779	326005	418400	55763	59967	71344
法国	France	198360	240570	304625	53745	44892	55190
比利时	Belgium	102696	121738	164008	35931	39891	44891
#俄罗斯	Russia	142096	214013	313219	34242	39063	44650
拉丁美洲	**Latin America**	**403953**	**605265**	**830820**	**125332**	**125102**	**233421**
北美洲	**North America**	**1763254**	**2392708**	**2720033**	**313271**	**365012**	**515908**
#美国	United States	1612458	2193307	2463691	253636	283730	393061
加拿大	Canada	150753	199369	256314	59522	80986	122683
大洋洲	**Oceania**	**168883**	**217672**	**275934**	**75263**	**102018**	**149533**
#澳大利亚	Australia	144458	188970	234873	58182	76937	100643

11－5 进出口货物分贸易方式总值表
Total Value of Imports and Exports by Type

单位：万美元(USD 10000)

贸易方式	Type	出口 Exports				进口 Imports			
		2004	2005	2006	2007	2004	2005	2006	2007
总值	**Total**	**5814638**	**7680353**	**10089427**	**12827293**	**2706674**	**3058770**	**3825259**	**4858341**
一般贸易	Ordinary Trade	4674761	6023916	7731170	9935900	1665622	1858590	2143288	2922772
补偿贸易	Compensation Trade								
来料加工装配贸易	Processing and Assembling Raw Material Supplied by Foreign Firms	158526	166312	185628	201022	131360	136049	156294	125481
进料加工贸易	Processing Imported Raw Materials	963894	1455159	2077128	2529704	530596	673474	862159	1112696
外商投资企业作为投资进口的设备	Imported Equipment as Investment of Foreign Enterprises					268073	193699	167268	143748
出料加工贸易	Processing Exported Raw Materials	106	20	195	54	56	56	205	179
保税仓库进出境货物	Import & Export Commodities in Protective Tariff Zone	13313	18056	49969	79826	56239	114754	373405	384597
保税区仓储转口货物	Transit Goods in Protective Tariff Zone	2326	8889	13279	22725	41682	62725	85331	140185
国家间、国际组织无偿援助和赠送物资	Assistant Goods From International Organization	50	456	193	277	116	12	1	
华侨、港澳台同胞、外籍华人捐赠物资	Assistant Goods From Overseas Chinese Compatriots from Hong Kong, Macao and Taiwan					18	41	4	
来料加工装配进口的设备	Assembling Imported Equipment					2728	3685	2876	2176
对外承包工程出口货物	Exported Commodities for Contracted Projects	90	119	231	723				
其他	Others	1572	7426	31634	57062	10184	15685	34428	26507

11-6 出口主要商品情况
Statistics on Export of Commodities

单位：万美元(USD 10000)

项目名称	Item	2004	2005	2006	2007
机电产品	Electrical and Mechanical Products	2170159	3023752	4236303	5557980
高新技术产品	High - tech Products	379539	602036	1016226	1017360
农副产品	Farm Products	500119	533934	667890	722936
服装及衣着附件	Garments and Related Products	1076380	1331815	1592516	1859328
纺织纱线、织物及制品	Spinning, Textile and Related Products	888923	1111110	1381340	1700570
鞋类	Shoes	199656	265635	321311	383975
家具及其零件	Furniture and Related Parts	135814	217501	306771	428998
塑料制品	Plastic Articles	118298	156266	194582	194183
自动数据处理设备及其部件	Automatic Data Processing Equipment and Related Parts	114534	142742	173314	172954
灯具、照明装置及类似品	Lamps & Lanterns and Lighting Installation	93887	116348	137086	173954
旅行用品及箱包	Travelling Articles and Bags	84042	106287	127189	166472
汽车零件	Parts of Moter Vehicles	79918	121769	165914	229679
手持或车载无线电话机	Mobile Telephone on Hand or Car	79471	180387	437487	318092
床垫、寝具及类似品	Mattress and Bedding	75092	92133	120221	154161
水海产品	Seawater Aquatic Products	64818	58954	57883	55366
医药品	Medical and Pharmaceutical Products	59642	62795	84849	109820
电线和电缆	Electric Wire and Cables	56994	79862	122012	162613
摩托车	Motorcycle	53775	56962	59372	64872
通断及保护电路装置	Equipment for Switching or Protecting Electrical Circuits	51140	69499	98565	130477
钢铁或铜制标准紧固件	Standard Parts Made by Iron & Steel or Copper	49876	72284	105283	152434

11－7 进口主要商品情况
Statistics on Import of Commodities

单位：万美元(USD 10000)

商品名称	Item	2004	2005	2006	2007
机电产品	Electrical and Mechanical Products	1002151	921500	1237456	1379370
高新技术产品	High－tech Products	460750	463973	674404	534856
农副产品	Farm Products	208660	226769	267682	384366
钢材	Steel Products	193228	220139	96821	110558
初级形状的塑料	Plastics of Primary Forms	157467	199187	246056	308917
对苯二甲酸	Telephthatic Acid	155314	191549	272766	286769
集成电路及微电子组件	Integrated Circuits and Microelectric Module	126492	134904	246674	275576
纺织机械及零件	Textile Machinery and Related Parts	110764	65305	79021	113369
废铜	Waste Copper	108537	148808	200757	311639
自动数据处理设备及其部件	Automatic Data Processing Equipment and Related Parts	70956	80715	49820	19977
电视、收音机及无线电讯设备的零附件	Parts of TV sets, Radio Sets and Radio Communications Equipment	74392	64111	168473	11273
原油	Crude Oil	53566	60969	142292	98619
液化石油气及其他烃类气	Liquefied Petroleum Gas and Other Hydrocarbon Gases	44785	49876	49802	30410
苯乙烯	Styrene	42029	46152	51223	81699
铁矿砂及其精矿	Iron ore in Sand Form and Refined ore	40377	75480	73603	110256
橡胶或塑料机械零件	Machinery Parts for Processing Rubber and Plastics	40281	19628	19313	21911
金属加工机床	Processing Machine Tools	36319	35078	29401	37758
纸浆	Paper Pulp	33838	39204	55040	75346
通断及保护电路装置	Electrical Apparatus for Switching or Protecting Electrical Circuits	33711	35251	42799	42928
原木	Log	33383	35674	45790	65568
计量检测分析自控仪器及器具	Automatic Instruments for Measurement Examination Analysis	29165	30253	32422	35072
成品油	Processed Oil	28318	6534	18660	43466

11－8 利用外资协议合同(项目)和金额(1979－2007年)
Total Amount of Foreign Capital Utilized Through the Signed Agreements and Contracts(1979－2007)

年份 Year	协议合同(项目)(个) Projects(unit)			协议金额(万美元) Value(USD 10000)		
	合　计 Total	对外借款 Foreign Loans	外商直接投资 Direct Foreign Investment	合　计 Total	对外借款 Foreign Loans	外商直接投资 Direct Foreign Investment
1979				1120		
1980	4		4	620		138
1981	1	1		749	385	
1982	1		1	552		1
1983	2		2	440		94
1984	25	2	23	8506	4005	3955
1985	58	3	55	9154	4352	3650
1986	33	3	30	5224	2414	2307
1987	68	29	39	14291	7745	4525
1988	185	33	152	26815	14865	11326
1989	226	41	185	37107	23910	12212
1990	296	2	294	24792	11274	13313
1991	592	7	585	37480	5634	31728
1992	2343	5	2338	324084	32076	290922
1993	4497	10	4487	404330	29274	374562
1994	2537	9	2528	321573	27839	289317
1995	1861	25	1836	422153	92950	325031
1996	1243	35	1208	429083	107750	312866
1997	888	36	852	486522	294123	121008
1998	1013	48	965	225795	41999	183390
1999	1154	41	1113	302839	85528	214793
2000	1742	100	1642	306977	56029	250948
2001	2311	1	2310	717502	209462	501588
2002	3364		3364	720846	38453	678912
2003	4442		4442	1317478	108301	1205014
2004	3824		3824	1567591	106407	1456066
2005	3396		3396	1858137	209649	1612667
2006	3583		3583	2175249	192344	1910261
2007	2919		2919	2585485	271271	2040043

11－9 实际利用外资金额(1984－2007年)
Amount of Foreign Capital Actually Used(1984－2007)

单位：万美元(USD 10000)

年份 Year	合计 Total	对外借款 Foreign Loans	外商直接投资 Direct Foreign Investment	其他投资 Others
1984	4887	4005	252	630
1985	6452	4352	1634	466
1986	4891	2414	1853	624
1987	11360	7745	2337	1278
1988	18124	14419	2957	748
1989	26918	21503	5181	234
1990	16235	11305	4844	86
1991	17186	7947	9162	77
1992	40971	10496	29398	1077
1993	121991	18226	103271	494
1994	137073	22038	114449	586
1995	153965	27692	125775	498
1996	238313	77825	152021	8467
1997	306641	84905	150345	71391
1998	241656	109448	131802	406
1999	252499	97036	153262	2201
2000	248919	87022	161266	631
2001	451934	223301	221162	7471
2002	469547	148515	316002	5030
2003	757824	207160	544936	5728
2004	974631	298657	668128	7846
2005	1393826	582049	772271	39506
2006	1450582	486127	888935	75520
2007	1432049	119126	1036576	276347

11－10 利用外资情况

Utilization of Foreign Capital

项　目 Item	利用外资协议（合同） Signed Contracts(Agreements) for Utilization of Foreign Capital						实际利用外资金额（万美元） Amount of Foreign Capital Actually Used (USD 10000)		
	项　目(个) Projects (unit)			金　额(万美元) Value (USD 10000)					
	2006	2007	2007年止累计 Accumu－lation up to 2007	2006	2007	2007年止累计 Accumu－lation up to 2007	2006	2007	2007年止累计 Accumu－lation up to 2007
总计 Total	**3583**	**2919**	**42608**	**2175249**	**2585485**	**14332494**	**1450582**	**1432049**	**8781761**
对外借款 Foreign Loans			**431**	**192344**	**271271**	**1978039**	**486127**	**119126**	**2673698**
外国政府贷款 Foreign Government Loans			66	5936		92202	7552	267	63707
境外非金融机构贷款 Loans from Overseas Non－Financial Organizations			59	8444		228613	93264	94278	425165
境外金融机构贷款 Loans from Overseas Financial Organizations			282	70941	80090	618450	26770	23428	368843
贸易信贷 Credit in Trade			24			221781	357806		1189760
其　它 Others				107023	191181	816993	735	1153	626223
外商直接投资 Foreign Direct Investment	**3583**	**2919**	**42177**	**1910261**	**2040043**	**11850637**	**888935**	**1036576**	**5598000**
合资企业 Joint Enterprises	1508	1049	24827	512313	499541	3894939	303175	332459	2208236
合作企业 Cooperative Enterprises	41	24	1163	34930	14351	408106	8506	5244	177892
独资企业 Foreign Enterprises	2029	1846	16162	1361912	1521704	7527715	575930	696393	3195957
股份制企业 Share-system Enterprises	5		25	1106	4447	19877	1324	2480	15915
外商其他投资 Other Foreign Investment				**72644**	**274171**	**503818**	**75520**	**276347**	**510063**
补偿贸易 Compensation Trade						12189			8724
加工装配 Processing and Assembling						8045	2876	2176	17755
对外发行股票 Stocks to Foreign Countries				72644	274171	483239	72644	274171	483239
其　它 Others						345			345

11－11 按行业分的外商直接投资 Foreign Direct Investment

指 标	Item	项目(个) Number of Projects (unit)		合同外资(万美元) Compact of Foreign Capital (USD 10000)		实际利用外资(万美元) Foreign Investments Actually Used (USD 10000)	
		2006	2007	2006	2007	2006	2007
总 计	**Total**	**3583**	**2919**	**1910261**	**2040043**	**888935**	**1036576**
第一产业	Primary Industry	50	30	7969	17255	2097	8939
第二产业	Secondary Industry	2834	2131	1423157	1336723	690762	729207
#制造业	Manufacturing	2787	2104	1379616	1320433	671148	717238
纺织业	Textile Industry	258	193	127039	106367	77452	70391
化学原料及化学制品制造业	Raw Chemical Materials and Chemical Products	86	54	53853	70937	31516	30614
医药制造业	Medical and Pharmaceutical Products	34	18	22966	8642	15600	10645
通用设备制造业	Ordinary Machinery	274	227	122539	136413	52006	51633
专用设备制造业	For Special Purpose Equipment Manufacturing	156	162	73379	111727	31450	52166
通信设备、计算机及其他电子设备制造业	Telecommunications Equipment, Computers and Other Electronic Equipment Manufacturing	217	144	163489	134514	72813	73520
#电力、燃气及水的生产和供应业	Production and Supply of Electricity, Gas and Water	31	16	20426	11051	8490	6723
#建筑业	Construction	11	8	19898	2123	7477	2814
第三产业	Tertiary Industry	699	758	479135	686065	196076	298430
#交通运输、仓储和邮政业	Transportation, Storage and Post	36	37	60721	27150	44991	30362
信息传输、计算机服务和软件业	Information Transmission Computer Service and Software	48	51	28133	39706	18961	7350
批发和零售业	Wholesale & Retail Trade	253	296	30643	47791	13239	18147
住宿和餐饮业	Accommodations and Catering	67	58	46749	45263	18949	11922
金融业	Banking	3	7	1119	6541	534	3586
房地产业	Real Estate	110	67	170619	266060	75583	150612
租赁和商务服务业	Renting and Business Service	114	153	105716	214522	13620	59669
科学研究、技术服务和地质勘查业	Scientific Research, Technical Service and Geological Prospecting	33	64	14263	20840	3095	5416
水利、环境和公共设施管理业	Water Conservany, Environment and Public Utility	12	6	7447	6388	3365	881
居民服务和其他服务业	Service for the Residents and Other	12	7	8333	1908	2442	6094
教育	Education	3	2	2404	3292	38	1503
卫生、社会保障和社会福利业	Health Care, Sports and Social Welfare	1	2	244	676	80	147
文化、体育和娱乐业	Culture, Sports and Entertainment	6	8	744	5928	509	2741

11－12 按国别(地区)分的外商直接投资
Foreign Direct Investment by Country(Region)

国别(地区)	Country (Region)	2007年末实有企业 Number of Enterprises at the End of 2007 个数 Number	外方注册资本(万美元) Foreign Registered Capital (USD 10000)	项目(个) Number of Projects (unit) 2006	2007	合同外资金额(万美元) Agreements of Foreign Capital (USD 10000) 2006	2007	实际利用外资(万美元) Foreign Capital Actually Used (USD 10000) 2006	2007
总计	**Total**	**22059**	**6171172**	**3583**	**2919**	**1910261**	**2040043**	**888935**	**1036576**
#中国香港	Hong Kong, China	8074	2552291	1439	1329	832727	1169754	389772	425967
中国台湾	Taiwan, China	2319	230847	310	229	80299	68244	26858	26068
日本	Japan	1624	352997	129	102	43807	19651	37742	24771
新加坡	Singapore	419	162381	81	60	55945	44364	16540	20372
韩国	Korea Rep	759	108302	152	114	36094	11860	13891	17786
英国	United Kingdom	353	142046	57	51	35053	31249	8740	12839
法国	France	308	87542	66	31	36690	16314	12207	10812
德国	Germany	344	63249	73	45	38032	11138	15337	9096
意大利	Italy	465	95336	100	64	43692	22980	11603	12504
美国	United States	2306	465552	321	235	150404	69792	62038	47418
加拿大	Canada	382	53076	78	61	24174	24671	5276	8642
澳大利亚	Australia	423	67708	60	57	14416	27851	10928	8452
维尔京群岛	Virgin Islands	1147	830147	248	165	288761	266851	143607	251039

注:年末实有企业指在工商行政管理部门登记注册的企业。
The number of enterprises at year－end refer to the enterprises registered at Industry and Commerce Administrative Department.

11－13 对外经济合作情况(2001－2007年)
Economic Cooperation with Foreign Countries and Regions(2001－2007)

项目	Item	2001	2002	2003	2004	2005	2006	2007
新签对外承包工程和劳务合作合同额(万美元)	Amount of Newly Signed Contracts (USD 10000)	54929	127900	122250	168000	173433	181163	174753
对外承包工程和劳务合作营业额(万美元)	Business Income (USD 10000)	67295	105483	125056	152510	176000	203847	208451
对外承包工程和劳务合作年底在外人数(人)	Population in Foreign Countries and Regions (person)	28311	28325	25228	26387	27728	26978	24462
境外投资企业数(个)	Number of Enterprises Investing Abroad (unit)	144	226	301	378	435	425	420
境外企业中方投资额(万美元)	Amount of Investing Abroad (USD 10000)	3350	5132	8513	15175	16776	30044	60606

11－14 国际旅游发展情况(1979－2007年)
Development of International Tourism(1979－2007)

单位：万美元(USD 10000)

年 份 Year	入境旅游者 人数(人) International Tourists	#外国人 Foreigners	#港澳台同胞 Compatriots from Hong Kong, Macao and Taiwan, China	旅游创汇收入 (万美元) Foreign Exchange Earnings (USD 10000)
1979	93094	49021	42901	
1980	138877	68583	68218	
1981	171710	102088	67005	
1982	180271	109309	67972	
1983	184287	114524	64618	1458
1984	213098	131977	73916	1900
1985	272870	178282	84621	2519
1986	293968	190695	90501	4175
1987	330062	206192	104005	4289
1988	392672	169782	182901	5624
1989	294062	84800	187607	3568
1990	496218	116429	342248	5440
1991	554091	176605	351881	7489
1992	685367	234282	403458	10210
1993	728408	289559	393251	11679
1994	612689	329529	261226	18055
1995	672717	366491	283353	23591
1996	729012	412970	293000	29184
1997	811468	453449	328430	34495
1998	819615	414273	364074	36122
1999	947788	506650	408454	41009
2000	1125898	643840	482058	51397
2001	1469502	818686	650816	70693
2002	2041761	1214635	827126	92763
2003	1817986	1069318	748668	87249
2004	2766680	1776392	990288	130047
2005	3480089	2329202	1150887	171623
2006	4268328	2813700	1454628	213270
2007	5111789	3436358	1675431	270821

注:1979－1999年旅游者人数中包括华侨。
Total Tourists number from 1979－1999 in this table included Overseas Chinese.

11－15 旅游事业发展情况(2001－2007年)
Development of Tourism(2001－2007)

项 目	Item	2001	2002	2003	2004	2005	2006	2007
国内旅游	**Domestic Tourism**							
人数(万人次)	Number of Tourism(10000 Person－times)	6895	8020	8429	10600	12758	16149.1	19100
收入(亿元)	Earnings(100 million yuan)	529.0	633.8	695.3	1012.5	1239.7	1519.6	1820
入境旅游	**International Tourism**							
人数合计(人次)	Total (person－times)	1469502	2041761	1817986	2766680	3480089	4268328	5111789
#外国人	Foreigners	818686	1214635	1069318	1776392	2329202	2813700	3436358
港澳同胞	Compatriots from Hong Kong and Macao, China	251159	302949	321491	456517	510490	695118	785905
台湾同胞	Compatriots from Taiwan, China	399657	524177	427177	533771	640397	759510	889526
创汇收入(万美元)	**Foreign Exchange Earnings (USD 10000)**	**70693**	**92763**	**87249**	**130047**	**171623**	**213270**	**270821**

11－16 接待入境旅游者人数(2001－2007 年)
Number of International Tourists(2001－2007)

单位:人次(person－time)

国别(地区)	Country(Region)	2001	2002	2003	2004	2005	2006	2007
日本	Japan	202571	262991	223193	348246	422076	529579	655671
韩国	Korea Rep	121727	216004	202786	297199	454544	508447	614454
马来西亚	Malaysia	48652	99033	81371	151475	177855	163041	175444
美国	United States	72989	90745	75062	129821	176730	214944	271406
新加坡	Singapore	37693	69848	57257	99754	108603	112612	129356
泰国	Thailand	26851	48875	32983	67780	78977	89080	100585
德国	Germany	27618	30067	27608	55083	71959	84217	100991
意大利	Italy	21780	25830	26982	44095	62354	74959	97688
法国	France	22104	28507	22383	41136	55926	66371	86619
印度尼西亚	Indonesia	18042	22339	24009	37798	42598	48610	58673
澳大利亚	Australia	16734	19628	20190	34590	45936	61168	75528
英国	United Kingdom	16346	20867	19927	30685	43622	57902	68323
印度	India	11474	13569	16738	30656	35691	45222	60830
菲律宾	Philippines	15673	19817	14345	28946	29125	30491	38019
加拿大	Canada	20639	22908	19716	28742	40741	56790	71301
西班牙	Spain	13709	15377	11801	21970	42064	55409	68525
荷兰	Netherlands	9924	11618	11371	20498	25742	31915	44003
俄罗斯	Russia	11289	9776	9686	18712	28136	40300	50790
瑞典	Sweden	5963	5862	5785	8761	10907	15032	21018
瑞士	Switzerland	4171	3750	4378	6975	8989	11483	18544
新西兰	New Zealand	5232	3612	4289	6074	8081	12675	15359
中国香港	Hong Kong, China	221071	265651	289378	409385	451130	608233	687738
中国澳门	Macao, China	30088	37298	32113	47132	59360	86885	98167
中国台湾	Taiwan, China	399657	524177	427177	533771	640397	759510	889526

浙/江/统/计/年/鉴

主要统计指标解释

■ 利用外资

指我国各级政府、部门、企业和其他经济组织通过对外借款、吸收外商直接投资以及用其他方式筹措的境外现汇、设备、技术等。

■ 对外借款

包括我国通过外国政府贷款,国际金融组织贷款,外国银行商业贷款,出口信贷以及对外发行债券、股票等方式,从境外筹措的资金。

■ 外商直接投资

是指外国企业和经济组织或个人(包括华侨、港澳台胞以及我国在境外注册的企业)按我国有关政策、法规,用现汇、实物、技术等在我国境内开办外商独资企业、与我国境内的企业或经济组织共同举办中外合资经营企业、合作经营企业或作合作开发资源的投资(包括外商投资收益的再投资)。

■ 对外承包工程

包括各对外承包公司以招标议标承包方式承揽的下列业务 (1) 承包国外工程建设项目; (2)承包我国对外经援项目; (3) 承包我国驻外机构的工程建设项目; (4) 承包我国境内利用外资进行建设的工程项目; (5) 与外国承包公司合营或联合承包工程项目时我国公司分包部分; (6) 以服务成果向业主收费的技术服务项目(包括承担地形地貌测绘;地质资源勘探与普查;建设区域规划;提供设计文件、图纸、生产工艺技术资料和工程技术经济咨询;工程项目的可行性考察、研究和评估;进行技术指导和培训人员等);(7) 对外承包兼营的房屋开发业务。对外承包工程的营业额是以货币表现的本期内完成的对外承包工程的工作量,包括以前年度签订的合同和本年度新签订的合同在报告期完成的工作量。

■ 对外劳务合作

指以收取工资的形式向业主或承包商提供技术和劳动服务的活动。我国对外承包公司在境外开办的合营企业,中国公司同时又提供劳务的,其劳务部分也纳入劳务合作统计。劳务合作营业额按报告期内向雇主提交的结算数(包括工资、加班费和奖金等)统计。

■ 旅游人数

指来我国参观、访问、旅行、探亲、访友、休养、考察、参加会议和从事经济、科技、文化、教育、体育、宗教等活动的外国人、华侨、港澳和台湾同胞的人数。不包括外国在我国的常住机构,如领使馆、通讯社、企业办事处的工作人员;来我国常驻的外国专家、留学生以及在岸逗留不过夜人员。

■ 国际旅游(外汇)收入

指入境旅游的外国人、华侨、港澳台同胞在中国大陆旅游过程中发生的一切旅游支出。

ZHEJIANG STATISTICAL YEARBOOK

Explanatory Notes on Main Statistical Indicators

□ Utilization of Foreign Capital

refers to remittance, equipment and technology financed from abroad, by loans, foreign direct investment and other forms undertaken by the Chinese governments at all levels, by various departments, enterprises and other economic units.

□ Foreign Loans

refers to funds borrowed from abroad, including loans of foreign governments, loans of international financial institutions, commercial loans of foreign banks, export credit, and funds raised by Chinese bonds and shares issued abroad.

□ Foreign Direct Investment

refers to the investments inside China by foreign enterprises and economic organizations or individuals (including overseas Chinese, compatriots from Hong Kong and Macao, and Chinese enterprises registered abroad), following the relevant policies and laws of China, for the establishment of ventures exclusively with foreign own investment, si no – foreign joint ventures and cooperative enterprises or for co – operative exploration of resources with enterprises or economic organizations in China. It includes the re – investment of the foreign entrepreneurs with the profits gained from the investment.

□ Contracted Projects with Foreign Countries

refer to projects undertaken by Chinese contractors (project contracting companies) through bidding process. They include: (1) overseas civil engineering construction projects financed by foreign investors; (2) overseas projects financed by the Chinese government through its foreign – aid programs; (3) construction projects of Chinese diplomatic missions, trade offices and other institutions stationed abroad; (4) construction projects in China financed by foreign investment; (5) sub – contracted projects to be taken by Chinese contractors through a joint umbrella project with foreign contractor (s); (6) technical assistance projects in the form of service results and chargeable to the owners (such as topographic surveying, geological prospecting, development zone programming, provision of designing documents, blueprint, materials on production process, technical consultation, project feasibility studies and evaluation, personnel training, etc.); and (7) housing development projects. The business income from international contracted projects is the work volume of contracted projects completed during the reference period, expressed in monetary terms, including completed work on projects signed in previous years.

□ Service Co – operation with Foreign Countries

refers to the activities of providing technology and labour services to employers or contractors in the forms of receiving salaries and wages. Labour services providing by contractual joint ventures of Chinese international contracting corporations should be included in the statistics of service co – operation with foreign countries. The business income of labour service co – operative is the income in the form of wages and salaries, overtime pay, bonuses and other remuneration received from the employers during the reference period.

□ Number of Tourists

refers to the number of foreigners, overseas Chinese, and compatriots from Hong Kong, Macao and Taiwan coming to China for sightseeing, visits, tours, family reunions, vacations, study tours and other activities of an economic, scientific and technological, cultural, physical culture and religious nature. This does not include the number of employees of foreign organizations stationed in China such as embassies, consulates, news agencies, the offices of corporations and enterprises and foreign experts and students residing in China and the persons staying briefly in China but not for passing the night.

□ Foreign Exchange Earnings from International Tourism

refer to the total expenditures of the foreigners, overseas Chinese, compatriots from Hong Kong, Macao and Taiwan in the process of their tourism in the mainland of China.

CHAPTER 12

财政、金融和保险

Public Finance, Banking and Insurance

12－1 一般预算总收入和总支出(1978－2007年)
Total Financial Budgetary Revenue and Expenditure(1978－2007)

单位：亿元(100 million yuan)

年份 Year	总收入 Total Revenue	#地方 The Local	总支出 Total Expenditure	#一般公共服务支出 Expenditure on Public Service	#教育支出 Expenditure on Education	#城乡社区事务支出 Expenditure Urban and Lural Community Affairs	#农林水事务支出 Expenditure on Agriculture, Forestry and Land Reclamation, and Water Conservancy Affairs
1978	27.45		17.43				
1979	25.87		17.74				
1980	31.13		17.34				
1981	34.34		17.12				
1982	36.64		18.88				
1983	41.79		21.94				
1984	46.67		28.80				
1985	58.25		37.40				
1986	68.61		50.96				
1987	76.36		51.24				
1988	85.55		63.14				
1989	98.21		74.77				
1990	101.59		80.23				
1991	108.94		88.43				
1992	118.36		95.31				
1993	166.64		125.04				
1994	209.39	94.63	153.03				
1995	248.50	116.82	180.29				
1996	291.75	139.63	213.71				
1997	340.52	157.33	240.16				
1998	401.80	198.10	286.81				
1999	477.40	245.47	344.04				
2000	658.42	342.77	431.30				
2001	917.76	418.00	597.30				
2002	1166.58	566.85	749.90				
2003	1468.89	706.56	896.77				
2004	1805.16	900.99	1062.94				
2005	2115.36	1066.60	1265.53				
2006	2567.66	1298.2	1471.86	272.88	310.77	127.37	114.03
2007	3239.89	1649.5	1806.79	328.91	383.89	154.63	142.15

注：本表2004年财政收入考虑出口退税因素，区别于12－2表。
The Revenue in 2004 was taken the factor of rebate into account, differing from table 12－2.

12－2 地方一般预算收入(2001－2006年) The Local Budgetary Financial Revenue(2001－2006)

单位：亿元(100 million yuan)

项目	Item	2001	2002	2003	2004	2005	2006
地方一般预算收入	**The Local Budgetary Financial Revenue**	**418.00**	**566.85**	**706.56**	**805.95**	**1066.60**	**1298.2**
#增值税	Value Added Taxes	102.41	129.72	155.01	176.62	204.23	248.63
营业税	Business Taxes	124.89	171.69	220.07	286.27	324.33	386.87
企业所得税	Enterprises Income Tax	110.66	108.14	106.52	147.79	167.90	204.25
个人所得税	Individual Income Tax	33.98	43.55	45.79	56.21	66.12	80.98
城市维护建设税	City Maintenance Taxes	28.49	36.33	42.17	51.75	61.64	77.09
房产税	Tax on Real Estates	11.30	15.12	17.26	21.94	30.60	39.95
印花税	Stamp Tax	3.03	4.19	6.48	9.29	11.99	17.51
国有企业计划亏损补贴	Subsidies to Loss-making State-owned Enterprises	-76.62	-59.05	-47.21	-46.20	-42.47	-43.29
行政性收费收入	Income from Adiministrative Fees	7.58	13.56	20.32	25.30	26.55	38.39
罚没收入	Penalty and Confiscatory Income	18.59	27.75	31.29	42.87	58.44	59.08
专项收入	Income of Special Projects	17.70	21.72	25.90	34.45	41.84	52.72

注：12－1表与12－2表2004年地方一般预创收入的差额95.04亿元为地方承担的出口退税数。
The 9504 million yuan, which is the margin of local budgetary financial revenue in 2004 between table 12－1 and table 12－2, is the export tax rebated by the local government.

12－3 地方一般预算支出(2001－2006年) The Local Financial Budgetary Expenditure(2001－2006)

单位：亿元(100 million yuan)

项目	Item	2001	2002	2003	2004	2005	2006
地方一般预算支出	**Financial Expenditure of the Local Government**	**597.30**	**749.90**	**896.77**	**1062.94**	**1265.53**	**1471.86**
#基本建设支出	Expenditure for Capital Construction	44.64	55.97	63.30	73.29	92.41	100.12
企业挖潜改造资金	Enterprises' Innovation Funds	43.43	46.92	48.90	53.76	57.29	55.22
科技三项费用	Science and Technology Promotion Funds	12.40	16.08	19.53	25.24	34.08	41.52
支农支出	Supporting Agricultural Production	40.22	50.50	59.86	75.10	86.15	101.87
文体广播事业费	Culture, Sports and Broadcasting	17.45	22.24	27.65	32.11	37.45	45.98
教育支出	Education	108.30	136.94	164.21	200.08	231.55	269.04
科学支出	Science	5.12	6.12	7.17	9.15	10.57	12.81
医疗卫生支出	Public Health	32.76	37.23	45.38	52.77	64.88	83.53
抚恤和社会福利救济费	Pensions and Relief Funds of Social Welfare	9.71	13.87	18.07	23.72	30.91	37.12
社会保障补助支出	Subsidies for Social Security	9.15	15.28	22.03	25.55	28.94	36.19
行政管理费	Government Administration	64.92	77.47	95.22	117.68	141.90	160.89
公检法司支出	Expenditure of Public Security, Procuratorial Work, Law Court and Justice	47.79	61.05	78.16	98.27	115.75	131.73
城市维护费	City Maintenance	43.82	51.43	59.61	62.19	76.41	84.36
政策性补贴支出	Price Subsidies	7.28	5.73	5.18	5.29	6.37	16.3
专项支出	Special Projects	16.62	19.14	22.50	25.15	37.47	44.87

12－4 地方一般预算收入和支出
The Local Financial Budgetary Revenue and Expenditure

单位：亿元(100 million yuan)

项目	Item	2006	2007
一般预算收入合计	**The Local Financial Budgetary Revenue**	**1298.20**	**1649.50**
税收收入小计	The Amount of Tax Revenue	1184.24	1535.35
国内增值税(25%部分)	Value－added Taxe(25%)	248.63	306.22
营业税	Business Taxe	386.87	495.05
企业所得税	Company Income Tax	204.23	274.56
个人所得税	Personal Income Tax	80.98	102.50
城市维护建设税	Urban Maintenance and Construction Tax	77.09	98.37
房产税	Tax on Real Estates	39.95	49.49
契税	Contract Tax	78.14	108.12
其他地方各税	Others	68.35	101.04
非税收入小计	The Amount of Non Tax Revenue	113.96	114.14
排污费收入	Fee on Sewage Treatment	9.30	9.81
教育费附加收入	Extra Charge for Education	36.35	45.87
行政事业性收费收入	Administrative Fess Income	38.39	29.37
罚没收入	Penalty and Confiscatory Income	59.08	63.84
其他收入	Others	14.13	16.56
国有企业计划亏损补贴	Subsidies for the Loss of State－owned Enterprises	-43.29	-51.31
一般预算支出合计	**The Local Financial Budgetary Expenditure**	**1471.86**	**1806.79**
一般公共服务	Public Service	272.88	328.91
公共安全	Pubic Safe	146.53	173.79
教育	Education	310.77	383.89
科学技术	Science and Technology	54.93	71.54
文化体育与传媒	Culture, Physical Culture and the Media	39.47	49.35
社会保障和就业	Social Security and Employment	88.30	107.98
医疗卫生	Medical and Health Service	88.23	112.28
环境保护	Environment Protect	20.32	29.75
城乡社区事务	Urban and Lural Community Affairs	127.37	154.63
农林水事务	Agriculture, Forestry and Land Reclamation, and Water Conservancy Affairs	114.03	142.15
交通运输	Transportation	38.15	45.07
工业商业等事务	Industrial and Business Affairs	103.91	132.63
其他支出	Others	66.98	74.81

12－5　金融机构存贷款年末余额(1978－2007 年)
Deposits and Loans of Financial Institutions(year-end,RMB,1978－2007)

单位：亿元(100 million yuan)

年份 Year	全部金融机构本外币存款余额 Deposits	全部金融机构人民币存款余额 RMB Deposits	城乡居民本外币储蓄存款年末余额 Savings Deposits	城乡居民人民币储蓄存款年末余额 RMB Savings Deposits	全部金融机构本外币贷款余额 Loans	全部金融机构人民币贷款余额 RMB Loans
1978		35.79		7.73		48.90
1979		44.92		11.79		54.91
1980		60.74		16.95		73.30
1981		74.26		21.47		85.85
1982		88.20		28.52		97.88
1983		108.14		37.34		109.42
1984		143.17		49.58		161.39
1985		185.66		67.73		210.81
1986		248.68		97.92		288.97
1987		306.44		129.12		365.87
1988		354.26		144.03		433.41
1989		441.13		214.98		505.48
1990		606.01		306.74		618.14
1991		789.64		402.09		749.93
1992		1036.72		514.44		972.09
1993		1316.53		664.64		1247.76
1994		1910.98		990.26		1627.87
1995		2623.60		1377.22		2103.65
1996		3400.19		1844.74		2584.09
1997		4297.07		2293.55		3273.73
1998		5264.21		2847.29		3897.12
1999		6273.15		3261.34		4650.50
2000		7299.57		3594.65		5423.52
2001		8823.12		4262.38		6482.22
2002	11899.34	11242.84	5700.77	5233.73	8791.38	8612.81
2003	15415.67	14758.15	6889.28	6452.21	12418.6	12014.28
2004	17855.05	17236.62	7741.65	7364.06	14982.54	14350.75
2005	21117.94	20494.16	9123.12	8746.02	17122.14	16557.67
2006	25005.92	24413.94	10801.7	10473.47	20757.83	20153.94
2007	29030.34	28504.46	11381.16	11160.73	24939.89	24144.42

12-6 金融机构人民币信贷收支表(资金来源,2001-2007年)
Credit Funds Balance Sheet of Financial Institution(RMB,Sources of Funds,2001-2007)

(年末余额) 单位:亿元(year-end)(100 million yuan)

项　目	Item	2001	2002	2003	2004	2005	2006	2007
资金来源合计	**All Sources**	**7068.02**	**9387.89**	**13112.52**	**15565.89**	**21523.80**	**24975.06**	**28823.18**
各项存款	**Deposits**	**8823.12**	**11242.84**	**14758.15**	**17236.62**	**20494.16**	**24413.94**	**28504.46**
企业存款	Deposits of Enterprise	3475.65	4314.47	5714.55	6558.11	7088.27	8376.87	10184.09
财政存款	Deposits of Finance	136.33	165.00	214.95	316.75	375.30	442.45	716.27
机关团体存款	Deposits of Government Department & Organizations	133.45	316.65	483.54	541.04	759.45	1054.97	1201.96
储蓄存款	Savings Deposits	4262.38	5233.73	6452.21	7364.06	8746.02	10473.47	11160.73
农业存款	Agricultural Deposits	332.50	445.73	637.76	678.30	699.77	826.79	1031.27
信托存款	Trusted Deposits	6.04	12.97	39.85	106.20	120.81		
委托存款	Commission Deposits	125.27	92.24	102.65	96.26	115.36	114.09	130.77
其他存款	Other Deposits	351.50	662.05	1112.64	1575.90	2589.18	3125.3	4079.37
金融债券	**Bonds**	**0.02**	**0.02**	**-88.43**	**-159.52**		**15.08**	**23.63**
应付及暂收款	**Account Payable and Collecting of Money for the Time Being**	**161.38**	**173.88**	**224.26**	**275.17**	**407.49**	**472.27**	**909.12**
同业往来	**Interbank Fund Transfer**			**146.16**	**107.14**	**92.64**	**186.84**	**595.82**
各项准备	**All Reserves**	**41.59**	**60.12**	**91.89**	**175.91**	**170.33**	**217.97**	**265.54**
所有者权益	**Creditor's Equity**	**133.90**	**171.56**	**253.67**	**447.95**	**606.04**	**713.57**	**1034.83**
其他	**Others**	**-2091.99**	**-2260.53**	**-2273.18**	**-2517.38**	**-246.86**	**-1044.61**	**-2510.22**

注:金融机构包括人民银行、政策性银行、国有独资商业银行、邮政储蓄机构、其他商业银行、城市合作银行、农村信用社、城市信用社、信托投资公司、租赁公司、财务公司等。

Financial Institutions include the peoples banks, the state policy banks, the state-owned commercial banks, savings deposit agencies of postal office, other commercial banks, unban cooperative banks, rural credit cooperatives, urban credit banks, financial trust investment agencies, leasing corporations and financial companies etc.

12-7 金融机构人民币信贷收支表(资金运用,2001-2007年)
Credit Funds Balance Sheet of Financial Institution(RMB, Use of Funds, 2001-2007)

(年末余额) 单位:亿元(year-end)(100 million yuan)

项 目	Item	2001	2002	2003	2004	2005	2006	2007
资金运用合计	**All Uses**	**7068.02**	**9387.89**	**13112.52**	**15565.89**	**21523.80**	**24975.06**	**28823.18**
各项贷款	**Loans**	**6482.22**	**8612.81**	**12014.28**	**14350.75**	**16557.67**	**20153.94**	**24144.42**
短期贷款	Short-term Loans	4184.40	5320.92	7036.28	8118.14	9283.91	11808.26	14600.36
工业贷款	Industrial Loans	832.81	1150.92	1620.47	2079.64	2795.09	4206.54	5424.71
商业贷款	Commercial Loans	782.67	778.72	932.51	843.39	816.50	968.12	1156.8
建筑业贷款	Construction Loans	183.73	326.44	264.45	310.50	363.78	444.39	438.97
农业贷款	Agricultural Loans	235.71	343.83	586.55	692.15	842.11	1008.88	1275.59
乡镇企业贷款	Loans to Township Enterprises	814.31	914.44	1125.59	1240.47	1366.13	1387.31	1621.42
三资企业贷款	Loans to Sino-foreign Joint Venture and Cooperative Enterprises and Foreign-funded Enterprises	220.64	199.51	206.79	227.42	260.92	256.23	325.12
私营企业及个体贷款	Loans to Private Enterprises and Individuals	185.24	284.70	423.74	623.75	645.68	885.29	1239.77
其他短期贷款	Other Short-term Loans	929.29	1321.59	1876.18	2100.82	2193.70	2651.5	3117.98
中期流动资金贷款	Medium-term Circulating Funds Loans	142.94	226.50	279.58	293.36			
中长期贷款	Medium-term & Long-term Loans	1874.23	2522.02	4031.40	5202.22	6237.66	7420.18	8886.43
基本建设贷款	Capital Construction	966.92	1348.51	2200.63	2806.44	3285.75	3851.89	4173.76
技术改造贷款	Technical Innovation	177.71	65.01	89.33	107.71	106.35	89.68	85.89
其他中长期贷款	Other Medium-term & Long-term Loans	729.60	1108.50	1741.44	2291.07	2845.56	3478.61	4626.78
信托贷款	Trusted Loans	10.35	10.92	21.27	93.16	107.63		
融资租赁	Circulating Funds Tenancy	17.12	24.16	44.56	39.39	16.33	32.98	81.12
委托贷款	Commission Loans	100.72	85.17	102.61	95.81	109.38	94.86	75.36
票据融资	Circulating Funds of Bills	143.71	416.71	493.31	502.35	798.61	794.6	495.97
其他类贷款	Other Loans							
各项垫款	Paying in Advance		8.75	7.18	5.27	3.32	4.15	5.18
有价证券及投资	**Securities & Investment**	**361.04**	**551.91**	**563.45**	**598.51**	**735.09**	**932.56**	**998.57**
应收及预付款	**Collectable Account and Advance Payment**		**117.42**	**97.61**	**106.14**	**85.02**	**118.66**	**462.53**
同业往来	**Interbank Fund Transfer**			**11.06**	**9.16**	**12.26**	**19.33**	**26.76**
系统内资金往来	**Current of bankroll in system**							**2529.14**
二级准备金	**Secondary Reserve Against Deposits**					**1896.19**	**1761.32**	
行内资金往来	**Inside-bank Transaction**					**1607.82**	**1327.7**	
证券业务占款	**Funding of Securities Purchase**							
委托投资	**Consigned Investments**	**9.52**	**11.24**	**12.89**	**18.59**	**10.57**		
金银占款	**Purchase of Gold & Silver**	**2.07**	**0.05**	**0.06**				
固定资产	**Fitness Assets**			**260.52**	**318.37**	**394.34**	**413.7**	**375.55**
外汇占款	**Purchase of Foreign Excharges**	**2.62**	**9.79**	**13.86**	**20.59**	**17.06**	**28.05**	**33.32**
库存现金	**Storage Cash**	**93.13**	**104.48**	**130.26**	**164.90**	**174.14**	**203.78**	**252.89**

12－8 金融机构现金收入(2001－2007年)
Cash Income of Financial Institutions(2001－2007)

单位：亿元(100 million yuan)

项　目	Item	2001	2002	2003	2004	2005	2006	2007
收入合计	**Total Income**	**29796.56**	**37623.14**	**49898.58**	**63695.26**	**70701.64**	**81174.43**	**94491.16**
商品销售收入	Commodity Sales	3525.93	4169.16	5136.7	6468.18	6846.86	7583.65	8268.26
服务业收入	Service Trade	1105.84	1246.51	1473	1738.37	1807.58	1984.99	2239.82
税款收入	Taxes	137.59	171.71	224.01	268.3	283.01	296.27	397.92
城乡个体经营收入	Urban and Rural Individual Business	2218.02	2805.18	3535.45	4363.61	4549.39	4630.66	4517.64
储蓄存款收入	Savings Deposits	19064.96	24601.39	33736.06	43581.51	49265.18	58205.86	68502.54
其他金融机构收入	Other Financial Institutions	190.22	150.19	91.2	129.34	134.16	122.73	126
居民归还贷款收入	Repayment of Loans by Residents	702.82	828.57	1055.58	1371.43	1491.19	1642.74	1092.41
汇兑收入	Remittances	525.3	483.31	419.81	501.64	520.91	550.97	689.88
有价证券收入	Securities	112.47	75.75	78.74	76.04	83.09	74.51	86.34
其他收入	Other Income	2213.41	3091.37	4148.03	5196.84	2720.27	7072.85	8570.35

12－9 金融机构现金支出(2001－2007年)
Cash Expenditures of Financial Institutions(2001－2007)

单位：亿元(100 million yuan)

项　目	Item	2001	2002	2003	2004	2005	2006	2007
支出合计	**Total Expenditure**	**29945.23**	**37881.02**	**50282.05**	**64098.42**	**71199.54**	**81730.24**	**95131.9**
工资性支出	Wages	1186.19	1424.03	1919.53	2530.29	2843.45	3380.37	3899.11
农副产品采购支出	Purchases of Agricultural and Sideline Products	817.58	919.67	1165.29	1426.32	1582.19	1485.5	1365.09
工矿及其他产品采购支出	Purchases of Industrial and Mineral Products	967.29	1216.22	1632.57	2002.44	2156.99	2351.68	2065.81
行政企事业管理费支出	Government and Enterprises Management Funds	1220.91	1376.12	1582.24	1887.8	1937.22	2117.57	2406.6
城乡个体经营支出	Individual Business	2903.52	3665.53	4640.02	5356.4	5508.25	5823.27	5538.92
储蓄存款支出	Savings Deposits	19582.54	24970.95	33849.91	44388.4	50198.78	59141.01	71687.36
其他金融机构支出	Other Financial Institutions	156	141.16	99.81	92.88	108.67	121.82	108.13
居民提取贷款支出	Loans by Residents	495.19	624.47	773.11	707.81	621.24	620.58	399.12
汇兑支出	Remittances	277.43	249.41	210.97	253.81	277.1	317.05	304.72
有价证券支出	Securities	104.75	77.07	70.98	68.83	59.62	52.96	82.45
其他支出	Other Expenditure	2233.83	3216.39	4337.62	5383.44	5906.03	6854.27	7274.59
投放(＋)回笼(－)	**Monetary Issues(＋)Cash Withdrawn(－)**	**148.67**	**257.88**	**383.47**	**403.16**	**497.9**	**555.79**	**640.74**

12－10 农村合作机构人民币存贷款年末余额(2001－2007年)
Deposits and Loans of Rural Credit Cooperatives(RMB,year-end,2001－2007)

单位：亿元(100 million yuan)

项　目	Item	2001	2002	2003	2004	2005	2006	2007
各项存款	**Deposits**	**1510.71**	**1847.52**	**2399.62**	**2731.70**	**3170.60**	**3761.56**	**4335.26**
#企业存款	Deposits of Enterprises	86.50	111.70	160.63	206.49	235.14	261.25	328.11
储蓄存款	Savings Deposits	1084.35	1277.30	1573.63	1806.04	2121.81	2487.57	2708.02
活期储蓄存款	Current Deposits	253.79	332.21	459.70	577.39	745.94	908.57	1026.25
定期储蓄存款	Fixed Deposits	830.56	945.09	1113.93	1228.65	1375.87	1579.00	1681.77
农业存款	Agricultural Deposits	310.22	421.27	609.18	653.29	675.92	819.61	1021.99
其他存款	Other Deposits	20.86	25.90	39.52	37.29	98.10	147.04	228.04
各项贷款	**Loans**	**1084.05**	**1338.86**	**1802.87**	**1998.31**	**2310.36**	**2764.94**	**3195.91**
#短期贷款	Short－term Loans	1023.36	1248.38	1679.35	1879.82	2205.00	2616.96	3054.44
#农业贷款	Agricultural Loans	194.67	306.71	548.57	665.85	820.67	977.38	1248.82
乡镇企业贷款	Loans to Township Enterprises	623.60	704.45	876.04	967.78	1141.00	1364.37	1601.25
其他短期贷款	Other Short－term Loans	205.09	237.22	254.74	246.19	243.21	275.21	204.37
中长期贷款	Medium－term & Long－term Loans	37.70	48.67	65.03	72.58	64.25	82.48	90.75

注:2005年起农村信用社是指农村合作机构,具体包括农村信用社和农村合作银行两部分。
The Rural Credit Cooperatives include Rural Credit Cooperatives and Rural Cooperative Bank Since 2005.

12－11 保险公司分支机构情况(2007 年底)
Basic Statistics on Institution of Insurance Corporations(End of 2007)

单位：个(unit)

城市 City	人寿保险 Life Insurance					财产保险 Property Insurance				
	分公司 Companies at City Level	中心支公司 Centers	支公司 Business Branches	营业部 Business Division	营销服务部 Service Division of Business	分公司 Companies at City Level	中心支公司 Centers	支公司 Business Branches	营业部 Business Division	营销服务部 Service Division of Business
合计 Total	**33**	**86**	**108**	**126**	**1057**	**35**	**119**	**413**	**152**	**1390**
杭州市 Hangzhou	24	2	16	23	199	21	1	69	34	255
宁波市 Ningbo	9	2	23		108	14	5	83		263
温州市 Wenzhou		9	12	15	106		14	44	18	199
嘉兴市 Jiaxing		12	8	2	129		15	41	3	94
绍兴市 Shaoxing		11	8	21	92		17	36	22	113
湖州市 Huzhou		11	6	13	79		12	17	14	82
金华市 Jinhua		10	9	24	79		16	43	17	120
台州市 Taizhou		10	9	24	79		16	40	21	126
衢州市 Quzhou		8	5	14	44		8	12	16	31
丽水市 Lishui		4	8		60		7	18	7	52
舟山市 Zhoushan		6	6		48		8	10		55

12－12　保险公司主要业务经济技术指标(2001－2007年)
Economic Technical Indicators of Insurance Companies(2001－2007)

单位：亿元(100 million yuan)

项　目	Item	2001	2002	2003	2004	2005	2006	2007
保费收入	**Premium**	**154.88**	**210.35**	**260.33**	**291.08**	**313.33**	**363.02**	**441.94**
财产险	Property Insurance	51.68	61.46	71.85	93.10	110.91	135.69	175.48
#机动车辆保险	Motor Vehicle Insurance	31.35	38.29	46.25	64.54	78.37	102.33	136.16
人身意外伤害险	Unforeseen Human Injury Insurance	5.00	6.05	7.83	9.16	10.81	12.85	14.57
健康险	Health Insurance	4.31	7.25	13.87	16.46	17.12	19.70	18.63
寿险	Life Insurance	93.89	135.59	166.79	172.37	174.49	194.77	233.27
各项赔款和给付	**Settled Claim and Payment**	**37.71**	**46.02**	**60.00**	**88.54**	**94.53**	**105.05**	**173.66**
财产险	Property Insurance	22.96	29.41	36.58	60.15	68.25	72.66	90.19
#机动车辆保险	Motor Vehicle Insurance	14.64	18.95	27.31	38.49	43.04	51.74	69.71
人身意外伤害险	Unforeseen Human Injury Insurance	2.08	1.66	2.19	3.09	3.31	3.68	4.49
健康险	Health Insurance	2.30	3.70	4.27	5.29	5.59	6.32	5.82
寿险	Life Insurance	10.37	11.25	16.95	20.01	17.38	22.39	73.16
退保金	**Insurance Withdrawn**	**5.55**	**7.92**	**13.58**	**23.95**	**45.99**	**38.95**	**48.88**
手续费及佣金支出	**Service Charges and Expenditure for Commission**	**15.69**	**19.09**	**18.18**	**19.78**	**21.45**	**28.93**	**37.22**

浙/江/统/计/年/鉴

主要统计指标解释

■ 财政收入

包括:(1) 各项税收　包括增值税、营业税、消费税、土地增值税、城市维护建设税、资源税、城市土地使用税、印花税、固定资产投资方向调节税、个人所得税、企业所得税、农牧业税和耕地占用税等。

(2) 专项收入　包括征收排污费、征收城市水资源费收入、教育费附加收入等。

(3) 其他收入　包括基本建设贷款归还收入、国家能源交通重点建设基金收入、国家预算调节基金等。

(4) 国有企业计划亏损补贴　这项为负收入,冲减财政收入。

■ 财政支出

国家财政将筹集起来的资金进行分配使用,以满足经济建设和各项事业的需要,主要包括:

(1) 基本建设支出
(2) 企业挖潜改造资金
(3) 地质勘探费用
(4) 科技三项费用
(5) 支农支出
(6) 农林水利气象等部门的事业费用
(7) 工业交通商业等部门的事业费
(8) 文教科学卫生事业费
(9) 抚恤和社会福利救济费
(10) 国防支出
(11) 行政管理费
(12) 价格补贴支出

■ 信贷资金

指金融机构以信用方式积聚和分配的货币资金。金融机构信贷资金的来源有各项存款、金融债券发行、应付及暂收款、对国际金融机构负债、流通中货币、各项准备、所有者权益和其他项目等;信贷资金的运用有各项贷款、有价证券及投资、应收入预付款、委托投资、金银占款、外汇占款、库存现金、财政借款及在国际金融机构中的资产等。

■ 存款

指企业、机关、团体或居民根据资金必须收回的原则,把货币资金存入银行或其他信贷机构保管并取得一定利息的一种信用活动形式。根据存款对象或性质的不同可划分为企业存款、财政存款、机关团体存款、基本建设存款、储蓄存款、农村存款、委托存款、其他存款等科目。它是银行信贷资金的主要来源。

■ 贷款

指银行或其他信贷机构根据资金必须归还的原则,按一定利率,为企业、个人等提供资金的一种信用活动形式。我国银行贷款分为短期贷款、中期流动资金贷款、中长期贷款、信托贷款、融资租赁,委托贷款、票据融资、各项垫款等。

■ 保险公司

在中国境内的、经过保险监督管理部门批准设立,并依法登记注册的各类商业保险公司。

■ 保险金额

指保险人承担赔偿或者给付保险责任的最高限额。

■ 保费

指投保人为取得保险人在约定范围内所承担赔偿责任而支付给保险人的费用。

■ 赔款

指保险人根据保险合同的规定,向被保险人支付的赔偿保险责任损失的金额。

■ 给付

包括死伤医疗给付和满期给付。死伤医疗给付是指保险人根据人寿保险及长期健康保险合同的规定,因被保险人在保险期内发生保险责任范围内的保险事故支付给被保险人(或受益人)的金额。满期给付是指被保险人生存期满,保险人按人寿保险合同规定支付给被保险人的满期保险金额。

ZHEJIANG STATISTICAL YEARBOOK

Explanatory Notes on Main Statistical Indicators

□ Financial Revenue

It includes the following main items:

(1) Various tax revenues, including value added tax, business tax, consumption tax, land value added tax, tax on city maintenance and construction, resources tax, tax on use of urban land, stamp tax, tax on adjustment of the orientation of investment in fixed assets, personal income tax, enterprise income tax, tax on agriculture and animal husbandry and tax on occupancy of cultivated land, etc.

(2) Special revenues, including revenue collected from imposing fee on sewage treatment, revenue collected from imposing fee on urban water resources, and extra – charges for education, etc.

(3) Other revenues, including revenue from the repayment of capital construction loan, the funds for the state key construction projects in energy industry and transportation, and the funds for state budget adjustment, etc.

(4) Planned subsidies for the losses of the state – owned enterprises. This is an item of negative revenue, used to eat up part of the government revenue.

□ Financial Expenditure

refers to the distribution and use of the funds the government finance has raised, so as to meet the needs of economic construction and various causes. It includes the following main items:

(1) Expenditure for capital construction

(2) Innovation funds of the enterprises

(3) Geological prospecting expenses

(4) Expenditures for science and technology promotion

(5) Expenditure for supporting rural production

(6) Operating expenses of the departments of farming, forestry, water conservancy and meteorology etc.

(7) Operating expenses of the departments of industry, transport and commerce

(8) Operating expenses of the departments of culture, education, science and public health

(9) Pension for the disabled or for the families of the bereaved and relief funds for social welfare

(10) Expenditures for national defence

(11) Administrative expenses

(12) Expenditure for price subsidies

□ Credit Funds

refer to the funds issued as loans by banking institutions. The sources of credit funds of the banking institutions included deposits, issue of financial bonds , account – pay – able and temporary gathering, liabilities to international financial institutions, currency in circulation, various reserves, owners' rights and interests and other items. The credit funds can be used in forms of loans, securities and investment, account receivable and advance payment, entrusted investment, gold, foreign exchange, cash on hand, government debt and assets in the international financial institutions.

□ Deposit

is a form of credit by which enterprises, institutions, organizations or households can put money into banks and other credit institutions for safekeeping and interest earning under the principle of free withdrawal. According to different depositors, deposits are divided into enterprise deposits, treasury deposits, deposits of government agencies and organizations, capital construction deposits, savings deposits, rural saving deposits, entrusted deposits and other deposits. Deposits are major sources of the credit funds of banks.

□ Loan

is a form of credit by which banks and other creditinstitutions provide funds at certain interest rate to enterprises

EXPLANATORY NOTES ON MAIN STATISTICAL INDICATORS

and individuals in the light of the principle of unconditional repayment. Loans from Chinese banks include circulating capital loans, fixed assets loans, loans to urban and rural individuals engaged in industrial and commercial business and agricultural loans.

□ Insurance Companies

refer to commercial insurance companies of various forms registered by law and established in China with the approval of insurance regulatory agencies.

□ Amount Insured

refers to the maximum that the insurant will get for the claim of the case insured.

□ Premium

is the fee paid by the insurant to the insurer to obtain the obligation of compensation from the insurance within the agreed terms.

□ Settled Claim

is the compensation paid by the insurer to the insurant in accordance with the insurance contract.

□ Payment

includes payment fordeath, injury or medical teatment and mature payment. Payment for death, injury or medical treatment refers to the money paid to the insurant (or the beneficiary) in accordance with the life or health insurance contract when the insurant encounters accidents within the insured period covered in the contract. Mature payment refers to the mature payment to the insurant in accordance with the life insurance contract at the end of the insured period.

2008

浙江统计年鉴

ZHEJIANG STATISTICAL YEARBOOK

CHAPTER 13

城市建设和生态环境

City Construction and Environment

13-1 城市公用事业(2001-2007年)
Urban Public Utilities(2001-2007)

项　目	Item	2001	2002	2003	2004	2005	2006	2007
自来水全年供水总量(万吨)	**Annual Supply of Tap Water (10000 tons)**	**204437**	**221756**	**237136**	**242488**	**261613**	**265807**	**265542**
#生活用水量	Water Consumption for Residential Use	91342	106810	111291	110032	119831	117597	120267
人均日生活用水量 (升)	Daily Water Consumption for Residential Use Per Capita (Litres)	219.16	239.85	236.32	228.06	243.93	230.68	240.13
用水普及率 (%)	Percentage of Population with Access to Tap Water (%)	93.52	96.64	98.24	98.86	99.10	99.4	99.58
公共车辆总数 (辆)	**Number of Public Transportation Vehicles (unit)**	**10171**	**12098**	**13244**	**15115**	**15981**	**17173**	**18712**
平均每万人拥有量(标台)	Number of Public Transportation Vehicles Owned Per 10000 Population	7.46	8.85	9.91	11.09	11.71	13.08	14.46
铺设道路面积(万平方米)	**Area of Paved Roads (10000 sq. m)**	**11930**	**13716**	**16743**	**18777**	**21774**	**24040**	**25534**
人均拥有道路面积 (平方米)	Areas of Paved Roads Per Capita (sq. m)	9.77	10.86	12.75	14.04	16.03	17.11	18.61
排水道长度 (公里)	**Length of Sewer Pipelines (km)**	**9903**	**12183**	**15331**	**16942**	**18607**	**21217**	**22064**
排水管道密度 (公里/平方公里)	Length of Sewer Pipelines Per sq. km (km/sq. km)	8.89	9.82	10.97	11.23	11.08		
液化石油气供气总量(万吨)	**LPG (10000 tons)**	**77.70**	**92.33**	**118.52**	**105.07**	**106.06**	**105.76**	**93.83**
液化石油气家庭用量 (万吨)	Consumption of LPG for Residential Use (10000 tons)	51.76	62.73	65.87	65.66	67.13	56.07	68.46
用气普及率 (%)	Percentage of Population with Access to LPG (%)	91.11	94.43	96.85	98.22	98.47	98.3	97.78
城市绿化覆盖面积 (公顷)	**Afforestation in Cities (hectare)**	**39253**	**45876**	**51174**	**56563**	**64892**	**69732**	**75090**
园林绿地面积 (公顷)	Green Areas in Gardens (hectare)	30268	36206	42846	47976	54980	57759	63303
#公园绿地面积	Public Green Areas	6250	8213	9836	11252	12648	13751	15379
人均公园绿地 (平方米)	Public Green Areas Per Capita (sq. m)	5.12	6.51	7.49	8.42	9.31	9.79	11.21
公园个数 (个)	Number of Parks (unit)	400	459	525	626	748	711	764
公园面积 (公顷)	Areas of Parks (hectare)	2763	3351	4113	4869	5943	10155	11378
环境卫生	**Environmental Sanitation**							
污水处理率(%)	**Sewage Treatment Rate(%)**	**35.7**	**40.33**	**45.9**	**53.44**	**59.46**	**61.5**	**70.08**
生活垃圾清运量 (万吨)	Volume of Living Garbage Disposal (10000 tons)	516	576	675	705	763	688	772.04

注:生活用水量:2001年开始为家庭用水量。 Water consumption was that of families since 2001.

13-2 自然资源
Natural Resources

项 目		Item		2006	2007
人口		**Population**			
年末人口总数	(万人)	Year-end Population	(10000 persons)	4629.4	4659.34
人口密度	(人/平方公里)	Density of Population	(person/sq. km)	455	458
土地		**Land**			
土地面积	(万平方公里)	Land Area	(10000 sq. km)	10.18	10.18
山区面积	(%)	Mountains Area	(%)	70.4	70.4
平原面积	(%)	Plains Area	(%)	23.2	23.2
河流湖泊面积	(%)	Rivers Area	(%)	6.4	6.4
气候(主要城市)		**Climate(Main Cities)**			
年平均降雨量	(毫米)	Total Precipitation	(millimeters)	1339.1	1374.3
年平均气温	(摄氏度)	Average Temperature	(℃)	18.3	18.6
森林		**Forest**			
林地面积	(万公顷)	Area of Afforestated Land	(10000 hectares)	668.86	668.86
森林覆盖率	(%)	Forest-coverage Rate	(%)	60.65	60.65
林木蓄积量	(万立方米)	Total Standing Stock Volume	(10000 cu. m)	20500	20500
水资源		**Water Resources**			
水资源总量	(亿立方米)	Hydropower Resources	(100 million cu. m)	903.59	892.15
总供水量	(亿立方米)	Total Amount of Water Supply	(100 million cu. m)	208.26	210.98
用水量构成	(%)	Component of Water Use	(%)		
农田灌溉		Farmlands Irrigation		43.1	87.29
农牧渔畜		Agriculture, Animal Husbandry and Fishery		6.3	14.73
工业		Indrstry		30.1	64.17
居民生活		Consumption for Life		10.7	22.88
城镇公共用水		Urban Public Consumption		4.1	9.27
生态环境补水		Supplement for Ecological Environment		5.6	12.64
淡水已养殖面积	(千公顷)	Cultivated Freshwater Area	(1000 hectares)	211.99	214.92
海水已养殖面积	(千公顷)	Cultivated Seawater Area	(1000 hectares)	109.06	105.72
海岸线总长度	(公里)	Length of Mainland Coastline	(km)	6486	6486
矿产资源(保有储量)	(万吨)	**Mineral Resources(Ensured Reserves)**	**(10000 tons)**		
铁矿石		Iron Ore		3266	3255
煤		Coal		9433	9433
沸石(矿石)		Zeolite		12704	12704
叶蜡石(矿石)		Pyrophyllite		3297	3393
普通萤石		Fluorite		2068	1981
明矾石		Alumstone		9799	9787
水泥用灰岩		Cement Limestone		265807	263675

13－3 各市水资源总量(2001－2007 年)
Total Amount of Water Resource by City(2001－2007)

单位:亿立方米(100 million cu. m)

城市	City	2001	2002	2003	2004	2005	2006	2007
合 计	**Total**	**936.82**	**1230.48**	**574.48**	**675.67**	**1014.35**	**903.59**	**892.15**
杭州市	Hangzhou	157.7	213.07	102.65	85.28	90.64	109.82	104.13
宁波市	Ningbo	75.7	100.47	29.31	67.96	92.6	55.31	83.2
温州市	Wenzhou	146.95	141.1	80.76	111.31	196.69	173.97	179.92
嘉兴市	Jiaxing	19.09	28.78	4.69	9.01	12.23	13.45	17.86
湖州市	Huzhou	33.37	46.7	21.35	23.41	29.63	28.63	33.64
绍兴市	Shaoxing	58.36	93.79	30.82	44.25	52.8	42.18	58.94
金华市	Jinhua	70.4	130.16	57.37	54.25	84.3	75.99	72.31
衢州市	Quzhou	90.69	146.18	81.5	64.84	87.05	89.64	62.71
舟山市	Zhoushan	6.45	12.55	1.7	5.86	8.53	5.50	5.33
台州市	Taizhou	93.95	101.02	36.3	80.23	141	86.63	102.25
丽水市	Lishui	184.16	216.66	128.03	129.27	218.88	222.45	171.86

13－4 各市供水总量(2001－2007 年)
Total Amount of Water Supply by City(2001－2007)

单位:亿立方米(100 million cu. m)

城市	City	2001	2002	2003	2004	2005	2006	2007
合 计	**Total**	**205.35**	**208.01**	**205.98**	**207.78**	**209.91**	**208.26**	**210.98**
杭州市	Hangzhou	40.29	39.92	44.72	48.95	49.29	48.73	49.36
宁波市	Ningbo	18.36	18.25	18.08	19.56	20.17	20.33	20.82
温州市	Wenzhou	18.81	18.27	17.87	17.3	16.62	17.28	18.08
嘉兴市	Jiaxing	22.75	23.19	28.36	26.21	26.77	23.57	22.98
湖州市	Huzhou	18.21	18.04	17.64	18.41	17.76	18.80	18.38
绍兴市	Shaoxing	18.94	18.61	20.26	19.41	19.59	20.25	21.9
金华市	Jinhua	24.2	27.25	18.83	17.94	19.11	19.19	19.02
衢州市	Quzhou	15.04	16.26	15.94	14.86	15.45	14.95	14.81
舟山市	Zhoushan	1.5	1.54	1.46	1.4	1.41	1.35	1.39
台州市	Taizhou	18.04	17.67	15.39	16.11	15.36	15.42	15.55
丽水市	Lishui	9.21	9.01	7.43	7.63	8.38	8.40	8.69

13－5 主要城市平均气温(2007 年)
Average Temperature in Major Cities(2007)

单位:0.1 摄氏度(0.1℃)

城市名称 City		1月 Jan.	2月 Feb.	3月 Mar.	4月 Apr.	5月 May	6月 June	7月 July	8月 Aug.	9月 Sep.	10月 Oct.	11月 Nov.	12月 Dec.	年平均 Annual Average
杭州	Hangzhou	52	104	126	164	237	253	307	299	244	196	128	87	183
宁波	Ningbo	61	106	127	158	231	257	217	296	252	208	139	97	187
温州	Wenzhou	92	121	140	163	226	258	301	282	258	215	157	130	195
嘉兴	Jiaxing	43	89	114	149	222	249	298	292	243	191	126	84	175
湖州	Huzhou	40	90	119	158	227	250	293	291	237	188	116	75	174
绍兴	Shaoxing	55	105	130	166	240	260	314	302	248	200	131	90	187
金华	Jinhua	62	116	138	166	243	264	314	298	248	207	134	98	191
衢州	Quzhou	59	112	132	162	239	259	307	290	242	201	127	93	185
舟山	Zhoushan	64	99	116	144	209	241	291	282	248	206	143	102	179
丽水	Lishui	74	126	146	172	241	267	313	294	253	212	138	114	196
临海	Linhai	75	115	134	160	231	260	312	288	255	210	147	112	192

注:本表由省气象局整理提供。表 13－6 至 13－7 同。
The data on this table are provided by Provincial Meteorological Bureau. Table from 13－6 to 13－7 are the same.

13－6 主要城市降水量(2007 年)
Precipitation in Major Cities(2007)

单位:0.1 毫米(0.1millimeters)

城市名称 City		1月 Jan.	2月 Feb.	3月 Mar.	4月 Apr.	5月 May	6月 June	7月 July	8月 Aug.	9月 Sep.	10月 Oct.	11月 Nov.	12月 Dec.	全年 Annual Total
杭州	Hangzhou	828	494	1713	1491	328	1786	1227	603	2159	2485	315	356	13785
宁波	Ningbo	807	573	1882	1033	348	2200	563	1968	2681	2018	277	337	14687
温州	Wenzhou	560	606	822	2095	1037	1991	774	3814	4214	2738	117	544	19312
嘉兴	Jiaxing	653	801	1067	964	557	960	465	815	1996	806	161	437	9682
湖州	Huzhou	796	742	1248	1171	635	1768	796	410	1867	1885	225	400	11943
绍兴	Shaoxing	855	600	1864	1455	538	1664	1209	1196	2191	1772	386	475	14205
金华	Jinhua	710	719	1158	1876	737	1274	792	793	1462	759	224	743	11247
衢州	Quzhou	874	819	1524	1992	1190	1426	364	1228	1896	631	273	796	13013
舟山	Zhoushan	586	498	2020	1112	225	1316	442	1047	1766	3189	272	364	12837
丽水	Lishui	435	669	856	1561	926	2038	971	1066	1794	1701	92	642	12751
临海	Linhai	527	344	1043	1631	535	1661	473	3641	4174	3085	192	401	17707

13-7 主要城市日照时数(2007年)
Sunshine Hours in Major Cities(2007)

单位:0.1小时(0.1hours)

城市名称	City	1月 Jan.	2月 Feb.	3月 Mar.	4月 Apr.	5月 May	6月 June	7月 July	8月 Aug.	9月 Sep.	10月 Oct.	11月 Nov.	12月 Dec.	全年 Annual Total
杭州	Hangzhou	663	970	1054	1392	1545	619	1999	2086	967	1129	1365	940	14729
宁波	Ningbo	1032	1371	1480	1590	2049	1249	2520	2180	1355	1663	1289	801	18579
温州	Wenzhou	953	1189	950	1209	1349	965	2308	1439	1468	1546	1371	781	15528
嘉兴	Jiaxing	1062	1475	1518	1849	2110	1128	2151	2717	1358	1733	1423	877	19401
湖州	Huzhou	1104	1408	1418	1909	2057	1025	2073	2572	1311	1579	1408	766	18630
绍兴	Shaoxing	1146	1494	1602	1748	2220	1491	2810	2715	1280	1722	1522	1021	20771
金华	Jinhua	1133	1286	1188	1361	1893	1362	2619	2516	1340	1796	1418	830	18742
衢州	Quzhou	1219	1419	1190	1650	2194	1605	2890	2350	1452	1956	1684	878	20487
舟山	Zhoushan	1106	1462	1365	1664	1699	1190	2587	1910	1433	1737	1433	841	18427
丽水	Lishui	1078	1231	803	1244	1353	734	2643	1739	1047	1320	807	468	14467
临海	Linhai	1040	1075	967	1342	1761	1195	2607	1764	1557	1628	1331	770	17037

13-8 环境保护机构和人员情况(2007年)
Institutions and Personnel on Environmental Protection(2007)

项 目	Item	合计 Total	环保局 Environment Protection Bureau	监测站 Monitoring Station	监理所 Control Station	科研所 Research Institutions	其他 Others
机构数(个)	**Number of Institutions (unit)**	**499**	**109**	**83**	**87**	**9**	**211**
年末实有人数(人)	Number of Personnel (person)	5796	1367	1918	1355	206	950
科技人员	Scientific and Technical Personnel	2762	108	1499	680	140	335
#高级职称	Senior Titles	523	17	341	71	76	18
中级职称	Medium Titles	1145	55	648	279	47	116

13-9 废水排放及处理利用情况(2001-2007年)
Discharging and Using of Industrial Waste Water(2001-2007)

单位:万吨(10000 tons)

项 目	Item	2001	2002	2003	2004	2005	2006	2007
废水排放总量	**Waste Water Discharged**	**242570**	**259099**	**270262**	**281326**	**313196**	**330694**	**338101**
生活及其他	For Living and Others	84457	91051	102174	116052	120770	131101	136890
工业	Industry	158113	168048	168088	165274	192426	199593	201211
工业废水排放达标量	**Volume of Industrial Waste Water up to the Dischange Standards**	**152527**	**161873**	**163387**	**158556**	**185978**	**172414**	**173220**
工业重复用水率 (%)	**Rate of Water Utilized Repeatedly in Industry (%)**	**33.79**	**33.2**	**36.38**	**37.92**	**37.95**	**48.36**	**63.00**

13－10 工业废气排放及处理利用情况(2001－2007 年)
Discharging and Using of Industrial Waste Gas(2001－2007)

项 目		Item		2001	2002	2003	2004	2005	2006	2007
工业废气排放总量	**(亿标立方米)**	**Total Volume of Industrial Waste Gas Discharged**	**(100 million cu. m)**	**8530**	**8532**	**10432**	**11749**	**13025**	**14702**	**17467**
燃料燃烧废气排放总量	(万吨)	Waste Gas in the Process of Fuel Burning	(10000 tons)	5862	5921	7208	8223	8148	9216	11542
生产工艺废气排放量	(万吨)	Volume of Waste Gas from the Process of Production	(10000 tons)	2669	2611	3224	3526	4877	5486	5925
二氧化硫排放量	**(万吨)**	**Volume of Industrial SO_2 Discharged**	**(10000 tons)**	**56.0**	**59.0**	**71.0**	**78.9**	**83.1**	**82.9**	**77.5**
烟尘排放量	**(万吨)**	**Volume of Industrial Soot Discharged**	**(10000 tons)**	**23.0**	**19.0**	**18.0**	**20.8**	**19.9**	**19.5**	**17.2**
粉尘排放量	**(万吨)**	**Volume of Industrial dust Discharged**	**(10000 tons)**	**46.0**	**33.0**	**28.0**	**33.3**	**23.1**	**22.0**	**20.3**

13－11 工业固体废物排放及处理利用情况(2001－2007 年)
Discharging and Treatment of Industrial Solid Wastes(2001－2007)

单位:万吨(10000 tons)

项 目	Item	2001	2002	2003	2004	2005	2006	2007
工业固体废物生产量	**Volume of Industrial Solid Wastes Produced**	**1603**	**1778**	**1976**	**2318**	**2514**	**3096**	**3613**
工业固体废物排放量	Volume of Industrial Solid Wastes Discharged	5.00	5.00	4.00	4.43	5.64	5.18	1.44
工业固体废物综合利用量	Volume of Industrial Solid Wastes Utilized	1390	1506	1722	2037	2336	2855	3334
工业固体废物贮存总量	Volume of Industrial Solid Wastes Accumulated	130.0	132.0	34.0	15.5	24.6	90.1	101.1

浙/江/统/计/年/鉴

主要统计指标解释

■ 工业废水排放量

指经过企业厂区所有排放口排到企业外部的工业废水量 。包括生产废水、外排的直接冷却水、超标排放的矿井地下水和与工业废水混排的厂区生活污水,不包括外排的间接冷却水(清污不分流的间接冷却水应计算在内)。

■ 工业废水排放达标量

指各项指标都达到国家或地方排放标准的外排工业废水量,包括未经处理外排达标的和经过处理后外排达标的两部分。国家排放标准见 GB8978-88。

■ 工业废气排放量

指企业厂区内燃料燃烧和生产工艺过程中产生的各种排入空气的含有污染物的气体的总量,以标准状态(273K,101325Pa)计。

■ 工业固体废物产生量

指企业在生产过程中产生的固体状、半固体状和高浓度液体状废弃物的总量,包括危险废物、冶炼废渣、粉煤灰、炉渣、煤矸石、尾矿、放射性废物和其他废物等;不包括矿山开采的剥离废石和掘进废石(煤矸石和呈酸性或碱性的废石除外)。酸性或碱性废石是指采掘的废石其流经水、雨淋水的 pH 值小于 4 或 pH 值大于 10.5 者 。

■ 工业固体废物综合利用量

指通过回收、加工、循环、交换等方式,从固体废物中提取或者使其转化为可以利用的资源、能源和其他原材料的固体废物量(包括当年利用往年的工业固体废物累计贮存量)。如用作农业肥料、生产建筑材料、筑路等。综合利用量由原产生固体废物的单位统计。

ZHEJIANG STATISTICAL YEARBOOK

Explanatory Notes on Main Statistical Indicators

□ Volume of Industrial Waste Water Discharged

refers to the volume of industrial waste water discharged, through all outlets, to the outside of industrial enterprises, including waste water produced, direct - cooling water, underground water from mines that does not meet the standard of discharge, and the domestic sewage mixed up with industrial waste water when discharged, but excluding discharged indirect - cooling water.

□ Volume of Waste Water up to the Standard for Discharge

refers to the volume of discharged industrial waste water that, with or without treatment, has come up to the national or local standards for discharge.

□ Volume of Waste Gas Emission

refers to waste gas emitted from burning of fuels and from production process in the area of the factory, and is measured by 10000 standard cubic metres each year under normal condition.

□ Volume of Industrial Solid Wastes Produced

refers to the total volume of solid, semi - solid or highconcentration liquid residue produced by industrial enterprises in their production process, including dangerous wastes, residues from melting, slag, powdered coal ash, gangue, chemical residues, tailings, radioactive residues and other residues, but excluding stripped or dug stones in mining (except gangue and acid or alkali stones which are stones washed or soaked by water with a pH value smaller than 4 or larger than 10.5.)

□ Volume of Industrial Solid Wastes Utilized in a Comprehensive Way

refers to the volume of solid wastes from which useful materials can be extracted or which can be changed to be utilizable resources, energy or other materials, including the volume of industrial solid wastes stored up in the previous years and utilized in the current year, such as the solid wastes utilized as fertilizers, building materials, for making roads or for other purpose. Statistical data on utilization of industrial solid wastes are collected by solid wastes producing units.

2008

浙江统计年鉴

ZHEJIANG STATISTICAL YEARBOOK

CHAPTER 14

教育、科技、专利、测绘和标准计量

Education,Science,Patent,Surveying and Mapping and Standard Calculating

14－1 高等学校基本情况(1978－2007 年)
Basic Statistics on Institutions of Higher Education(1978－2007)

年份 Year	学校数(所) Number of Schools (unit)	招生数(人) New Students Enrollment (person)		在校学生数(人) Students Enrollment (person)		毕业生数(人) Graduates (person)		教职员工数(人) Number of School Staff and Workers (person)	
		本专科 Regular College Course and Specialized Subject	研究生 Postgraduates	本专科 Regular College Course and Specialized Subject	研究生 Postgraduates	本专科 Regular College Course and Specialized Subject	研究生 Postgraduates		#专任教师 Teachers
1978	20	14241		24223		3743		11961	5389
1979	20	9498		32227		1013		13889	6275
1980	22	9387		37815		3710		15619	6886
1981	22	9208		41020		5852		16365	6933
1982	22	10162		36088		14968		18181	7701
1983	24	12750		39008		10411		19274	8219
1984	27	15030		44883		9002		20431	8690
1985	35	19026		52688		11044		22497	9908
1986	37	17877		57352		13027		24723	10804
1987	37	18190		60072		15017		25620	11223
1988	37	19364		60419		18712		26472	11578
1989	37	18270		61045		17323		26772	11574
1990	37	18264		60327		18417		26787	11578
1991	36	18651		59822		18175		27004	11208
1992	35	21217		62226		18267		27821	11105
1993	36	27716		73586		15971		27898	11148
1994	37	30482		87428		17895		28212	11345
1995	37	28094		92857		22443		28194	11491
1996	36	30541		96480		27133		28107	11530
1997	35	33145		102302		26386		28123	11595
1998	32	36668	2155	113543	5991	24296		28327	11816
1999	36	59300	3216	151318	7460	30561	1578	30532	13140
2000	35	93516	4130	212375	9895	32477	1600	40037	18981
2001	38	120195	5577	293078	13237	37230	1882	44347	22168
2002	60	152470	6111	393145	16297	48431	2645	48481	25993
2003	64	173519	6863	484639	19269	78685	3514	48691	29945
2004	68	195617	8029	572759	22062	103123	4858	60833	35766
2005	67	215362	9577	651307	25637	133051	5558	58924	38402
2006	68	237157	10996	719869	27125	162531	8731	69730	42143
2007	77	249749	12326	777982	31409	183863	7387	73704	45622

14－2 普通高等教育分类情况(2007 年)
Institutions of Higher Education by Type(2007)

分 类	Item	学校数(所) Number of Schools (unit)	本、专科学生(人) Regular College Course and Specialized Subject (person) 毕业生数 Graduates	招生数 New Students Enrollment	在校学生数 Students Enrollment	教职员工数(人) Number of School Staff and Workers (person)	#专任教师 Teachers
总计	**Total**	**77**	**183863**	**249749**	**777982**	**73704**	**45622**
普通本科	**Institutions of Higher Education**	**28**	**78487**	**120120**	**431096**	**50358**	**30375**
#民办本科	Private Schools of Higher Education	2	29919	50563	184570	11835	8981
#独立学院	Indenpendency Institutions	20	25014	42003	154480	9649	7402
普通专科学校	**Technological Academies**	**4**	**21151**	**15350**	**53498**	**1815**	**1127**
#民办	Private Schools of Technological Academies		4631	2354	13205		
高等职业学院	**Higher Professional Institutions**	**45**	**79614**	**114279**	**288193**	**21531**	**14120**
#民办	Private Schools of Higher Professional Institutions	11	12686	22853	56932	4265	3071
广播电大举办普专班	**The Regular Junior College Classes of Radio and TV Universities**		**4611**		**5195**		

14－3 中等职业学校基本情况(1978－2007年)
Basic Statistics on Secondary Professional Schools(1978－2007)

年份 Year	学校数(所) Number of Schools (unit)	招生数(万人) New Students Enrollment (10000 persons)	在校学生数(万人) Students Enrollment (10000 persons)	毕业生数(万人) Graduates (10000 persons)	教职员工数(万人) Staff and Workers (10000 persons)	#专任教师 Teachers
1978	73	1.29	2.79	0.14	0.54	0.24
1979	75	1.24	3.42	0.61	0.55	0.30
1980	81	1.13	3.10	1.44	0.67	0.33
1981	83	1.16	2.67	1.59	0.75	0.35
1982	92	1.19	2.77	1.08	0.85	0.39
1983	96	1.30	3.07	0.98	0.87	0.41
1984	104	1.64	3.66	1.16	0.96	0.44
1985	119	1.99	4.36	1.29	1.12	0.49
1986	130	2.14	5.22	1.27	1.25	0.58
1987	134	2.26	5.79	1.66	1.34	0.65
1988	136	2.31	6.31	1.81	1.40	0.70
1989	140	2.31	6.61	2.02	1.49	0.72
1990	141	2.23	6.67	2.12	1.50	0.73
1991	141	2.41	6.77	2.29	1.52	0.72
1992	142	2.72	7.20	2.27	1.54	0.72
1993	144	3.59	8.48	2.28	1.55	0.72
1994	155	4.92	10.87	2.32	1.58	0.74
1995	158	6.00	13.91	2.9	1.61	0.78
1996	161	7.30	17.72	3.44	1.63	0.80
1997	151	5.68	15.74	3.99	1.64	0.81
1998	150	5.65	16.70	4.58	1.60	0.79
1999	149	5.16	16.52	5.08	1.49	0.78
2000	86	3.54	14.80	5.08	0.97	0.53
2001	82	3.10	12.93	4.77	0.57	0.31
2002	62	4.22	12.25	4.67	0.59	0.34
2003	57	4.67	12.07	4.12	0.60	0.36
2004	53	4.33	12.81	3.22	0.57	0.37
2005	51	4.36	12.94	3.83	0.55	0.37
2006	49	3.39	11.36	4.1	0.5	0.37
2007	402	21.38	63.13	20.56	3.36	2.69

注:2007年数据口径调整为职业高中和普通中等专业学校。

The data scope has been adjusted since 2007, including the vocational high schools and the general secondary specialized schools.

14-4 各级成人教育基本情况
Adult Education by Level

类 别	Item	学校数(所) Schools (unit)			毕(结)业生数(万人) Graduates (10000 persons)			在校学生数(万人) Students Enrollment (1000 persons)		
		2005	2006	2007	2005	2006	2007	2005	2006	2007
成人高等学历教育	**Adult Higher Education**	**15**	**14**	**11**	**8.09**	**2.38**	**8.37**	**21.31**	**28.9**	**30.92**
广播电视大学	Radio and TV Universities	2	2	2	0.26	0.12	0.19	0.62	0.87	1.17
职工高等学校	Schools of Higher Education for Staff and Workers	9	8	5	0.65	0.14	0.41	1.1	1.59	1.54
教育学院	Pedagogical Colleges	4	4	4	0.65	0.02	0.49	1.13	1.48	1.27
普通高校	Institutions of Higher Education	67	68	67	6.53	2.1	7.28	18.46	24.96	26.94
成人中等学历教育	**Secondary Education for Adults**	**83**	**74**	**70**	**2.17**	**1.54**	**1.34**	**4.42**	**3.71**	**3.76**
成人中学	**Secondary Schools for Adults**	**391**	**386**	**349**	**9.15**	**15.72**	**14.92**	**11.75**	**13.29**	**11.46**
成人技术培训学校	**Technical Training Schools for Adults**	**9756**	**6677**	**6139**	**420.63**	**407.27**	**428.61**	**405.95**	**376.54**	**398.66**
成人初等学校	**Primary Schools for Adults**	**266**	**215**	**141**	**2.09**	**1.95**	**1.69**	**2.1**	**1.96**	**11.46**

14-5 技工学校基本情况(1980-2007 年)
Basic Statistics on Technical Schools(1980-2007)

年份 Year	学校数 (所) Number of Schools (unit)	在校学生数 (人) Students Enrollment (person)	毕业生数 (人) Graduates (person)	招生数 (人) New Students Enrollment (person)	教职员工数 (人) Staff and Workers (person)
1980	140	17093	5895	5139	2709
1981	139	12180	8718	4115	4462
1982	141	9386	5798	3813	3987
1983	142	8536	3935	4260	4266
1984	101	11152	2696	6110	4673
1985	94	14065	4138	6790	5146
1986	94	17122	3529	6717	5936
1987	92	19006	4663	6907	5960
1988	91	18243	6121	6125	5881
1989	94	17323	6377	6060	4464
1990	96	16365	5815	6176	5826
1991	94	18230	5083	7489	6131
1992	98	21663	5414	9480	6373
1993	99	31998	7523	14204	6541
1994	102	38658	10523	17603	6993
1995	104	15149	12140	20852	7273
1996	107	49246	15415	20438	7335
1997	107	56633	13709	24026	6758
1998	106	62052	17268	23916	6560
1999	99	63128	18081	22681	6197
2000	95	60968	21029	22630	7204
2001	97	59068	20410	23983	5914
2002	96	62572	17684	27123	5774
2003	87	70650	15933	33494	5616
2004	83	88652	19062	40536	6335
2005	79	97783	21954	39406	5441
2006	76	101968	25444	39318	7128
2007	72	95295	22940	35323	6348

14－6 特殊教育情况(1980－2007年)
Basic Statistics on Special Education(1980－2007)

年份 Year	学校数 (所) Number of Schools (unit)	在校学生数 (人) Students Enrollment (person)	毕业生数 (人) Graduates (person)	招生数 (人) New Students Enrollment (person)	教职员工数 (人) Staff and Workers (person)	#专任教师 Teachers
1980	7	1293	73	203	174	116
1981	7	1347	109	204	177	117
1982	7	1407	118	224	186	136
1983	8	1478	129	271	225	162
1984	11	1668	81	340	258	186
1985	13	1784	150	380	311	231
1986	15	1979	125	412	334	242
1987	18	2303	128	553	410	294
1988	24	2621	201	641	507	370
1989	32	2985	135	594	600	435
1990	43	3443	222	832	729	555
1991	46	3963	142	784	847	639
1992	47	6907	346	918	963	735
1993	53	13202	548	4288	1081	824
1994	55	18038	1172	2774	1291	1003
1995	56	23690	1791	2831	1433	1130
1996	60	22691	1778	2261	1462	1169
1997	61	23919	2190	2306	1419	1154
1998	63	22812	3086	2486	1453	1172
1999	62	21840	3315	2437	1382	1120
2000	62	19749	3701	2445	1396	1139
2001	64	19358	2783	2593	1385	1068
2002	64	16484	2603	2158	1424	1122
2003	63	15357	2561	1947	1445	1133
2004	62	14195	2124	1663	1475	1194
2005	62	12889	1782	1465	1531	1233
2006	63	12160	1717	1535	1576	1281
2007	63	12993	1567	1612	1603	1326

14－7 普通中学基本情况(1978－2007年)
Basic Statistics on Regular Secondary Schools(1978－2007)

年份 Year	学校数（所）Number of Schools (unit)	招生数（万人）New Students Enrollment (10000 persons)	在校学生数（万人）Students Enrollment (10000 persons)	毕业生数（万人）Graduates (10000 persons)	教职员工数（万人）Staff and Workers (10000 persons)	#专任教师 Teachers
1978	4097	83.92	214.65	83.59	12.29	9.94
1979	3680	72.29	181.12	80.45	11.04	9.04
1980	3391	64.67	170.04	49.05	11.45	8.53
1981	3243	61.03	155.75	50.75	10.88	8.07
1982	3115	59.93	151.08	44.01	10.34	7.89
1983	3161	61.28	154.91	39.43	10.44	7.90
1984	3199	61.95	166.13	39.50	10.56	7.87
1985	3235	63.29	177.46	41.84	10.94	8.24
1986	3296	65.09	184.04	47.49	11.14	8.41
1987	3346	62.41	182.95	50.19	11.26	8.56
1988	3389	54.34	169.74	52.04	11.53	8.83
1989	3384	58.19	163.34	52.09	11.76	8.95
1990	3353	64.78	169.62	49.92	11.59	8.98
1991	3381	66.01	180.75	46.02	11.87	9.24
1992	3283	66.14	188.38	49.55	12.17	9.53
1993	3259	63.08	185.02	55.67	12.36	9.73
1994	3315	72.82	194.02	56.88	12.72	10.12
1995	3255	80.67	210.54	58.84	13.37	10.77
1996	3240	75.03	223.64	57.41	14.15	11.55
1997	3186	71.92	222.74	68.10	14.74	12.19
1998	3128	76.23	217.67	75.49	15.11	12.52
1999	2995	85.72	228.15	69.91	15.78	13.14
2000	2940	92.51	249.55	66.83	16.52	13.93
2001	2900	89.34	263.00	71.57	17.70	14.73
2002	2781	92.10	270.30	81.36	18.25	15.33
2003	2695	90.99	270.07	88.09	18.78	15.83
2004	2609	84.72	266.14	86.48	19.17	16.29
2005	2524	86.45	261.08	89.71	19.49	16.69
2006	2459	91.93	262.32	88.6	19.82	17.01
2007	2404	90.14	266.55	82.99	20.05	17.34

14-8 小学基本情况(1978-2007年) Basic Statistics on Primary Schools(1978-2007)

年份 Year	学校数 (万所) Number of Schools (10000 unit)	招生数 (万人) New Students Enrollment (10000 persons)	在校学生数 (万人) Students Enrollment (10000 persons)	毕业生数 (万人) Graduates (10000 persons)	教职员工数 (万人) Staff and Workers (10000 persons)	#专任教师 Teachers	小学学龄儿童入学率 (%) Percentage of School-age Children Enrolled
1978	4.45	104.85	501.43	81.56	18.07	17.35	97.60
1979	4.26	86.44	486.77	72.47	18.38	17.54	97.40
1980	4.17	83.58	482.42	71.07	18.45	17.26	97.00
1981	4.10	74.19	459.83	78.66	17.66	16.50	97.20
1982	3.94	70.63	430.59	81.06	17.09	15.94	97.00
1983	3.82	70.20	407.20	83.03	16.44	15.25	97.40
1984	3.75	70.10	395.46	76.47	16.08	14.82	97.80
1985	3.65	67.78	384.91	75.34	16.09	14.62	98.10
1986	3.56	69.38	378.09	72.15	15.84	14.42	98.30
1987	3.45	57.33	365.15	67.32	15.55	14.16	98.60
1988	3.36	63.19	366.04	58.54	15.78	14.39	98.90
1989	3.27	72.30	375.73	60.16	16.11	14.65	99.10
1990	3.18	64.60	372.43	65.81	14.88	13.46	99.30
1991	2.97	57.85	362.64	65.64	14.97	13.50	99.30
1992	2.73	57.90	355.21	63.74	15.10	13.63	99.40
1993	2.53	64.74	359.23	59.33	15.23	13.77	99.50
1994	2.37	72.71	366.15	66.20	15.46	13.98	99.70
1995	2.26	66.19	362.98	70.01	15.84	14.34	99.70
1996	2.14	63.84	363.80	63.90	16.30	14.85	99.80
1997	1.97	61.39	368.57	57.72	16.84	15.40	99.88
1998	1.69	56.19	365.23	59.59	17.17	15.69	99.92
1999	1.38	65.46	363.31	67.83	17.53	16.00	99.95
2000	1.18	61.58	353.76	71.58	17.57	16.04	99.93
2001	1.00	58.45	346.28	66.66	17.64	15.99	99.97
2002	0.90	57.78	343.75	64.48	17.65	16.01	99.99
2003	0.77	52.45	340.29	59.78	17.54	15.91	99.98
2004	0.67	51.42	344.31	53.24	17.61	16.01	99.99
2005	0.61	48.96	342.40	55.25	17.79	16.22	99.99
2006	0.55	52.99	339.43	62.04	17.98	16.38	99.99
2007	0.48	54.85	335.46	62.81	18.12	16.56	99.99

14－9 幼儿园基本情况(1979－2007 年)
Basic Statistics on Kindergartens(1979－2007)

年份 Year	园数 (所) Number of Kindergartens (unit)	班数 (个) Number of Classes (unit)	在园幼儿数 (万人) Number of Children Enrollment (10000 persons)	教职员工数 (人) Staff and Workers (person)	#专任教师 Teachers
1979	3100	8908	28.34	13400	10095
1980	7067	14951	43.39	20601	17473
1981	5235	14605	41.97	20737	17473
1982	6409	14916	44.52	22209	18212
1983	6120	15440	47.19	23198	18839
1984	11511	20043	60.65	28735	24074
1985	12468	21902	65.41	30801	26180
1986	12375	24286	71.90	34210	29012
1987	13366	25980	81.25	37548	31680
1988	12590	26048	80.32	38205	32261
1989	12153	26277	74.85	38955	32703
1990	11824	26684	75.16	39859	33556
1991	11242	28308	85.72	41706	34425
1992	9860	29035	94.30	41052	34024
1993	9179	29396	97.63	43522	35887
1994	11705	31178	99.33	48006	39453
1995	11794	31530	99.43	49377	40220
1996	11915	32654	98.95	50389	40678
1997	12920	34637	100.21	54459	43503
1998	14068	37270	105.90	58867	46500
1999	14864	38637	108.38	61549	47902
2000	15073	41271	112.45	67773	51168
2001	12501	43167	115.13	72593	48195
2002	11920	44483	117.61	75000	49442
2003	11560	44651	117.96	83022	54056
2004	11367	46490	127.85	91772	58732
2005	11472	47153	132.22	98629	62679
2006	11437	48666	138.91	106202	67046
2007	10411	51048	147.78	115965	73164

14－10 各级学校女学生和女教师数
Female Students and Teachers by Level of Schools

类 别	Item	2003	2004	2005	2006	2007
女学生数 （万人）	**Number of Female Students （10000 persons）**	**344.93**	**350.25**	**352.00**	**352.13**	**353.63**
普通高等学校	Institutions of Higher Education	22.92	27.69	33.15	37.21	40.4
中等职业学校	Specialized Secondary Schools	35.55	37.05	36.98	34.45	32.62
普通中学	Regular Secondary Schools	126.96	125.08	123.13	124.04	126.55
小学	Primary Schools	159.50	160.43	158.74	156.43	154.06
女学生占学生总数 %	**Percentage of Female Students to Total Students**	**47.41**	**47.39**	**47.56**	**47.36**	**47.36**
普通高等学校	Institutions of Higher Education	48.75	49.67	52.38	51.69	51.93
中等职业学校	Specialized Secondary Schools	51.08	50.85	50.46	49.43	48.77
普通中学	Regular Secondary Schools	46.91	47.00	47.16	47.29	47.48
小学	Primary Schools	46.87	46.59	46.36	46.09	45.92
女教师数 （万人）	**Number of Female Teachers （10000 persons）**	**19.80**	**20.78**	**21.58**	**22.36**	**23.08**
普通高等学校	Institutions of Higher Education	1.24	1.50	1.62	1.79	1.97
中等职业学校	Specialized Secondary Schools	1.36	1.51	1.60	1.63	1.61
普通中学	Regular Secondary Schools	7.44	7.80	8.12	8.43	8.73
小学	Primary Schools	9.77	9.97	10.24	10.51	10.77
女教师占教师总数 %	**Percentage of Female Teachers to Total Teachers**	**52.59**	**53.25**	**53.96**	**54.72**	**55.43**
普通高等学校	Institutions of Higher Education	41.43	41.90	42.22	42.47	43.20
中等职业学校	Specialized Secondary Schools	46.68	48.09	49.23	50.24	50.63
普通中学	Regular Secondary Schools	46.97	47.88	48.65	49.57	50.35
小学	Primary Schools	61.37	62.27	63.14	64.15	65.04

14－11 每万人口中在校学生数和构成(1979－2007年)
Students Enrollment Per 10 Thousand Population and Its Composition(1979－2007)

年份 Year	各级学校在校学生占全省人口(%) Students Enrollment as Percentage of Total Population(%)	平均每万人口中 Number of Students Per 10000 Population			大、中、小学生占学生总数(%) Students of Different Level as Percentage of Total Students(%)		
		大学生(人) University and College Students (person)	中学生(人) Secondary School Students (person)	小学生(人) Primary School Students (person)	大学生(人) University and College Students (person)	中学生(人) Secondary School Students (person)	小学生(人) Primary School Students (person)
1979	17.79	8.50	486.60	1283.56	0.5	27.4	72.2
1980	17.27	9.88	456.50	1260.71	0.6	26.4	73.0
1981	16.11	10.60	412.65	1187.73	0.7	25.6	73.7
1982	15.01	9.20	394.84	1097.23	0.6	26.3	73.1
1983	14.43	9.84	405.18	1027.48	0.7	28.1	71.2
1984	14.38	11.24	436.36	990.36	0.8	30.3	68.9
1985	14.37	13.08	469.11	955.22	0.9	32.6	66.5
1986	14.29	14.09	486.19	928.95	1.0	34.0	65.0
1987	13.80	14.58	479.78	886.03	1.1	34.8	64.2
1988	13.36	14.49	443.83	877.83	1.1	33.2	65.7
1989	13.32	14.50	424.92	892.71	1.1	31.9	67.0
1990	13.33	14.25	439.14	879.43	1.1	32.9	66.0
1991	13.29	14.04	463.63	850.99	1.1	34.9	64.0
1992	13.25	14.52	481.58	828.79	1.1	36.3	62.6
1993	13.28	17.06	477.71	832.84	1.3	36.0	62.7
1994	13.72	20.14	508.46	843.42	1.5	37.0	61.5
1995	14.07	21.25	554.97	830.70	1.5	39.5	59.0
1996	14.37	21.93	588.29	826.80	1.5	41.0	57.5
1997	14.48	23.13	591.39	833.44	1.6	40.8	57.6
1998	14.34	25.52	587.47	821.32	1.8	41.0	57.2
1999	14.58	33.87	611.26	813.24	2.3	41.9	55.8
2000	14.86	47.19	554.41	785.92	3.2	43.9	52.9
2001	14.71	62.39	671.88	737.19	4.3	45.2	50.5
2002	15.08	83.10	698.64	726.63	5.5	46.3	48.2
2003	15.30	101.74	712.76	714.38	6.7	46.6	46.7
2004	15.49	119.24	713.13	716.79	7.7	46.0	46.3
2005	15.26	132.97	681.65	699.06	9.1	44.6	46.3
2006	15.13	144.55	687.18	681.59	9.6	45.4	45.0
2007	14.93	159.96	670.37	662.96	10.7	44.9	44.4

注:从2001年起按常住人口算。 The data in this table were calculated by resident population.

14－12 学校教师负担学生数(1979－2007年)
Student-teachers Ratio by Level of Schools(1979－2007)

年份 Year	高等学校 Institutions of Higher Education		中等学校 Secondary Schools		小学 Primary Schools	
	教师数（万人） Number of Teachers (10000 persons)	平均每个教师负担学生（人） Student-Teacher Ratio (person)	教师数（万人） Number of Teachers (10000 persons)	平均每个教师负担学生（人） Student-Teacher Ratio (person)	教师数（万人） Number of Teachers (10000 persons)	平均每个教师负担学生（人） Student-Teacher Ratio (person)
1979	0.63	5.10	9.34	19.80	17.54	27.80
1980	0.69	5.50	8.95	19.50	17.26	28.00
1981	0.69	5.90	8.51	18.80	16.50	27.90
1982	0.77	4.70	8.35	18.60	15.94	27.00
1983	0.82	4.70	8.45	19.00	15.25	26.70
1984	0.87	5.20	8.54	20.40	14.82	26.70
1985	0.99	5.30	9.12	20.70	14.62	26.30
1986	1.08	5.30	9.45	20.90	14.42	26.20
1987	1.12	5.40	9.71	20.40	14.16	25.80
1988	1.16	5.20	10.12	18.30	14.39	25.40
1989	1.16	5.30	10.28	17.40	14.65	25.60
1990	1.16	5.20	10.36	18.00	13.46	27.70
1991	1.12	5.30	10.62	18.60	13.50	26.90
1992	1.11	5.60	10.97	18.80	13.63	26.10
1993	1.11	6.60	11.27	18.30	13.77	26.10
1994	1.13	7.70	11.75	18.80	13.98	26.20
1995	1.15	8.10	12.57	19.30	14.34	25.30
1996	1.15	8.40	13.43	19.30	14.85	24.50
1997	1.16	8.80	13.46	19.40	15.40	23.93
1998	1.18	9.60	14.66	17.80	15.69	23.28
1999	1.31	11.55	15.40	17.73	16.00	22.71
2000	1.90	11.17	14.83	18.24	16.04	22.05
2001	2.22	13.20	17.08	18.48	15.99	21.66
2002	2.60	15.12	18.01	18.35	16.01	21.47
2003	2.99	16.21	18.82	18.04	15.91	21.39
2004	3.58	16.00	19.57	17.50	16.01	21.51
2005	3.84	17.60	19.36	17.04	16.22	21.11
2006	4.21	17.10	20.26	16.40	16.38	20.70
2007	4.56	17.74	20.02	16.47	16.56	20.26

14－13 科技活动经费投入情况(1990－2007年)
Basic Statistics on Scientific and Technoligical Activities Funds(1990－2007)

单位:亿元(100 million yuan)

年份 Year	科技活动经费 Scientific and Technoligical Activities Funds	研究与试验发展经费支出 Expenditure on R&D	按执行部门分 By Sector				按经费来源分 By Source			
			研究机构 Research and Development Institutions	高等院校 Colleges and Universities	工业企业 Enterprises	其他部门 Others	政府资金 Government Appropriation Funds	企业资金 Self－raised Funds by Enterprises	国外资金 Overseas Capital	其他资金 Other
1990	8.60	2.04	0.96	0.51	0.52	0.05				
1991	9.86	2.27	0.87	0.69	0.64	0.06				
1992	14.12	3.46	1.21	1.25	0.90	0.09				
1993	17.93	4.43	1.48	1.77	1.04	0.13				
1994	23.21	7.88	1.33	1.82	4.52	0.21				
1995	32.57	9.14	1.85	2.42	4.63	0.24				
1996	37.96	10.50	2.23	2.43	5.56	0.29				
1997	51.33	15.19	2.96	3.04	7.85	1.34				
1998	60.89	19.70	3.10	3.00	11.80	1.80				
1999	76.78	27.05	3.04	3.71	17.80	2.50				
2000	104.89	36.59	3.21	3.33	26.54	3.51	5.73	26.93	0.53	3.40
2001	124.29	44.74	3.32	5.09	32.04	4.29	6.59	32.73	0.64	4.78
2002	150.03	57.65	2.97	6.58	42.58	5.52	6.77	42.20	0.17	8.51
2003	185.20	77.76	4.35	7.88	59.62	5.91	9.46	57.70	0.32	10.28
2004	243.85	115.55	4.62	13.33	91.10	6.50	13.78	97.42	0.63	3.72
2005	321.42	163.29	11.58	13.90	130.41	7.40	24.12	134.74	0.55	3.88
2006	407.85	224.03	12.38	15.99	183.39	12.27	28.00	190.28	1.12	4.63
2007	516.78	286.32	13.63	18.18	235.55	18.96	30.94	246.39	2.50	6.49

14－14 县级以上政府部门属研究与开发机构情况(1986－2007年)
Basic Statistics on Research and Development Organizations Attached to Government at County Level and Above(1986－2007)

年份 Year	机构数(个) Institutions (unit)	从事科技活动人员数(人) Specialized Technical Persons (person)	#科学家、工程师 Scientists and Engineers	经费收入(万元) Income (10000 yuan)	政府拨款 Government Appropriations	经费支出(万元) Expenditures (10000 yuan)	#人员费用 Charge for Person
1986	153			14015	8877	12580	3067
1987	152			17721	10431	15234	3001
1988	156			18920	14073	27715	4065
1989	161			24889	11974	25070	4026
1990	163			33801	15801	29169	5123
1991	164			29623	9330	26494	5001
1992	165			40512	14410	37017	6156
1993	162			47139	14289	45206	9001
1994	161			53069	18251	48025	13993
1995	161			62021	11784	59248	15589
1996	161			72172	25110	63407	18189
1997	162			91503	31795	83434	20806
1998	164			126704	47919	107580	23018
1999	160			126740	50194	113565	28392
2000	146			120587	54365	108129	27263
2001	127			89248	51719	82109	26341
2002	110	5470	3756	89540	54571	80771	28286
2003	104	5095	3746	115029	65770	97981	38157
2004	92	4792	3681	116542	80373	102949	34213
2005	99	5798	4543	144821	109676	120907	31646
2006	99	6178	4917	176610	128341	142664	38853
2007	100	6677	5491	211682	155461	167207	44752

14－15 县级以上政府部门属研究与开发机构课题情况(2007 年)

Basic Statistics on Topics in Research and Development Organizations Attached to Government at County Level and Above(2007)

分类	Item	课题数(项) Topics (unit)		投入人员(人年) Persons (person-year)		#科学家工程师 Scientists and Engineers		投入经费(万元) Funds (10000 yuan)	
		2006	2007	2006	2007	2006	2007	2006	2007
总计	**Total**	**2834**	**3539**	**3787**	**4372**	**2998**	**3458**	**65945**	**82918**
按活动类型分	**By Type**								
基础研究	Fundational Research	90	121	101	133	100	130	1912	2673
应用研究	Applied Research	198	237	427	504	381	440	11112	14473
试验发展	Experimental Development	703	834	1237	1225	1065	1024	20493	21772
R&D 成果应用	Applying in R&D Results	567	837	813	1232	587	921	11338	17603
科技服务	Service in Science and Technology	1276	1510	1208	1279	865	944	21091	26397

14－16 县级以上政府部门属研究与机构科学论文与科技著作

Basic Statistics on Papers in Research and Development Organizations Attached to Government at County Level and Above

单位:篇(paper)

项 目	Item	科学论文 Papers of Science			#国外发表 Publishing Abroad			科技著作 Works of Science and Technology		
		2005	2006	2007	2005	2006	2007	2005	2006	2007
合计	**Total**	**2457**	**2657**	**2868**	**143**	**168**	**191**	**79**	**80**	**86**
国务院部门属	Attaching to the State Council	442	494	489	70	63	62	15	11	14
省属	Attaching to Province	1454	1447	1849	60	97	121	47	51	57
市属	Attaching to City	561	716	530	13	8	8	17	18	15

14－17 县级以上政府部门属研究与开发机构情况(2007 年)
Basic Statistics on Research and Development Organizations Attached to Government at County Level and Above(2007)

	项目 Item	机构数(个) Institutions (unit)	从事科技活动人员数(人) Specialized Technical Persons (person)	#科学家工程师 Scientists and Engineers	经费收入(万元) Income (10000 yuan)	#政府拨款 Government Appropriations	经费支出(万元) Expenditures (10000 yuan)	#科技费用 Charge of science
总计	**Total**	**100**	**6677**	**5491**	**211682**	**155461**	**167207**	**60005**
按隶属关系分	**By Relationship of Subordination**							
中央	State Council	8	1297	1197	58845	52110	43752	28695
地方	Local	92	5380	4294	152837	103352	123455	31310
按机构地域分	**By Region**							
杭州市	Hangzhou	38	4302	3604	157795	110611	130898	48758
宁波市	Ningbo	12	528	478	23931	20116	12814	5775
温州市	Wenzhou	15	903	721	12659	9986	10315	2653
嘉兴市	Jiaxing	2	195	161	2687	2259	1339	764
湖州市	Huzhou	5	142	115	3093	3006	2357	572
绍兴市	Shaoxing	2	53	36	818	809	829	
金华市	Jinhua	7	145	105	2896	2549	2179	308
衢州市	Quzhou	5	37	33	631	631	484	102
舟山市	Zhoushan	7	144	74	2064	1733	2476	82
台州市	Taizhou	4	127	90	3717	2390	2611	991
丽水市	Lishui	3	101	74	1391	1372	906	

14－18 县级以上政府部门属研究与开发机构课题情况(1986－2007年)

Basic Statistics on Research and Development Organizations Attached to Government at County Level and Above(1986－2007)

年份 Year	课题数 (项) Number of Topics (topic)	投入人员 (人年) Persons (person-year)	#科学家 工程师 Scientists and Engineers	投入经费 (万元) Funds (10000 yuan)	人均经费 (元/人年) Funds per Capital (yuan/person-year)	课题平均经费 (元/项) Funds per Topic (yuan/topic)
1986	2568	6506		3590	5518	13980
1987	3272	6892		4467	6481	13652
1988	3066	7053	5232	5180	7344	16895
1989	3134	7405	5765	5644	7622	18009
1990	3120	6276	4669	5551	8845	17792
1991	3457	5506	4256	4720	8572	13653
1992	3452	5533	4274	6772	12239	19618
1993	2941	4948	3955	7418	14992	25223
1994	2540	4401	3623	9262	21045	36465
1995	2453	4301	3414	10058	23385	41003
1996	2315	4331	3451	12792	29536	55257
1997	2440	4390	3475	17798	40542	72943
1998	2534	5568	4106	25194	45248	99424
1999	2558	5070	3870	26927	53110	105266
2000	1989	4040	3293	29664	73426	149140
2001	1790	2818	2240	21663	76874	121022
2002	1746	2812	2323	23329	89262	133614
2003	1700	2944	2338	30816	104674	181271
2004	1540	2769	2026	42463	153351	275734
2005	2121	3383	2441	58242	172161	274597
2006	2834	3787	2998	65945	174135	232392
2007	3539	4372	3458	82918	189657	234298

14－19 高等学校自然科学领域研究与发展课题情况(1986－2007年)
Basic Statistics on Topics of Natural Scientific Research and Development in Institutions of Higher Education(1986－2007)

年份 Year	课题数(项) Number of Topics (topic)	投入人员(人年) Persons (person-year)	#科学家工程师 Scientists and Engineers	投入经费(万元) Funds (10000 yuan)	课题平均经费(元/项) Funds per Topic (yuan/topic)
1986	1684			2295	13569
1987	1849			2681	14500
1988	2163			2616	12094
1989	2285			3848	16840
1990	2925			4667	15956
1991	3400			5053	14862
1992	4083			7905	19361
1993	4263			12961	30403
1994	4398			17082	38840
1995	4264			16211	38018
1996	4415			17900	40544
1997	4713			23901	50713
1998	5173			24912	48158
1999	5412			25385	46905
2000	5268			29482	55964
2001	6375	3821	3421	40110	62918
2002	8736	4295	3974	37511	42938
2003	13385	6363	6191	90175	67370
2004	16003	8354	7913	154804	96734
2005	18789	8676	8340	133346	70970
2006	19896	8844	8479	126763	63713
2007	19945	8966	8565	150157	75286

14－20 高等学校科技活动情况(1986－2007年)
Basic Statistics on Scientific Technological Activities on Higher Education(1986－2007)

年份 Year	科技活动机构数(个) Institutions (unit)	科技活动人员(人) Persons Engaged in Scientific and Technological Activities (person)	#科学家工程师 Scientists and Engineers	经费拨入总额(万元) Funds (10000 yuan)	#政府拨款 Government Appropriations	经费支出总额(万元) Expenditures (10000 yuan)	#仪器设备费 Expenditures for Instrument and Equipment
1986	31	16086	11910	2760	2061	2191	943
1987	32	15363	12803	2954	1836	2557	823
1988	45	19874	16864	3167	1789	2757	639
1989	44	20166	17087	4514	2039	3926	884
1990	45	20267	17278	5320	2773	4068	881
1991	43	20251	17397	6442	3234	5505	1101
1992	58	20597	17468	11083	5250	9996	2128
1993	234	20940	17769	26974	9129	26563	4917
1994	262	20933	17179	25766	8965	24830	3449
1995	259	21098	18584	28731	7522	24805	3067
1996	259	22111	19026	32341	7404	29516	3417
1997	295	22247	20129	38327	10791	34538	4497
1998	433	23092	20848	45677	11598	45008	4592
1999	365	23869	21441	58749	13654	51850	3035
2000	430	28555	26870	81153	23554	74714	8225
2001	534	34716	32503	108576	37059	90486	11448
2002	405	19659	18258	150651	61506	112630	17339
2003	421	21763	21289	178362	67396	136090	19425
2004	203	29031	26979	209249	90951	178960	27796
2005	191	25077	21629	271011	136055	203204	37122
2006	160	25436	21941	314684	170843	257099	53033
2007	161	26496	22909	350014	178132	261104	41679

14－21 高等学校自然科学领域研究与发展课题情况(2007 年)
Basic Statistics on Topics of Natural Scientific Research and Development in Institutions of Higher Education(2007)

项目	Item	课题数(项) Number of Topics (topic)	投入人员(人年) Persons (person)	#科学家工程师 Scientists and Engineers	投入经费(万元) Funds (10000 yuan)	课题平均经费(元) Funds per Topic (yuan)
总计	**Total**	**19945**	**8966**	**8565**	**150157**	**75286**
按活动类型分	**By type of Activities**					
基础研究	Fundational Research	5149	2234	2118	25539	49600
应用研究	Applied Research	7632	4350	4138	59852	78422
试验发展	Experimental Development	2489	1067	1037	25505	102471
研究与试验发展成果应用	Applying in R&D Results	2297	680	658	19995	87048
科技服务	Technology Senices	2378	636	613	19266	81018

14－22 高等学校自然科学领域研究与发展机构科技著作(2007 年)
Scientific and Technical Works of Research and Development Organizations in Institutions of Higher Education(2007)

项目	Item	出版科技专著(部) Science and Technology Workers Published (work)			发表学术论文(篇) Academic Papers Published (paper)			#国外及全国性学术刊物 Published in Foreign Academic Publications		
		2005	2006	2007	2005	2006	2007	2005	2006	2007
合计	**Total**	**74**	**76**	**87**	**24358**	**26993**	**30438**	**4689**	**6278**	**6739**
自然科学	Natural Sciences	9	9	14	6011	5317	5846	1781	1782	1941
工程与技术	Engineering and Technology	34	31	32	10529	11406	13077	2025	2799	3157
农业科学	Agricultural Sciences	6	11	13	1638	2795	2836	319	894	803
医学科学	Medical Sciences	25	25	28	6180	7475	8679	564	803	838

14 - 23 规模以上工业企业科技活动情况(2002 - 2007 年)
Basic Statistics on Scientific and Technological Activities of Enterprises above Designated Size By Industrial Sector (2002 - 2007)

单位:亿元(100 million yuan)

项目		Item		2002	2003	2004	2005	2006	2007
企业数	(个)	Number of Enterprises	(unit)	5001	5916	8129	9690	11489	13039
#有科技活动企业数	(个)	Number of Enterprises with Scientific and Technoligical Activities	(unit)	4218	4807	6419	7434	8961	10700
企业有科技机构	(个)	Number of Research Institutions	(unit)	1491	1686	2492	3171	4094	4881
从业人员年平均人数	(万人)	Average Number of Employed Person	(10000 person)	183.23	238.15	293.66	370.05	412.70	457.95
#工程技术人员	(万人)	Engineering	(10000 person)	12.98	13.93	20.31	28.37	36.75	44.62
生产经营用机器设备原价		The Total Cost Price of Machines		2069.98	2684.10	3560.93	4444.08	5437.93	6048.14
#微电子控制		Micro - electronics Apparatus		297.15	317.27	463.02	954.81	1021.41	1052.60
科技活动人员	(万人)	Persons with Scientific and Technoligical Activities	(10000 person)	10.79	12.80	14.26	19.15	23.53	26.75
#高中级职称人员	(万人)	Persons with Senior or Middle Titles	(10000 person)	3.56	3.91	3.74	5.33	6.08	6.78
无高中级职称的大本以上人员	(万人)	Bachelors or the Above with Non Senior or Middle Titles	(10000 person)	2.91	3.63	3.92	5.94	7.09	8.62
科技活动经费筹集额		Funding for S&T Activities		116.27	151.70	202.29	296.96	376.59	471.69
#来自政府部门的资金		Government Appropriation Funds		2.88	3.98	6.50	8.02	10.76	11.52
企业资金		Self - raised Funds by Enterprises		93.90	126.13	171.38	256.66	329.26	413.88
金融机构贷款		Loans From Finance Institutions		16.39	17.56	21.05	28.85	31.13	39.82
科技活动经费内部支出		Internal Expenditures on S&T Activities		87.46	116.22	166.50	240.41	308.48	396.95
#劳务费		Service Fees		24.54	30.48	44.03	61.68	81.65	103.12
原材料费		Material Costs		26.88	37.59	55.77	87.72	106.27	136.24
#新产品开发经费支出		Expenditure on New Product Development		55.70	75.90	104.04	208.12	266.97	353.00
用于科研的基建经费支出		Expenditure on Infrastructure Developments for R&D		9.57	10.25	15.58	18.46	19.59	22.86
委托外单位开发经费支出		Expenditure on Entrustment		11.36	13.83	12.81	24.58	20.31	27.51
研究与试验发展人员	(万人)	Persons Engaged in R&D	(10000 person)	4.54	5.48	5.84	7.68	10.50	13.29
研究与试验发展经费支出		Expenditure on R&D		39.87	55.49	87.25	127.34	180.08	231.19
新产品产值		Output of New Product		1108.64	1365.95	2125.21	3057.73	4016.10	5406.18
新产品销售收入		Sales income of New Porduct		1002.01	1299.49	2052.61	2871.83	3783.92	5147.00
#出口		Export		233.51	295.72	596.14	782.32	1120.91	1548.60
专利申请数	(项)	Patent Application	(item)	4389	5639	8275	10528	17285	24148
#发明专利	(项)	Patent of Invention	(item)	984	1239	2115	2548	3436	4413
拥有发明专利数	(项)	Owning Invention Patent	(item)	1557	1925	4032	4405	5876	7456
技术改造经费支出		Expenditure for Technology Transform		194.88	206.03	281.87	304.41	302.44	344.36
技术引进经费支出		Expenditure for Acquisition of Foreign Technology		40.52	49.63	20.54	21.11	22.72	20.28
#引进设计、图纸、工艺配方、专利的支出		Expenditure for Acquisition of Foreign Design, Technics and Patent		2.89	3.23	3.61	5.60	6.66	9.37
消化吸收经费支出		Expenditure for Assimilation of Technology		3.07	2.51	4.56	6.13	10.67	12.43
购买国内技术经费支出		Expenditure for Purchasing of Domestic Technology		2.86	4.44	6.07	12.01	11.68	12.22

注:本表统计范围内全部大中型工业企业及有科技投入的规模以上小型工业企业。
The Data in this table refer to all large and medium - sized industrial enterprises and small enterprises with scientific and technology.

14－24 大中型工业企业科技活动情况(2002－2007年)
Basic Statistics on Science and Technology Activities of Large and Medium-sized Industrial Enterprises(2002－2007)

单位:亿元(100 million yuan)

项目	Item	2002	2003	2004	2005	2006	2007
企业数 (个)	Number of Enterprises (unit)	1067	1939	3043	3220	3851	4295
#有科技活动企业数 (个)	Number of Enterprises with Scientific and Technoligical Activities (unit)	595	1192	1349	1734	2085	2468
企业有科技机构 (个)	Number of Research Institutions (unit)	394	660	947	1261	1603	1861
从业人员年平均人数 (万人)	Average Number of Employed Person (10000 person)	95.05	178.24	224.66	270.26	311.49	347.82
#工程技术人员 (万人)	Engineering (10000 person)	7.07	9.87	14.36	20.35	26.07	31.63
生产经营用机器设备原价	The Total Cost Price of Machines	1542.45	1999.44	3102.89	3545.14	4398.01	4876.74
#微电子控制	Micro－electronics Apparatus	225.49	274.14	381.54	825.54	885.15	917.60
科技活动人员 (万人)	Persons with Scientific and Technoligical Activities (10000 person)	4.50	7.82	7.95	11.35	13.96	15.47
#高中级职称人员 (万人)	Persons with Senior or Middle Titles (10000 person)	1.53	2.32	2.13	3.22	3.68	4.01
无高中级职称的大本以上人员 (万人)	Bachelors or the Above with Non Senior or Middle Titles (10000 person)	1.13	2.23	2.39	3.79	4.37	5.24
科技活动经费筹集额	Funding for S&T Activities	48.50	99.45	123.92	197.76	253.41	320.12
#来自政府部门的资金	Government Appropriation Funds	0.81	1.92	3.84	4.79	7.16	7.01
企业资金	Self－raised Funds by Enterprises	41.82	83.89	108.36	174.13	224.90	282.25
金融机构贷款	Loans From Finance Institutions	5.07	11.40	10.67	17.34	18.19	26.66
科技活动经费内部支出	Internal Expenditures on S&T Activities	37.17	74.97	106.17	161.24	207.82	266.82
#劳务费	Service Fees	10.85	19.64	28.67	42.69	56.97	70.18
原材料费	Material Costs	11.36	23.57	35.64	58.97	71.22	90.31
#新产品开发经费支出	Expenditure on New Product Development	24.19	48.79	65.20	140.90	180.59	239.09
用于科研的基建经费支出	Expenditure on Infrastructure Developments for R&D	2.56	6.30	8.81	11.05	11.97	13.35
委托外单位开发经费支出	Expenditure on Entrustment	6.06	10.20	9.51	18.75	14.41	20.69
研究与试验发展人员 (万人)	Persons Engaged in R&D (10000 person)	1.90	3.45	3.66	4.88	6.63	8.16
研究与试验发展经费支出	Expenditure on R&D	18.34	36.93	61.72	91.74	125.85	161.76
新产品产值	Output of New Product	591.37	1076.92	1580.12	2277.59	3122.75	4190.21
新产品销售收入	Sales income of New Porduct	526.98	1014.60	1529.78	2149.78	2946.83	4016.58
#出口	Export	110.09	232.12	456.12	598.19	904.12	1265.22
专利申请数 (项)	Patent Application (item)	807	3201	4078	5479	8752	13669
#发明专利 (项)	Patent of Invention (item)	185	600	1049	1206	1761	2154
拥有发明专利数 (项)	Owning Invention Patent (item)	250	753	1953	1967	3032	3661
技术改造经费支出	Expenditure for Technology Transform	134.80	221.45	232.82	245.47	253.53	296.06
技术引进经费支出	Expenditure for Acquisition of Foreign Technology	23.04	41.00	15.17	16.00	17.52	15.76
#引进设计、图纸、工艺配方、专利的支出	Expenditure for Acquisition of Foreign Design, Technics and Patent	1.55	2.72	3.12	4.76	5.21	7.53
消化吸收经费支出	Expenditure for Assimilation of Technology	2.38	1.97	3.51	4.60	7.65	9.71
购买国内技术经费支出	Expenditure for Purchasing of Domestic Technology	1.09	3.52	4.07	9.52	8.64	9.61

注:自2003年起统计口径做调整。 Since 2003, the statistical standards have been adjusted.

14－25　大中型工业企业科技活动情况(2007 年)
Basic Statistics on Scientific and Technological Activities in Large and Medium-sized Industrial Enterprises(2007)

项目	Item	企业办科技机构(个) Institutions Found by Enterprises (unit)	企业科技活动人员数(人) Persons Engaged in S&T Activities (person)	#科学家工程师 Engineering	#R&D 人员 Persons Engaged in R&D	科技活动经费筹集总额(万元) Funding for S&T Activities (10000 yuan)	#政府资金 Government Appropriation Funds
总计	**Total**	**1861**	**154748**	**92446**	**81642**	**3201195**	**70144**
按企业规模分	**By Scale**						
大型企业	Large－sized Enterprises	210	43160	27452	25382	1226164	27573
中型企业	Medium－sized Enterprises	1651	111588	64994	56260	1975031	42571
按登记注册类型分	**By Status of Registration**						
国有	State－owned Enterprises	23	3166	2341	1071	96820	2579
集体	Collective－owned Enterprises	12	676	382	464	17412	12
股份合作	Cooperative Enterprises	17	960	625	648	23981	162
国有联营	State Joint Ownership Enterprises	1	90	90		354	
国有与集体联营	Joint State－Collective Enterprises	2	185	120	185	3327	
其他联营	Other Joint Ownership Enterprises	3	114	55	81	858	53
国有独资公司	State Sole Funded Corporations	21	3872	2687	2182	74466	4638
其他有限责任公司	Other Limited Liability Corporations	435	37837	22533	19114	711524	15742
股份有限公司	Share－holding Corporations Limited	194	23662	14126	13476	653874	22253
私营独资	Private Funded Enterprises	18	656	435	376	15051	190
私营合伙	Private Partnership Enterprises	9	356	153	166	6080	5
私营有限责任公司	Private Limited Liability Corporations	645	41634	23860	21518	725446	13689
私营股份有限公司	Private Shrae－holding Corporations Ltd.	21	2087	1412	1008	31312	1384
与港澳台商合资经营	Joint Ventures with Hong Kong, Macao and Taiwan	137	8627	5103	4616	184712	2805
与港澳台商合作经营	Cooperative with Hong Kong, Macao and Taiwan	4	809	306	703	4193	7
港澳台商独资	Enterprises with Sole Fund From Hong Kong, Macao and Taiwan	57	7818	5731	4818	191564	1250
港澳台商投资股份有限公司	Share－holding Corporations Ltd. with Fund From Hong Kong, Macao and Taiwan	5	509	385	414	16831	592
中外合资经营	Sino－foreign Joint Ventures	169	12327	6593	5679	247696	2198
中外合作经营	Sino－foreign Cooperation Enterprises	7	601	422	114	8230	110
外商独资	Foreign Sole Funded Corporations	70	7663	4444	4405	171619	1558
外商投资股份有限公司	Share－holding Corporations Ltd.	11	1099	643	604	15846	919
按隶属关系分	**By Relationship**						
中央企业	Central Enterprises	16	1453	1223	608	21569	2412
省属企业	Provincial Enterprises	24	3243	2044	1274	51869	2329
地属企业	Municipal Enterprises	62	6719	4088	4098	139275	4075
县及县以下	County and Below County Level	1759	143333	85091	75662	2988481	61329

14－25 续表 continued

项目	Item	科技活动经费内部支出 Internal Expenditures on S&T Activities	#R&D支出 Expenditure on R&D	#新产品开发经费支出 Expenditure on New Product Development	委托外单位开发经费支出 Expenditure on Entrustment	用于科研的基建经费支出 Expenditure on Infrastructure Developments for R&D	发明专利申请数（项） Patent Applications Accepted (Item)
总计	**Total**	**2668159**	**1617569**	**2390936**	**206949**	**133499**	**2154**
按企业规模分	**By Scale**						
大型企业	Large－sized Enterprises	998503	697353	927106	109576	28978	951
中型企业	Medium－sized Enterprises	1669656	920216	1463829	97373	104521	1203
按登记注册类型分	**By Status of Registration**						
国有	State－owned Enterprises	84899	42446	76836	12130	2322	24
集体	Collective－owned Enterprises	7138	3091	5269	615	943	20
股份合作	Cooperative Enterprises	12253	8723	10301	334	784	3
国有联营	State Joint Ownership Enterprises	354		354			
国有与集体联营	Joint State－Collective Enterprises	3327	3327	3327		2	
其他联营	Other Joint Ownership Enterprises	1123	941	1054	43	7	
国有独资公司	State Sole Funded Corporations	66857	43007	58633	6185	1103	14
其他有限责任公司	Other Limited Liability Corporations	588269	339347	520909	48226	32369	403
股份有限公司	Share－holding Corporations Limited	480692	297898	441512	81072	19328	315
私营独资	Private Funded Enterprises	14609	7981	14173	303	726	8
私营合伙	Private Partnership Enterprises	4686	3088	4346	1294	88	3
私营有限责任公司	Private Limited Liability Corporations	621060	338603	551631	27071	36789	365
私营股份有限公司	Private Shrae－holding Corporations Ltd.	28925	18955	27094	782	1182	54
与港澳台商合资经营	Joint Venture with Hong Kong, Macao and Taiwan	152586	89148	133259	5886	8757	145
与港澳台商合作经营	Cooperative with Hong Kong, Macao and Taiwan	4354	3536	4354	87	755	2
港澳台商独资	Enterprises with Sole Fund From Hong Kong, Macao and Taiwan	182886	156375	176695	8628	13350	537
港澳台商投资股份有限公司	Share－holding Corporations Ltd. with Fund From Hong Kong, Macao and Taiwan	12109	11278	11258	2042	638	1
中外合资经营	Sino－foreign Joint Ventures	211555	112367	168962	10991	8624	125
中外合作经营	Sino－foreign Cooperation Enterprises	8090	2847	7928			32
外商独资	Foreign Sole Funded Corporations	167165	126689	159263	1120	2717	95
外商投资股份有限公司	Share－holding Corporations Ltd.	15223	7923	13779	142	3019	6
按隶属关系分	**By Relationship**						
中央企业	Central Enterprises	18723	10817	15254	2397	2941	21
省属企业	Provincial Enterprises	47502	22282	36695	3743	1194	33
地属企业	Municipal Enterprises	124023	79946	110164	14388	2433	36
县及县以下	County and Below County Level	2477911	1504524	2228824	186421	126932	2064

14－26 "星火"计划项目情况
Basic Statistics on "Sparkle Plan" Programmes

项 目	Item	验收项目数（项）Programmes (item)			新增经济效益（万元）Newly Added Economic Efficiency (10000 yuan)					
					新增产值 Newly Added Output Value			新增利税 Newly Added Profits and Taxes		
		2005	2006	2007	2005	2006	2007	2005	2006	2007
合计	**Total**	**333**	**430**	**412**	**337189**	**355503**	**629174**	**68226**	**68211**	**97933**
国家级	Country Level	40	55	48	146214	227333	288457	30415	44847	49478
省级	Province Level	49	36	44	82560	77189	137370	17064	15849	18955
市县级	City and County Level	244	339	320	108415	50981	203347	20747	7515	29500

14－27 "星火"计划项目情况（1986－2007 年）
Basic Statistics on "Sparkle Plan" Programmes (1986－2007)

单位：项（item）

年 份 Year	国家级 Country Level		省级 Province Level		市县级 City and County Level	
	立项 Programmmes	验收 Checked and Accepted	立项 Programes	验收 Checked and Accepted	立项 Programes	验收 Checked and Accepted
1986	29	7	70	188	203	44
1987	33	3	71	11	191	21
1988	38		66	2	185	2
1989	10		71	3	208	6
1990	28	8	79	44	298	102
1991	37	9	81	66	343	159
1992	37	26	89	65	413	161
1993	44	40	149	78	246	124
1994	43	14	152	34	302	100
1995	45	19	165	54	379	175
1996	58	17	119	38	509	165
1997	74	26	144	37	587	193
1998	82	35	144	35	636	200
1999	79	42	143	75	656	285
2000	80	54	171	83	540	261
2001	88	39	156	61	665	303
2002	100	35	84	45	785	535
2003	115	58	138	65	831	498
2004	118	65	116	51	493	330
2005	107	40	131	49	591	244
2006	147	55	132	36	495	339
2007	165	48	23	44	537	320

注：从 2007 年起，我省"星火"计划项目管理口径发生变化。
The data of "Sparkle Plan" Programmes by province level are adjusted since 2007.

14－28 科协系统科技活动情况(2007 年)
Basic Statistics on Scientific and Technological Activities (2007)

项目		Item		科协合计 Total Associations for Science and Technology System		省科协 Associations at province Level		市科协 Associations at City level		县级科协 Associations at County Level	
				2006	2007	2006	2007	2006	2007	2006	2007
机构数	**(个)**	**Institutions**	**(unit)**	**102**	**102**	**1**	**1**	**11**	**11**	**90**	**90**
人员数	**(人)**	**Personnel**	**(person)**	**1157**	**1158**	**122**	**142**	**373**	**348**	**662**	**668**
学术活动		**Academic Activities**									
学术会议		Academic Meetings									
次数	(次)	Number	(time)	775	1059	15	5	360	581	400	473
参加人数	(人)	Participants	(person)	178510	205800	2840	2030	113250	128370	62420	75428
科技培训		Training									
办培训班	(个)	Training Classes	(class)	5988	9519	79	63	510	1343	5399	8113
培训人次	(人次)	Persons Trained	(person－time)	611616	775724	3200	3272	53034	166240	555382	606212
科普活动		Activities for Popular Science									
讲座次数	(次)	Lectures	(time)	6513	6245	8	13	1071	1256	5434	4976
听讲人数	(人次)	Participants	(person-time)	1913175	1684822	5200	5200	382681	211690	1525294	1467932
展览次数	(次)	Exhibitions	(time)	1763	2241	37	40	181	170	1545	2031
参观人数	(人次)	Participants	(person-time)	4167204	3927521	176000	310500	1174086	935700	2817118	2681321
咨询活动		Consultative Activities									
完成合同	(项)	Consultative Contracts Completed	(kind)	1773	2687	1180	1178	253	1066	340	443
合同实现金额	(千元)	Funds of Contracts Completed	(1000 yuan)	161037	303951	136000	141000	10700	106098	14337	56853
技术交易额	(千元)	Transaction Value of Technology	(1000 yuan)	158482	290233	136000	141000	10700	101210	11782	48023
出版		**Publications**									
编著科技图书	(种)	Books Edited	(kind)	119	145			17	16	102	129
年发行总量	(册)	Number of Annual Published	(copy)	499700	1063580			99400	100100	400300	963480

14－29 科协系统省级学会情况(2001－2007年)
Basic Statistics on Academy in Science System(2001－2007)

项目		Item		2001	2002	2003	2004	2005	2006	2007
机构数	**(个)**	**Institutions**	**(unit)**	**133**	**138**	**144**	**147**	**149**	**149**	**153**
会员数	**(人)**	**Personnel**	**(person)**	**134412**	**158487**	**135243**	**132062**	**148298**	**158427**	**155008**
学术活动		**Academic Activities**								
学术会议		Domestic Academic Meetings								
次数	(次)	Number	(time)	488	468	486	517	567	634	652
参加人数	(人)	Participants	(person)	47425	46336	48904	58954	66100	76158	70349
交流论文数	(篇)	Papers Presented	(paper)	19728	12378	16904	14092	22988	2115	33617
科技培训		Training								
办培训班	(个)	Training Class	(class)	242	282	326	350	286	460	440
培训人次	(人次)	Persons Trained	(person－time)	16237	20744	24910	25754	20625	45929	56007
继续教育	(人次)	Continuing Education	(person－time)	6135	4203	9208	4821	7354	11263	14929
科普活动		Activities for Popular Science								
讲座次数	(次)	Lectures	(time)	373	321	328	588	696	668	674
听讲人数	(人次)	Participants	(person-time)	72361	37053	65740	77955	117214	322887	208156
展览次数	(次)	Exhibitions	(time)	37	48	105	88	118	71	72
参观人数	(人次)	Participants	(person-time)	97880	110317	307790	326814	445843	153108	268860
青少年科技竞赛次数	(次)	Teenagers Participating in Science-technology Competitions	(unit)	44	23	30	30	33	41	50
咨询活动		Consultative Activities								
完成合同	(项)	Consultative Contracts Completed	(kind)	238	268	283	309	319	245	211
合同实现金额	(千元)	Funds of Fulfillment Contracts	(1000 yuan)	20555	8426	11549	12591	38009	8057	52289
技术交易额	(千元)	Transaction Value of Technology	(1000 yuan)	4220	3009	7437	2573	2682	3178	51024
出版		**Publications**								
主办科技期刊	(种)	Journals by held	(kind)	38	14	51	51	42	46	42
年发行总数	(册)	Number of Copies Distributed	(copy)	569530	236600	1712535	999100	1052500	1382500	1448900
编著科技图书	(种)	Academic Newspaper	(kind)	133	78	178	21	24	36	32
年发行总量	(册)	Number of Copies Distributed	(copy)	394200	259300	306800	95000	160500	91500	130800

14－30 专利申请量和授权量
Patent Applications Accepted and Approved

项 目	Item	2000	2003	2004	2005	2006	2007
申请量合计(项)	**Number of Patent Applications Accepted(item)**	**10316**	**21463**	**25294**	**43221**	**52975**	**68933**
发明	Inventions	859	2750	3578	6776	8328	9532
实用新型	Utility Models	4439	7758	9021	12723	15929	19270
外观设计	Outward Designs	5018	10955	12695	23722	28718	40131
授权量合计(项)	**Number of Patent Applications Approved(item)**	**7495**	**14402**	**15249**	**19056**	**30968**	**42069**
发明	Inventions	184	398	785	1110	1423	2213
实用新型	Utility Models	3439	4928	5492	6778	10489	16108
外观设计	Outward Designs	3872	9076	8972	11168	19056	23748

14－31 测绘部门主要指标完成情况
Major Indicators of Surveying and Mapping Departments

项 目		Item		2001	2002	2003	2004	2005	2006	2007
测绘工作产值	(万元)	Gross Output Value	(10000 yuan)	31615	42126	55357	73011	78758	91092	98634
年末测绘人数	(人)	Personnel	(person)	4767	5398	5637	6616	7324	7741	7796
劳动生产率	(元/人)	Overall Labor Productivity	(yuan/person)	66320	78041	98202	110355	107534	117675	126500
地形图测图	(幅)	Mapping	(map)	39350	57309	54061	65111	68210	54628	57855
各等级三角导线，GPS 测量	(点)	Trigonometrical Survey	(point)	10229	13159	14747	11811	11801	12155	11915
各等级水准测量	(公里)	Level Survey	(km)	10507	8918	18719	13736	14712	21611	15065
编制各种专题图	(幅)	Maps of Special Subject	(map)	649	467	396	2028	3001	9334	7602
提供各种比例尺地形图	(张)	Topographic Maps of All Kinds	(piece)	15531	17295	20392	17362	20721	33564	68443
提供航摄照片	(片)	Aetial Photograph	(piece)	8192	5560	5780	4372	213		
提供大地控制点成果	(点)	Geodesic Results	(point)	993	3727	3562	1525	1455	3011	14368

14－32 标准计量、质量监督机构和人员数(2001－2007年)
Institutions and Personnel Engaged in Standard Measuring and Quality Supervising(2001－2007)

项 目		Item		2001	2002	2003	2004	2005	2006	2007
质量技术监督行政部门及其技术机构	(个)	Number of Institutions Engaged in Standard Measuring	(unit)	157	166	186	190	186	192	190
省级机构数	(个)	Institutions at Province Level	(unit)	10	11	14	14	14	15	15
市级机构数	(个)	Institutions at City Level	(unit)	45	48	56	55	52	51	51
县(市、区)级机构数	(个)	Institutions at County Level	(unit)	102	107	116	121	120	126	124
产品质量监督检验机构数	(个)	Number of Institutions Engaged in Quality Supervising	(unit)	151	166	176	810	943	987	1024
省级院	(所)	Institutions at Province Level	(unit)	58	60	68	144	151	121	125
市级院	(所)	Institutions at City Level	(unit)	45	39	44	418	507	392	406
县级院	(所)	Institutions at County Level	(unit)	48	67	64	248	285	474	493
年末职工总数	(人)	Number of Staff anf Workers year－end	(person)	4113	4551	4552	4761	4903	5133	5295
专业技术人员	(人)	Specialized Technological Personnel	(person)	2056	2123	2190	2224	2330	2433	2545
业务管理人员	(人)	Professional Management Personnel	(person)	729	597	587	655	668	774	701
行政人员	(人)	Administrative Porsonnel	(person)	915	1408	1429	1515	1471	1544	1621
工人	(人)	Workers	(person)	413	429	346	367	434	382	428
已建省级社会公用计量标准	(大类)	Social Public Measurement Standard Established at Province Level	(kind)	10	10	10	10	10	10	10
已建市级社会公用计量标准	(大类)	Social Public Measurement Standard Established at City Level	(kind)	10	10	10	10	10	10	10
已开展强制检定工作计量器具	(项)	Measurement Implement Tested Compulsively	(kind)	52	49	48	683	41	43	42

14－32 **续表** continued

项　目		Item		2001	2002	2003	2004	2005	2006	2007
强制检定计量器具实际检出数	（万台件）	Actual Quantity Checked by Measurement Implement Tested Compulsively	(10000 units)	48	134	76	58	61	96	140.77
计量仪器检定	（万台件）	Quantity Checked by Measurement Implement	(10000 units)	109	268	107	143	135	135	150.2
产品质量监督检验受检企业数	（个）	Number of Enterprises Passed Quality Check	(unit)	23877	22819	22780	17113	19999	25612	25101
本年度财政拨款	（万元）	Financial Allocations	(10000 yuan)	15993	21194	26134	43060	51823	59348	85812
#省级机构拨款		Province Level		2914	3911	3578	8154	9353	11118	22704
市级机构拨款		City Level		5397	6146	9306	13985	16967	19605	25263
县级机构拨款		County Level		7682	11137	13250	20920	25502	28625	37845
固定资产总值	（万元）	Total Value of Fixed Assets	(10000 yuan)	42340	48250	68268	74754	87220	116160	138284
省级固定资产		Province Level		6305	10010	13979	15263	19049	18729	24988
市级固定资产		City Level		15381	17456	21473	24213	27863	43790	53829
县级固定资产		County Level		20651	20784	32816	35278	40308	53641	59466
现有工作用房	（万平方米）	Floor Space of Working Houses	(sq. m)	18.84	21.63	26.99	35.37	31.32	34.48	33.44
标准馆藏总量	（万件）	Volume of Standard Measurement Implement Collected	(10000 pieces)	7.5	9.5	20	20	20	20	25
国内标准		Domestic Standard		5	5	12.4	16	15	13	13.5
国外标准		Foreign Standard		2.5	4.5	7.6	4	5	7	11.5
打击假冒伪劣案件立案数	（个）	Cases of Imitions and Poor Guantity Products Registered	(case)	11736	11989	11085	10667	9889	11000	10310

14－33　按行业分的事业单位专业技术人员(2007年)
Specialized Technical Personnel in Enterprises by Sector(2007)

单位:人(person)

项目	Item	总数 Total	按职务分 By Post 高级职务 Senior	#正高级职务 Chief Senior	中级职务 Medium	初级职务 Junior	未聘任专业技术职务 Not Appointed
总数	**Total**	**742675**	**73018**	**6704**	**302427**	**328284**	**38946**
农林牧渔业	Farming, Forestry, Animal Husbandry and Fishery	29654	1702	66	10467	16321	1164
交通运输仓储及邮电通讯业	Transport, Storage, Post and Telecommunications	8956	683		3476	4470	327
信息传输、计算机服务和软件业	Information Transfer, Computer Services and Software	1084	86		370	523	105
金融保险业	Banking and Insurance	542	18		230	294	
租赁和商务服务业	Leasing and Commercial	1652	50		579	880	143
科学研究技术服务和地质勘查业	Scientific Research and Technic Services and Geological Prospecting	15831	3050	217	6383	5745	653
水利环境和公共设施管理业	Water Conservancy, Environment and Public Facilities Management	17474	1391	15	6562	8865	656
居民服务和其他服务业	Resident Services and Other Services	3914	223	5	1206	2254	231
教育	Education	437900	48021	3311	197327	171976	20576
卫生、社会保障和社会福利业	Health Care, Social Securities and Social Welfare	171435	13647	2563	55800	91209	10779
文化体育和娱乐业	Culture, Sports and Recreation	28759	3049	513	10641	13003	2064
其他行业	Others	25474	1098	14	9386	12744	2246

14－33 **续表** continued

项目	Item	按专业分 By Occupation					
		#工程技术人员 Engineering	#农业技术人员 Agriculture	#科学技术人员 Scientific Research	#卫生技术人员 Medical Professionals	#教学人员 Teaching	#其他专技人员 Others
总数	**Total**	**57595**	**18694**	**6045**	**158720**	**422805**	**78816**
农林牧渔业	Farming, Forestry, Animal Husbandry and Fishery	8130	16554	8	170	47	4745
交通运输仓储及邮电通讯业	Transport, Storage, Post and Telecommunications	4405	12		10	41	4488
信息传输、计算机服务和软件业	Information Transfer, Computer Services and Software	771	1		1	8	303
金融保险业	Banking and Insurance	20			4		520
租赁和商务服务业	Leasing and Commercial	442	6	5	19	24	1156
科学研究技术服务和地质勘查业	Scientific Research and Technic Services and Geological Prospecting	10317	575	1988	223	81	2647
水利环境和公共设施管理业	Water Conservancy, Environment and Public Facilities Management	12700	264	61	67	34	4348
居民服务和其他服务业	Resident Services and Other Services	2231	66	2	50	12	1553
教育	Education	2939	85	3781	1872	421135	8088
卫生、社会保障和社会福利业	Health Care, Social Securities and Social Welfare	2620	131	142	155618	571	12353
文化体育和娱乐业	Culture, Sports and Recreation	4820	24	24	98	516	23277
其他行业	Others	8200	976	34	588	336	15338

14－34 按行业分的企业单位专业技术人员(2007 年)
Specialized Technical Personnel in Enterprises by Sector(2007)

单位:人(person)

项目	Item	总数 Total	按职务分 By Post 高级职务 Senior	#正高级职务 Cheif Senior	中级职务 Medium	初级职务 Junior	未聘任专业技术职务 Not Appointed
总数	**Total**	**97864**	**5014**	**86**	**27546**	**51259**	**14045**
农林牧渔业	Farming, Forestry, Animal Husbandry and Fishery	1199	29	1	265	813	92
交通运输仓储及邮电通讯业	Transport, Storage, Post and Telecommunications	14321	589		4363	8508	861
信息传输、计算机服务和软件业	Information Transfer, Computer Services and Software	791	39		126	262	364
金融保险业	Banking and Insurance	4262	90	1	1311	2400	461
租赁和商务服务业	Leasing and Commercial	2726	31	1	623	1516	556
科学研究技术服务和地质勘查业	Scientific Research and Technic Services and Geological Prospecting	1880	321	2	646	758	155
水利环境和公共设施管理业	Water Conservancy, Environment and Public Facilities Management	2776	136	5	717	1642	281
居民服务和其他服务业	Resident Services and Other Services	1693	57	1	406	1036	194
教育	Education	390	45	8	112	207	26
卫生、社会保障和社会福利业	Health Care, Social Securities and Social Welfare	51			10	41	
文化体育和娱乐业	Culture, Sports and Recreation	1825	187	38	522	803	313
其他行业	Others	65950	3490	29	18445	33273	10742

14－34 续表 continued

项目	Item	按专业分 By Occupation					
		#工程技术人员 Engineering	#农业技术人员 Agriculture	#科学技术人员 Scientific Research	#卫生技术人员 Medical Professionals	#教学人员 Teaching	#其他专技人员 Others
总数	**Total**	**42981**	**685**	**131**	**3863**	**772**	**49432**
农林牧渔业	Farming, Forestry, Animal Husbandry and Fishery	555	168		20	2	454
交通运输仓储及邮电通讯业	Transport, Storage, Post and Telecommunications	6174	9		151	83	7904
信息传输、计算机服务和软件业	Information Transfer, Computer Services and Software	405		23		14	349
金融保险业	Banking and Insurance	216		1	3	5	4037
租赁和商务服务业	Leasing and Commercial	248	2		750	4	1722
科学研究技术服务和地质勘查业	Scientific Research and Technic Services and Geological Prospecting	1640		17		1	222
水利环境和公共设施管理业	Water Conservancy, Environment and Public Facilities Management	1632	34	3	3	8	1096
居民服务和其他服务业	Resident Services and Other Services	726	9		12	12	934
教育	Education	9			3	339	39
卫生、社会保障和社会福利业	Health Care, Social Securities and Social Welfare				48		3
文化体育和娱乐业	Culture, Sports and Recreation	268		1	2	7	1547
其他行业	Others	31108	463	86	2871	297	31125

浙/江/统/计/年/鉴

主要统计指标解释

■ 普通高等学校

指按照国家规定的设置标准和审批程序批准举办,通过国家统一招生考试,招收高中毕业生为主要培养对象,实施高等教育的全日制大学、独立设置的学院和高等专科学校、短期职业大学。

■ 成人高等学校

指按照国家有关规定审批,招收通过全国成人高教统一招生考试的具有高中毕业或同等学历的在职从业人员利用脱产、半脱产、业余或函授等多种形式对其实施高等学历教育,培养高等教育专科或本科毕业水平的专门人才,修业年限、课程设置和总学时数均按高等学历教育要求付诸实施的学校。包括广播电视大学、职工高等学校、农民高等学校、管理干部学院、教育学院、独立设置的函授学院等。

■ 小学学龄儿童入学率

指调查范围内已入小学学习的学龄儿童占校内外学龄儿童总数(包括弱智儿童在内,但不包括盲聋哑儿童)的比重。计算公式

$$\text{小学学龄儿童入学率}=\frac{\text{已入学的小学学龄儿童数}}{\text{校内外小学学龄儿童总数}}\times 100\%$$

■ 独立研究与开发机构

指有明确的任务和研究方向,有一定学术水平的业务骨干和一定数量的研究人员,具有研究、开发、开展学术工作的基本条件,主要进行科学研究与技术开发活动,并且在行政上有独立的组织形式,财务上独立核算盈亏,有权与其他单位签订合同,在银行有单独户头的单位。包括国务院各部门、中国科学院、中国社会科学院和各省、自治区、直辖市以及地(市)以上(含地,市)各部门所属的国有独立的科学研究与技术开发机构。

■ 科学家和工程师

指具有大学本科及以上学历的和不具备上述学历但有高、中级职称的人员。

ZHEJIANG STATISTICAL YEARBOOK

Explanatory Notes on Main Statistical Indicators

□ Regular Institutions of Higher Education

refer to educational establishments set up according to the government evaluation and approval procedures, enrolling graduates from senior secondary schools and providing higher education courses and training for senior professionals. They include full-time universities, colleges, high professional schools and short-term professional universities.

□ Institutions of Higher Education for Adults

refer to educational establishments, set up in line with relevant rules approved by the government, enrolling staff and workers with senior secondary school or equivalent education, and providing higher education courses in many forms of full-time, part-time, spare-time, or correspondence for adults. Professionals thus trained receive a qualification equivalent to graduates studying regular courses at regular universities, colleges and professional colleges. Institutions of higher learning for adults include Radio and TV universities, schools of high education for staff and workers and peasants, colleges for management cadres, pedagogical colleges, independent correspondence colleges.

□ Enrollment Rate of Primary School-age Children

refers to the proportion of school-age children enrolled at schools to the total number of school-age children both in and outside schools (including retarded children, but excluding blind, deaf and mute children). The formula is:

$$\text{Enrollment Rate of Primary School-age Children} = \frac{\text{Total Primary School-age Children at Schools}}{\text{Total Primary School-age Children Both at and Outside Schools}} \times 100\%$$

□ Independent Research and Development Institutions

refer to the state-owned insitutions which have direct mission and research purpose, a certain number of core member with higher research level and a certain number of research personnel, favorable conditions for R&D and engaging in scientific rese arch and technological development. The institutions also have their own indepen dent organization and finance, authority to sign contracts with other units, with their own accounts in banks. Independent research and development institutions include the institutions attached to central government agencies, Chinese Acade my of Sciences. Chinese Academy of Social Sciences and the institutions attached to local governments.

□ Scientists and Engineers

refer to persons who have completed university or higher education or obtained titles of senior and middle-level professional positions.

2008

浙江统计年鉴

ZHEJIANG STATISTICAL YEARBOOK

CHAPTER 15

文化、体育和卫生

Culture, Sports and Public Health

15-1 文化、艺术、文物事业单位数(1978-2007年)
Number of Institutions for Culture, Art and Cultural Relic(1978-2007)

单位:个(unit)

年 份 Year	电影放映单位 Film Projection Units	艺术表演团体 Art Performance Troupes	文化馆、站 Cultural Centers, Stations	#文化馆 Cultural Centers	公共图书馆 Public Libraries	博物馆 Museums
1978	4375	128	1125	76	63	19
1979	4320	161	1332	79	69	17
1980	4218	170	1659	79	69	19
1981	4126	147	1753	79	70	20
1982	4095	135	2124	82	73	20
1983	4625	131	2954	86	73	20
1984	5242	133	3607	91	74	21
1985	5592	126	3598	93	76	21
1986	5375	122	3617	95	78	35
1987	5089	112	3619	93	80	40
1988	4896	98	3501	87	80	45
1989	4673	90	3547	87	80	47
1990	4580	90	3554	85	80	51
1991	4436	91	3695	85	80	55
1992	4050	89	2065	84	80	55
1993	3600	89	2033	84	81	58
1994	3327	87	2010	84	82	58
1995	3029	83	1974	83	81	59
1996	2817	85	2114	83	81	61
1997	2766	86	2014	83	81	63
1998	2723	82	2016	83	82	68
1999	2381	82	1956	84	83	69
2000	2129	79	1932	84	83	65
2001	1868	80	1640	86	83	69
2002	1984	80	1676	86	83	70
2003	83	77	1650	87	83	70
2004	1758	71	1634	87	84	73
2005	1505	68	1592	87	90	73
2006	1829	68	1593	87	92	72
2007	1626	71	1582	87	93	75

注:2003年电影放映单位为发行机构数。
The film projection units in 2003 had been changed to publishing institutions.

15－2 文化事业机构和人员数(2007 年)
Number of Cultural Institutions and Persons(2007)

单位：个、人(unit,person)

类别	Category	总计 Total 机构数 Institutions	总计 Total 人数 Persons	#文化部门 Cultural Department 国有单位 State－owned Units 机构数 Institutions	国有单位 State－owned Units 人数 Persons	集体单位 Collective－owned Units 机构数 Institutions	集体单位 Collective－owned Units 人数 Persons
总　　计	**Total**	2078	19686	2053	19278	1	11
艺术事业	Art Institutions	141	5042	132	4792	1	11
公共图书馆	Public Libraries	93	2332	93	2332		
群众文化事业	Mass Culture	1582	5154	1582	5154		
艺术教育事业	Art and Education	5	647	5	647		
文艺科研	Culture,Art and Science Research	6	187	6	187		
其他文化事业	Other Cultural Institutions	54	2641	51	2620		
文物业	Cultural Relic	197	3683	184	3546		

15－3 电影放映情况
Conditions of Film Projection

项　目	Item	2001	2002	2003	2004	2005	2006	2007
放映单位　　（个）	**Projection Units　(unit)**	**1868**	**1984**	**83**	**1758**	**1505**	**1829**	**1626**
放映场次　（万场）	Number of Projection　(10000 shows)	17	17	19	24	25	27	33
观众人数（万人次）	Number of Audiences（10000 person－times)	1331	602	496	557	588	600	871
放映收入　（万元）	Projection Income　(10000 yuan)	6797	8382	8832	12166	13115	14000	21000

15－4 群众艺术馆、文化馆(站)业务活动和经费情况

Basic Statistics on Activities and Expenditures of Mass Art Centers and Cultural Centers

单位：亿元(100 million yuan)

项 目		Item		总 计 Total 2005	2006	2007	群众艺术馆 Mass Art Centers 2005	2006	2007
单位数	**(个)**	**Number of Units**	**(unit)**	**1592**	**1593**	**1582**	**12**	**12**	**12**
举办展览	(个)	Number of Exhibitions	(unit)	8065	12121	6160	100	187	171
组织文艺活动	(次)	Entertainment Activities	(time)	23580	25657	40427	285	751	539
举办训练班班次	(次)	Number of Training Classes	(time)	11354	13869	19129	515	361	850
结业人次	(千人次)	Persons Completing Courses	(1000 person-times)	464	550	861	12	8	14
群众艺术馆、文化馆负责指导单位		**Units Responsible for Guiding Mass Art Centers and Cultural Centers**							
农村集镇文化中心	(个)	Cultural Centers in Towns	(unit)	850	843	1012	31	47	118
基层文化示范点文化俱乐部(室)	(个)	Cultural Clubs	(unit)	663	1316		30	49	
文化户	(户)	Households Specializing in Cultural Activities	(household)	21005	38882	26301	44	71	220
群众业余演出团队	(个)	Part-time Art Groups	(unit)	2891	3700	5817	465	462	153
总支出	**(万元)**	**Total Expenditures**	**(10000 yuan)**	**39851**	**45336**	**60163**	**4981**	**5730**	**6460**
#事业支出		Operating Expenditures		38062	44899	56431	4951	5721	6389

15－4 **续表** continued 单位：亿元(100 million yuan)

项 目	Item	文化馆 Cultural Centers 2005	文化馆 Cultural Centers 2006	文化馆 Cultural Centers 2007	国办文化站 Cultural Stations Run by State－Owned 2005	国办文化站 Cultural Stations Run by State－Owned 2006	国办文化站 Cultural Stations Run by State－Owned 2007
单位数 (个)	**Number of Units (unit)**	**87**	**87**	**87**	**1493**	**1494**	**1483**
举办展览 (个)	Number of Exhibitions (unit)	731	860	676	7234	11074	5313
组织文艺活动 (次)	Entertainment Activities (time)	5028	4708	6728	18267	20198	33160
举办训练班班次 (次)	Number of Training Classes (time)	2705	3463	3352	8134	10045	14927
结业人次 (千人次)	Persons Completing Courses (1000 person-times)	66	79	98	386	463	749
群众艺术馆、文化馆负责指导单位	**Units Responsible for Guiding Mass Art Centers and Cultural Centers**						
农村集镇文化中心 (个)	Cultural Centers in Towns (unit)	819	796	894			
基层文化示范点文化俱乐部(室) (个)	Cultural Clubs (unit)	633	1267				
文化户 (户)	Households Specializing in Cultural Activities (household)	3636	3869	4499	17325	34942	21582
群众业余演出团队 (个)	Part-time Art Groups (unit)	2426	3238	5664			824
总支出 (万元)	**Total Expenditures (10000 yuan)**	**13202**	**14542**	**18575**	**21668**	**25065**	**35128**
#事业支出	Operating Expenditures	11696	14257	17647	21416	24921	32396

15－5 博物馆、文物保护管理单位基本情况
Basic Statistics on Museums and Cultural Relic Protection & Management Agencies

项 目		Item		博物馆 Museums			文物保护管理单位 Protection & Management Agencies		
				2005	2006	2007	2005	2006	2007
单位数	**（个）**	**Number of Units**	**（unit）**	**73**	**72**	**75**	**91**	**92**	**91**
藏　品	**（件）**	**Number of Collections**	**（case）**	**508893**	**523515**	**549879**	**74886**	**79280**	**76353**
#一级品		Grade One		1391	2609	1650	278	291	271
业务活动		**Vocational Activities**							
陈列、展览	（个）	Number of Displays(Exhibitions)	（unit）	546	573	583	92	123	104
参观人数	（万人次）	Number of Visitors	（10000 person－times）	806	981	1101	948	1180	1812
本年收入	**（万元）**	**Total Income**	**（10000 yuan）**	**21066**	**22209**	**28698**	**31393**	**30377**	**39179**
经费支出	**（万元）**	**Total Expenditure**	**（10000 yuan）**	**16268**	**20281**	**23432**	**22584**	**23135**	**28811**
#维修费	（万元）	Maintenance Expenses	（10000 yuan）	848	1077	950	4269	3450	3676
固定资产原值	**（万元）**	**Original Value of Fixed Assets**	**（10000 yuan）**	**44076**	**57594**	**59414**	**18594**	**23363**	**26591**

15－6 公共图书馆基本情况
Basic Statistics on Public Libraries

项 目		Item		2001	2002	2003	2004	2005	2006	2007
单位数	**（个）**	**Number of Units**	**（unit）**	**83**	**83**	**83**	**84**	**90**	**92**	**93**
从业人员	（人）	Staff and Workers	（person）	1949	1924	1932	1999	2122	2433	2332
藏　书	**（万册）**	**Total Collections**	**（10000 volumes）**	**1773**	**1848**	**1918**	**2087**	**2324**	**2497**	**2699**
发放借书证数	（万个）	Number of Library Cards Distributed	（10000 units）	36	45	48	59	63	83	97
书刊外借人次	（万人次）	Number of Persons Borrowing Books	（10000 person－times）	597	582	614	641	672	815	981
书刊外借册次	（万册次）	Number of Books Bo－rrowed by the Readers	（10000 volume－times）	1141	1156	1087	1099	1233	1612	1919
经费总支出	**（万元）**	**Total Expenditure**	**（10000 yuan）**	**9930**	**12229**	**16506**	**18951**	**22905**	**25951**	**31151**
本年新购图书	（万册）	Number of Books Purchased During the Year	（10000 volumes）	58	78	76	102	142	191	202
固定资产原值	**（万元）**	**Original Value of Fixed Assets**	**（10000 yuan）**	**32924**	**51564**	**59006**	**69211**	**70028**	**82918**	**93057**
建筑面积	**（万平方米）**	**Floor Space of Buildings**	**（10000 sq. m）**	**28**	**28**	**30**	**36**	**41**	**45**	**47**
阅览室座席数	**（千个）**	**Seating Capacity of Reading Rooms**	**（1000 seats）**	**2**	**2**	**20**	**21**	**25**	**28**	**28**

15－7 报纸和杂志出版数量
Number of Newspapers and Magazines Published

项 目	Item	种数(种) Number of Publications (kind)			总印量 (万册、万份) Total Printed Copies (10000 Copies)			总印张 (千印张) Total Printed Sheets (1000 sheets)		
		2005	2006	2007	2005	2006	2007	2005	2006	2007
报 纸	**Newspaper**	**70**	**70**	**70**	**264913**	**280261**	**291048**	**12819128**	**12441926**	**12917060**
综合报	Synthetical Newspapers	45	45	47	223547	228093	247279	11813154	10615249	11308617
专业报	Special Newspapers	25	25	23	41366	52168	43769	1005974	1826677	1608443
杂 志	**Magazines**	**218**	**218**	**218**	**9016**	**8009**	**8082**	**319879**	**304191**	**327935**
综 合	Synthesis	47	47	49	1070	710	1402	67660	59582	102602
哲学、社会科学	Philosophy and Social Science	36	36	32	1046	2240	908	50456	79990	34083
自然科学技术	Natural Science and Technology	98	100	104	517	576	462	29426	29246	25010
文化教育	Culture and Education	24	13	13	5921	1401	940	153168	38472	33250
文学艺术	Literature and Arts	11	12	11	447	411	567	18502	18450	36130
画 刊	Pictorial	2	2	2	15	22	398	667	988	7992
#少年儿童读物	Books for Children	7	8	6	4685	2649	3405	117057	77463	88868

15－8 图书出版数量
Number of Books Published

项 目	Item	本版图书种数(种) Number of Publications (kind)		租型图书种数(种) Number of Publications for Lease (kind)		总印数 (万册、万份) Total Printed Copies (10000 Copies)		总印张 (千印张) Total Printed Sheets (1000 sheets)	
		2006	2007	2006	2007	2006	2007	2006	2007
图书总计	**Total**	**7288**	**6986**	**292**	**289**	**27026**	**25656**	**1628931**	**1633112**
使用《中国标准书号》部分合计	Publications with "China Standard Book Number"	6839	6326	292	289	26159	24775	1602003	1600063
#哲学	Philosophy	60	91			30	47	4173	6224
社会科学总论	General Social Science	65	57			29	28	4820	4801
文化、科学、教育、体育	Culture, Science, Education and Sports	3863	3588	230	225	22223	20809	1291956	1214269
文学	Literature	626	545			800	804	69517	74528
艺术	Arts	621	581	52	54	1201	1453	60476	68990
自然科学总论	General Natural Science	18	27			26	18	1361	1409
不使用《中国标准书号》部分合计	Publications without "China Standard Book Number"	449	660			867	881	26928	33049

15－9 电视节目制作情况
Production of Television Programs

项 目		Item		2001	2002	2003	2004	2005	2006	2007
基本情况		**Basic Statistics**								
省市级电视台	(座)	Television Station	(set)	12	12	12	12	12	12	12
电视节目套数	(套)	Sets of Television Programs	(set)	103	104	104	108	111	111	114
电视发射台及转播台	(座)	Number of TV Transmission Stations and Relaying Stations at 1 kw and Higher Level	(set)	44	45	42	624	526	128	117
播出时间	(小时)	Broadcasting Hours (Hour/per week)	(hour)	9614	9697	10157	531526	593373	608806	659073
新闻资讯节目		News and Information Programs						64183	64457	74528
专题服务节目		Special Subject Service Programs						61198	53100	58954
综艺益智节目		Programs of General Entertainment						36392	31509	32278
影视剧节目		Movie and Teleplay Programs						292007	299631	302255
广告节目		Advertisement						83309	92017	101530
其他节目		Others						56283	68088	89526
电视人口覆盖率	(%)	Viewer Rating	(%)	96.71	97.31	98.14	98.69	98.84	98.95	99.07
中央电视台(一套节目)	(%)	CCTV －1	(%)	94.32	95.30	95.88	97.18	96.60	97.24	97.53
浙江电视台(一套节目)	(%)	ZJTV－1	(%)	95.35	96.25	97.03	97.94	95.28	98.12	97.53
有线电视入户率	(%)	Rate of Households with Cable Television		44.67	51.00	52.55	56.37	58.97	63.72	66.69

15－10 广播节目制作情况
Production of Broadcasting Programs

项 目		Item		2001	2002	2003	2004	2005	2006	2007
基本情况		**Basic Statistics**								
省市级广播电台	（座）	Broadcasting Stations	（set）	12	12	12	12	12	12	12
广播节目套数	（套）	Sets of Broadcasting Programs	（set）	92	92	98	103	104	104	106
中短波广播发射台和转播台	（座）	Number of Broadcasting Transmi－ssion Stations and Relaying Stations	（set）	37	36	36	36	36	36	36
县级广播电视台	（个）	Number of Broadcast Stations at County and Higher Level	（unit）	62	62	62	66	66	66	66
广播人口综合覆盖率	（%）	Listener Rating	（%）	94.85	96.25	97.34	98.18	98.37	98.56	98.73
中央人民广播电台第一套节目	（%）	Channel 1, Central People Broadcasting Station	（%）	92.04	94.67	95.71	96.00	97.30	97.64	97.84
浙江电台第一套节目	（%）	Zhejiang Channel 1	（%）	91.12	92.39	95.84	95.88	94.11	98.17	97.73
全年公共广播节目播出时间	（小时）	Broadcasting Hours Per Day	（hour）				622907	637577	657249	672587
新闻咨讯类节目		News Programs					108455	105668	118522	130482
专题服务类节目		Special Subject Programs					139588	156482	143389	153390
综艺类节目		Programs of Entertainment					168823	174263	177122	162042
广播剧类节目		Educational Programs					21803	22372	20235	21285
广告类		Advertisement					69163	63072	77989	71196
其他类节目		Service Programs					115073	115719	119992	134188

15－11 体委系统职工人数(2007 年)
Number of Staff and Workers in Sports Commissions(2007)

单位:人(person)

类别	Category	总计 Total	体育行政机关 Sports Commis－sion Or－ganizations	优 秀 运动队 Excellent Sports Teams	体育运动学校 Physical Education and Sports Schools	业余体校 Sparetime Sports Schools	体育场馆 Public Sports Places	训练基地	其他事业单位 Others
总计	**Total**	**5451**	**1000**	**1155**	**524**	**978**	**763**	**26**	**1005**
公务员	Government Office Worker	629	629						
运动员	Athletes	817		802		5			10
专职教练员(教练员)	Full-time Coaches	884		199	184	468	18		15
专职教师(文化教师)	Full-time Teachers	395			170	155			70
科研人员	Scientific and Technical Personnel	28		1	8	2			17
医务人员	Medical Personnel	68		3	8		3		54
管理人员	Administrative Personnel	1312	214	140	92	157	320	9	380
其他人员	Others	1318	157	10	62	191	422	17	459

注:业余体校包括重点业余体校和普通业余体校。
Sparetime sports schools included key and ordinary sparetime schools.

15－12 等级运动员、裁判员人数
Number of Athletes and Referees in Grades

单位:人(person)

项目	Item	2005	2006	2007	项目	Item	2005	2006	2007
等级运动员	**Number of Athletes in Grades**	**1842**	**1811**	**1874**	**等级裁判员**	**Number of Referees in Grades**	**1179**	**1580**	**1733**
国际级健将	International Master of Sports	1	11	13	国际裁判	International Referees	3	2	
国家级健将	National Master of Sports	51	56	71	国家级	National Referees	32	31	17
一级	First Grade Sportsmen	234	247	166	一级	First Grade Referees	369	417	371
二级	Second Grade Sportsmen	1556	1497	1624	二级	Second Grade Referees	775	1130	1345

15－13 运动员分项获奖情况
Awards Won by Athletes by Item

单位:项(item)

项　目	Item	世界冠军 World Championships				亚洲冠军 Asia Championships				全国冠军 National Championships			
		2004	2005	2006	2007	2004	2005	2006	2007	2004	2005	2006	2007
合计	**Total**	**12**	**12**	**13**	**2**	**15**	**19**	**29**	**12**	**70**	**87**	**99**	**96**
举重	Weightlifting											1	
游泳	Swimming	1	2	2						19	28	13	
田径	Track and Field					1	4	13		2	10	6	10
棋类	Chess	1		1		2	1			1	2		3
羽毛球	Badminton	1		1						1		3	
射击	Shooting	2	2	1	1	8		3		2	4	1	3
拳击	Boxing									1	3		1
其他	Others	7	8	8	1	4	14	13	12	44	40	75	79

15－14 群众体育活动和新建体育场地情况
Basic Statistics on Activities of Mass Sports and Number of Newly-built Sports Ground

单位:万人、个、平方米、万元(10000 persons、unit、sq. m、10000 yuan)

项　目	Item	2005	2006	2007
参加《国家级体育锻炼标准》活动的学生人数	Number of Students Who Take Part in the State Physical Training Standard	484	482	472.9
《国家级体育锻炼标准》达标人数	Number of Persons Who Have Come to the State Physical Training Standards	476	472	464.4
全民健身设施数	Number of National Fitness Facilities	11983	23554	34844
#室外全民健身公园、广场	Outdoor National Finess Parks and Squares	9693	20855	31507
#室内全民健身中心	Indoor National Fitness Centers	2117	2518	3135
#青少年俱乐部	Teenager Clubs	173	181	202
全民健身设施数占地面积	Area of National Fitness Space	3780672	7058941	9233279
#室外全民健身公园、广场	Outdoor National Fitness Parks and Squares	3385161	6608664	8795287
#室内全民健身中心	Indoor National Fitness Centers	292851	347617	437992
#青少年俱乐部	Teenager Clubs	102660	102660	
全民健身设施数投资金额	Investment in National Fitness Facilitise	22070	39459	54370
#室外全民健身公园、广场	Outdoor National Fitness Parks and Squarse	13230	25297	37402
#室内全民健身中心	Indoor National Fitness Parks and Squares	6573	10297	13408
#青少年俱乐部	Teenager Clubs	2267	3865	3920

15－15　卫生事业情况
Statistics on Health Undertakings

项　目	Item	2002	2003	2004	2005	2006	2007
卫生机构数合计(个)	**Total Number of Health Institutions (unit)**	**10708**	**11177**	**11937**	**12555**	**14230**	**15870**
医院	Hospital	502	480	519	555	606	636
疗养院	Sanatoriam		17	17	16	18	17
社区服务中心(站)	Centers of Community Service	872	1274	1880	2345	3484	5113
卫生院	Commune Hospital	2653	2506	2400	2339	2188	2031
门诊部	Clinics	446	494	450	446	549	620
诊所医务室卫生所	Consulting Room	5500	5650	5934	6135	6773	6831
专科防治所站	Specialized Prevention Station	33	30	27	27	28	29
疾控中心防疫站	Sanitation and Antiepidemic Institutions	102	104	97	98	97	98
#卫生防疫站	Sanitation Station	9	4	3	3	1	2
妇幼保健机构	Maternity and Child Care Institutions	88	88	88	87	87	87
卫生监督所	Sanitation Supervisory Station	84	93	100	102	95	97
医学科学研究机构	Research Institutions of Medical Science	9	8	9	9	9	10
医学在职培训机构	Training Institutions	21	51	50	45	47	44
其他卫生机构	Others	398	382	366	351	249	257
床位合计数(张)	**Total Beds (bed)**	**119522**	**126678**	**135139**	**141221**	**148584**	**155622**
#医院	Hospital	90794	94866	102295	108958	116666	123355
社区服务中心(站)	Centers of Community Service	1163	1549	1637	1862	1772	2216
卫生院	Commune Hospital	22500	23058	22936	22154	21636	21206
门诊部	Clinics	158	261	400	373	435	519
妇幼保健机构	Maternity and Child Care Institutions	3583	3575	4136	4259	4372	4597
专科防治所站	Specialized Prevention Station	484	527	462	607	727	724
其他卫生机构	Others	840	2842	3273	3008	2976	3005
卫生人员合计(人)	**Persons Engaged in Health Institutions (person)**	**198335**	**207937**	**221539**	**236197**	**255057**	**275047**
卫生技术人员	Medical Technical Personnel	163205	173010	185376	198148	214622	230452
医生	Doctors	74668	79310	83052	88050	94524	100423
其他技术人员	Others	6665	8284	9008	10719	10555	11204
管理人员	Management Personnel	13202	11313	12277	12181	12781	13531
工勤人员	Logistics Workers	15262	15330	14878	15149	17099	19860
在卫生技术人员中	Among them						
执业医师	Licenced Doctors	58290	62781	65213	69549	75169	81293
执业助理医师	Licenced Assistant Doctors	16378	16529	17839	18501	19355	19130
注册护士	Registered Nurses	47075	49298	54874	60259	66615	72008
药剂人员	Medical Pharmacists	14655	15233	15748	16359	17236	17311
检验人员	Laboratory Technicians	8307	8602	9077	9478	10277	10691
其他	Others	18500	20567	22625	24002	25970	30019
平均每千人口拥有卫生技术人员	Number of Medical Technical Personnel Per 1000 Population	3.6	3.8	4.05	4.31	4.64	4.95
#医生	Doctors	1.65	1.74	1.81	1.91	2.04	2.15

15－16 医院诊疗次数和入院人数(2007 年)
Number of Hospital Patients(2007)

类别	Type	机构数(个) Number of Institutions (unit)	诊疗人次数(万人次) Total Number of Patients Treated (10000 person-times)	#门、急诊 Out-Patients and Emergency Patients	入院人数(万人) Hospital Admissions (10000 persons)	每百门急诊次入院人数(人) Hospital Admissions Per 100 Patient-times (person)
医院合计	**Hospitals**	**611**	**11952**	**11664**	**324**	**2.79**
综合医院	**General Hospitals**	**346**	**8510**	**8401**	**254**	**3.03**
中医医院	**Hospitals of Chinese Medicine**	**100**	**2310**	**2142**	**42**	**1.97**
中西医结合医院	**Hospitals which Integrate Traditional Chinese Therapeutics with Western Therapeutics**	**12**	**180**	**171**	**3**	**1.83**
专科医院	**Specialized Hospitals**	**153**	**961**	**950**	**25**	**2.68**
传染病院	Hospitals for Infectious Diseases	3	33	33	2	4.94
精神病院	Mental Hospitals	33	159	154	4	2.45
肿瘤医院	Tumor Hospitals	2	17	17	3	15.55
眼科病院	Ophthalmology Hospitals	10	48	48	1	2.46
妇幼保健院	**Hospitals for Maternity and Children Care**	**81**	**891**	**864**	**21**	**2.44**
社区卫生服务中心	**Center of Community Service**	**91**	**1423**	**1326**	**2**	**0.19**
卫生院	**Rural Hospitals**	**1783**	**6473**	**6216**	**31**	**0.52**
门诊部	**Clinics**	**490**	**480**	**480**	**0.6**	**0.12**

15－17 医疗机构病床使用情况(2007 年)
Utilization of Hospital Beds (2007)

类别	Type	入院人数(人) Hospital Admissions (person)	治愈率(%) Care Rate (%)	病床使用率(%) Utilization Rate of Beds (%)	病床周转次数(次) Turnover of Beds (time)	出院者平均住院日(日) Average Hospitalization Period (day)
合计	**Total**	**3813360**	**57.16**	**81.11**	**26.89**	**10.87**
医院	Health Departments	3241931	53.64	88.4	27.67	11.55
社区卫生服务中心	Center of Community Service	24934	48.28	67.48	12.87	17.77
卫生院	Rural Hospitals	310774	74.45	34.91	18.22	6.56
门诊部	Clinics	5897	96.85	32.26	19.92	5.77

15-18 城市和农村前十位疾病死亡原因和构成
Main 10 Diseases of Death in Urban and Rural Areas

位次 No.	城市死因	Cause of Death in Urban Areas	占死亡总数(%) As % of Total Death			
			2004	2005	2006	2007
	总计	Total	88.84	92.16	91.03	91.22
1	恶性肿瘤	Malignant Tumour	30.06	30.78	29.42	29.55
2	呼吸系统疾病	Respiratory Disease	15.86	16.42	15.11	15.68
3	脑血管病	Cerebrovasular Disease	16.47	16.94	17.47	17.61
4	损伤和中毒外部原因	Trauma and Toxicosis	6.78	7.47	9.61	9.09
5	心脏病	Heart Trouble	9.92	10.23	10.37	10.24
6	消化系统疾病	Diseases of Digestion Systern	2.51	2.19	2.22	2.25
7	传染病(不包括呼吸道结核)	Infections and Parasite Pisease	1.66	2.29	1.74	1.59
8	泌尿生殖系统疾病	Urinary Disease	1.59	1.55	1.25	1.16
9	神经系统疾病	Mental Disease	1.05	1.22	1.04	1.12
10	内分泌、营养和代谢的其他疾病	Other Diseases of Endocrine, Nutrition and Supersession	2.94	3.07	2.8	2.93
位次 No.	**农村死因**	**Cause of Death in Rural**	**占死亡总数(%) As % of Total Death**			
			2004	**2005**	**2006**	**2007**
	总计	Total	91.65	91.1	92.59	92.39
1	恶性肿瘤	Malignant Tumour	25.07	25.50	26.81	27.68
2	脑血管病	Cerebrovasular Disease	17.85	17.60	18.45	17.87
3	呼吸系统疾病	Respiratory Disease	19.14	20.28	19.08	18.01
4	心脏病	Heart Trouble	9.24	8.74	8.39	8.92
5	损伤和中毒外部原因	Trauma and Toxicosis	11.61	10.29	11.6	11.62
6	内分泌、营养和代谢的其他疾病	Other Diseases of Endocrine, Nutrition and Supersession	1.18	1.72	1.35	1.54
7	消化系统疾病	Diseases of Digestion Systern	2.95	2.37	2.43	2.39
8	传染病(不包括呼吸道结核)	Infections and Parasite Pisease	1.67	2.06	2.01	1.74
9	泌尿生殖系统疾病	Urinary Disease	1.64	1.41	1.3	1.3
10	神经系统疾病	Mental Disease	1.3	1.13	1.17	1.32

注:2004 年城市死因的第 9 位是精神障碍,数据为 1.59。

The ninth lengest cause of death in Urban Areas is memtal diseese in 2004, as 1.59 percentage of total death.

15－19 县(区)村卫生室基本情况
Basic Conditions of Rural Clinics on County

项 目		Item		总计 Total 2006	总计 Total 2007	村办 Villiage－run 2006	村办 Villiage－run 2007
机构数	(个)	Number of Institutions	(unit)	16438	14991	12304	11636
执业(助理)医师	(个)	Licensed (Assistant) Doctors	(unit)	4930	5330	3585	4177
乡村医生和卫生员	(人)	Rural Doctors and Health Workers	(person)	15561	12341	11180	9496
乡村医生数	(人)	Rural Doctors	(person)	15306	11889	10977	9171
#大专及以上学历		College and Above		506	589	316	422
中专学历及中专水平		The Level on Special Secondary School		6669	5986	5110	4644
在职培训合格者		Persons Passed Training		8068	5231	5503	4042
卫生员	(人)	Health Workers	(person)	255	452	203	325
年总收入	(千元)	Total Income	(1000 yuan)	1184164	844873	615210	582302
#上级补助收入		Subsidies of the Higher Level		2029	1812	833	1383
村或集体补助收入		Subsidies of Villiage		3686	3072	1691	1174
业务收入		Business Income		1161884	786913	598118	552726
年总支出	(千元)	Total Expenditure	(1000 yuan)	1157722	786243	605359	556528
#人员经费		Persons Expenditure		431310	272708	228496	214008
药品支出		Medicines Expenditure		631316	452399	331380	314433
诊疗人次数	(万人)	Patients Treated	(10000 person－times)	3645	30899774	2583	23831946
孕产妇检查人次数	(人)	Pregnant Women Being Heen Physical Examination	(person)	38679	22033	9017	17327
接生人数	(人)	Number of Deliver Children	(person)	787		787	
儿童疫苗接种人次数	(人)	Children Inoculated	(person)	76669	15122	62115	8441

按设置/主办单位分 by Ownership								按行医方式分 by Type					
乡卫生院设点 Township - run		联合办 Combination		私人办 Private - run		其他 Others		西医为主 Taking Western Medicine as The Dominant Type		中医为主 Taking Chinese Medicine The Dominant Type		中西医结合 Combining Chinese Medicine With Western Medicine	
2006	2007	2006	2007	2006	2007	2006	2007	2006	2007	2006	2007	2006	2007
779	321	266	239	2838	2532	251	263	15654	14203	247	259	537	529
129	98	204	211	905	777	107	67	4432	4843	218	218	280	269
1582	304	119	62	2461	2239	219	240	15035	11865	59	77	467	399
1567	292	119	60	2435	2187	208	179	14783	11419	58	75	465	395
14	6	11	10	158	149	7	2	478	556	3	6	25	27
323	135	36	22	1085	1074	115	111	6400	5725	25	29	244	232
1229	149	72	27	1178	952	86	61	7843	5064	30	33	195	134
15	12		2	26	52	11	61	252	446	1	2	2	4
96217	27223	34237	29706	425202	194650	13298	10992	1138052	800562	15894	16221	30218	28090
842	27	158	9	140	304	56	89	1971	1770	7	27	51	15
	20		4	997	954	998	920	3655	2934	10	61	21	77
95173	24774	34079	27497	422273	173529	12241	8387	1115960	745868	15877	15018	30047	26027
79713	26131	33636	29197	428566	166005	10448	8382	1114375	744747	15338	15131	28009	26365
30818	10121	11357	9946	157109	35845	3530	2788	414866	256755	5885	6065	10559	9888
45454	15316	21183	18306	226465	99084	6834	5260	606273	429352	8204	8196	16839	14851
249	909406	95	811377	664	4909581	54	437464	3441	29237700	56	537573	149	1124501
	1124	30		29632	3582			38624	21933			55	100
								787					
220				11794	6681	2540		76389	15122	100		180	

浙/江/统/计/年/鉴

主要统计指标解释

■ 文化事业机构

指从事专业文化工作和为专业文化工作服务的独立建制的单独核算的单位。不包括这些单位另外举办独立核算的其他机构和各部门的业余文化组织。

■ 艺术表演团体

指从事戏曲、音乐、舞蹈、杂技等专业艺术表演,有独立帐户,实行单独核算的团体。不包括半工半艺、半农半艺和民间职业剧团。

■ 电影放映单位

指具有放映机器设备、固定或不固定的放映场所与专职或兼职的放映技术人员,经有关部门登记批准,经常为一定的观众对象放映电影的机构。包括经批准对外开放进行营业,并与电影发行放映管理机构分帐的专用放映单位和军委系统租片单位。

■ 等级运动员人数

指经考核正式批准授予等级运动员称号的人数。运动员等级分为国际级运动健将、运动健将、一级运动员、二级运动员、三级运动员、少年级运动员 。

■ 等级裁判员人数

指经考核正式批准授予等级裁判员称号的人数。裁判员等级分为国际裁判、国家级裁判、一级裁判、二级裁判、三级裁判。

■ 医院

指名称为医院,设有固定床位能收容病人住院并能为病人提供医疗、护理服务的医疗机构。包括县及县以上医院、农村乡卫生院、其他医院三部分。按所属性质分为卫生部门、工业及其他部门,集体经济单位三类。其中县及县以上医院按业务性质分为综合医院和专科医院。

■ 卫生技术人员

指卫生事业机构支付工资的全部固定职工和合同制职工中现任职务为卫生技术工作的专业人员。包括中医师、西医师、中西医结合高级医师、护师、中药师、西药师、检验师、其他技师、中医士、西医士、护士、助产士、中药剂士、西药剂士 、检验士、其他技士、其他中医、护理员、中药剂员、西药剂员、检验员,其他初级卫生技术人员。

■ 医生

指领取职业医生证书,从事医疗工作的专业人员。分为中医医生、西医医生和助理中西医医生。

ZHEJIANG STATISTICAL YEARBOOK

Explanatory Notes on Main Statistical Indicators

□ Cultural Institutions

refer to units which have their own organizational system and independent accounting system and specialize in or serve cultural development. They exclude other establishments run by these cultural institutions and amateur cultural groups established by various departments.

□ Art Troupe

refers to the troupe which is engaged in drama, opera, music, dance, acrobatics or other art performance, opens independent accounts with banks and has self – supporting accounting system; excluding the troupes which are engaged partly in industrial or agricultural activities, partly in art performance and the professional troupes organized by the people.

□ Film Projection Units

refer to units with film projection equipment, full or part – time projectionists, permanent or non – permanent places, approved by related administrative departments to show films regularly for certain groups of audience, including those film projection units which have been approved to give commercial shows and run business with independent accounting system as well as those film – renting units of the military system.

□ Number of Athletes in Grades

refers to the number of at athletes who have been given titles through examination. The titles of athletes include international masters of sports, masters of sports, first – grade, second – grade and third – grade sportsmen and young athletes.

□ Number of Referees in Grades

refers to the number of referees who have been given titles after examination. They are classified as international referees, national referees and referees of the first, second and third grades.

□ Hospitals

refer to medical institutions named as "hospital" with permanent hospital beds, which are able to take in patients and provide them with medical and nursing services. Hospitals are classified into three categories: hospitals at or above the county level, hospitals of rural townships, and other hospitals. According to their ownership, hospitals can be classified into three categories: hospitals under the public health departments, hospitals under industrial and other departments and Collective Owned hospitals. Hospitals at or above county level are divided into comprehensive and specialized hospitals.

□ Medical Technical Personnel

refers to all permanent medical staff and workers employed by medical institutions, including doctors of Chinese and Western medicine, senior doctors who integrate traditional Chinese thrapeutics with Western thrapeutics in practice, senior nurses, pharmacists of Chinese and Western medicine, laboratory specialists, other specialists, paramedics of Chinese and Western medicine, nurses, midwives, druggists in Chinese and Western medicine, laboratory technicians, other technicians, other practitioners of Chinese medicine, nursing attendants, pharmacological workers of Chinese and Western medicine, laboratory workers, and other primary medical personnel.

□ Doctors

refer to qualified professional medical workers approved to practice by public health departments. They are classified into doctors of Chinese medicine, doctors of Western medicine, Assistant Doctors.

2008

浙江统计年鉴

ZHEJIANG STATISTICAL YEARBOOK

CHAPTER 16

档案、司法、社会福利和工会组织

Archives, Judicature, Social Welfare and Labour Union

16－1 档案事业机构和人员数
Number of Persons and Institutions of Archives

项　目	Item	机构数（个）Number of Institutions (unit)		专职人员数（人）Full-time Persons (person)		#女性 Female		#大专以上文化程度 College and Higher Level	
		2006	2007	2006	2007	2006	2007	2006	2007
总　计	**Total**	**416**	**506**	**1874**	**1966**	**1020**	**1100**	**1600**	**1719**
档案行政管理部门	Administrative Department of Archives	97	99	1025	1027	465	463	881	899
档案馆	Archives	113	113	441	439	218	222	381	391
档案室(处、科)	Archive Offices(Sections)	206	294	408	500	337	415	338	429

16－2 档案馆档案资料馆藏和利用情况(2001－2007年)
Conditions of Files Stored and Used in the Archives(2001－2007)

项　目	Item	2001	2002	2003	2004	2005	2006	2007
馆藏档案	**Archives Stored**							
全　宗　（个）	Whole Volume (unit)	15285	15405	16366	16446	16954	17377	17772
案　卷　（万卷）	Files (10000 volumes)	546	610	681	709	825	915	1065.53
录音录像影片　（盘）	Records, Films on Videotape (copy)	13183	16690	17198	13195	14568	14020	16824
照　片　（万张）	Pictures (10000 pieces)	48	48	47	45	53	103	134.99
馆藏资料　（万册）	**Number of Material Stored (10000 volumes)**	**91**	**94**	**100**	**101**	**102**	**107**	**114.08**
档案馆面积　（平方米）	**Areas of Archives (sq.m)**	**142743**	**151520**	**164637**	**165096**	**202277**	**222319**	**268856**
#库房建筑面积	Areas of Storerooms	78948	81402	90537	88185	98140	99403	120018
档案资料利用	**Use of Archive Material**							
利用人次　（万人次）	Number of Persons Using Material (10000 person-times)	7	8	10	14	16	20	20.41
利用档案　（万卷、次）	Number of Archives Used (10000 volume-times)	27	22	31	50	51	56	63.36
利用资料　（万册、次）	Number of Material Used (10000 volume-times)	2	2	3	3	1.1	2.9	3.59
复　制　（万页）	Copies (10000 pages)	32	41	63	51	57	126	79.63
开放档案	**Opening Archives**							
全　宗　（个）	Whole Volume (unit)	8542	8339	9045	9572	9756	9961	10240
案　卷　（万卷）	Files (10000 volumes)	147	132	153	154	193	227	233.21

16－3 律师、公证及调解工作基本情况(2001－2007年)
Basic Statistics on Lawyers, Notarization and Mediation (2001－2007)

项 目		Item		2001	2002	2003	2004	2005	2006	2007
律师工作		**Lawyers**								
律师事务所	(个)	Number of Law Offices	(unit)	442	469	499	530	547	585	609
律师工作人员	(人)	Number of Lawyers	(person)	6340	6931	7137	7851	8285	8688	9575
聘请担任常年法律顾问单位	(处)	Number of Units with Permanent Legal Advisors	(unit)	18432	19552	20186	21398	23218	25122	26589
民事诉讼代理	(件)	Agent of Civil Cases	(case)	51797	58696	65020	75706	83372	90353	150701
刑事辩护及代理	(件)	Defending and Agent of Criminal Cases	(case)	31020	29881	24059	28488	28132	26480	45662
非诉讼法律事务	(件)	Agent of Non-litigious Legal Affairs	(case)	23874	26373	39052	30398	26217	30892	21949
解答法律咨询	(人次)	Legal Advisory Services	(person-times)	177880	250780	225211	210090	271562	244914	219773
代写法律事务文书	(件)	Agent of Legal Document Written on Behalf of Clients	(case)	50962	45499	45663	47393	56887	48054	25515
公证工作		**Notarization**								
公证处	(个)	Number of Notary Offices	(unit)	96	97	97	97	97	90	92
公证人员	(人)	Notarial Personnel	(person)	626	640	757	830	860	915	916
#公证员		Notaries		406	288	300	296	313	347	346
公证员助理		Assistant Notaries		30	86	129	534	255	273	291
办理国内公证文书	(件)	Number of Domestic Notarized Documents	(case)	378676	390518	491120	458630	402627	369093	387855
#经济合同公证	(件)	Notarized Business Contracts	(case)	170556	203860	271151	241123	199176	168964	164283
人民调解工作		**People's Mediation**								
专职司法助理员	(人)	Number of Full-time Judicial Assistants	(person)	1852	1969	1953	1927	2384	2378	2875
人民调解委员会	(个)	Number of People's Mediation Committees	(unit)	51701	49225	49195	48316	46989	47077	46636
调解人员	(人)	Number of Mediators	(person)	346434	199945	166576	171351	166264	172722	168914
调解民事纠纷	(件)	Number of Civil Disputes Mediated	(case)	166056	169533	161419	178127	190274	198738	238795
法律援助机构	(个)	Assistance Institution of Law	(unit)			100	100	102	102	102
工作人员	(人)	Staff and Workers	(person)			384	401	449	454	454
承办案件总数	(件)	Number of Cases Accepted	(case)				12365	17244	20861	24125
受援人总数	(人)	Number of Persons Being Assisted	(person)				17399	21412	31100	34422

16－4 涉外公证文书分类(2001－2007年)
Foreign－related Notarial Documents by Type(2001－2007)

单位:件(case)

分 类	Item	2001	2002	2003	2004	2005	2006	2007
合 计	**Total**	**168532**	**206813**	**178765**	**184389**	**212931**	**203417**	**220712**
收养子女	Children Adoption	237	188	64	87	110	90	61
遗 嘱	Testaments	3	5836	6	4	2	7	3
出 生	Births	34795	40278	29977	33832	40832	38671	42665
死 亡	Deaths	381	323	386	455	740	541	490
生存、居住	Survival and Residence	453	921	623	745	738	840	1195
学 历	Schooling	8233	9889	8530	5984	5615	6494	7904
经 历	Personal Histories	2579	2566	2066	1716	1404	1521	1158
婚姻状况	Marriages	18082	24761	19496	19912	19167	15266	13435
亲属关系	Kinship	17771	17688	17679	21399	22883	19233	20340
继 承 权	Rights of Inheritance	8	5562	9	94	114	558	250
受、未受刑事处分	Criminal Records & Uncriminal Records	31778	33302	34236	32864	39301	28916	32189
声 明 书	Declarations	3795	4161	3718	8108	9292	6357	5095
委 托 书	Trust Deeds	1028	1561	1184	1669	2265	2811	3011
文本相符	Confirmation of Copies and Photo-offset Copies to Originals	12357	12263	11899	14244	20710	24720	25400
其 他	Others	37032	47514	48892	43276	49758	57302	67516

16－5 调解民间纠纷分类(2001－2007年)
Civil Disputes Mediated by Type(2001－2007)

单位:件(case)

分 类	Item	2001	2002	2003	2004	2005	2006	2007
合 计	**Total**	**166056**	**169533**	**161419**	**74655**	**190274**	**198738**	**238795**
婚 姻	Marriages	23102	25708	23820	9558	28232	28986	31767
邻 里	Neighbor Disputes	31233	31928	27793	13376	41829	42165	51827
合 同	Contracts					8132	10229	9956
损害赔偿	Compensation for Damages	18796	20345	20983	11389	28246	33032	39192
劳 动	Labour Dispates					18796	21579	26017
村务管理	Management of Rural Business					3040	3032	3360
土地承包	Contracts of Land					7553	7486	9034
征地拆迁	Land Expropriating and Rehouse					8174	8125	10350
计划生育	Family Planning					1068	853	1177
施工扰民	Fazing Civilian with Construction					2668	2274	2518
房屋、宅基地	Housing and Housing Sites	18982	16671	14821	7327	13676	13042	14586
其 他	Others	73943	74881	74002	33005	28860	27935	39011

16－6 国内公证文书分类(2001－2007年)
Domestic Notarial Documents by Type(2001－2007)

单位:件(case)

分 类	Item	2001	2002	2003	2004	2005	2006	2007
总计	**Total**	**378676**	**390518**	**484490**	**458630**	**402627**	**369093**	**387855**
经济公证	**Notarized Documents on Economic Affairs**	**170556**	**203860**	**271151**	**241123**	**199176**	**168964**	**164283**
购 销	Purchases and Sales of Products	1149	1080	1079	920	961	746	235
联 营	Joint Business	179	205	328	207	141	83	116
拍 卖	Auctions	988	1010	5686	10949	1973	4545	3234
贷 款	Loans	82033	139718	190875	168643	124692	100157	98029
担 保	Guarantees	5148	5809	1883	947	1314	1799	1443
招标、投标	Bidding	25454	9293	20426	10410	10748	20493	17312
科技协作	Coordination of Science and Technology	9	40	7	1	171	1	8
供 用 电	Supply and Use of Electric Power	2356	2	137		1	31	
劳务合同	Labor Contracts	2515	1057	2468	2453	1150	632	559
建筑工程承包	Construction Project Contracts	2581	2826	3027	2830	1738	1355	1522
工商服务业承包	Industrial and Commercial Service Contracts	407	415	739	356	157	75	108
农林牧副渔业承包	Farming, Forestry, Animal Husbandry, Sideline Production and Fishery Contracts	1312	678	645	445	753	517	725
财产租赁	Property Leases	1557	2127	2128	819	1398	290	461
企业租赁	Enterprise Leases	170	67	87	37	15	19	7
资产经营责任制	System of Asset Business Responsibility	96	19	1499	38	6	12	2
还款协议	Repayment Agreement							866
土地使用权出让转让	Transferring or Renting the Use Right of Land							5272
其他经济合同	Other Business Contracts	14327	7190	9158	8557	5086	4882	4544
法人(代表人)资格	Legal Person (Agent) Identification	389	578	734	783	1049	456	464
法人委托书	Legal Person Trust Deeds	1265	2318	4199	5919	7004	8322	9642
公司章程	Corporation Constitutions	162	204	185	229	86	153	268
执行许可证明	Operating Permits	807	689	1829	2301	3839	1751	777
其 他	Others	27652	28535	24032	24279	36894	22645	18689

16－6 **续表** continued

单位:件(case)

分 类	Item	2001	2002	2003	2004	2005	2006	2007
民事公证	**Notarized Documents on Civil Relations**	**208120**	**186658**	**213339**	**217507**	**203451**	**200129**	**223572**
收 养	Child Adoption	81	56	96	97	70	62	57
解除收养	Adoption Renouncements	6	19	39	12	5	2	8
继承权	Rights of Inheritance	9289	11237	13715	14107	14819	17743	21809
遗 嘱	Testaments	2727	3642	4938	4619	4813	4796	5001
产 权	Property Rights	5415	2988	7929	7909	6458	5421	6553
亲属关系	Kinship	3176	6726	4851	2347	2189	1297	1390
死 亡	Death Certificates	213	636	38	47	93	37	54
房屋买卖	Purchases and Sales of Houses	11387	10263	13375	15316	11890	9894	9713
房屋租赁	House Leases	436	658	1123	825	872	554	255
留学协议	Foreign Study Contracts	457	470	340	185	236	392	191
遗赠扶养协议	Donations and Family Fostering	255	264	373	325	353	277	229
委托书	Trust Deeds	9377	13569	26511	56301	49534	55963	71647
赠与书	Presentation Documents	3483	4243	5507	4851	4987	4488	4689
声明书	Declarations	3815	3304	5524	8878	7461	8737	8677
现场监督	Field Supervision	12173	17599	11805	15758	31894	21625	14936
文本相符	Confirmation of Copies and Photo-offset Copies to Originals	756	819	1697	1710	2495	2487	4694
宅基地使用权	Rights to Housing Site	264	3864	1425	1278	1334	830	1686
证据保全	Evidence Preservation	1285	2222	3766	5074	4396	4731	6969
计划生育协议	Birth Control Contracts	56392	10742	7909	3902	3514	2038	2215
其他民事协议	Other Civil Agreements	30125	28416	22856	23781	13581	12651	31606
其 他	Others	57008	64921	79522	50185	42457	46104	31193

16－7 社会福利事业单位基本情况(2001－2007年)
Basic Statiatics on Social Welfare Institutions(2001－2007)

项　目	Item	2001	2002	2003	2004	2005	2006	2007
收养性社会福利单位(个)	**Adoptive Social Welfare Institutions (unit)**	**2049**	**1937**	**1794**	**1615**	**1636**	**1654**	**1641**
床位数(万张)	**Hospital Beds (10000 bed)**	**6.19**	**7.00**	**7.38**	**9.88**	**11.92**	**12.89**	**14.78**
收养人数(万人)	**Number of Persons Adopted (person)**	**4.46**	**4.98**	**5.46**	**7.15**	**8.24**	**8.86**	**10.53**
福利企业单位(个)	**Number of Social Welfare Enterprises and Institutions (unit)**	**4058**	**3644**	**3615**	**3345**	**3251**	**3240**	**2926**
福利企业单位全部职工人数(万人)	**Total Number of Staff and Workers Engaged in Welfare Institutions (10000 persons)**	**24.3**	**22.22**	**24.36**	**23.69**	**21.74**	**23.95**	**25.9**
#残疾人数	Number of Disabled Persons	9.6	9.62	10.69	10.46	9.81	9.62	10.04
殡葬事业单位(个)	**Funeral and Interment Services Institutions (unit)**	**174**	**187**	**185**	**190**	**195**	**204**	**208**

16－8 享受国家抚恤、补助及救济人员情况(2001－2007年)
Persons Enjoying Subsidy and Commiseration of Country(2001－2007)

单位:人、户(person, household)

项　目	Item	2001	2002	2003	2004	2005	2006	2007
享受定期抚恤人数	Number of Persons Receiving Periodical Commiseration	6279	6235	6490	6385	6114	5808	5669
革命伤残人员抚恤人数	Number of Persons Receiving Disability Commiseration	21777	21874	21373	21346	21300	21398	22141
享受定期补助优抚对象数	Number of Persons Receiving Periodical Subsidies	80755	79887	79304	77966	74783	72742	95090
#在乡复员军人	Rural Demobilized Soldier	52149	50154	48055	44712	43577	41762	39321
在乡退伍军人	Rural Veteran	27556	28993	30161	30831	30646	30474	29507
社会困难户得到国家临时救济人次数	Number of Persons in Poor Households Receiving Temporary Government Relief Funds	384799	300103	228090	420595	620592	212734	163460
精减退职老弱残职工得到救济人数	Number of Laid-off, Retired, Elderly and Disabled Staff and Workers Receiving Relief Funds	16363	15753	11734	10527	11588	10605	10655
享受原工资40%救济人数	Persons Receiving 40% of Their Original Wages	3204	3021	2964	2619	2573	2433	2237
享受定期定量救济人数	Persons Receiving Periodical and Fixed Relief Funds	13159	12732	14972	14091	13664	9890	9472

16－9 最低生活保障和救济情况(2001－2007年)
Basic Statistics of Lowest Cost－of－Living and Relief(2001－2007)

项 目	Item	2001	2002	2003	2004	2005	2006	2007
最低生活保障人数(万人)	Number of Person Receiving Lowest Cost－of－Living (10000 persons)	26.93	40.61	55.24	62.8	61.5	62.9	65.16
#城镇	in Urban Areas	3.35	5.63	8.07	8.85	8.9	8.93	9.02
#农村	in Rural Areas	23.58	34.99	47.17	53.96	52.6	53.97	56.14
保障资金总额 (亿元)	Amount of Security Money (100 million yuan)	1.46	1.77	3.24	4.69	5.62	6.52	7.69
#城镇	in Urban Areas	0.45	0.62	1.08	1.35	1.61	1.6	1.97
#农村	in Rural Areas	1.01	1.16	2.16	3.34	4.01	4.92	5.72
医疗救助支出 (亿元)	Expenditure of Medical Care Relief (100 milion yuan)						2.3	3.26
自然灾害救济支出(亿元)	Expenditure of Natural Disasters Relief (100 million yuan)	0.60	1.03	1.08	2.04	2.65	4.82	1.97

16－10 内地居民婚姻登记情况(2001－2007年)
Marriages of Interior Residents(2001－2007)

项 目	Item	2001	2002	2003	2004	2005	2006	2007
准予登记结婚数 (对)	**Registered Marriages (couple)**	**333846**	**355987**	**356910**	**399211**	**353040**	**413213**	**381227**
初婚数 (人)	First Marriages (person)	628281	655481	658873	721680	641745	758086	687337
恢复结婚人数 (人)	Resume Marriages (person)	1878	1947	2052	2792	3387	3451	3550
再婚数 (人)	Remarriages (person)	39411	56493	54947	67730	64335	74816	75117
男 (人)	Male (person)	17953	22817	26368	31593	35329	37517	37772
女 (人)	Female (person)	21458	33676	28579	36137	29006	37299	37345
准予登记离婚数 (对)	**Divorces Approved (couple)**	**22965**	**24012**	**32248**	**46424**	**52055**	**60306**	**66901**

16－11 工会工作情况(2001－2007 年)
Basic Statistics on Unions(2001－2007)

项 目	Item	2001	2002	2003	2004	2005	2006	2007
工会情况	**Basic Statistics on Unions**							
基层工会组织数 (个)	**Number of Grass Roots Unions (unit)**	**84341**	**133067**	**56429**	**63683**	**71168**	**80774**	**91203**
全省已建立工会组织的基层单位职工和会员人数	**Membership and Number of Staff and Workers in Grass Roots Unions**							
在岗职工人数 (万人)	Number of Staff and Workers (10000 persons)	655.90	709.47	721.05	783.56	888.83	1050.43	1194.84
#女职工	Female	227.27	305.10	312.36	349.41	396.15	464.95	525.16
会员人数 (万人)	Membership (10000 persons)	650.57	636.27	643.06	704.09	803.77	959.27	1078.60
#女会员	Female	195.78	267.25	271.75	307.35	346.69	407.97	476.09
工会专职干部 (万人)	Full-time Cadres (10000 persons)		0.64	0.74	0.67	0.60	1.1	1.27
提出合理化建议 (万件)	**Advanced Rationalization Proposals (10000 cases)**		**19.44**	**28.50**	**19.00**	**24.86**	**25.95**	**22.98**
开展技术创新活动的单位 (个)	**Developing Labour Emulation (unit)**		**6690**	**12029**	**10363**	**10884**	**10344**	
建立了工会劳动法律监督组织 (个)	**Organization of Labor Law Supervision Established by Grass Roots Unions (unit)**		**7450**	**8179**	**11274**	**14461**	**19118**	**22540**
妇联工作情况	**Condition of the Women Federation**							
妇联的基层组织数 (个)	Number of Grass Roots Women Federation (unit)	42746	41284	43914	43922	45410	35995	34955
接受技术培训人数 (万人)	Number of Women Participating in Technical Training (10000 persons)	52.57	111.52	79.56	79.56	90.14	69.90	57.8
巾帼文明示范岗	**The Demonstration Posts of Women Civilization**							
巾帼文明示范岗数 (个)	Number of Posts (unit)	4024	4891		4891	4423	3491	2961
评选巾帼建功标兵数 (人)	Number of Persons (person)	335	838	308	970	898	1036	721
来信来访处理情况	**Treatment of the Letters From the People and the Persons Coming to Visit**							
女职工劳动保护信访案件(件)	Petition Letter and Visit Cases about Women Laber Protection (case)						1587	1241
侵犯妇女财产权利信访案件 (件)	Petition Letter and Visit Cases about Woman´s Property Right be Violated (case)						2821	4351
五好文明家庭 (户)	**Civilized Families (household)**	**150164**	**1817227**	**2360108**	**2360108**	**3055408**	**1364448**	**1568083**

浙/江/统/计/年/鉴

主要统计指标解释

■ 社会福利事业单位

指集中收养社会孤老,残,幼的机构。包括由民政部门管理的社会福利院、儿童福利院、精神病人福利院和城镇集体办的福利院,以及农村集体举办的敬老院。

■ 社会福利事业单位收养人数

包括民政部门管理和城镇及农村集体举办的社会福利事业单位中收养的老人,少年儿童,缺乏生活自理能力的残疾人员和精神病人。

■ 社会福利企业单位

指以安置城镇有一定劳动能力的盲,聋,哑和肢体残疾人员就业为目的,享受国家减免税待遇的国有或集体经济性质的企业。包括福利工厂、福利商业服务业、假肢厂和安置农场等单位。

■ 律师

指受聘参加法律顾问处工作,提任法律顾问、刑(民)事代理人、刑事辩护人、办理非诉讼事件、解答法律询问、代定法律事务文书等主要从事律师业务的专职法律工作者和兼职律师。

■ 公证人员

指在国家公证机关依法办理公证事务的司法人员。包括公证员、助理公证员和在公证员和在公证处工作的其他人员。

■ 办理公证文书

指公证处在一定时期内办结的公证文书件数。公证文书系按司法部规定或批准的格式制作。包括国内公证和涉外公证两部分。其中国内公证分为经济合同公证和民事法律关系公证两大类。

■ 调解人员

在人民调解委员会担负调解民间一般民事纠纷和轻微违法行为所引起和纠纷的工作人员。包括调解委员会的委员和调解小组的调解员。

■ 调解民间纠纷

指调解委员会依照法律规定,根据自愿原则,用说服教育的方法调解民间发生的有关民事权利和义务的争执,促成当事双方达到协议和谅解,解决纠纷。包括婚姻家庭纠纷,财产权益纠纷等。不包括法院受理调解的民事案件数。

■ 受理劳动争议案件数

是指劳动争议仲裁委员会根据国家有关规定,对劳动争议当事人的申请予以审查,符合受理条件而正式立案,准备处理的劳动争议案件数。

■ 离休、退休、退职人员

指正式办理了离休、退休、退职手续,并享受相应的离休、退休、退职待遇的人员。

■ 保险福利费用

指企业、事业、机关单位在工资以外实际支付给职工和离休、退休、退职人员个人以及用于集体的劳动保险和福利费用。

ZHEJIANG STATISTICAL YEARBOOK

Explanatory Notes on Main Statistical Indicators

□ Social Welfare Institutions

refer to institutions taking care of old people without children, handicapped people and orphans. They include social welfare institutions run by civil affairs departments, children's welfare institutions social welfare institutions for mental patients, and Collective Owned old people's homes in tual areas.

□ Number of People Taken in by Social Welfare Institutions

refers to the number of old people, children, totally dependent handicapped people and mental patiens taken in by scoial welfare institutions run by civil affairs departments and those run by collective units in urban and rural aress.

□ Social Welfare Enterprises

are Collective Owned enterprises which employ the blind, deaf-mute, and other handicapped people who are able to work in cities and towns and enjoy exemption from state taxes, including welfare plants, welfare commercial services, artificial limb plants and farms, etc.

□ Lawyers

are legal workers who are employed full-time by legal counseling firms to act as legal advisres, agents in criminal or civil lawsuits, or defenders in criminal lawsuits, or to handle non-litigious legal affairs, to advise on matters of law or to write legal papers for others. Both full-time and part-time lawyers are included.

□ Notary Personnel

refers to judicial workers of the state notary offices handing notarization work according to law. They include notaries, assistant notaries, and other people working for notary offices.

□ Notarized Documents

refer to the documents settled by notary offices in a year. The notarial documents are drawn up in accordance with the regulations of the Ministry of Justice, including domestic documents and foreign-related documents. Domestic documents are divided into two major categoriees, documents on economic contracts and documents on civil legal relations.

□ Mediators

refer to workers on people's mediation committees responsible for mediating in civil dispites and cases of slight infraction of the law. They include members of the mediation committees and mediators of mediation groups.

□ Mediation of Civil Disputes

refers to mediation committees' work in mediating in civi ldisputes concerning civil rights and duties through persuasion and education in accordance with the provisions of law on a voluntary basis, so as to solve disputes by helping the parties involved come to an agreement and understanding. These disputes include divorce cases and disputes over property ownership, but exclude the civil cases to be handled by the court.

□ Number of Labour Dispute Cases Accepted

refers to the number of cases of labour dispute submitted that, after being reviewed by the labour dispute arbitration committees in line with the relevant state regulations, are accepted and registered for trearment.

□ Retired or Resigned Personnel

refers to the persons who have formally gone through the formalities for their retorement or quitting work and enjoy the corresponding treatments.

□ Insurance and welfare funds

refers to labour insurance and welfare fund paid by enterprises, organizations and institutions to their staff and workers as well as retired and resigned in addition to their wages and salaries.

CHAPTER 17

各市、县国民经济主要指标

Major Indicators of National Economy by City and County

17－1 各市土地面积和行政区划(2007 年)
Land Area and Administrative Divisions by City(2007)

城 市	City	土地面积(平方公里) Land Area (sq. km)	市辖区(个) Districts Under City Administration (unit)	县(县级市)(个) Counties (Cities) (unit)	建制镇(个) Towns (unit)	乡(个) Townships (unit)	村(个) Villages (unit)
浙东北	**Eastern and Northern Region**	**45841**	**21**	**25**	**382**	**84**	**9748**
杭州市	Hangzhou	16596	8	5	105	31	2501
宁波市	Ningbo	9816	6	5	80	11	2649
嘉兴市	Jiaxing	3915	2	5	53		935
湖州市	Huzhou	5818	2	3	44	16	1003
绍兴市	Shaoxing	8256	1	5	79	15	2246
舟山市	Zhoushan	1440	2	2	21	11	414
浙西南	**Western and Southern Region**	**58275**	**11**	**33**	**368**	**369**	**21312**
温州市	Wenzhou	11784	3	8	119	143	5390
金华市	Jinhua	10941	2	7	75	36	4821
衢州市	Quzhou	8841	2	4	47	46	2589
台州市	Taizhou	9411	3	6	65	28	5031
丽水市	Lishui	17298	1	8	62	116	3481

17－2 各市国民经济主要指标(2007 年)
Main Indicators of National Economy by City(2007)

城 市 City		年末总人口(万人) Total Population by year－end (10000 persons)	生产总值(亿元) Gross Domestic Product (100 million yuan)	第一产业 Primary Industry	第二产业 Secondary Industry	#工业 Industry
浙东北	**Eastern and Northern Region**	**2364.45**	**12392.92**	**631.38**	**6792.74**	**6107.41**
杭州市	Hangzhou	672.35	4100.17	163.47	2056.93	1852.45
宁波市	Ningbo	564.56	3435.00	151.28	1899.10	1725.07
嘉兴市	Jiaxing	336.81	1585.31	97.07	949.75	857.12
湖州市	Huzhou	257.80	892.02	69.58	510.78	461.97
绍兴市	Shaoxing	436.24	1972.05	105.19	1197.42	1081.04
舟山市	Zhoushan	96.69	408.52	44.94	178.76	129.76
浙西南	**Western and Southern Region**	**2294.88**	**6258.81**	**362.00**	**3347.85**	**2986.35**
温州市	Wenzhou	764.57	2158.91	68.20	1170.30	1064.60
金华市	Jinhua	459.19	1465.67	77.14	794.47	707.43
其中:义乌市	Yiwu	71.63	422.11	12.53	193.95	171.53
衢州市	Quzhou	247.74	478.50	52.75	253.84	209.91
台州市	Taizhou	569.39	1721.84	113.47	927.37	838.06
丽水市	Lishui	253.99	433.89	50.44	201.87	166.35

17－2 续表 1 continued

城 市 City		第三产业 Tertiary Industry	人均生产总值(元) Per Capita GDP (yuan)	全社会从业人员年末数(万人) Total Employed Persons by year－end (10000 persons)	社会消费品零售总额(亿元) Total Retail Sales of Consumer Goods (100 million yuan)
浙东北	**Eastern and Northern Region**	**4968.82**		**1801.19**	**3800.06**
杭州市	Hangzhou	1879.77	52590	533.09	1296.31
宁波市	Ningbo	1384.63	50474	437.80	1035.46
嘉兴市	Jiaxing	538.49	38357	288.80	501.22
湖州市	Huzhou	311.67	32047	182.68	319.25
绍兴市	Shaoxing	669.44	43442	300.88	515.44
舟山市	Zhoushan	184.82	39605	57.94	132.37
浙西南	**Western and Southern Region**	**2548.95**		**1491.12**	**2413.98**
温州市	Wenzhou	920.40	27497	517.15	906.46
金华市	Jinhua	594.06	29063	326.00	562.83
其中:义乌市	Yiwu	215.62	59326	85.58	176.03
衢州市	Quzhou	171.91	21598	129.32	179.45
台州市	Taizhou	681.00	30105	373.14	596.17
丽水市	Lishui	181.58	19022	145.51	169.07

注:人均生产总值除义乌外均按常住人口计算。
GDP per capita is caculated by the resident population excluding Yiwu city.

17－2 续表2 continued

城 市 City		全社会固定资产投资(亿元) Total Investment in Fixed Assets (100 million yuan)	出口总额(亿美元) Exports (USD 100 million)	财政总收入(亿元) Total Financial Revenue (100 million yuan)	地方财政收入(亿元) Local Financial Revenue (100 million yuan)
浙东北	**Eastern and Northern Region**	**5763.03**	**997.69**	**2126**	**1045**
杭州市	Hangzhou	1684.13	299.66	788	392
宁波市	Ningbo	1597.54	382.55	724	329
嘉兴市	Jiaxing	900.01	116.74	209	105
湖州市	Huzhou	458.34	36.76	114	62
绍兴市	Shaoxing	843.37	138.12	237	122
舟山市	Zhoushan	279.64	23.86	53	35
浙西南	**Western and Southern Region**	**2559.88**	**285.28**	**804**	**430**
温州市	Wenzhou	737.03	101.48	293	157
金华市	Jinhua	540.95	75.45	187	102
其中:义乌市	Yiwu	148.73	16.74	59	32
衢州市	Quzhou	317.00	7.22	49	29
台州市	Taizhou	727.64	93.65	218	109
丽水市	Lishui	237.26	7.49	56	33

17－2 续表3 continued

城 市 City		地方财政支出(亿元) Local Financial Expenditure (100million yuan)	城乡居民储蓄存款年末余额(亿元) Savings Deposits of Urban and Rural Residents (100 million yuan)	城镇居民人均可支配收入(元) Per Capita Disposable Income of Urban Residents (yuan)	农村居民人均纯收入(元) Per Capita Net Income of Rural Residents (yuan)
浙东北	**Eastern and Northern Region**	**1053**	**7063.76**		
杭州市	Hangzhou	336	2578.78	21689	9549
宁波市	Ningbo	371	1856.08	22332	10051
嘉兴市	Jiaxing	107	907.48	20128	10163
湖州市	Huzhou	69	413.98	19663	9536
绍兴市	Shaoxing	114	1086.85	21971	9730
舟山市	Zhoushan	57	220.58	19856	9725
浙西南	**Western and Southern Region**	**546**	**4125.55**		
温州市	Wenzhou	177	1638.02	20922	8591
金华市	Jinhua	116	1032.33	19855	6971
其中:义乌市	Yiwu	27	422.72	25007	10255
衢州市	Quzhou	56	245.17	16388	6071
台州市	Taizhou	127	928.72	20942	8331
丽水市	Lishui	71	281.31	15910	4373

17－3 全社会从业人员数(2007 年底)
Total Employed Persons(End of 2007)

单位:万人(10000 persons)

城 市	City	全社会从业人员数 Total Employed Persons	第一产业 Primary Industry	第二产业 Secondary Industry	第三产业 Tertiary Industry
浙东北	**Eastern and Northern Region**	**1801.19**	**290.33**	**918.73**	**592.13**
杭州市	Hangzhou	533.09	83.94	245.32	203.83
宁波市	Ningbo	437.80	67.50	228.80	141.50
嘉兴市	Jiaxing	288.80	39.46	180.64	68.70
湖州市	Huzhou	182.68	34.92	81.38	66.38
绍兴市	Shaoxing	300.88	52.71	161.56	86.61
舟山市	Zhoushan	57.94	11.80	21.03	25.11
浙西南	**Western and Southern Region**	**1491.12**	**380.48**	**612.76**	**497.88**
温州市	Wenzhou	517.15	92.40	241.19	183.56
金华市	Jinhua	326.00	77.30	146.10	102.60
其中:义乌市	Yiwu	85.58	10.58	51.01	23.99
衢州市	Quzhou	129.32	56.90	37.87	34.55
台州市	Taizhou	373.14	88.60	152.84	131.70
丽水市	Lishui	145.51	65.28	34.76	45.47

17－4 各市年末单位从业人员数(2007 年底)
Employed Persons by City(End of 2007)

单位:万人(10000 persons)

城 市	City	年末单位从业人员数 Total Employed Persons by Unit	农、林、牧、渔业 Agriculture	采矿业 Mining and Quarrying	制造业 Manufac-turing	电力、煤气及水的生产和供应业 Electricity, Gas and Water Production and Supply	建筑业 Construction	交通运输仓储及邮电通信业 Transport, Storage, Post & Telecom-munication
浙东北	**Eastern and Northern Region**	**441.26**	**0.56**	**1.06**	**202.96**	**6.31**	**65.98**	**13.76**
杭州市	Hangzhou	152.82	0.18	0.18	63.03	1.74	16.98	6.43
宁波市	Ningbo	104.73	0.15	0.03	45.20	1.30	20.08	3.75
嘉兴市	Jiaxing	72.21	0.14	0.01	49.65	1.33	2.09	0.82
湖州市	Huzhou	29.21	0.03	0.52	14.79	0.57	2.20	0.72
绍兴市	Shaoxing	70.79	0.04	0.28	26.76	0.98	24.13	1.07
舟山市	Zhoushan	11.50	0.02	0.04	3.53	0.39	0.50	0.97
浙西南	**Western and Southern Region**	**221.24**	**1.03**	**0.43**	**81.77**	**4.02**	**39.81**	**6.74**
温州市	Wenzhou	101.73	0.13	0.26	51.32	1.19	17.00	2.75
金华市	Jinhua	40.28	0.12	0.02	10.70	0.77	7.27	1.72
其中:义乌市	Yiwu	5.02	0.01		0.21	0.08	0.11	0.45
衢州市	Quzhou	14.49	0.06	0.04	4.60	0.39	1.04	0.46
台州市	Taizhou	50.01	0.47	0.01	12.27	1.03	13.75	1.21
丽水市	Lishui	14.73	0.25	0.10	2.88	0.64	0.75	0.60

17-4 续表1 continued

单位:万人(10000 persons)

城市 City		信息传输、计算机服务和软件业 Information Transmission, Computer Services and Software	批发和零售贸易 Wholesale and Retail Sale Trade	住宿、餐饮业 Hotels and Catering Services	金融业 Finance	房地产业 Real Estate	租赁和商业服务 Leasing and Commercial Services	科学研究、技术服务和地质勘查 Technic and Geological Prospecting
浙东北	**Eastern and Northern Region**	**5.48**	**14.87**	**8.25**	**14.08**	**5.92**	**10.72**	**6.67**
杭州市	Hangzhou	3.85	6.52	4.12	5.23	2.89	5.72	4.14
宁波市	Ningbo	0.53	3.79	1.94	3.91	1.24	2.67	1.08
嘉兴市	Jiaxing	0.41	1.59	0.72	1.76	0.96	1.22	0.59
湖州市	Huzhou	0.22	0.65	0.56	0.97	0.31	0.25	0.30
绍兴市	Shaoxing	0.36	1.78	0.60	1.68	0.29	0.61	0.39
舟山市	Zhoushan	0.11	0.54	0.31	0.53	0.23	0.25	0.17
浙西南	**Western and Southern Region**	**1.76**	**6.12**	**3.15**	**8.33**	**2.40**	**3.37**	**2.25**
温州市	Wenzhou	0.47	2.57	1.35	2.42	1.35	0.83	0.69
金华市	Jinhua	0.40	1.19	0.72	1.76	0.28	1.27	0.52
其中:义乌市	Yiwu	0.04	0.17	0.18	0.34	0.11	0.33	0.09
衢州市	Quzhou	0.16	0.30	0.10	1.01	0.08	0.13	0.17
台州市	Taizhou	0.44	1.71	0.82	2.33	0.57	0.88	0.62
丽水市	Lishui	0.29	0.35	0.16	0.81	0.12	0.26	0.25

17-4 续表2 continued

单位:万人(10000 persons)

城市 City		水利、环境和公共设施管理业 Water Conservancy, Environment and Public Facilities Management	居民服务和其他服务业 Resident Services and Other Services	教育 Education	卫生、社会保障和社会福利业 Health Care, Social Security and Social Welfare	文化、体育和娱乐业 Culture, Sports and Recreation	公共管理和社会组织 Public Management and Social Organization
浙东北	**Eastern and Northern Region**	**4.65**	**0.81**	**31.74**	**15.88**	**3.75**	**27.86**
杭州市	Hangzhou	1.73	0.47	11.68	5.92	1.90	10.11
宁波市	Ningbo	1.03	0.15	7.04	3.77	0.78	6.29
嘉兴市	Jiaxing	0.60	0.09	4.28	2.07	0.32	3.58
湖州市	Huzhou	0.42	0.02	2.71	1.23	0.22	2.52
绍兴市	Shaoxing	0.64	0.07	4.87	2.27	0.38	3.62
舟山市	Zhoushan	0.23	0.01	1.16	0.62	0.15	1.74
浙西南	**Western and Southern Region**	**2.16**	**0.20**	**23.23**	**10.72**	**1.55**	**22.18**
温州市	Wenzhou	0.33	0.06	8.06	3.46	0.51	6.97
金华市	Jinhua	0.84	0.03	4.95	2.43	0.37	4.91
其中:义乌市	Yiwu	0.29	0.01	0.91	0.41	0.05	1.21
衢州市	Quzhou	0.11	0.02	2.11	0.86	0.15	2.71
台州市	Taizhou	0.60	0.07	5.47	2.74	0.30	4.72
丽水市	Lishui	0.28	0.02	2.64	1.23	0.22	2.87

17－5　各市农、林、牧、渔业总产值(2007 年)
Gross Output Value of Farming, Forestry, Animal Husbandry and Fishery by City(2007)

单位:亿元(100 million yuan)

城　市	City	农、林、牧、渔业总产值 Total Output Value	农业产值 Farming	林业产值 Forestry	牧业产值 Animal Husbandry	渔业产值 Fishery	农林牧渔业服务业产值 Services
浙东北	**Eastern and Northern Region**	**10191749**	**4680405**	**671892**	**2383149**	**2269360**	**186943**
杭州市	Hangzhou	2471427	1308047	294707	585536	222601	60536
宁波市	Ningbo	2369024	1072248	67701	462823	726243	40009
嘉兴市	Jiaxing	1673090	746724	6137	680332	176862	63035
湖州市	Huzhou	1177015	494705	162932	296054	211641	11683
绍兴市	Shaoxing	1616156	993922	138694	319875	152578	11087
舟山市	Zhoushan	885037	64759	1721	38529	779435	593
浙西南	**Western and Southern Region**	**5974476**	**2867578**	**281989**	**1334023**	**1394918**	**95968**
温州市	Wenzhou	1132359	451861	26005	253857	372965	29671
金华市	Jinhua	1262374	692042	35345	441393	61551	32043
其中:义乌市	Yiwu	178171	95478	2606	70089	8561	1436
衢州市	Quzhou	857954	441264	70602	314776	25007	6305
台州市	Taizhou	1952535	762177	37014	208836	922341	22167
丽水市	Lishui	769254	520234	113023	115161	13054	7782

17－6　各市播种面积(2007 年)
Sown Area by City(2007)

城　市	City	农作物播种面积(千公顷) Sown Area of Farm Crop (1000 hectares)	#粮食 Grain	#谷物 Cereal	#油料 Oilbearing Crops	#棉花 Cotton	#蔬菜瓜类 Vegetable and Melon	果用瓜 Melon Used as Fruit
浙东北	**Eastern and Northern Region**	**1624363**	**815973**	**652361**	**148065**	**11771**	**399889**	**67492**
杭州市	Hangzhou	394901	183877	130204	37610	655	106965	12503
宁波市	Ningbo	314671	134984	101941	14467	6112	94033	22410
嘉兴市	Jiaxing	340063	188007	162530	38207	1904	78407	11818
湖州市	Huzhou	232880	130510	108498	34282	51	37900	7553
绍兴市	Shaoxing	316899	168349	143538	21191	2961	72905	11250
舟山市	Zhoushan	24949	10246	5650	2308	88	9679	1958
浙西南	**Western and Southern Region**	**1152111**	**690897**	**535730**	**57927**	**7037**	**260734**	**43546**
温州市	Wenzhou	247226	151996	122607	4364	89	66715	11336
金华市	Jinhua	249513	144026	117505	17990	5054	43771	10457
其中:义乌市	Yiwu	28991	16615	12614	1449	33	7327	1525
衢州市	Quzhou	189051	122507	100493	22623	1258	27304	3431
台州市	Taizhou	277318	163076	118979	5003	613	71228	15068
丽水市	Lishui	189003	109292	76146	7947	23	51716	3254

17－7 各市主要农产品产量(2007年)
Output of Major Farm Products by City(2007)

单位:吨(ton)

城 市 City		粮食 Grain	#谷物 Cereal	油菜籽 Rapeseeds	棉花 Cotton	水果 Fruit	#柑桔 Citrus	茶叶 Tea	蚕茧 Silkworm Cocoons
浙东北	**Eastern and Northern Region**	**5089684**	**4441373**	**297425**	**14249**	**1486008**	**480901**	**109203**	**88035**
杭州市	Hangzhou	1069268	856780	69501	912	313378	133122	28207	20389
宁波市	Ningbo	747685	628131	19810	6931	632661	268191	22728	78
嘉兴市	Jiaxing	1273967	1174225	95621	2861	188744	33155	155	41331
湖州市	Huzhou	869144	774710	75018	88	82470	1017	9977	20559
绍兴市	Shaoxing	1081533	974755	34111	3376	221983	19203	48027	5678
舟山市	Zhoushan	48087	32772	3364	81	46772	26213	109	
浙西南	**Western and Southern Region**	**3638197**	**3067045**	**82400**	**11161**	**2187158**	**1506364**	**51026**	**8227**
温州市	Wenzhou	711539	596201	4860	119	150142	47846	4024	
金华市	Jinhua	809937	721462	25851	8451	330491	142543	17898	3487
其中:义乌市	Yiwu	100460	82398	1960	44		79481	15539	55
衢州市	Quzhou	728733	640554	33950	1919	785602	763045	8041	1258
台州市	Taizhou	841767	666153	6956	634	638981	390875	3572	618
丽水市	Lishui	546221	442675	10783	38	281942	162055	17491	2864

17－7 续表 continued

城 市 City		生猪年末存栏头数(万头) Year-end Hogs (10000 heads)	牛年末存栏头数(头) Year-end Cattle (head)	羊年末存栏只数(万只) Year-end Sheep and Goats (10000 heads)	肉产量(吨) Output of Meat (ton)	#猪肉(吨) Pork (ton)	禽蛋产量(吨) Poultry Eggs (ton)	牛羊奶产量(吨) Cow and Sheep Milk (ton)	水产品产量(吨) Output of Aquatic Products (ton)
浙东北	**Eastern and Northern Region**	**598.30**	**77180**	**151.48**	**1010169**	**719063**	**380770**	**96737**	**2835281**
杭州市	Hangzhou	151.94	30126	16.74	266836	200274	99180	46275	175944
宁波市	Ningbo	73.99	18771	6.72	166589	109727	126562	18342	944941
嘉兴市	Jiaxing	228.89	3836	75.43	303884	233020	72623	12198	159965
湖州市	Huzhou	55.5	7112	35.94	136323	74361	41984	10606	212698
绍兴市	Shaoxing	77.4	16417	15.03	121290	89264	34439	8385	103461
舟山市	Zhoushan	10.58	918	1.62	15247	12417	5982	931	1238272
浙西南	**Western and Southern Region**	**475.01**	**195059**	**39.93**	**649596**	**506494**	**166290**	**120764**	**2119410**
温州市	Wenzhou	57.88	43666	15.19	102699	64517	52016	25954	630698
金华市	Jinhua	127.1	43117	5.85	182927	138553	54438	76340	55909
其中:义乌市	Yiwu	25.16	1129	0.7	39184	30459	8982	352	5000
衢州市	Quzhou	183.95	26527	3.94	193930	176651	18207	3885	39086
台州市	Taizhou	60.25	39186	6.22	88127	68067	34291	13989	1375614
丽水市	Lishui	45.83	42563	8.73	81913	58706	7338	596	18103

17－8 各市农业现代化情况(2007 年)
Agricultural Modernization by City(2007)

城 市 City		农业机械总动力(万千瓦) Total Power of Agricultural Machinery (10000 million kw)	农村用电量(万千瓦小时) Electricity Consumed in Rural Area (10000 million kw. h)	农用化肥施用量(折标)(吨) Consumption of Chemical Fertilizers (standard) (ton)	农用化肥施用量(折纯)(吨) Consumption of Chemical Fertilizers (pure) (ton)	机耕面积(千公顷) Area Ploughed by Tractors (1000 hectares)	有效灌溉面积(千公顷) Irrigated Area (1000 hectares)	旱涝保收面积(千公顷) Stable Yields Ensured Despite Disasters (1000 hectares)
浙东北	**Eastern and Northern Region**	**1315.4**	**4911724**	**2431169**	**509643**	**637.64**	**847.92**	**682.12**
杭州市	Hangzhou	309.77	957706	617641	130364	127.03	162.98	131.13
宁波市	Ningbo	306.63	1382480	540280	112988	136.27	183.16	138.33
嘉兴市	Jiaxing	159.03	719116	502151	104471	134.2	200.75	176.36
湖州市	Huzhou	159.09	314619	264773	55709	109.7	133.21	123.39
绍兴市	Shaoxing	209.38	1432401	483726	101396	122.38	155.26	105.04
舟山市	Zhoushan	171.5	105402	22598	4715	8.06	12.56	7.87
浙西南	**Western and Southern Region**	**1012.73**	**1587953**	**2000815**	**418539**	**371.42**	**583.43**	**392.95**
温州市	Wenzhou	207.38	578033	410963	85657	79.76	127.46	74.29
金华市	Jinhua	224.78	321837	488509	102314	105.54	157.7	117.7
其中:义乌市	Yiwu	26.1	77100	52816	10824	15.24	21.05	15.17
衢州市	Quzhou	139.31	76500	395546	83859	50.07	91.79	67.29
台州市	Taizhou	347.37	572777	418274	87047	107.25	125.88	84.89
丽水市	Lishui	93.89	38806	287523	59662	28.8	80.6	48.78

17－9 各市规模以上工业企业单位数(2007 年)
Number of Industrial Enterprises Above Designated Size by City(2007)

单位:个(unit)

城 市 City		工业企业单位数 Number of Enterprises	内资企业 Domestic－funded Enterprises	港澳台商投资企业 Enterprises with Investment from Hong Kong, Macao and Taiwan	外商投资企业 Enterprises with Foreign Investment
浙东北	**Eastern and Northern Region**	**33203**	**25894**	**3573**	**3736**
杭州市	Hangzhou	8674	7082	734	858
宁波市	Ningbo	11017	8073	1470	1474
嘉兴市	Jiaxing	5986	4681	564	741
湖州市	Huzhou	2567	2114	224	229
绍兴市	Shaoxing	4428	3460	564	404
舟山市	Zhoushan	531	484	17	30
浙西南	**Western and Southern Region**	**18411**	**17094**	**505**	**812**
温州市	Wenzhou	6480	6066	123	291
金华市	Jinhua	4503	4125	152	226
其中:义乌市	Yiwu	1138	1046	49	43
衢州市	Quzhou	933	875	21	37
台州市	Taizhou	5474	5052	197	225
丽水市	Lishui	1021	976	12	33

17－10 各市规模以上工业总产值(2007 年)
Gross Output Value of Industry by City Above Designated Size(2007)

单位:亿元(100 million yuan)

城 市 City		工业总产值 Gross Output Value of Industry	内资企业 Domestic－funded Enterprises	港澳台商投资企业 Enterprises with Investment from Hong Kong, Macao and Taiwan	外商投资企业 Enterprises with Foreign Investment
浙东北	**Eastern and Northern Region**	**26594.46**	**17993.27**	**3858.57**	**4742.62**
杭州市	Hangzhou	8351.40	5704.22	1029.39	1617.79
宁波市	Ningbo	7789.01	4458.78	1529.23	1801.00
嘉兴市	Jiaxing	3338.16	2172.69	392.55	772.92
湖州市	Huzhou	1760.52	1439.68	154.15	166.68
绍兴市	Shaoxing	4869.01	3819.65	737.99	311.37
舟山市	Zhoushan	486.36	398.25	15.25	72.85
浙西南	**Western and Southern Region**	**9479.79**	**8465.83**	**335.21**	**678.76**
温州市	Wenzhou	3343.17	3046.41	80.04	216.73
金华市	Jinhua	2246.24	1981.47	106.66	158.11
其中:义乌市	Yiwu	432.82	345.10	52.83	34.88
衢州市	Quzhou	570.93	529.93	8.34	32.67
台州市	Taizhou	2740.66	2360.75	134.39	245.51
丽水市	Lishui	578.79	547.27	5.78	25.74

17-11 各市工业企业经济指标(2007年)
Main Indicators of Industrial Enterprises by City(2007)

单位:亿元(100 million yuan)

城 市 City		从业人员平均人数(万人) Average Number of Employed Persons (10000 persons)	流动资产年平均余额 Annual Average Balance of Circulating Assets	固定资产净值年平均余额 Annual Average Balance of Net Value of Fixed Assets	主营业务收入 Revenues in Main Business
浙东北	**Eastern and Northern Region**	**514.30**	**11532.19**	**6723.03**	**25706.19**
杭州市	Hangzhou	124.45	3649.76	1716.88	8057.03
宁波市	Ningbo	174.24	3372.98	1926.04	7456.24
嘉兴市	Jiaxing	93.10	1349.00	1302.44	3291.48
湖州市	Huzhou	30.52	608.34	437.48	1696.34
绍兴市	Shaoxing	84.04	2243.21	1191.95	4796.12
舟山市	Zhoushan	7.95	308.90	148.24	408.99
浙西南	**Western and Southern Region**	**276.56**	**4305.55**	**2243.21**	**8864.88**
温州市	Wenzhou	106.78	1516.05	701.71	3074.21
金华市	Jinhua	64.47	1175.57	653.58	2117.44
其中:义乌市	Yiwu	16.31	287.07	146.54	421.11
衢州市	Quzhou	11.42	227.16	227.82	561.05
台州市	Taizhou	79.50	1159.90	525.00	2551.41
丽水市	Lishui	14.39	226.87	135.10	560.77

17-11 续表 continued

单位:亿元(100 million yuan)

城 市 City		利税总额 Total Profits and Taxes	产品销售税金及附加 Sales Tax and Extra Charges	本年应交增值税 Tax Payable of Value Added	利润总额 Total Profits
浙东北	**Eastern and Northern Region**	**2212.94**	**208.07**	**684.05**	**1320.82**
杭州市	Hangzhou	730.50	100.40	215.55	414.55
宁波市	Ningbo	639.83	66.89	185.63	387.31
嘉兴市	Jiaxing	279.54	10.47	103.70	165.37
湖州市	Huzhou	146.11	10.86	53.25	82.00
绍兴市	Shaoxing	384.63	18.06	115.79	250.78
舟山市	Zhoushan	32.33	1.40	10.13	20.80
浙西南	**Western and Southern Region**	**763.77**	**45.57**	**283.18**	**435.02**
温州市	Wenzhou	276.77	15.62	104.37	156.78
金华市	Jinhua	176.56	11.50	65.39	99.67
其中:义乌市	Yiwu	35.44	2.43	9.59	23.42
衢州市	Quzhou	53.73	3.05	19.96	30.72
台州市	Taizhou	207.81	12.70	74.86	120.25
丽水市	Lishui	48.89	2.69	18.60	27.60

17－12 各市客运量和货运量(2007 年)
Passenger Traffic and Freight Traffic by City(2007)

城 市	City	客运量(万人) Passenger Traffic (10000 persons)				货运量(万吨) Freight Traffic (10000 tons)		
		铁路 Railways	公路 Highways	水运 Waterways	航空 Civil Aviation	铁路 Railways	公路 Highways	水运 Waterways
浙东北	**Eastern and Northern Region**	**4067.13**	**102964**	**2912.59**	**842.09**	**2091.11**	**51274**	**39436.45**
杭州市	Hangzhou	2254.86	24836	305.65	628.55	573.37	16484	5500.00
宁波市	Ningbo	842.14	29541	130.31	179.73	1329.98	12889	8706.00
嘉兴市	Jiaxing	498.74	15972	32.00		41.76	3304	7117.16
湖州市	Huzhou		8934	7.82			6432	9947.00
绍兴市	Shaoxing	471.39	15874	4.00		146.00	9852	1180.00
舟山市	Zhoushan		7807	2432.81	33.80		2313	6986.29
浙西南	**Western and Southern Region**	**1767.81**	**79172**	**251.04**	**262.91**	**1285.00**	**49166**	**9733.24**
温州市	Wenzhou	444.99	27689	60.50	190.15	170.68	14916	2769.94
金华市	Jinhua	998.91	19782	15.00	50.25	301.63	14860	279.00
其中:义乌市	Yiwu	459.42	6161		50.25	57.31	3622	
衢州市	Quzhou	193.18	7161	4.54	3.74	653.69	8722	6.30
台州市	Taizhou		19564	140.00	18.77		7709	6299.00
丽水市	Lishui	130.73	4976	31.00		159.00	2959	379.00

17-13 各市公路里程、邮电通信和用电量情况(2007年)

Length of Highways, Posts and Telecommunications and Electricity Consumption by City(2007)

城 市	City	境内公路里程(公里) Length of Highways (km)	#高速公路 Expressway	民用汽车拥有量(辆) Civil Motor Vehicles (unit)	固定电话用户(万户) Telephone Subscribers (10000 subscribers)	年末移动电话用户数(万户) Number of Mobile Telephones Subscribers (10000 subscribers)
浙东北	**Eastern and Northern Region**	**42097.86**	**1557.30**	**1822597**	**1372.35**	**2552.00**
杭州市	Hangzhou	14462.27	484.25	712398	427.83	809.59
宁波市	Ningbo	9320.11	325.50	504188	334.98	757.70
嘉兴市	Jiaxing	3419.00	233.16	202996	190.47	333.78
湖州市	Huzhou	5323.48	235.39	111383	117.75	192.79
绍兴市	Shaoxing	8186.00	279.00	261523	242.78	353.90
舟山市	Zhoushan	1387.00		30109	58.54	104.24
浙西南	**Western and Southern Region**	**44427.72**	**1094.00**	**1204748**	**979.96**	**2008.05**
温州市	Wenzhou	7125.36	204.21	418801	347.71	744.72
金华市	Jinhua	10880.06	230.19	322736	255.54	417.09
其中:义乌市	Yiwu	1251.25	54.12	114053	68.95	144.18
衢州市	Quzhou	6308.00	157.00	60707	95.82	128.63
台州市	Taizhou	9691.00	188.00	315863	215.53	517.74
丽水市	Lishui	10423.30	314.60	86641	65.36	199.87

17-13 **续表** continued

城 市	City	国际互联网用户数(户) Users of International Computer Network (subscriber)	电信业务收入(万元) Telecom Business Income (10000 yuan)	全年用电量(亿千瓦小时) Total Electricity Consumption (100 million kw. h)	#工业用电 Industrial Consumption	#城乡居民生活用电 Residential Consumption
浙东北	**Eastern and Northern Region**	**3801686**	**3101672**	**1363.58**	**1077.94**	**129.86**
杭州市	Hangzhou	1219572	1072056	412.73	302.49	46.10
宁波市	Ningbo	1287851	820154	367.12	293.45	34.95
嘉兴市	Jiaxing	476246	499296	212.89	178.19	16.36
湖州市	Huzhou	230126	226506	107.15	85.40	10.33
绍兴市	Shaoxing	453740	377519	239.58	203.65	18.17
舟山市	Zhoushan	134151	106141	24.13	14.76	3.96
浙西南	**Western and Southern Region**	**2198627**	**2236127**	**668.07**	**494.29**	**99.20**
温州市	Wenzhou	932577	876575	238.70	168.22	43.91
金华市	Jinhua	460092	479658	165.70	125.93	19.51
其中:义乌市	Yiwu	158231	175073	43.16	29.57	5.35
衢州市	Quzhou	189500	227795	78.59	67.59	5.58
台州市	Taizhou	461203	525875	143.83	103.15	23.76
丽水市	Lishui	155255	126224	41.25	29.40	6.44

17－14 各市固定资产投资(2007 年)
Total Investment in Fixed Assets by City(2007)

单位:亿元(100 million yuan)

城 市 City		全社会固定资产投资 Total Investment in Fixed Assets	限额以上固定资产投资 Investment in Fixed Assets Above Designated Size	第一产业 Primary Industry	第二产业 Secondary Industry	第三产业 Tertiary Industry
浙东北	**Eastern and Northern Region**	**5763.03**	**5340.48**	**10.46**	**2462.35**	**2867.67**
杭州市	Hangzhou	1684.13	1583.78	2.33	528.63	1052.82
宁波市	Ningbo	1597.54	1486.54	3.71	687.25	795.57
嘉兴市	Jiaxing	900.01	813.36	2.00	473.94	337.41
湖州市	Huzhou	458.34	421.14	0.84	216.40	203.90
绍兴市	Shaoxing	843.37	761.05	0.84	465.63	294.58
舟山市	Zhoushan	279.64	274.61	0.73	90.49	183.39
浙西南	**Western and Southern Region**	**2559.88**	**2269.72**	**22.41**	**1129.56**	**1117.75**
温州市	Wenzhou	737.03	640.59	2.65	250.44	387.50
金华市	Jinhua	540.95	496.17	2.10	252.31	241.76
其中:义乌市	Yiwu	148.73	136.78	0.17	42.21	94.40
衢州市	Quzhou	317.00	285.67	9.73	142.77	133.16
台州市	Taizhou	727.64	624.35	2.19	405.87	216.29
丽水市	Lishui	237.26	222.93	5.73	78.16	139.04

17－14 续表 continued

单位:亿元(100 million yuan)

城 市 City		#房地产开发投资 Real Estate Development	#住宅 Residential Buildings	新增固定资产 Newly Incresaed Fixed Assets	商品房屋销售面积(万平方米) Floor Space of Commercial Houses Sold (10000 sq. m)	商品房屋销售额 Total Value of Commercial Houses Sold
浙东北	**Eastern and Northern Region**	**1312.10**	**921.65**	**3038.21**	**3275.91**	**1967.40**
杭州市	Hangzhou	518.79	381.89	745.21	1150.28	876.02
宁波市	Ningbo	332.89	207.23	984.99	804.43	502.89
嘉兴市	Jiaxing	147.74	102.00	451.85	418.34	168.60
湖州市	Huzhou	94.94	69.92	219.86	286.98	110.67
绍兴市	Shaoxing	178.59	129.03	537.11	479.38	242.30
舟山市	Zhoushan	39.15	31.57	99.20	136.50	66.92
浙西南	**Western and Southern Region**	**509.50**	**386.57**	**1318.89**	**1264.35**	**659.86**
温州市	Wenzhou	192.49	143.63	492.04	297.13	223.15
金华市	Jinhua	121.43	96.95	249.33	366.93	174.70
其中:义乌市	Yiwu	49.11	38.10	70.06	64.82	62.83
衢州市	Quzhou	45.91	35.69	170.29	184.55	51.60
台州市	Taizhou	95.73	70.41	244.93	281.33	143.52
丽水市	Lishui	53.95	39.89	162.29	134.41	66.89

17－15 各市内外贸易情况(2007年)
Domestic and Foreign Trade by City(2007)

城 市	City	社会消费品零售总额(亿元) Total Retail Sales of Consumer Goods (100 million yuan)	限额以上批发、零售贸易业商品销售总额(亿元) Total Sales of Wholesale and Retailsale Trade Above Designated Size (100 million yuan)	进口总额(亿美元) Imports (100 million USD)	出口总额(亿美元) Exports (100 million USD)
浙东北	**Eastern and Northern Region**	**3800.06**	**10490.76**	**438.55**	**997.69**
杭州市	Hangzhou	1296.31	6152.03	134.60	299.66
宁波市	Ningbo	1035.46	2563.66	182.44	382.55
嘉兴市	Jiaxing	501.22	706.51	43.88	116.74
湖州市	Huzhou	319.25	323.84	5.90	36.76
绍兴市	Shaoxing	515.44	555.69	54.82	138.12
舟山市	Zhoushan	132.37	189.03	16.90	23.86
浙西南	**Western and Southern Region**	**2413.98**	**2620.92**	**46.77**	**285.28**
温州市	Wenzhou	906.46	1092.32	21.00	101.48
金华市	Jinhua	562.83	476.11	4.16	75.45
其中:义乌市	Yiwu	176.03	93.55	1.54	16.74
衢州市	Quzhou	179.45	178.72	3.39	7.22
台州市	Taizhou	596.17	783.80	17.28	93.65
丽水市	Lishui	169.07	89.97	0.94	7.49

17－16 各市利用外资情况(2007年)
Utilization of Foreign Capital by City(2007)

城 市	City	外国和港澳台地区在华直接投资 Foreign Funded Enterprises and Enterprises Funded by Entrepreneurs from Hong Kong, Macao & Taiwan		
		新签项目(合同)数(个) Newly Signed Contracts (unit)	合同外资金额(万美元) Value for Utilization of Foreign Capital (USD 10000)	实际使用外资金额(万美元) Amount of Foreign Capital Actually Used (USD 10000)
浙东北	**Eastern and Northern Region**	**2834**	**1808029**	**899282**
杭州市	Hangzhou	574	558059	280181
宁波市	Ningbo	854	450107	250518
嘉兴市	Jiaxing	420	345512	166228
湖州市	Huzhou	599	198573	84363
绍兴市	Shaoxing	369	236516	110476
舟山市	Zhoushan	18	19262	7516
浙西南	**Western and Southern Region**	**430**	**239408**	**149801**
温州市	Wenzhou	141	104944	61753
金华市	Jinhua	148	37352	50610
其中:义乌市	Yiwu	68	5800	13749
衢州市	Quzhou	31	12615	4056
台州市	Taizhou	95	81681	31150
丽水市	Lishui	15	2816	2232

17－17　各市国际旅游事业情况(2007 年)
International Tourism by City(2007)

城　市 City		海外游客人数(人) Total Number of International Tourists (person)	#外国人 Foreigners	#港澳台同胞 Compatriots from Hong Kong Macao and Taiwan, China	国际旅游收入(万美元) Total International Income From Tourism (USD 10000)
浙东北	**Eastern and Northern Region**	**4317684**	**2790953**	**1526731**	**203327**
杭州市	Hangzhou	2260802	1554556	706246	111878
宁波市	Ningbo	689231	434017	255214	43070
嘉兴市	Jiaxing	612532	363639	248893	19080
湖州市	Huzhou	194909	74382	120527	6793
绍兴市	Shaoxing	360915	241883	119032	12063
舟山市	Zhoushan	199295	122476	76819	10443
浙西南	**Western and Southern Region**	**968907**	**746313**	**222594**	**66813**
温州市	Wenzhou	289033	230963	58070	14082
金华市	Jinhua	445415	347806	97609	26966
其中:义乌市	Yiwu	312417	264570	47847	22035
衢州市	Quzhou	65725	30985	34740	3174
台州市	Taizhou	93113	65234	27879	6200
丽水市	Lishui	75621	71325	4296	16391

17－18　各市财政收支情况(2007 年)
Total Financial Revenue and Expenditure by City(2007)

单位:万元(10000 yuan)

城　市 City		财政总收入 Total Financial Revenue	地方财政预算内收入 Total Local Government Budgetary Financial Revenue	地方财政预算内支出 Total Local Government Financial Expenditures	#一般性公共服务支出 Expenses for Public Service	#教育支出 Expenses for Education
浙东北	**Eastern and Northern Region**	**21255260**	**10448350**	**10532796**	**1878426**	**1977552**
杭州市	Hangzhou	7884237	3916195	3357153	566081	627460
宁波市	Ningbo	7239222	3291218	3710400	633679	590599
嘉兴市	Jiaxing	2094362	1052352	1074227	218814	262182
湖州市	Huzhou	1140628	616780	688180	133962	153279
绍兴市	Shaoxing	2371225	1221169	1137609	215942	261823
舟山市	Zhoushan	525586	350636	565227	109948	82209
浙西南	**Western and Southern Region**	**8040038**	**4298676**	**5464451**	**1125224**	**1394923**
温州市	Wenzhou	2932606	1570271	1769850	333832	469567
金华市	Jinhua	1874046	1019684	1161504	223204	297397
其中:义乌市	Yiwu	588800	322806	274510	60414	60949
衢州市	Quzhou	489113	293530	555057	114449	136105
台州市	Taizhou	2183788	1088551	1269285	287109	332682
丽水市	Lishui	560485	326640	708755	166630	159172

17－19 各市金融保险情况(2007 年)
Finance and Insurance by City(2007)

单位:亿元(100 million yuan)

城 市	City	金融机构年末存款余额 Deposits	城乡居民储蓄年末余额 Residents' Savings Deposits	金融机构年末贷款余额 Loans	保费 Premium	赔款、给付 Settled Claim
浙东北	**Eastern and Northern Region**	**20256.83**	**7063.76**	**17661.85**	**278.72**	**107.30**
杭州市	Hangzhou	9154.46	2578.78	8142.32	104.11	41.14
宁波市	Ningbo	5304.01	1856.08	4958.06	72.22	26.28
嘉兴市	Jiaxing	1796.09	907.48	1351.54	35.69	19.55
湖州市	Huzhou	801.28	413.98	655.91	20.08	4.35
绍兴市	Shaoxing	2639.27	1086.85	2069.68	35.19	12.30
舟山市	Zhoushan	561.71	220.58	484.35	11.44	3.68
浙西南	**Western and Southern Region**	**8374.38**	**4125.55**	**6744.79**	**156.71**	**58.30**
温州市	Wenzhou	3376.17	1638.02	2721.17	51.88	16.46
金华市	Jinhua	2059.71	1032.33	1630.85	44.12	16.69
其中:义乌市	Yiwu	847.57	422.72	586.31		
衢州市	Quzhou	489.46	245.17	406.31	11.56	6.05
台州市	Taizhou	1921.30	928.72	1577.04	37.42	14.19
丽水市	Lishui	527.74	281.31	409.41	11.73	4.91

17－20 各市社会保险福利情况(2007 年)
Basic Statistics on Social Insurance & Welfare by City(2007)

单位:万人(10000 persons)

城　市	City	基本养老保险参保人数 Persons Participating in the Basic Retirement Security Program	基本医疗保险参保人数 Persons Participating in the Basic Health Care Program	失业保险人数 Persons Participating in the Unemployment Insurance Program
浙东北	**Eastern and Northern Region**	**751.55**	**612.97**	**411.09**
杭州市	Hangzhou	280.49	237.74	170.09
宁波市	Ningbo	197.04	151.75	95.76
嘉兴市	Jiaxing	89.51	91.40	52.50
湖州市	Huzhou	53.99	37.63	27.21
绍兴市	Shaoxing	107.68	71.70	52.92
舟山市	Zhoushan	22.84	22.75	12.62
浙西南	**Western and Southern Region**	**353.54**	**224.89**	**171.00**
温州市	Wenzhou	137.46	75.71	55.72
金华市	Jinhua	79.47	55.44	45.09
其中:义乌市	Yiwu	18.83	9.00	8.46
衢州市	Quzhou	30.46	25.27	15.44
台州市	Taizhou	81.73	48.77	44.37
丽水市	Lishui	24.42	19.70	10.38

17－20 续表 continued

城　市	City	社会福利院数(个) Social Welfare Homes(unit)	社会福利院床位数(张) Beds of Social Welfare Homes(bed)	社区服务设施数(个) Number of Community Service Facilities Established in Urban Areas(unit)	居民最低生活保障线以下人数(人) Residents under Minimum Life Guarantee Relief(person)
浙东北	**Eastern and Northern Region**	**783**	**71437**	**10978**	**59931**
杭州市	Hangzhou	202	18006	4462	16472
宁波市	Ningbo	188	21349	3802	14653
嘉兴市	Jiaxing	92	7841	601	7642
湖州市	Huzhou	82	6643	446	10462
绍兴市	Shaoxing	178	15004	1553	8303
舟山市	Zhoushan	41	2594	114	2399
浙西南	**Western and Southern Region**	**833**	**76364**	**22540**	**30325**
温州市	Wenzhou	386	35220	20622	12192
金华市	Jinhua	96	13740	134	5209
其中:义乌市	Yiwu	19	2647	28	273
衢州市	Quzhou	83	8492	1067	4800
台州市	Taizhou	194	13237	638	4019
丽水市	Lishui	74	5675	79	4105

17－21 各市各类学校在校学生数(2007 年)
Students Enrollment by Type of School and by City(2007)

城市	City	高等学校(人) Institutions of Higher Education (person)	中等职业学校(人) Vocational Secondary Schools (person)	普通中学(万人) Regular Secondary Schools (10000 person)	小学(万人) Primary Schools (10000 person)
浙东北	**Eastern and Northern Region**	**608435**	**369792**	**137.68**	**172.33**
杭州市	Hangzhou	366160	103583	36.12	45.62
宁波市	Ningbo	126094	91935	33.54	47.15
嘉兴市	Jiaxing	30173	51145	21.33	24.77
湖州市	Huzhou	21096	40808	14.96	17.90
绍兴市	Shaoxing	44103	69823	27.40	32.01
舟山市	Zhoushan	20809	12498	4.33	4.88
浙西南	**Western and Southern Region**	**192111**	**327023**	**128.95**	**163.15**
温州市	Wenzhou	64037	96259	48.53	57.69
金华市	Jinhua	60973	84696	26.69	33.09
其中:义乌市	Yiwu	7008	11304	4.52	6.62
衢州市	Quzhou	9621	47280	13.20	15.23
台州市	Taizhou	24307	66243	28.75	40.62
丽水市	Lishui	33173	32545	11.78	16.52

17－22 各市专业技术人员和专利申请(2007 年)
Specialized Technical Persons and Patent Application by City(2007)

城市	City	从事科技活动人员数(万人) Specialized Technical Persons (10000 persons)	专利申请受理量(项) Patent Application Accepted (item)	专利申请授权量(项) Patent Application Approved (item)	#发明 Invention
浙东北	**Eastern and Northern Region**	**202134**	**47873**	**26056**	**1843**
杭州市	Hangzhou	69402	13295	7563	1320
宁波市	Ningbo	50175	12787	8845	293
嘉兴市	Jiaxing	34416	4249	2523	59
湖州市	Huzhou	12117	3121	1771	48
绍兴市	Shaoxing	32856	14103	5163	117
舟山市	Zhoushan	3168	318	191	6
浙西南	**Western and Southern Region**	**100038**	**21044**	**15905**	**368**
温州市	Wenzhou	28082	6680	5309	152
金华市	Jinhua	22003	6371	5024	103
其中:义乌市	Yiwu	4791	1671	1429	12
衢州市	Quzhou	6063	794	358	18
台州市	Taizhou	40060	6276	4589	82
丽水市	Lishui	3830	923	625	13

17－23 各市文化和卫生事业主要指标(2007 年)
Main Indicators of Culture and Public Health by City(2007)

城市	City	体育场馆数(个) Number of Sports Grounds and Gymnasiums (unit)	剧场、影剧院数(个) Number of Theaters and Music Halls (unit)	公共图书馆图书藏量(千册件) Total Collections of Books in Public Libraries (1000 copies)	医院卫生院数(个) Number of Health Institutions (unit)	医院卫生院床位数(张) Number of Beds in Health Institutions (bed)	医生数(人) Doctors (person)
浙东北	**Eastern and Northern Region**	**309**	**198**	**19715**	**2116**	**93390**	**57595**
杭州市	Hangzhou	102	71	9478	1162	34856	20701
宁波市	Ningbo	77	21	3358	266	20618	15418
嘉兴市	Jiaxing	28	49	2545	147	11794	5244
湖州市	Huzhou	31	18	1714	128	8985	5057
绍兴市	Shaoxing	60	33	2053	337	13454	8769
舟山市	Zhoushan	11	6	567	76	3683	2406
浙西南	**Western and Southern Region**	**206**	**120**	**8278**	**1407**	**57591**	**46719**
温州市	Wenzhou	51	29	2479	445	18324	15643
金华市	Jinhua	51	19	2506	274	12570	9646
其中:义乌市	Yiwu	15	5	278	24	2200	1792
衢州市	Quzhou	28	9	860	167	6663	5688
台州市	Taizhou	55	49	1384	232	14025	9828
丽水市	Lishui	21	14	1049	289	6009	5914

17-24 各市、县国民经济主要指标(2007年)
Main Indicators of National Economy by City and County(2007)

市县名称 City and County		土地面积(平方公里) Land Area (sq. km)	年末总人口(万人) Total Population by year-end (10000 persons)	生产总值(亿元) Gross Domestic Product (100 million yuan)	第一产业 Primary Industry	第二产业 Secondary Industry	#工业 Industry
杭州市区	Hangzhou District	3068.00	419.50	3257.88	77.33	1554.28	1385.94
富阳市	Fuyang	1808.00	64.01	288.67	21.01	180.79	170.83
临安市	Linan	3124.00	52.64	195.39	20.05	117.16	108.99
建德市	Jiande	2364.00	51.04	137.70	16.76	82.10	76.50
桐庐县	Tonglu	1780.00	39.82	141.24	12.15	90.29	84.48
淳安县	Chunan	4452.00	45.33	79.27	16.16	32.33	25.71
宁波市区	Ningbo District	2462.00	218.19	1926.50	37.01	1017.94	905.63
余姚市	Yuyao	1501.00	82.92	402.84	24.39	255.47	241.31
慈溪市	Cixi	1361.00	102.72	531.51	25.31	329.63	311.88
奉化市	Fenghua	1268.00	48.03	168.89	15.11	86.33	78.70
象山县	Xiangshan	1382.00	53.18	192.85	29.43	97.24	84.75
宁海县	Ninghai	1843.00	59.52	194.41	20.03	112.49	102.80
温州市区	Wenzhou District	1187.00	142.36	916.30	7.91	481.98	428.26
瑞安市	Ruian	1271.00	116.05	326.91	10.78	177.00	168.78
乐清市	Yueqing	1174.00	119.59	360.92	12.61	228.01	219.10
洞头县	Dongtou	100.00	12.59	26.33	3.12	8.67	6.58
永嘉县	Yongjia	2674.00	91.33	154.49	5.38	96.18	88.24
平阳县	Pingyang	1051.00	85.40	139.63	8.05	68.93	61.62
苍南县	Cangnan	1272.00	125.08	177.84	14.54	79.26	71.75
文成县	Wencheng	1293.00	36.93	27.00	2.65	9.36	7.54
泰顺县	Taishun	1762.00	35.24	26.97	3.23	10.00	6.00
嘉兴市区	Jiaxing District	968.00	81.98	404.49	20.46	219.25	188.55
平湖市	Pinghu	537.00	48.37	240.59	12.82	158.86	149.77
海宁市	Haining	668.00	64.87	304.89	15.89	191.03	169.08
桐乡市	Tongxiang	727.00	66.70	272.86	19.14	152.90	136.82
嘉善县	Jiashan	507.00	38.13	181.44	15.11	107.53	98.14
海盐县	Haiyan	508.00	36.76	180.07	13.66	119.82	114.41
湖州市区	Huzhou District	1566.00	108.41	413.58	26.83	237.52	215.13
德清县	Deqing	936.00	42.53	165.00	12.84	103.32	93.82
长兴县	Changxing	1430.00	61.60	192.78	17.74	108.78	99.09
安吉县	Anji	1886.00	45.25	122.00	12.17	61.56	54.34
绍兴市区	Shaoxing District	362.00	64.99	345.06	6.71	179.95	152.88

17－24 续表1 continued

市县名称 City and County		土地面积（平方公里）Land Area (sq. km)	年末总人口（万人）Total Population by year-end (10000 persons)	生产总值（亿元）Gross Domestic Product (100 million yuan)	第一产业 Primary Industry	第二产业 Secondary Industry	#工业 Industry
诸暨市	Zhuji	2311.00	106.00	440.09	27.02	273.62	251.66
上虞市	Shangyu	1403.00	77.28	309.08	20.24	191.58	168.78
嵊州市	Shengzhou	1790.00	73.37	192.30	19.10	109.15	99.94
绍兴县	Shaoxing	1177.00	71.05	541.55	19.27	351.66	321.82
新昌县	Xinchang	1213.00	43.55	152.34	10.76	88.06	82.55
金华市区	Jinhua District	2044.00	92.25	283.19	18.89	136.47	118.59
兰溪市	Lanxi	1313.00	65.82	127.39	11.94	80.26	75.73
东阳市	Dongyang	1739.00	80.76	209.72	10.12	116.70	96.26
义乌市	Yiwu	1105.00	71.63	422.11	12.53	193.95	171.53
永康市	Yongkang	1049.00	56.03	211.72	5.58	140.46	131.43
武义县	Wuyi	1577.00	33.33	84.31	7.56	48.98	43.83
浦江县	Pujiang	915.34	38.52	93.58	5.44	58.89	54.71
磐安县	Panan	1198.88	20.84	33.65	5.08	18.75	15.36
衢州市区	Quzhou District	2354.40	81.46	196.86	18.93	101.16	82.66
江山市	Jiangshan	2019.40	58.67	106.88	12.70	59.64	52.49
常山县	Changshan	1096.30	32.58	49.83	5.49	27.00	20.80
开化县	Kaihua	2227.80	34.86	45.32	7.45	22.46	17.33
龙游县	Longyou	1143.20	40.17	74.11	8.17	41.48	35.08
舟山市区	Zhoushan District	1028.00	69.45	294.33	24.37	126.13	100.58
岱山县	Daishan	326.00	19.24	66.60	13.22	27.08	19.95
嵊泗县	Shengsi	86.00	8.00	47.30	7.31	23.86	7.79
台州市区	Taizhou District	1536.00	151.56	633.65	22.64	328.58	297.09
温岭市	Wenling	836.00	116.56	411.94	31.27	221.08	205.00
临海市	Linhai	2171.00	113.82	227.14	19.29	122.54	110.12
玉环县	Yuhuan	378.00	40.66	222.51	13.66	147.08	135.51
三门县	Sanmen	1072.00	41.86	69.27	11.48	30.03	24.04
天台县	Tiantai	1426.00	56.50	85.00	7.36	38.47	33.92
仙居县	Xianju	1992.00	48.44	70.39	7.77	32.96	27.47
丽水市区	Lishui District	1502.00	38.00	116.30	9.63	48.55	39.84
龙泉市	Longquan	3059.00	28.39	39.60	7.09	15.85	12.00
青田县	Qingtian	2484.00	48.72	74.33	4.09	43.54	36.55
云和县	Yunhe	978.00	11.14	22.94	2.58	11.72	8.64
庆元县	Qingyuan	1898.00	19.95	20.93	4.08	8.42	6.69
缙云县	Jinyun	1482.00	44.39	68.00	5.62	39.67	36.02
遂昌县	Suichang	2539.00	22.97	38.72	5.61	17.69	14.67
松阳县	Songyang	1406.00	23.46	30.76	7.18	11.38	8.62
景宁自治县	Jingning	1950.00	16.97	18.43	3.26	6.73	4.88

17－24 续表2 continued

市县名称	City and County	第三产业 Tertiary Industry	人均生产总值(元) Per-capita GDP (yuan)	社会消费品零售总额(亿元) Total Retail Sales of Consumer Goods (100 million yuan)	全社会固定资产投资(亿元) Total Investment in Fixed Assets (100 million yuan)	财政总收入(亿元) Total Financial Revenue (100 million yuan)
杭州市区	Hangzhou District	1626.27	78157	1114.43	1315.07	692.97
富阳市	Fuyang	86.87	45248	52.20	130.47	38.76
临安市	Linan	58.19	37129	44.29	75.09	18.70
建德市	Jiande	38.84	26997	28.63	50.88	16.80
桐庐县	Tonglu	38.80	35527	36.77	68.50	13.80
淳安县	Chunan	30.78	17499	20.00	44.10	7.39
宁波市区	Ningbo District	871.56		547.68	1071.19	512.47
余姚市	Yuyao	140.98	50823	133.98	141.77	63.37
慈溪市	Cixi	176.57	51905	182.31	181.65	75.11
奉化市	Fenghua	67.45	35200	51.22	56.73	22.54
象山县	Xiangshan	66.18	36346	66.63	64.96	22.77
宁海县	Ninghai	61.89	32811	53.65	81.26	27.66
温州市区	Wenzhou District	426.41	64774	475.75	383.42	149.63
瑞安市	Ruian	139.13	28363	111.27	77.75	40.03
乐清市	Yueqing	120.30	30355	96.38	96.20	46.17
洞头县	Dongtou	14.55	21032	6.50	14.39	3.31
永嘉县	Yongjia	52.93	17029	48.57	46.35	18.38
平阳县	Pingyang	62.64	16381	61.16	39.48	13.28
苍南县	Cangnan	84.03	14291	85.44	51.98	16.90
文成县	Wencheng	15.00	7338	11.53	12.83	2.85
泰顺县	Taishun	13.74	7680	9.86	14.63	2.71
嘉兴市区	Jiaxing District	164.78	49515	142.96	320.01	66.67
平湖市	Pinghu	68.92	49753	56.61	144.68	31.85
海宁市	Haining	97.97	47094	109.81	131.07	36.58
桐乡市	Tongxiang	100.82	40964	98.75	121.52	35.15
嘉善县	Jiashan	58.81	47623	54.33	102.44	23.15
海盐县	Haiyan	46.59	49753	38.77	80.29	16.03
湖州市区	Huzhou District	149.24	38183	163.89	234.66	53.50
德清县	Deqing	48.83	38875	47.02	75.29	21.45
长兴县	Changxing	66.25	31284	65.52	103.50	28.00
安吉县	Anji	48.27	26834	42.81	44.89	11.11
绍兴市区	Shaoxing District	158.40	53136	127.85	190.55	59.87
诸暨市	Zhuji	139.46	41573	104.08	185.55	43.55
上虞市	Shangyu	97.26	39995	84.64	125.84	33.03

17－24 续表3 continued

市县名称 City and County		第三产业 Tertiary Industry	人均生产总值(元) Per-capita GDP (yuan)	社会消费品零售总额(亿元) Total Retail Sales of Consumer Goods (100 million yuan)	全社会固定资产投资(亿元) Total Investment in Fixed Assets (100 million yuan)	财政总收入(亿元) Total Financial Revenue (100 million yuan)
嵊州市	Shengzhou	64.06	26206	74.70	73.90	16.57
绍兴县	Shaoxing	170.63	76372	75.39	214.58	67.02
新昌县	Xinchang	53.52	35011	48.78	52.96	17.08
金华市区	Jinhua District	127.83	30705	135.49	125.34	40.05
兰溪市	Lanxi	35.19	19308	43.69	51.53	13.83
东阳市	Dongyang	82.90	26059	77.72	65.48	20.72
义乌市	Yiwu	215.62	59326	176.03	148.73	58.88
永康市	Yongkang	65.67	37969	56.98	59.84	26.85
武义县	Wuyi	27.78	25402	28.52	36.09	12.00
浦江县	Pujiang	29.25	24351	34.67	36.24	10.71
磐安县	Panan	9.82	16194	9.74	17.68	4.36
衢州市区	Quzhou District	76.77	24853	69.26	133.79	25.00
江山市	Jiangshan	34.53	18263	34.31	63.39	9.06
常山县	Changshan	17.34	15320	17.91	41.67	4.54
开化县	Kaihua	15.41	13040	19.78	25.45	4.29
龙游县	Longyou	24.46	18473	38.18	52.69	6.01
舟山市区	Zhoushan District	143.83	42442	101.67	173.97	44.04
岱山县	Daishan	26.30	34518	20.51	35.14	4.87
嵊泗县	Shengsi	16.14	58988	10.20	70.53	3.65
台州市区	Taizhou District	282.42	41997	252.51	251.49	92.30
温岭市	Wenling	159.58	35473	143.54	146.99	41.89
临海市	Linhai	85.31	20041	68.23	96.95	26.61
玉环县	Yuhuan	61.76	55017	50.41	106.50	30.83
三门县	Sanmen	27.76	16637	23.52	61.67	8.62
天台县	Tiantai	39.16	15076	33.07	31.61	10.01
仙居县	Xianju	29.65	14596	24.88	32.43	8.12
丽水市区	Lishui District	58.12	30702	51.58	67.26	19.15
龙泉市	Longquan	16.67	14006	16.15	24.27	3.62
青田县	Qingtian	26.70	15319	26.28	43.35	10.07
云和县	Yunhe	8.63	20629	8.05	17.86	2.82
庆元县	Qingyuan	8.43	10511	9.70	11.07	1.91
缙云县	Jinyun	22.71	15409	23.18	26.35	7.84
遂昌县	Suichang	15.42	16893	14.24	16.84	5.19
松阳县	Songyang	12.21	13147	11.70	18.46	3.04
景宁自治县	Jingning	8.44	10852	8.20	11.80	2.42

17－24 续表4 continued

市县名称	City and County	地方财政收入（亿元）Local Financial Revenue (100 million yuan)	地方财政支出（亿元）Local Financial Expenditure (100 million yuan)	城乡居民储蓄存款年末余额（亿元）Savings Deposits of Urban and Rural Residents (100 million yuan)	城镇居民人均可支配收入（元）Per Capita Disposable Income of Urban Residents (yuan)	农村居民人均纯收入（元）Per Capita Net Income of Rural Residents (yuan)
杭州市区	Hangzhou District	342.14	274.72	2258.89	21689	
富阳市	Fuyang	20.45	20.11	102.15	19042	9602
临安市	Linan	9.79	11.60	67.36	18159	8852
建德市	Jiande	8.42	10.65	56.84	17300	7139
桐庐县	Tonglu	6.68	8.48	57.50	18179	8465
淳安县	Chunan	4.13	10.16	36.04	15091	5401
宁波市区	Ningbo District	228.18	254.83	1139.09	22307	10640
余姚市	Yuyao	30.29	31.00	211.21	23025	9689
慈溪市	Cixi	35.51	37.81	315.35	24535	11126
奉化市	Fenghua	10.89	13.94	79.36	21698	9505
象山县	Xiangshan	11.35	16.44	54.90	20864	8547
宁海县	Ninghai	12.90	17.01	56.17	21115	9097
温州市区	Wenzhou District	82.40	71.78	890.16	24002	10882
瑞安市	Ruian	21.16	21.14	216.24	23473	9439
乐清市	Yueqing	21.63	23.63	191.46	22737	10438
洞头县	Dongtou	1.77	5.26	6.71	15181	6114
永嘉县	Yongjia	9.21	13.53	98.26	17140	6140
平阳县	Pingyang	7.07	11.88	82.61	17708	6934
苍南县	Cangnan	10.01	15.65	94.35	16740	6609
文成县	Wencheng	1.91	7.23	38.76	13838	4185
泰顺县	Taishun	1.87	6.89	19.47	11699	4138
嘉兴市区	Jiaxing District	36.12	37.36	265.84	19238	10118
平湖市	Pinghu	15.06	15.72	117.55	20629	10082
海宁市	Haining	17.90	17.63	168.77	20653	10200
桐乡市	Tongxiang	17.06	16.98	165.87	20029	10158
嘉善县	Jiashan	11.02	10.71	97.47	20226	10121
海盐县	Haiyan	8.07	9.04	91.99	21375	10309
湖州市区	Huzhou District	28.93	31.66	230.31	20046	9646
德清县	Deqing	11.15	11.80	72.09	19182	9773
长兴县	Changxing	15.36	16.48	65.55	19552	9538
安吉县	Anji	6.24	8.88	46.03	18548	9163
绍兴市区	Shaoxing District	33.86	29.82	327.05	21717	
诸暨市	Zhuji	22.75	20.64	181.07	22759	10289
上虞市	Shangyu	16.71	16.89	169.27	21605	9670

17－24 **续表 5** continued

市 县 名 称 City and County		地方财政收入（亿元）Local Financial Revenue (100 million yuan)	地方财政支出（亿元）Local Financial Expenditure (100 million yuan)	城乡居民储蓄存款年末余额（亿元）Savings Deposits of Urban and Rural Residents (100 million yuan)	城镇居民人均可支配收入（元）Per Capita Disposable Income of Urban Residents (yuan)	农村居民人均纯收入（元）Per Capita Net Income of Rural Residents (yuan)
嵊州市	Shengzhou	8.38	10.15	89.00	21743	8181
绍兴县	Shaoxing	32.79	27.27	261.17	23241	11871
新昌县	Xinchang	7.63	8.99	59.29	21142	8092
金华市区	Jinhua District	23.88	30.14	175.92	19855	6845
兰溪市	Lanxi	6.92	10.13	57.70	14365	5807
东阳市	Dongyang	11.33	12.76	135.54		8005
义乌市	Yiwu	32.28	27.45	422.72	25007	10255
永康市	Yongkang	13.35	13.74	137.39		7995
武义县	Wuyi	6.27	8.91	39.02		5472
浦江县	Pujiang	5.69	7.05	46.67	17496	6298
磐安县	Panan	2.25	5.98	17.36		4640
衢州市区	Quzhou District	14.42	25.13	101.05	16388	6022
江山市	Jiangshan	5.37	9.05	55.39	15514	6919
常山县	Changshan	2.96	6.93	23.72		5850
开化县	Kaihua	2.55	6.93	25.49		5459
龙游县	Longyou	4.05	7.47	39.51	13263	6350
舟山市区	Zhoushan District	28.98	42.04	173.05	20736	
岱山县	Daishan	3.10	8.18	32.64	18002	9844
嵊泗县	Shengsi	2.98	6.31	14.90	18428	9505
台州市区	Taizhou District	47.28	47.63	398.33	22245	9601
温岭市	Wenling	20.41	21.93	233.96	22326	9367
临海市	Linhai	13.62	16.85	108.55	18643	7816
玉环县	Yuhuan	13.76	15.08	75.09	25753	10252
三门县	Sanmen	4.57	9.19	27.20	16294	6327
天台县	Tiantai	5.16	8.97	39.76	16220	6053
仙居县	Xianju	4.06	7.27	45.82	15168	5588
丽水市区	Lishui District	11.84	18.86	64.30	18596	5624
龙泉市	Longquan	2.19	6.19	20.07	16128	4380
青田县	Qingtian	5.98	11.20	104.11	16612	4429
云和县	Yunhe	1.65	4.66	9.04	14556	4267
庆元县	Qingyuan	1.19	4.68	11.22	13111	3950
缙云县	Jinyun	3.84	7.92	35.69	16251	4533
遂昌县	Suichang	2.78	6.18	13.48	15666	4464
松阳县	Songyang	1.79	5.24	15.23	13784	3741
景宁自治县	Jingning	1.41	5.96	8.18	13320	4055

17－25 各市县全社会从业人员数(2007年底)
Total Employed Persons by City and County(End of 2007)

单位:万人(10000 persons)

市县名称	City and County	全社会从业人员数 Total Employed Persons	第一产业 Primary Industry	第二产业 Secondary Industry	第三产业 Tertiary Industry
杭州市区	Hangzhou District	394.74	31.03	186.57	177.14
富阳市	Fuyang	46.03	11.28	22.66	12.09
临安市	Linan	36.78	9.28	18.33	9.17
建德市	Jiande	31.31	11.08	12.40	7.83
桐庐县	Tonglu	30.19	7.37	16.41	6.41
淳安县	Chunan	23.64	12.54	5.90	5.20
宁波市区	Ningbo District	176.08	15.00	92.29	68.79
余姚市	Yuyao	59.40	10.12	28.14	21.14
慈溪市	Cixi	92.20	11.60	55.30	25.30
奉化市	Fenghua	33.40	7.40	17.10	8.90
象山县	Xiangshan	36.92	12.68	16.77	7.47
宁海县	Ninghai	39.80	10.70	19.20	9.90
温州市区	Wenzhou District	165.06	8.81	92.73	63.52
瑞安市	Ruian	68.83	8.63	37.05	23.15
乐清市	Yueqing	69.91	11.49	30.34	28.08
洞头县	Dongtou	4.95	1.79	1.90	1.26
永嘉县	Yongjia	57.18	13.23	22.28	21.67
平阳县	Pingyang	50.27	12.90	23.78	13.59
苍南县	Cangnan	59.44	19.86	22.59	16.99
文成县	Wencheng	18.58	7.26	4.05	7.26
泰顺县	Taishun	22.94	8.43	6.47	8.04
嘉兴市区	Jiaxing District	64.81	10.07	37.07	17.68
平湖市	Pinghu	46.61	4.29	32.61	9.72
海宁市	Haining	52.86	7.53	34.68	10.66
桐乡市	Tongxiang	58.80	7.13	36.70	14.97
嘉善县	Jiashan	39.30	5.57	23.00	10.73
海盐县	Haiyan	26.41	4.87	16.58	4.95
湖州市区	Huzhou District	87.34	10.59	42.14	34.61
德清县	Deqing	26.80	6.27	11.31	9.22
长兴县	Changxing	38.96	9.54	16.12	13.30
安吉县	Anji	29.58	8.52	11.81	9.25
绍兴市区	Shaoxing District				
诸暨市	Zhuji	71.12	12.65	42.44	16.03

17－25 **续表** continued 单位:万人(10000 persons)

市县名称	City and County	全社会从业人员数 Total Employed Persons	第一产业 Primary Industry	第二产业 Secondary Industry	第三产业 Tertiary Industry
上虞市	Shangyu	56.25	13.07	33.21	9.97
嵊州市	Shengzhou	49.28	10.18	27.38	11.72
绍兴县	Shaoxing	54.31	6.06	34.39	13.86
新昌县	Xinchang	26.92	8.10	12.11	6.71
金华市区	Jinhua District	61.40	17.00	23.10	21.30
兰溪市	Lanxi	33.68	15.23	13.08	5.37
东阳市	Dongyang	52.93	9.30	29.23	14.40
义乌市	Yiwu	85.58	10.58	51.01	23.99
永康市	Yongkang	40.29	7.74	22.20	10.35
武义县	Wuyi	20.80	5.20	9.60	6.00
浦江县	Pujiang	27.69	6.54	15.77	5.38
磐安县	Panan	14.20	6.40	6.20	1.60
衢州市区	Quzhou District	45.86	20.84	12.67	12.35
江山市	Jiangshan	27.18	10.67	9.25	7.26
常山县	Changshan	16.65	7.31	5.13	4.21
开化县	Kaihua	16.34	9.08	3.68	3.58
龙游县	Longyou	22.82	8.85	7.60	6.37
舟山市区	Zhoushan District	41.42	7.73	14.78	18.91
岱山县	Daishan	13.08	3.32	4.88	4.88
嵊泗县	Shengsi	4.31	1.47	0.80	2.04
台州市区	Taizhou District	109.19	18.29	55.62	35.28
温岭市	Wenling	79.72	16.92	33.52	29.28
临海市	Linhai	69.71	19.46	24.54	25.71
玉环县	Yuhuan	33.71	4.35	16.01	13.35
三门县	Sanmen	23.21	8.12	9.39	5.70
天台县	Tiantai	31.45	12.08	8.89	10.48
仙居县	Xianju	25.23	8.01	7.98	9.24
丽水市区	Lishui District	25.35	12.55	7.80	5.00
龙泉市	Longquan	17.44	8.51	2.78	6.15
青田县	Qingtian	19.47	8.72	4.93	5.82
云和县	Yunhe	8.30	2.55	2.70	3.05
庆元县	Qingyuan	9.80	5.22	2.46	2.12
缙云县	Jinyun	24.75	7.77	7.24	9.74
遂昌县	Suichang	14.96	8.05	3.37	3.54
松阳县	Songyang	12.56	7.77	2.50	2.29
景宁自治县	Jingning	9.17	4.27	2.00	2.90

17－26 各市、县年末单位从业人员数(2007年底)
Employed Persons by City and County(End of 2007)

单位:万人(10000 persons)

市县名称 City and County		年末单位从业人员数 Total Employed Persons by Unit	农、林、牧、渔业 Agriculture	采矿业 Mining and Quarrying	制造业 Manufacturing	电力、煤气及水的生产和供应业 Electricity, Gas and Water Production and Supply	建筑业 Construction	交通运输仓储及邮电通信业 Transport, Storage, Post & Telecommunication
杭州市区	Hangzhou District	129.43	0.09	0.04	52.43	1.10	14.78	5.94
富阳市	Fuyang	7.38	0.01	0.01	3.88	0.18	0.42	0.13
临安市	Linan	7.04		0.10	3.22	0.16	1.53	0.09
建德市	Jiande	3.07	0.01	0.03	1.04	0.14	0.12	0.09
桐庐县	Tonglu	3.94			2.25	0.11	0.08	0.09
淳安县	Chunan	1.97	0.07		0.21	0.03	0.05	0.10
宁波市区	Ningbo District	64.38	0.04	0.03	34.98	0.70	3.32	3.09
余姚市	Yuyao	6.40	0.02		2.62	0.12	0.24	0.09
慈溪市	Cixi	8.33	0.07		4.46	0.14	0.10	0.27
奉化市	Fenghua	4.11			1.76	0.07	0.33	0.14
象山县	Xiangshan	18.93			1.12	0.07	16.08	0.04
宁海县	Ninghai	2.58	0.02		0.26	0.21	0.02	0.14
温州市区	Wenzhou District	38.66	0.01		17.84	0.50	6.25	1.73
瑞安市	Ruian	9.91	0.01		4.73	0.06	1.50	0.24
乐清市	Yueqing	22.00	0.03		15.95	0.15	1.86	0.19
洞头县	Dongtou	0.85		0.03	0.12	0.03	0.15	0.04
永嘉县	Yongjia	10.34	0.02		6.52	0.12	1.48	0.13
平阳县	Pingyang	7.38	0.02		3.50	0.09	1.42	0.17
苍南县	Cangnan	7.76	0.01	0.20	2.47	0.07	1.93	0.18
文成县	Wencheng	1.60	0.02		0.14	0.08	0.42	0.05
泰顺县	Taishun	3.23	0.01	0.03	0.05	0.08	2.00	0.03
嘉兴市区	Jiaxing District	20.96	0.04		13.52	0.28	0.46	0.31
平湖市	Pinghu	12.67	0.02		9.97	0.20	0.05	0.10
海宁市	Haining	12.38	0.02	0.01	8.84	0.13	0.09	0.20
桐乡市	Tongxiang	10.27	0.01		6.41	0.11	0.63	0.09
嘉善县	Jiashan	9.86	0.02		7.99	0.06	0.06	0.06
海盐县	Haiyan	6.09	0.03		2.92	0.54	0.79	0.06
湖州市区	Huzhou District	13.38		0.11	6.78	0.21	0.57	0.49
德清县	Deqing	5.75		0.09	3.85	0.09	0.01	0.06
长兴县	Changxing	6.19	0.01	0.32	2.32	0.22	1.12	0.09
安吉县	Anji	3.89	0.02		1.84	0.05	0.50	0.08
绍兴市区	Shaoxing District	22.57	0.01	0.25	8.30	0.27	8.63	0.38
诸暨市	Zhuji	19.75		0.02	6.08	0.09	9.58	0.10

17-26 **续表1** continued 单位:万人(10000 persons)

市县名称 City and County		年末单位从业人员数 Total Employed Persons by Unit	农、林、牧、渔业 Agriculture	采矿业 Mining and Quarrying	制造业 Manufacturing	电力、煤气及水的生产和供应业 Electricity, Gas and Water Production and Supply	建筑业 Construction	交通运输仓储及邮电通信业 Transport, Storage, Post & Telecommunication
上虞市	Shangyu	9.50		0.01	4.90	0.09	1.71	0.14
嵊州市	Shengzhou	6.08	0.01		3.41	0.07	0.32	0.16
绍兴县	Shaoxing	8.17	0.01		1.45	0.38	3.57	0.21
新昌县	Xinchang	4.72			2.62	0.07	0.30	0.08
金华市区	Jinhua District	12.05	0.05		3.28	0.28	2.30	0.71
兰溪市	Lanxi	3.99	0.02		1.69	0.16	0.20	0.09
东阳市	Dongyang	10.76	0.01	0.02	4.24	0.09	3.13	0.21
义乌市	Yiwu	5.02	0.01		0.21	0.08	0.11	0.45
永康市	Yongkang	2.93	0.01		0.33	0.05	0.06	0.13
武义县	Wuyi	1.57	0.01		0.32	0.05	0.02	0.05
浦江县	Pujiang	1.83	0.01		0.37	0.03	0.17	0.06
磐安县	Panan	2.14			0.26	0.02	1.28	
衢州市区	Quzhou District	7.57		0.04	2.76	0.18	0.70	0.21
江山市	Jiangshan	2.58	0.01		0.89	0.11	0.14	0.08
常山县	Changshan	1.17	0.01		0.02	0.03	0.16	0.06
开化县	Kaihua	1.13	0.03		0.18	0.05	0.01	0.06
龙游县	Longyou	2.04	0.01		0.75	0.02	0.02	0.06
舟山市区	Zhoushan District	9.67	0.01		3.36	0.26	0.47	0.83
岱山县	Daishan	1.02			0.09	0.08	0.01	0.08
嵊泗县	Shengsi	0.81		0.04	0.08	0.05	0.02	0.06
台州市区	Taizhou District	22.45	0.10		8.09	0.47	3.98	0.54
温岭市	Wenling	8.24	0.20		1.12	0.08	3.58	0.16
临海市	Linhai	7.19	0.03		0.99	0.19	2.57	0.24
玉环县	Yuhuan	3.06			0.89	0.07	0.34	0.06
三门县	Sanmen	2.57	0.05		0.08	0.04	1.26	0.05
天台县	Tiantai	3.52	0.02		0.53	0.10	1.14	0.09
仙居县	Xianju	2.98	0.06	0.01	0.56	0.08	0.88	0.06
丽水市区	Lishui District	4.66	0.03		0.82	0.14	0.46	0.25
龙泉市	Longquan	1.55	0.04	0.07	0.25	0.06	0.10	0.05
青田县	Qingtian	1.58		0.01	0.32	0.04		0.05
云和县	Yunhe	0.88			0.14	0.14	0.01	0.04
庆元县	Qingyuan	0.89	0.03		0.08	0.06	0.05	0.04
缙云县	Jinyun	1.67	0.02		0.36	0.04	0.03	0.06
遂昌县	Suichang	1.72	0.07		0.82	0.05		0.05
松阳县	Songyang	0.88	0.02		0.03	0.04	0.04	0.04
景宁自治县	Jingning	0.90	0.04	0.01	0.06	0.06	0.05	0.04

17－26 续表2 continued 单位:万人(10000 persons)

市县名称 City and County		信息传输、计算机服务和软件业 Information Transmission, Computer Services and Software	批发和零售贸易 Wholesale and Retail Sale Trade	住宿、餐饮业 Hotels and Catering Services	金融业 Finance	房地产业 Real Estate	租赁和商业服务 Leasing and Commercial Services	科学研究、技术服务和地质勘查 Technic and Geological Prospecting
杭州市区	Hangzhou District	3.71	6.02	3.82	4.56	2.63	5.47	3.98
富阳市	Fuyang	0.06	0.17	0.02	0.19	0.06	0.11	0.05
临安市	Linan	0.02	0.10	0.05	0.11	0.07	0.03	0.01
建德市	Jiande	0.02	0.07	0.04	0.18	0.05	0.05	0.03
桐庐县	Tonglu	0.04	0.09	0.04	0.10	0.03	0.01	0.03
淳安县	Chunan	0.01	0.08	0.15	0.08	0.04	0.06	0.04
宁波市区	Ningbo District	0.33	2.85	1.41	3.04	1.07	2.21	0.89
余姚市	Yuyao	0.07	0.36	0.16	0.24	0.05	0.10	0.04
慈溪市	Cixi	0.04	0.36	0.10	0.28	0.06	0.13	0.07
奉化市	Fenghua	0.03	0.12	0.16	0.13	0.03	0.09	0.04
象山县	Xiangshan	0.03	0.03	0.11	0.10	0.01	0.01	0.01
宁海县	Ninghai	0.04	0.06		0.12	0.01	0.12	0.04
温州市区	Wenzhou District	0.25	1.57	0.74	1.45	0.90	0.48	0.46
瑞安市	Ruian	0.04	0.16	0.12	0.21	0.16	0.12	0.03
乐清市	Yueqing	0.05	0.41	0.23	0.25	0.09	0.13	0.08
洞头县	Dongtou	0.01	0.03		0.02	0.01	0.01	0.02
永嘉县	Yongjia	0.03	0.09	0.10	0.11	0.05		0.02
平阳县	Pingyang	0.03	0.08	0.04	0.12	0.08	0.03	0.04
苍南县	Cangnan	0.03	0.15	0.06	0.15	0.04	0.04	0.01
文成县	Wencheng	0.01	0.04	0.01	0.07	0.01	0.01	0.01
泰顺县	Taishun	0.01	0.04	0.03	0.04	0.01	0.01	0.02
嘉兴市区	Jiaxing District	0.36	0.61	0.25	0.79	0.56	0.38	0.32
平湖市	Pinghu	0.01	0.15	0.07	0.19	0.09	0.32	0.03
海宁市	Haining	0.02	0.23	0.10	0.25	0.13	0.24	0.06
桐乡市	Tongxiang	0.01	0.28	0.14	0.23	0.08	0.11	0.06
嘉善县	Jiashan		0.14	0.05	0.14	0.04	0.06	0.07
海盐县	Haiyan	0.01	0.18	0.09	0.16	0.05	0.12	0.05
湖州市区	Huzhou District	0.21	0.43	0.35	0.85	0.15	0.07	0.22
德清县	Deqing		0.05	0.06	0.04	0.05	0.07	0.04
长兴县	Changxing	0.01	0.12	0.11	0.04	0.07	0.09	0.02
安吉县	Anji		0.05	0.04	0.04	0.04	0.02	0.02
绍兴市区	Shaoxing District	0.20	0.64	0.35	0.54	0.08	0.14	0.17
诸暨市	Zhuji	0.06	0.53	0.05	0.26	0.04	0.04	0.07
上虞市	Shangyu	0.05	0.35	0.07	0.26	0.04	0.03	0.04

17－26 续表3 continued 单位:万人(10000 persons)

市县名称	City and County	信息传输、计算机服务和软件业 Information Transmission, Computer Services and Software	批发和零售贸易 Wholesale and Retail Sale Trade	住宿、餐饮业 Hotels and Catering Services	金融业 Finance	房地产业 Real Estate	租赁和商业服务 Leasing and Commercial Services	科学研究、技术服务和地质勘查 Technic and Geological Prospecting
嵊州市	Shengzhou		0.09	0.07	0.20	0.02	0.12	0.03
绍兴县	Shaoxing	0.02	0.07	0.02	0.26	0.07	0.11	0.06
新昌县	Xinchang	0.02	0.10	0.03	0.15	0.04	0.17	0.02
金华市区	Jinhua District	0.21	0.50	0.16	0.76	0.07	0.13	0.19
兰溪市	Lanxi	0.04	0.14	0.04	0.11	0.04	0.03	0.03
东阳市	Dongyang	0.02	0.22	0.17	0.17	0.02	0.60	0.04
义乌市	Yiwu	0.04	0.17	0.18	0.34	0.11	0.33	0.09
永康市	Yongkang	0.02	0.09	0.10	0.19	0.02	0.11	0.04
武义县	Wuyi	0.04	0.03	0.05	0.06	0.01	0.01	0.02
浦江县	Pujiang	0.01	0.03	0.01	0.10	0.01	0.05	0.09
磐安县	Panan	0.01	0.01	0.01	0.03			
衢州市区	Quzhou District	0.11	0.18	0.05	0.61	0.04	0.08	0.08
江山市	Jiangshan	0.02	0.05	0.01	0.15	0.02	0.01	0.03
常山县	Changshan	0.01	0.03	0.02	0.06	0.01		0.02
开化县	Kaihua	0.01	0.02		0.08	0.01		0.01
龙游县	Longyou	0.01	0.02	0.02	0.11	0.01	0.02	0.03
舟山市区	Zhoushan District	0.11	0.44	0.25	0.46	0.20	0.55	0.16
岱山县	Daishan		0.05	0.02	0.03	0.01	0.01	0.01
嵊泗县	Shengsi		0.05	0.01	0.04	0.02	0.02	
台州市区	Taizhou District	0.30	0.97	0.39	1.56	0.34	0.46	0.33
温岭市	Wenling	0.05	0.20	0.02	0.27	0.09	0.11	0.06
临海市	Linhai	0.04	0.23	0.16	0.15	0.07	0.12	0.05
玉环县	Yuhuan	0.02	0.08	0.11	0.14	0.03	0.07	0.03
三门县	Sanmen	0.01	0.05	0.03	0.06	0.01	0.03	0.02
天台县	Tiantai	0.01	0.06	0.06	0.08	0.02	0.05	0.08
仙居县	Xianju	0.01	0.12	0.06	0.07	0.01	0.04	0.04
丽水市区	Lishui District	0.20	0.08	0.05	0.42	0.04	0.14	0.15
龙泉市	Longquan	0.01	0.05	0.04	0.05	0.02	0.01	0.02
青田县	Qingtian		0.04	0.02	0.09	0.01	0.04	0.01
云和县	Yunhe	0.01	0.02	0.01	0.03	0.02	0.01	
庆元县	Qingyuan	0.02	0.02		0.03		0.01	0.01
缙云县	Jinyun	0.01	0.05	0.02	0.07	0.02	0.03	0.02
遂昌县	Suichang	0.01	0.02	0.02	0.04	0.01	0.01	0.02
松阳县	Songyang	0.01	0.03		0.04	0.01	0.01	0.01
景宁自治县	Jingning	0.02	0.04	0.01	0.03	0.01	0.01	0.01

17－26　续表4　continued　　单位:万人(10000 persons)

市县名称 City and County		水利、环境和公共设施管理业 Water Conservancy, Environment and Public Facilities Management	居民服务和其他服务业 Resident Services and Other Services	教育 Education	卫生、社会保障和社会福利业 Health Care, Social Security and Social Welfare	文化、体育和娱乐业 Culture, Sports and Recreation	公共管理和社会组织 Public Management and Social Organization
杭州市区	Hangzhou District	1.40	0.45	8.86	4.77	1.72	7.65
富阳市	Fuyang	0.11	0.01	0.87	0.33	0.09	0.71
临安市	Linan	0.03	0.01	0.67	0.26	0.03	0.54
建德市	Jiande	0.04		0.47	0.25	0.03	0.42
桐庐县	Tonglu	0.08		0.40	0.16	0.01	0.40
淳安县	Chunan	0.06		0.40	0.15	0.02	0.40
宁波市区	Ningbo District	0.63	0.10	3.68	2.09	0.52	3.41
余姚市	Yuyao	0.12	0.01	0.88	0.40	0.05	0.85
慈溪市	Cixi	0.14	0.01	0.93	0.50	0.09	0.59
奉化市	Fenghua	0.05	0.03	0.46	0.23	0.04	0.42
象山县	Xiangshan	0.01		0.52	0.27	0.04	0.49
宁海县	Ninghai	0.09	0.01	0.57	0.28	0.05	0.53
温州市区	Wenzhou District	0.14	0.03	2.37	1.48	0.27	2.19
瑞安市	Ruian	0.04	0.01	1.10	0.48	0.02	0.89
乐清市	Yueqing	0.07	0.01	1.09	0.53	0.09	0.79
洞头县	Dongtou	0.01		0.12	0.04	0.01	0.18
永嘉县	Yongjia	0.01		0.78	0.20	0.05	0.62
平阳县	Pingyang	0.01		0.77	0.26	0.02	0.71
苍南县	Cangnan	0.02	0.01	1.20	0.28	0.01	0.91
文成县	Wencheng	0.01		0.26	0.10	0.01	0.34
泰顺县	Taishun	0.02		0.38	0.10	0.03	0.35
嘉兴市区	Jiaxing District	0.12	0.01	1.18	0.67	0.12	0.98
平湖市	Pinghu	0.06		0.61	0.29	0.05	0.46
海宁市	Haining	0.11		0.82	0.37	0.06	0.69
桐乡市	Tongxiang	0.21	0.01	0.81	0.34	0.03	0.69
嘉善县	Jiashan	0.03		0.43	0.21	0.04	0.43
海盐县	Haiyan	0.06	0.05	0.43	0.18	0.03	0.32
湖州市区	Huzhou District	0.18	0.01	1.07	0.56	0.11	0.89
德清县	Deqing	0.09	0.01	0.50	0.24	0.02	0.48
长兴县	Changxing	0.08		0.68	0.23	0.05	0.61
安吉县	Anji	0.07		0.46	0.20	0.04	0.54
绍兴市区	Shaoxing District	0.10	0.01	0.97	0.51	0.18	0.84
诸暨市	Zhuji	0.22	0.05	1.20	0.57	0.04	0.73
上虞市	Shangyu	0.10		0.75	0.31	0.03	0.63

17－26 续表5 continued

单位:万人(10000 persons)

市县名称 City and County		水利、环境和公共设施管理业 Water Conservancy, Environment and Public Facilities Management	居民服务和其他服务业 Resident Services and Other Services	教育 Education	卫生、社会保障和社会福利业 Health Care, Social Security and Social Welfare	文化、体育和娱乐业 Culture, Sports and Recreation	公共管理和社会组织 Public Management and Social Organization
嵊州市	Shengzhou	0.09	0.01	0.67	0.27	0.05	0.49
绍兴县	Shaoxing	0.06		0.84	0.44	0.05	0.55
新昌县	Xinchang	0.07	0.01	0.44	0.18	0.03	0.37
金华市区	Jinhua District	0.05	0.01	1.28	0.73	0.15	1.20
兰溪市	Lanxi	0.10	0.01	0.62	0.24	0.03	0.39
东阳市	Dongyang	0.13		0.68	0.37	0.06	0.55
义乌市	Yiwu	0.29	0.01	0.91	0.41	0.05	1.21
永康市	Yongkang	0.19		0.61	0.33	0.02	0.63
武义县	Wuyi	0.05		0.34	0.15	0.01	0.32
浦江县	Pujiang	0.02		0.36	0.14	0.03	0.35
磐安县	Panan	0.01		0.15	0.06	0.02	0.25
衢州市区	Quzhou District	0.05		0.86	0.32	0.09	1.18
江山市	Jiangshan	0.02		0.45	0.18	0.01	0.40
常山县	Changshan	0.01		0.26	0.11	0.02	0.34
开化县	Kaihua	0.02		0.23	0.12		0.30
龙游县	Longyou	0.02		0.31	0.12	0.02	0.48
舟山市区	Zhoushan District	0.20	0.01	0.85	0.46	0.10	1.21
岱山县	Daishan			0.20	0.10	0.03	0.29
嵊泗县	Shengsi	0.03		0.11	0.06	0.02	0.24
台州市区	Taizhou District	0.31	0.03	1.63	0.97	0.14	1.83
温岭市	Wenling	0.12	0.01	1.04	0.52	0.04	0.59
临海市	Linhai	0.04	0.02	1.15	0.50	0.05	0.58
玉环县	Yuhuan	0.01		0.35	0.20	0.02	0.64
三门县	Sanmen	0.03		0.35	0.14	0.01	0.34
天台县	Tiantai	0.07		0.56	0.23	0.04	0.37
仙居县	Xianju	0.02		0.39	0.18	0.01	0.37
丽水市区	Lishui District	0.08		0.62	0.46	0.08	0.66
龙泉市	Longquan	0.07		0.28	0.11	0.02	0.30
青田县	Qingtian	0.03		0.37	0.13	0.04	0.37
云和县	Yunhe	0.02		0.14	0.06	0.01	0.22
庆元县	Qingyuan	0.01		0.18	0.07	0.01	0.26
缙云县	Jinyun	0.02		0.44	0.11	0.02	0.34
遂昌县	Suichang	0.03		0.21	0.11	0.01	0.25
松阳县	Songyang	0.01		0.23	0.10	0.01	0.25
景宁自治县	Jingning	0.02		0.17	0.08	0.01	0.22

17-27 各市、县农、林、牧、渔业总产值(2007年)
Gross Output Value of Farming, Forestry, Animal Husbandry and Fishery by City and County(2007)

单位:万元(10000 yuan)

市县名称 City and County		农、林、牧、渔业总产值 Total Output Value of Agriculture	农业产值 Farming	林业产值 Forestry	牧业产值 Animal Husbandry	渔业产值 Fishery	农林牧渔业服务业产值 Services
杭州市区	Hangzhou District	1231187	650713	52540	252903	244831	30200
富阳市	Fuyang	323682	181799	39071	76850	23550	2412
临安市	Linan	296212	91229	135713	60963	4052	4255
建德市	Jiande	265391	152273	12348	76058	17432	7280
桐庐县	Tonglu	197060	112282	14472	51503	15512	3291
淳安县	Chunan	237260	141857	34948	45814	12863	1778
宁波市区	Ningbo District	561011	352899	14162	117641	64341	11968
余姚市	Yuyao	410649	241807	18253	96158	52081	2350
慈溪市	Cixi	372732	226265	2258	50541	81137	12531
奉化市	Fenghua	256788	97102	17656	44866	94037	3127
象山县	Xiangshan	607876	98000	4165	61331	443258	1122
宁海县	Ninghai	298422	90476	9917	57784	138815	1430
温州市区	Wenzhou District	142242	67098	726	55732	17704	982
瑞安市	Ruian	193224	79477	2194	22167	86448	2938
乐清市	Yueqing	204690	71536	1020	39588	87612	4934
洞头县	Dongtou	72681	1160	165	895	70271	190
永嘉县	Yongjia	95397	49449	4117	37431	2906	1494
平阳县	Pingyang	161220	62742	5487	43575	41775	7641
苍南县	Cangnan	252644	72182	5126	34489	137264	3583
文成县	Wencheng	51299	31378	2064	16834	580	443
泰顺县	Taishun	49994	33513	4612	11397	180	292
嘉兴市区	Jiaxing District	452107	161857	254	206236	75705	8055
平湖市	Pinghu	207190	98318	760	59202	39375	9535
海宁市	Haining	249339	99755	1302	96021	43459	8802
桐乡市	Tongxiang	300199	128750	533	141484	17238	12194
嘉善县	Jiashan	295390	153097	151	87846	49359	4937
海盐县	Haiyan	224895	104947	3019	86684	22520	7725
湖州市区	Huzhou District	510898	167573	16181	160020	163462	3662
德清县	Deqing	250222	40357	42892	83967	81643	1363
长兴县	Changxing	335061	193644	37342	54215	47376	2484
安吉县	Anji	192201	93131	63413	23807	9861	1989
绍兴市区	Shaoxing District	122960	55784	1260	33179	31968	769
诸暨市	Zhuji	433645	217300	51545	95918	66005	2877
上虞市	Shangyu	416287	241149	20226	81758	70466	2688
嵊州市	Shengzhou	285675	199398	24419	57053	4100	705

17－27 **续表** continued 单位:万元(10000 yuan)

市县名称 City and County		农、林、牧、渔业总产值 Total Output Value of Agriculture	农业产值 Farming	林业产值 Forestry	牧业产值 Animal Husbandry	渔业产值 Fishery	农林牧渔业服务业产值 Services
绍兴县	Shaoxing	297665	166543	25056	63632	41439	995
新昌县	Xinchang	155253	114685	13546	23558	2484	980
金华市区	Jinhua District	335194	167802	7007	121776	29099	9510
兰溪市	Lanxi	214054	95622	1399	79404	32850	4779
东阳市	Dongyang	152640	106746	4597	31699	6558	3040
义乌市	Yiwu	178171	95479	2606	70089	8561	1436
永康市	Yongkang	80655	41452	3591	27157	5695	2760
武义县	Wuyi	120107	72914	4786	37413	2764	2230
浦江县	Pujiang	82223	49717	2461	26387	2171	1487
磐安县	Panan	81137	62221	8226	9736	145	809
衢州市区	Quzhou District	325852	163593	20584	128665	11510	1500
江山市	Jiangshan	232843	118949	9959	95969	6566	1400
常山县	Changshan	85628	54233	10582	15240	3828	1745
开化县	Kaihua	111822	79760	14256	15434	1412	960
龙游县	Longyou	149906	61996	15215	59550	12445	700
舟山市区	Zhoushan District	536742	51834	995	26777	456654	482
岱山县	Daishan	318110	12305	623	7142	298040	
嵊泗县	Shengsi	144376	620	69	1341	142346	
台州市区	Taizhou District	420589	216140	2694	49294	148946	3515
温岭市	Wenling	629122	155713	536	56798	406572	9503
临海市	Linhai	334770	157751	11196	45782	118941	1100
玉环县	Yuhuan	292152	35714	395	10381	245322	340
三门县	Sanmen	248659	55689	3618	18900	170360	92
天台县	Tiantai	116546	78229	6841	25405	3181	2890
仙居县	Xianju	119769	78898	11027	26605	2657	582
丽水市区	Lishui District	147857	107567	10738	24438	3914	1200
龙泉市	Longquan	111851	70760	26307	13196	1068	520
青田县	Qingtian	63765	42241	5868	10500	4318	838
云和县	Yunhe	42754	31402	4250	3449	2000	1653
庆元县	Qingyuan	61502	39312	15735	5231	987	237
缙云县	Jinyun	94775	61372	8977	22650	1226	550
遂昌县	Suichang	88831	55498	18071	13820	823	619
松阳县	Songyang	109547	75836	11955	20029	1587	140
景宁自治县	Jingning	52085	36246	8970	5831	468	570

17-28 各市、县农作物播种面积(2007年)
Sown Area by City and County(2007)

单位:千公顷(1000 hectares)

市县名称 City and County		农作物播种面积(千公顷) Sown Area of Farm Crops (1000 hectares)	#粮食 Grain	#谷物 Cereal	#油料 Oilbearing Crops	#棉花 Cotton	#蔬菜 Vegetable	#果用瓜 Melon Used as Fruit
杭州市区	Hangzhou District	194.67	82.45	62.18	9.52	0.46	67.31	4.82
建德市	Jiande	38.68	18.9	13.12	5.23	0.05	7.64	3.21
桐庐县	Tonglu	36.21	16.81	11.11	6.42		8.75	1.3
富阳市	Fuyang	51.21	24.04	17.86	7.91		11.03	1.78
临安市	Linan	35.28	16.18	11.6	2.49		7.28	1.03
淳安县	Chunan	44.72	25.49	14.34	7.14	0.14	8.19	0.81
宁波市区	Ningbo District	97.05	37.77	33.84	1.33	0.14	25.79	9.48
余姚市	Yuyao	63.57	28.05	25.2	2.63	1.72	23.11	1.5
慈溪市	Cixi	81.19	25.85	9.07	7.82	3.68	29.05	7.34
奉化市	Fenghua	23.8	12.83	11.51	0.25		3.51	1.21
象山县	Xiangshan	31.18	14.85	11.06	1.32	0.06	11.19	1.81
宁海县	Ninghai	32.15	17.57	12.66	1.94	0.5	8.88	2.22
温州市区	Wenzhou District	24.38	9.6	7.87	0.27	0.03	12.61	0.83
瑞安市	Ruian	41.38	24.37	21.75	0.94		11.84	2.74
洞头县	Dongtou	1.29	0.73	0.1	0.17		0.39	0.01
乐清市	Yueqing	40.23	26.17	22.7	0.35	0.05	9.48	1.81
永嘉县	Yongjia	31.65	19.82	15.11	0.94	0.01	8.39	1.55
平阳县	Pingyang	34.58	23	19.23	0.5		7.67	2.15
苍南县	Cangnan	41.38	29.97	25.79	0.18		8.15	1.83
文成县	Wencheng	22.03	11.14	6.15	0.37		7.97	0.45
泰顺县	Taishun	20.2	11.12	7.15	0.7		6.06	0.05
嘉兴市区	Jiaxing District	88.7	47.21	40.45	8.75	0.3	22.71	4.59
海宁市	Haining	49.87	28.82	22.89	5.87	0.1	9.27	0.85
平湖市	Pinghu	55.27	33.18	31.19	11.97	0.46	7.83	1.36
嘉善县	Jiashan	46.97	26	22.9	1.59		15.37	2.35
海盐县	Haiyan	45.38	28.8	25.18	5.65	0.91	7.51	1.55
桐乡市	Tongxiang	53.87	24	19.92	4.37	0.15	15.72	1.12
湖州市区	Huzhou District	79.14	47.09	38.09	11.96	0.01	15.48	0.97
德清县	Deqing	19.39	13.92	11.66	0.89	0.03	2.95	0.52
长兴县	Changxing	92.84	44.45	38.65	16.91	0.01	13.32	4.45
安吉县	Anji	41.51	25.05	20.1	4.53		6.16	1.61
绍兴市区	Shaoxing District	15	8.15	7.71	0.5		4.09	0.59

17－28 **续表** continued 单位：千公顷（1000 hectares）

市县名称 City and County		农作物播种面积（千公顷）Sown Area of Farm Crops (1000 hectares)	#粮食 Grain	#谷物 Cereal	#油料 Oilbearing Crops	#棉花 Cotton	#蔬菜 Vegetable	#果用瓜 Melon Used as Fruit
诸暨市	Zhuji	83.25	50.36	42.83	3.81	0.03	14.24	2.63
上虞市	Shangyu	85.76	44.05	37.94	7.68	2.72	22.42	3.79
嵊州市	Shengzhou	58.14	28.1	21.38	3.08	0.12	14.6	2.34
绍兴县	Shaoxing	49.82	26.36	25.01	2.51	0.02	12.08	1.28
新昌县	Xinchang	24.92	11.34	8.68	3.6	0.08	5.48	0.62
金华市区	Jinhua District	48.72	25.67	22.35	3.96	1.51	8.61	2.46
兰溪市	Lanxi	41.19	22.22	18.9	6.05	3.31	5.49	1.58
东阳市	Dongyang	46.08	30.36	23.76	1.74	0.09	6.6	1.31
义乌市	Yiwu	28.99	16.62	12.61	1.45	0.03	7.33	1.53
永康市	Yongkang	16.25	10.92	9.45	0.25		2.76	0.81
武义县	Wuyi	27.43	16.44	13.79	2.09	0.01	5.65	1.26
浦江县	Pujiang	23.72	13.61	11.14	2.04	0.09	4.07	0.82
磐安县	Panan	17.14	8.19	5.51	0.42		3.27	0.7
衢州市区	Quzhou District	59.6	37.04	28.51	5.16	0.03	11.25	1.89
江山市	Jiangshan	59.62	38.19	32.48	7.44	0.59	7.56	0.74
常山县	Changshan	21.94	14.3	12.35	2.02	0.05	3.84	0.41
开化县	Kaihua	32.26	18.35	12.57	5.86	0.08	5.46	0.74
龙游县	Longyou	46.74	33.98	30.37	5.82	0.72	3.64	1.12
舟山市区	Zhoushan District	20.39	8.38	4.7	1.82	0.09	7.8	1.66
岱山县	Daishan	4.32	1.84	0.96	0.49		1.67	0.29
嵊泗县	Shengsi	0.24	0.03				0.21	0.01
台州市区	Taizhou District	59.29	29.63	22.14	0.09	0.06	20.75	4.39
玉环县	Yuhuan	10	4.86	2.13	0.16	0.07	3.94	0.69
三门县	Sanmen	26.95	16.91	10.52	1.24	0.23	5.84	1.87
天台县	Tiantai	38.72	27.41	22.48	1	0.05	6.76	0.44
仙居县	Xianju	33.93	21.44	16.26	2.07		6.03	0.88
温岭市	Wenling	58.97	29.02	19.24	0.2	0.14	17.99	4.8
临海市	Linhai	52.3	33.82	26.21	0.24	0.06	12.32	2.32
丽水市区	Lishui District	26.68	11.4	6.25	1.15		11.5	1.3
龙泉市	Longquan	30.02	18.79	14.75	1.03		6.76	0.21
青田县	Qingtian	19.43	12.72	9.08	0.52	0.01	5.13	0.37
云和县	Yunhe	8.07	5.28	3.3	0.14		2.14	0.14
庆元县	Qingyuan	15.67	11.17	9.16	0.02		3.15	0.1
缙云县	Jinyun	23.26	13.19	10.49	1.81	0.01	5.67	0.49
遂昌县	Suichang	28.41	16.15	10.25	1.87		6.16	0.27
松阳县	Songyang	19.87	11.48	7.25	1.12		5.63	0.15
景宁自治县	Jingning	17.6	9.14	5.61	0.28		5.58	0.23

17－29 各市、县主要农产品产量(2007年)
Output of Major Farm Products by City and County(2007)

单位:吨(ton)

市县名称	City and County	粮食 Grain	#谷物 Cereal	油菜籽 Rapeseeds	棉花 Cotton	水果 Fruit	#柑桔 Citrus	茶叶 Tea	蚕茧 Silkworm Cocoons
杭州市区	Hangzhou District	490994	427709	18032	676	226450	1066	10756	787
富阳市	Fuyang	155198	122123	15997		100554	4078	3890	1711
临安市	Linan	95038	75116	4853		42203	989	2132	3808
建德市	Jiande	108035	81249	8761	74	172656	72711	3736	1241
桐庐县	Tonglu	105012	76430	12690		84114	6452	1571	4189
淳安县	Chunan	114991	74153	11421	162	91688	47826	6122	8653
宁波市区	Ningbo District	246508	226871	1296	114	476027	70160	9253	
余姚市	Yuyao	179200	163966	4754	2233	153120	2041	6259	7
慈溪市	Cixi	109385	54160	11983	4032	296435	5963	211	
奉化市	Fenghua	62973	58990	92		103516	18369	2332	5
象山县	Xiangshan	78754	64499	1218	67	183530	111327	1480	37
宁海县	Ninghai	80109	67792	2164	485	190804	60331	3193	29
温州市区	Wenzhou District	51592	43267	389	47	60820	21757	35	
瑞安市	Ruian	120040	110187	1004		72335	758	55	
乐清市	Yueqing	140552	124344	329	65	75167	11836	150	
洞头县	Dongtou	2433	477	158		127			
永嘉县	Yongjia	85015	65318	969	6	54395	6785	472	
平阳县	Pingyang	101398	87937	464		56873	1253	633	
苍南县	Cangnan	123591	111851	191		43878	4709	621	
文成县	Wencheng	54576	32705	508		15998	499	144	
泰顺县	Taishun	52740	37385	900	1	4965	249	1914	
嘉兴市区	Jiaxing District	320836	293524	20750	355	198696			5919
平湖市	Pinghu	226990	217500	32798	545	50082	600		5
海宁市	Haining	186953	165911	13348	147	55395	13306		12365
桐乡市	Tongxiang	174692	158076	9780	433	52183	224		17636
嘉善县	Jiashan	171025	159605	3542		93995	3330		17
海盐县	Haiyan	193471	179609	15403	1381	90219	15695	155	5389
湖州市区	Huzhou District	334967	290637	30077	12	34294	117	300	11505
德清县	Deqing	100681	88757	1831	58	26799	156	1606	5404
长兴县	Changxing	285480	262735	35292	14	157836	620	3761	1640
安吉县	Anji	148016	132581	7818	4	58277	124	4310	2010
绍兴市区	Shaoxing District	59721	57588	1038		20665	74	397	
诸暨市	Zhuji	345380	305210	5409	52	134097	4836	11777	711
上虞市	Shangyu	262509	242753	15716	3066	221728	1822	3305	1720

17－29　**续表 1**　continued　　单位：吨（ton）

市县名称 City and County		粮食 Grain	#谷物 Cereal	油菜籽 Rapeseeds	棉花 Cotton	水果 Fruit	#柑桔 Citrus	茶叶 Tea	蚕茧 Silkworm Cocoons
嵊州市	Shengzhou	165605	138663	3215	126	128259	11030	17406	1731
绍兴县	Shaoxing	182532	175347	4637	16	50647	219	9244	56
新昌县	Xinchang	65786	55194	4096	116	34079	1222	5898	1460
金华市区	Jinhua District	150311	136876	5396	2386	176249	71659	2915	39
兰溪市	Lanxi	123816	113171	9980	5775	92414	27957	1249	1856
东阳市	Dongyang	166440	147832	2438	126	68720	9609	2351	161
义乌市	Yiwu	100460	82398	1960	44	79481	15539	1335	55
永康市	Yongkang	69934	63397	364	1	48754	9398	188	207
武义县	Wuyi	88890	82272	2672	16	46958	6025	6580	694
浦江县	Pujiang	73133	65835	2793	103	44026	2185	1285	114
磐安县	Panan	36953	29681	248		13764	171	1995	361
衢州市区	Quzhou District	213121	181594	6755	36	563716	504010	1455	86
江山市	Jiangshan	241658	215559	10363	831	58789	26978	1889	39
常山县	Changshan	83541	76768	3042	68	168871	151984	131	63
开化县	Kaihua	107312	81048	10691	74	26741	11294	1699	1050
龙游县	Longyou	197543	185675	8627	1222	108223	68779	2867	20
舟山市区	Zhoushan District	38324	27033	2734	81	81957	23004	56	
岱山县	Daishan	9630	5739	630		10106	3109	53	
嵊泗县	Shengsi	133				244	100		
台州市区	Taizhou District	163157	135829		81	316562	102713	61	2
温岭市	Wenling	157325	114944	63	125	268434	22753	68	
临海市	Linhai	182504	148064	261	70	248446	139957	705	298
玉环县	Yuhuan	27929	13731	150	128	56853	24889	43	
三门县	Sanmen	80668	56961	2074	194	142569	67890	781	
天台县	Tiantai	123139	109453	1174	36	53388	21422	1370	148
仙居县	Xianju	107046	87171	3234		70675	11251	544	170
丽水市区	Lishui District	53795	37555	1044	1	160249	89194	1128	1
龙泉市	Longquan	104566	91916	1551		13370	3040	1037	
青田县	Qingtian	61802	47410	625	13	48920	26172	136	
云和县	Yunhe	25907	19253	118		8685	1378	337	
庆元县	Qingyuan	52074	46371	7		7363	2991	504	
缙云县	Jinyun	71849	61031	2809	10	45705	5281	1989	2728
遂昌县	Suichang	75733	59921	2777	1	13361	3150	5464	
松阳县	Songyang	54263	43533	1680	2	48804	27376	6388	135
景宁自治县	Jingning	46232	35685	172	11	9560	3473	508	

17－29 **续表2** continued　　单位：吨（ton）

市县名称	City and County	生猪年末存栏头数（万头）Year－end Hogs（10000 heads）	牛年末存栏头数（头）Year－end Cattle（head）	羊年末存栏只数（万只）Year－end Sheep and Goats（10000 heads）	肉产量（吨）Output of Meat（ton）	#猪肉（吨）Pork（ton）	禽蛋产量（吨）Poultry Eggs（ton）	牛羊奶产量（吨）Cow and Sheep Milk（ton）	水产品产量（吨）Output of Aquatic Products（ton）
杭州市区	HangZhou District	82.95	9672	7.41	158299	109442	36675	33887	132116
富阳市	Fuyang	15.23	3315	1.44	45283	31247	6302	5515	8719
临安市	Linan	15.41	6666	2.46	27564	23735	6584	5410	3518
建德市	Jiande	15.01	2693	1.09	26537	17888	64887	412	11905
桐庐县	Tonglu	11.12	2155	0.59	17365	14771	3753	1051	6967
淳安县	Chunan	14.41	2680	0.33	18125	16947	3781		12669
宁波市区	Ningbo District	31.19	4921	1.11	56756	43157	32954	9645	62777
余姚市	Yuyao	9.92	1933	1.35	36366	20336	7838	3097	27010
慈溪市	Cixi	7.6	731	0.65	15763	9210	12260	1480	54498
奉化市	Fenghua	7.87	2649	1.13	14996	10984	25438	2550	102950
象山县	Xiangshan	8.71	1289	1.28	22653	14448	27249		569570
宁海县	Ninghai	8.7	7248	1.2	20055	11592	20823	1570	128136
温州市区	Wenzhou District	15.74	6025	0.63	27833	17741	6478	10145	11284
瑞安市	Ruian	7.49	5992	0.83	10910	7754	7006	2951	121474
乐清市	Yueqing	9.35	3985	1.08	14115	9101	17441	6299	85442
洞头县	Dongtou	0.24	31	0.16	420	326	141		151390
永嘉县	Yongjia	8.8	10057	2.9	17370	10321	4489	137	2803
平阳县	Pingyang	4.76	2663	1.19	16028	9930	7279	4890	50694
苍南县	Cangnan	6.05	2854	2	12653	8966	12734	1941	206881
文成县	Wencheng	6.39	2314	0.81	6973	4555	1001	191	509
泰顺县	Taishun	2.61	2232	1.98	5802	3420	440	1060	221
嘉兴市区	Jiaxing District	74.52	807	4.59	128591	111626	9511	3905	46797
平湖市	Pinghu	35.88	638	0.93	23566	17880	10807	1552	32672
海宁市	Haining	24.24	1743	16.91	47972	23426	4405	5465	31803
桐乡市	Tongxiang	16.55	352	19.7	33756	23609	21961	816	10451
嘉善县	Jiashan	38.52	296	0.41	44280	38295	19502	460	27009
海盐县	Haiyan	38.23		6.09	30751	25589	2318		11233
湖州市区	Huzhou District	28.83	163	22.09	95033	42919	24849		112285
德清县	Deqing	31.34	1401	3.87	51924	42232	16208	2100	57608
长兴县	Changxing	17.45	2924	8.53	30365	19323	11414	6230	35216
安吉县	Anji	4.9	2624	1.45	10938	6079	1989	2276	7589
绍兴市区	Shaoxing District	3.67	20	0.07	8342	5467	8357	45	14763
诸暨市	Zhuji	20.37	2606	1.15	36352	23920	16288	188	15055
上虞市	Shangyu	13.83	868	0.94	24134	15438	3049	3420	42261

17－29 **续表3** continued 单位:吨(ton)

市县名称 City and County		生猪年末存栏头数(万头) Year－end Hogs (10000 heads)	牛年末存栏头数(头) Year－end Cattle (head)	羊年末存栏只数(万只) Year－end Sheep and Goats (10000 heads)	肉产量(吨) Output of Meat (ton)	#猪肉(吨) Pork (ton)	禽蛋产量(吨) Poultry Eggs (ton)	牛羊奶产量(吨) Cow and Sheep Milk (ton)	水产品产量(吨) Output of Aquatic Products (ton)
嵊州市	Shengzhou	19.07	6914	5.57	22590	18436	4582	3004	4233
绍兴县	Shaoxing	18.06	547	0.52	27584	22644	8927	1728	24609
新昌县	Xinchang	4.24	2022	0.42	5260	4061	2183		2540
金华市区	Jinhua District	44.4	28532	1.16	54654	42884	11923	72366	13052
兰溪市	Lanxi	21.06	4456	0.88	32453	25643	21080	2068	14367
东阳市	Dongyang	9.75	2003	0.99	13340	10337	4278	183	9300
义乌市	Yiwu	25.16	1129	0.7	39184	30459	8982	352	5000
永康市	Yongkang	7.37	578	0.35	11593	7925	2259	62	7082
武义县	Wuyi	10.78	4150	0.71	18627	11642	1488	1309	3068
浦江县	Pujiang	8.2	971	0.2	11246	9580	4577		3830
磐安县	Panan	2.89	1298	0.86	3554	2686	741		210
衢州市区	Quzhou District	73.51	6045	1.03	96666	90927	5945	2005	13043
江山市	Jiangshan	55.57	6864	0.66	57357	53343	4345	1142	8695
常山县	Changshan	7.79	2372	0.49	9613	7707	1439	36	3822
开化县	Kaihua	9.55	1939	0.17	10073	9186	637		2020
龙游县	Longyou	39.37	4457	0.53	42352	35535	10019	352	11506
舟山市区	Zhoushan District	10.97	769	0.88	15829	12829	6932	929	649502
岱山县	Daishan	2.09	148	0.57	3055	2430	1093	2	322757
嵊泗县	Shengsi	0.22	3	0.17	664	614	49		266013
台州市区	Taizhou District	10.63	4055	0.15	18190	13651	11775	6309	289160
温岭市	Wenling	13.99	1859	0.2	31387	21086	11098	1505	519028
临海市	Linhai	14.5	5088	1.28	16375	15016	4668	1057	119143
玉环县	Yuhuan	1.43	306	0.44	5314	2284	1272	1	263708
三门县	Sanmen	3.45	2507	0.62	5704	4468	7839	154	178552
天台县	Tiantai	12.4	6960	0.7	8966	8074	3015	419	2720
仙居县	Xianju	9.14	6846	1.07	12478	10670	1976	1431	3303
丽水市区	Lishui District	9.1	5574	0.64	18175	10498	2112	326	4275
龙泉市	Longquan	7.79	4120	0.84	10570	9712	432	68	2100
青田县	Qingtian	5.75	9267	2	8594	7311	518		2512
云和县	Yunhe	1.31	2644	0.2	3694	1313	107		2850
庆元县	Qingyuan	3.93	1836	1.06	3414	2848	245		1460
缙云县	Jinyun	4.99	2996	1.86	15079	8135	2904	120	1922
遂昌县	Suichang	8.41	6054	0.57	9472	8290	369		1095
松阳县	Songyang	8.74	4305	0.32	12732	9953	1028	82	1494
景宁自治县	Jingning	3.06	5767	1.24	4245	3294	148		395

17-30 各市、县农业现代化情况(2007 年)
Agricultural Modernization by City and County(2007)

市县名称	City and County	农业机械总动力(千瓦) Total Power of Agricultural Machinery (kw)	农村用电量(万千瓦小时) Electricity Consumed in Rural Areas(10000 kw.h)	农用化肥施用量(折标)(吨) Consumption of Chemical Fertilizers (standard) (ton)	农用化肥施用量(折纯)(吨) Consumption of Chemical Fertilizers (pure) (ton)	机耕面积(千公顷) Area Ploughed by Tractors (1000 hectares)	有效灌溉面积(千公顷) Irrigated Area(1000 hectares)	旱涝保收面积(千公顷) Stable Yields Ensured Despite Disasters (1000 hectares)
杭州市区	Hangzhou District	384726	495483	318405	66701	2.73	91.507	80.407
富阳市	Fuyang	379962	290565	40216	8448	15.94	19.34	13.77
临安市	Linan	398338	88542	90967	20021	12.98	17.195	10.83
建德市	Jiande	249781	16928	86938	18357	12.13	13.775	11
桐庐县	Tonglu	226291	58179	40267	8267	9.65	12.35	8.995
淳安县	Chunan	251685	8009	40848	8570	7.13	8.81	6.13
宁波市区	Ningbo District	323456	484966	167415	35201	14.97	56.25	37.95
余姚市	Yuyao	491806	212344	50565	10582	26.91	36.73	25.34
慈溪市	Cixi	419103	477726	119345	25070	29.20	39.7	33.3
奉化市	Fenghua	394408	95613	89655	18844	13.22	22.05	19.97
象山县	Xiangshan	829336	40572	64220	13297	15.53	15.98	13.61
宁海县	Ninghai	248161	71259	49080	9994	11.87	12.45	8.16
温州市区	Wenzhou District	178339	225815	42525	8797	6.63	13.51	6.81
瑞安市	Ruian	397238	90775	73934	15515	17.07	20.66	15.26
乐清市	Yueqing	293891	89110	71133	14764	16.19	22.03	10.8
洞头县	Dongtou	149921	1882	702	143	0.06	0.11	0.03
永嘉县	Yongjia	171629	60562	56914	11888	3.72	14.81	5.96
平阳县	Pingyang	286178	49230	68454	14276	19.30	22.14	11.34
苍南县	Cangnan	483168	46752	37664	7846	12.48	22.12	18.76
文成县	Wencheng	68808	8351	31409	6454	2.24	5.48	2.23
泰顺县	Taishun	44627	5556	28228	5974	2.07	6.6	3.1
嘉兴市区	Jiaxing District	323135	120960	132020	27752	35.13	43.17	34.72
平湖市	Pinghu	263256	159215	109581	22414	22.15	30.98	28.18
海宁市	Haining	263258	124723	44650	9321	19.32	34.55	26.61
桐乡市	Tongxiang	318941	171100	79134	16462	23.09	38.22	37.52
嘉善县	Jiashan	256904	81598	49790	10439	21.76	28.9	24.9
海盐县	Haiyan	164825	61520	86976	18083	12.76	24.93	24.43
湖州市区	Huzhou District	578206	143252	77762	16308	43.55	47.21	45.84
德清县	Deqing	346887	98263	27510	5808	11.38	20.59	19.22
长兴县	Changxing	369713	50560	92131	19445	36.34	44.63	44.63
安吉县	Anji	295777	22544	67370	14148	18.43	20.78	13.7
绍兴市区	Shaoxing District	88934	154892	26801	5654	8.63	8.89	4.72
诸暨市	Zhuji	758491	370000	162970	33877	35.82	39	29.3
上虞市	Shangyu	503286	117260	165167	34595	30.29	42.4	22.92

17－30 续表 continued

市县名称 City and County		农业机械总动力（千瓦）Total Power of Agricultural Machinery (kw)	农村用电量（万千瓦小时）Electricity Consumed in Rural Areas (10000 kw. h)	农用化肥施用量（折标）（吨）Consumption of Chemical Fertilizers (standard) (ton)	农用化肥施用量（折纯）（吨）Consumption of Chemical Fertilizers (pure) (ton)	机耕面积（千公顷）Area Ploughed by Tractors (1000 hectares)	有效灌溉面积（千公顷）Irrigated Area (1000 hectares)	旱涝保收面积（千公顷）Stable Yields Ensured Despite Disasters (1000 hectares)
嵊州市	Shengzhou	322364	65560	50148	10368	18.97	28.83	19.86
绍兴县	Shaoxing	291236	694434	36308	7984	21.97	23.59	20.24
新昌县	Xinchang	129059	30255	42332	8918	6.69	12.55	8
金华市区	Jinhua District	512459	41885	120175	25509	17.88	37.474	31.243
兰溪市	Lanxi	268363	87384	112657	23959	17.49	28.53	15
东阳市	Dongyang	436171	45200	54366	11276	18.19	23.09	20.57
义乌市	Yiwu	260954	77100	52816	10824	15.24	21.05	15.17
永康市	Yongkang	296785	33280	43473	8868	14.87	16.85	13.41
武义县	Wuyi	147768	14695	62821	12950	11.25	14.76	10.58
浦江县	Pujiang	124823	19710	21858	4628	8.07	10.91	9.1
磐安县	Panan	177803	2583	20343	4300	2.35	5.04	2.62
衢州市区	Quzhou District	494409	26058	166896	35412	11.79	25.94	20.58
江山市	Jiangshan	323356	18725	67096	14115	10.91	22.15	14.32
常山县	Changshan	140386	14563	46230	9845	7.37	10.97	6.2
开化县	Kaihua	145631	3804	42583	9094	8.14	10.62	8.81
龙游县	Longyou	289288	13350	72741	15393	11.87	22.11	17.38
舟山市区	Zhoushan District	886844	97727	20646	4311	7.00	10.87	7.05
岱山县	Daishan	493079	5075	1840	380	0.83	1.65	0.79
嵊泗县	Shengsi	260404	2600	112	24	0.01	0.04	0.03
台州市区	Taizhou District	695773	190485	109959	23205	32.03	32.876	21.13
温岭市	Wenling	1152421	180178	92231	19053	24.14	29.51	23.2
临海市	Linhai	582398	75772	114326	23414	21.63	23.3	21.47
玉环县	Yuhuan	304706	71137	13319	2725	4.03	4.48	2.2
三门县	Sanmen	315426	19440	32192	6693	8.21	9.57	0.6
天台县	Tiantai	184506	20780	33078	7069	6.23	13.14	9.98
仙居县	Xianju	174494	14985	23169	4888	10.99	13.004	6.31
丽水市区	Lishui District	139568	4237	66650	14071	3.83	10.97	7.58
龙泉市	Longquan	204500	5116	37075	7519	5.49	14.11	10.5
青田县	Qingtian	65836	11636	13070	2740	1.03	10.82	3.66
云和县	Yunhe	55747	1630	6111	1244	1.12	4.05	2.02
庆元县	Qingyuan	92990	1627	29701	6082	3.20	9.88	6.19
缙云县	Jinyun	149701	4983	31201	6354	7.08	10.03	7.99
遂昌县	Suichang	81023	1918	38836	8176	4.27	7.38	3.42
松阳县	Songyang	91729	5039	48224	10071	2.12	8.285	5.62
景宁自治县	Jingning	57763	2620	16655	3405	0.67	5.07	1.8

17－31 各市、县规模以上工业企业单位数(2007 年)
Number of Industrial Enterprises Above Designated Size by City and County(2007)

单位:个(unit)

市县名称 City and County		工业企业单位数 Number of Enterprises	内资企业 Domestic－Funded Enterprises	港澳台商投资企业 Enterprises with Investment from Hong Kong, Macao and Taiwan	外商投资企业 Enterprises with Foreign Investment
杭州市区	Hangzhou District	5726	4499	536	691
富阳市	Fuyang	1012	865	75	72
临安市	Linan	678	614	32	32
建德市	Jiande	560	533	12	15
桐庐县	Tonglu	570	453	77	40
淳安县	Chunan	128	118	2	8
宁波市区	Ningbo District	5315	3594	841	880
余姚市	Yuyao	1502	1071	253	178
慈溪市	Cixi	1827	1478	199	150
奉化市	Fenghua	867	715	56	96
象山县	Xiangshan	668	523	62	83
宁海县	Ninghai	838	692	59	87
温州市区	Wenzhou District	2423	2187	69	167
瑞安市	Ruian	1268	1224	8	36
乐清市	Yueqing	1302	1251	17	34
洞头县	Dongtou	39	35	2	2
永嘉县	Yongjia	545	521	6	18
平阳县	Pingyang	399	356	17	26
苍南县	Cangnan	439	428	4	7
文成县	Wencheng	38	37		1
泰顺县	Taishun	27	27		
嘉兴市区	Jiaxing District	1252	935	111	206
平湖市	Pinghu	729	532	57	140
海宁市	Haining	1438	1206	103	129
桐乡市	Tongxiang	1129	902	123	104
嘉善县	Jiashan	762	509	133	120
海盐县	Haiyan	676	597	37	42
湖州市区	Huzhou District	1028	876	74	78
德清县	Deqing	561	394	95	72
长兴县	Changxing	530	478	23	29
安吉县	Anji	448	366	32	50
绍兴市区	Shaoxing District	784	517	148	119
诸暨市	Zhuji	936	771	83	82
上虞市	Shangyu	732	590	86	56

17－31 **续表** continued

单位:个(unit)

市县名称 City and County		工业企业单位数 Number of Enterprises	内资企业 Domestic－Funded Enterprises	港澳台商投资企业 Enterprises with Investment from Hong Kong, Macao and Taiwan	外商投资企业 Enterprises with Foreign Investment
嵊州市	Shengzhou	612	476	85	51
绍兴县	Shaoxing	1118	892	150	76
新昌县	Xinchang	246	214	12	20
金华市区	Jinhua District	674	590	28	56
兰溪市	Lanxi	370	336	16	18
东阳市	Dongyang	547	497	22	28
义乌市	Yiwu	1138	1046	49	43
永康市	Yongkang	695	663	13	19
武义县	Wuyi	488	471	2	15
浦江县	Pujiang	427	375	18	34
磐安县	Panan	164	147	4	13
衢州市区	Quzhou District	247	225	7	15
江山市	Jiangshan	276	259	6	11
常山县	Changshan	120	114	4	2
开化县	Kaihua	89	87		2
龙游县	Longyou	201	190	4	7
舟山市区	Zhoushan District	434	400	11	23
岱山县	Daishan	75	64	4	7
嵊泗县	Shengsi	22	20	2	
台州市区	Taizhou District	1718	1615	44	59
温岭市	Wenling	1575	1487	36	52
临海市	Linhai	550	476	44	30
玉环县	Yuhuan	992	908	36	48
三门县	Sanmen	163	144	8	11
天台县	Tiantai	237	222	5	10
仙居县	Xianju	239	200	24	15
丽水市区	Lishui District	175	163	2	13
龙泉市	Longquan	118	115		
青田县	Qingtian	122	108	2	12
云和县	Yunhe	78	77	1	
庆元县	Qingyuan	81	79	1	1
缙云县	Jinyun	238	232	5	1
遂昌县	Suichang	74	67	1	6
松阳县	Songyang	93	93		
景宁自治县	Jingning	42	42		

17－32 各市、县规模以上工业总产值(2007 年) Gross Output Value of Industry Above Designated Size by City and County(2007)

单位:亿元(100 million yuan)

市县名称	City and County	工业总产值 Gross Output Value of Industry	内资企业 Domestic－Funded Enterprises	港澳台商投资企业 Enterprises with Investment from Hong Kong, Macao and Taiwan	外商投资企业 Enterprises with Foreign Investment
杭州市区	Hangzhou District	6756.55	4402.76	862.92	1490.86
富阳市	Fuyang	733.66	593.99	83.27	56.40
临安市	Linan	290.22	245.37	20.50	24.35
建德市	Jiande	232.31	213.92	4.45	13.93
桐庐县	Tonglu	256.11	170.37	56.18	29.57
淳安县	Chunan	82.56	77.81	2.08	2.68
宁波市区	Ningbo District	5136.32	2693.09	1025.71	1417.51
余姚市	Yuyao	750.01	415.28	208.05	126.69
慈溪市	Cixi	980.31	694.48	163.68	122.14
奉化市	Fenghua	312.07	209.56	67.33	35.18
象山县	Xiangshan	281.13	187.37	42.58	51.17
宁海县	Ninghai	329.17	258.99	21.87	48.31
温州市区	Wenzhou District	1432.04	1244.21	54.47	133.36
瑞安市	Ruian	516.99	494.91	3.45	18.63
乐清市	Yueqing	765.25	726.11	5.89	33.24
洞头县	Dongtou	28.27	27.34	0.69	0.24
永嘉县	Yongjia	262.43	250.78	5.75	5.91
平阳县	Pingyang	146.33	114.16	8.93	23.24
苍南县	Cangnan	161.45	158.79	0.87	1.80
文成县	Wencheng	20.89	20.59		0.30
泰顺县	Taishun	9.52	9.52		
嘉兴市区	Jiaxing District	801.22	514.91	80.96	205.35
平湖市	Pinghu	548.78	294.03	56.08	198.67
海宁市	Haining	646.87	428.43	56.91	161.53
桐乡市	Tongxiang	627.10	480.27	73.00	73.83
嘉善县	Jiashan	389.98	181.18	101.70	107.10
海盐县	Haiyan	324.21	273.86	23.91	26.43
湖州市区	Huzhou District	880.66	764.08	62.08	54.50
德清县	Deqing	378.27	280.87	59.78	37.62
长兴县	Changxing	316.15	251.74	15.33	49.09
安吉县	Anji	185.43	142.99	16.96	25.48
绍兴市区	Shaoxing District	876.42	601.83	201.69	72.90
诸暨市	Zhuji	1055.99	909.92	99.99	46.08
上虞市	Shangyu	677.79	569.67	67.03	41.08

17－32 续表 continued

单位:亿元(100 million yuan)

市县名称	City and County	工业总产值 Gross Output Value of Industry	内资企业 Domestic－Funded Enterprises	港澳台商投资企业 Enterprises with Investment from Hong Kong, Macao and Taiwan	外商投资企业 Enterprises with Foreign Investment
嵊州市	Shengzhou	246.28	175.16	42.61	28.52
绍兴县	Shaoxing	1756.68	1329.32	317.05	110.31
新昌县	Xinchang	255.84	233.75	9.63	12.47
金华市区	Jinhua District	426.02	352.79	19.87	53.36
兰溪市	Lanxi	293.92	281.42	7.18	5.31
东阳市	Dongyang	224.19	208.95	5.98	9.26
义乌市	Yiwu	432.82	345.10	52.83	34.88
永康市	Yongkang	466.05	436.40	6.08	23.57
武义县	Wuyi	183.68	172.95	1.28	9.46
浦江县	Pujiang	183.91	155.43	11.63	16.86
磐安县	Panan	35.65	28.43	1.81	5.41
衢州市区	Quzhou District	266.36	251.46	2.28	12.62
江山市	Jiangshan	134.00	124.29	2.69	7.03
常山县	Changshan	48.94	44.69	1.95	2.31
开化县	Kaihua	39.78	36.59		3.19
龙游县	Longyou	81.85	72.90	1.42	7.52
舟山市区	Zhoushan District	417.60	358.70	9.58	49.32
岱山县	Daishan	60.87	32.03	5.32	23.53
嵊泗县	Shengsi	7.88	7.52	0.36	
台州市区	Taizhou District	1022.55	919.53	43.09	59.93
温岭市	Wenling	610.66	525.81	29.69	55.16
临海市	Linhai	408.42	342.51	18.16	47.76
玉环县	Yuhuan	427.78	334.39	31.16	62.22
三门县	Sanmen	100.98	93.80	2.95	4.23
天台县	Tiantai	98.71	83.73	2.10	12.87
仙居县	Xianju	71.56	60.98	7.24	3.34
丽水市区	Lishui District	175.97	166.89	0.08	9.00
龙泉市	Longquan	33.00	32.31	0.29	0.40
青田县	Qingtian	113.71	103.75	0.17	9.79
云和县	Yunhe	22.05	21.95	0.10	
庆元县	Qingyuan	16.04	15.12	0.30	0.62
缙云县	Jinyun	113.10	107.38	4.61	1.11
遂昌县	Suichang	61.47	56.42	0.24	4.81
松阳县	Songyang	34.68	34.68		
景宁自治县	Jingning	8.76	8.76		

17－33 各市、县工业企业经济指标(2007 年)
Main Indicators of Industrial Enterprises by City and County(2007)

单位:亿元(100 million yuan)

市县名称 City and County		从业人员平均人数(万人) Average Number of Employed Persons (10000 persons)	流动资产年平均余额 Annual Average Balance of Circulating Assets	固定资产净值年平均余额 Annual Average Balance of Net Value of Fixed Assets	主营业务收入 Revenues in Main Business
杭州市区	Hangzhou District	96.03	2994.99	1407.03	6550.90
富阳市	Fuyang	10.60	351.51	140.72	690.70
临安市	Linan	7.14	126.58	69.08	276.00
建德市	Jiande	3.83	72.37	45.48	223.17
桐庐县	Tonglu	5.43	77.62	39.34	237.81
淳安县	Chunan	1.42	26.69	15.23	78.45
宁波市区	Ningbo District	90.52	2001.38	1271.51	4914.28
余姚市	Yuyao	19.93	389.31	141.54	725.45
慈溪市	Cixi	31.84	496.76	186.11	928.63
奉化市	Fenghua	12.27	147.85	58.73	304.34
象山县	Xiangshan	8.37	159.91	123.95	266.54
宁海县	Ninghai	11.31	177.78	144.20	317.00
温州市区	Wenzhou District	46.66	577.02	307.98	1238.27
瑞安市	Ruian	18.42	233.12	94.66	491.74
乐清市	Yueqing	20.47	413.98	149.62	726.43
洞头县	Dongtou	0.35	12.08	4.61	27.73
永嘉县	Yongjia	9.64	128.29	56.55	259.10
平阳县	Pingyang	5.74	55.83	30.81	143.30
苍南县	Cangnan	4.82	83.68	44.55	158.34
文成县	Wencheng	0.32	7.67	5.68	20.32
泰顺县	Taishun	0.36	4.38	7.25	8.98
嘉兴市区	Jiaxing District	19.25	318.21	308.32	794.43
平湖市	Pinghu	20.34	231.75	228.34	534.88
海宁市	Haining	18.24	273.08	171.92	633.21
桐乡市	Tongxiang	14.55	219.92	160.53	625.88
嘉善县	Jiashan	11.75	161.13	88.81	383.66
海盐县	Haiyan	8.97	144.92	344.52	319.41
湖州市区	Huzhou District	12.04	301.78	184.97	833.88
德清县	Deqing	7.76	137.91	79.61	367.19
长兴县	Changxing	5.88	111.72	113.10	315.38
安吉县	Anji	4.84	56.94	59.79	179.89
绍兴市区	Shaoxing District	15.03	350.62	286.70	885.42
诸暨市	Zhuji	16.71	413.38	173.52	1045.31
上虞市	Shangyu	12.64	344.35	135.75	654.88

17－33　**续表**　continued　　单位:亿元(100 million yuan)

市县名称 City and County		从业人员平均人数(万人) Average Number of Employed Persons (10000 persons)	流动资产年平均余额 Annual Average Balance of Circulating Assets	固定资产净值年平均余额 Annual Average Balance of Net Value of Fixed Assets	主营业务收入 Revenues in Main Business
嵊州市	Shengzhou	6.90	127.61	57.04	241.13
绍兴县	Shaoxing	26.58	839.59	475.22	1720.03
新昌县	Xinchang	6.18	167.66	63.72	249.34
金华市区	Jinhua District	9.21	207.84	151.40	343.44
兰溪市	Lanxi	4.78	103.07	121.56	291.25
东阳市	Dongyang	9.32	141.15	75.77	218.45
义乌市	Yiwu	16.31	287.07	146.54	421.11
永康市	Yongkang	10.66	256.73	74.59	455.12
武义县	Wuyi	6.15	82.06	32.66	175.48
浦江县	Pujiang	6.34	81.77	44.29	178.04
磐安县	Panan	1.71	15.87	6.77	34.56
衢州市区	Quzhou District	4.54	106.28	130.57	268.40
江山市	Jiangshan	2.96	48.67	41.09	129.55
常山县	Changshan	1.30	19.44	17.91	45.62
开化县	Kaihua	0.75	15.80	10.18	38.92
龙游县	Longyou	1.87	36.97	28.06	78.56
舟山市区	Zhoushan District	6.77	247.62	107.94	351.86
岱山县	Daishan	0.99	57.94	37.88	50.68
嵊泗县	Shengsi	0.19	3.35	2.42	6.45
台州市区	Taizhou District	24.11	447.99	207.46	952.07
温岭市	Wenling	20.91	219.00	89.50	591.52
临海市	Linhai	10.20	158.73	109.95	332.49
玉环县	Yuhuan	15.51	185.40	58.94	416.06
三门县	Sanmen	2.72	68.13	20.68	91.97
天台县	Tiantai	2.62	46.70	24.00	98.14
仙居县	Xianju	3.43	33.94	14.46	69.17
丽水市区	Lishui District	3.07	81.79	32.51	184.53
龙泉市	Longquan	1.36	12.67	11.97	31.30
青田县	Qingtian	2.63	43.93	18.12	105.75
云和县	Yunhe	1.05	7.11	10.64	17.10
庆元县	Qingyuan	0.77	7.69	8.90	14.85
缙云县	Jinyun	3.21	36.98	18.13	105.20
遂昌县	Suichang	1.27	22.06	16.18	61.00
松阳县	Songyang	0.69	11.02	8.72	32.89
景宁自治县	Jingning	0.36	3.62	9.94	8.14

17－34 各市、县客运量和货运量(2007 年)
Passenger Traffic and Freight Traffic by City and County(2007)

市县名称	City and County	客运量(万人) Passenger Traffic (10000 persons)			货运量(万吨) Freight Traffic (10000 tons)		
		铁路 Railways	公路 Highways	水运 Waterways	铁路 Railways	公路 Highways	水运 Waterways
杭州市区	Hangzhou District	2252.33	13114	49.63	394.77	12496	4353.00
富阳市	Fuyang		3317	3.78		1042	520.00
临安市	Linan		2281	23.17		1344	34.00
建德市	Jiande	2.54	2380		178.60	646	276.00
桐庐县	Tonglu		2472	15.50		602	260.00
淳安县	Chunan		1272	213.57		354	57.00
宁波市区	Ningbo District	663.67	16886	37.93	1274.31	7473	6097.00
余姚市	Yuyao	178.47	2890		51.67	1406	34.00
慈溪市	Cixi		3320		4.00	1720	11.00
奉化市	Fenghua		2450			830	387.00
象山县	Xiangshan		1945	78.47		645	1565.00
宁海县	Ninghai		2050	13.91		815	612.00
温州市区	Wenzhou District	444.99	9621		170.68	5579	854.35
瑞安市	Ruian		3815	7.60		2213	193.00
乐清市	Yueqing		4665			2382	935.50
洞头县	Dongtou		884	37.70		108	405.64
永嘉县	Yongjia		2577			1404	174.54
平阳县	Pingyang		2375	11.63		1358	56.73
苍南县	Cangnan		2733			1452	143.76
文成县	Wencheng		487	1.65		376	1.55
泰顺县	Taishun		532	1.92		44	4.45
嘉兴市区	Jiaxing District	310.91	5493	32.00	23.37	997	1595.15
平湖市	Pinghu		2339			681	851.16
海宁市	Haining	130.12	2552		9.53	337	940.00
桐乡市	Tongxiang		2331			449	1343.31
嘉善县	Jiashan	57.71	2070		8.86	478	1338.86
海盐县	Haiyan		1187			362	1048.68
湖州市区	Huzhou District		4905	0.28		2283	3105.00
德清县	Deqing		1183	7.54		1346	702.00
长兴县	Changxing		1359			1307	4258.00
安吉县	Anji		1487			1496	1882.00
绍兴市区	Shaoxing District	198.10	2558	4.00	119.00	1005	191.00
诸暨市	Zhuji	155.09	3785		13.00	3300	265.00
上虞市	Shangyu	118.20	2294		9.00	1350	483.00

17－34 **续表** continued

市县名称 City and County		客运量(万人) Passenger Traffic (10000 persons)			货运量(万吨) Freight Traffic (10000 tons)		
		铁路 Railways	公路 Highways	水运 Waterways	铁路 Railways	公路 Highways	水运 Waterways
嵊州市	Shengzhou		2270			1330	63.00
绍兴县	Shaoxing		3207		4.00	1862	178.00
新昌县	Xinchang		1760			1005	
金华市区	Jinhua District	427.03	3131		155.27	3160	
兰溪市	Lanxi	24.72	1229	3.00	60.97	1066	279.00
东阳市	Dongyang		3303	12.00		1502	
义乌市	Yiwu	459.42	6161		57.31	3622	
永康市	Yongkang	55.00	2811		6.90	3310	
武义县	Wuyi	21.90	1116		18.90	763	
浦江县	Pujiang	10.84	1193		2.28	598	
磐安县	Panan		838			839	
衢州市区	Quzhou District	117.94	2283	3.94	149.16	3298	
江山市	Jiangshan	46.50	1616	0.60	481.77	1925	
常山县	Changshan		855			1089	
开化县	Kaihua		1190			1105	
龙游县	Longyou	28.74	1217		22.76	1305	6.30
舟山市区	Zhoushan District		6262	1961.95		1870	5210.39
岱山县	Daishan		1320	355.36		324	1559.40
嵊泗县	Shengsi		225	115.50		118	216.50
台州市区	Taizhou District		7722	7.00		3407	3625.00
温岭市	Wenling		4542			1728	1281.00
临海市	Linhai		2157			558	417.00
玉环县	Yuhuan		2102	133.00		657	577.00
三门县	Sanmen		1032			418	399.00
天台县	Tiantai		985			613	
仙居县	Xianju		1024			328	
丽水市区	Lishui District	71.00	1204	6.00	99.00	831	87.00
龙泉市	Longquan		486	5.00		197	2.00
青田县	Qingtian	37.00	919	1.00	26.00	415	287.00
云和县	Yunhe		192	14.00		143	2.00
庆元县	Qingyuan		233			305	
缙云县	Jinyun	22.73	783		34.00	372	
遂昌县	Suichang		495	3.00		274	
松阳县	Songyang		463			285	
景宁自治县	Jingning		201	2.00		137	1.00

17-35 各市、县公路里程、邮电通信和用电量情况(2007年)
Length of Highways, Posts and Telecommunications, Electricity Consumption by City and County(2007)

市县名称	City and County	境内公路里程(公里) Length of Highways (km)	#高速公路 Expressway	民用汽车拥有量(辆) Civil Motor Vehicles (unit)	固定电话用户(万户) Telephone Subscribers (10000 subscribers)	年末移动电话用户数(万户) Number of Mobile Telephones Subscribers (10000 subscribers)
杭州市区	Hangzhou District	4404.52	216.94	605855	328.39	643.29
富阳市	Fuyang	1800.65	37.30	38128	29.73	49.66
临安市	Linan	2769.35	103.99	32984	23.58	41.74
建德市	Jiande	1515.39	83.14	12260	17.29	27.03
桐庐县	Tonglu	1652.64	29.33	16888	16.72	27.69
淳安县	Chunan	2319.72	13.55	6283	12.13	20.19
宁波市区	Ningbo District	2875.17	131.27	286036	159.74	500.52
余姚市	Yuyao	1363.81	41.99	68109	46.78	10.30
慈溪市	Cixi	1410.45	44.00	79638	61.00	114.70
奉化市	Fenghua	1134.91	57.33	23923	22.87	44.20
象山县	Xiangshan	1043.26		21071	18.71	44.10
宁海县	Ninghai	1492.51	50.92	25411	25.88	43.88
温州市区	Wenzhou District	992.00	53.00	127355	119.74	303.34
瑞安市	Ruian	1040.64	15.00	98118	56.68	104.75
乐清市	Yueqing	974.86	66.00	59815	53.92	110.44
洞头县	Dongtou	134.77		3508	4.75	6.49
永嘉县	Yongjia	1060.21	19.00	67429	28.61	55.82
平阳县	Pingyang	581.95	27.00	21444	26.81	53.92
苍南县	Cangnan	628.04	24.00	29462	42.47	83.55
文成县	Wencheng	833.91		6401	7.19	11.25
泰顺县	Taishun	879.45		5269	7.55	15.15
嘉兴市区	Jiaxing District	754.00	114.40	66963	55.21	102.32
平湖市	Pinghu	403.00	15.89	22776	25.70	49.15
海宁市	Haining	692.00	27.62	30060	34.54	52.85
桐乡市	Tongxiang	600.00	31.06	37783	32.96	63.81
嘉善县	Jiashan	463.00	36.97	27449	23.81	38.12
海盐县	Haiyan	507.00	7.22	17965	18.25	27.54
湖州市区	Huzhou District	1618.10	112.88	52567	57.32	93.95
德清县	Deqing	896.22	22.01	20000	19.03	32.06
长兴县	Changxing	1435.50	81.38	20476	22.95	37.36
安吉县	Anji	1373.66	19.12	18340	18.47	29.42
绍兴市区	Shaoxing District	421.00	10.00	54025	44.44	107.42
诸暨市	Zhuji	2066.00	53.00	66634	54.75	75.16
上虞市	Shangyu	1106.00	58.00	35264	39.45	45.63

17－35 续表1 continued

市县名称 City and County		境内公路里程（公里）Length of Highways (km)	#高速公路 Expressway	民用汽车拥有量（辆）Civil Motor Vehicles (unit)	固定电话用户（万户）Telephone Subscribers (10000 subscribers)	年末移动电话用户数（万户）Number of Mobile Telephones Subscribers (10000 subscribers)
嵊州市	Shengzhou	1938.00	100.00	28918	33.65	38.55
绍兴县	Shaoxing	1544.00	17.00	60468	48.47	78.19
新昌县	Xinchang	1111.00	40.00	16214	22.01	24.34
金华市区	Jinhua District	2210.01	73.40	57072	53.90	81.87
兰溪市	Lanxi	1125.89	14.72	15909	24.47	22.96
东阳市	Dongyang	2151.46	33.49	36978	35.12	49.62
义乌市	Yiwu	1251.25	54.12	114053	68.95	144.18
永康市	Yongkang	972.35	15.45	63782	31.97	61.42
武义县	Wuyi	1313.11	25.90	11780	15.07	20.92
浦江县	Pujiang	779.01	13.13	18066	18.14	27.53
磐安县	Panan	1076.99		5096	7.93	8.60
衢州市区	Quzhou District	1891.00	35.00	30344	39.32	55.99
江山市	Jiangshan	1370.00		13374	18.63	27.46
常山县	Changshan	771.00	42.00	4378	11.05	12.27
开化县	Kaihua	1181.00		5441	9.58	12.41
龙游县	Longyou	1095.00	80.00	7170	17.24	20.50
舟山市区	Zhoushan District	929.00		25648	45.32	83.49
岱山县	Daishan	314.00		3195	9.00	14.02
嵊泗县	Shengsi	144.00		1266	4.22	6.74
台州市区	Taizhou District	2091.00	21.00	142361	76.46	190.28
温岭市	Wenling	1531.00	11.00	71640	48.57	120.80
临海市	Linhai	1886.00	74.00	34080	29.97	73.03
玉环县	Yuhuan	534.00		33701	26.13	60.54
三门县	Sanmen	938.00	21.00	8653	10.01	21.54
天台县	Tiantai	1338.00	42.00	13361	13.02	25.46
仙居县	Xianju	1374.00	20.00	12067	11.39	26.10
丽水市区	Lishui District	1140.30	68.30	42690	18.13	55.04
龙泉市	Longquan	1752.80	32.50	6469	5.80	19.55
青田县	Qingtian	1041.10	67.30	11226	11.20	37.38
云和县	Yunhe	688.00	43.20	2797	2.49	11.27
庆元县	Qingyuan	1179.60		2834	3.51	10.51
缙云县	Jinyun	901.70	21.50	9366	10.55	29.77
遂昌县	Suichang	1368.40	29.00	4248	5.35	14.25
松阳县	Songyang	1046.60	52.80	4614	5.32	13.01
景宁自治县	Jingning	1304.80		2404	3.01	9.11

17－35 续表2 continued

市县名称	City and County	电信业务收入（万元）Telecom Business Income (10000 yuan)	全年用电量（万千瓦小时）Total Electricity Consumption (10000 kw. h)	#工业用电 Industrial Consumption	#城乡居民生活用电 Residential Consumption
杭州市区	Hangzhou District	906000	3134653	2199196	368619
富阳市	Fuyang	53714	451164	397616	29716
临安市	Linan	40988	194706	153194	22299
建德市	Jiande	27383	193184	169450	13478
桐庐县	Tonglu	29306	102643	69864	20150
淳安县	Chunan	14666	50902	35574	6745
宁波市区	Ningbo District	435563	2057628	1626751	171570
余姚市	Yuyao	98481	483271	404736	42946
慈溪市	Cixi	140613	687150	576117	69534
奉化市	Fenghua	44477	169533	133640	21249
象山县	Xiangshan	48200	110013	69796	19912
宁海县	Ninghai	52820	156453	116276	24268
温州市区	Wenzhou District	363371	948999	649078	157458
瑞安市	Ruian	130038	436299	336739	66051
乐清市	Yueqing	129470	319173	214256	70047
洞头县	Dongtou	7929	11356	3731	5476
永嘉县	Yongjia	63364	156869	111949	27267
平阳县	Pingyang	59626	162946	120865	30729
苍南县	Cangnan	96615	300634	212843	70173
文成县	Wencheng	11691	34791	25819	5491
泰顺县	Taishun	14472	15946	6909	6384
嘉兴市区	Jiaxing District	142773	579357	478768	43786
平湖市	Pinghu	72301	262865	219700	20321
海宁市	Haining	83906	377218	312746	34139
桐乡市	Tongxiang	99044	433407	372114	29621
嘉善县	Jiashan	60501	258217	216419	21300
海盐县	Haiyan	40770	208758	180191	15064
湖州市区	Huzhou District	119787	469017	355747	51170
德清县	Deqing	34879	208784	173605	16900
长兴县	Changxing	39202	300432	260034	19356
安吉县	Anji	32638	89908	61316	15836
绍兴市区	Shaoxing District	113041	433115	340939	38211
诸暨市	Zhuji	79939	485970	409210	46958
上虞市	Shangyu	51571	268440	215800	24504

17－35 续表3 continued

市县名称	City and County	电信业务收入（万元） Telecom Business Income (10000 yuan)	全年用电量（万千瓦小时） Total Electricity Consumption (10000 kw. h)	#工业用电 Industrial Consumption	#城乡居民生活用电 Residential Consumption
嵊州市	Shengzhou	39938	129705	91957	22740
绍兴县	Shaoxing	66668	942139	866021	34379
新昌县	Xinchang	26362	114280	90436	14899
金华市区	Jinhua District	97251	268983	176953	40695
兰溪市	Lanxi	27290	310391	282078	15396
东阳市	Dongyang	55215	190944	140671	30395
义乌市	Yiwu	175073	431641	295684	53529
永康市	Yongkang	64474	201481	161483	24045
武义县	Wuyi	22066	98446	79850	10007
浦江县	Pujiang	29191	122463	96629	17118
磐安县	Panan	9098	18026	11303	3911
衢州市区	Quzhou District	100333	427440	377340	23578
江山市	Jiangshan	46909	152515	130525	11643
常山县	Changshan	22202	70086	59829	5715
开化县	Kaihua	21657	34536	25700	5037
龙游县	Longyou	36694	92542	73700	9876
舟山市区	Zhoushan District	84124	196772	120666	31799
岱山县	Daishan	13407	28635	18875	5289
嵊泗县	Shengsi	8610	15848	8082	2512
台州市区	Taizhou District	203244	562728	400980	87146
温岭市	Wenling	122203	309829	219171	55181
临海市	Linhai	63939	167023	115442	30661
玉环县	Yuhuan	67445	215697	169818	32147
三门县	Sanmen	21121	55104	37047	9689
天台县	Tiantai	24213	58453	38131	12343
仙居县	Xianju	23710	41506	23036	10408
丽水市区	Lishui District	40325	96364	58521	16378
龙泉市	Longquan	11756	22973	12790	6094
青田县	Qingtian	22830	76106	51832	13672
云和县	Yunhe	6292	23859	17857	3631
庆元县	Qingyuan	5914	11126	6132	2911
缙云县	Jinyun	16263	92908	77915	9276
遂昌县	Suichang	9144	57379	49390	4749
松阳县	Songyang	7713	19474	12212	4456
景宁自治县	Jingning	5987	11056	6494	7283

17－36 各市、县固定资产投资(2007 年)
Total Investment in Fixed Assets by City and County(2007)

单位:亿元(100 million yuan)

市县名称	City and County	全社会固定资产投资 Total Investment in Fixed Assets	限额以上固定资产投资 Investment in Fixed Assets Above Designated Size	第一产业 Primary Industry	第二产业 Secondary Industry	第三产业 Tertiary Industry
杭州市区	Hangzhou District	1315.07	1263.01	1.34	363.27	898.40
富阳市	Fuyang	130.47	115.59	0.34	71.23	44.02
临安市	Linan	75.09	67.35		28.19	39.16
建德市	Jiande	50.88	43.26	0.12	21.77	21.37
桐庐县	Tonglu	68.50	54.26	0.14	30.52	23.61
淳安县	Chunan	44.10	40.31	0.39	13.66	26.26
宁波市区	Ningbo District	1071.19	1017.94	0.14	417.34	600.46
余姚市	Yuyao	141.77	125.55	0.50	62.93	62.13
慈溪市	Cixi	181.65	163.45	0.26	108.75	54.45
奉化市	Fenghua	56.73	51.06	0.29	20.13	30.64
象山县	Xiangshan	64.96	58.07	0.21	28.87	28.98
宁海县	Ninghai	81.26	70.47	2.32	49.23	18.92
温州市区	Wenzhou District	383.42	362.83	0.09	95.79	266.95
瑞安市	Ruian	77.75	59.28		29.38	29.89
乐清市	Yueqing	96.20	79.54	0.99	50.29	28.25
洞头县	Dongtou	14.39	12.26	0.21	3.59	8.46
永嘉县	Yongjia	46.35	38.27		24.09	14.18
平阳县	Pingyang	39.48	28.05	0.38	15.64	12.02
苍南县	Cangnan	51.98	38.36	0.85	24.92	12.59
文成县	Wencheng	12.83	9.97	0.09	3.38	6.50
泰顺县	Taishun	14.63	12.04	0.04	3.35	8.65
嘉兴市区	Jiaxing District	320.01	302.03	1.14	123.42	177.47
平湖市	Pinghu	144.68	136.28	0.06	84.61	51.61
海宁市	Haining	131.07	116.79	0.03	78.17	38.60
桐乡市	Tongxiang	121.52	99.53	0.77	64.91	33.85
嘉善县	Jiashan	102.44	90.06		68.20	21.86
海盐县	Haiyan	80.29	68.67		54.64	14.04
湖州市区	Huzhou District	234.66	213.92	0.84	102.11	110.96
德清县	Deqing	75.29	70.45		42.04	28.40
长兴县	Changxing	103.50	96.00		46.36	49.64
安吉县	Anji	44.89	40.78		25.89	14.89
绍兴市区	Shaoxing District	190.55	177.72	0.26	85.64	91.83
诸暨市	Zhuji	185.55	169.59	0.18	111.91	57.50
上虞市	Shangyu	125.84	107.32	0.12	66.12	41.08

17－36 续表1 continued

单位:亿元(100 million yuan)

市县名称	City and County	全社会固定资产投资 Total Investment in Fixed Assets	限额以上固定资产投资 Investment in Fixed Assets Above Designated Size	第一产业 Primary Industry	第二产业 Secondary Industry	第三产业 Tertiary Industry
嵊州市	Shengzhou	73.90	61.65	0.15	39.27	22.22
绍兴县	Shaoxing	214.58	204.56		132.83	71.73
新昌县	Xinchang	52.96	40.21	0.14	29.87	10.21
金华市区	Jinhua District	125.34	121.56	0.77	59.79	61.00
兰溪市	Lanxi	51.53	48.30		36.49	11.81
东阳市	Dongyang	65.48	56.45	0.07	31.75	24.63
义乌市	Yiwu	148.73	136.78	0.17	42.21	94.40
永康市	Yongkang	59.84	49.56		33.07	16.49
武义县	Wuyi	36.09	33.06	0.50	25.43	7.14
浦江县	Pujiang	36.24	35.20	0.58	18.32	16.30
磐安县	Panan	17.68	15.26		5.26	9.99
衢州市区	Quzhou District	133.79	125.61	1.68	56.11	67.81
江山市	Jiangshan	63.39	53.79	1.32	30.85	21.62
常山县	Changshan	41.67	36.90	3.37	18.71	14.81
开化县	Kaihua	25.45	21.00	0.61	9.39	11.00
龙游县	Longyou	52.69	48.38	2.76	27.71	17.91
舟山市区	Zhoushan District	173.97	171.44	0.73	63.75	106.96
岱山县	Daishan	35.14	33.93		24.91	9.02
嵊泗县	Shengsi	70.53	69.24		1.83	67.41
台州市区	Taizhou District	251.49	223.74		144.75	78.99
温岭市	Wenling	146.99	107.47	2.09	57.14	48.25
临海市	Linhai	96.95	88.08		58.97	29.12
玉环县	Yuhuan	106.50	97.28		81.36	15.91
三门县	Sanmen	61.67	56.73	0.07	39.21	17.45
天台县	Tiantai	31.61	25.97		14.32	11.64
仙居县	Xianju	32.43	25.10	0.04	10.13	14.93
丽水市区	Lishui District	67.26	65.08		16.29	48.79
龙泉市	Longquan	24.27	22.90	1.64	8.35	12.90
青田县	Qingtian	43.35	41.04		20.07	20.96
云和县	Yunhe	17.86	17.17	0.77	3.43	12.97
庆元县	Qingyuan	11.07	9.80	0.52	3.99	5.29
缙云县	Jinyun	26.35	23.64	0.84	14.34	8.46
遂昌县	Suichang	16.84	15.75	1.03	4.90	9.82
松阳县	Songyang	18.46	16.87	0.38	4.63	11.86
景宁自治县	Jingning	11.80	10.69	0.56	2.15	7.98

17-36 续表2 continued

单位:亿元(100 million yuan)

市县名称 City and County		#房地产开发投资 Real Estate Development	#住宅 Residential Buildings	新增固定资产 Newly Incresaed Fixed Assets	商品房屋销售面积(万平方米) Floor Space of Commercial Houses Sold (10000 sq. m)	商品房屋销售额 Total Value of Commercial Houses Sold
杭州市区	Hangzhou District	429.87	314.67	540.29	943.71	780.98
富阳市	Fuyang	30.34	23.85	76.14	82.19	43.22
临安市	Linan	23.83	19.59	52.89	60.15	26.10
建德市	Jiande	9.21	6.50	22.02	27.10	9.76
桐庐县	Tonglu	12.79	10.11	37.40	25.95	8.41
淳安县	Chunan	12.75	7.18	16.47	11.19	7.53
宁波市区	Ningbo District	261.11	159.93	621.75	576.57	389.56
余姚市	Yuyao	17.35	10.04	116.83	66.58	29.18
慈溪市	Cixi	14.96	7.53	146.86	67.13	37.07
奉化市	Fenghua	16.66	12.29	33.14	35.16	16.21
象山县	Xiangshan	14.73	11.17	34.86	40.99	21.95
宁海县	Ninghai	8.09	6.26	31.55	18.00	8.91
温州市区	Wenzhou District	136.89	101.45	255.82	166.47	155.00
瑞安市	Ruian	14.76	10.69	69.64	29.46	19.22
乐清市	Yueqing	13.68	11.36	47.95	31.31	20.25
洞头县	Dongtou	1.67	1.37	2.77	11.10	3.97
永嘉县	Yongjia	6.96	5.50	32.44	12.87	7.75
平阳县	Pingyang	7.90	6.03	26.58	11.51	4.40
苍南县	Cangnan	6.69	4.45	31.55	20.09	8.05
文成县	Wencheng	2.04	1.58	10.78	4.96	2.43
泰顺县	Taishun	1.90	1.20	14.51	9.46	2.08
嘉兴市区	Jiaxing District	69.56	47.57	144.18	171.12	73.79
平湖市	Pinghu	26.62	17.88	66.69	46.25	18.46
海宁市	Haining	15.59	11.32	87.42	79.63	31.79
桐乡市	Tongxiang	16.91	9.53	35.05	52.70	17.66
嘉善县	Jiashan	13.98	11.76	89.50	49.37	18.77
海盐县	Haiyan	5.07	3.94	29.01	19.27	8.13
湖州市区	Huzhou District	57.37	39.67	130.52	135.67	55.38
德清县	Deqing	13.30	10.42	14.77	55.29	21.99
长兴县	Changxing	14.50	11.40	50.10	71.50	26.35
安吉县	Anji	9.76	8.44	24.47	24.52	6.94
绍兴市区	Shaoxing District	52.74	42.53	99.39	104.89	71.52
诸暨市	Zhuji	37.95	24.57	146.23	122.23	47.30
上虞市	Shangyu	27.49	21.96	67.99	95.43	44.35

17－36 续表3 continued 单位:亿元(100 million yuan)

市县名称 City and County		#房地产开发投资 Real Estate Development	#住宅 Residential Buildings	新增固定资产 Newly Incresaed Fixed Assets	商品房屋销售面积(万平方米) Floor Space of Commercial Houses Sold (10000 sq. m)	商品房屋销售额 Total Value of Commercial Houses Sold
嵊州市	Shengzhou	12.71	11.37	29.14	31.07	11.56
绍兴县	Shaoxing	42.90	24.90	161.45	105.85	61.00
新昌县	Xinchang	4.80	3.70	32.89	19.93	6.57
金华市区	Jinhua District	35.05	29.38	50.63	148.74	49.92
兰溪市	Lanxi	7.96	6.18	32.83	35.84	10.60
东阳市	Dongyang	9.48	6.17	35.25	48.42	24.35
义乌市	Yiwu	49.11	38.10	70.06	64.82	62.83
永康市	Yongkang	8.70	8.37	23.50	23.20	11.67
武义县	Wuyi	2.23	1.79	22.29	26.68	8.11
浦江县	Pujiang	7.89	6.20	8.26	16.10	6.44
磐安县	Panan	1.01	0.78	6.51	3.14	0.78
衢州市区	Quzhou District	25.90	19.63	50.54	88.98	26.35
江山市	Jiangshan	8.59	6.65	33.87	46.72	12.54
常山县	Changshan	2.04	1.56	30.65	13.11	3.84
开化县	Kaihua	2.88	2.48	17.06	16.30	3.31
龙游县	Longyou	6.51	5.37	38.17	19.44	5.56
舟山市区	Zhoushan District	32.57	26.60	87.92	109.68	58.14
岱山县	Daishan	4.53	3.85	6.29	24.93	7.96
嵊泗县	Shengsi	2.05	1.12	4.99	1.89	0.83
台州市区	Taizhou District	51.24	35.72	77.84	131.53	73.16
温岭市	Wenling	17.04	13.41	32.17	48.02	26.04
临海市	Linhai	8.85	6.86	11.26	30.32	13.57
玉环县	Yuhuan	5.22	4.35	98.29	24.69	14.22
三门县	Sanmen	5.75	3.97	4.63	8.94	3.01
天台县	Tiantai	5.63	4.28	9.68	25.10	9.82
仙居县	Xianju	2.01	1.81	11.06	12.73	3.70
丽水市区	Lishui District	21.49	14.87	43.26	49.78	33.82
龙泉市	Longquan	4.22	3.07	13.41	10.21	3.95
青田县	Qingtian	11.76	8.29	11.82	24.75	11.12
云和县	Yunhe	2.96	1.97	9.71	6.92	2.63
庆元县	Qingyuan	2.38	2.24	11.00	6.55	1.84
缙云县	Jinyun	3.40	3.05	10.35	17.95	6.90
遂昌县	Suichang	2.60	2.06	23.09	9.72	3.58
松阳县	Songyang	3.49	2.93	32.91	6.04	2.24
景宁自治县	Jingning	1.63	1.40	6.75	2.48	0.81

17-37 各市、县国内外贸易情况(2007年)
Domestic and Foreign Trade by City and County(2007)

市县名称	City and County	社会消费品零售总额(亿元) Total Retail Sales of Consumer Goods (100 million yuan)	批发、零售贸易业商品销售总额(亿元) Total Sales of Wholesale and Retailsale Trade Designated Size (100 million yuan)	进口总额(万美元) Imports (10000 USD)	出口总额(万美元) Exports (10000 USD)
杭州市区	Hangzhou District	1114.43	5936.78	1273301	2802633
富阳市	Fuyang	52.20	125.51	52363	53402
临安市	Linan	44.29	30.96	5589	49953
建德市	Jiande	28.63	23.12	8939	39356
桐庐县	Tonglu	36.77	25.09	4814	43997
淳安县	Chunan	20.00	10.57	1041	7278
宁波市区	Ningbo District	547.68	2119.12	1578579	2612476
余姚市	Yuyao	133.98	175.61	100004	369627
慈溪市	Cixi	182.31	171.51	82735	499758
奉化市	Fenghua	51.22	28.81	44751	125031
象山县	Xiangshan	66.63	42.08	8286	99298
宁海县	Ninghai	53.65	26.53	10044	119318
温州市区	Wenzhou District	475.75	805.63	125628	673300
瑞安市	Ruian	111.27	106.23	29989	136976
乐清市	Yueqing	96.38	56.31	7748	111874
洞头县	Dongtou	6.50	30.24	27486	2687
永嘉县	Yongjia	48.57	29.42	5504	32929
平阳县	Pingyang	61.16	21.82	10967	28205
苍南县	Cangnan	85.44	30.15	2674	24308
文成县	Wencheng	11.53	7.95	1	3778
泰顺县	Taishun	9.86	4.57	1	717
嘉兴市区	Jiaxing District	142.96	301.67	121043	342556
平湖市	Pinghu	56.61	97.58	131855	225966
海宁市	Haining	109.81	132.72	50483	234869
桐乡市	Tongxiang	98.75	76.44	65497	136417
嘉善县	Jiashan	54.33	45.59	52066	136038
海盐县	Haiyan	38.77	52.51	17860	91546
湖州市区	Huzhou District	163.89	233.42	35837	159973
德清县	Deqing	47.02	47.60	15041	76514
长兴县	Changxing	65.52	24.87	2544	44645
安吉县	Anji	42.81	17.96	5541	86430
绍兴市区	Shaoxing District	127.85	208.20	135603	272598
诸暨市	Zhuji	104.08	104.83	84618	261954
上虞市	Shangyu	84.64	80.04	26278	148418

17－37 续表 continued

市县名称 City and County		社会消费品零售总额（亿元）Total Retail Sales of Consumer Goods (100 million yuan)	批发、零售贸易业商品销售总额（亿元）Total Sales of Wholesale and Retailsale Trade Designated Size (100 million yuan)	进口总额（万美元）Imports (10000 USD)	出口总额（万美元）Exports (10000 USD)
嵊州市	Shengzhou	74.70	20.42	7503	84078
绍兴县	Shaoxing	75.39	144.81	287091	527909
新昌县	Xinchang	48.78	17.38	7143	86277
金华市区	Jinhua District	135.49	218.81	8546	161122
兰溪市	Lanxi	43.69	30.01	2668	30319
东阳市	Dongyang	77.72	53.41	5783	81202
义乌市	Yiwu	176.03	93.55	15401	167414
永康市	Yongkang	56.98	46.15	4932	185014
武义县	Wuyi	28.52	11.80	2040	75268
浦江县	Pujiang	34.67	16.05	1922	45195
磐安县	Panan	9.74	6.33	272	8998
衢州市区	Quzhou District	69.26	128.79	28226	31803
江山市	Jiangshan	34.31	19.94	149	9154
常山县	Changshan	17.91	4.74	215	7844
开化县	Kaihua	19.78	3.81	2500	8222
龙游县	Longyou	38.18	21.44	2806	15164
舟山市区	Zhoushan District	101.67	167.28	153764	211077
岱山县	Daishan	20.51	12.80	15262	26705
嵊泗县	Shengsi	10.20	8.95		809
台州市区	Taizhou District	252.51	429.99	144325	368009
温岭市	Wenling	143.54	131.11	5923	181513
临海市	Linhai	68.23	62.99	8136	104096
玉环县	Yuhuan	50.41	111.41	11205	197270
三门县	Sanmen	23.52	21.79	1767	27360
天台县	Tiantai	33.07	11.92	1182	33192
仙居县	Xianju	24.88	14.59	282	25032
丽水市区	Lishui District	51.58	39.80	7572	11386
龙泉市	Longquan	16.15	7.36	166	8366
青田县	Qingtian	26.28	16.58	799	19557
云和县	Yunhe	8.05	1.75	13	2367
庆元县	Qingyuan	9.70	1.39	21	1433
缙云县	Jinyun	23.18	12.13	422	19505
遂昌县	Suichang	14.24	9.36	412	9451
松阳县	Songyang	11.70	2.50	1	2292
景宁自治县	Jingning	8.20	1.82		519

17-38 各市、县的外国和港澳台地区在华直接投资情况(2007年)
Foreign Funded Enterprises and Enterprises Funded by Entrepreneurs from Hong Kong, Macao & Taiwan by City and County(2007)

市县名称	City and County	新签协议(合同)数(个) Number of Agreements & Contracts Newly Signed (unit)	合同外资金额(万美元) Value for Utilization of Foreign Capital (USD 10000)	实际使用外资金额(万美元) Amount of Foreign Capital Actually Used (USD 10000)
杭州市区	Hangzhou District	480	481531	243381
富阳市	Fuyang	31	21790	12093
临安市	Linan	13	15511	6835
建德市	Jiande	16	12045	4780
桐庐县	Tonglu	25	14430	6548
淳安县	Chunan	9	12752	6544
宁波市区	Ningbo District	467	233675	149427
余姚市	Yuyao	158	85066	47202
慈溪市	Cixi	140	101466	38567
奉化市	Fenghua	24	1361	1181
象山县	Xiangshan	26	15522	6611
宁海县	Ninghai	39	13018	7530
温州市区	Wenzhou District	89	66248	38975
瑞安市	Ruian	4	4539	3390
乐清市	Yueqing	13	14653	8007
洞头县	Dongtou	1	1175	1163
永嘉县	Yongjia	13	4679	3397
平阳县	Pingyang	17	9465	3622
苍南县	Cangnan	2	527	2678
文成县	Wencheng	1	658	420
泰顺县	Taishun	1	3000	101
嘉兴市区	Jiaxing District	132	115819	46785
平湖市	Pinghu	73	65593	27796
海宁市	Haining	48	44179	25778
桐乡市	Tongxiang	68	40435	20036
嘉善县	Jiashan	73	54104	32758
海盐县	Haiyan	26	25382	13075
湖州市区	Huzhou District	215	104423	43356
德清县	Deqing	200	32827	15380
长兴县	Changxing	84	35616	15325
安吉县	Anji	100	25707	10302
绍兴市区	Shaoxing District	78	48396	24760
诸暨市	Zhuji	73	42133	24525

17－38 续表 continued

市县名称 City and County		新签协议(合同)数(个) Number of Agreements & Contracts Newly Signed (unit)	合同外资金额(万美元) Value for Utilization of Foreign Capital (USD 10000)	实际使用外资金额(万美元) Amount of Foreign Capital Actually Used (USD 10000)
上虞市	Shangyu	58	33562	15518
嵊州市	Shengzhou	44	30787	9018
绍兴县	Shaoxing	112	68663	33136
新昌县	Xinchang	4	12975	3519
金华市区	Jinhua District	33	16065	16284
兰溪市	Lanxi	10	2818	4611
东阳市	Dongyang	11	5836	4513
义乌市	Yiwu	68	5800	13749
永康市	Yongkang	3	2139	5037
武义县	Wuyi	14	2281	2506
浦江县	Pujiang	6	1555	3046
磐安县	Panan	3	858	864
衢州市区	Quzhou District	13	5853	2216
江山市	Jiangshan	7	2008	644
常山县	Changshan	2	1535	420
开化县	Kaihua	4	1237	105
龙游县	Longyou	5	1982	671
舟山市区	Zhoushan District	16	16596	4635
岱山县	Daishan	2	2200	2050
嵊泗县	Shengsi		466	831
台州市区	Taizhou District	36	37020	15280
温岭市	Wenling	14	17016	4106
临海市	Linhai	24	13909	6204
玉环县	Yuhuan	9	6479	3831
三门县	Sanmen	4	2946	1024
天台县	Tiantai	4	2648	100
仙居县	Xianju	4	1663	605
丽水市区	Lishui District	7	2120	1080
龙泉市	Longquan			
青田县	Qingtian		3	635
云和县	Yunhe	1	238	
庆元县	Qingyuan	4	195	44
缙云县	Jinyun	2	135	398
遂昌县	Suichang	1	126	76
松阳县	Songyang			
景宁自治县	Jingning			

17－39 各市、县财政收支情况(2007 年)

Total Financial Revenue and Expenditure by City and County(2007)

单位:亿元(100 million yuan)

市县名称	City and County	财政总收入 Total Financial Revenue	地方财政预算内收入 Total Local Government Budgetary Financial Revenue	地方财政预算内支出 Total Local Government Financial Expenditures	一般性公共服务支出 Expenses for Public Service	#教育事业费 Expenses for Education
杭州市区	Hangzhou District	692.97	342.14	274.72	44.90	46.23
富阳市	Fuyang	38.76	20.45	20.11	3.29	5.98
临安市	Linan	18.70	9.79	11.60	2.80	3.02
建德市	Jiande	16.80	8.42	10.65	1.98	2.71
桐庐县	Tonglu	13.80	6.68	8.48	1.56	2.12
淳安县	Chunan	7.39	4.13	10.16	2.08	2.67
宁波市区	Ningbo District	512.47	228.18	254.83	40.97	33.71
余姚市	Yuyao	63.37	30.29	31.00	6.17	6.00
慈溪市	Cixi	75.11	35.51	37.81	6.61	8.94
奉化市	Fenghua	22.54	10.89	13.94	3.34	3.28
象山县	Xiangshan	22.77	11.35	16.44	2.82	3.27
宁海县	Ninghai	27.66	12.90	17.01	3.45	3.85
温州市区	Wenzhou District	149.63	82.40	71.78	14.25	14.81
瑞安市	Ruian	40.03	21.16	21.14	4.15	6.44
乐清市	Yueqing	46.17	21.63	23.63	3.48	7.71
洞头县	Dongtou	3.31	1.77	5.26	0.99	0.84
永嘉县	Yongjia	18.38	9.21	13.53	2.56	4.61
平阳县	Pingyang	13.28	7.07	11.88	1.96	3.57
苍南县	Cangnan	16.90	10.01	15.65	3.01	5.54
文成县	Wencheng	2.85	1.91	7.23	1.58	1.73
泰顺县	Taishun	2.71	1.87	6.89	1.41	1.72
嘉兴市区	Jiaxing District	66.67	36.12	37.36	6.87	7.08
平湖市	Pinghu	31.85	15.06	15.72	3.66	3.58
海宁市	Haining	36.58	17.90	17.63	4.35	4.52
桐乡市	Tongxiang	35.15	17.06	16.98	2.99	4.85
嘉善县	Jiashan	23.15	11.02	10.71	2.00	3.20
海盐县	Haiyan	16.03	8.07	9.04	2.01	3.00
湖州市区	Huzhou District	53.50	28.93	31.66	5.46	6.61
德清县	Deqing	21.45	11.15	11.80	3.24	2.46
长兴县	Changxing	28.00	15.36	16.48	2.87	3.88
安吉县	Anji	11.11	6.24	8.88	1.83	2.39
绍兴市区	Shaoxing District	59.87	33.86	29.82	5.82	5.65
诸暨市	Zhuji	43.55	22.75	20.64	4.01	5.97
上虞市	Shangyu	33.03	16.71	16.89	2.93	4.00

17－39 续表 continued 单位:亿元(100 million yuan)

市县名称 City and County		财政总收入 Total Financial Revenue	地方财政预算内收入 Total Local Government Budgetary Financial Revenue	地方财政预算内支出 Total Local Government Financial Expenditures	一般性公共服务支出 Expenses for Public Service	#教育事业费 Expenses for Education
嵊州市	Shengzhou	16.57	8.38	10.15	2.22	3.45
绍兴县	Shaoxing	67.02	32.79	27.27	4.57	4.76
新昌县	Xinchang	17.08	7.63	8.99	2.05	2.35
金华市区	Jinhua District	40.05	23.88	30.14	5.48	6.46
兰溪市	Lanxi	13.83	6.92	10.13	1.62	3.17
东阳市	Dongyang	20.72	11.33	12.76	2.48	3.67
义乌市	Yiwu	58.88	32.28	27.45	6.04	6.09
永康市	Yongkang	26.85	13.35	13.74	2.48	4.41
武义县	Wuyi	12.00	6.27	8.91	1.68	2.38
浦江县	Pujiang	10.71	5.69	7.05	1.36	2.14
磐安县	Panan	4.36	2.25	5.98	1.18	1.41
衢州市区	Quzhou District	25.00	14.42	25.13	4.91	5.99
江山市	Jiangshan	9.06	5.37	9.05	1.99	2.63
常山县	Changshan	4.54	2.96	6.93	1.61	1.54
开化县	Kaihua	4.29	2.55	6.93	1.45	1.49
龙游县	Longyou	6.01	4.05	7.47	1.49	1.97
舟山市区	Zhoushan District	44.04	28.98	42.04	8.06	6.20
岱山县	Daishan	4.87	3.10	8.18	1.39	1.17
嵊泗县	Shengsi	3.65	2.98	6.31	1.54	0.85
台州市区	Taizhou District	92.30	47.28	47.63	12.06	11.57
温岭市	Wenling	41.89	20.41	21.93	4.39	6.44
临海市	Linhai	26.61	13.62	16.85	3.47	4.94
玉环县	Yuhuan	30.83	13.76	15.08	2.86	3.00
三门县	Sanmen	8.62	4.57	9.19	2.28	2.17
天台县	Tiantai	10.01	5.16	8.97	2.18	3.05
仙居县	Xianju	8.12	4.06	7.27	1.46	2.10
丽水市区	Lishui District	19.15	11.84	18.86	5.22	3.71
龙泉市	Longquan	3.62	2.19	6.19	1.38	1.52
青田县	Qingtian	10.07	5.98	11.20	2.59	2.60
云和县	Yunhe	2.82	1.65	4.66	1.11	0.79
庆元县	Qingyuan	1.91	1.19	4.68	1.09	1.20
缙云县	Jinyun	7.84	3.84	7.92	1.59	2.49
遂昌县	Suichang	5.19	2.78	6.18	1.30	1.32
松阳县	Songyang	3.04	1.79	5.24	1.16	1.22
景宁自治县	Jingning	2.42	1.41	5.96	1.22	1.08

17－40 各市、县金融业、社会保险、福利情况(2007年)
Finance and Social Insurance & Welfare by City and County(2007)

市县名称 City and County		金融机构年末存款余额(亿元) Deposits in Financial Institutions (100 million yuan)	#城乡居民储蓄存款年末余额(亿元) Savings Deposits of Urban and Rural Residents (100 million yuan)	金融机构年末贷款余额(亿元) Loans in Financial Institutions (100 million yuan)	基本养老保险参保人数(万人) Persons Participating in the Basic Retirement Security Program (10000 persons)	基本医疗保险参保人数(万人) Persons Participating in the Basic Health Care Program (10000 persons)	失业保险人数(万人) Persons Participating in the Unemployment Insurance Program (10000 persons)
杭州市区	Hangzhou District	8471.10	2258.89	7562.13	228.57	204.00	147.58
富阳市	Fuyang	242.46	102.15	226.54	17.44	7.28	9.10
临安市	Linan	143.55	67.36	148.28	10.10	8.94	3.19
建德市	Jiande	114.56	56.84	82.26	9.92	6.92	4.35
桐庐县	Tonglu	110.88	57.50	82.41	8.83	5.35	3.48
淳安县	Chunan	71.91	36.04	40.70	5.64	5.26	2.40
宁波市区	Ningbo District	3832.53	1139.09	3598.30	124.11	109.50	62.92
余姚市	Yuyao	446.59	211.21	375.38	23.11	12.74	8.45
慈溪市	Cixi	628.76	315.35	529.26	24.87	12.04	9.49
奉化市	Fenghua	138.09	79.36	134.51	9.19	6.23	4.77
象山县	Xiangshan	125.21	54.90	153.59	7.40	5.03	5.73
宁海县	Ninghai	132.84	56.17	167.01	8.36	6.22	4.41
温州市区	Wenzhou District	2052.04	890.16	1672.25	60.44	37.84	27.21
瑞安市	Ruian	386.39	216.24	305.34	22.09	13.71	6.30
乐清市	Yueqing	378.35	191.46	343.61	18.16	6.47	7.43
洞头县	Dongtou	17.22	6.71	11.69	1.47	0.79	0.50
永嘉县	Yongjia	167.64	98.26	118.80	10.06	3.81	3.96
平阳县	Pingyang	124.12	82.61	89.70	10.40	4.28	3.73
苍南县	Cangnan	161.31	94.35	137.06	10.88	5.36	4.67
文成县	Wencheng	53.80	38.76	23.61	1.72	1.68	0.94
泰顺县	Taishun	35.29	19.47	19.13	2.25	1.76	0.98
嘉兴市区	Jiaxing District	620.40	265.84	504.96	26.26	31.90	14.96
平湖市	Pinghu	232.43	117.55	175.52	15.89	12.55	8.50
海宁市	Haining	319.12	168.77	233.67	15.42	16.93	8.52
桐乡市	Tongxiang	289.37	165.87	200.10	14.26	12.90	8.40
嘉善县	Jiashan	179.54	97.47	115.75	9.08	10.06	6.11
海盐县	Haiyan	155.23	91.99	121.54	8.60	7.06	6.01
湖州市区	Huzhou District	457.90	230.31	362.55	25.69	19.36	13.57
德清县	Deqing	131.57	72.09	102.45	10.70	6.65	5.55
长兴县	Changxing	134.66	65.55	121.30	9.93	7.07	4.78
安吉县	Anji	77.15	46.03	69.60	7.67	4.56	3.31
绍兴市区	Shaoxing District	1014.65	327.05	785.93	29.54	19.74	13.78
诸暨市	Zhuji	371.24	181.07	292.08	17.64	10.33	8.87

17－40　续表 1　continued

市 县 名 称	City and County	金融机构年末存款余额（亿元）Deposits in Financial Institutions (100 million yuan)	#城乡居民储蓄存款年末余额（亿元）Savings Deposits of Urban and Rural Residents (100 million yuan)	金融机构年末贷款余额（亿元）Loans in Financial Institutions (100 million yuan)	基本养老保险参保人数（万人）Persons Participating in the Basic Retirement Security Program (10000 persons)	基本医疗保险参保人数（万人）Persons Participating in the Basic Health Care Program (10000 persons)	失业保险人数（万人）Persons Participating in the Unemployment Insurance Program (10000 persons)
上虞市	Shangyu	348.18	169.27	278.35	17.90	14.29	7.99
嵊州市	Shengzhou	152.61	89.00	156.53	11.64	7.30	6.71
绍兴县	Shaoxing	633.40	261.17	471.68	21.30	10.76	9.71
新昌县	Xinchang	119.19	59.29	85.11	9.65	9.27	5.85
金华市区	Jinhua District	430.20	175.92	405.34	19.31	18.51	12.20
兰溪市	Lanxi	103.59	57.70	96.42	7.84	7.27	5.50
东阳市	Dongyang	231.72	135.54	168.55	13.81	7.74	6.30
义乌市	Yiwu	847.57	422.72	586.31	18.83	9.00	8.46
永康市	Yongkang	247.24	137.39	208.46	10.24	5.93	5.71
武义县	Wuyi	83.04	39.02	72.29	4.45	3.03	2.91
浦江县	Pujiang	84.15	46.67	74.16	3.57	2.59	2.90
磐安县	Panan	32.19	17.36	19.32	1.42	1.36	1.10
衢州市区	Quzhou District	234.78	101.05	205.83	16.45	14.10	7.73
江山市	Jiangshan	98.96	55.39	81.58	5.16	2.42	2.57
常山县	Changshan	41.98	23.72	28.53	2.70	2.00	1.41
开化县	Kaihua	44.59	25.49	27.49	2.34	3.02	1.41
龙游县	Longyou	69.16	39.51	62.89	3.82	3.73	2.32
舟山市区	Zhoushan District	469.29	173.05	436.67	18.04	17.99	10.36
岱山县	Daishan	59.20	32.64	31.54	3.36	3.30	1.35
嵊泗县	Shengsi	33.23	14.90	16.14	1.43	1.46	0.91
台州市区	Taizhou District	970.33	398.33	835.89	31.80	19.82	18.36
温岭市	Wenling	398.62	233.96	286.26	15.26	7.80	7.79
临海市	Linhai	198.81	108.55	139.48	12.79	8.46	8.08
玉环县	Yuhuan	146.91	75.09	141.13	8.79	4.64	3.73
三门县	Sanmen	59.04	27.20	58.56	3.60	1.82	1.65
天台县	Tiantai	72.12	39.76	63.84	5.14	3.20	2.44
仙居县	Xianju	75.48	45.82	51.87	4.35	3.02	2.32
丽水市区	Lishui District	164.33	64.30	177.61	6.69	6.18	3.50
龙泉市	Longquan	36.28	20.07	30.20	3.01	1.67	1.49
青田县	Qingtian	145.16	104.11	64.33	2.46	2.49	1.48
云和县	Yunhe	19.66	9.04	15.96	1.39	1.28	0.76
庆元县	Qingyuan	22.92	11.22	13.01	1.48	1.20	0.84
缙云县	Jinyun	59.17	35.69	42.43	3.26	2.27	1.46
遂昌县	Suichang	29.32	13.48	31.57	2.79	2.17	1.60
松阳县	Songyang	29.46	15.23	21.33	1.97	1.36	1.04
景宁自治县	Jingning	21.44	8.18	12.95	1.37	1.08	0.92

17－40 **续表2** continued

市县名称	City and County	社会福利院数(个) Social Welfare Homes(unit)	社会福利院床位数(张) Beds of Social Welfare Homes(bed)	社区服务设施数(个) Number of Community Service Facilities Established in Urban Areas(unit)	居民最低生活保障线以下人数(人) Residents under Minimum Life Guarantee Relief (person)
杭州市区	Hangzhou District	106	11941	4186	12762
富阳市	Fuyang	22	1050	54	558
临安市	Linan	26	1730	147	456
建德市	Jiande	15	1295	25	566
桐庐县	Tonglu	12	1116	16	760
淳安县	Chunan	21	874	34	1370
宁波市区	Ningbo District	72	10054	3120	10262
余姚市	Yuyao	47	3699	520	1284
慈溪市	Cixi	19	2478	49	908
奉化市	Fenghua	16	2045	85	922
象山县	Xiangshan	20	1313	24	653
宁海县	Ninghai	14	1760	4	624
温州市区	Wenzhou District	68	8902	7383	7913
瑞安市	Ruian	125	12884	1734	1305
乐清市	Yueqing	31	1028	2380	434
洞头县	Dongtou	9	400	380	115
永嘉县	Yongjia	29	1057	840	468
平阳县	Pingyang	35	4515	3951	528
苍南县	Cangnan	53	5109	3586	552
文成县	Wencheng	20	590	88	295
泰顺县	Taishun	16	735	280	582
嘉兴市区	Jiaxing District	19	1853	69	2217
平湖市	Pinghu	11	1022	238	1459
海宁市	Haining	20	944	34	1634
桐乡市	Tongxiang	16	1554	167	619
嘉善县	Jiashan	17	1456	23	1068
海盐县	Haiyan	9	1012	70	645
湖州市区	Huzhou District	32	2387	108	4064
德清县	Deqing	14	1596	176	1425
长兴县	Changxing	19	1760	133	3362
安吉县	Anji	17	900	29	1611
绍兴市区	Shaoxing District	45	2797	471	2933
诸暨市	Zhuji	31	2933	384	678
上虞市	Shangyu	27	3394	440	1682

17－40 **续表3** continued

市 县 名 称	City and County	社会福利院数(个) Social Welfare Homes(unit)	社会福利院床位数(张) Beds of Social Welfare Homes(bed)	社区服务设施数(个) Number of Community Service Facilities Established in Urban Areas(unit)	居民最低生活保障线以下人数(人) Residents under Minimum Life Guarantee Relief (person)
嵊州市	Shengzhou	43	2598	33	357
绍兴县	Shaoxing	22	2554	184	2436
新昌县	Xinchang	10	728	41	217
金华市区	Jinhua District	21	3152	23	1994
兰溪市	Lanxi	18	2513	54	1543
东阳市	Dongyang	16	1580		133
义乌市	Yiwu	19	2647	28	273
永康市	Yongkang	9	1720	4	217
武义县	Wuyi	6	1010	17	318
浦江县	Pujiang	2	770		268
磐安县	Panan	5	348	8	463
衢州市区	Quzhou District	27	2170	924	970
江山市	Jiangshan	21	2885	40	787
常山县	Changshan	13	982	38	922
开化县	Kaihua	13	1440	59	1061
龙游县	Longyou	9	1015	6	1060
舟山市区	Zhoushan District	28	1945	101	1842
岱山县	Daishan	9	482	9	363
嵊泗县	Shengsi	4	167	4	194
台州市区	Taizhou District	37	1615	340	1106
温岭市	Wenling	50	3920	39	714
临海市	Linhai	38	3266	213	740
玉环县	Yuhuan	20	1462	28	575
三门县	Sanmen	15	424		250
天台县	Tiantai	20	1065		350
仙居县	Xianju	14	1485	18	284
丽水市区	Lishui District	9	832	19	1155
龙泉市	Longquan	10	570	13	530
青田县	Qingtian	15	1122	5	314
云和县	Yunhe	4	403	6	333
庆元县	Qingyuan	5	556	5	350
缙云县	Jinyun	12	742	6	119
遂昌县	Suichang	7	576	19	421
松阳县	Songyang	6	394	6	324
景宁自治县	Jingning	6	480		559

17－41 各市、县各类学校在校学生数(2007 年)
Students Enrollment by Type of School, City and County (2007)

市县名称	City and County	高等学校(人) Institutions of Higher Education (person)	中等职业学校(人) Vocational Secondary Schools (person)	普通中学(万人) Regular Secondary Schools (10000 persons)	小学(万人) Primary Schools (10000 persons)
杭州市区	Hangzhou District	348286	70467	21.38	29.43
富阳市	Fuyang		9290	4.05	4.78
临安市	Linan	17874	7450	3.05	3.06
建德市	Jiande		6098	2.99	3.11
桐庐县	Tonglu		3584	2.17	2.61
淳安县	Chunan		6694	2.48	2.63
宁波市区	Ningbo District		46456	13.99	20.12
余姚市	Yuyao		10678	5.25	6.81
慈溪市	Cixi		14229	6.17	9.22
奉化市	Fenghua		6542	2.66	3.39
象山县	Xiangshan		6136	2.41	3.49
宁海县	Ninghai		7894	3.05	4.12
温州市区	Wenzhou District	64037	26897	10.44	14.22
瑞安市	Ruian		13494	6.43	8.95
乐清市	Yueqing		14987	8.11	9.64
洞头县	Dongtou		649	0.47	0.61
永嘉县	Yongjia		8725	5.25	6.56
平阳县	Pingyang		11080	5.44	5.07
苍南县	Cangnan		17496	9.12	8.80
文成县	Wencheng		1776	1.34	1.53
泰顺县	Taishun		1155	1.93	2.31
嘉兴市区	Jiaxing District	30173	14785	5.65	6.34
平湖市	Pinghu		7090	2.98	3.37
海宁市	Haining		10817	3.75	4.43
桐乡市	Tongxiang		10245	4.2	5.07
嘉善县	Jiashan		4494	2.44	2.75
海盐县	Haiyan		3714	2.31	2.81
湖州市区	Huzhou District	21096	14609	6.12	7.46
德清县	Deqing		6251	2.57	2.99
长兴县	Changxing		11712	3.67	4.53
安吉县	Anji		8236	2.61	2.91
绍兴市区	Shaoxing District	44103	18431	3.88	5.27
诸暨市	Zhuji		17274	7.46	8.04
上虞市	Shangyu		8463	4.66	5.26

17－41 **续表** continued

市县名称	City and County	高等学校（人） Institutions of Higher Education (person)	中等职业学校（人） Vocational Secondary Schools (person)	普通中学（万人） Regular Secondary Schools (10000 persons)	小学（万人） Primary Schools (10000 persons)
嵊州市	Shengzhou		7879	3.95	4.13
绍兴县	Shaoxing		12315	5.27	6.68
新昌县	Xinchang		5461	2.18	2.62
金华市区	Jinhua District	43509	37586	5.08	5.97
兰溪市	Lanxi		5741	4.07	3.93
东阳市	Dongyang	10456	10390	4.54	5.65
义乌市	Yiwu	7008	11304	4.52	6.62
永康市	Yongkang		8595	3.16	4.76
武义县	Wuyi		3920	1.76	2.10
浦江县	Pujiang		4847	2.56	2.77
磐安县	Panan		2313	0.99	1.29
衢州市区	Quzhou District	9621	25162	4.89	5.31
江山市	Jiangshan		8153	3.19	3.74
常山县	Changshan		2470	1.52	1.80
开化县	Kaihua		2813	1.53	1.98
龙游县	Longyou		8682	2.07	2.40
舟山市区	Zhoushan District	20809	11213	3.24	3.64
岱山县	Daishan		859	0.75	0.86
嵊泗县	Shengsi		426	0.34	0.38
台州市区	Taizhou District	15391	15623	8.18	11.99
温岭市	Wenling		13912	5.51	8.22
临海市	Linhai	8916	14683	6.12	7.81
玉环县	Yuhuan		4045	1.87	3.00
三门县	Sanmen		5161	1.77	2.30
天台县	Tiantai		8067	2.85	3.62
仙居县	Xianju		4743	2.45	3.67
丽水市区	Lishui District	33173	9396	2.29	2.97
龙泉市	Longquan		2875	1.25	2.04
青田县	Qingtian		3617	2.09	3.13
云和县	Yunhe		2003	0.50	0.79
庆元县	Qingyuan		2164	0.80	1.26
缙云县	Jinyun		7072	2.31	2.77
遂昌县	Suichang		1935	1.02	1.34
松阳县	Songyang		2469	0.99	1.40
景宁自治县	Jingning		1014	0.52	0.82

17－42 各市、县专业技术人员和专利申请(2007 年)
Specialized Technical Persons and Patent Application by City and County(2007)

市县名称	City and County	从事科技活动人员数(人) Specialized Technical persons (person)	专利申请受理量(项) Patent Application Accepted (item)	专利申请授权量(项) Patent Application Approved (item)	#发明 Invention
杭州市区	Hangzhou District	58466	10887	6126	1238
富阳市	Fuyang	3431	659	350	27
临安市	Linan	2240	550	331	24
建德市	Jiande	2195	264	142	12
桐庐县	Tonglu	2152	845	554	19
淳安县	Chunan	918	90	60	
宁波市区	Ningbo District	29908	5641	3550	198
余姚市	Yuyao	5731	2357	1626	27
慈溪市	Cixi	6918	3264	2396	34
奉化市	Fenghua	2202	420	355	8
象山县	Xiangshan	2191	245	219	13
宁海县	Ninghai	3225	860	699	13
温州市区	Wenzhou District	11839	3118	2448	58
瑞安市	Ruian	4378	737	755	25
乐清市	Yueqing	5876	1508	1352	46
洞头县	Dongtou	333	27	20	1
永嘉县	Yongjia	3021	367	282	12
平阳县	Pingyang	1086	422	235	6
苍南县	Cangnan	1111	448	192	3
文成县	Wencheng	209	44	19	
泰顺县	Taishun	229	9	6	1
嘉兴市区	Jiaxing District	6198	1115	518	17
平湖市	Pinghu	6103	645	452	6
海宁市	Haining	8217	726	471	9
桐乡市	Tongxiang	5527	730	316	5
嘉善县	Jiashan	3942	673	549	15
海盐县	Haiyan	4429	360	217	7
湖州市区	Huzhou District	5230	1166	360	21
德清县	Deqing	2076	835	391	9
长兴县	Changxing	3450	653	545	11
安吉县	Anji	1361	467	475	7
绍兴市区	Shaoxing District	4262	3890	431	13
诸暨市	Zhuji	5933	2600	1157	12
上虞市	Shangyu	4305	1618	501	41

17－42 续表 continued

市县名称 City and County		从事科技活动人员数（人）Specialized Technical persons (person)	专利申请受理量（项）Patent Application Accepted (item)	专利申请授权量（项）Patent Application Approved (item)	#发明 Invention
嵊州市	Shengzhou	2923	1072	504	10
绍兴县	Shaoxing	9750	4082	2320	20
新昌县	Xinchang	5683	841	250	19
金华市区	Jinhua District	5048	919	439	7
兰溪市	Lanxi	1500	217	187	10
东阳市	Dongyang	3961	609	573	13
义乌市	Yiwu	4791	1671	1429	12
永康市	Yongkang	3599	1695	1436	12
武义县	Wuyi	930	524	598	47
浦江县	Pujiang	1712	657	314	2
磐安县	Panan	462	79	48	
衢州市区	Quzhou District	2941	442	177	16
江山市	Jiangshan	993	151	102	1
常山县	Changshan	817	57	21	1
开化县	Kaihua	514	79	37	
龙游县	Longyou	798	65	21	
舟山市区	Zhoushan District	2691	184	128	5
岱山县	Daishan	328	102	45	1
嵊泗县	Shengsi	149	32	18	
台州市区	Taizhou District	10359	2964	2232	38
温岭市	Wenling	16820	861	759	5
临海市	Linhai	4116	869	607	7
玉环县	Yuhuan	5810	1039	707	19
三门县	Sanmen	1185	148	62	4
天台县	Tiantai	812	264	169	5
仙居县	Xianju	958	131	53	4
丽水市区	Lishui District	797	157	114	3
龙泉市	Longquan	245	120	73	3
青田县	Qingtian	935	34	22	1
云和县	Yunhe	336	167	162	2
庆元县	Qingyuan	124	49	91	1
缙云县	Jinyun	253	156	124	1
遂昌县	Suichang	699	177	47	1
松阳县	Songyang	345	36	11	1
景宁自治县	Jingning	96	27	8	

17－43 各市、县文化和卫生事业主要指标(2007 年)
The Culture and Public Health by City and County(2007)

市县名称 City and County		体育场馆数(个) Number of Sports Grounds and Gymnsiums	剧场和影剧院数(个) Number of Theaters and Music Halls (unit)	公共图书馆图书藏量(千册件) Total Collections of Books in Public Libraries (1000 copies)	医院卫生院数(个) Number of Health Institutions (unit)	医院卫生院床位数(张) Number of Beds in Health Institutions (bed)	医生数(人) Doctors (person)
杭州市区	Hangzhou District	72	58	8633	827	28345	16290
富阳市	Fuyang	8	1	164	80	1724	1286
临安市	Linan	12	3	180	53	1375	929
建德市	Jiande	3	4	152	63	1596	904
桐庐县	Tonglu	3	2	244	67	1038	660
淳安县	Chunan	4	3	105	72	778	632
宁波市区	Ningbo District	53	11	2062	115	12251	8287
余姚市	Yuyao	5	3	327	28	1870	1551
慈溪市	Cixi	7	1	362	36	2467	2711
奉化市	Fenghua	6	2	156	30	1749	995
象山县	Xiangshan	2	1	243	23	1040	835
宁海县	Ninghai	4	3	208	34	1241	1039
温州市区	Wenzhou District	13	10	1405	85	9611	5718
瑞安市	Ruian	20	3	221	66	2272	2617
乐清市	Yueqing	7	6	232	43	1984	2337
洞头县	Dongtou		1	75	8	149	164
永嘉县	Yongjia	4	2	155	44	902	1278
平阳县	Pingyang	3	1	125	41	1153	1466
苍南县	Cangnan	2	2	152	59	1554	1410
文成县	Wencheng	2	1	64	60	407	212
泰顺县	Taishun		3	50	39	292	441
嘉兴市区	Jiaxing District	6	9	959	38	4637	1688
平湖市	Pinghu	4	6	303	14	1101	744
海宁市	Haining	5	10	369	25	1818	872
桐乡市	Tongxiang	5	16	478	34	2041	893
嘉善县	Jiashan	4	4	188	19	1314	629
海盐县	Haiyan	4	4	249	17	883	418
湖州市区	Huzhou District	12	2	671	39	4269	2457
德清县	Deqing	7		290	19	1477	782
长兴县	Changxing	8	1	461	36	1913	1121
安吉县	Anji	4	1	292	34	1326	697
绍兴市区	Shaoxing District	12	5	712	28	3258	1917
诸暨市	Zhuji	9	8	222	102	2739	2147
上虞市	Shangyu	7	7	200	58	1688	1229

17－43 续表 continued

市县名称 City and County		体育场馆数（个）Number of Sports Grounds and Gymnsiums	剧场和影剧院数（个）Number of Theaters and Music Halls (unit)	公共图书馆图书藏量（千册件）Total Collections of Books in Public Libraries (1000 copies)	医院卫生院数（个）Number of Health Institutions (unit)	医院卫生院床位数（张）Number of Beds in Health Institutions (bed)	医生数（人）Doctors (person)
嵊州市	Shengzhou	6	5	402	61	1836	1203
绍兴县	Shaoxing	22	6	350	26	2782	1576
新昌县	Xinchang	4	2	167	62	1151	697
金华市区	Jinhua District	14	1	1343	60	3896	2795
兰溪市	Lanxi	3	2	99	48	1177	1088
东阳市	Dongyang	10	2	207	22	1569	1460
义乌市	Yiwu	15	5	278	24	2200	1792
永康市	Yongkang	5	2	201	40	1485	927
武义县	Wuyi	1	4	136	23	790	569
浦江县	Pujiang	1	2	177	27	970	655
磐安县	Panan	2	1	65	30	483	360
衢州市区	Quzhou District	14	5	497	58	3059	2401
江山市	Jiangshan	5		129	26	1324	1139
常山县	Changshan	1	1	72	19	687	586
开化县	Kaihua	5	2	106	25	732	648
龙游县	Longyou	3	1	55	39	861	914
舟山市区	Zhoushan District	8	3	362	49	2777	1890
岱山县	Daishan	2	2	135	18	580	334
嵊泗县	Shengsi	1	1	70	9	326	182
台州市区	Taizhou District	15	16	384	60	4695	3157
温岭市	Wenling	8	13	265	38	2953	1832
临海市	Linhai	10	9	374	45	2807	1975
玉环县	Yuhuan	5	4	137	14	1049	694
三门县	Sanmen	5	3	64	35	580	491
天台县	Tiantai	7	1	58	18	1089	849
仙居县	Xianju	5	3	104	22	852	830
丽水市区	Lishui District	9	2	194	28	2297	1198
龙泉市	Longquan	2	1	176	42	475	339
青田县	Qingtian	2	2	120	35	478	373
云和县	Yunhe	1	1	149	20	245	158
庆元县	Qingyuan	1	2	55	42	361	206
缙云县	Jinyun	2	3	114	49	1535	491
遂昌县	Suichang	1	1	104	21	483	400
松阳县	Songyang	2	1	103	26	384	271
景宁自治县	Jingning	1	1	34	26	217	163

2008

浙江统计年鉴

ZHEJIANG STATISTICAL YEARBOOK

CHAPTER 18

附　录

Appendix

附表1　企业家信心指数和企业景气指数(2004－2007年)

行　业	1季度				2季度			
	2004年	2005年	2006年	2007年	2004年	2005年	2006年	2007年
企业家信心指数	**147.4**	**137.6**	**138.6**	**149.2**	**139.1**	**125**	**132.3**	**150.1**
工业	146.6	134.4	138.7	152.8	138	123.1	132.6	152.1
建筑业	158.6	165.9	141.4	150.8	145.6	147.1	141.8	154.6
交通运输、仓储及邮政业	157.3	145.4	136.2	149.5	149.4	126.8	128.8	143.6
批发和零售业	130.8	128.5	129	136.6	124.1	111.3	116.7	134.3
房地产业	161	133	111.1	112	136.7	99.7	103.1	132.1
社会服务业	147.6	154.2	155	148.8	159.3	149.6	151.4	164.1
信息传输、计算机服务和软件业	176.9	156.6	181.5	172.5	165.7	160.6	174	177.1
住宿和餐饮业	153	136.2	138.5	153.2	149.7	132.9	143.7	142.4
企业景气指数	**150.9**	**136.1**	**133.1**	**148.8**	**147**	**136.1**	**138.4**	**154.8**
工业	148.7	134	129	147.3	144.9	137.3	138.5	157.3
建筑业	151.6	143	150.6	151.3	141.6	142.7	156.6	156.9
交通运输、仓储及邮政业	169.1	138.9	136.8	151.1	148.8	125.7	131.3	139.6
批发和零售业	150.9	134.6	130.9	153	146	129.7	129.4	149.3
房地产业	149.6	137.6	127.7	131.7	148.9	122.2	123.6	132.1
社会服务业	138.1	151.1	136.7	145	144.3	151.1	146.8	153.9
信息传输、计算机服务和软件业	164.5	148.7	169.6	181.2	175.6	149.1	161.1	185.4
住宿和餐饮业	150.4	132.4	134.4	138.3	160	135.3	136.7	148.4

注:历年指数均按新国民经济行业分类标准作同口径调整,下同。

附表1 续

行 业	3季度				4季度			
	2004年	2005年	2006年	2007年	2004年	2005年	2006年	2007年
企业家信心指数	**138**	**132.9**	**137.2**	**146.2**	**134**	**132.8**	**146.7**	**145.2**
工业	139.7	135	136.3	145.4	130.9	134.3	147.9	141.9
建筑业	144.2	150	143.3	154.5	151.5	146.5	143	157.3
交通运输、仓储及邮政业	131.1	125.9	129.9	138.8	129.4	134.7	141.7	136.2
批发和零售业	127.4	114.6	116.8	138.1	127.7	113.1	125.1	131.2
房地产业	123.8	103.1	100.5	141.5	136.1	103	111.6	135.2
社会服务业	141.7	151.9	158.2	158.4	153.2	155.1	167.7	167.6
信息传输、计算机服务和软件业	164	169.1	177	170.7	161.1	166.2	178.1	182.8
住宿和餐饮业	135.4	126.5	137.2	137.8	144.5	134.1	148	152.4
企业景气指数	**139.8**	**139**	**143.8**	**150.9**	**142.8**	**144.2**	**151.8**	**148.4**
工业	140	144.3	143.3	149.1	146.4	146.5	155.9	143.1
建筑业	144.9	150.8	157.7	163.3	156.7	157.6	166.4	170.5
交通运输、仓储及邮政业	122	113.8	135.5	140.2	125.8	141	137.3	145.4
批发和零售业	140	125.2	134.3	152.7	125.6	129.9	125.9	142.9
房地产业	141.1	119.1	111.1	140.4	147.4	120.6	132.8	139.3
社会服务业	136.8	136.2	147	152.3	159.8	147.7	150.2	156
信息传输、计算机服务和软件业	161.2	166.2	179	186.5	140.9	161.7	173.9	182.8
住宿和餐饮业	136.2	123.8	131.9	135.9	149.5	144.3	149.3	157.9

附表2　各季企业景气指数(2007年)

指　　标	1季度	2季度	3季度	4季度
按企业登记注册类型分				
国有企业	151.6	159.4	155.9	161.2
集体企业	147.4	124.8	149.7	131.1
股份合作企业	128	122.1	140.4	114.6
联营企业	150	150	150	158.9
有限责任公司	141.1	149.6	147.7	148.6
股份有限公司	163.5	172	160.3	148.5
私营企业	145.1	151	134.6	156
其它内资企业	100	100	100	100
外商及港、澳、台投资企业	143.7	151.9	146.1	140.3
附:上市公司	159.8	170.9	172.2	177.1
按企业规模分				
大型	162.6	168.9	173.4	155.5
中型	139.2	147.2	141.9	129.1
小型	126.4	130.9	128	125
按主要行业大类分				
工业	**147.3**	**157.3**	**149.1**	**143.1**
农副食品加工业	125.2	118	112.5	125.3
食品制造业	134.3	131	138.1	141.6
饮料制造业	170.6	168.1	178.4	112.7
烟草制品业	200	200	200	200
纺织业	140.2	158.8	133.5	154
纺织服装、鞋、帽制造业	154.8	164.4	164.6	174.1
皮革、毛皮、羽毛(绒)及其制品业	136.7	156	114.7	126.4
木材加工及木、竹、藤、棕、草制品业	149.4	160.7	148.2	167.4
家具制造业	184.1	164.9	145.8	159.1
造纸及纸制品业	132.3	133	136.5	132.3
印刷业和记录媒介的复制	139.1	127.3	132.8	175.2
文教体育用品制造业	133.3	159.2	166.7	163.4
石油加工、炼焦及核燃料加工业	200	194.9	100	100
化学原料及化学制品制造业	143.3	167.5	167.1	163.9
医药制造业	144.9	159.3	148.8	175.6

附表2 续

指标	1季度	2季度	3季度	4季度
化学纤维制造业	152.5	148.2	155.6	156.3
橡胶制品业	166.7	166.7	166.7	194.8
塑料制品业	105	130.7	119.8	126.8
非金属矿物制品业	101.9	140.7	132.3	155.8
黑色金属冶炼及压延加工业	145.8	167.7	164.2	147.8
有色金属冶炼及压延加工业	111.6	171.4	151.3	115.6
金属制品业	162	189.8	164.3	173.1
通用设备制造业	167.2	170.9	167.7	168.4
专用设备制造业	146.6	146.6	135.8	148.8
交通运输设备制造业	166.3	176	159.7	170
电气机械及器材制造业	158	145.6	167.1	163.8
通信设备、计算机及其他电子设备	115.5	112.9	130.1	117.8
仪器仪表及文化、办公用机械制造业	110.4	123.4	128.8	182
工艺品及其他制造业	181.2	184.6	170.3	169.1
废弃资源和废旧材料回收加工业	100	100	100	100
电力、热力的生产和供应业	131.2	172.6	174.7	146.8
建筑业	**151.3**	**156.9**	**163.3**	**170.5**
房屋和土木工程建筑业	149.4	156.1	161.8	169.5
交运、仓储、邮政业	**151.1**	**139.6**	**140.2**	**145.4**
道路运输业	161.4	135.9	135.4	137.2
城市公共交通业	121.4	103.4	70.9	89.7
仓储业	135.4	167.7	180	184.4
邮政业	200	150	150	155
批发和零售业	**153**	**149.3**	**152.7**	**142.9**
批发业	149.9	147.9	147.7	139.1
零售业	172.6	163.2	169.2	176.4
房地产业	**131.7**	**132.1**	**140.4**	**139.3**
社会服务业	**145**	**153.9**	**152.3**	**156**
信息传输和计算机服务及软件业	**181.2**	**185.4**	**186.5**	**182.8**
住宿和餐饮业	**138.3**	**148.4**	**135.9**	**157.9**
住宿业	130.1	145.9	130.7	155.1
餐饮业	145.5	148.6	145.9	159.6

附表3　各季企业家信心指数(2007年)

指　标	1季度	2季度	3季度	4季度
按企业登记注册类型分				
国有企业	155.4	150.9	152.8	150.1
集体企业	135.4	130.4	122.6	163.3
股份合作企业	108	112.3	108.8	100.3
联营企业	150	175	200	200
有限责任公司	144	144.1	144.4	141
股份有限公司	162.7	165.8	150.8	142.7
私营企业	144.2	153.4	132.8	151.2
其它内资企业	100	100	100	100
外商及港、澳、台投资企业	147.2	144	147.7	146.1
附:上市公司	164.1	158.2	160.1	156.8
按企业规模分				
大型	159.2	162.1	159.9	149.1
中型	141.2	139.8	140.2	127
小型	133.8	133	131.1	175
按主要行业大类分				
工业	**152.8**	**152.1**	**145.4**	**141.9**
农副食品加工业	143	136.7	136.7	121.1
食品制造业	150.6	144.3	151.6	142.1
饮料制造业	172.7	178.2	174	122.4
烟草制品业	200	200	200	200
纺织业	132.9	134.7	125.8	126.1
纺织服装、鞋、帽制造业	159.1	151.4	157.6	174
皮革、毛皮、羽毛(绒)及其制品业	154.4	134.1	116.9	122.8
木材加工及木、竹、藤、棕、草制品业	142.7	173.2	155.2	105.7
家具制造业	168.2	168.2	138.6	138.9
造纸及纸制品业	120	153.5	145.1	149.2
印刷业和记录媒介的复制	127.3	127.3	136.4	121.9
文教体育用品制造业	159.2	136.9	155.6	144.7
石油加工、炼焦及核燃料加工业	194.9	194.9	94.9	94.9
化学原料及化学制品制造业	151.7	150.8	147.9	165.3
医药制造业	112.6	122.1	129.8	142.8

附表3　续

指　　标	1季度	2季度	3季度	4季度
化学纤维制造业	141.1	150.2	137.1	138.8
橡胶制品业	200	200	166.7	194.8
塑料制品业	113.5	124.1	111.7	102.6
非金属矿物制品业	133.4	130.9	145.7	156.6
黑色金属冶炼及压延加工业	145.8	137.8	141.1	116.4
有色金属冶炼及压延加工业	142.9	142.9	146	127
金属制品业	161.2	156.3	165.9	178.6
通用设备制造业	172	169.2	163.6	161.4
专用设备制造业	149.7	139.9	136.1	151.4
交通运输设备制造业	176.7	171.8	167.8	168.4
电气机械及器材制造业	168.7	162.5	159.3	164.6
通信设备、计算机及其他电子设备	137.8	134	143.2	93.7
仪器仪表及文化、办公用机械制造业	104.6	117.4	128.2	118.1
工艺品及其他制造业	184.6	161	166.6	176
废弃资源和废旧材料回收加工业	100	100	100	100
电力、热力的生产和供应业	174.7	174.1	181	165.8
建筑业	**150.8**	**154.6**	**154.5**	**157.3**
房屋和土木工程建筑业	148.8	152.7	153.6	156
交运、仓储、邮政业	**149.5**	**143.6**	**138.8**	**136.2**
道路运输业	147.9	139.4	135.9	132.5
城市公共交通业	117.7	88.5	88.5	75.7
仓储业	173.2	145.5	165.5	133.2
邮政业	150	150	150	145
批发和零售业	**136.6**	**134.3**	**138.1**	**131.2**
批发业	133.4	130.7	134.3	128.9
零售业	159.9	153.7	159.2	155.9
房地产业	**112**	**131.2**	**141.5**	**135.2**
社会服务业	**148.8**	**164.1**	**158.4**	**167.6**
信息传输和计算机服务及软件业	**172.5**	**177.1**	**170.7**	**182.8**
住宿和餐饮业	**153.2**	**142.4**	**137.8**	**152.4**
住宿业	147	142.6	136	146.7
餐饮业	162.4	133.6	135	164.2

附表4　各行业企业生产经营状况景气指数(2007年)

指　　标	1季度	2季度	3季度	4季度
工业				
生产成本	92.8	69.8	65.8	60.5
生产总量	102.4	154.1	141.1	134.3
产品订货	124.9	145.4	141.8	147.3
其中:国外订货	114.6	117.8	113	114.9
产品销售量	107.8	155.8	146.1	140.1
产品销售价格	99.7	111.6	113.8	120.3
产成品库存	138.6	135.9	138	143.6
盈利(亏损)变化	119.4	146.5	133.2	121.1
流动资金	128	126.5	123.9	123.6
企业融资	117.5	126.4	119.3	121.9
货款拖欠	116.1	98.3	107.9	120
劳动力需求	124.2	132.1	125.9	123.3
固定资产投资	106	136.3	127.4	125.3
科技创新	123.3	131.2	131.8	130.4
原材料及能源购进价格	82.2	50.8	48.8	50.8
原材料及能源供应	133.5	145.7	139.2	130.9
建筑业				
工程合同签订	93.8	145.7	140.9	160.4
其中:来自国(境)外的	104.5	100.2	105.9	97.5
建筑工程量	83	151.8	147.6	155.9
新开工工程量	81.4	142	135.2	147.3
技术设备能力	151.1	162.6	147.3	149.7
工程进度	98.2	153.4	166.8	170.4
工程结算收入	98.1	128.5	144.5	151.9
建筑材料购进价格	76	54.7	37	30.3
工程结算成本	79.4	65.8	43.2	34
盈利(亏损)变化	112.2	128.9	127.7	136.6
流动资金	127.8	115.3	118.5	125.9
企业融资	106.4	99.9	97	89.9
货款拖欠	108.9	83.1	81	76.3
劳动力需求	97.1	152.3	153.5	154
固定资产投资	94.9	113.9	116.9	122.5
交通运输、仓储及邮政业				
业务预订	139.5	115.1	116.8	125
业务量	124.8	100	91.8	105.2
业务收费价格	104.1	91.1	106.4	107.6
业务成本	46	58.7	44.1	31
盈利(亏损)情况	127.6	120.1	111.1	107.6
流动资金	118	103.7	104.8	101.3
企业融资	112.1	106.2	102.1	113.4
货款拖欠	104.5	103.2	106.2	94
劳动力需求	117.8	106.3	105.8	102.1
固定资产投资	132.1	129.1	128	126.1

附表4 续1

指 标	1季度	2季度	3季度	4季度
批发和零售业				
购货合同	121.1	104.2	110.3	113.3
商品购进价格	70.9	74	62.5	42.9
商品销售额	119.7	107.5	121.9	145.5
其中:出口	89.3	86	87.9	117
商品销售价格	86.8	96.1	123.6	137.9
商品库存	131.2	106.8	115.1	117.1
经营费用	73.2	76.3	76	43
竞争能力	147.9	143.2	144.1	131.8
盈利(亏损)变化	113.6	109.1	116.8	147.8
流动资金	132.7	132.6	131.9	108.6
企业融资	126.7	118	122.2	104.2
货款拖欠	136.7	115.8	111.2	103.1
劳动力需求	118.8	96.9	102.9	115.9
固定资产投资	122.2	120	121.9	120.2
房地产业				
土地开发	71.6	87.3	100.4	94.6
完成投资	97.3	124.3	121.4	101.7
新开工面积	73.1	92.2	101.8	79.5
房屋竣工面积	80.5	99.7	103.1	106.2
商品房预售面积	84.6	98.7	78	76.3
商品房销售面积	72.1	117.5	100.5	75.5
商品房销售价格	104.2	112.5	136.4	115.5
空置商品房面积	127.7	129.1	129.5	134.3
盈利(亏损)变化	92.6	114.5	106.3	112.5
流动资金	89.3	89.7	104.3	98.1
企业融资	78.1	76.6	85	84.5
货款拖欠	123.9	117.7	127.9	123.4
劳动力需求	88.4	92.9	102.5	86
固定资产投资	91.3	104.2	109	101.8
社会服务业				
服务预订	129.2	148.2	128.5	128.6
竞争能力	159	162.8	161.1	166.7
旅游客源	126.1	140.4	135.4	103.4
收费(服务)价格	99.6	109.5	108.8	94.1
业务量	126.8	144.5	125.8	127.5
营业成本	71.7	73.1	66.8	78.9
盈利(亏损)变化	120.1	139.6	129.5	123.1
流动资金	120.6	121.8	120.1	133.7
企业融资	118	120.2	112	118.7
货款拖欠	102.5	89.9	93.6	118
劳动力需求	135.4	125.6	111.9	125
固定资产投资	131.4	121.9	122.2	116.7

附表4　续2

指　　标	1季度	2季度	3季度	4季度
信息、计算机服务、软件业				
产品销售	135.1	167.1	152.9	152
产品订货	113.5	132.8	136.8	127.5
竞争能力	180.4	176.4	172.2	163.4
销售(收费)价格	85.1	81.4	80.5	74.2
营业收入	156.6	168.7	151.7	165.9
营业成本	105.3	87.5	72.7	80.2
盈利(亏损)变化	148	164.9	141	170
流动资金	140.8	139.3	142.7	139.6
企业融资	141.7	129.8	141.6	135.3
货款拖欠	117.9	104.1	111.4	113.3
劳动力需求	142.2	140.6	136.6	132.9
固定资产投资	109.7	139.6	140.7	149.4
住宿和餐饮业				
业务预订	115	116.4	101	152.5
业务量	121.6	116.2	100.8	157.4
竞争能力	148.7	145.2	146	146.2
客房出租	95.1	102.1	98.7	109.6
收费(服务)价格	104.5	105.6	96.5	106.9
营业收入	119.4	117.6	101.7	157.8
营业成本	80.3	79	80.2	51.3
盈利(亏损)变化	116.5	120.1	104	137.7
流动资金	129.9	127.2	126.1	124.5
企业融资	129.8	133.3	126	117.7
货款拖欠	101.9	106	114.1	106.5
劳动力需求	144	125.4	123.9	135.3
固定资产投资	123.9	122.4	125.1	131.5

附表 5 全省企业集团基本情况(2007 年)

指　　标	单位数 (个)	资产合计 (万元)	营业收入 (万元)	从业人员 (人)	劳动报酬总额 (万元)
总计	**423**	**144065344**	**157498695**	**2262653**	**5411475**
#国家重点	**13**	**13483295**	**16160624**	**92616**	**342773**
按审批部门分					
国务院	3	6253924	12343489	47297	152161
国务院主管部门	11	4584529	4526371	103382	229812
省级人民政府	85	32120610	32073453	263138	688059
省级政府主管部门	72	24645860	29498361	336467	807526
其他	252	76460421	79057021	1512369	3533917
按母公司主营行业类别分					
采矿业	2	289236	735546	5003	11371
制造业	309	86593874	102554893	1137074	2556285
电气水的生产和供应业	5	8866571	3589280	16738	107470
建筑业	50	15939538	24666372	977428	2317155
交通运输、仓储和邮政业	6	11148981	1726691	33247	117656
批发和零售业	34	11316025	20390292	62784	217978
住宿和餐饮业	2	829289	247992	12874	21793
房地产业	12	8343164	3171802	12099	44794
其他	3	738666	415827	5406	16973
按母公司登记注册类型分					
国有企业	6	4785103	4833915	20809	80234
国有独资公司	29	31714384	22831200	144489	581740
其他有限责任公司	277	67232648	81952294	1390249	3200736
股份有限公司	78	27984167	31656236	576909	1244299
中外合资企业	3	1854600	2116107	29817	64254
外商投资股份有限公司	2	2663537	874431	12109	29884
港澳台合资企业	6	1127993	1124944	11324	23719
其他	22	6702912	12109568	76947	186609
按母公司控股情况分					
国有控股	55	43235470	36044566	255868	903066

附表5　续

指　　标	单位数（个）	资产合计（万元）	营业收入（万元）	从业人员（人）	劳动报酬总额（万元）
集体控股	44	17489058	18061643	196840	422500
私人控股	318	78949439	101202140	1774138	4004851
港澳台商控股	1	635404	660381	3323	6926
外商控股	5	3755973	1529965	32484	74132
按成立时间分					
1992年及以前	23	10550136	15266868	151143	383153
1993年	31	15735071	14626814	150686	368425
1994年	50	12198812	14440428	150137	344810
1995年	67	19118235	22670574	389622	985541
1996年	49	19204257	24842087	178067	420318
1997年	25	4933809	5821815	121537	236056
1998年	24	5994892	6516578	108219	223471
1999年	18	3521036	4505714	123104	266259
2000年	18	4205798	5526829	209393	488580
2001年	26	27401560	16317419	249676	726270
2002年	24	6971023	11201616	131822	259385
2003年	30	6561498	6193328	70558	147797
2004年	22	3616393	4351786	92721	193048
2005年	8	1372776	1562379	36444	63889
2006年	5	1245366	1644536	33636	80645
2007年	3	1434682	2009924	65888	223828
按资产总计分					
50亿元及以上	63	82845200	78850474	827564	2183031
40—50亿元	21	9426649	12127698	106543	284598
30—40亿元	35	11984180	12933374	175156	386131
20—30亿元	52	12783199	17045152	303228	774714
10—20亿元	132	18836482	25875510	616503	1329798
5—10亿元	93	7328862	9709606	213654	415349
5亿元以下	27	860772	956881	20005	37854

附表6　企业集团财务指标

单位:万元

指　　标	2005	2006	2007
年末资产总计	**87517963**	**110421889**	**144065344**
固定资产			43054279
累计折旧	8817772	11177598	13586742
#本年折旧	1714268	2162697	2753831
累计对外投资	4615231	5706855	8749255
#本年对外投资	691042	1112145	1986620
#本年对境外投资	10817	27967	43295
存货	16287506	21644156	29053041
流动资产年平均余额	44007948	55863767	74996379
应收帐款	7040249	9064075	11845429
年末负债合计	55238661	69843699	92201378
流动负债	43570589	55891980	74631624
#银行借款		25507413	36635974
年末股东(所有者)权益合计	32279302	40578190	51863966
#年末少数股东权益	6182189	7684110	10973869
股本(实收资本)	11186191	12742188	15034907
营业收入	94915534	127573779	157498695
#营业成本			136855159
#营业税金及附加			1830679
新产品销售收入	11595264	15929941	20964106
出口销售总额	15721543	20033307	21692737
销售费用			4076543
管理费用		3707709	4403715
#税金	156112	196943	215789
劳动、待业保险费	203522	243524	267111
职工教育费	29886	43075	55306
财务费用		1582045	2204981
#利息支出	1166319	1498278	2118233
投资收益	284366	385702	1356927
利润总额	4760564	6382206	9619917
应交所得税	1290073	1762010	2324139
应缴增值税	1445858	2116401	2563142
固定资产投资完成额	3408600	5171318	5136493
研究开发费用	745216	1104317	1379809

附表7　开发区(园区)主要经济指标

指　　标	2006	2007
工业总产值(亿元)	11570.7	14911.9
工业增加值(亿元)	2263.7	2986.2
资产合计(亿元)	9547.3	13109.1
产品销售收入(亿元)	11283.4	14544.8
#新产品销售收入	1813.1	2537.4
外资及港澳台企业销售收入	4919.8	6337.4
出口交货值(亿元)	3501.0	4128.9
利税总额(亿元)	947.8	1266.0
#利润总额	568.8	789.0
研究开发费用(亿元)	109.3	155.6
#高新技术企业	72.5	104.0
技术成果引进费用(亿元)	27.4	32.4
企业用水总量(亿吨)	7.2	9.2
企业用电总量(亿千瓦时)	311.7	389.5
从业人员年末人数(万人)	260.5	302.5
#直接从事研究开发人员	7.1	8.3
大专及以上学历或高中级技术职称人员	36.7	45.6
从业人员劳动报酬(亿元)	429.3	577.4

附表8　开发区(园区)基本建设情况

指　　标	2007	累计
投资		
基础建设投入(亿元)	346.1	2356.3
拆迁安置补偿款(亿元)	85.7	662.2
入园企业投资额(亿元)	1955.0	13450.6
引进外资		
合同利用外资(亿美元)	106.7	662.3
实际到位外资(亿美元)	59.1	342.7
引进项目		
已入园企业(个)	5339	51570
#工业企业	2835	30898
已投产企业	3047	37514
外资及港澳台	1055	8652
高新技术企业	200	2001

附表9　旅游度假区基本建设情况

指　　标	2007	累计
投资		
基础建设投入(亿元)	12.2	83.9
拆迁安置补偿款(亿元)	10.7	89.2
入园企业投资额(亿元)	71.8	266.5
引进外资		
合同利用外资(亿美元)	1.8	9.9
实际到位外资(亿美元)	1.6	6.5
引进项目		
已入园企业数(个)	87	796
#已投入使用企业	71	734

附表 10　浙江省投入产出延长表(2005 年)

(按当年生产者价格计算)　　单位:万元

投入＼产出	农业	煤炭开采和洗选业	石油和天然气开采业	金属矿采选业	非金属矿采选业	食品制造及烟草加工业	纺织业
农业	1544071.9	1904.9	0.0	225.5	3000.0	3772086.1	1038479.1
煤炭开采和洗选业	4611.2	81.3	0.0	712.0	3171.5	193102.1	221370.8
石油和天然气开采业	0.0	199.1	0.0	1874.1	943.8	447.1	2626.5
金属矿采选业	0.0	86.6	0.0	109697.9	10717.0	16797.3	32787.9
非金属矿采选业	8.7	17.4	0.0	2137.6	98191.2	8241.7	6850.4
食品制造及烟草加工业	703271.9	69.7	0.0	5385.4	8721.7	3684570.1	23668.0
纺织业	0.8	10.6	0.0	1255.7	11494.1	24257.3	11290680.4
服装皮革羽绒及其制品业	2042.5	1326.1	0.0	9045.4	14215.0	24895.8	1160425.1
木材加工及家具制造业	173423.7	503.9	0.0	446.2	4495.3	27931.5	26949.1
造纸印刷及文教用品制造业	240220.4	1053.2	0.0	6493.7	6787.0	359799.2	211756.6
石油加工、炼焦及核燃料加工业	638203.4	1959.7	0.0	9718.1	15461.2	33377.9	105903.8
化学工业	787259.8	2360.7	0.0	51421.5	124322.2	907462.8	6582436.4
非金属矿物制品业	121170.0	420.1	0.0	4383.3	93517.8	94542.7	84942.7
金属冶炼及压延加工业	167601.2	282.6	0.0	15062.1	41295.3	58162.0	244476.2
金属制品业	33389.4	3899.9	0.0	571.0	10094.2	60121.9	101619.2
通用、专用设备制造业	107712.1	1817.0	0.0	16305.5	15366.4	44877.3	355451.3
交通运输设备制造业	950.6	519.0	0.0	29543.2	46812.9	19200.0	140906.7
电气、机械及器材制造业	2109.6	765.0	0.0	24187.0	35611.5	101403.9	163296.7
通信设备、计算机及其他电子设备制造业	188.9	341.3	0.0	17883.4	44797.7	10338.3	135437.8
仪器仪表及文化办公用机械制造业	1106.0	147.1	0.0	3508.0	2410.9	8604.0	27254.4
其他制造业	321.8	549.7	0.0	16579.9	15625.6	19085.3	77301.8
废品废料	0.0	0.0	0.0	0.0	400.2	0.0	15386.2
电力、热力的生产和供应业	279262.7	13115.5	0.0	65461.7	101735.5	289079.6	1529775.8
燃气生产和供应业	0.0	0.3	0.0	258.6	1986.1	4949.3	26461.5
水的生产和供应业	1804.7	705.3	0.0	460.3	2520.5	15102.1	44367.6
建筑业	43.3	80.0	0.0	78.1	808.2	2026.6	9291.0
交通运输及仓储业	80250.0	9649.7	0.0	31891.1	113344.6	286097.3	557308.5
邮政业	3901.5	112.3	0.0	1495.2	941.2	4803.5	11544.5
信息传输、计算机服务和软件业	1642.6	420.3	0.0	19705.8	10021.0	48436.0	105076.4
批发和零售贸易业	203318.9	964.0	0.0	11626.8	39255.7	439737.5	1469478.7
住宿和餐饮业	1328.3	1646.7	0.0	11696.3	9685.3	51168.7	119311.9
金融保险业	103305.6	14596.4	0.0	28881.4	16998.7	252901.8	537635.8
房地产业	0.2	0.0	0.0	144.0	63.6	4113.9	9423.1
租赁业和商务服务业	53668.3	1085.6	0.0	1648.2	3830.8	326403.2	139205.7
旅游业	0.0	9.0	0.0	0.0	0.0	31.5	82.0
科学研究事业	0.3	147.2	0.0	1098.4	142.4	8691.5	7530.7
综合技术服务业	40834.6	760.6	0.0	1021.8	113.9	9003.4	87852.9
其他社会服务业	33997.8	1286.6	0.0	972.9	446.3	7958.9	18511.7
教育事业	8135.3	364.6	0.0	8509.5	252.5	2249.3	7392.9
卫生、社会保障和社会福利业	15008.6	110.5	0.0	2774.2	682.3	2193.2	9588.6
文化、体育和娱乐业	337.4	264.6	0.0	3937.2	2971.8	13042.6	33695.6
公共管理和社会组织	0.0	0.0	0.0	0.0	0.0	0.0	0.0
中间投入	**5354504.0**	**63634.1**	**0.0**	**518098.0**	**913252.9**	**11237294.2**	**26773542.0**
固定资产折旧	623890.0	7493.2	0.0	12332.2	33116.2	299734.8	1236097.5
劳动者报酬	8334770.0	44647.3	0.0	81564.6	97225.5	629827.7	2842872.4
生产税净额	-30322.0	11521.6	0.0	34276.5	54974.1	1233953.6	1348091.0
营业盈余	0.0	36618.6	0.0	82300.3	88039.4	857206.1	1947291.6
增加值	**8928338.0**	**100280.7**	**0.0**	**210473.6**	**273355.2**	**3020722.2**	**7374352.5**
总投入	**14282842.0**	**163914.8**	**0.0**	**728571.6**	**1186608.1**	**14258016.4**	**34147894.5**

附表10 续1

产出 投入	服装皮革羽绒及其制品业	木材加工及家具制造业	造纸印刷及文教用品制造业	石油加工、炼焦及核燃料加工业	化学工业	非金属矿物制品业	金属冶炼及压延加工业
农业	2907937.4	1342980.6	209137.1	87.8	1494351.9	19318.0	407.6
煤炭开采和洗选业	67826.3	4173.4	79578.0	48535.0	309047.7	311274.1	73904.6
石油和天然气开采业	61430.8	231.8	2550.2	6742527.5	831361.2	15779.5	14418.4
金属矿采选业	73486.5	40530.5	5039.1	41.7	62964.4	62159.6	1190602.0
非金属矿采选业	13369.0	5280.7	3182.4	19.1	113456.7	171641.9	10121.8
食品制造及烟草加工业	1135990.2	134825.7	40056.8	917.3	639998.2	20278.9	728.6
纺织业	8118545.6	193570.1	122462.7	42.6	901423.5	7028.4	166052.1
服装皮革羽绒及其制品业	4970632.2	169232.1	71384.1	1894.3	435328.0	45614.1	95172.1
木材加工及家具制造业	57285.4	863988.2	362238.4	871.8	47149.1	41200.7	12818.9
造纸印刷及文教用品制造业	527001.2	45791.7	4880096.4	3338.8	765847.2	102310.5	68551.7
石油加工、炼焦及核燃料加工业	85584.3	20687.9	75038.3	708472.3	1312436.3	220246.4	240102.4
化学工业	2353272.9	800812.3	1304924.8	53408.8	21465961.4	1918893.7	675181.2
非金属矿物制品业	129194.5	56633.3	21452.8	3212.4	303831.7	1388486.7	147026.1
金属冶炼及压延加工业	288929.2	135362.5	891505.5	3940.8	989451.2	1010034.7	8658209.9
金属制品业	107449.0	102674.9	170459.8	7393.2	552644.5	306360.8	904336.6
通用、专用设备制造业	179853.5	85396.8	89201.5	32991.9	217086.5	86117.1	325221.7
交通运输设备制造业	314547.9	171019.6	47470.4	4046.0	160352.4	105777.5	25026.2
电气、机械及器材制造业	252316.9	136871.9	83777.5	13675.2	298318.0	190929.4	174851.7
通信设备、计算机及其他电子设备制造业	210017.7	99925.8	39590.7	3433.0	270176.9	945660.6	15132.1
仪器仪表及文化办公用机械制造业	21540.3	4107.0	9706.0	4251.1	95269.2	11111.3	20776.0
其他制造业	172428.6	133548.8	41456.9	3805.8	229248.4	120487.2	37306.8
废品废料	480.8	6095.5	174001.3	118.9	330052.5	55938.3	1118529.2
电力、热力的生产和供应业	500462.2	135729.4	505716.7	31122.9	1756458.0	1062985.5	1532665.3
燃气生产和供应业	13491.0	3150.3	27195.9	244.1	22517.7	42851.6	18338.9
水的生产和供应业	14820.9	6764.0	11204.8	1373.7	39297.6	19133.5	15616.2
建筑业	5674.7	520.7	2064.8	6.4	4976.3	2516.0	2883.0
交通运输及仓储业	592334.4	144821.7	280032.2	48278.4	1107041.6	533463.5	311147.2
邮政业	18177.1	3083.4	10125.8	418.6	24410.5	2744.8	2772.4
信息传输、计算机服务和软件业	175144.8	29552.0	93690.0	4589.8	195364.5	39454.4	40650.0
批发和零售贸易业	1474964.2	339100.5	428600.0	50530.0	1273940.3	426340.3	702662.5
住宿和餐饮业	131864.2	30142.0	47125.4	2760.3	181860.2	43427.9	29326.0
金融保险业	470173.7	81404.8	144051.0	23385.4	647592.1	201819.9	229187.0
房地产业	16220.2	3107.2	3113.7	256.5	8474.6	3517.2	4154.0
租赁业和商务服务业	365170.4	43857.7	65093.3	3271.3	355616.0	63173.5	25841.6
旅游业	60.5	0.0	60.8	0.8	152.4	5.1	8.5
科学研究事业	13908.6	7492.7	1771.5	6267.1	58326.4	9970.1	9852.5
综合技术服务业	20254.6	3296.8	16299.2	401.8	60411.0	5286.5	5196.8
其他社会服务业	11307.2	2797.3	9922.5	9822.4	85916.3	8665.7	34490.5
教育事业	7016.6	2176.5	3703.9	226.2	18756.6	1980.8	3991.7
卫生、社会保障和社会福利业	1283.0	1920.7	1947.1	0.1	8810.6	1007.0	1446.3
文化、体育和娱乐业	34099.6	8200.6	12927.6	721.6	45758.4	8675.4	7107.7
公共管理和社会组织	0.0	0.0	0.0	0.0	0.0	0.0	0.0
中间投入	**25915548.1**	**5400859.4**	**10388956.9**	**7820702.7**	**37721438.0**	**9633668.1**	**16951815.8**
固定资产折旧	591729.4	120808.3	418441.7	128414.2	1296112.0	352859.9	579032.5
劳动者报酬	2679257.0	533664.3	909271.9	153438.7	2349763.5	716296.2	1078757.8
生产税净额	1069749.9	205716.5	471032.0	305869.0	1420755.3	344188.7	828208.6
营业盈余	2109668.9	401329.9	833058.9	497194.2	3026040.5	642781.1	1172953.8
增加值	**6450405.2**	**1261519.0**	**2631804.5**	**1084916.1**	**8092671.3**	**2056125.9**	**3658952.7**
总投入	**32365953.3**	**6662378.4**	**13020761.4**	**8905618.8**	**45814109.3**	**11689794.0**	**20610768.5**

附表10　续2

投入＼产出	金属制品业	通用、专用设备制造业	交通运输设备制造业	电气、机械及器材制造业	通信设备、计算机及其他电子设备制造业	仪器仪表及文化办公用机械制造业	其他制造业
农业	18346.8	9704.3	43347.8	1091.8	4123.2	33479.1	313430.1
煤炭开采和洗选业	56957.0	36028.4	14791.9	13947.3	23168.8	700.1	10511.6
石油和天然气开采业	5475.2	3599.8	182334.1	1445.2	360.3	67.1	9083.4
金属矿采选业	67301.5	137658.7	18929.1	526447.5	87473.8	34470.9	8859.8
非金属矿采选业	2487.3	10317.1	1266.4	13200.0	2937.2	525.4	1282.5
食品制造及烟草加工业	7576.1	24290.9	2881.9	6529.0	3318.4	1995.8	7382.7
纺织业	488845.1	156253.9	71095.6	81307.2	9150.2	6160.0	437073.7
服装皮革羽绒及其制品业	623233.8	101048.2	32143.3	56017.6	23997.7	8827.3	39388.9
木材加工及家具制造业	58819.3	75315.8	32484.7	55464.5	10790.8	48929.0	470540.4
造纸印刷及文教用品制造业	255926.1	268536.1	172294.0	335690.3	212050.8	145819.3	213740.3
石油加工、炼焦及核燃料加工业	114810.3	371927.4	73666.2	194286.5	92818.2	8060.5	72038.2
化学工业	1303995.9	1614875.3	1514490.3	2986203.5	741442.2	761464.6	852390.8
非金属矿物制品业	58269.1	278800.7	44473.4	516534.0	151967.4	44286.3	47258.4
金属冶炼及压延加工业	2990958.2	5311509.0	2214783.4	3167590.6	1556071.9	330113.2	552411.3
金属制品业	1806381.3	1592539.9	453758.7	810324.4	350985.9	94888.1	129254.6
通用、专用设备制造业	1031924.9	5452540.7	1396221.7	1208234.9	167680.3	238272.0	18525.9
交通运输设备制造业	103100.4	1309415.2	2732920.4	231683.0	48762.0	32035.6	37489.5
电气、机械及器材制造业	339225.3	1549000.7	776249.4	2964362.5	1786604.9	198864.8	35617.5
通信设备、计算机及其他电子设备制造业	95661.6	424004.1	1052174.3	777512.5	3006498.7	193537.5	22405.8
仪器仪表及文化办公用机械制造业	46221.4	307291.6	159938.2	249048.6	36085.4	2004000.4	3058.0
其他制造业	76910.7	171761.7	36813.5	257632.1	23798.1	39042.0	217690.4
废品废料	57782.3	151913.5	4489.1	16450.1	3470.1	8287.8	182069.8
电力、热力的生产和供应业	449464.5	615014.0	399744.3	372940.7	225795.2	71819.6	172595.3
燃气生产和供应业	9220.4	13878.7	12841.6	40241.9	580.6	4366.8	5883.3
水的生产和供应业	6765.6	22313.3	16397.4	13207.4	9427.4	3107.6	4578.0
建筑业	3401.8	4451.1	980.9	1526.0	2984.3	480.4	564.6
交通运输及仓储业	352526.8	667925.8	321237.5	486411.4	157561.3	91312.9	113336.1
邮政业	7175.7	23200.5	9080.8	13085.2	5328.1	5545.7	2018.8
信息传输、计算机服务和软件业	62052.8	195230.8	80245.6	195420.7	47748.6	58036.8	26157.5
批发和零售贸易业	497860.6	749234.7	418245.0	659625.6	314140.9	134665.3	198038.2
住宿和餐饮业	56471.0	188160.8	83004.1	119830.2	40952.7	32779.0	15554.9
金融保险业	202181.5	402493.2	188491.4	299751.0	116644.2	73901.4	49647.6
房地产业	4341.5	9094.7	14336.7	10996.9	3368.5	907.9	2183.8
租赁业和商务服务业	69567.3	221549.2	110830.1	263282.2	249102.4	70301.6	17623.3
旅游业	5.8	100.5	48.7	131.6	68.9	73.0	2.3
科学研究事业	9851.4	52049.4	20440.0	43829.8	26010.2	3908.6	1074.0
综合技术服务业	17806.7	40926.9	19866.5	35510.4	6759.5	16264.8	1209.0
其他社会服务业	6376.3	19536.5	9997.3	11270.1	4726.7	3005.3	5094.0
教育事业	5357.9	17465.6	8834.9	6040.0	3629.6	3022.5	1587.5
卫生、社会保障和社会福利业	2118.7	4145.2	988.3	768.8	948.3	258.6	266.2
文化、体育和娱乐业	13490.1	44582.1	17669.7	27277.8	8944.2	7120.7	3663.9
公共管理和社会组织	0.0	0.0	0.0	0.0	0.0	0.0	0.0
中间投入	**11386246.0**	**22649686.0**	**12764828.2**	**17072150.8**	**9568277.9**	**4814705.3**	**4302581.9**
固定资产折旧	318662.8	618741.4	336941.7	387720.7	244060.9	151335.1	132014.9
劳动者报酬	1073106.2	2328783.8	1111936.5	1476059.3	729405.0	571326.8	670840.9
生产税净额	471309.8	1049774.3	574725.9	713895.7	232565.6	261811.8	248791.7
营业盈余	1067568.3	2545366.7	1029559.8	1524441.5	500517.6	584551.8	506403.0
增加值	**2930647.1**	**6542666.2**	**3053163.9**	**4102117.2**	**1706549.1**	**1569025.5**	**1558050.5**
总投入	**14316893.1**	**29192352.2**	**15817992.1**	**21174268.0**	**11274827.0**	**6383730.8**	**5860632.4**

附表 10 续 3

产出 / 投入	废品废料	电力、热力的生产和供应业	燃气生产和供应业	水的生产和供应业	建筑业	交通运输及仓储业	邮政业
农业	0.0	37089.9	0.0	6.0	768805.6	166649.3	0.0
煤炭开采和洗选业	0.0	3646483.2	3735.1	5001.2	99106.1	2244.7	0.0
石油和天然气开采业	0.0	8324.6	11448.5	33.5	0.0	103230.0	0.0
金属矿采选业	0.0	2681.2	0.0	81.9	0.0	0.0	0.0
非金属矿采选业	0.0	10610.4	1.4	83.0	1248201.5	1302.0	0.0
食品制造及烟草加工业	0.0	10601.9	0.0	65.9	0.0	83732.3	0.0
纺织业	0.0	183357.9	1.0	507.6	206.1	15512.8	128.5
服装皮革羽绒及其制品业	0.0	89781.7	279.3	2999.9	110597.7	93364.8	6936.6
木材加工及家具制造业	0.0	49571.2	32.8	831.4	1201316.1	13283.3	750.9
造纸印刷及文教用品制造业	0.0	98330.9	220.5	3827.7	121057.8	48012.5	12876.4
石油加工、炼焦及核燃料加工业	0.0	596855.9	212832.1	964.9	1665723.9	2073909.7	7314.0
化学工业	0.0	284620.3	1387.3	18190.0	1195894.4	149785.5	666.3
非金属矿物制品业	0.0	196917.1	65.9	1696.2	6599552.3	43079.8	1168.6
金属冶炼及压延加工业	0.0	79872.3	2278.8	1421.9	4945116.4	16982.9	0.0
金属制品业	0.0	101962.0	86.2	2958.2	4187586.2	16709.5	599.0
通用、专用设备制造业	0.0	455780.8	326.9	16771.1	1023477.0	72350.1	3815.5
交通运输设备制造业	0.0	98000.9	149.5	6067.8	139635.7	813855.5	7036.4
电气、机械及器材制造业	0.0	291699.9	197.4	11630.9	427234.5	53561.9	461.9
通信设备、计算机及其他电子设备制造业	0.0	66952.5	65.2	1953.6	31280.2	43466.4	361.0
仪器仪表及文化办公用机械制造业	0.0	165320.3	192.0	6839.0	242670.3	12218.4	3019.0
其他制造业	0.0	27008.3	99.9	1532.0	75333.9	6756.8	0.0
废品废料	0.0	15799.6	0.0	0.8	0.0	554.8	0.0
电力、热力的生产和供应业	0.0	2932750.2	2190.2	266332.5	906966.8	202407.0	9578.6
燃气生产和供应业	0.0	4494.5	9582.3	7968.3	0.0	68477.8	0.0
水的生产和供应业	0.0	30084.7	126.0	11368.3	23002.5	17459.0	449.8
建筑业	0.0	49134.5	8.4	351.7	0.0	44391.1	737.4
交通运输及仓储业	0.0	307190.4	4933.6	3587.0	1061777.6	815935.9	19681.8
邮政业	0.0	17501.1	25.7	830.5	8734.9	7759.5	820.2
信息传输、计算机服务和软件业	0.0	71528.7	883.7	7347.4	147793.8	103866.0	23018.6
批发和零售贸易业	0.0	339398.5	3565.0	3279.0	1677601.4	89484.1	41095.3
住宿和餐饮业	0.0	101423.0	413.9	5871.4	115392.0	64376.1	1843.4
金融保险业	0.0	1212914.6	3243.2	29928.3	244532.8	321119.1	943.2
房地产业	0.0	2786.8	19.6	70.1	1494.3	3332.4	1844.6
租赁业和商务服务业	0.0	54092.1	295.6	2516.0	440775.2	260050.0	7914.7
旅游业	0.0	3.8	0.5	0.0	0.0	1822.3	0.0
科学研究事业	0.0	8672.2	0.0	385.8	50032.9	1070.5	35.1
综合技术服务业	0.0	74371.3	25.2	557.9	349317.3	64425.0	0.0
其他社会服务业	0.0	145763.9	278.1	4469.1	56567.7	249403.2	508.2
教育事业	0.0	18905.2	53.0	992.2	11374.4	16519.9	0.0
卫生、社会保障和社会福利业	0.0	1988.3	5.4	48.8	0.0	34168.2	0.0
文化、体育和娱乐业	0.0	26369.6	98.0	1640.0	19248.6	6457.1	0.0
公共管理和社会组织	0.0	0.0	0.0	0.0	0.0	0.0	0.0
中间投入	**0.0**	**11916996.2**	**259147.2**	**431008.8**	**29197407.9**	**6203087.2**	**153605.0**
固定资产折旧	0.0	1556934.0	16623.4	113781.9	272166.0	933081.4	26642.3
劳动者报酬	0.0	774037.5	12329.1	78553.0	5323688.3	1249516.1	153782.0
生产税净额	0.0	1098422.0	-8017.0	17612.4	1172074.7	483231.5	14965.0
营业盈余	1069429.4	1081506.6	-541.8	10876.9	1400171.0	2395188.0	-1186.9
增加值	**1069429.4**	**4510900.1**	**20393.7**	**220824.2**	**8168100.0**	**5061017.0**	**194202.4**
总投入	**1069429.4**	**16427896.3**	**279540.9**	**651833.0**	**37365507.9**	**11264104.2**	**347807.4**

附表10　续4

投入＼产出	信息传输、计算机服务和软件业	批发和零售贸易业	住宿和餐饮业	金融保险业	房地产业	租赁业和商务服务业	旅游业
农业	0.0	6944.0	1208036.5	0.0	0.0	0.0	527.0
煤炭开采和洗选业	0.0	357.3	5573.6	0.0	0.0	0.0	1719.0
石油和天然气开采业	0.0	0.0	0.0	0.0	0.0	0.0	0.0
金属矿采选业	0.0	0.0	0.0	0.0	0.0	0.0	0.0
非金属矿采选业	0.0	0.0	0.0	0.0	0.0	0.0	0.0
食品制造及烟草加工业	80.4	25300.3	1716108.0	0.0	14558.0	17174.9	3454.8
纺织业	528.7	2475.0	53971.1	470.4	54.2	0.0	1075.4
服装皮革羽绒及其制品业	23125.2	159449.3	39855.0	34894.3	3659.6	129901.6	4436.0
木材加工及家具制造业	13316.2	27364.0	57460.0	20960.7	130.7	0.0	775.8
造纸印刷及文教用品制造业	627826.6	254684.4	52401.2	221659.3	3184.2	85336.1	1967.5
石油加工、炼焦及核燃料加工业	7401.2	41685.0	65210.8	48559.4	1110.0	36151.8	2862.6
化学工业	42.7	86856.8	115421.7	22949.3	14140.0	5601.0	2798.9
非金属矿物制品业	0.5	5831.8	16270.8	0.0	5427.5	0.0	87.6
金属冶炼及压延加工业	0.0	217.8	362.5	0.0	0.0	0.0	0.0
金属制品业	6835.8	35010.7	18549.7	16890.6	59829.0	0.0	102.1
通用、专用设备制造业	22693.2	27179.5	19039.6	23012.1	7050.6	0.0	1705.0
交通运输设备制造业	13360.4	216069.3	10095.6	16201.3	1078.4	8543.4	3952.5
电气、机械及器材制造业	280147.0	45498.4	52940.1	10083.5	45023.7	0.0	27.0
通信设备、计算机及其他电子设备制造业	303114.2	63402.7	2544.2	7097.0	62305.6	238820.5	259.9
仪器仪表及文化办公用机械制造业	279704.9	3923.4	61566.1	10939.5	3431.7	11545.5	177.5
其他制造业	16523.3	73119.1	39328.8	6453.6	2118.8	28839.4	0.3
废品废料	0.0	0.0	2873.5	0.0	0.0	0.0	0.0
电力、热力的生产和供应业	399193.1	516315.5	346249.4	119723.8	17113.6	76172.5	9756.1
燃气生产和供应业	0.0	0.0	76441.6	0.0	4903.0	836.7	0.0
水的生产和供应业	3448.4	11127.9	7449.6	3249.1	4918.4	5013.9	549.0
建筑业	28736.7	367395.4	46252.3	18209.7	602857.6	2232.2	0.0
交通运输及仓储业	20252.9	473876.0	37464.3	166902.9	4908.7	383137.6	262569.6
邮政业	3297.9	26430.2	4474.4	40554.7	204.8	25511.0	1380.8
信息传输、计算机服务和软件业	321913.0	462417.7	55816.6	170356.0	16633.3	539839.4	15669.8
批发和零售贸易业	176599.4	55689.6	130426.6	32389.8	11697.5	37361.3	1284.9
住宿和餐饮业	85711.5	488508.7	9033.9	143941.9	21340.3	225591.0	75172.9
金融保险业	249227.3	693865.8	189714.2	18730.8	498127.0	123165.2	11673.2
房地产业	57342.4	416902.9	29890.3	70421.9	4714.9	87026.2	2070.0
租赁业和商务服务业	328199.8	831242.4	42534.0	182121.6	43453.0	2606382.2	2033.7
旅游业	53.3	0.0	360.7	0.0	729.6	1214.5	330156.1
科学研究事业	1589.8	0.0	241.1	237.3	0.0	0.0	0.0
综合技术服务业	270.7	162738.2	6885.9	0.0	78895.3	9373.8	0.0
其他社会服务业	6897.1	98261.6	25024.3	30487.3	3284.1	4149.2	162.3
教育事业	7527.6	27490.6	2491.4	19228.1	2684.4	26781.1	287.0
卫生、社会保障和社会福利业	2723.9	7052.2	20729.9	6618.5	2121.5	18833.9	727.1
文化、体育和娱乐业	196755.7	73991.6	4325.6	23068.6	411.9	0.0	3472.6
公共管理和社会组织	0.0	0.0	0.0	0.0	0.0	0.0	0.0
中间投入	**3484440.8**	**5788675.1**	**4573414.9**	**1486413.0**	**1542100.9**	**4734535.9**	**742894.0**
固定资产折旧	1240631.6	622111.2	320096.8	179192.0	4038117.3	633560.4	3777.2
劳动者报酬	594130.9	2118832.0	910021.3	1360350.1	468163.2	863636.9	24134.2
生产税净额	182796.8	2904212.8	255567.7	691059.7	849966.3	290873.6	13980.2
营业盈余	1364816.8	6943998.9	801287.7	4100045.3	1531641.2	799531.7	54049.9
增加值	**3382376.1**	**12589154.9**	**2286973.5**	**6330647.1**	**6887888.0**	**2587602.6**	**95941.5**
总投入	**6866816.9**	**18377830.0**	**6860388.4**	**7817060.1**	**8429988.9**	**7322138.5**	**838835.5**

附表10 续5

投入＼产出	科学研究事业	综合技术服务业	其他社会服务业	教育事业	卫生、社会保障和社会福利业	文化、体育和娱乐业	公共管理和社会组织
农业	0.0	455.5	1626.2	0.0	0.0	2556.7	0.0
煤炭开采和洗选业	0.0	0.0	8020.7	0.0	0.0	0.0	0.0
石油和天然气开采业	0.0	0.0	0.0	0.0	0.0	0.0	0.0
金属矿采选业	0.0	0.0	0.0	0.0	0.0	0.0	0.0
非金属矿采选业	0.0	16.9	296.8	679.1	581.8	599.9	10705.1
食品制造及烟草加工业	0.0	1792.2	4937.4	0.0	0.0	286648.5	0.0
纺织业	0.0	0.0	2947.6	0.0	0.0	0.0	0.0
服装皮革羽绒及其制品业	0.0	8337.6	9492.1	1775.4	1024.1	3839.1	4590.3
木材加工及家具制造业	1.1	1619.3	10056.7	18224.9	15608.6	16102.4	287285.5
造纸印刷及文教用品制造业	33.9	11233.9	44872.6	658170.0	27141.7	135822.3	192744.6
石油加工、炼焦及核燃料加工业	5.4	8411.5	79009.6	16205.1	20608.6	15701.5	86109.2
化学工业	0.9	4908.9	48801.5	15947.3	1207115.7	16955.8	264992.9
非金属矿物制品业	0.9	400.7	7239.5	16074.6	13767.0	14202.8	253391.5
金属冶炼及压延加工业	0.1	31.0	639.7	1247.3	1068.3	1102.0	19661.7
金属制品业	0.3	145.8	3176.7	5853.1	5012.9	5171.4	92264.9
通用、专用设备制造业	468.2	70.0	1790.9	251602.8	1348628.4	1926.7	54858.2
交通运输设备制造业	0.1	5222.6	824001.4	2182.0	1868.6	1927.8	34394.4
电气、机械及器材制造业	1.0	619.3	8820.2	16550.3	14174.3	17988.5	260888.3
通信设备、计算机及其他电子设备制造业	0.2	435855.8	1799.9	1568.8	1516.1	1338.8	21953.1
仪器仪表及文化办公用机械制造业	0.2	64839.1	34384.7	3958.0	4796.0	3180.5	55148.0
其他制造业	0.0	37014.7	27.8	1392.6	1397.9	797.0	1732.5
废品废料	0.0	0.0	0.0	0.0	0.0	0.0	0.0
电力、热力的生产和供应业	19.0	22019.5	100052.2	167479.5	95786.6	112292.6	76028.9
燃气生产和供应业	0.0	21.5	374.6	0.0	0.0	941.5	0.0
水的生产和供应业	0.2	671.4	14809.1	12204.6	6480.2	3248.5	5490.8
建筑业	0.5	219.2	7628.9	8716.7	7465.3	14285.8	137403.7
交通运输及仓储业	30.5	27437.3	30573.6	87030.6	31762.8	21783.4	97754.9
邮政业	0.4	114.0	1017.2	12464.7	1972.2	4029.7	34331.7
信息传输、计算机服务和软件业	14.4	15066.6	100970.7	620370.2	36207.8	63279.3	533168.4
批发和零售贸易业	14.4	33446.2	27363.6	100194.9	122225.9	37766.4	99047.4
住宿和餐饮业	97.4	26998.3	46375.0	75667.1	16241.4	36763.4	134278.9
金融保险业	10.1	23939.4	46494.5	18192.9	11550.0	9808.0	22047.7
房地产业	0.0	666.5	232.4	0.0	0.0	0.0	0.0
租赁业和商务服务业	222.9	18579.0	34758.6	28845.1	25331.4	92419.7	82903.0
旅游业	0.0	4.4	0.0	0.0	0.0	0.0	0.0
科学研究事业	69.4	13696.0	68237.0	19560.8	31054.7	40563.0	32440.2
综合技术服务业	334.0	53037.3	199175.2	40968.2	157.6	113855.2	91131.2
其他社会服务业	0.6	10183.2	7615.8	5871.7	6168.3	6057.8	73845.0
教育事业	8.1	2625.6	10547.2	7107.7	8722.0	2405.6	29588.0
卫生、社会保障和社会福利业	3.6	10010.0	26488.1	75424.8	27609.7	13336.0	127444.3
文化、体育和娱乐业	20.3	8119.0	11646.2	16156.2	140705.1	114085.1	92155.9
公共管理和社会组织	0.0	0.0	0.0	0.0	0.0	0.0	0.0
中间投入	**1358.1**	**847829.2**	**1826301.9**	**2307687.0**	**3233751.0**	**1212782.7**	**3309780.2**
固定资产折旧	45823.5	102835.4	119806.2	334284.4	155454.2	103758.1	352441.8
劳动者报酬	492088.7	546041.8	823782.9	3288464.4	1439094.0	345448.9	4100305.3
生产税净额	16637.3	74398.4	80656.1	12152.2	9778.0	56543.4	12142.2
营业盈余	82490.2	227714.5	762691.0	258391.7	383809.0	144551.1	0.0
增加值	**637039.7**	**950990.1**	**1786936.2**	**3893292.7**	**1988135.2**	**650301.5**	**4464889.3**
总投入	**638397.8**	**1798819.3**	**3613238.1**	**6200979.7**	**5221886.2**	**1863084.2**	**7774669.5**

附表10 续6

投入 \ 产出	中间使用合计	最终使用 农村居民	城镇居民	居民消费小计	政府消费	最终消费合计
农业	**14950207.7**	1654257.6	1722210.5	3376468.1	712178.4	**4088646.5**
煤炭开采和洗选业	**5245734.0**	59895.6	9884.1	69779.7	0.0	**69779.7**
石油和天然气开采业	**7999791.7**	0.0	0.0	0.0	0.0	**0.0**
金属矿采选业	**2488814.9**	0.0	0.0	0.0	0.0	**0.0**
非金属矿采选业	**1737612.4**	0.0	0.0	0.0	0.0	**0.0**
食品制造及烟草加工业	**8616911.9**	1592365.7	4205805.5	5798171.2	0.0	**5798171.2**
纺织业	**22347945.9**	80459.1	212158.7	292617.8	0.0	**292617.8**
服装皮革羽绒及其制品业	**8614203.2**	570779.0	2342348.1	2913127.1	0.0	**2913127.1**
木材加工及家具制造业	**4106338.3**	240640.0	275658.6	516298.6	0.0	**516298.6**
造纸印刷及文教用品制造业	**11424508.6**	243673.2	500336.6	744009.8	0.0	**744009.8**
石油加工、炼焦及核燃料加工业	**9381431.5**	193689.9	567080.3	760770.2	0.0	**760770.2**
化学工业	**50259658.3**	821208.0	1387519.5	2208727.5	0.0	**2208727.5**
非金属矿物制品业	**10765578.5**	262328.5	169180.1	431508.6	0.0	**431508.6**
金属冶炼及压延加工业	**33697753.5**	123239.2	113321.9	236561.1	0.0	**236561.1**
金属制品业	**12157891.4**	91327.4	10740.1	102067.5	0.0	**102067.5**
通用、专用设备制造业	**14403345.6**	0.0	8291.7	8291.7	0.0	**8291.7**
交通运输设备制造业	**7765222.1**	448945.1	2232348.6	2681293.7	0.0	**2681293.7**
电气、机械及器材制造业	**10665587.5**	214659.4	553310.7	767970.1	0.0	**767970.1**
通信设备、计算机及其他电子设备制造业	**8650374.4**	156527.3	818318.6	974845.9	0.0	**974845.9**
仪器仪表及文化办公用机械制造业	**3983289.0**	4243.2	101180.3	105423.5	0.0	**105423.5**
其他制造业	**2010871.8**	127667.9	539800.0	667467.9	0.0	**667467.9**
废品废料	**2144694.3**	0.0	0.0	0.0	0.0	**0.0**
电力、热力的生产和供应业	**16489372.0**	241002.2	849673.2	1090675.4	0.0	**1090675.4**
燃气生产和供应业	**422500.4**	23241.9	69234.0	92475.9	0.0	**92475.9**
水的生产和供应业	**410119.3**	29031.3	212682.4	241713.7	0.0	**241713.7**
建筑业	**1381385.3**	226688.6	52019.8	278708.4	0.0	**278708.4**
交通运输及仓储业	**10144563.4**	315172.8	859717.0	1174889.8	13196.9	**1188086.7**
邮政业	**341421.2**	2003.6	9937.3	11940.9	0.0	**11940.9**
信息传输、计算机服务和软件业	**4734801.8**	465657.7	1613667.1	2079324.8	0.0	**2079324.8**
批发和零售贸易业	**12852260.9**	695786.7	1553204.0	2248990.7	64390.1	**2313380.8**
住宿和餐饮业	**2873137.4**	626823.9	2721483.7	3348307.6	0.0	**3348307.6**
金融保险业	**7814271.2**	5571.2	17972.7	23543.9	0.0	**23543.9**
房地产业	**776633.5**	296627.8	225134.1	521761.9	0.0	**521761.9**
租赁业和商务服务业	**7534791.7**	0.0	0.0	0.0	0.0	**0.0**
旅游业	**335186.6**	45184.3	550463.6	595647.9	0.0	**595647.9**
科学研究事业	**550248.6**	0.0	0.0	0.0	88149.2	**88149.2**
综合技术服务业	**1634597.0**	0.0	0.0	0.0	164222.3	**164222.3**
其他社会服务业	**1021100.8**	509690.1	735841.4	1245531.5	1138206.6	**2383738.1**
教育事业	**306033.5**	1011950.7	1945928.9	2957879.6	2952270.2	**5910149.8**
卫生、社会保障和社会福利业	**431600.5**	616863.3	545400.1	1162263.4	3628022.3	**4790285.7**
文化、体育和娱乐业	**1033215.7**	64880.3	222925.5	287805.8	654508.0	**942313.8**
公共管理和社会组织	**0.0**	0.0	0.0	0.0	7774669.5	**7774669.5**
中间投入	**324505007.3**	**12062082.5**	**27954778.7**	**40016861.2**	**17189813.5**	**57206674.7**
固定资产折旧	**19060658.5**					
劳动者报酬	**53379216.0**					
生产税净额	**19079942.9**					
营业盈余	**42863354.2**					
增加值	**134383171.6**					
总投入	**458888178.9**					

附表10 续7

投入 \ 产出	最终使用				
	固定资本形成总额	存货增加	资本形成总额合计	调出省外	出口
农业	766243.0	-122332.7	**643910.3**	635752.6	750825.4
煤炭开采和洗选业	0.0	45482.4	**45482.4**	0.0	0.0
石油和天然气开采业	0.0	23510.9	**23510.9**	14270.8	84400.9
金属矿采选业	0.0	15532.6	**15532.6**	18781.1	0.0
非金属矿采选业	0.0	-956.0	**-956.0**	0.0	0.0
食品制造及烟草加工业	0.0	77524.1	**77524.1**	1928507.5	744515.1
纺织业	0.0	270152.1	**270152.1**	5016795.7	11481133.5
服装皮革羽绒及其制品业	0.0	133464.7	**133464.7**	7103970.5	14449278.0
木材加工及家具制造业	80591.4	36904.4	**117495.8**	626893.4	2043422.1
造纸印刷及文教用品制造业	0.0	77453.6	**77453.6**	2229438.5	139233.0
石油加工、炼焦及核燃料加工业	0.0	-101285.4	**-101285.4**	2619753.8	453094.6
化学工业	0.0	421798.6	**421798.6**	5352130.0	4336525.0
非金属矿物制品业	0.0	63320.4	**63320.4**	453506.6	424101.3
金属冶炼及压延加工业	0.0	103151.2	**103151.2**	583642.2	1705549.3
金属制品业	417103.7	69449.5	**486553.2**	1208871.9	1848762.7
通用、专用设备制造业	15347332.8	188631.4	**15535964.2**	6293979.6	905508.0
交通运输设备制造业	106674.8	77611.6	**184286.4**	4192492.0	3290230.0
电气、机械及器材制造业	1923825.2	168854.3	**2092679.5**	7567351.8	3885176.0
通信设备、计算机及其他电子设备制造业	181220.0	-29665.5	**151554.5**	8644138.6	5632718.7
仪器仪表及文化办公用机械制造业	383624.3	90966.0	**474590.3**	3550023.6	5356.8
其他制造业	0.0	35794.5	**35794.5**	2359427.1	1041434.7
废品废料	0.0	-877.5	**-877.5**	29495.7	0.0
电力、热力的生产和供应业	0.0	0.0	**0.0**	111534.7	0.0
燃气生产和供应业	0.0	0.0	**0.0**	0.0	0.0
水的生产和供应业	0.0	0.0	**0.0**	0.0	0.0
建筑业	35094282.8	0.0	**35094282.8**	820818.0	0.0
交通运输及仓储业	230460.4	27614.0	**258074.4**	1887512.0	1060748.2
邮政业	0.0	0.0	**0.0**	30901.4	0.0
信息传输、计算机服务和软件业	0.0	0.0	**0.0**	101390.2	49087.0
批发和零售贸易业	869657.5	139711.4	**1009368.9**	4328688.5	5036371.9
住宿和餐饮业	0.0	0.0	**0.0**	3472862.1	352024.0
金融保险业	0.0	0.0	**0.0**	51064.0	16173.8
房地产业	7131593.5	0.0	**7131593.5**	0.0	0.0
租赁业和商务服务业	0.0	0.0	**0.0**	762858.4	0.0
旅游业	0.0	0.0	**0.0**	84497.2	70124.3
科学研究事业	0.0	0.0	**0.0**	0.0	0.0
综合技术服务业	0.0	0.0	**0.0**	0.0	0.0
其他社会服务业	0.0	0.0	**0.0**	988627.0	130431.2
教育事业	0.0	0.0	**0.0**	18392.7	7930.0
卫生、社会保障和社会福利业	0.0	0.0	**0.0**	0.0	0.0
文化、体育和娱乐业	0.0	0.0	**0.0**	452907.2	60587.4
公共管理和社会组织	0.0	0.0	**0.0**	0.0	0.0
中间投入	**62532609.4**	**1811810.6**	**64344420.0**	**73541276.4**	**60004742.9**
固定资产折旧					
劳动者报酬					
生产税净额					
营业盈余					
增加值					
总投入					

附表10　续8

投入 \ 产出	最终使用合计	调入省内	进口	总产出
农业	**6119134.8**	-5738111.6	-1048388.9	**14282842.0**
煤炭开采和洗选业	**115262.1**	-5120890.2	-76191.1	**163914.8**
石油和天然气开采业	**122182.6**	-7472558.1	-649416.2	**0.0**
金属矿采选业	**34313.7**	-897313.1	-897243.9	**728571.6**
非金属矿采选业	**-956.0**	-550048.3	0.0	**1186608.1**
食品制造及烟草加工业	**8548717.9**	-2642096.0	-265517.4	**14258016.4**
纺织业	**17060699.1**	-4390252.6	-870497.9	**34147894.5**
服装皮革羽绒及其制品业	**24599840.3**	-757633.5	-90456.7	**32365953.3**
木材加工及家具制造业	**3304109.9**	-608629.7	-139440.1	**6662378.4**
造纸印刷及文教用品制造业	**3190134.9**	-1067619.6	-526262.5	**13020761.4**
石油加工、炼焦及核燃料加工业	**3732333.2**	-3627570.5	-580575.4	**8905618.8**
化学工业	**12319181.1**	-10293361.8	-6471368.3	**45814109.3**
非金属矿物制品业	**1372436.9**	-438521.1	-9700.3	**11689794.0**
金属冶炼及压延加工业	**2628903.8**	-12488627.9	-3227260.9	**20610768.5**
金属制品业	**3646255.3**	-1400717.0	-86536.6	**14316893.1**
通用、专用设备制造业	**22743743.5**	-5849190.3	-2105546.6	**29192352.2**
交通运输设备制造业	**10348302.1**	-2030632.2	-264899.9	**15817992.1**
电气、机械及器材制造业	**14313177.4**	-2788670.4	-1015826.5	**21174268.0**
通信设备、计算机及其他电子设备制造业	**15403257.7**	-9410184.6	-3368620.5	**11274827.0**
仪器仪表及文化办公用机械制造业	**4135394.2**	-1423651.2	-311301.2	**6383730.8**
其他制造业	**4104124.2**	-209594.3	-44769.3	**5860632.4**
废品废料	**28618.2**	-30525.2	-1073357.9	**1069429.4**
电力、热力的生产和供应业	**1202210.1**	-1263685.8	0.0	**16427896.3**
燃气生产和供应业	**92475.9**	-235435.4	0.0	**279540.9**
水的生产和供应业	**241713.7**	0.0	0.0	**651833.0**
建筑业	**36193809.2**	-209686.6	0.0	**37365507.9**
交通运输及仓储业	**4394421.3**	-2809119.7	-465760.8	**11264104.2**
邮政业	**42842.3**	-36456.1	0.0	**347807.4**
信息传输、计算机服务和软件业	**2229802.0**	-91757.8	-6029.1	**6866816.9**
批发和零售贸易业	**12687810.1**	-5610393.5	-1551847.5	**18377830.0**
住宿和餐饮业	**7173193.7**	-3142705.7	-43237.0	**6860388.4**
金融保险业	**90781.7**	-77130.7	-10862.1	**7817060.1**
房地产业	**7653355.4**	0.0	0.0	**8429988.9**
租赁业和商务服务业	**762858.4**	-975511.6	0.0	**7322138.5**
旅游业	**750269.4**	-229394.6	-17225.9	**838835.5**
科学研究事业	**88149.2**	0.0	0.0	**638397.8**
综合技术服务业	**164222.3**	0.0	0.0	**1798819.3**
其他社会服务业	**3502796.3**	-894638.9	-16020.1	**3613238.1**
教育事业	**5936472.5**	-18526.3	-23000.0	**6200979.7**
卫生、社会保障和社会福利业	**4790285.7**	0.0	0.0	**5221886.2**
文化、体育和娱乐业	**1455808.4**	-614777.5	-11162.4	**1863084.2**
公共管理和社会组织	**7774669.5**	0.0	0.0	**7774669.5**
中间投入	**255097114.0**	**-95445619.4**	**-25268323.0**	**458888178.9**
固定资产折旧				
劳动者报酬				
生产税净额				
营业盈余				
增加值				
总投入				

附表11 浙江省投入产出直接消耗系数表(2005年)

产出 / 投入	农业	煤炭开采和洗选业	石油和天然气开采业	金属矿采选业	非金属矿采选业	食品制造及烟草加工业	纺织业
农业	0.1081068	0.0116213	0.0000000	0.0003095	0.0025282	0.2645590	0.0304112
煤炭开采和洗选业	0.0003228	0.0004960	0.0000000	0.0009773	0.0026727	0.0135434	0.0064827
石油和天然气开采业	0.0000000	0.0012147	0.0000000	0.0025723	0.0007954	0.0000314	0.0000769
金属矿采选业	0.0000000	0.0005283	0.0000000	0.1505657	0.0090316	0.0011781	0.0009602
非金属矿采选业	0.0000006	0.0001062	0.0000000	0.0029340	0.0827495	0.0005780	0.0002006
食品制造及烟草加工业	0.0492389	0.0004252	0.0000000	0.0073917	0.0073501	0.2584209	0.0006931
纺织业	0.0000001	0.0000647	0.0000000	0.0017235	0.0096865	0.0017013	0.3306406
服装皮革羽绒及其制品业	0.0001430	0.0080902	0.0000000	0.0124153	0.0119795	0.0017461	0.0339823
木材加工及家具制造业	0.0121421	0.0030742	0.0000000	0.0006124	0.0037884	0.0019590	0.0007892
造纸印刷及文教用品制造业	0.0168188	0.0064253	0.0000000	0.0089129	0.0057197	0.0252349	0.0062012
石油加工、炼焦及核燃料加工业	0.0446832	0.0119556	0.0000000	0.0133386	0.0130297	0.0023410	0.0031013
化学工业	0.0551193	0.0144020	0.0000000	0.0705785	0.1047711	0.0636458	0.1927626
非金属矿物制品业	0.0084836	0.0025629	0.0000000	0.0060163	0.0788110	0.0066308	0.0024875
金属冶炼及压延加工业	0.0117344	0.0017241	0.0000000	0.0206735	0.0348011	0.0040792	0.0071593
金属制品业	0.0023377	0.0237922	0.0000000	0.0007837	0.0085068	0.0042167	0.0029759
通用、专用设备制造业	0.0075414	0.0110850	0.0000000	0.0223801	0.0129499	0.0031475	0.0104092
交通运输设备制造业	0.0000666	0.0031663	0.0000000	0.0405495	0.0394510	0.0013466	0.0041264
电气、机械及器材制造业	0.0001477	0.0046671	0.0000000	0.0331978	0.0300112	0.0071121	0.0047820
通信设备、计算机及其他电子设备制造业	0.0000132	0.0020822	0.0000000	0.0245458	0.0377527	0.0007251	0.0039662
仪器仪表及文化办公用机械制造业	0.0000774	0.0008974	0.0000000	0.0048149	0.0020318	0.0006035	0.0007981
其他制造业	0.0000225	0.0033536	0.0000000	0.0227567	0.0131683	0.0013386	0.0022637
废品废料	0.0000000	0.0000000	0.0000000	0.0000000	0.0003373	0.0000000	0.0004506
电力、热力的生产和供应业	0.0195523	0.0800141	0.0000000	0.0898494	0.0857364	0.0202749	0.0447985
燃气生产和供应业	0.0000000	0.0000018	0.0000000	0.0003549	0.0016738	0.0003471	0.0007749
水的生产和供应业	0.0001264	0.0043028	0.0000000	0.0006318	0.0021241	0.0010592	0.0012993
建筑业	0.0000030	0.0004881	0.0000000	0.0001072	0.0006811	0.0001421	0.0002721
交通运输及仓储业	0.0056186	0.0588702	0.0000000	0.0437721	0.0955198	0.0200657	0.0163204
邮政业	0.0002732	0.0006851	0.0000000	0.0020522	0.0007932	0.0003369	0.0003381
信息传输、计算机服务和软件业	0.0001150	0.0025641	0.0000000	0.0270472	0.0084451	0.0033971	0.0030771
批发和零售贸易业	0.0142352	0.0058811	0.0000000	0.0159583	0.0330823	0.0308414	0.0430328
住宿和餐饮业	0.0000930	0.0100461	0.0000000	0.0160537	0.0081622	0.0035888	0.0034940
金融保险业	0.0072328	0.0890487	0.0000000	0.0396411	0.0143255	0.0177375	0.0157443
房地产业	0.0000000	0.0000000	0.0000000	0.0001976	0.0000536	0.0002885	0.0002759
租赁业和商务服务业	0.0037575	0.0066230	0.0000000	0.0022622	0.0032284	0.0228926	0.0040766
旅游业	0.0000000	0.0000549	0.0000000	0.0000000	0.0000000	0.0000022	0.0000024
科学研究事业	0.0000000	0.0008980	0.0000000	0.0015076	0.0001200	0.0006096	0.0002205
综合技术服务业	0.0028590	0.0046402	0.0000000	0.0014025	0.0000960	0.0006315	0.0025727
其他社会服务业	0.0023803	0.0078492	0.0000000	0.0013354	0.0003761	0.0005582	0.0005421
教育事业	0.0005696	0.0022243	0.0000000	0.0116797	0.0002128	0.0001578	0.0002165
卫生、社会保障和社会福利业	0.0010508	0.0006741	0.0000000	0.0038077	0.0005750	0.0001538	0.0002808
文化、体育和娱乐业	0.0000236	0.0016143	0.0000000	0.0054040	0.0025044	0.0009148	0.0009868
公共管理和社会组织	0.0000000	0.0000000	0.0000000	0.0000000	0.0000000	0.0000000	0.0000000
中间投入	**0.3748907**	**0.3882145**	**0.0000000**	**0.7111147**	**0.7696331**	**0.7881387**	**0.7840466**
固定资产折旧	0.0436811	0.0457140	0.0000000	0.0169265	0.0279083	0.0210222	0.0361984
劳动者报酬	0.5835512	0.2723811	0.0000000	0.1119514	0.0819356	0.0441736	0.0832518
生产税净额	-0.0021230	0.0702902	0.0000000	0.0470462	0.0463288	0.0865445	0.0394780
营业盈余	0.0000000	0.2234002	0.0000000	0.1129612	0.0741942	0.0601210	0.0570252
增加值	**0.6251093**	**0.6117855**	**0.0000000**	**0.2888853**	**0.2303669**	**0.2118613**	**0.2159534**
总投入	**1.0000000**	**1.0000000**	**0.0000000**	**1.0000000**	**1.0000000**	**1.0000000**	**1.0000000**

附表11 续1

投入 \ 产出	服装皮革羽绒及其制品业	木材加工及家具制造业	造纸印刷及文教用品制造业	石油加工、炼焦及核燃料加工业	化学工业	非金属矿物制品业	金属冶炼及压延加工业
农业	0.0898456	0.2015768	0.0160618	0.0000099	0.0326177	0.0016526	0.0000198
煤炭开采和洗选业	0.0020956	0.0006264	0.0061116	0.0054499	0.0067457	0.0266279	0.0035857
石油和天然气开采业	0.0018980	0.0000348	0.0001959	0.7571094	0.0181464	0.0013499	0.0006996
金属矿采选业	0.0022705	0.0060835	0.0003870	0.0000047	0.0013743	0.0053174	0.0577660
非金属矿采选业	0.0004131	0.0007926	0.0002444	0.0000021	0.0024765	0.0146831	0.0004911
食品制造及烟草加工业	0.0350983	0.0202369	0.0030764	0.0001030	0.0139695	0.0017348	0.0000354
纺织业	0.2508360	0.0290542	0.0094052	0.0000048	0.0196757	0.0006012	0.0080566
服装皮革羽绒及其制品业	0.1535760	0.0254012	0.0054823	0.0002127	0.0095021	0.0039020	0.0046176
木材加工及家具制造业	0.0017699	0.1296816	0.0278201	0.0000979	0.0010291	0.0035245	0.0006220
造纸印刷及文教用品制造业	0.0162826	0.0068732	0.3747935	0.0003749	0.0167164	0.0087521	0.0033260
石油加工、炼焦及核燃料加工业	0.0026443	0.0031052	0.0057630	0.0795534	0.0286470	0.0188409	0.0116494
化学工业	0.0727083	0.1201992	0.1002188	0.0059972	0.4685448	0.1641512	0.0327587
非金属矿物制品业	0.0039917	0.0085005	0.0016476	0.0003607	0.0066318	0.1187777	0.0071335
金属冶炼及压延加工业	0.0089269	0.0203174	0.0684680	0.0004425	0.0215971	0.0864031	0.4200819
金属制品业	0.0033198	0.0154111	0.0130914	0.0008302	0.0120628	0.0262075	0.0438769
通用、专用设备制造业	0.0055569	0.0128178	0.0068507	0.0037046	0.0047384	0.0073669	0.0157792
交通运输设备制造业	0.0097185	0.0256695	0.0036457	0.0004543	0.0035001	0.0090487	0.0012142
电气、机械及器材制造业	0.0077958	0.0205440	0.0064341	0.0015356	0.0065115	0.0163330	0.0084835
通信设备、计算机及其他电子设备制造业	0.0064888	0.0149985	0.0030406	0.0003855	0.0058972	0.0808963	0.0007342
仪器仪表及文化办公用机械制造业	0.0006655	0.0006164	0.0007454	0.0004774	0.0020795	0.0009505	0.0010080
其他制造业	0.0053275	0.0200452	0.0031839	0.0004273	0.0050039	0.0103070	0.0018101
废品废料	0.0000149	0.0009149	0.0133634	0.0000134	0.0072042	0.0047852	0.0542692
电力、热力的生产和供应业	0.0154626	0.0203725	0.0388393	0.0034947	0.0383388	0.0909328	0.0743624
燃气生产和供应业	0.0004168	0.0004728	0.0020887	0.0000274	0.0004915	0.0036657	0.0008898
水的生产和供应业	0.0004579	0.0010153	0.0008605	0.0001543	0.0008578	0.0016368	0.0007577
建筑业	0.0001753	0.0000782	0.0001586	0.0000007	0.0001086	0.0002152	0.0001399
交通运输及仓储业	0.0183012	0.0217372	0.0215066	0.0054211	0.0241638	0.0456350	0.0150963
邮政业	0.0005616	0.0004628	0.0007777	0.0000470	0.0005328	0.0002348	0.0001345
信息传输、计算机服务和软件业	0.0054114	0.0044357	0.0071954	0.0005154	0.0042643	0.0033751	0.0019723
批发和零售贸易业	0.0455715	0.0508978	0.0329167	0.0056739	0.0278067	0.0364712	0.0340920
住宿和餐饮业	0.0040742	0.0045242	0.0036193	0.0003100	0.0039695	0.0037150	0.0014228
金融保险业	0.0145268	0.0122186	0.0110632	0.0026259	0.0141352	0.0172646	0.0111198
房地产业	0.0005012	0.0004664	0.0002391	0.0000288	0.0001850	0.0003009	0.0002015
租赁业和商务服务业	0.0112825	0.0065829	0.0049992	0.0003673	0.0077622	0.0054042	0.0012538
旅游业	0.0000019	0.0000000	0.0000047	0.0000001	0.0000033	0.0000004	0.0000004
科学研究事业	0.0004297	0.0011246	0.0001361	0.0007037	0.0012731	0.0008529	0.0004780
综合技术服务业	0.0006258	0.0004948	0.0012518	0.0000451	0.0013186	0.0004522	0.0002521
其他社会服务业	0.0003494	0.0004199	0.0007621	0.0011029	0.0018753	0.0007413	0.0016734
教育事业	0.0002168	0.0003267	0.0002845	0.0000254	0.0004094	0.0001694	0.0001937
卫生、社会保障和社会福利业	0.0000396	0.0002883	0.0001495	0.0000000	0.0001923	0.0000861	0.0000702
文化、体育和娱乐业	0.0010536	0.0012309	0.0009928	0.0000810	0.0009988	0.0007421	0.0003449
公共管理和社会组织	0.0000000	0.0000000	0.0000000	0.0000000	0.0000000	0.0000000	0.0000000
中间投入	**0.8007040**	**0.8106504**	**0.7978763**	**0.8781762**	**0.8233585**	**0.8241093**	**0.8224737**
固定资产折旧	0.0182825	0.0181329	0.0321365	0.0144195	0.0282907	0.0301853	0.0280937
劳动者报酬	0.0827801	0.0801012	0.0698325	0.0172294	0.0512891	0.0612753	0.0523395
生产税净额	0.0330517	0.0308773	0.0361755	0.0343456	0.0310113	0.0294435	0.0401833
营业盈余	0.0651817	0.0602382	0.0639793	0.0558293	0.0660504	0.0549865	0.0569098
增加值	**0.1992960**	**0.1893496**	**0.2021237**	**0.1218238**	**0.1766415**	**0.1758907**	**0.1775263**
总投入	**1.0000000**	**1.0000000**	**1.0000000**	**1.0000000**	**1.0000000**	**1.0000000**	**1.0000000**

附表11 续2

投入＼产出	金属制品业	通用、专用设备制造业	交通运输设备制造业	电气、机械及器材制造业	通信设备、计算机及其他电子设备制造业	仪器仪表及文化办公用机械制造业	其他制造业
农业	0.0012815	0.0003324	0.0027404	0.0000516	0.0003657	0.0052444	0.0534806
煤炭开采和洗选业	0.0039783	0.0012342	0.0009351	0.0006587	0.0020549	0.0001097	0.0017936
石油和天然气开采业	0.0003824	0.0001233	0.0115270	0.0000683	0.0000320	0.0000105	0.0015499
金属矿采选业	0.0047008	0.0047156	0.0011967	0.0248626	0.0077583	0.0053998	0.0015117
非金属矿采选业	0.0001737	0.0003534	0.0000801	0.0006234	0.0002605	0.0000823	0.0002188
食品制造及烟草加工业	0.0005292	0.0008321	0.0001822	0.0003083	0.0002943	0.0003126	0.0012597
纺织业	0.0341446	0.0053526	0.0044946	0.0038399	0.0008116	0.0009650	0.0745779
服装皮革羽绒及其制品业	0.0435314	0.0034615	0.0020321	0.0026456	0.0021284	0.0013828	0.0067209
木材加工及家具制造业	0.0041084	0.0025800	0.0020537	0.0026194	0.0009571	0.0076646	0.0802883
造纸印刷及文教用品制造业	0.0178758	0.0091989	0.0108923	0.0158537	0.0188075	0.0228423	0.0364705
石油加工、炼焦及核燃料加工业	0.0080192	0.0127406	0.0046571	0.0091756	0.0082323	0.0012627	0.0122919
化学工业	0.0910809	0.0553184	0.0957448	0.1410298	0.0657608	0.1192821	0.1454435
非金属矿物制品业	0.0040700	0.0095505	0.0028116	0.0243944	0.0134785	0.0069374	0.0080637
金属冶炼及压延加工业	0.2089111	0.1819486	0.1400167	0.1495962	0.1380129	0.0517116	0.0942580
金属制品业	0.1261713	0.0545533	0.0286862	0.0382693	0.0311300	0.0148641	0.0220547
通用、专用设备制造业	0.0720774	0.1867798	0.0882679	0.0570615	0.0148721	0.0373249	0.0031611
交通运输设备制造业	0.0072013	0.0448547	0.1727729	0.0109417	0.0043249	0.0050183	0.0063968
电气、机械及器材制造业	0.0236941	0.0530619	0.0490738	0.1399983	0.1584596	0.0311518	0.0060774
通信设备、计算机及其他电子设备制造业	0.0066817	0.0145245	0.0665176	0.0367197	0.2666559	0.0303173	0.0038231
仪器仪表及文化办公用机械制造业	0.0032285	0.0105264	0.0101112	0.0117619	0.0032005	0.3139231	0.0005218
其他制造业	0.0053720	0.0058838	0.0023273	0.0121672	0.0021107	0.0061159	0.0371445
废品废料	0.0040360	0.0052039	0.0002838	0.0007769	0.0003078	0.0012983	0.0310666
电力、热力的生产和供应业	0.0313940	0.0210676	0.0252715	0.0176129	0.0200265	0.0112504	0.0294499
燃气生产和供应业	0.0006440	0.0004754	0.0008118	0.0019005	0.0000515	0.0006841	0.0010039
水的生产和供应业	0.0004726	0.0007644	0.0010366	0.0006237	0.0008361	0.0004868	0.0007811
建筑业	0.0002376	0.0001525	0.0000620	0.0000721	0.0002647	0.0000753	0.0000963
交通运输及仓储业	0.0246231	0.0228802	0.0203084	0.0229718	0.0139746	0.0143040	0.0193385
邮政业	0.0005012	0.0007947	0.0005741	0.0006180	0.0004726	0.0008687	0.0003445
信息传输、计算机服务和软件业	0.0043342	0.0066877	0.0050731	0.0092292	0.0042350	0.0090914	0.0044633
批发和零售贸易业	0.0347743	0.0256654	0.0264411	0.0311522	0.0278621	0.0210951	0.0337913
住宿和餐饮业	0.0039444	0.0064456	0.0052474	0.0056592	0.0036322	0.0051348	0.0026541
金融保险业	0.0141219	0.0137876	0.0119163	0.0141564	0.0103455	0.0115765	0.0084714
房地产业	0.0003032	0.0003115	0.0009064	0.0005194	0.0002988	0.0001422	0.0003726
租赁业和商务服务业	0.0048591	0.0075893	0.0070066	0.0124341	0.0220937	0.0110126	0.0030071
旅游业	0.0000004	0.0000034	0.0000031	0.0000062	0.0000061	0.0000114	0.0000004
科学研究事业	0.0006881	0.0017830	0.0012922	0.0020700	0.0023069	0.0006123	0.0001833
综合技术服务业	0.0012438	0.0014020	0.0012559	0.0016771	0.0005995	0.0025479	0.0002063
其他社会服务业	0.0004454	0.0006692	0.0006320	0.0005323	0.0004192	0.0004708	0.0008692
教育事业	0.0003742	0.0005983	0.0005585	0.0002853	0.0003219	0.0004735	0.0002709
卫生、社会保障和社会福利业	0.0001480	0.0001420	0.0000625	0.0000363	0.0000841	0.0000405	0.0000454
文化、体育和娱乐业	0.0009423	0.0015272	0.0011171	0.0012883	0.0007933	0.0011154	0.0006252
公共管理和社会组织	0.0000000	0.0000000	0.0000000	0.0000000	0.0000000	0.0000000	0.0000000
中间投入	**0.7953015**	**0.7758774**	**0.8069816**	**0.8062688**	**0.8486408**	**0.7542150**	**0.7341498**
固定资产折旧	0.0222578	0.0211953	0.0213012	0.0183109	0.0216465	0.0237064	0.0225257
劳动者报酬	0.0749538	0.0797738	0.0702957	0.0697101	0.0646932	0.0894973	0.1144656
生产税净额	0.0329198	0.0359606	0.0363337	0.0337152	0.0206270	0.0410123	0.0424513
营业盈余	0.0745670	0.0871929	0.0650879	0.0719950	0.0443925	0.0915690	0.0864076
增加值	**0.2046985**	**0.2241226**	**0.1930184**	**0.1937312**	**0.1513592**	**0.2457850**	**0.2658502**
总投入	**1.0000000**	**1.0000000**	**1.0000000**	**1.0000000**	**1.0000000**	**1.0000000**	**1.0000000**

附表11 续3

投入 \ 产出	废品废料	电力、热力的生产和供应业	燃气生产和供应业	水的生产和供应业	建筑业	交通运输及仓储业	邮政业
农业	0.0000000	0.0022577	0.0000000	0.0000092	0.0205753	0.0147947	0.0000000
煤炭开采和洗选业	0.0000000	0.2219690	0.0133616	0.0076725	0.0026523	0.0001993	0.0000000
石油和天然气开采业	0.0000000	0.0005067	0.0409547	0.0000514	0.0000000	0.0091645	0.0000000
金属矿采选业	0.0000000	0.0001632	0.0000000	0.0001256	0.0000000	0.0000000	0.0000000
非金属矿采选业	0.0000000	0.0006459	0.0000050	0.0001273	0.0334052	0.0001156	0.0000000
食品制造及烟草加工业	0.0000000	0.0006454	0.0000000	0.0001011	0.0000000	0.0074336	0.0000000
纺织业	0.0000000	0.0111614	0.0000036	0.0007787	0.0000055	0.0013772	0.0003695
服装皮革羽绒及其制品业	0.0000000	0.0054652	0.0009991	0.0046023	0.0029599	0.0082887	0.0199438
木材加工及家具制造业	0.0000000	0.0030175	0.0001173	0.0012755	0.0321504	0.0011793	0.0021590
造纸印刷及文教用品制造业	0.0000000	0.0059856	0.0007888	0.0058722	0.0032398	0.0042624	0.0370216
石油加工、炼焦及核燃料加工业	0.0000000	0.0363319	0.7613630	0.0014803	0.0445792	0.1841167	0.0210289
化学工业	0.0000000	0.0173254	0.0049628	0.0279059	0.0320053	0.0132976	0.0019157
非金属矿物制品业	0.0000000	0.0119868	0.0002357	0.0026022	0.1766215	0.0038245	0.0033599
金属冶炼及压延加工业	0.0000000	0.0048620	0.0081519	0.0021814	0.1323444	0.0015077	0.0000000
金属制品业	0.0000000	0.0062066	0.0003084	0.0045383	0.1120709	0.0014834	0.0017222
通用、专用设备制造业	0.0000000	0.0277443	0.0011694	0.0257291	0.0273910	0.0064231	0.0109702
交通运输设备制造业	0.0000000	0.0059655	0.0005348	0.0093088	0.0037370	0.0722521	0.0202307
电气、机械及器材制造业	0.0000000	0.0177564	0.0007062	0.0178434	0.0114339	0.0047551	0.0013280
通信设备、计算机及其他电子设备制造业	0.0000000	0.0040755	0.0002332	0.0029971	0.0008371	0.0038588	0.0010379
仪器仪表及文化办公用机械制造业	0.0000000	0.0100634	0.0006868	0.0104920	0.0064945	0.0010847	0.0086801
其他制造业	0.0000000	0.0016441	0.0003574	0.0023503	0.0020161	0.0005999	0.0000000
废品废料	0.0000000	0.0009618	0.0000000	0.0000012	0.0000000	0.0000493	0.0000000
电力、热力的生产和供应业	0.0000000	0.1785226	0.0078350	0.4085901	0.0242728	0.0179692	0.0275400
燃气生产和供应业	0.0000000	0.0002736	0.0342787	0.0122245	0.0000000	0.0060793	0.0000000
水的生产和供应业	0.0000000	0.0018313	0.0004507	0.0174405	0.0006156	0.0015500	0.0012932
建筑业	0.0000000	0.0029909	0.0000300	0.0005396	0.0000000	0.0039409	0.0021201
交通运输及仓储业	0.0000000	0.0186993	0.0176489	0.0055029	0.0284160	0.0724368	0.0565882
邮政业	0.0000000	0.0010653	0.0000919	0.0012741	0.0002338	0.0006889	0.0023582
信息传输、计算机服务和软件业	0.0000000	0.0043541	0.0031613	0.0112719	0.0039554	0.0092210	0.0661820
批发和零售贸易业	0.0000000	0.0206599	0.0127531	0.0050304	0.0448971	0.0079442	0.1181553
住宿和餐饮业	0.0000000	0.0061738	0.0014806	0.0090075	0.0030882	0.0057152	0.0053001
金融保险业	0.0000000	0.0738326	0.0116019	0.0459141	0.0065443	0.0285082	0.0027118
房地产业	0.0000000	0.0001696	0.0000701	0.0001075	0.0000400	0.0002958	0.0053035
租赁业和商务服务业	0.0000000	0.0032927	0.0010574	0.0038599	0.0117963	0.0230866	0.0227560
旅游业	0.0000000	0.0000002	0.0000018	0.0000000	0.0000000	0.0001618	0.0000000
科学研究事业	0.0000000	0.0005279	0.0000000	0.0005919	0.0013390	0.0000950	0.0001009
综合技术服务业	0.0000000	0.0045271	0.0000901	0.0008559	0.0093487	0.0057195	0.0000000
其他社会服务业	0.0000000	0.0088729	0.0009948	0.0068562	0.0015139	0.0221414	0.0014612
教育事业	0.0000000	0.0011508	0.0001896	0.0015222	0.0003044	0.0014666	0.0000000
卫生、社会保障和社会福利业	0.0000000	0.0001210	0.0000193	0.0000749	0.0000000	0.0030334	0.0000000
文化、体育和娱乐业	0.0000000	0.0016052	0.0003506	0.0025160	0.0005151	0.0005732	0.0000000
公共管理和社会组织	0.0000000	0.0000000	0.0000000	0.0000000	0.0000000	0.0000000	0.0000000
中间投入	**0.0000000**	**0.7254122**	**0.9270457**	**0.6612258**	**0.7814000**	**0.5506951**	**0.4416381**
固定资产折旧	0.0000000	0.0947738	0.0594668	0.1745568	0.0072839	0.0828367	0.0766007
劳动者报酬	0.0000000	0.0471173	0.0441048	0.1205109	0.1424760	0.1109290	0.4421470
生产税净额	0.0000000	0.0668632	−0.0286792	0.0270198	0.0313678	0.0429001	0.0430267
营业盈余	1.0000000	0.0658335	−0.0019382	0.0166866	0.0374723	0.2126390	−0.0034125
增加值	**1.0000000**	**0.2745878**	**0.0729543**	**0.3387742**	**0.2186000**	**0.4493049**	**0.5583619**
总投入	**1.0000000**	**1.0000000**	**1.0000000**	**1.0000000**	**1.0000000**	**1.0000000**	**1.0000000**

附表 11　续 4

投入＼产出	信息传输、计算机服务和软件业	批发和零售贸易业	住宿和餐饮业	金融保险业	房地产业	租赁业和商务服务业	旅游业
农业	0.0000000	0.0003778	0.1760886	0.0000000	0.0000000	0.0000000	0.0006283
煤炭开采和洗选业	0.0000000	0.0000194	0.0008124	0.0000000	0.0000000	0.0000000	0.0020493
石油和天然气开采业	0.0000000	0.0000000	0.0000000	0.0000000	0.0000000	0.0000000	0.0000000
金属矿采选业	0.0000000	0.0000000	0.0000000	0.0000000	0.0000000	0.0000000	0.0000000
非金属矿采选业	0.0000000	0.0000000	0.0000000	0.0000000	0.0000000	0.0000000	0.0000000
食品制造及烟草加工业	0.0000117	0.0013767	0.2501474	0.0000000	0.0017269	0.0023456	0.0041186
纺织业	0.0000770	0.0001347	0.0078671	0.0000602	0.0000064	0.0000000	0.0012820
服装皮革羽绒及其制品业	0.0033677	0.0086762	0.0058094	0.0044639	0.0004341	0.0177409	0.0052883
木材加工及家具制造业	0.0019392	0.0014890	0.0083756	0.0026814	0.0000155	0.0000000	0.0009249
造纸印刷及文教用品制造业	0.0914291	0.0138582	0.0076382	0.0283558	0.0003777	0.0116545	0.0023455
石油加工、炼焦及核燃料加工业	0.0010778	0.0022682	0.0095054	0.0062120	0.0001317	0.0049373	0.0034126
化学工业	0.0000062	0.0047262	0.0168244	0.0029358	0.0016773	0.0007649	0.0033366
非金属矿物制品业	0.0000001	0.0003173	0.0023717	0.0000000	0.0006438	0.0000000	0.0001044
金属冶炼及压延加工业	0.0000000	0.0000119	0.0000528	0.0000000	0.0000000	0.0000000	0.0000000
金属制品业	0.0009955	0.0019051	0.0027039	0.0021607	0.0070972	0.0000000	0.0001217
通用、专用设备制造业	0.0033048	0.0014789	0.0027753	0.0029438	0.0008364	0.0000000	0.0020326
交通运输设备制造业	0.0019456	0.0117571	0.0014716	0.0020726	0.0001279	0.0011668	0.0047119
电气、机械及器材制造业	0.0407972	0.0024757	0.0077168	0.0012899	0.0053409	0.0000000	0.0000322
通信设备、计算机及其他电子设备制造业	0.0441419	0.0034500	0.0003709	0.0009079	0.0073909	0.0326162	0.0003098
仪器仪表及文化办公用机械制造业	0.0407328	0.0002135	0.0089741	0.0013994	0.0004071	0.0015768	0.0002116
其他制造业	0.0024063	0.0039787	0.0057327	0.0008256	0.0002513	0.0039387	0.0000004
废品废料	0.0000000	0.0000000	0.0004189	0.0000000	0.0000000	0.0000000	0.0000000
电力、热力的生产和供应业	0.0581336	0.0280945	0.0504708	0.0153157	0.0020301	0.0104030	0.0116305
燃气生产和供应业	0.0000000	0.0000000	0.0111425	0.0000000	0.0005816	0.0001143	0.0000000
水的生产和供应业	0.0005022	0.0006055	0.0010859	0.0004156	0.0005834	0.0006848	0.0006545
建筑业	0.0041849	0.0199912	0.0067419	0.0023295	0.0715135	0.0003049	0.0000000
交通运输及仓储业	0.0029494	0.0257852	0.0054610	0.0213511	0.0005823	0.0523259	0.3130168
邮政业	0.0004803	0.0014382	0.0006522	0.0051880	0.0000243	0.0034841	0.0016461
信息传输、计算机服务和软件业	0.0468795	0.0251617	0.0081361	0.0217928	0.0019731	0.0737270	0.0186804
批发和零售贸易业	0.0257178	0.0030303	0.0190115	0.0041435	0.0013876	0.0051025	0.0015318
住宿和餐饮业	0.0124820	0.0265814	0.0013168	0.0184138	0.0025315	0.0308094	0.0896158
金融保险业	0.0362944	0.0377556	0.0276536	0.0023961	0.0590899	0.0168209	0.0139160
房地产业	0.0083507	0.0226851	0.0043569	0.0090087	0.0005593	0.0118854	0.0024677
租赁业和商务服务业	0.0477950	0.0452307	0.0061999	0.0232980	0.0051546	0.3559592	0.0024244
旅游业	0.0000078	0.0000000	0.0000526	0.0000000	0.0000865	0.0001659	0.3935886
科学研究事业	0.0002315	0.0000000	0.0000351	0.0000304	0.0000000	0.0000000	0.0000000
综合技术服务业	0.0000394	0.0088551	0.0010037	0.0000000	0.0093589	0.0012802	0.0000000
其他社会服务业	0.0010044	0.0053467	0.0036477	0.0039001	0.0003896	0.0005667	0.0001935
教育事业	0.0010962	0.0014959	0.0003632	0.0024598	0.0003184	0.0036576	0.0003421
卫生、社会保障和社会福利业	0.0003967	0.0003837	0.0030217	0.0008467	0.0002517	0.0025722	0.0008668
文化、体育和娱乐业	0.0286531	0.0040261	0.0006305	0.0029511	0.0000489	0.0000000	0.0041398
公共管理和社会组织	0.0000000	0.0000000	0.0000000	0.0000000	0.0000000	0.0000000	0.0000000
中间投入	**0.5074317**	**0.3149814**	**0.6666408**	**0.1901499**	**0.1829304**	**0.6466056**	**0.8856254**
固定资产折旧	0.1806706	0.0338512	0.0466587	0.0229232	0.4790181	0.0865267	0.0045029
劳动者报酬	0.0865220	0.1152928	0.1326487	0.1740232	0.0555354	0.1179487	0.0287711
生产税净额	0.0266203	0.1580281	0.0372527	0.0884040	0.1008265	0.0397252	0.0166662
营业盈余	0.1987554	0.3778465	0.1167992	0.5244997	0.1816896	0.1091937	0.0644344
增加值	**0.4925683**	**0.6850186**	**0.3333592**	**0.8098501**	**0.8170696**	**0.3533944**	**0.1143746**
总投入	**1.0000000**	**1.0000000**	**1.0000000**	**1.0000000**	**1.0000000**	**1.0000000**	**1.0000000**

附表11　续5

投入＼产出	科学研究事业	综合技术服务业	其他社会服务业	教育事业	卫生、社会保障和社会福利业	文化、体育和娱乐业	公共管理和社会组织
农业	0.0000000	0.0002532	0.0004501	0.0000000	0.0000000	0.0013723	0.0000000
煤炭开采和洗选业	0.0000000	0.0000000	0.0022198	0.0000000	0.0000000	0.0000000	0.0000000
石油和天然气开采业	0.0000000	0.0000000	0.0000000	0.0000000	0.0000000	0.0000000	0.0000000
金属矿采选业	0.0000000	0.0000000	0.0000000	0.0000000	0.0000000	0.0000000	0.0000000
非金属矿采选业	0.0000000	0.0000094	0.0000821	0.0001095	0.0001114	0.0003220	0.0013769
食品制造及烟草加工业	0.0000000	0.0009963	0.0013665	0.0000000	0.0000000	0.1538570	0.0000000
纺织业	0.0000000	0.0000000	0.0008158	0.0000000	0.0000000	0.0000000	0.0000000
服装皮革羽绒及其制品业	0.0000000	0.0046350	0.0026270	0.0002863	0.0001961	0.0020606	0.0005904
木材加工及家具制造业	0.0000017	0.0009002	0.0027833	0.0029390	0.0029891	0.0086429	0.0369515
造纸印刷及文教用品制造业	0.0000531	0.0062452	0.0124189	0.1061397	0.0051977	0.0729019	0.0247914
石油加工、炼焦及核燃料加工业	0.0000085	0.0046761	0.0218667	0.0026133	0.0039466	0.0084277	0.0110756
化学工业	0.0000014	0.0027290	0.0135063	0.0025717	0.2311647	0.0091009	0.0340841
非金属矿物制品业	0.0000014	0.0002228	0.0020036	0.0025923	0.0026364	0.0076233	0.0325919
金属冶炼及压延加工业	0.0000002	0.0000172	0.0001770	0.0002011	0.0002046	0.0005915	0.0025289
金属制品业	0.0000005	0.0000811	0.0008792	0.0009439	0.0009600	0.0027757	0.0118674
通用、专用设备制造业	0.0007334	0.0000389	0.0004956	0.0405747	0.2582646	0.0010341	0.0070560
交通运输设备制造业	0.0000002	0.0029033	0.2280507	0.0003519	0.0003578	0.0010347	0.0044239
电气、机械及器材制造业	0.0000016	0.0003443	0.0024411	0.0026690	0.0027144	0.0096552	0.0335562
通信设备、计算机及其他电子设备制造业	0.0000003	0.2423010	0.0004981	0.0002530	0.0002903	0.0007186	0.0028237
仪器仪表及文化办公用机械制造业	0.0000003	0.0360454	0.0095163	0.0006383	0.0009184	0.0017071	0.0070933
其他制造业	0.0000000	0.0205772	0.0000077	0.0002246	0.0002677	0.0004278	0.0002228
废品废料	0.0000000	0.0000000	0.0000000	0.0000000	0.0000000	0.0000000	0.0000000
电力、热力的生产和供应业	0.0000298	0.0122411	0.0276905	0.0270086	0.0183433	0.0602724	0.0097791
燃气生产和供应业	0.0000000	0.0000120	0.0001037	0.0000000	0.0000000	0.0005053	0.0000000
水的生产和供应业	0.0000003	0.0003732	0.0040986	0.0019682	0.0012410	0.0017436	0.0007062
建筑业	0.0000008	0.0001219	0.0021114	0.0014057	0.0014296	0.0076678	0.0176733
交通运输及仓储业	0.0000478	0.0152529	0.0084616	0.0140350	0.0060826	0.0116921	0.0125735
邮政业	0.0000006	0.0000634	0.0002815	0.0020101	0.0003777	0.0021629	0.0044158
信息传输、计算机服务和软件业	0.0000226	0.0083758	0.0279447	0.1000439	0.0069339	0.0339648	0.0685776
批发和零售贸易业	0.0000226	0.0185934	0.0075732	0.0161579	0.0234065	0.0202709	0.0127398
住宿和餐饮业	0.0001526	0.0150089	0.0128347	0.0122024	0.0031103	0.0197325	0.0172713
金融保险业	0.0000158	0.0133084	0.0128678	0.0029339	0.0022118	0.0052644	0.0028358
房地产业	0.0000000	0.0003705	0.0000643	0.0000000	0.0000000	0.0000000	0.0000000
租赁业和商务服务业	0.0003492	0.0103284	0.0096198	0.0046517	0.0048510	0.0496058	0.0106632
旅游业	0.0000000	0.0000024	0.0000000	0.0000000	0.0000000	0.0000000	0.0000000
科学研究事业	0.0001087	0.0076139	0.0188853	0.0031545	0.0059470	0.0217720	0.0041726
综合技术服务业	0.0005232	0.0294845	0.0551237	0.0066067	0.0000302	0.0611111	0.0117216
其他社会服务业	0.0000009	0.0056610	0.0021077	0.0009469	0.0011812	0.0032515	0.0094982
教育事业	0.0000127	0.0014596	0.0029190	0.0011462	0.0016703	0.0012912	0.0038057
卫生、社会保障和社会福利业	0.0000056	0.0055648	0.0073308	0.0121634	0.0052873	0.0071580	0.0163922
文化、体育和娱乐业	0.0000318	0.0045135	0.0032232	0.0026054	0.0269453	0.0612345	0.0118534
公共管理和社会组织	0.0000000	0.0000000	0.0000000	0.0000000	0.0000000	0.0000000	0.0000000
中间投入	**0.0021274**	**0.4713254**	**0.5054474**	**0.3721488**	**0.6192688**	**0.6509543**	**0.4257133**
固定资产折旧	0.0717789	0.0571683	0.0331576	0.0539083	0.0297697	0.0556916	0.0453321
劳动者报酬	0.7708183	0.3035557	0.2279902	0.5303137	0.2755889	0.1854178	0.5273929
生产税净额	0.0260610	0.0413596	0.0223224	0.0019597	0.0018725	0.0303494	0.0015618
营业盈余	0.1292144	0.1265911	0.2110824	0.0416695	0.0735001	0.0775870	0.0000000
增加值	**0.9978726**	**0.5286746**	**0.4945526**	**0.6278512**	**0.3807312**	**0.3490457**	**0.5742867**
总投入	**1.0000000**	**1.0000000**	**1.0000000**	**1.0000000**	**1.0000000**	**1.0000000**	**1.0000000**

附表 12　浙江省投入产出完全消耗系数表(2005 年)

产出 投入	农业	煤炭开采和洗选业	石油和天然气开采业	金属矿采选业	非金属矿采选业	食品制造及烟草加工业	纺织业
农业	0.1611224	0.0313507	0.0000000	0.0430146	0.0496290	0.4365366	0.1056097
煤炭开采和洗选业	0.0171504	0.0317463	0.0000000	0.0520464	0.0592424	0.0443432	0.0532123
石油和天然气开采业	0.0590917	0.0381745	0.0000000	0.0629870	0.0787424	0.0499892	0.0602688
金属矿采选业	0.0055265	0.0059857	0.0000000	0.1941280	0.0328066	0.0098865	0.0131072
非金属矿采选业	0.0009947	0.0008327	0.0000000	0.0056269	0.0939548	0.0023870	0.0029759
食品制造及烟草加工业	0.0840768	0.0135369	0.0000000	0.0375526	0.0365141	0.3917304	0.0340862
纺织业	0.0128287	0.0169936	0.0000000	0.0396553	0.0568213	0.0254372	0.5528133
服装皮革羽绒及其制品业	0.0070513	0.0182753	0.0000000	0.0329438	0.0355228	0.0152911	0.0788600
木材加工及家具制造业	0.0193664	0.0077794	0.0000000	0.0107907	0.0140822	0.0150717	0.0094014
造纸印刷及文教用品制造业	0.0471410	0.0308358	0.0000000	0.0630395	0.0554427	0.0924044	0.0594405
石油加工、炼焦及核燃料加工业	0.0731179	0.0449346	0.0000000	0.0684860	0.0885110	0.0574681	0.0613853
化学工业	0.1766643	0.0905865	0.0000000	0.3107255	0.4109033	0.2913834	0.6652179
非金属矿物制品业	0.0162452	0.0092169	0.0000000	0.0231285	0.1146491	0.0224336	0.0186895
金属冶炼及压延加工业	0.0609856	0.0549478	0.0000000	0.1728138	0.2218317	0.0832288	0.1146672
金属制品业	0.0145892	0.0395540	0.0000000	0.0354303	0.0520951	0.0260067	0.0336299
通用、专用设备制造业	0.0215039	0.0316111	0.0000000	0.0731499	0.0622179	0.0275146	0.0471816
交通运输设备制造业	0.0088052	0.0206064	0.0000000	0.0821100	0.0847326	0.0175791	0.0287227
电气、机械及器材制造业	0.0107411	0.0199965	0.0000000	0.0850550	0.0854560	0.0284026	0.0353695
通信设备、计算机及其他电子设备制造业	0.0101643	0.0157965	0.0000000	0.0703724	0.0976394	0.0195823	0.0322054
仪器仪表及文化办公用机械制造业	0.0036652	0.0073538	0.0000000	0.0217788	0.0161706	0.0076727	0.0115013
其他制造业	0.0031570	0.0065704	0.0000000	0.0350591	0.0243250	0.0070045	0.0114984
废品废料	0.0056614	0.0048078	0.0000000	0.0145671	0.0183502	0.0085946	0.0135759
电力、热力的生产和供应业	0.0577255	0.1306308	0.0000000	0.2035873	0.2117465	0.0948306	0.1616396
燃气生产和供应业	0.0006712	0.0011865	0.0000000	0.0024911	0.0047385	0.0018158	0.0028884
水的生产和供应业	0.0009295	0.0054107	0.0000000	0.0027584	0.0047858	0.0028315	0.0039400
建筑业	0.0013155	0.0024464	0.0000000	0.0036454	0.0048794	0.0030378	0.0043946
交通运输及仓储业	0.0248595	0.0833278	0.0000000	0.0970231	0.1636799	0.0629656	0.0722616
邮政业	0.0009217	0.0018810	0.0000000	0.0041341	0.0026500	0.0018301	0.0021584
信息传输、计算机服务和软件业	0.0066862	0.0128646	0.0000000	0.0509892	0.0282464	0.0196082	0.0215103
批发和零售贸易业	0.0352160	0.0246649	0.0000000	0.0635994	0.0900034	0.0759846	0.1117924
住宿和餐饮业	0.0050455	0.0174795	0.0000000	0.0316957	0.0232762	0.0150575	0.0184551
金融保险业	0.0246648	0.1128929	0.0000000	0.0913217	0.0681947	0.0560706	0.0678876
房地产业	0.0014926	0.0022613	0.0000000	0.0039405	0.0040841	0.0039490	0.0047142
租赁业和商务服务业	0.0196980	0.0267018	0.0000000	0.0365761	0.0422717	0.0721719	0.0421734
旅游业	0.0000166	0.0001268	0.0000000	0.0000503	0.0000701	0.0000512	0.0000504
科学研究事业	0.0007494	0.0018240	0.0000000	0.0037504	0.0022987	0.0019355	0.0021839
综合技术服务业	0.0052058	0.0078540	0.0000000	0.0068639	0.0059590	0.0055107	0.0091688
其他社会服务业	0.0050151	0.0124283	0.0000000	0.0083972	0.0092251	0.0061793	0.0073966
教育事业	0.0012503	0.0032895	0.0000000	0.0154482	0.0022704	0.0017055	0.0019621
卫生、社会保障和社会福利业	0.0016139	0.0015117	0.0000000	0.0057957	0.0020133	0.0014934	0.0014956
文化、体育和娱乐业	0.0012368	0.0034925	0.0000000	0.0108983	0.0066116	0.0036095	0.0048331
公共管理和社会组织	0.0000000	0.0000000	0.0000000	0.0000000	0.0000000	0.0000000	0.0000000

附表12　续1

投入＼产出	服装皮革羽绒及其制品业	木材加工及家具制造业	造纸印刷及文教用品制造业	石油加工、炼焦及核燃料加工业	化学工业	非金属矿物制品业	金属冶炼及压延加工业
农业	0.1927035	0.3183369	0.0810144	0.0021872	0.1090389	0.0476205	0.0287534
煤炭开采和洗选业	0.0382531	0.0334998	0.0523051	0.0083369	0.0516167	0.0896559	0.0623770
石油和天然气开采业	0.0547171	0.0578730	0.0587364	0.8258783	0.1153784	0.0832246	0.0582069
金属矿采选业	0.0147973	0.0237768	0.0238537	0.0008351	0.0167220	0.0355006	0.1292724
非金属矿采选业	0.0027019	0.0032593	0.0025869	0.0001147	0.0064503	0.0207647	0.0029817
食品制造及烟草加工业	0.0888273	0.0729269	0.0326061	0.0014269	0.0569136	0.0278858	0.0175795
纺织业	0.4782476	0.0966551	0.0620629	0.0018336	0.0851177	0.0450921	0.0542649
服装皮革羽绒及其制品业	0.2148563	0.0538849	0.0305076	0.0013389	0.0365995	0.0280667	0.0292304
木材加工及家具制造业	0.0124154	0.1617636	0.0582405	0.0005961	0.0108447	0.0139023	0.0079441
造纸印刷及文教用品制造业	0.0773424	0.0611727	0.6391427	0.0030923	0.0822041	0.0641590	0.0434458
石油加工、炼焦及核燃料加工业	0.0564263	0.0630816	0.0641349	0.0901472	0.1015899	0.0920440	0.0668091
化学工业	0.4507253	0.4489098	0.4415768	0.0199929	1.0272056	0.5228661	0.2482839
非金属矿物制品业	0.0198866	0.0273125	0.0173751	0.0012650	0.0255087	0.1555872	0.0268213
金属冶炼及压延加工业	0.1154381	0.1635207	0.2851829	0.0082717	0.1565571	0.3260949	0.8453563
金属制品业	0.0315202	0.0519271	0.0583735	0.0030692	0.0497940	0.0802753	0.1119681
通用、专用设备制造业	0.0401082	0.0535032	0.0465285	0.0069537	0.0390430	0.0558265	0.0716309
交通运输设备制造业	0.0351474	0.0570810	0.0298724	0.0028280	0.0282782	0.0415210	0.0298957
电气、机械及器材制造业	0.0383578	0.0591643	0.0405963	0.0038956	0.0389596	0.0778729	0.0490886
通信设备、计算机及其他电子设备制造业	0.0353078	0.0502187	0.0300463	0.0022148	0.0359446	0.1540003	0.0272741
仪器仪表及文化办公用机械制造业	0.0102201	0.0105530	0.0115907	0.0014549	0.0139592	0.0144112	0.0134720
其他制造业	0.0142739	0.0316162	0.0134716	0.0009312	0.0153099	0.0217532	0.0122150
废品废料	0.0118548	0.0158472	0.0418564	0.0007503	0.0254783	0.0295575	0.1041858
电力、热力的生产和供应业	0.1175163	0.1135188	0.1615513	0.0094319	0.1514610	0.2314611	0.2302609
燃气生产和供应业	0.0024530	0.0023326	0.0052237	0.0001610	0.0025980	0.0065829	0.0031407
水的生产和供应业	0.0028150	0.0030371	0.0033359	0.0003114	0.0032741	0.0044533	0.0031669
建筑业	0.0042309	0.0038500	0.0040380	0.0003117	0.0036717	0.0044637	0.0040516
交通运输及仓储业	0.0713267	0.0714455	0.0803629	0.0091393	0.0837316	0.1119860	0.0706872
邮政业	0.0023410	0.0021042	0.0027690	0.0001632	0.0023854	0.0021900	0.0019108
信息传输、计算机服务和软件业	0.0245897	0.0218604	0.0280471	0.0017602	0.0231957	0.0235291	0.0209384
批发和零售贸易业	0.1143213	0.1092598	0.1004964	0.0085604	0.0887976	0.0991918	0.0973559
住宿和餐饮业	0.0187124	0.0177853	0.0182903	0.0012773	0.0184941	0.0195155	0.0158065
金融保险业	0.0621149	0.0548386	0.0610352	0.0059547	0.0639121	0.0764043	0.0671589
房地产业	0.0051549	0.0047304	0.0044239	0.0003563	0.0041085	0.0046239	0.0041116
租赁业和商务服务业	0.0551809	0.0450081	0.0420632	0.0028355	0.0487363	0.0470989	0.0296762
旅游业	0.0000508	0.0000428	0.0000575	0.0000046	0.0000569	0.0000617	0.0000400
科学研究事业	0.0021350	0.0030135	0.0019327	0.0008929	0.0036812	0.0033018	0.0024569
综合技术服务业	0.0067877	0.0059950	0.0069323	0.0004758	0.0071056	0.0063762	0.0053909
其他社会服务业	0.0065125	0.0066858	0.0077107	0.0017174	0.0093188	0.0092991	0.0092261
教育事业	0.0019198	0.0021028	0.0021374	0.0001505	0.0022484	0.0023657	0.0031717
卫生、社会保障和社会福利业	0.0012989	0.0016095	0.0013203	0.0000882	0.0014186	0.0013869	0.0014517
文化、体育和娱乐业	0.0048012	0.0046346	0.0049787	0.0003191	0.0047309	0.0046817	0.0042071
公共管理和社会组织	0.0000000	0.0000000	0.0000000	0.0000000	0.0000000	0.0000000	0.0000000

附表 12 续 2

投入＼产出	金属制品业	通用、专用设备制造业	交通运输设备制造业	电气、机械及器材制造业	通信设备、计算机及其他电子设备制造业	仪器仪表及文化办公用机械制造业	其他制造业
农业	0.0488280	0.0362323	0.0425597	0.0445581	0.0395041	0.0520218	0.1298935
煤炭开采和洗选业	0.0490292	0.0414813	0.0430581	0.0424496	0.0459303	0.0326201	0.0393541
石油和天然气开采业	0.0603162	0.0613168	0.0716406	0.0663391	0.0621190	0.0505049	0.0624537
金属矿采选业	0.0493701	0.0510152	0.0438318	0.0718929	0.0599952	0.0348008	0.0247660
非金属矿采选业	0.0026741	0.0028132	0.0026205	0.0039351	0.0033110	0.0026165	0.0026675
食品制造及烟草加工业	0.0260460	0.0227002	0.0236026	0.0263256	0.0239111	0.0254033	0.0320262
纺织业	0.1193708	0.0517443	0.0503406	0.0527793	0.0457179	0.0403983	0.1597163
服装皮革羽绒及其制品业	0.0821451	0.0282405	0.0259727	0.0282728	0.0279757	0.0222960	0.0338686
木材加工及家具制造业	0.0143126	0.0121583	0.0116594	0.0136018	0.0113757	0.0220659	0.1050514
造纸印刷及文教用品制造业	0.0763366	0.0614111	0.0692003	0.0787775	0.0906895	0.0969890	0.1012312
石油加工、炼焦及核燃料加工业	0.0664082	0.0692173	0.0633441	0.0722607	0.0693000	0.0526546	0.0665589
化学工业	0.4023248	0.3299263	0.4245345	0.5042739	0.4094980	0.4905953	0.4844924
非金属矿物制品业	0.0236738	0.0314720	0.0249610	0.0507524	0.0443106	0.0278988	0.0246215
金属冶炼及压延加工业	0.5563710	0.5541374	0.4996767	0.4754699	0.5297661	0.2855529	0.2758025
金属制品业	0.2004469	0.1300299	0.1007069	0.1051386	0.1096310	0.0675939	0.0617172
通用、专用设备制造业	0.1443186	0.2863953	0.1807574	0.1278857	0.0862894	0.1039862	0.0388171
交通运输设备制造业	0.0401165	0.0916924	0.2409719	0.0460908	0.0370130	0.0337690	0.0311537
电气、机械及器材制造业	0.0720585	0.1184777	0.1301826	0.2149958	0.2901956	0.0957994	0.0368649
通信设备、计算机及其他电子设备制造业	0.0397898	0.0597703	0.1424082	0.0929009	0.4069569	0.0901448	0.0297586
仪器仪表及文化办公用机械制造业	0.0178328	0.0315631	0.0322104	0.0329709	0.0222026	0.4694140	0.0097197
其他制造业	0.0162301	0.0171950	0.0135820	0.0254954	0.0157121	0.0185107	0.0481489
废品废料	0.0406673	0.0415412	0.0337227	0.0338350	0.0353976	0.0240295	0.0533085
电力、热力的生产和供应业	0.1630011	0.1456400	0.1525060	0.1460712	0.1556436	0.1123384	0.1322622
燃气生产和供应业	0.0030636	0.0029509	0.0033675	0.0046698	0.0028403	0.0030430	0.0029760
水的生产和供应业	0.0028775	0.0031043	0.0035720	0.0030703	0.0035250	0.0026381	0.0028705
建筑业	0.0042327	0.0038307	0.0039123	0.0040144	0.0043996	0.0033881	0.0034921
交通运输及仓储业	0.0836834	0.0810619	0.0812363	0.0856983	0.0805023	0.0697502	0.0680898
邮政业	0.0023559	0.0026654	0.0025380	0.0026292	0.0026641	0.0029015	0.0018655
信息传输、计算机服务和软件业	0.0241854	0.0272662	0.0265122	0.0323209	0.0301589	0.0320860	0.0204238
批发和零售贸易业	0.1036684	0.0911477	0.0954168	0.0992438	0.1041365	0.0829543	0.0918319
住宿和餐饮业	0.0190309	0.0216874	0.0212925	0.0220835	0.0216404	0.0206832	0.0149679
金融保险业	0.0662187	0.0632126	0.0635670	0.0664467	0.0660862	0.0573314	0.0512041
房地产业	0.0046150	0.0044384	0.0052959	0.0050432	0.0053062	0.0040967	0.0040280
租赁业和商务服务业	0.0416698	0.0459897	0.0496206	0.0578230	0.0830548	0.0567278	0.0343086
旅游业	0.0000482	0.0000543	0.0000566	0.0000649	0.0000735	0.0000744	0.0000398
科学研究事业	0.0028852	0.0042716	0.0040559	0.0047348	0.0056266	0.0029572	0.0019420
综合技术服务业	0.0067656	0.0066652	0.0067985	0.0072835	0.0063278	0.0083318	0.0051502
其他社会服务业	0.0075882	0.0073888	0.0075904	0.0076461	0.0075670	0.0064104	0.0069304
教育事业	0.0025360	0.0027795	0.0027587	0.0027734	0.0028317	0.0024836	0.0019042
卫生、社会保障和社会福利业	0.0013682	0.0013381	0.0012612	0.0013933	0.0014404	0.0011582	0.0011186
文化、体育和娱乐业	0.0048784	0.0055929	0.0052657	0.0057002	0.0052615	0.0052618	0.0038451
公共管理和社会组织	0.0000000	0.0000000	0.0000000	0.0000000	0.0000000	0.0000000	0.0000000

附表 12　续 3

产出 / 投入	废品废料	电力、热力的生产和供应业	燃气生产和供应业	水的生产和供应业	建筑业	交通运输及仓储业	邮政业
农业	0.0000000	0.0301740	0.0055928	0.0264936	0.0650299	0.0368801	0.0201531
煤炭开采和洗选业	0.0000000	0.2904555	0.0252120	0.1364698	0.0492597	0.0172120	0.0191811
石油和天然气开采业	0.0000000	0.0677214	0.7004053	0.0509826	0.0883531	0.1951168	0.0426682
金属矿采选业	0.0000000	0.0099380	0.0025503	0.0099628	0.0353134	0.0070993	0.0057118
非金属矿采选业	0.0000000	0.0022156	0.0002603	0.0016862	0.0415989	0.0010303	0.0008602
食品制造及烟草加工业	0.0000000	0.0166107	0.0037408	0.0169165	0.0229856	0.0223450	0.0129281
纺织业	0.0000000	0.0404831	0.0045480	0.0294644	0.0440072	0.0176342	0.0213353
服装皮革羽绒及其制品业	0.0000000	0.0214581	0.0041841	0.0199910	0.0301955	0.0179526	0.0329525
木材加工及家具制造业	0.0000000	0.0105488	0.0014540	0.0089309	0.0458965	0.0053149	0.0082668
造纸印刷及文教用品制造业	0.0000000	0.0423490	0.0085108	0.0438088	0.0491483	0.0283903	0.0887336
石油加工、炼焦及核燃料加工业	0.0000000	0.0829070	0.8675396	0.0604857	0.1061890	0.2394602	0.0523606
化学工业	0.0000000	0.1477831	0.0380673	0.1683416	0.3057893	0.1082905	0.0824468
非金属矿物制品业	0.0000000	0.0261650	0.0026399	0.0185860	0.2199375	0.0114826	0.0104607
金属冶炼及压延加工业	0.0000000	0.0942775	0.0298598	0.0936072	0.4200645	0.0751015	0.0582466
金属制品业	0.0000000	0.0364158	0.0061976	0.0326764	0.1780689	0.0187194	0.0163905
通用、专用设备制造业	0.0000000	0.0669884	0.0105251	0.0722816	0.0841132	0.0340158	0.0309593
交通运输设备制造业	0.0000000	0.0301689	0.0069987	0.0337682	0.0359401	0.1092077	0.0410258
电气、机械及器材制造业	0.0000000	0.0477477	0.0070067	0.0534092	0.0580174	0.0268341	0.0211736
通信设备、计算机及其他电子设备制造业	0.0000000	0.0283314	0.0048385	0.0271955	0.0544213	0.0289437	0.0218005
仪器仪表及文化办公用机械制造业	0.0000000	0.0256949	0.0034759	0.0307760	0.0212506	0.0089275	0.0219981
其他制造业	0.0000000	0.0077877	0.0018357	0.0084374	0.0139758	0.0041280	0.0038917
废品废料	0.0000000	0.0089805	0.0022157	0.0084139	0.0286371	0.0058770	0.0055037
电力、热力的生产和供应业	0.0000000	0.2907141	0.0268412	0.5626620	0.1544063	0.0595040	0.0747374
燃气生产和供应业	0.0000000	0.0017132	0.0359140	0.0142633	0.0028676	0.0076033	0.0012781
水的生产和供应业	0.0000000	0.0046109	0.0009972	0.0202870	0.0030722	0.0026718	0.0023436
建筑业	0.0000000	0.0063221	0.0009650	0.0042998	0.0040224	0.0057895	0.0069185
交通运输及仓储业	0.0000000	0.0681670	0.0319836	0.0491427	0.0921006	0.1002332	0.0842284
邮政业	0.0000000	0.0029384	0.0004718	0.0032336	0.0019294	0.0016629	0.0034396
信息传输、计算机服务和软件业	0.0000000	0.0195536	0.0072500	0.0270502	0.0231785	0.0215048	0.0836137
批发和零售贸易业	0.0000000	0.0533169	0.0240867	0.0423839	0.1076087	0.0304649	0.1406356
住宿和餐饮业	0.0000000	0.0198513	0.0044835	0.0223067	0.0177819	0.0134602	0.0160270
金融保险业	0.0000000	0.1375474	0.0230135	0.1161575	0.0561794	0.0494446	0.0298076
房地产业	0.0000000	0.0035337	0.0010907	0.0031445	0.0043920	0.0025800	0.0104998
租赁业和商务服务业	0.0000000	0.0313856	0.0085763	0.0308320	0.0510450	0.0534306	0.0628679
旅游业	0.0000000	0.0000594	0.0000176	0.0000405	0.0000508	0.0003142	0.0000481
科学研究事业	0.0000000	0.0022402	0.0008977	0.0023167	0.0034528	0.0015732	0.0008964
综合技术服务业	0.0000000	0.0106572	0.0012743	0.0072156	0.0147515	0.0096984	0.0037236
其他社会服务业	0.0000000	0.0171820	0.0035839	0.0159239	0.0084868	0.0265307	0.0058347
教育事业	0.0000000	0.0032394	0.0005815	0.0035193	0.0022472	0.0025271	0.0011434
卫生、社会保障和社会福利业	0.0000000	0.0012667	0.0002879	0.0010598	0.0012443	0.0040438	0.0008160
文化、体育和娱乐业	0.0000000	0.0049234	0.0011460	0.0062393	0.0041771	0.0026235	0.0040739
公共管理和社会组织	0.0000000	0.0000000	0.0000000	0.0000000	0.0000000	0.0000000	0.0000000

附表 12 续 4

产出 投入	信息传输、计算机服务和软件业	批发和零售贸易业	住宿和餐饮业	金融保险业	房地产业	租赁业和商务服务业	旅游业
农业	0.0283075	0.0220588	0.3270829	0.0145916	0.0090484	0.0351576	0.0783428
煤炭开采和洗选业	0.0324485	0.0159215	0.0354032	0.0097431	0.0065206	0.0176038	0.0269462
石油和天然气开采业	0.0255794	0.0197470	0.0512001	0.0168874	0.0105761	0.0370321	0.1191095
金属矿采选业	0.0119036	0.0042673	0.0070480	0.0025755	0.0043094	0.0070982	0.0065504
非金属矿采选业	0.0012515	0.0013303	0.0015943	0.0004310	0.0031333	0.0007984	0.0010384
食品制造及烟草加工业	0.0233816	0.0196059	0.3695657	0.0119615	0.0069192	0.0331019	0.0807484
纺织业	0.0207505	0.0136231	0.0323694	0.0085213	0.0063018	0.0249132	0.0251614
服装皮革羽绒及其制品业	0.0163528	0.0174007	0.0177537	0.0098757	0.0049352	0.0412576	0.0252034
木材加工及家具制造业	0.0129873	0.0065289	0.0202200	0.0065474	0.0043182	0.0063400	0.0092363
造纸印刷及文教用品制造业	0.1860136	0.0427026	0.0574273	0.0583699	0.0113387	0.0689903	0.0424238
石油加工、炼焦及核燃料加工业	0.0292610	0.0233295	0.0613785	0.0205159	0.0125216	0.0446526	0.1456434
化学工业	0.1372807	0.0640055	0.1864437	0.0436807	0.0418657	0.0921093	0.1211345
非金属矿物制品业	0.0119195	0.0091832	0.0168503	0.0034348	0.0179423	0.0078691	0.0109370
金属冶炼及压延加工业	0.1069862	0.0436340	0.0650689	0.0264328	0.0462710	0.0661956	0.0664912
金属制品业	0.0263189	0.0146763	0.0216285	0.0090759	0.0242365	0.0159585	0.0179472
通用、专用设备制造业	0.0316559	0.0149691	0.0260957	0.0113929	0.0112710	0.0188680	0.0321189
交通运输设备制造业	0.0167218	0.0247411	0.0154947	0.0099780	0.0050400	0.0193960	0.0714992
电气、机械及器材制造业	0.0820354	0.0167409	0.0275521	0.0096417	0.0156153	0.0324402	0.0251450
通信设备、计算机及其他电子设备制造业	0.0861062	0.0220565	0.0163161	0.0096706	0.0201948	0.0889935	0.0248089
仪器仪表及文化办公用机械制造业	0.0704085	0.0069239	0.0196920	0.0060998	0.0040039	0.0162656	0.0118876
其他制造业	0.0085338	0.0070314	0.0106546	0.0026412	0.0022745	0.0102403	0.0049339
废品废料	0.0102184	0.0039252	0.0069062	0.0028027	0.0033348	0.0058865	0.0057570
电力、热力的生产和供应业	0.1283078	0.0628562	0.1176278	0.0377568	0.0220469	0.0661095	0.0862498
燃气生产和供应业	0.0015607	0.0010669	0.0126425	0.0007671	0.0010196	0.0020519	0.0060687
水的生产和供应业	0.0019605	0.0014103	0.0026444	0.0009366	0.0010110	0.0021987	0.0032478
建筑业	0.0079009	0.0232550	0.0094576	0.0040728	0.0723340	0.0045889	0.0054937
交通运输及仓储业	0.0375579	0.0462533	0.0403168	0.0341526	0.0129392	0.1081125	0.5819295
邮政业	0.0021178	0.0024215	0.0019298	0.0057116	0.0006348	0.0064430	0.0042937
信息传输、计算机服务和软件业	0.0688421	0.0388197	0.0210146	0.0302932	0.0074228	0.1310763	0.0506746
批发和零售贸易业	0.0604182	0.0199820	0.0581754	0.0156569	0.0138619	0.0349707	0.0354678
住宿和餐饮业	0.0252056	0.0340475	0.0108383	0.0226588	0.0064260	0.0562561	0.1595289
金融保险业	0.0696012	0.0564782	0.0621363	0.0141768	0.0671667	0.0531844	0.0669518
房地产业	0.0125557	0.0252938	0.0072645	0.0105063	0.0018578	0.0216744	0.0075978
租赁业和商务服务业	0.1033975	0.0849570	0.0417834	0.0454725	0.0171083	0.5816890	0.0485733
旅游业	0.0000648	0.0000458	0.0001186	0.0000276	0.0001534	0.0004760	0.6492349
科学研究事业	0.0021194	0.0008241	0.0012484	0.0005205	0.0005112	0.0010259	0.0014541
综合技术服务业	0.0055427	0.0118797	0.0053116	0.0017396	0.0111489	0.0051475	0.0071491
其他社会服务业	0.0051391	0.0081641	0.0083012	0.0056967	0.0017633	0.0054954	0.0163698
教育事业	0.0026073	0.0024467	0.0016246	0.0029905	0.0008111	0.0067388	0.0024944
卫生、社会保障和社会福利业	0.0015331	0.0012304	0.0040685	0.0013641	0.0005766	0.0050481	0.0043947
文化、体育和娱乐业	0.0344421	0.0064203	0.0032050	0.0046273	0.0009725	0.0053626	0.0107121
公共管理和社会组织	0.0000000	0.0000000	0.0000000	0.0000000	0.0000000	0.0000000	0.0000000

附表12　续5

产出 投入	科学研究事业	综合技术服务业	其他社会服务业	教育事业	卫生、社会保障和社会福利业	文化、体育和娱乐业	公共管理和社会组织
农业	0.0001153	0.0256872	0.0249401	0.0216302	0.0422447	0.1007146	0.0351577
煤炭开采和洗选业	0.0000684	0.0204681	0.0268786	0.0211409	0.0313079	0.0384150	0.0193374
石油和天然气开采业	0.0001071	0.0308066	0.0466292	0.0215287	0.0519114	0.0390851	0.0343486
金属矿采选业	0.0000536	0.0181689	0.0136106	0.0073654	0.0185820	0.0088846	0.0102596
非金属矿采选业	0.0000037	0.0012196	0.0012584	0.0009644	0.0026685	0.0020594	0.0038345
食品制造及烟草加工业	0.0001075	0.0188282	0.0183530	0.0143467	0.0289639	0.2468903	0.0216197
纺织业	0.0000711	0.0221363	0.0216717	0.0148328	0.0367458	0.0215905	0.0195620
服装皮革羽绒及其制品业	0.0000518	0.0169791	0.0141656	0.0089995	0.0185518	0.0161931	0.0123577
木材加工及家具制造业	0.0000260	0.0086677	0.0091352	0.0126838	0.0109006	0.0215422	0.0493285
造纸印刷及文教用品制造业	0.0002074	0.0475324	0.0530021	0.2015352	0.0534463	0.1666652	0.0752475
石油加工、炼焦及核燃料加工业	0.0001252	0.0354026	0.0520941	0.0249037	0.0528858	0.0461922	0.0396372
化学工业	0.0004407	0.1597013	0.1702946	0.1036466	0.5772176	0.1652151	0.1845555
非金属矿物制品业	0.0000419	0.0148459	0.0124531	0.0097343	0.0195013	0.0220646	0.0494451
金属冶炼及压延加工业	0.0005579	0.1624816	0.1476845	0.0782462	0.1939889	0.0851197	0.0936767
金属制品业	0.0001313	0.0349762	0.0326585	0.0193293	0.0501875	0.0252822	0.0363389
通用、专用设备制造业	0.0009832	0.0329036	0.0542021	0.0693343	0.3477241	0.0271268	0.0365116
交通运输设备制造业	0.0000978	0.0207424	0.2900579	0.0137295	0.0345542	0.0176035	0.0222208
电气、机械及器材制造业	0.0001569	0.0820513	0.0457795	0.0253153	0.0476482	0.0385580	0.0632918
通信设备、计算机及其他电子设备制造业	0.0002754	0.3603956	0.0613309	0.0209378	0.0292685	0.0456677	0.0334251
仪器仪表及文化办公用机械制造业	0.0000698	0.0627607	0.0291368	0.0128131	0.0149745	0.0160862	0.0216754
其他制造业	0.0000345	0.0279520	0.0065157	0.0044624	0.0093880	0.0075904	0.0064792
废品废料	0.0000439	0.0122199	0.0109217	0.0084637	0.0180143	0.0088741	0.0084203
电力、热力的生产和供应业	0.0002488	0.0734695	0.0938064	0.0804679	0.1080503	0.1401498	0.0665195
燃气生产和供应业	0.0000064	0.0014101	0.0015847	0.0012929	0.0016988	0.0022732	0.0014286
水的生产和供应业	0.0000054	0.0017906	0.0056171	0.0030391	0.0031814	0.0035876	0.0019443
建筑业	0.0000099	0.0025780	0.0043087	0.0037498	0.0044985	0.0111883	0.0200687
交通运输及仓储业	0.0001932	0.0482193	0.0413005	0.0374989	0.0538059	0.0528344	0.0414759
邮政业	0.0000065	0.0012763	0.0014556	0.0029322	0.0019735	0.0038259	0.0054145
信息传输、计算机服务和软件业	0.0001134	0.0232078	0.0424972	0.1148088	0.0244630	0.0576768	0.0842821
批发和零售贸易业	0.0001547	0.0568372	0.0436813	0.0431110	0.0740916	0.0621520	0.0450633
住宿和餐饮业	0.0002085	0.0251743	0.0231648	0.0201524	0.0162251	0.0343971	0.0262150
金融保险业	0.0001273	0.0414081	0.0424270	0.0275437	0.0412549	0.0441049	0.0282969
房地产业	0.0000154	0.0032659	0.0028586	0.0028423	0.0032376	0.0041563	0.0028634
租赁业和商务服务业	0.0006327	0.0474824	0.0388137	0.0297542	0.0389972	0.1147486	0.0408331
旅游业	0.0000003	0.0000424	0.0000324	0.0000273	0.0000374	0.0000583	0.0000315
科学研究事业	0.0001186	0.0098804	0.0209197	0.0041873	0.0088116	0.0250104	0.0059339
综合技术服务业	0.0005526	0.0339848	0.0601978	0.0095684	0.0061991	0.0711717	0.0162215
其他社会服务业	0.0000175	0.0094918	0.0061397	0.0040351	0.0064623	0.0085880	0.0128726
教育事业	0.0000194	0.0027380	0.0042180	0.0020870	0.0032567	0.0029836	0.0048831
卫生、社会保障和社会福利业	0.0000133	0.0065882	0.0084339	0.0128929	0.0064276	0.0091576	0.0174354
文化、体育和娱乐业	0.0000463	0.0075963	0.0069584	0.0078912	0.0321874	0.0693956	0.0171353
公共管理和社会组织	0.0000000	0.0000000	0.0000000	0.0000000	0.0000000	0.0000000	0.0000000

附表 13 浙江省乡级以上统计行政区划代码

330000000000	浙江省
330100000000	杭州市
330101000000	市辖区
330102000000	上城区
330102001000	清波街道
330102003000	湖滨街道
330102004000	小营街道
330102008000	南星街道
330102009000	紫阳街道
330102010000	望江街道
330103000000	下城区
330103001000	长庆街道
330103002000	武林街道
330103003000	天水街道
330103005000	潮鸣街道
330103006000	朝晖街道
330103007000	文晖街道
330103008000	东新街道
330103009000	石桥街道
330104000000	江干区
330104005000	凯旋街道
330104006000	采荷街道
330104007000	闸弄口街道
330104008000	四季青街道
330104009000	白杨街道
330104010000	下沙街道
330104102000	彭埠镇
330104103000	笕桥镇
330104104000	丁桥镇
330104105000	九堡镇
330105000000	拱墅区
330105001000	米市巷街道
330105002000	湖墅街道
330105003000	小河街道
330105004000	和睦街道
330105005000	拱宸桥街道
330105007000	大关街道
330105008000	上塘街道
330105102000	康桥镇
330105103000	半山镇
330105104000	祥符镇
330106000000	西湖区
330106002000	北山街道
330106004000	西溪街道
330106005000	翠苑街道
330106007000	古荡街道
330106008000	西湖街道
330106009000	留下街道
330106010000	转塘街道
330106011000	蒋村街道
330106012000	灵隐街道
330106013000	文新街道
330106109000	三墩镇
330106110000	双浦镇
330108000000	滨江区
330108001000	西兴街道
330108002000	长河街道
330108003000	浦沿街道
330109000000	萧山区
330109001000	城厢街道
330109002000	北干街道
330109003000	蜀山街道
330109004000	新塘街道
330109100000	楼塔镇
330109101000	河上镇
330109102000	戴村镇
330109103000	浦阳镇
330109104000	进化镇
330109105000	临浦镇
330109106000	义桥镇
330109107000	所前镇
330109108000	衙前镇
330109109000	闻堰镇
330109110000	宁围镇
330109111000	新街镇
330109112000	坎山镇
330109113000	瓜沥镇
330109114000	党山镇
330109115000	益农镇
330109116000	靖江镇
330109117000	南阳镇
330109118000	义蓬镇
330109119000	河庄镇
330109120000	党湾镇
330109121000	新湾镇
330109401000	经济开发区
330109501000	围垦区
330110000000	余杭区
330110001000	临平街道
330110002000	南苑街道
330110003000	东湖街道
330110004000	星桥街道
330110100000	乔司镇
330110101000	运河镇
330110102000	塘栖镇
330110103000	崇贤镇
330110104000	仁和镇
330110105000	良渚镇
330110106000	闲林镇
330110107000	仓前镇
330110108000	余杭镇
330110109000	径山镇
330110110000	瓶窑镇
330110111000	鸬鸟镇
330110112000	百丈镇
330110113000	黄湖镇
330110200000	中泰乡
330122000000	桐庐县
330122001000	桐君街道
330122002000	旧县街道
330122101000	富春江镇
330122102000	横村镇
330122107000	凤川镇
330122109000	分水镇
330122110000	瑶琳镇
330122112000	百江镇
330122113000	江南镇
330122201000	莪山畲族自治乡
330122202000	钟山乡
330122204000	新合乡
330122210000	合村乡
330127000000	淳安县
330127100000	千岛湖镇
330127101000	文昌镇
330127102000	石林镇
330127103000	临岐镇
330127104000	威坪镇
330127106000	姜家镇
330127107000	梓桐镇
330127108000	汾口镇
330127109000	中洲镇
330127110000	大墅镇
330127111000	枫树岭镇
330127200000	里商乡
330127201000	金峰乡
330127202000	富文乡
330127203000	左口乡
330127205000	屏门乡
330127206000	瑶山乡
330127208000	王阜乡
330127210000	宋村乡
330127211000	鸠坑乡
330127212000	浪川乡
330127214000	界首乡
330127216000	安阳乡
330182000000	建德市
330182001000	新安江街道
330182002000	洋溪街道
330182003000	更楼街道
330182101000	莲花镇
330182102000	乾潭镇
330182104000	梅城镇
330182105000	杨村桥镇
330182106000	下涯镇
330182107000	大洋镇
330182108000	三都镇
330182109000	寿昌镇
330182110000	航头镇
330182111000	大慈岩镇
330182112000	大同镇
330182113000	李家镇
330182202000	钦堂乡
330183000000	富阳市
330183001000	富春街道

330183002000	春江街道	330185112000	清凉峰镇	330206002000	新碶街道	330225001000	丹东街道
330183004000	鹿山街道	330185113000	岛石镇	330206003000	小港街道	330225002000	丹西街道
330183005000	东洲街道	330185114000	大峡谷镇	330206004000	大碶街道	330225003000	爵溪街道
330183100000	万市镇	330185200000	板桥乡	330206005000	霞浦街道	330225101000	石浦镇
330183101000	洞桥镇	330185201000	西天目乡	330206006000	柴桥街道	330225102000	西周镇
330183103000	渌渚镇	330185202000	千洪乡	330206007000	戚家山街道	330225103000	鹤浦镇
330183105000	永昌镇	330185203000	横路乡	330206105000	白峰镇	330225104000	贤庠镇
330183108000	里山镇	330185204000	乐平乡	330206107000	春晓镇	330225105000	墙头镇
330183109000	常绿镇	330185205000	马啸乡	330206201000	梅山乡	330225106000	泗洲头镇
330183110000	场口镇	330185206000	新桥乡	330206401000	保税区	330225107000	定塘镇
330183111000	常安镇	330200000000	宁波市	330211000000	镇海区	330225108000	涂茨镇
330183112000	龙门镇	330201000000	市辖区	330211001000	招宝山街道	330225109000	大徐镇
330183113000	高桥镇	330203000000	海曙区	330211002000	蛟川街道	330225110000	新桥镇
330183114000	受降镇	330203001000	南门街道	330211003000	骆驼街道	330225200000	东陈乡
330183115000	新登镇	330203002000	江厦街道	330211004000	庄市街道	330225201000	晓塘乡
330183116000	胥口镇	330203003000	西门街道	330211100000	澥浦镇	330225202000	黄避岙乡
330183117000	大源镇	330203004000	月湖街道	330211101000	九龙湖镇	330225203000	茅洋乡
330183118000	灵桥镇	330203005000	鼓楼街道	330212000000	鄞州区	330225204000	高塘岛乡
330183200000	新桐乡	330203006000	白云街道	330212001000	下应街道	330226000000	宁海县
330183201000	上官乡	330203007000	段塘街道	330212002000	钟公庙街道	330226001000	跃龙街道
330183204000	环山乡	330203008000	望春街道	330212003000	石碶街道	330226002000	桃源街道
330183205000	湖源乡	330204000000	江东区	330212004000	梅墟街道	330226003000	梅林街道
330183206000	春建乡	330204001000	百丈街道	330212100000	瞻岐镇	330226004000	桥头胡街道
330183207000	渔山乡	330204002000	东胜街道	330212101000	咸祥镇	330226101000	长街镇
330185000000	临安市	330204003000	明楼街道	330212102000	塘溪镇	330226102000	力洋镇
330185001000	锦城街道	330204004000	白鹤街道	330212103000	东钱湖镇	330226104000	一市镇
330185002000	玲珑街道	330204005000	东柳街道	330212104000	东吴镇	330226105000	岔路镇
330185003000	青山湖街道	330204006000	东郊街道	330212105000	五乡镇	330226106000	前童镇
330185004000	上甘街道	330204007000	福明街道	330212106000	邱隘镇	330226107000	桑洲镇
330185100000	三口镇	330204008000	新明街道	330212108000	云龙镇	330226108000	黄坛镇
330185101000	横畈镇	330205000000	江北区	330212109000	横溪镇	330226109000	大佳何镇
330185102000	高虹镇	330205001000	中马街道	330212110000	姜山镇	330226110000	强蛟镇
330185103000	太湖源镇	330205002000	白沙街道	330212113000	高桥镇	330226111000	西店镇
330185104000	於潜镇	330205003000	孔浦街道	330212114000	横街镇	330226112000	深圳镇
330185105000	藻溪镇	330205004000	文教街道	330212115000	集仕港镇	330226200000	胡陈乡
330185106000	太阳镇	330205005000	甬江街道	330212116000	古林镇	330226201000	茶院乡
330185107000	潜川镇	330205006000	庄桥街道	330212118000	洞桥镇	330226202000	越溪乡
330185108000	昌化镇	330205007000	洪塘街道	330212119000	鄞江镇	330281000000	余姚市
330185109000	河桥镇	330205103000	慈城镇	330212120000	章水镇	330281001000	梨洲街道
330185110000	龙岗镇	330206000000	北仑区	330212200000	龙观乡	330281002000	凤山街道
330185111000	湍口镇	330206001000	大榭街道	330225000000	象山县	330281003000	兰江街道

330281004000	阳明街道	330283002000	岳林街道	330303102000	瑶溪镇	330324203000	茗岙乡
330281005000	低塘街道	330283003000	江口街道	330303103000	沙城镇	330324204000	山坑乡
330281006000	朗霞街道	330283004000	西坞街道	330303104000	天河镇	330324205000	应坑乡
330281100000	临山镇	330283005000	萧王庙街道	330303105000	灵昆镇	330324206000	大岙乡
330281101000	黄家埠镇	330283100000	溪口镇	330304000000	瓯海区	330324207000	溪下乡
330281102000	小曹娥镇	330283103000	尚田镇	330304001000	景山街道	330324208000	界坑乡
330281103000	泗门镇	330283104000	莼湖镇	330304002000	梧田街道	330324209000	西岙乡
330281106000	马渚镇	330283106000	裘村镇	330304003000	南白象街道	330324210000	石染乡
330281108000	牟山镇	330283107000	大堰镇	330304004000	茶山街道	330324211000	五(𬇕)乡
330281109000	丈亭镇	330283108000	松岙镇	330304005000	娄桥街道	330324212000	表山乡
330281110000	三七市镇	330300000000	温州市	330304006000	新桥街道	330324213000	东皋乡
330281111000	河姆渡镇	330301000000	市辖区	330304007000	三垟街道	330324214000	鹤盛乡
330281112000	大隐镇	330302000000	鹿城区	330304103000	瞿溪镇	330324215000	西源乡
330281113000	陆埠镇	330302002000	洪殿街道	330304105000	郭溪镇	330324216000	岭头乡
330281114000	梁弄镇	330302006000	五马街道	330304106000	潘桥镇	330324217000	溪口乡
330281115000	大岚镇	330302007000	蒲鞋市街道	330304108000	泽雅镇	330324218000	鲤溪乡
330281116000	四明山镇	330302013000	莲池街道	330304109000	丽岙镇	330324219000	张溪乡
330281201000	鹿亭乡	330302014000	广化街道	330304110000	仙岩镇	330324220000	黄南乡
330282000000	慈溪市	330302015000	水心街道	330322000000	洞头县	330324221000	潘坑乡
330282001000	浒山街道	330302016000	南浦街道	330322100000	北岙镇	330324222000	陡门乡
330282002000	宗汉街道	330302018000	南门街道	330322101000	大门镇	330324223000	花坦乡
330282003000	坎墩街道	330302019000	江滨街道	330322102000	东屏镇	330324224000	渠口乡
330282101000	龙山镇	330302020000	黎明街道	330322200000	元觉乡	330324225000	下寮乡
330282102000	三北镇	330302021000	绣山街道	330322201000	霓屿乡	330326000000	平阳县
330282103000	范市镇	330302022000	黄龙街道	330322202000	鹿西乡	330326100000	昆阳镇
330282104000	掌起镇	330302101000	双屿镇	330324000000	永嘉县	330326101000	鳌江镇
330282107000	观海卫镇	330302102000	藤桥镇	330324100000	上塘镇	330326102000	水头镇
330282108000	附海镇	330302103000	临江镇	330324101000	瓯北镇	330326103000	萧江镇
330282109000	桥头镇	330302104000	七都镇	330324102000	桥头镇	330326104000	麻步镇
330282110000	匡堰镇	330302202000	南郊乡	330324103000	乌牛镇	330326105000	腾蛟镇
330282111000	逍林镇	330302203000	仰义乡	330324104000	桥下镇	330326106000	钱仓镇
330282112000	新浦镇	330302204000	双潮乡	330324105000	大若岩镇	330326107000	山门镇
330282113000	胜山镇	330302205000	上戍乡	330324106000	碧莲镇	330326108000	顺溪镇
330282114000	横河镇	330302206000	岙底乡	330324107000	巽宅镇	330326109000	南雁镇
330282116000	崇寿镇	330303000000	龙湾区	330324108000	岩头镇	330326110000	凤卧镇
330282118000	庵东镇	330303001000	永中街道	330324109000	枫林镇	330326111000	鹤溪镇
330282119000	天元镇	330303002000	蒲州街道	330324110000	岩坦镇	330326112000	宋桥镇
330282120000	长河镇	330303003000	海滨街道	330324111000	沙头镇	330326113000	宋埠镇
330282121000	周巷镇	330303004000	永兴街道	330324200000	西溪乡	330326114000	榆垟镇
330283000000	奉化市	330303005000	海城街道	330324201000	徐岙乡	330326115000	郑楼镇
330283001000	锦屏街道	330303101000	状元镇	330324202000	昆阳乡	330326116000	南麂镇

330326202000	西湾乡
330326204000	梅溪乡
330326205000	梅源乡
330326206000	桃源乡
330326207000	凤巢乡
330326208000	龙尾乡
330326209000	南湖乡
330326210000	朝阳乡
330326211000	闹村乡
330326212000	晓坑乡
330326213000	怀溪乡
330326214000	青街畲族乡
330326215000	维新乡
330326216000	吴垟乡
330327000000	苍南县
330327100000	灵溪镇
330327101000	龙港镇
330327103000	宜山镇
330327104000	钱库镇
330327105000	芦浦镇
330327106000	望里镇
330327107000	金乡镇
330327108000	舥艚镇
330327109000	炎亭镇
330327110000	大渔镇
330327112000	藻溪镇
330327113000	桥墩镇
330327114000	莒溪镇
330327115000	观美镇
330327116000	矾山镇
330327117000	赤溪镇
330327118000	马站镇
330327119000	霞关镇
330327120000	沿浦镇
330327121000	南宋镇
330327202000	云岩乡
330327203000	仙居乡
330327204000	新安乡
330327205000	括山乡
330327206000	石砰乡
330327207000	凤池乡
330327209000	浦亭乡
330327210000	五凤乡
330327211000	腾垟乡
330327213000	昌禅乡
330327214000	中墩乡
330327215000	龙沙乡
330327216000	凤阳畲族乡
330327217000	蒲城乡
330327218000	岱岭畲族乡
330327219000	渔寮乡
330328000000	文成县
330328100000	大峃镇
330328101000	百丈漈镇
330328102000	南田镇
330328103000	西坑畲族镇
330328104000	黄坦镇
330328105000	珊溪镇
330328106000	巨屿镇
330328107000	玉壶镇
330328200000	樟台乡
330328201000	金炉乡
330328202000	龙川乡
330328203000	里阳乡
330328204000	二源乡
330328205000	黄寮乡
330328206000	十源乡
330328207000	石垟乡
330328208000	下垟乡
330328209000	岭后乡
330328210000	富岙乡
330328211000	云湖乡
330328212000	仰山乡
330328213000	桂山乡
330328214000	峃口乡
330328215000	金垟乡
330328216000	双桂乡
330328217000	周山畲族乡
330328218000	公阳乡
330328219000	平和乡
330328220000	周壤乡
330328221000	上林乡
330328222000	东溪乡
330328223000	金星乡
330328224000	朱雅乡
330329000000	泰顺县
330329100000	罗阳镇
330329101000	司前畲族镇
330329102000	百丈镇
330329103000	筱村镇
330329104000	泗溪镇
330329105000	彭溪镇
330329106000	雅阳镇
330329107000	仕阳镇
330329108000	龟湖镇
330329109000	三魁镇
330329110000	西旸镇
330329200000	岭北乡
330329201000	仙稔乡
330329202000	南院乡
330329203000	碑排乡
330329204000	竹里畲族乡
330329205000	黄桥乡
330329206000	峰门乡
330329207000	包垟乡
330329208000	新浦乡
330329209000	联云乡
330329210000	翁山乡
330329211000	凤垟乡
330329212000	横坑乡
330329213000	九峰乡
330329214000	峰文乡
330329215000	月湖乡
330329216000	松垟乡
330329217000	柳峰乡
330329218000	雪溪乡
330329219000	万排乡
330329220000	东溪乡
330329221000	大安乡
330329222000	垟溪乡
330329223000	洲岭乡
330329224000	下洪乡
330381000000	瑞安市
330381001000	安阳街道
330381002000	玉海街道
330381003000	锦湖街道
330381004000	东山街道
330381005000	上望街道
330381006000	潘岱街道
330381101000	塘下镇
330381109000	莘塍镇
330381111000	汀田镇
330381114000	飞云镇
330381115000	仙降镇
330381116000	马屿镇
330381118000	曹村镇
330381120000	陶山镇
330381121000	碧山镇
330381122000	湖岭镇
330381123000	龙湖镇
330381124000	平阳坑镇
330381201000	荆谷乡
330381202000	梅屿乡
330381203000	顺泰乡
330381204000	大南乡
330381205000	桐浦乡
330381207000	永安乡
330381208000	桂峰乡
330381209000	芳庄乡
330381210000	林溪乡
330381211000	金川乡
330381212000	潮基乡
330381213000	鹿木乡
330381214000	高楼乡
330381215000	营前乡
330381216000	东岩乡
330381217000	宁益乡
330381218000	枫岭乡
330381219000	北麂乡
330381220000	北龙乡
330382000000	乐清市
330382100000	乐成镇
330382101000	大荆镇
330382102000	仙溪镇

330382103000	湖雾镇
330382104000	雁荡镇
330382105000	芙蓉镇
330382106000	清江镇
330382107000	南塘镇
330382108000	虹桥镇
330382109000	南岳镇
330382110000	蒲岐镇
330382111000	淡溪镇
330382112000	石帆镇
330382113000	白石镇
330382114000	柳市镇
330382115000	北白象镇
330382116000	象阳镇
330382117000	翁垟镇
330382118000	磐石镇
330382119000	七里港镇
330382120000	黄华镇
330382200000	智仁乡
330382201000	镇安乡
330382202000	福溪乡
330382203000	双峰乡
330382204000	龙西乡
330382205000	雁湖乡
330382206000	岭底乡
330382207000	四都乡
330382208000	天成乡
330382209000	城北乡
330400000000	嘉兴市
330401000000	市辖区
330402000000	南湖区
330402007000	建设街道
330402008000	解放街道
330402009000	新嘉街道
330402010000	南湖街道
330402011000	新兴街道
330402012000	城南街道
330402013000	东栅街道
330402100000	凤桥镇
330402101000	余新镇
330402103000	新丰镇
330402104000	七星镇
330402105000	大桥镇
330411000000	秀洲区
330411002000	新城街道
330411003000	嘉北街道
330411004000	塘汇街道
330411005000	高照街道
330411101000	王江泾镇
330411103000	油车港镇
330411104000	新塍镇
330411105000	王店镇
330411106000	洪合镇
330421000000	嘉善县
330421100000	魏塘镇
330421101000	惠民镇
330421102000	大云镇
330421103000	西塘镇
330421104000	丁栅镇
330421105000	干窑镇
330421106000	姚庄镇
330421107000	陶庄镇
330421108000	天凝镇
330421109000	洪溪镇
330421110000	杨庙镇
330424000000	海盐县
330424100000	武原镇
330424101000	沈荡镇
330424102000	百步镇
330424103000	于城镇
330424104000	秦山镇
330424105000	澉浦镇
330424106000	通元镇
330424107000	西塘桥镇
330481000000	海宁市
330481001000	硖石街道
330481002000	海洲街道
330481003000	海昌街道
330481004000	马桥街道
330481101000	许村镇
330481103000	长安镇
330481105000	周王庙镇
330481106000	丁桥镇
330481107000	斜桥镇
330481108000	黄湾镇
330481110000	盐官镇
330481112000	袁花镇
330481400000	尖山新区
330482000000	平湖市
330482001000	当湖街道
330482002000	钟埭街道
330482003000	曹桥街道
330482101000	乍浦镇
330482102000	新埭镇
330482103000	新仓镇
330482104000	黄姑镇
330482105000	全塘镇
330482106000	广陈镇
330482107000	林埭镇
330483000000	桐乡市
330483001000	梧桐街道
330483002000	龙翔街道
330483003000	凤鸣街道
330483100000	乌镇镇
330483101000	濮院镇
330483102000	屠甸镇
330483103000	石门镇
330483104000	河山镇
330483105000	洲泉镇
330483106000	大麻镇
330483107000	崇福镇
330483108000	高桥镇
330500000000	湖州市
330501000000	市辖区
330502000000	吴兴区
330502001000	月河街道
330502002000	朝阳街道
330502003000	爱山街道
330502004000	飞英街道
330502005000	龙泉街道
330502006000	凤凰街道
330502007000	康山街道
330502100000	织里镇
330502101000	八里店镇
330502102000	妙西镇
330502103000	杨家埠镇
330502104000	埭溪镇
330502105000	东林镇
330502200000	道场乡
330502201000	环渚乡
330502202000	白雀乡
330503000000	南浔区
330503100000	南浔镇
330503101000	双林镇
330503102000	练市镇
330503103000	善琏镇
330503104000	旧馆镇
330503105000	菱湖镇
330503106000	和孚镇
330503107000	千金镇
330503108000	石淙镇
330521000000	德清县
330521100000	武康镇
330521101000	乾元镇
330521102000	新市镇
330521103000	洛舍镇
330521104000	钟管镇
330521105000	莫干山镇
330521110000	雷甸镇
330521113000	禹越镇
330521114000	新安镇
330521201000	筏头乡
330521202000	三合乡
330522000000	长兴县
330522100000	雉城镇
330522101000	洪桥镇
330522102000	李家巷镇
330522103000	夹浦镇
330522104000	林城镇
330522105000	泗安镇
330522106000	虹星桥镇
330522107000	和平镇
330522108000	小浦镇
330522109000	煤山镇

330522200000	水口乡
330522201000	二界岭乡
330522202000	吕山乡
330522203000	吴山乡
330522204000	白岘乡
330522205000	槐坎乡
330523000000	安吉县
330523100000	递铺镇
330523101000	梅溪镇
330523102000	良朋镇
330523103000	鄣吴镇
330523104000	杭垓镇
330523105000	孝丰镇
330523106000	报福镇
330523107000	章村镇
330523108000	天荒坪镇
330523109000	高禹镇
330523200000	昆铜乡
330523201000	溪龙乡
330523204000	皈山乡
330523205000	上墅乡
330523206000	山川乡
330600000000	绍兴市
330601000000	市辖区
330602000000	越城区
330602001000	塔山街道
330602002000	府山街道
330602003000	蕺山街道
330602004000	北海街道
330602005000	城南街道
330602006000	稽山街道
330602007000	迪荡街道
330602100000	东湖镇
330602101000	灵芝镇
330602102000	东浦镇
330602103000	鉴湖镇
330602104000	皋埠镇
330602105000	马山镇
330602106000	斗门镇
330621000000	绍兴县
330621001000	柯桥街道
330621002000	柯岩街道
330621003000	华舍街道
330621004000	湖塘街道
330621100000	齐贤镇
330621101000	钱清镇
330621102000	孙端镇
330621103000	福全镇
330621104000	马鞍镇
330621105000	平水镇
330621106000	安昌镇
330621107000	王坛镇
330621108000	兰亭镇
330621109000	稽东镇
330621110000	杨汛桥镇
330621111000	漓渚镇
330621112000	富盛镇
330621113000	陶堰镇
330621114000	夏履镇
330624000000	新昌县
330624001000	羽林街道
330624002000	南明街道
330624003000	七星街道
330624101000	澄潭镇
330624102000	梅渚镇
330624104000	回山镇
330624106000	大市聚镇
330624107000	小将镇
330624108000	沙溪镇
330624109000	镜岭镇
330624110000	儒岙镇
330624200000	城南乡
330624201000	东茗乡
330624203000	双彩乡
330624205000	新林乡
330624206000	巧英乡
330681000000	诸暨市
330681001000	暨阳街道
330681002000	浣东街道
330681003000	陶朱街道
330681101000	大唐镇
330681102000	应店街镇
330681103000	次坞镇
330681104000	店口镇
330681105000	阮市镇
330681106000	直埠镇
330681107000	江藻镇
330681108000	山下湖镇
330681109000	枫桥镇
330681110000	赵家镇
330681111000	马剑镇
330681112000	五泄镇
330681113000	草塔镇
330681114000	王家井镇
330681115000	牌头镇
330681116000	同山镇
330681117000	安华镇
330681118000	街亭镇
330681119000	璜山镇
330681120000	陈宅镇
330681121000	岭北镇
330681122000	浬浦镇
330681124000	东白湖镇
330681201000	东和乡
330682000000	上虞市
330682001000	百官街道
330682002000	曹娥街道
330682003000	东关街道
330682100000	道墟镇
330682101000	长塘镇
330682102000	上浦镇
330682103000	汤浦镇
330682104000	章镇镇
330682105000	下管镇
330682106000	丰惠镇
330682107000	永和镇
330682108000	梁湖镇
330682109000	驿亭镇
330682110000	小越镇
330682111000	谢塘镇
330682112000	盖北镇
330682113000	崧厦镇
330682114000	沥海镇
330682200000	岭南乡
330682201000	陈溪乡
330682202000	丁宅乡
330683000000	嵊州市
330683001000	剡湖街道
330683002000	三江街道
330683003000	鹿山街道
330683004000	浦口街道
330683100000	甘霖镇
330683101000	长乐镇
330683102000	崇仁镇
330683103000	黄泽镇
330683104000	三界镇
330683105000	石璜镇
330683106000	谷来镇
330683107000	仙岩镇
330683108000	金庭镇
330683109000	北漳镇
330683110000	下王镇
330683200000	贵门乡
330683201000	里南乡
330683202000	竹溪乡
330683203000	雅璜乡
330683204000	王院乡
330683205000	通源乡
330700000000	金华市
330701000000	市辖区
330702000000	婺城区
330702001000	城东街道
330702002000	城中街道
330702003000	城西街道
330702004000	城北街道
330702005000	江南街道
330702006000	三江街道
330702007000	西关街道
330702008000	秋滨街道
330702009000	新狮街道
330702100000	罗店镇
330702101000	雅畈镇
330702102000	安地镇
330702103000	白龙桥镇

330702104000	琅琊镇
330702105000	蒋堂镇
330702106000	汤溪镇
330702107000	罗埠镇
330702108000	洋埠镇
330702201000	乾西乡
330702202000	竹马乡
330702203000	长山乡
330702204000	箬阳乡
330702205000	沙畈乡
330702206000	塔石乡
330702207000	岭上乡
330702208000	莘畈乡
330702209000	苏孟乡
330703000000	金东区
330703001000	多湖街道
330703002000	东孝街道
330703101000	孝顺镇
330703102000	傅村镇
330703103000	曹宅镇
330703104000	澧浦镇
330703105000	岭下镇
330703106000	江东镇
330703107000	塘雅镇
330703108000	赤松镇
330703200000	源东乡
330723000000	武义县
330723001000	白洋街道
330723002000	壶山街道
330723003000	熟溪街道
330723100000	柳城畲族镇
330723101000	履坦镇
330723102000	桐琴镇
330723103000	泉溪镇
330723104000	新宅镇
330723105000	王宅镇
330723106000	桃溪镇
330723107000	茭道镇
330723200000	大田乡
330723201000	白姆乡
330723202000	俞源乡
330723203000	坦洪乡
330723204000	西联乡
330723205000	三港乡
330723206000	大溪口乡
330726000000	浦江县
330726001000	浦南街道
330726002000	仙华街道
330726003000	浦阳街道
330726101000	黄宅镇
330726102000	白马镇
330726103000	郑家坞镇
330726104000	郑宅镇
330726105000	岩头镇
330726106000	檀溪镇
330726107000	杭坪镇
330726200000	大畈乡
330726201000	中余乡
330726202000	前吴乡
330726203000	花桥乡
330726204000	虞宅乡
330727000000	磐安县
330727100000	安文镇
330727101000	新渥镇
330727102000	尖山镇
330727103000	仁川镇
330727104000	大盘镇
330727105000	方前镇
330727106000	玉山镇
330727107000	尚湖镇
330727108000	冷水镇
330727200000	深泽乡
330727201000	双峰乡
330727203000	双溪乡
330727204000	墨林乡
330727205000	窈川乡
330727206000	盘峰乡
330727207000	高二乡
330727208000	维新乡
330727209000	胡宅乡
330727210000	万苍乡
330727211000	九和乡
330781000000	兰溪市
330781001000	兰江街道
330781002000	云山街道
330781004000	永昌街道
330781005000	赤溪街道
330781006000	女埠街道
330781007000	上华街道
330781102000	游埠镇
330781104000	诸葛镇
330781106000	黄店镇
330781108000	香溪镇
330781109000	马涧镇
330781111000	梅江镇
330781200000	灵洞乡
330781203000	水亭畲族乡
330781209000	柏社乡
330782000000	义乌市
330782001000	稠城街道
330782002000	江东街道
330782003000	稠江街道
330782004000	北苑街道
330782005000	后宅街道
330782006000	城西街道
330782007000	廿三里街道
330782100000	佛堂镇
330782101000	赤岸镇
330782102000	义亭镇
330782104000	上溪镇
330782105000	苏溪镇
330782106000	大陈镇
330783000000	东阳市
330783001000	吴宁街道
330783003000	南市街道
330783004000	白云街道
330783005000	江北街道
330783006000	城东街道
330783007000	六石街道
330783106000	巍山镇
330783107000	虎鹿镇
330783108000	歌山镇
330783109000	佐村镇
330783110000	东阳江镇
330783112000	湖溪镇
330783114000	马宅镇
330783116000	千祥镇
330783118000	南马镇
330783122000	画水镇
330783123000	横店镇
330783201000	三单乡
330784000000	永康市
330784001000	东城街道
330784002000	西城街道
330784003000	江南街道
330784004000	芝英街道
330784105000	石柱镇
330784106000	前仓镇
330784107000	舟山镇
330784108000	古山镇
330784109000	方岩镇
330784110000	龙山镇
330784111000	西溪镇
330784112000	象珠镇
330784113000	唐先镇
330784114000	花街镇
330800000000	衢州市
330801000000	市辖区
330802000000	柯城区
330802005000	新新街道
330802006000	府山街道
330802007000	荷花街道
330802008000	信安街道
330802009000	白云街道
330802010000	双港街道
330802011000	花园街道
330802100000	石梁镇
330802101000	航埠镇
330802205000	黄家乡
330802209000	七里乡
330802210000	九华乡
330802211000	沟溪乡
330802212000	华墅乡
330802213000	姜家山乡

330802214000	万田乡	330824107000	杨林镇	330881109000	新塘边镇	330903104000	桃花镇
330802215000	石室乡	330824108000	苏庄镇	330881112000	廿八都镇	330903105000	东极镇
330803000000	衢江区	330824109000	齐溪镇	330881113000	长台镇	330903106000	普陀山镇
330803001000	樟潭街道	330824110000	城关镇	330881116000	上余镇	330903200000	蚂蚁岛乡
330803002000	浮石街道	330824111000	华埠镇	330881117000	贺村镇	330903201000	登步乡
330803100000	上方镇	330824112000	马金镇	330881118000	凤林镇	330903202000	白沙乡
330803101000	峡川镇	330824113000	村头镇	330881119000	峡口镇	330921000000	岱山县
330803103000	莲花镇	330824114000	池淮镇	330881120000	石门镇	330921100000	高亭镇
330803109000	全旺镇	330824202000	中村乡	330881201000	大陈乡	330921101000	东沙镇
330803110000	大洲镇	330824205000	长虹乡	330881203000	碗窑乡	330921102000	岱东镇
330803111000	后溪镇	330824206000	张湾乡	330881207000	保安乡	330921103000	岱西镇
330803112000	廿里镇	330824208000	何田乡	330881211000	双溪口乡	330921105000	长涂镇
330803113000	湖南镇	330824209000	塘坞乡	330881212000	张村乡	330921106000	衢山镇
330803114000	高家镇	330824216000	林山乡	330881213000	塘源口乡	330921200000	秀山乡
330803115000	杜泽镇	330824217000	音坑乡	330900000000	舟山市	330922000000	嵊泗县
330803200000	灰坪乡	330824218000	大溪边乡	330901000000	市辖区	330922100000	菜园镇
330803202000	太真乡	330824219000	金村乡	330902000000	定海区	330922101000	嵊山镇
330803203000	双桥乡	330825000000	龙游县	330902001000	解放街道	330922102000	洋山镇
330803206000	周家乡	330825001000	龙洲街道	330902002000	昌国街道	330922200000	五龙乡
330803207000	云溪乡	330825002000	东华街道	330902003000	环南街道	330922201000	黄龙乡
330803209000	横路乡	330825101000	湖镇镇	330902004000	城东街道	330922202000	枸杞乡
330803213000	举村乡	330825102000	小南海镇	330902005000	盐仓街道	330922203000	花鸟乡
330803218000	岭洋乡	330825106000	詹家镇	330902006000	临城街道	331000000000	台州市
330803219000	黄坛口乡	330825109000	溪口镇	330902100000	金塘镇	331001000000	市辖区
330822000000	常山县	330825110000	横山镇	330902101000	小沙镇	331002000000	椒江区
330822101000	辉埠镇	330825111000	塔石镇	330902102000	岑港镇	331002001000	海门街道
330822104000	白石镇	330825201000	罗家乡	330902103000	双桥镇	331002002000	白云街道
330822107000	天马镇	330825203000	庙下乡	330902104000	白泉镇	331002003000	葭沚街道
330822108000	招贤镇	330825207000	石佛乡	330902105000	干览镇	331002004000	洪家街道
330822109000	青石镇	330825209000	社阳乡	330902106000	马岙镇	331002005000	三甲街道
330822110000	芳村镇	330825211000	大街乡	330902200000	长白乡	331002006000	下陈街道
330822111000	球川镇	330825212000	沐尘畲族乡	330902201000	册子乡	331002007000	前所街道
330822200000	何家乡	330825213000	模环乡	330902202000	北蝉乡	331002008000	章安街道
330822211000	同弓乡	330881000000	江山市	330903000000	普陀区	331002101000	大陈镇
330822213000	大桥头乡	330881001000	双塔街道	330903001000	沈家门街道	331002400000	椒江农场
330822217000	宋畈乡	330881002000	虎山街道	330903002000	勾山街道	331003000000	黄岩区
330822218000	东案乡	330881102000	四都镇	330903003000	东港街道	331003001000	东城街道
330822219000	新昌乡	330881104000	清湖镇	330903004000	朱家尖街道	331003002000	南城街道
330822220000	新桥乡	330881105000	坛石镇	330903005000	展茅街道	331003003000	西城街道
330824000000	开化县	330881106000	大桥镇	330903100000	六横镇	331003004000	北城街道
330824106000	桐村镇	330881108000	淤头镇	330903102000	虾峙镇	331003005000	新前街道

331003006000	澄江街道
331003007000	江口街道
331003008000	高桥街道
331003101000	宁溪镇
331003102000	北洋镇
331003103000	头陀镇
331003107000	院桥镇
331003108000	沙埠镇
331003200000	屿头乡
331003201000	上郑乡
331003202000	富山乡
331003203000	茅畲乡
331003204000	上垟乡
331003205000	平田乡
331004000000	路桥区
331004001000	路南街道
331004002000	路桥街道
331004003000	路北街道
331004004000	螺洋街道
331004005000	桐屿街道
331004006000	峰江街道
331004103000	新桥镇
331004104000	横街镇
331004106000	金清镇
331004107000	蓬街镇
331021000000	玉环县
331021100000	珠港镇
331021101000	清港镇
331021102000	楚门镇
331021103000	干江镇
331021105000	沙门镇
331021106000	芦浦镇
331021200000	龙溪乡
331021201000	鸡山乡
331021202000	海山乡
331022000000	三门县
331022100000	海游镇
331022101000	沙柳镇
331022102000	珠岙镇
331022103000	亭旁镇
331022104000	六敖镇
331022105000	健跳镇
331022106000	横渡镇
331022107000	浬浦镇
331022108000	花桥镇
331022109000	小雄镇
331022200000	高枧乡
331022203000	沿赤乡
331022204000	泗淋乡
331022205000	蛇蟠乡
331023000000	天台县
331023001000	赤城街道
331023002000	始丰街道
331023003000	福溪街道
331023101000	白鹤镇
331023102000	石梁镇
331023104000	街头镇
331023105000	平桥镇
331023106000	坦头镇
331023107000	三合镇
331023108000	洪畴镇
331023200000	三州乡
331023203000	龙溪乡
331023204000	雷峰乡
331023207000	南屏乡
331023209000	泳溪乡
331024000000	仙居县
331024001000	安洲街道
331024002000	南峰街道
331024003000	福应街道
331024101000	横溪镇
331024102000	埠头镇
331024103000	白塔镇
331024104000	田市镇
331024105000	官路镇
331024106000	下各镇
331024107000	朱溪镇
331024200000	安岭乡
331024201000	溪港乡
331024202000	湫山乡
331024203000	淡竹乡
331024204000	皤滩乡
331024205000	上张乡
331024206000	步路乡
331024207000	广度乡
331024209000	大战乡
331024210000	双庙乡
331081000000	温岭市
331081001000	太平街道
331081002000	城东街道
331081003000	城西街道
331081004000	城北街道
331081005000	横峰街道
331081100000	泽国镇
331081101000	大溪镇
331081102000	松门镇
331081103000	箬横镇
331081104000	新河镇
331081105000	石塘镇
331081106000	滨海镇
331081107000	温峤镇
331081108000	城南镇
331081109000	石桥头镇
331081110000	坞根镇
331082000000	临海市
331082001000	古城街道
331082002000	大洋街道
331082003000	江南街道
331082004000	大田街道
331082005000	邵家渡街道
331082100000	汛桥镇
331082101000	东塍镇
331082103000	汇溪镇
331082104000	小芝镇
331082105000	河头镇
331082106000	白水洋镇
331082107000	括苍镇
331082108000	永丰镇
331082109000	尤溪镇
331082110000	涌泉镇
331082111000	沿江镇
331082112000	杜桥镇
331082113000	上盘镇
331082114000	桃渚镇
331100000000	丽水市
331101000000	市辖区
331102000000	莲都区
331102001000	紫金街道
331102002000	岩泉街道
331102003000	万象街道
331102004000	白云街道
331102005000	水阁街道
331102006000	富岭街道
331102100000	碧湖镇
331102101000	联城镇
331102102000	大港头镇
331102103000	老竹畲族镇
331102104000	雅溪镇
331102200000	太平乡
331102201000	仙渡乡
331102202000	峰源乡
331102203000	高溪乡
331102204000	丽新畲族乡
331102205000	双黄乡
331102206000	黄村乡
331121000000	青田县
331121100000	鹤城镇
331121101000	温溪镇
331121102000	东源镇
331121103000	高湖镇
331121104000	船寮镇
331121105000	海口镇
331121106000	腊口镇
331121107000	北山镇
331121108000	山口镇
331121109000	仁庄镇
331121200000	万山乡
331121201000	黄垟乡
331121202000	季宅乡
331121203000	高市乡
331121204000	海溪乡
331121205000	章村乡
331121206000	祯旺乡
331121207000	祯埠乡

331121208000	舒桥乡
331121209000	巨浦乡
331121210000	岭根乡
331121211000	万阜乡
331121212000	方山乡
331121213000	汤垟乡
331121214000	贵岙乡
331121215000	小舟山乡
331121216000	吴坑乡
331121217000	仁宫乡
331121218000	章旦乡
331121219000	阜山乡
331121220000	石溪乡
331122000000	缙云县
331122100000	五云镇
331122101000	壶镇镇
331122102000	新建镇
331122103000	舒洪镇
331122104000	新碧镇
331122105000	大洋镇
331122106000	东渡镇
331122107000	东方镇
331122108000	大源镇
331122200000	新川乡
331122201000	双川乡
331122202000	城北乡
331122203000	七里乡
331122204000	白竹乡
331122205000	雁岭乡
331122206000	前路乡
331122207000	三溪乡
331122208000	溶江乡
331122209000	双溪口乡
331122210000	胡源乡
331122211000	方溪乡
331122212000	石笕乡
331122213000	南溪乡
331122214000	木栗乡
331123000000	遂昌县
331123100000	妙高镇
331123101000	云峰镇
331123102000	新路湾镇
331123103000	北界镇
331123104000	金竹镇
331123105000	大柘镇
331123106000	石练镇
331123107000	王村口镇
331123108000	黄沙腰镇
331123200000	三仁畲族乡
331123201000	濂竹乡
331123202000	应村乡
331123203000	高坪乡
331123204000	湖山乡
331123205000	蔡源乡
331123206000	焦滩乡
331123207000	龙洋乡
331123208000	柘岱口乡
331123209000	西畈乡
331123210000	垵口乡
331124000000	松阳县
331124100000	西屏镇
331124101000	古市镇
331124102000	玉岩镇
331124103000	象溪镇
331124104000	大东坝镇
331124200000	望松乡
331124201000	叶村乡
331124202000	斋坛乡
331124203000	三都乡
331124204000	竹源乡
331124205000	四都乡
331124206000	赤寿乡
331124207000	新兴乡
331124208000	樟溪乡
331124209000	谢村乡
331124210000	新处乡
331124211000	枫坪乡
331124212000	板桥畲族乡
331124213000	裕溪乡
331124214000	安民乡
331125000000	云和县
331125100000	云和镇
331125101000	石塘镇
331125102000	紧水滩镇
331125103000	崇头镇
331125201000	雾溪畲族乡
331125202000	安溪畲族乡
331125203000	云坛乡
331125204000	朱村乡
331125205000	大源乡
331125206000	赤石乡
331125207000	黄源乡
331125208000	大湾乡
331125209000	沙铺乡
331125210000	云丰乡
331126000000	庆元县
331126100000	松源镇
331126101000	黄田镇
331126102000	竹口镇
331126103000	屏都镇
331126104000	荷地镇
331126105000	左溪镇
331126106000	贤良镇
331126200000	岭头乡
331126201000	五大堡乡
331126202000	淤上乡
331126203000	安南乡
331126204000	张村乡
331126205000	隆宫乡
331126206000	举水乡
331126207000	江根乡
331126208000	合湖乡
331126209000	龙溪乡
331126210000	百山祖乡
331126211000	官塘乡
331126212000	四山乡
331127000000	景宁畲族自治县
331127100000	鹤溪镇
331127101000	渤海镇
331127102000	东坑镇
331127103000	英川镇
331127104000	沙湾镇
331127200000	外舍乡
331127201000	大均乡
331127202000	澄照乡
331127203000	梅岐乡
331127204000	金钟乡
331127205000	郑坑乡
331127206000	大顺乡
331127207000	陈村乡
331127208000	大际乡
331127209000	景南乡
331127210000	雁溪乡
331127211000	葛山乡
331127212000	鸬鹚乡
331127213000	梧桐乡
331127214000	标溪乡
331127215000	毛垟乡
331127216000	秋炉乡
331127217000	大地乡
331127218000	家地乡
331181000000	龙泉市
331181001000	龙渊街道
331181002000	西街街道
331181003000	剑池街道
331181100000	八都镇
331181101000	上垟镇
331181102000	小梅镇
331181103000	查田镇
331181104000	安仁镇
331181105000	锦溪镇
331181106000	住龙镇
331181107000	屏南镇
331181200000	兰巨乡
331181201000	跶石乡
331181202000	宝溪乡
331181203000	竹垟畲族乡
331181204000	道太乡
331181205000	岩樟乡
331181206000	城北乡
331181207000	龙南乡

浙/江/统/计/年/鉴

主要统计指标解释

■ 景气指数

又称景气度，是对企业景气调查中定性指标的定量描述，以直观地反映经济所处的状态。景气指数的数值介于0和200之间，100为景气指数的临界值。当景气指数大于100点时，表明经济状况趋于上升或改善，处于景气状态；当景气指数小于100点时，表明经济状况趋于下降或恶化，处于不景气状态。

■ 企业家信心指数

亦称宏观经济景气指数，是根据企业决策者对企业外部市场经济环境与宏观政策的认识、看法、判断与预期（对"乐观"、"一般"、"不乐观"的选择）而编制的指数，反映企业决策者对国家宏观经济发展的信心和预期，是企业决策者对当前宏观经济状况及未来走势的一种感受、体验与期望。

■ 企业景气指数

亦称企业综合生产经营景气指数，是根据企业决策者对本企业当前生产经营情况的判断及未来企业生产经营状况的预期（对"好"、"一般"、"不佳"的选择）而编制的指数，是企业决策者对企业生产经营现状及未来景气动向的一种综合评价和判断。

■ 企业生产经营状况景气指数

是在企业生产经营状况的各指标，如生产、销售、产品订货、利润等名称之后加"景气指数"的方法，如"产品订货"指标称之为"产品订货景气指数"，其余类推。

■ 总产出

是我省常住单位在一定时期内生产的所有货物和服务的价值，既包括新增价值，也包括转移价值。它反映常住单位生产活动的总规划。总产出按生产者价格计算。常住单位是指在我国的经济领土内具有经济利益中心的单位。

■ 中间使用

指常住单位在本期生产活动中消耗和使用的非固定资产货物和服务的价值，其中包括国内生产和国外进口的各类货物和服务的价值。

■ 最终使用

指已退出或暂时退出本期生产活动而为最终需求所提供的货物和服务。

■ 总投入

指一定时期内我省常住单位进行生产活动所投入的总费用。

■ 中间投入

指常住单位在生产或提供货物和服务过程中，消耗和使用的所有非固定资产货物和服务的价值。

■ 增加值

指常住单位生产过程创造的新增价值和固定资产的转移价值。它包括固定资产折旧、劳动者报酬、生产税净额和营业盈余。

■ 直接消耗系数

也称为投入系数，记为 $a_{ij}(i,j=1,2,\cdots,n)$，它是指在生产经营过程中第j部门（或产品）的单位总产出所直接消耗的第i部门（或产品）的数量。直接消耗系数的计算主法为：用第j部门的总投入 X_j 去除该部门生产经营中所直接消耗的第i部门的货换或服务的数量 χ_{ij}，用公式表示为：

$$a_{ij}=\frac{\chi_{ij}}{X_j}\qquad(i,j=1,2,\cdots,n)$$

■ 完全消耗系数

通常记为 b_{ij}，它是指第j部门每提供一个单位最终使用时，对第i部门货物或服务的直接消耗和间接消耗之和。利用直接消耗系数矩阵A计算完全消耗系数矩阵B的公式为：

$$B=(I-A)^{-1}-I$$

浙江省部分大企业集团名录

企业集团名称	法人代表	电话号码	邮政编码
浙江省兴合集团公司	诸葛彩华	0571－87014212	310006
万向财务有限公司	鲁伟鼎	0571－87163329	310006
杭州华东医药集团	李邦良	0571－89903271	310011
传化集团有限公司	徐冠巨	0571－83781823	311215
亚太机电集团有限公司	黄来兴	0571－82764000	311203
浙江省百合集团公司	杨承华	0571－63322879	311400
杭州金鱼电器集团有限公司	秦吉强	0571－89971608	310013
万事利集团有限公司	沈爱琴	0571－85143001	310021
华立集团股份有限公司	汪力成	0571－88900723	310023
浙江富春江通信集团有限公司	孙　翀	0571－63371406	311401
广厦控股创业投资有限公司	楼忠福	0571－87969988	310013
浙江红剑集团有限公司	周凤剑	0571－57159992	311234
盛宇集团有限公司	曾上教	0577－64839122	325800
康奈集团有限公司	郑秀康	0577－88755544	325007
浙江正泰电器股份有限公司	南存辉	0577－62877777	325603
瑞立集团有限公司	张晓平	0577－65607111	325200
兴乐集团有限公司	虞文品	0577－62778199	325604
巨石集团有限公司	张毓强	0573－88136265	314500
桐昆集团股份有限公司	陈士良	0573－88187815	314500
浙江漓铁集团有限公司	魏仕校	0575－84011239	312041
浙江中国小商品城集团股份有限公司	金方平	0579－85182826	322000
花园工贸集团有限公司	邵钦祥	0579－86270011	322121
飞鹰集团有限公司	吴少华	0579－87252019	321300
浙江红火实业集团有限公司	王金火	0570－4553542	324109
弘生集团有限公司	苏伟平	0580－2681365	316000
星星集团有限公司	叶仙玉	0576－88022888	318015

2007 年全省部分大中型工业企业基本情况

单位名称	法人代表	联系电话	邮政编码	网址	生产主要产品
浙江华孚集团有限公司	孙伟挺	0571－87535666	310009	www. e－huafu. com	色纺纱线
东芝水电设备(杭州)有限公司	猪俣范一	0571－56809066	310016	www. toshiba－thpc. com	生产销售成套水力发电设备(混流式水轮发电机组、灯炮贯流式水轮发电机组、轴流式水轮发电机组、抽水蓄能水轮发电机组)
富阳申能固废环保再生有限公司	胡显春	0571－63561918	311408		次铜合金
浙江建德建业有机化工有限公司	冯　烈	0571－64149288	311604	www. jianye－chem. com	低碳脂肪胺系列、增塑剂系列、醋酸酯系列
浙江汇丽印染整理有限公司	高建幸	0571－82125788	311228	www. zj－huili. com	丝绸、棉布、各类亚麻、汉麻、苎麻、黄麻、化纤、针织等漂、染、印、涂、轧光、轧花、磨毛及各种高档织物面料的特种整理专业生产线
宏丰实业集团有限公司	王金法	0571－63205888	311422	www. zjhongfeng. com	H 型钢
杭州方正速能科技有限公司	李晓勤	0571－26263888	311100	www. founder－pcb. com	双面和多层刚性及柔性印刷线路板及电子元器件贴片封装产品
浙江富春江水电设备股份有限公司	孙　毅	0571－69969708	311504	www. zhefu. cn	生产、加工、水轮发电机组及安装、水工机械设备、机电配件、化纤机械设备、金属结构件
杭州希格尔工贸有限公司	王国华	0571－63273268	311404	www. chinasingle. com. cn	自行车链罩、车把、车篮
杭州钱江压缩机有限公司	张海明	0571－88680678	311121	www. qjzl. com	全封闭冰箱用制冷压缩机
宁波美敦文仪有限公司	张宗舜	0574－86177188	315800	www. beautone. com	纸塑文具制品及其它文教用品的生产、制造,包装装璜制品、信息数码集成设备的制造与加工,包装装潢设备的制造与加工
宁波众鑫印染有限公司	钱国均	0574－87464891	315012		印花、染色、漂白全棉大提花系列、高档仿蜡花布、真蜡花布
国电浙江北仑第一发电有限公司	陈　飞	0574－86892542	315800	www. btpp. com. cn	火力发电
宁波宝艺金珠宝饰品有限公司	陈瑞林	0574－28802008	315104		钻石、宝玉石、银、珠宝首饰
宁波美培林轴承有限公司	徐爱美	0574－63549687	315323	www. wtbearing. com	精密轴承及配件制造
温州冶炼总厂	金益林	0577－88626556	325027	www. wzylzc. com	电解锌、硫酸、铟、草酸钴等

单位名称	法人代表	联系电话	邮政编码	网址	生产主要产品
方圆阀门集团有限公司	叶春年	0577－67313366	325105	www. fy6666. com	阀门
吉隆宝薄板有限公司	杨相顺	0577－62220869	325615	www. jilobao. com	金属薄板
新黎明防爆电器有限公司	郑振晓	0577－62797777	325604	www. hrlm. com	防爆电器、防爆灯具、防爆管件、防爆风机、防爆空调、防爆除湿机等厂用防爆产品
浙江浦东电机有限公司	张鹏程	0577－67988698	325105		电机
温州汇浩亚麻纺织有限公司	张晓平	0577－86835953	325025	www. huihaoflax. com	生产销售亚麻纱及亚麻制品
嘉善银升玻璃有限公司	魏克尧	0573－84632298	314116	www. yin － sheng. com	玻璃制品
平湖美嘉保温容器工业有限公司	邱靖涛	0573－85800489	314204	www. cnmeto. com	保温杯、口杯、保温容器、小家电
奇男子五金制品(浙江)有限公司	简东源	0573－88255555	314500	www. oman. com. cn	生产销售五金刀具、餐具、橱具、高档水暖器材五金件
浙江嘉联精密五金配件有限公司	陈永振	0573－84779558	314117		塑料配件、模具
浙江永艺家具有限公司	张加勇	0572－5119888	313300	www. uechairs. com	各类办公椅、高级按摩椅、多功能沙发和家具五金
浙江振龙电源有限公司	周雨方	0572－6215888	313100	www. zjzhenlong. com	电池
嵊州市宇丰纸业有限公司	鲍心钢	0575－83151881	312459		高强度瓦楞纸、普通瓦楞纸、箱板纸
浙江瑞远机床有限公司	何　铿	0575－87627388	311827	www. ruiyuanchina. com	数控机床
浙江天乐集团有限公司	葛南尧	0575－83365288	312400	www. tianle. com	电子元件、液晶电视机
绍兴市雪花机电有限公司	陈建国	0575－88269278	312071	www. sxxuehua. com	小功率交、直流电机，水泵、汽配
浙江鑫鸿拉链有限公司	吴高兴	0579－85795968	322000	www. chinazip. net	3#、4. 2#、5#、8#、10#等规格的尼龙拉链和3#、4#隐形拉链、蕾丝拉链、工艺拉链
义乌市超其特玩具工艺品有限公司	龚英红	0579－85648028	322008	www. fuzz－toy. com	GB系列毛布绒玩具
舟山市鑫亚船舶修造有限公司	周亚国	0580－6088888	316131	www. xinyashipyard. com	集装箱轮、散货轮、油轮、客滚轮等各类船舶的修理、改装
浙江腾龙船厂	梁新富	0576－86659637	317511	www. tlzc. cn	各类散货船、工程吸沙船、甲板驳船、沥青船、超低温金枪渔船、硫磺船等
温岭市环力电器有限公司	陈仁德	0576－86219699	317500	www. china－hl. com	低压电器开关、微电机、水泵压力开关、压力控制器、水泵

2007 年部分建筑业企业基本情况

单位名称	法人代表	资质等级	邮政编码	联系电话	建筑业总产值（万元）
杭　州　市					
五洋建设集团股份有限公司	陈志樟	总承包特级	310002	87232325	603110
浙江国泰建设集团有限公司	李炳传	总承包特级	311200	82896133	403920
浙江省一建建设集团有限公司	陈天民	总承包特级	310013	85127302	320217
杭州萧宏建设集团有限公司	俞先富	总承包特级	310052	87391617	149580
浙江省长城建设集团股份有限公司	葛相校	总承包一级	310009	87801205	608737
浙江中强建工集团有限公司	吴才龙	总承包一级	311256	82419919	378600
浙江华成建设有限公司	沈凤飞	总承包一级	311201	82729167	188860
杭州二建建设有限公司	李宝良	总承包一级	310005	88069476	156059
中国水利水电第十二工程局	孙　阳	总承包一级	310004	28906055	108419
浙江省交通工程建设集团第三交通工程有限公司	吴　伟	总承包一级	310051	87984778	87159
浙江宝华建设集团有限公司	张忠华	总承包一级	310030	88953124	80389
杭州党湾建筑工程有限公司	王宝华	总承包一级	311202	82736151	70554
浙江贝利建设有限公司	许培章	总承包一级	311100	86222794	63520
杭州市设备安装有限公司	来连毛	总承包一级	310005	85176331	59993
杭州兴宇建设有限公司	李德洪	总承包一级	311115	88552843	56260
中钜建设集团有限公司	张国水	总承包一级	310016	86505191	52174
浙江省隧道工程公司	陆家乔	专业承包一级	310005	88396967	19531
浙江世贸装饰设计工程有限公司	陈志福	专业承包一级	310007	87950269	5728
浙江新中环建筑装饰工程有限公司	姚建国	专业承包一级	310012	88228049	4951
浙江耀圣建设有限公司	俞云梅	总承包二级	311201	82198588	53281
浙江奔腾建设工程有限公司	江春成	总承包二级	311400	63392731	36886
杭州市第四建筑工程公司	吴忆平	总承包二级	310006	85161207	36774
浙江大立建设有限公司	傅宝剑	总承包二级	311215	82839922	35404
浙江大运建筑工程有限公司	张宪法	总承包二级	311400	63139568	31498
杭州宇航交通工程有限公司	王智保	总承包二级	311100	86222884	31365
浙江龙兴建设工程有限公司	章健龙	总承包二级	311404	63255191	30060
浙江方汇建筑工程有限公司	山金松	总承包二级	311100	86222094	26505
浙江光大建设有限公司	蔡国华	总承包二级	311100	86169607	20801
富阳市第一建筑工程有限责任公司	俞亦浩	总承包二级	311400	63139578	20707
杭州广济建设工程有限公司	朱夏香	总承包二级	311106	86382368	19815
杭州城北电气承装公司	胡卫伟	专业承包二级	310021	85047768	5611
杭州国新装饰工程有限公司	周　慧	专业承包二级	310004	85377431	2613

单位名称	法人代表	资质等级	邮政编码	联系电话	建筑业总产值（万元）
宁　波　市					
宁波建工集团有限公司	乌家瑜	总承包特级	315040	87889898	401257
宁波市建设集团股份有限公司	陈继东	总承包一级	315000	87190059	143446
浙江大荣建设有限公司	徐正荣	总承包一级	315194	1395789598	82353
华锦建设股份有限公司	乐伟康	总承包一级	201906	56188199	70608
浙江万华建设有限公司	张龙棋	总承包一级	315175	88006997	56373
慈溪城关建筑有限公司	胡培能	总承包一级	315300	63808536	31126
慈溪市建工建设集团有限公司	叶金泽	总承包一级	315300	23861111	22960
余姚市三江建设有限公司	施登善	总承包一级	315400	27828686	21120
宁波海力工程发展有限公司	中西政己	专业承包一级	315000	87273606	14625
浙江天鸿钢结构有限公司	甘明根	专业承包一级	315334	63299802	11056
宁波飞龙建设工程有限公司	戴照飞	总承包二级	315700	65758003	21350
宁波市鄞州区电力工程安装有限公司	袁国良	总承包三级	315105	51092451	18710
宁波市新亚建设有限公司	杨菊素	总承包二级	315040	87831907	17726
慈溪市华安建筑工程有限公司	苗森洪	总承包二级	315300	63016391	12848
宁波海裕建设工程有限公司	孙家海	总承包二级	315300	63806634	10811
温　州　市					
广泰建设集团有限公司	曾仁佩	总承包一级	325500	67583315	92700
浙江方泰建设有限公司	黄胜芬	总承包一级	325005	88551517	66015
鸿厦建设有限公司	张以国	总承包一级	325000	13868314748	51973
温州市海城建筑工程有限公司	潘国普	总承包一级	325005	88500140	40018
浙江新邦建设有限公司	陈　锵	总承包一级	325027	88853572	32308
温州青川装饰有限公司	陈建录	专业承包一级	325000	88382988	8015
温州电力建设有限公司	王向新	总承包二级	325000	51099188	30141
浙江成泰建筑工程有限公司	夏高岗	总承包二级	325600	61607203	23736
永嘉县交通工程公司	朱国成	总承包二级	325102	67333925	23720
温州矿山井巷工程有限公司	林万运	总承包二级	325000	88868870	22500
浙江交建路桥工程有限公司	朱千明	总承包二级	325000	88989595	20932
浙江东城建筑工程有限公司	朱建敏	总承包二级	325600	625828859	17858
浙江华泰市政工程有限公司	张小华	总承包二级	325200	65822083	16729
浙江兴华建筑工程有限公司	许永亮	总承包二级	325600	62553692	15414
温州盛达矿山建设有限公司	陈培约	总承包二级	325800	68701288	13086
浙江天城建设工程有限公司	林积忠	总承包二级	325500	67565829	12334

单位名称	法人代表	资质等级	邮政编码	联系电话	建筑业总产值（万元）
苍南县建筑工程公司	朱明望	总承包二级	325800	64758619	11289
温州永昌建设有限公司	肖云州	总承包二级	325401	63632207	9941
温州鹿城第三建筑工程公司	戴锦林	总承包二级	325000	88196140	8738
星宝集团有限公司	池万明	专业承包二级	325208	13757761220	5266
嘉　兴　市					
浙江宏厦建设有限公司	金建祥	专业承包一级	314400	87226369	9176
浙江振业建设发展有限公司	许长发	总承包二级	314500	88118717	60136
浙江恒力建设有限公司	左建平	总承包二级	314400	87077596	31016
浙江永联建设工程股份有限公司	张永春	总承包二级	314033	82228056	30800
浙江中朝建设有限公司	李昇凯	总承包二级	314411	87611768	29727
浙江正益建设发展有限公司	陈正财	总承包二级	314031	82719831	27352
浙江嘉宇建设有限公司	朱雪明	总承包二级	314009	83167240	13314
浙江大陆交通建设有限公司	严建忠	总承包二级	314000	83640788	13137
浙江华信建设有限公司	俞建华	总承包二级	314400	87070107	12227
平湖市市政工程有限公司	王祖伦	总承包二级	314200	85015697	10571
嘉兴市万盛市政开发有限公司	蒋关水	总承包二级	314001	82225998	10227
嘉兴市永联环境工程有限公司	张永春	总承包二级	314033	82228056	2810
湖　州　市					
浙江天力建设集团有限公司	杨虎麟	总承包一级	313000	2820500	63586
湖州市政工程有限公司	姚建华	总承包一级	313000	2054292	28093
湖州升浙建筑工程有限公司	陈琪璋	总承包一级	313000	2074402	25429
浙江金浩建设有限公司	金英杰	总承包二级	313200	8064479	21963
浙江乔兴建设工程有限公司	徐钱江	总承包二级	313000	2715590	12278
浙江恒大管桩有限公司	陆金红	专业承包二级	313009	3081691	6546
绍　兴　市					
绍兴宝业建设集团有限公司	王荣富	总承包特级	312028	84574483	936351
浙江八达建设集团有限公司	王昌培	总承包特级	311800	87217165	605576
中设建工集团有限公司	陈永根	总承包特级	312072	85101367	573321
华升建设集团有限公司	杭飞龙	总承包特级	312365	82665716	501882
中厦建设集团有限公司	杨学夫	总承包特级	312050	85763777	501507
浙江中联建设集团有限公司	周水林	总承包特级	312000	85135189	412416
浙江广大建设有限公司	周云照	总承包一级	311800	13819591631	222618
浙江暨阳建设集团有限公司	赵光明	总承包一级	311800	87802578	220992

单位名称	法人代表	资质等级	邮政编码	联系电话	建筑业总产值（万元）
浙江裕众建设集团有限公司	孙益忠	总承包一级	312000	88906528	164236
浙江金桥建设有限公司	孙炳元	总承包一级	312030	84115317	81000
诸暨市市政工程有限公司	楼丁明	总承包一级	311800	87219665	40500
浙江丰安市政工程有限公司	夏炎定	总承包一级	312361	82870698	28113
浙江金磊建设工程有限公司	张金元	总承包一级	312000	88332821	20104
华升建设集团浙江消防工程有限公司	罗其洋	专业承包一级	312300	82602775	14398
浙江大舜公路建设有限公司	项金耀	总承包二级	312352	82053026	40011
嵊州市地方建筑工程有限公司	吴尧安	总承包二级	312400	83031971	36751
浙江诚信建工有限公司	施光华	总承包二级	312000	88016005	31828
浙江振达建设有限公司	裘和贵	总承包二级	312000	88686186	30983
浙江宝厦建设有限公司	周　健	总承包二级	312400	83215288	29536
浙江中柱建设有限公司	章伯昌	总承包二级	312500	865013888	25164
浙江裕祥建设有限公司	余国永	总承包二级	311800	87231073	23508
浙江省新昌县彩淳建筑工程有限公司	梁上炎	总承包二级	312500	86289280	23068
浙江名源龙盛建设有限公司	张再良	总承包二级	312400	83113031	19666
新昌县天姥建筑安装有限公司	陈国君	总承包二级	312500	86035998	19500
浙江蓝天建设有限公司	陈瑞兴	总承包二级	312000	88962211	18132
浙江文盛集团有限公司	朱良文	总承包二级	312300	82201888	14031
浙江丰安建设集团有限公司	夏炎定	总承包二级	312361	82870698	11646
上虞市工业设备安装有限公司	厉水平	专业承包二级	312300	82606089	8985
绍兴金龙橡塑有限公司	孙小全	专业承包二级	312035	88772755	2623
绍兴市大成工业设备安装有限公司	蒋焕尧	专业承包二级	312000	88612136	1224
浙江省新昌县中厦建筑发展有限公司	陈忠阳	总承包三级	312500	86023778	15011
金　华　市					
成龙建设集团有限公司	方汝腾	总承包一级	322000	83817118	200184
永润建设工程有限公司	赵永高	总承包一级	321000	82480588	128710
浙江华厦建设集团有限公司	许宝鸿	总承包一级	322100	86685218	113300
浙江创业建设工程有限公司	王向东	总承包一级	322200	88188878	110001
浙江省金厦建设有限公司	王梦展	总承包一级	322100	86369156	100798
浙江金城建设集团有限公司	傅桂平	总承包一级	321017	83189655	52550
东阳市第十建筑工程有限公司	张锡鲁	总承包一级	322118	86551307	35788
浙江中一建设有限公司	朱永芳	总承包一级	321100	88893025	23636
浙江弘丰建设有限公司	王　清	总承包一级	321300	87271326	17857

单位名称	法人代表	资质等级	邮政编码	联系电话	建筑业总产值（万元）
浙江东辉建筑装饰有限公司	赵东平	专业承包一级	322000	85366088	4138
浙江经典建筑装饰有限公司	方海涛	专业承包一级	321300	87383000	2390
浙江杜班建筑工程有限公司	杜加行	总承包二级	322100	86633714	27800
浙江远东建设有限公司	夏华松	总承包二级	321200	87673086	25808
浙江广发建设工程有限公司	蒋仙妹	总承包二级	321017	82462111	24673
浙江天恒建设有限公司	王芝琴	总承包二级	322000	85335669	22822
塔山建设集团有限公司	成　诚	总承包二级	322002	85785657	20262
浙江新华建设有限公司	徐荣其	总承包二级	321300	87190726	20135
浙江中广建筑工程有限公司	王旭通	总承包二级	322000	82430600	20003
义乌市恒信建设工程有限公司	郑湘平	总承包二级	322000	85152780	16384
义乌市恒风路桥有限公司	方国清	总承包二级	322000	83817219	13899
浙江泰成建设有限公司	张仙伦	总承包二级	322300	84662215	11935
浙江王宅建设有限公司	叶关富	总承包二级	322000	85524071	11068
大奥建设集团有限公司	张鑫林	总承包二级	322000	85230000	10243
浙江铿达建设集团有限公司	马樟森	总承包二级	322000	85250373	3924
衢　州　市					
浙江广胜集团有限公司	朱志光	总承包一级	324000	8587698	21097
衢州光明电力工程有限公司	刘利平	总承包二级	324002	8558001	25385
浙江泰立建筑工程有限公司	徐高斌	总承包二级	324000	3863678	14864
衢州乌引水电建筑有限公司	徐志民	总承包二级	324002	8281198	13267
浙江泰宇建设有限公司	王瑞娟	总承包二级	324400	7211056	10038
衢州市鼎天建筑工程有限公司	徐华俊	总承包二级	324000	3863580	8658
浙江凌云市政工程有限公司	姚志云	总承包二级	324300	6023400	8246
衢州市市政建设开发有限公司	楼云福	总承包二级	324002	3088631	6517
衢州市衢江路桥工程有限公司	吕双渭	总承包三级	324022	3855920	20674
舟　山　市					
浙江银誉建设工程有限公司	虞优珠	总承包二级	316100	3098077	15376
浙江欣威建设有限公司	李光主	总承包二级	316281	2609170	12284
舟山市恒昌市政工程有限公司	何国光	总承包二级	316000	2616159	10760
舟山市普陀凯磊爆破工程有限公司	邵友忠	专业承包二级	316100	3054937	9090
浙江晨达建筑装饰工程有限公司	董惠青	专业承包二级	316000	2607658	3578
台　州　市					
浙江天颂建设有限公司	严守元	总承包一级	317500	86111387	150244

单位名称	法人代表	资质等级	邮政编码	联系电话	建筑业总产值（万元）
浙江五联建设有限公司	郑道南	总承包一级	318000	88221567	32853
温岭市市政工程公司	林才元	总承包一级	317500	86137171	30226
浙江友力建设工程有限公司	许晓明	总承包一级	317200	83911828	27256
浙江省三门建安工程有限公司	郑邦岩	总承包一级	317100	83519818	25080
浙江吉安安装有限公司	彭启初	专业承包一级	317500	86131111	8586
浙江正和建筑装饰有限公司	陈光华	专业承包一级	317000	85192003	6798
台州蓝盾消防安全实业有限公司	张继跃	专业承包一级	317000	85282569	2700
新天一集团有限公司	葛昌雨	劳务一级	318016	88924353	30532
浙江恒远建设有限公司	陈美根	总承包二级	317500	86214883	80733
宏业建设集团有限公司	徐学林	总承包二级	318000	88884713	40154
浙江省台州市繁荣建设工程有限公司	陈世巴	总承包二级	317100	83337818	25991
温岭市大通市政工程有限公司	陈云才	总承包二级	317500	86185118	16667
温岭市长虹建筑工程有限公司	王文君	总承包二级	317500	86132351	13534
浙江振鑫建设有限公司	潘思源	总承包二级	317200	83882340	10715
临海市第七建筑工程有限公司	王祖腾	总承包三级	317000	85225160	15700
丽　水　市					
浙江中信建筑工程有限公司	黄小毛	总承包一级	323000	2176981	27940
浙江同心建筑工程有限公司	叶爱芬	总承包二级	323000	2153455	25660
浙江强盛建设工程有限公司	赵云仙	总承包二级	323000	2636896	24683
丽水市正达建筑工程有限公司	舒　铭	总承包二级	323000	2131681	21027

浙江省部分金融保险证券单位名录

单位名称	法人代表	电话号码	邮政编码
中国农业银行杭州市延安路支行	徐　萍	0571－85069433	310016
中国人民银行江山市支行	徐韶华	0570－4033716	324100
中国工商银行股份有限公司浙江省分行	徐新桥	0571－87803888	310009
中信银行宁波分行	夏年炉	0574－87733180	315010

2007 年部分房地产企业基本情况

单位名称	法人代表	主要开发项目	资质等级	邮政编码	联系电话
杭州倚天置业有限公司	楼永良	盛世钱塘	二级	310020	0571－86998829
浙江龙生房地产开发集团有限公司	孙建国	南肖埠、庆春苑	二级	310016	0571－28057656
宏瑞集团有限公司	陈　何	风荷苑、逸景湾、宏瑞大厦等	二级	325200	0577－65817996
富尔达集团有限公司	孙仁富	“东京湾小区”椒江、“山水人家”路桥、“凯悦大厦”椒江	二级	318000	0576－88538906
浙江升华房地产开发有限公司	彭　涛	升华·阳光花园、升华·隐龙山庄、长江·升华园、升华·玉墅林枫等	二级	313200	0572－8288777

2007 年部分高新技术企业基本情况

单位名称	法人代表	电话号码	邮政编码	主要高新技术产品名称
浙江美浓丝网印刷有限公司	虞樟良	0571－88308032	310030	全息镭射定位防伪技术及防伪烟包
浙江康盛股份有限公司	陈汉康	0571－64837762	311700	外冷折叠式冷凝器、节能“R 形”粘接式蒸发器、整体循环式热交换器、减振阻尼式空调吸气管、超低碳超薄壁微径超软制冷钢管
浙江杭萧钢构股份有限公司	单银木	0571－82645988	311232	多高层钢结构、住宅钢结构、产房钢结构、特殊钢结构、高频焊产品、钢筋桁架楼承板、CCA 板、系列维护板材
浙江帝龙新材料股份有限公司	姜飞雄	0571－63722338	311300	金属饰面板、金属饰面马赛克、金属高压层积饰面板、浮雕铝铝复合饰面板、浮雕铝塑复合饰面板、装饰纸
浙江万马电缆股份有限公司	潘水苗	0571－63759008	311305	110KV－500KV 超高压交联聚乙烯绝缘电力电缆
杭州龙山化工有限公司	彭　立	0571－86617638	310053	碳酸钠、氯化铵、稀硝酸、亚硝酸钠
华伦集团有限公司	陈建龙	0571－63370917	311400	光缆、光纤、中草药猫人参片
宁波万华聚氨酯有限公司	丁建生	0574－86716755	315812	MDI(二苯基甲烷二异氰酸酯)
宁波天邦股份有限公司	吴天星	0574－62817777	315400	海水鱼、淡水鱼、中华鳖、鳗鲡、虾蟹配合饲料、高档畜禽配方饲料、浓缩饲料、预混料、反刍动物饲料、牛羊用精补料、水产食品、饲料及油脂
宁波申菱电梯配件有限公司	卢国平	0574－65977120	315731	交流永磁同步无齿轮曳引机、交流永磁同步直拖门系统、交流异步变频门系统
宁波环驰太平洋轴承有限公司	胡成江	0574－63196008	315318	静音轴承和耐高温、高速、长寿命轴承系列

单位名称	法人代表	电话号码	邮政编码	主要高新技术产品名称
金龙控股集团有限公司	金绍平	0577－61806666	325603	手机用微电机、电脑用扁平线缆、连接器
瑞立集团有限公司	张晓平	0577－65607111	325200	传感器、电子控制单元ECU、防抱死系统ABS、电涡流缓速器
华仪电器集团有限公司	陈道荣	0577－62666666	325600	各种型号风力发电机组、高低压开关柜、户内外真空断路器及仪器仪表
环宇集团有限公司	王迅行	0577－62868881	325603	Hum8D－630、800智能型塑料外壳式断路器、Hum8－1600智能型万能式断路器
浙江美大实业有限公司	夏志生	0573－87811189	314416	"美大"集成环保灶
浙江美大太阳能工业有限公司	夏志生	0573－87816299	314416	"美大"太阳热水器
浙江长盛滑动轴承有限公司	孙志华	0573－84185522	314100	CSB－50无铅自润滑轴承、CSB－LA25铝基三层复合自润滑轴承、CSB－850S自润滑轴承、CSB450钢基铜合金高精度导套等
浙江众擎起重机械制造有限公司	阮曙峰	0575－87387611	311800	起重机械
浙江升华拜克生物股份有限公司	沈德堂	0572－8401418	313220	阿维菌素、硫酸粘杆菌素、黄霉素、麦草畏
浙江新和成股份有限公司	胡柏藩	0575－86133092	312500	维生素A、维生素E
浙江联丰股份有限公司	蒋梦兰	0575－82168200	312300	B2000模块化环保节能冷却塔、模块化蒸发式风冷冷水机组、智能型真空热水机组、M型封闭式冷却塔
浙江绿源电动车有限公司	倪　捷	0579－82273433	321016	电动车及电动部件的生产、装配及销售
浙江康恩贝制药股份有限公司	胡季强	0579－88276530	321109	前列康普乐安片、天保宁牌银杏叶片、天保康葛根素注射液、可达灵片、盐酸雷尼替丁胶囊、康恩贝复方甘草、浙贝氯化铵片
浙江尖峰药业有限公司	蒋晓萌	0579－82324600	321017	一类新药加替沙星及其制剂、二类新药注射用喷昔洛韦、注射用盐酸头孢甲肟、注射用硫酸阿奇霉素、愈风宁心滴丸、盐酸帕罗西汀片、L－门冬氨酸氨氯地平片
捷马化工股份有限公司	王　文	0570－7855741	324400	IDA法草甘膦、一缩二乙二醇双碳酸烯丙酯
东港工贸集团有限公司	王云友	0576－88881534	318000	活性染料KN－R、间位、氟哌酸、阿伐他汀系列、罗伐他汀、盐酸非索非拉定
浙江锯力煌锯床股份有限公司	李新富	0578－3559081	321404	GIK 4228数控全自动卧式带锯床、GIK 42100×150数控岩石卧式带锯床

2007年部分科研机构基本情况

单位名称	法人代表	电话号码	邮政编码	重点科研项目
浙江省粮食科学研究所有限责任公司	应胜建	0571－88078805	310012	粮油生物工程技术研究、粮油深加工技术研究、粮食储藏和物流技术研究、饲料添加剂技术研究、粮食信息化技术研究
浙江省水利河口研究院	叶永棋	0571－86438000	310020	承担"强潮河口泥沙输移规律研究"国家自然科学基金项目、"溃坝数值模拟与溃坝风险管理关键技术研究"、"高效生态农业节水增效综合技术研究与应用"等省重大科技攻关项目
国家海洋局第二海洋研究所	张海生	0571－88076924	310012	承担"基于全球实时海洋观测计划(Argo)的上层海洋结构、变异及预测研究"等973计划项目、"海岸海洋环境遥感精准探测与应用系统"等863计划项目、"中日吕宋海峡流量及其变异的合作研究:观测与模式"等国家自然科学基金重点项目、"长三角沿海水质遥感实时监视和速报的关键技术研究"等省重大科技攻关项目
浙江清华长三角研究院	周海梦	0573－83915999	314050	集成光学、先进制造、信息技术、生物技术与医药、生态环境保护、海洋资源开发与利用、人才培训、科技成果交易、推广及产业化等
浙江省淡水水产研究所	叶金云	0572－2046303	313001	河蟹高效环保渔用饲料配制技术与产业化示范、高产优质青虾新品种选育技术、商品化渔用疫苗研制和规模化应用示范、渔药安全使用技术和新型渔药制剂开发、淡水水产种苗引育繁及良种选育、名优水产品种环境友好型养殖技术、虾蟹种质选优与生态养殖以及罗氏沼虾多状复合育种技术研究与示范等
浙江省海洋水产研究所	徐汉祥	0580－3054103	316100	承担"东海区深水抗风浪网箱养鱼技术开发与产业化示范"、"东海区名优种类增殖放流技术开发与示范"、"东海区重要渔业资源养护工程技术研究与示范"等国家级重大项目及"梭子蟹健康养殖与产业链提升技术研究"、"海水养殖鱼类营养代谢调控与饲料研究开发"等省部级重大项目

2007 年部分高等院校基本情况

单位名称	法人代表	电话号码	邮政编码	主要专业名称
丽水职业技术学院	汪建云	0578－2277000	323000	园艺技术、绿色食品生产与检验、林业技术、园林类、商品花卉、生物技术及应用、测绘与工程管理类、建筑装饰工程技术、室内设计技术、装潢艺术设计、机电类、电子信息类、财务会计类、国际商务类、营销管理类、旅游管理类、文秘(涉外)、社会体育、音乐表演
浙江建设职业技术学院	丁夏君	0571－82606916	311231	建筑工程技术、建筑经济管理、工程监理、楼宇智能化工程技术、园林工程技术、计算机应用技术、市政工程技术、建筑装饰工程技术
浙江医药高等专科学院	王自勇	0574－88222726	315100	药物制剂技术、化学制药技术、生物制药技术、药品质量检测技术、食品检测及管理、食品加工技术、中药、市场开发与营销(医疗器械维护与经营方向)、中药制药技术、国际贸易实务(医药方向)、食品药品监督管理(医药方向)、经济信息管理(医药方向)、医药营销
嘉兴职业技术学院	盛 健	0573－82751118	314036	商品花卉、园林技术、动物防疫与检疫、汽车运用技术、报关与国际货运、生物技术与应用、食品药品监督管理、工程造价、数控技术、工业设计、机电一体化、电气自动化技术、计算机应用技术、计算机系统维护、应用电子技术、计算机网络技术、动漫设计与制作、软件技术、环境监测与治理技术、现代纺织技术、服装服饰设计与制作、国际贸易实务、国际商务、电子商务、工商企业管理、旅游管理、酒店管理、应用英语、应用日语、文秘
丽水学院	朱土兴	0578－2271340	323000	汉语言文学、数学与应用数学、物理学、化学、生物科学、电子信息工程、计算机科学与技术、旅游管理、英语、国际经济与贸易
浙江省温岭市育才学校	林茂波	0576－86227507	317500	普通高中、初中
浙江交通职业技术学院	王怡民	0571－88481798	311112	道路桥梁工程技术(含公路工程检测方向)、市政工程技术、高等级公路维护与管理、工程监理、工程造价、汽车电子技术、汽车技术服务与营销、市场营销、汽车运用技术(含汽车评估与鉴定方向)、航海技术、轮机工程技术、国际航运业务管理、集装箱运输管理、船舶工程技术(含船舶机械制造与维修、船体修造两个专业方向)、数控技术、机电一体化技术、楼宇智能化工程技术、应用电子技术、机电设备维修与管理、计算机网络技术、计算机信息管理、物流管理、通信技术、商务英语、公路运输与管理(交通旅游方向)、人力资源管理

单位名称	法人代表	电话号码	邮政编码	主要专业名称
浙江建材技工学校	吴伟生	0579－85411867	322000	模具设计与制造、机械加工技术(数控)、机电设备安装与维修、计算机应用、商务英语、财务会计、电工电子、维修电工、武术散打、化工工艺
绍兴市中等专业学校	娄华水	0575－88908529	312000	化工染整、建筑工程、财会电商、商务外语、机械电子
杭州师范大学钱江学院	林正范	0571－28865857	310012	汉语言文学、英语、经济学、电子商务、播音与主持技术、艺术设计、机械设计制造及自动化、音乐表演等
富阳市富春职业高级中学	孙德其	0571－63373256	311400	旅游服务与管理、文秘与礼仪、计算机应用、服装设计与工艺、广告设计与制作、电子商务
绍兴护士学校	沈丽华	0575－7037286	311800	护理
浙江水利水电专科学校	符宁平	0571－86929012	310018	水利水电建筑工程、发电厂及电力系统、机电一体化、工商企业管理、建筑工程技术、计算机网络技术
浙江金融职业学院	周建松	0571－86739080	310018	金融管理与实务、投资与理财、国际金融、会计、保险实务、证券与期货、计算机信息管理、市场营销、电子商务、国际贸易实务、商务英语、文秘、财务管理、房地产经营与估价、信息安全技术、工商企业管理、社区管理与服务、农业经济管理、统计实务、医疗保险实务、农村合作金融、信用管理、国际商务、计算机多媒体技术
浙江广厦建设职业技术学院	许华春	0579－86668871	322100	建筑工程技术、建筑工程管理、市政工程技术、园林工程技术、装潢艺术设计、工程监理、道路桥梁工程技术、木雕设计与制作、工程造价、建筑经济管理、房地产经营与估价、物业管理、物流管理、电气自动化技术、机电一体化技术、楼宇智能化工程技术、计算机应用技术、模具设计与制造、数控技术、国际经济与贸易、商务英语、应用英语、酒店管理、旅游管理、旅游英语
宁波工程学院	高浩其	0574－87616023	315211	日语、英语、德语、计算机科学与技术、电子科学与技术、电气工程及自动化、电子信息工程、机械设计制造及其自动化、材料成型及控制技术、土木工程、建筑环境与设备工程、建筑学、工程管理、化学工程与工艺、油气储运工程、交通运输、汽车服务工程、汉语言文学、广告学、国际经济与贸易、会计学、物流管理、市场营销、信息与计算科学

2007 年部分医疗机构基本情况

单位名称	法人代表	电话号码	邮政编码	重点学科名称
温州东方女子医院有限公司	黄海燕	0577－86750555	325000	妇科微创中心、综合产科中心、整形美容中心、乳腺诊疗中心、肛肠诊疗中心、不孕不育诊疗中心、心理咨询中心
杭州第四医院(杭州肿瘤医院)	屠红燕	0571－86826083	310002	肿瘤治疗、肝病科、消化内科、妇产科
台州骨伤医院	章友棣	0576－86193681	317500	筋伤科
磐安骨伤医院	章诗平	0579－83391001	322300	骨科、中医伤科
杭州市公安局安康医院	马云峰	0571－88797900	311113	精神病专业、精神疾病司法鉴定
浙江省衢州市人民医院	徐周佳	0570－3023071	324000	血管外科、骨科、普外科、神经外科、心内科、泌尿外科、麻醉科、放射科
杭州詹氏中医骨伤医院	詹庄锡	0571－88843418	310015	中医骨伤科
新昌县人民医院	占银祥	0575－86621120	312500	眼科、Icu、脑外科、耳鼻咽喉科、心内科、中医肾病科
宁波市精神病院	陈亚萍	0574－87582454	315032	精神科、老年科
义乌市中心医院	丁国强	0579－5209678	322000	危重病医学、心胸外科、泌尿外科、骨科、心血管内科、消化内科、神经内科、神经外科、呼吸内科等

2007 年部分贸易企业基本情况

单位名称	法人代表	地　址	电话号码	邮政编码	主要经营范围
浙江物产物流投资有限公司	陈　敏	杭州市杭大路 9 号聚龙大厦东 11 楼	0571－87851906	310007	物流产业的投资,国内商业(涉及许可经营的凭有效证件经营),金属材料剪切加工,粮食收购,物资仓储,加工和配送服务,市场经营管理,物业管理,经济信息咨询(不含证券、期货)
浙江省医药工业有限公司	蔡时红	杭州市莫干山路文北巷 27 号	0571－88886065	310012	中成药、化学药制剂、化学原料药、抗生素、生化药品、生物制品、麻醉药品、精神药品的销售,麻黄素、医药中间体、制药机械及配件、医药包装材料、医药器械、兽药的销售,保健食品、化学品的批发
浙江苏宁电器有限公司	卞　农	杭州市庆春路 122 号苏宁电器	0571－87233888	310009	家用电器、百货、仪器仪表、电子计算机及配件、厨房用具的销售

浙江省部分开发区(园区)名录

单位名称	法人代表	电话号码	邮政编码
杭州钱江经济开发区	许保金	0571－89021777	311100
杭州萧山临江工业园区	洪松法	0571－82125138	311228
浙江慈溪经济开发区(出口加工区)	高庆丰	0574－63071093	315336
浙江象山经济开发区	李达飞	0574－65752626	315700
浙江鄞州工业园区	崔国忠	0574－88073978	315191
浙江奉化经济开发区	王倍龙	0574－88527184	315500
浙江温州鹿城轻工产业园区	瞿自杰	0577－86410006	325019
浙江苍南工业园区	谢尚武	0577－64809687	325800
浙江省乐清经济开发区	张建义	0577－62052701	325600
浙江永嘉工业园区	王柏青	0577－6727009	325102
浙江桐乡濮院针织产业园区	朱明杰	0573－88823039	314502
浙江诸暨经济开发区	吴利民	0575－87383875	311800
浙江省永康经济开发区	朱长林	0579－87230916	321300
浙江东阳经济开发区	卢洪标	0579－86813243	322100
浙江省衢州经济开发区	吴宝骏	0570－3856141	324002
浙江江山经济开发区	王晓荆	0570－4221616	324100
浙江省黄岩经济开发区	蔡理明	0576－84299361	318020
浙江定海工业园区	李　军	0580－8971106	316052
浙江景宁经济开发区	毛南荣	0578－5088823	323500
浙江松阳工业园区	纪忠民	0578－8064486	323400
浙江缙云工业园区	王缙黎	0578－3181189	321403
浙江省淳安千岛湖旅游度假区	江华平	0571－65025002	311700
浙江湘湖旅游度假区	韩长来	0571－82361997	311203

部分中国名牌、免检产品和浙江名牌产品生产企业基本情况

单位名称	法人代表	联系电话	邮政编码	网址	生产主要产品	备注
杭州宇中高虹照明电器有限公司	张林夫	0571-63778188	311307	www.woojong.com.cn	紧凑型节能荧光灯	浙江名牌产品
杭州张小泉集团有限公司	张国标	0571-88902553	310011	www.zhangxiaoquan.com.cn	刀、剪、餐具、日用五金等	浙江名牌产品
杭州华隆羽绒制品有限公司	鲁一华	0571-82710818	311201	www.chinafeather.cn	羽绒羽毛、羽绒制品、床上用品、服装、纺织面料	中国免检产品、浙江名牌产品
杭州东华链条集团有限公司	宣碧华	0571-85045787	310021	www.dhchain.com	各种规格及用途的标准链条、特种链条和齿轮、链轮。如:汽车链条、不锈钢链条、联合收割机链条、立体车库链条,汽车、拖拉机、农机用齿轮和链轮等	中国免检产品、浙江名牌产品
宁波凯峰电器有限公司	沈东平	13757402000	315314	www.kaifengelectric.com	电源连接器	浙江名牌产品
宁波兴业电子铜带有限公司	陈建华	0574-63073289	315336	www.xingyecopper.com	锡磷青铜板带、黄铜板带、引线框架用铜带、锌白铜带	中国名牌产品
安德利集团有限公司	程安林	0577-62722277	325604	www.andeli.cn	高、低压电器元件,成套设备	中国免检产品、浙江名牌产品
浙江中顺纸业有限公司	刘欲武	0573-85581111	314201	www.zhongshungroup.com	盒巾、软抽、卷纸、手帕纸	中国名牌产品、免检产品
浙江安吉新祥铝业有限公司	潘阿祥	0572-5901100	313307	www.xxly.cn	铝型材	浙江名牌产品
长兴昌盛电气有限公司	徐克成	0572-6235555	313100		铅酸蓄电池、节能灯具、生物保健品、日用玻璃制品、特种玻璃等	中国免检产品
浙江珍贝有限公司	邱金元	0572-3239088	313008	www.chinazhenbei.com	羊绒制品、羊毛制品	中国名牌产品、免检产品、浙江名牌产品

单位名称	法人代表	联系电话	邮政编码	网址	生产主要产品	备注
浙江化纤联合集团有限公司	黄　坚	0575－88368108	312000		聚酯切片、涤纶长丝、涤纶短纤、彩色短纤、锦纶长丝、聚酯单丝、复合长丝等系列化纤产品	浙江名牌产品
浙江耿基实业有限公司	宋国钱	0575－86035025	312500	www. zjkenking. com	涤纶缝纫线、绣花线	浙江名牌产品
浙江隆泰门业有限公司	黄　雨	0579－87283268	321300	www. chinalong-time. com. cn	防盗安全门、金属室内门、防火门、木质门、钢木门	浙江名牌产品
浙江新亚实业有限公司	金常青	0579－86299888	322121	www. zjxy. com. cn	休闲裤系列、茄克衫、棉衣	浙江名牌产品
浙江华东铝业股份有限公司	李根旺	0579－88233101	321103	www. zhaic. com	重熔用铝锭、电工纯铝杆、铝合金锭、电工圆铜杆、电工圆铜线、阳极炭块	浙江名牌产品
浙江千禧工贸有限公司	姚湘江	0579－87153535	321300	www. chinaqianxi. com	小飞哥电动自行车、电动助力车、四轮场地车、电动轮椅、智能轮椅	中国免检产品、浙江名牌产品
浙江尖峰集团股份有限公司	蒋晓萌	0579－82326868	321000	www. jianfeng. com. cn	尖峰牌水泥、药品	中国免检产品、浙江名牌产品
浙江省凤凰化工有限公司	丁新溪	0579－88848258	321103	www. phoenix－cn. com	洗涤剂、化妆品、助剂、甘油、皂类、香料香精	中国名牌产品
浙江金路达皮具有限公司	邵英雷	0579－86212888	322121	www. jinluda. com	皮革皮具	中国名牌产品、免检产品
开山集团	曹克坚	0570－3662699	324002	www. kaishangroup. com	气动凿岩机、空气压缩机、精密螺杆副、气缸套、潜孔钻机(车)、路面开凿机、压力容器、风动工具、铸件等九大类800多个品种	中国免检产品、浙江名牌产品
中马集团有限公司	吴良行	0576－86051398	317500	www. chinazomax. com	摩托车、汽车零部件、汽车变速箱、园林机械等	中国免检产品、浙江名牌产品
中捷控股集团有限公司	巫圣权	0576－87358879	317604	www. zojegroup. com	缝制设备、钢材物流、厨卫洁具	中国名牌产品、免检产品、浙江名牌产品

浙江省八达物流有限公司

地　　址:杭州市建国中路27号6楼
法人代表:于珏霖
电　　话:0571－87706695
邮　　编:310009

浙江省八达物流有限公司创建于1984年,注册资本3000万元。下设浙江兴达石化运输有限公司、浙江八达能源物流有限公司等控股公司。拥有集到发、仓储、配送于一体的物流基地和辐射全国的物流网络;拥有各种铁路自备车近四百辆以及大型铁路交通运输电子商务网站。凭借雄厚的实力、先进的经营理念、完善的配套设施以及优质的服务,公司已跻身国内领先的第三方物流企业行列,并开始涉足国际物流领域,能为广大客户提供全方位的物流服务。

公司与上海宝钢集团、杭钢集团等十余家国内大型钢铁集团,以及镇海炼化、中石化浙江石油分公司、巨化集团、海螺集团等知名企业建立了战略合作伙伴关系,年物流量超过1500万吨。公司已通过了ISO9001:2000认证,是浙江省首批现代物流发展重点联系企业和浙江省重点流通企业,2006年公司被评为浙江省第三方物流企业10强,是浙江省第一家国家AAAA级综合型物流企业和全国首批物流企业信用评价AAA级信用企业,2006年位居"中国物流百强企业"第31位、"2007年中国最具竞争力50强物流企业",被评为"中国物流最具影响力品牌"、"浙江省著名商标"和"浙江省知名商号"。

八达物流秉承"培养和依靠一支训练有素、富有使命感、注重团队精神和创新精神的员工队伍,贯彻精益管理原则,诚信正直,使之成为面向未来的学习型的有竞争力的一流的物流公司"的公司宗旨,以战略创新为基础、以理念创新为先导、以组织创新为保障、以服务创新为手段、以市场创新为目标,团结进取,开拓创新,搏击市场经济大浪潮。

浙江英特药业有限公司

地　　址:杭州市康桥镇康乐路7号
法人代表:姜巨舫
电　　话:0571－85382998
邮　　编:310015

浙江英特物流有限公司为医药物流专业企业,系浙江英特药业有限责任公司全资子公司,前身为浙江英特药业储运分公司,2005年挂牌成立。次年成为浙江省首家经浙江省食品药品监督管理局严格认定,集仓储、养护、运输等多种功能为一体的第三方药品现代物流试点企业与省人民政府现代物流发展重点企业。

公司注册资金3000万元,2007年吞吐量200万件,配送规模约40亿,配送网络遍布浙江省内及周边省市,一直以运作高效、快捷便利而著称。公司下设营运管理部(客户服务部)、财务综合部、质量管理部、仓储部、运输部、业务部、中药仓储部,现有员工190余人,平均年龄32岁,拥有一批医药专业人员与物流技术人才,综合素质突出,是一支年轻而富有活力的团队。

公司位于杭州市拱墅区康桥工业园区康乐路7号,距市中心10公里,距绕城高速公路3公里,占地26386平方米,区位优势明显,交通便捷。拥有包括集办公、营销中心、计算机中心、会议中心、餐饮为一体的综合办公楼和已经投入使用的2.7万平方米的全阴凉仓储中心,融药品储存、验收养护、物流加工、装卸搬运、集中配送和信息服务六大功能于一体。

公司物流中心采用远大燃气中央空调,可实现全阴凉储存条件,另设1300立方米低温库与可达－20℃的超低温库,为药品安全储存提供了充足的条件。中心采用双电路供电,配备各类先进物流设备,包括:美国讯宝RF系统、日本爱欧电子标签拣货系统、美国海斯特叉车、立体货架、自动传输等,同时配备安全报警、监控及消防保障系统,可使药品安全得到有效、充分的保障。

库区拥有货架1700余组、货位2.1万个,可同时存放15万件药品,日处理订单1.5万行(条),可支持1万个终端,年吞吐量达300万件以上,可支持100亿销售规模。为浙江省目前设计规模最大、技术最为先进、功能最为全面的药品物流基地。公司从药品定单入库到出库配送,严格按照国家GSP管理要求,提供包括特殊药品、疫苗等冷藏药品在内的绝大多数药品的物流储存配送服务。

公司依靠自身的力量开发了物流的ERP系统(即WMS系统);开发应用了第三方物流系统;开发了TMS系统(即运输调度系统);建立了英特物流网站;大量运用办公自动化系统(OA系统);还会同业务部门与上海安捷力公司合作,推广应用供应链可视化的系统,在强大的物流能力的基础上实现与信息化技术的完美结合,提升供应链的价值。

目前,公司正积极开展第二期物流工程建设工作,建成后总建筑面积逾5.15万平方米,将采用自动分拣系统等一系列具有国内先进水平的物流设施,功能更加完善,系统更加全面,服务更为优质、技术更为先进,整体项目将于2010年左右建成。最终实现支持300亿的药品物流能力。

浙江美浓丝网印刷有限公司

▲办公大楼

地　　址:杭州市西湖科技经济园西园三路 6 号
法人代表:虞樟良
电　　话:0571－88308030
邮　　编:310030

浙江美浓丝网印刷有限公司是一家中港合资的现代化包装企业,公司创建于 1993 年,专业从事烟标等各类包装产品的设计、印刷、制作和服务工作。经过十多年的创业和发展,公司凭借“一流的创意、一流的技术、一流的服务”,逐步发展成为国内印刷行业颇具影响力,尤其是烟标印刷界最具规模企业。

公司现有胶印设备海德堡六色、五色、三菱五色、四色胶印机十多台套,十色连线凹印机一台套,单凹机、双凹机共五台套,全自动丝印机十多台套,是国内最大的丝印生产线,博斯特全自动烫金、模切机十六台套,年生产能力 120 万大箱(烟标),企业综合竞争实力在全国同行中名列前茅,被评为“浙江省行业最大工业企业”。

公司主营业务是烟标印刷,凭借“新、奇、特”的产品定位,一流的设计策划,先进的工艺和过硬的产品质量,赢得了巨大的市场空间,先后成功开发“红塔山”、“云烟”、“红梅”、“庐山”、“骄子”、“利群”、“五一”、“红金龙”、“七匹狼”等著名品牌。多年来,公司与国内大型烟草集团如云南红塔集团、红云集团,各大省市烟草工业公司如江西、四川、浙江、山东、福建、湖北、江苏、河南、湖南等建立了长期的合作关系,并在全国烟标印刷界树立了美浓良好的品牌声誉和企业形象。

▲机器

为进一步拓展市场和深化产业链延伸,公司先后独资或控股成立了美浓投资、亚欣纸业、美浓涂料,美浓标牌、美浓进出口、新华彩印等分支机构,逐步发展成为集印刷加工、设计策划、纸张加工、油墨生产、标牌制作、进出口业务于一体的综合性企业集团。公司产品除主业的烟标印刷外,还有各类印刷油墨、涂料、镭射定位转移纸、镭射定位复合纸、模内注塑标牌、水晶滴塑标牌及全息镭射定位膜等等,产品遍布国内各大市场;而书刊杂志、样本画册、纸盒包装等产品,在立足国内市场的同时,进一步拓展国外业务,产品远销亚洲、欧洲、美洲等国际市场。

中国平安保险(集团)股份有限公司

中国平安保险(集团)股份有限公司(以下简称“中国平安”)是中国第一家以保险为核心的,融证券、信托、银行、资产管理、企业年金等多元金融业务为一体的紧密、高效、多元的综合金融服务集团。公司成立于1988年,总部位于深圳。2004年6月和2007年3月,公司先后在香港联合交易所主板及上海证券交易所上市,股份名称“中国平安”,香港联合交易所股票代码为2318;上海证券交易所股票代码为601318。

集团控股设立中国平安人寿保险股份有限公司(“平安人寿”)、中国平安财产保险股份有限公司(“平安产险”)、平安养老保险股份有限公司、平安资产管理有限责任公司、平安健康保险股份有限公司,并控股中国平安保险海外(控股)有限公司、平安信托投资有限责任公司(“平安信托”)、深圳平安银行。平安信托依法控股平安证券有限责任公司,平安海外依法控股中国平安保险(香港)有限公司,及中国平安资产管理(香港)有限公司。

截至2007年6月30日,按照国际财务报告准则(IFRS),集团总资产为人民币6,177.72亿元,权益总额为人民币975.73亿元。按中国会计准则,集团总资产为人民币5,831.43亿元,股东权益为人民币949.11亿元。2007年8月9日,集团市值超过6000亿元人民币。

2007年4月,《福布斯》全球上市公司2000强(Forbes Global 2000)排行榜公布,中国平安首次进入全球500强,较2006年前进97席名列第440位;在全球114家上榜保险公司中位居第36;在44家上榜中国企业中排名第11,并位居非国有企业第一名。

集团通过旗下各专业子公司共为约3,975万名个人客户及约195万名公司客户提供了保险保障、投资理财等各项金融服务。集团拥有约24.4万名寿险销售人员及5万余名正式雇员,各级各类分支机构及营销服务部门3,000多个。2007年上半年,按照国际财务报告准则,集团实现总收入为690.21亿元,净利润达到人民币99.69亿元。从保费收入来衡量,平安寿险为中国第二大寿险公司,平安产险为中国第三大产险公司。

中国平安的企业使命是:对客户负责,服务至上,诚信保障;对员工负责,生涯规划,安家乐业;对股东负责,资产增值,稳定回报;对社会负责,回馈社会,建设国家。中国平安倡导以价值最大化为导向,以追求卓越为过程,做品德高尚和有价值的人,形成了“诚实、信任、进取、成就”的个人价值观,和“团结、活力、学习、创新”的团队价值观。集团贯彻“竞争、激励、淘汰”三大机制,执行“差异、专业、领先、长远”的经营理念。

中国平安是中国金融保险业中第一家引入外资的企业,拥有完善的治理架构,国际化、专业化的管理团队,集团高层管理团队超过1/2来自海外。中国平安拥有中国金融企业中真正整合的综合金融服务平台,实现了公司战略、企业文化、品牌传播、IT技术、人力资源、资产管理、计划管理和风险控制等集中统一,可以为个人客户和企业客户提供系列的个性化产品和服务。中国平安建设了以电话中心和互联网为核心,依托门店服务中心和专业业务员队伍的3A(Anytime、Anywhere、Anyway)服务模式,为客户提供全国通赔、定点医院、门店“一柜通”等差异化的服务。还在业内率先推出了海内外急难救助服务,保单贷款,生命尊严提前给付,客户服务节等许多增值服务。

中国平安立志成为道德水平最高的金融保险企业,认真践行企业公民的职责,在教育公益、红十字公益、灾难救助等方面承担广泛的社会责任。截至2007年7月,中国平安共援建了47所希望小学;每年举资100多万元开展“中国平安精英大学生励志计划”;公益协办“中国少年儿童平安行动”;向中国红十字会捐赠价值1000万元的捐血车,每年近万人参与义务献血活动;向中国红十字总会2003至2010年的所有造血干细胞捐献者赠送一年期重大疾病和意外伤害保险,捐赠总保额逾3亿元。

全国服务热线:95511(寿险)　　95512(产险)

（京）新登字 041 号

图书在版编目（CIP）数据

浙江统计年鉴. 2008/浙江省统计局，国家统计局浙江调查总队 编.
—北京：中国统计出版社，2008.6
ISBN 978-7-5037-5388-6
Ⅰ. 浙…
Ⅱ. 浙…
Ⅲ. 统计资料 — 浙江省 — 2008 — 年鉴
Ⅳ. C832.55-54

中国版本图书馆 CIP 数据核字(2008)第 052467 号

浙江统计年鉴 —— 2008

作　　者 / 浙江省统计局　国家统计局浙江调查总队
责任编辑 / 郑淼淼　熊　威
执行编辑 / 胡　东　范菁雁
E — mail / yearbook@ stats. gov. cn
封面设计 / 王美福
出版发行 / 中国统计出版社
通讯地址 / 北京市西城区三里河月坛南街 57 号　中国统计出版社
邮　　编 / 100826
电　　话 / (010)63376907
印　　刷 / 浙江新中商务印刷有限公司
经　　销 / 新华书店
开　　本 / 890 × 1240 毫米　1/16
字　　数 / 158 万
印　　张 / 45
印　　数 / 1 — 5000 册
版　　别 / 2008 年 7 月第 1 版
版　　次 / 2008 年 7 月第 1 次印刷
书　　号 / ISBN 978-7-5037-5388-6/F·2628
定　　价 / 380.00 元